禹貢半月刊

顧頡剛等 主編

2

第二卷一至十二期

中華書局

禹貢半月刊第二卷總目

第一期

第二期

第三期

第四期

第五期

第六期

第七期

第八期

第十一期

第十二期

出版者：禹貢學會。
編輯者：顧頡剛，譚其驤。
出版日期：每月一日，十六日。
發行所：北平成府蔣家胡同三號禹貢學會。

禹貢

半月刊

價目：每期零售洋壹角。豫定半年十二期，洋壹圓；全年二十四期，洋貳圓。郵費加一成半。國外全年加郵費八角。

The Evolution of Chinese Geography

A Semi-monthly Magazine

Vol. 2 No. 1 Whole No. 13 September 1st 1934

Address: 3 Chiang-Chia Hutung, Cheng-Fu, Peiping, China

第二卷第一期
（總數第十三期）
民國二十三年
九月一日出版

代售處
北平北京大學史學系楊向奎先生
北平燕京大學哈佛燕京社
北平燕京大學史學系李子魁先生
北平輔仁大學史學系史念海先生
北平清華大學史學系吳春晗先生
北平師範大學國文系羅根澤先生
北平女子文理學院侯堮先生
天津河北女子師範學院班書閣先生
濟南齊魯大學史學系張立志先生
開封河南大學史學系楊鴻烈先生
上海暨南大學江應樑先生
杭州之江學院顧敦鍒先生
安慶安徽大學周予同先生
武昌武漢大學史學系吳其昌先生
成都四川大學文學院劉以璿先生
成都四川大學賀幼于先生
廈門廈門大學史學系鄭德坤先生
廣州中山大學文史研究所羅香林先生
廣州協和神學院李鏡池先生
北平北平圖書館王以中先生
杭州浙江圖書館夏廷域先生
南京中國日報社黎光明先生
北平景山東街十七號景山書社
北平景山大石作大學出版社
北平西單商場大學出版社營業部
北平和平門外大街文化學社
北平東安市場岐山書社
北平西單商場增華書社
北平琉璃廠東口寶德堂書舖
北平琉璃廠來薰閣書舖
北平隆福寺街修綆堂書舖
北平孝順胡同後溝三號曾紀琳先生
北平成府競進分社
天津法租界二十六號路佩文齋
天津大經路北方文化流通社
開封新書業街龍文書莊
濟南西門大街東方書社
南京中央大學門前鍾山書局
南京太平路中市萃眾圖書公司
上海五馬路亞東圖書館
重慶天主堂街重慶書店
日本東京中華青年會魏建猷先生
日本京都中京區叢文堂書店
日本東京神田區神保町巖松堂書店

內政部登記證警字第叁肆陸壹號　中華郵政特准掛號認為新聞紙類

元福建行省建置沿革考

譚其驤

元代福建行省置罷分合遷徙頻繁，元史本紀地理志百官志既記載不一，新元史行省宰相年表百官志地理志亦自相矛盾。讀史者苦於莫可適從。或盡置元史新元史之說而從三山續志，以爲續志修於元致和間，一代典籍尙存，當以爲正，而元史則修於易代之後，典籍未免散逸，容有未審。然正史紀志非由杜撰，其言當必有據，即令偶有舛誤，豈能盡誤而無一語可信乎？間嘗欲萃諸家之說，證以載紀，衡以事理，重爲福建通志作一信而可徵之沿革篇。奈史事千端萬緒，才識不足以馭之，荏苒半載，終虛此願。今但就可考見諸端，草爲是篇，其疑而不可決者闕焉。

始建年月及其治所

八閩通志卷一引三山續志，『元至元十四年，置福建廣東道提刑按察司。十五年，置福建行中書省』。元史地理志江浙行省泉州路下，『至元十四年立行宣慰司兼行征南元帥府事，十五年改宣慰司爲行中書省』。並謂始建行省在至元十五年。今按元史世祖本紀，『至元十四年九月甲辰，福建行省以宋二主在其疆境，調都督忙兀帶招討高興領兵討之』。卷一五三焦德裕傳，『十四年拜福建行省參知政事』。是十四年九月已有福建行省矣，不始於十五年。又按卷一六二李庭傳，『至元十四年拜福建行中書省參知政事，改福建道宣慰使』。卷一三三忽剌出傳，『十四年陞資善大夫福建行省左丞，遷江淮行省，除右丞』。是則十四年朝命設福建行省，蓋未幾即撤，行省規模，實際未嘗布置就緒；十五年福建全土抵定，始再命立省。史家以十四年之命未見事實，故逕以十五年爲行省始置之年也。新史地志福州路泉州路下並謂至元十七年始置，誤。

世祖本紀：『十五年三月乙酉，詔蒙古帶唆都蒲壽庚行中書省事於福州，鎭撫瀕海諸郡』。卷一二九唆都傳，『十四年陞福建道宣慰使行征南元帥府事，十五年進參知政事行省福州』。卷一三一忙兀台傳，『十五年師還福州，拜參知政事，詔與唆都等行省於福，鎭撫瀕海八郡』。卷一六二高興傳，『十五年夏，詔忙古台立行省於福建，與立行都元帥府於建寧以鎭之』。並謂十五年初立省，治在福州。三山續志同。獨地志謂治在泉州。今按唆都傳『行省福州』下云，『徵入見，帝以江西旣定，將有事於海外，陞左丞，行省泉州，詔諭南夷諸國』。是初治確在福州，惟同年即有詔移省泉州耳。新元史行省宰相年表置此事於十六年，蓋朝命發於十五年，泉州開省則在十六年也。

福州泉州二省並立

今福建一地元代曾同時置有福州泉州二省。三山續志及元史諸志皆脫載。按世祖本紀，至元十七年時已有泉州行省，『正月，戊辰，復置行中書省於福州』，此並置二省之始也。『四月，詔以隆興泉州福建置三省不便，令廷臣集議以聞』。『五月，福建行省移泉州』。此言移者，蓋併也。其後又曾分立，『二十年三月，併泉州行省入福建行省』。

漳州曾爲行省治

福泉二州之外，福建行省又曾治於漳州。本紀，至元二十年，『罷福建道宣慰司，復立行中書省於漳州』；新史行省宰相年表，至元二十年，『左丞也先帖木兒行省漳州』，是也。諸志並脫載。本紀，至元二十一年，二月，『以福建宣慰使管如德爲泉州行省參知政事』：則其前已還治于泉州矣。

歷次廢置年月

世祖紀，至元二十二年，正月，『盧世榮請罷福建行中書省，立宣慰司隸江西行中書省』。自至元十五年初建行省後，至是始罷廢。元史新元史諸志所記皆同。獨三山續志謂初置省十六年即罷，二十年復置，二十二年復罷。今按至元十七年有泉州福州二省，俱見上述，又紀十八年三月有福建省左丞蒲壽庚，十九年九月有泉州省：知續志誤也。

二十二年罷省後，何年復置，本紀及新元史志皆未明言（元史志記福建行省沿革不及至元二十二年後事）。獨三山續志云在二十三年。今按元史兵志四站赤，『二十三年四月，福建東京兩行省各給圓牌二面』：知續志是也。

高興傳，至元『二十八年罷福建行省，以參知政事行福建宣慰使；二十九年，復立福建行省，拜右丞』。二十三年復置後，又有此一度廢置。三山續志所記同。世祖紀載二十八年二月罷省，未明言二十九年復省。新元史脫載。

成宗紀，大德三年二月，罷福建等處行中書省立宣慰司都元帥府。至元二十九年復置後，至是能。三山續志同。新元史志誤作二年。

順帝紀，『至正十六年，正月，壬午，改福建宣慰使司都元帥府爲福建行中書省』。大德廢省後，至是復置。官志記此事在十六年五月；九月，始罷帥府開省署。

末年分省之制

元史官志，『至正十八年，福建行省右丞朶歹分省建寧，參政訥都赤分省泉州』。新元史行省宰相年表，『至正二十四年，平章政事陳友定分省延平』。按此三分省而外，又有興化分省，不詳於正史。八閩通志卷八七引吳源至正近記，志之最詳。今節錄之。至正十九年正月，三旦八稱平章，安童稱參政，開分省於興化路治。二十年正月，右丞苦思丁繼任。二十一年四月，參政忽都沙元帥忽先繼任。二十二年六月，左丞余阿里繼任。二十四年四月，左丞觀孫繼任；旋德安以郎中攝行分省事。二十五年，左丞帖木兒不花繼任；未幾，復以德安攝任；十一月，哈散黃希善兵陷興化，分省罷。

宋史地理志考異（陝西）

聶崇岐

『京兆府……縣十三……樊川，次赤，舊萬年縣，宣和七年改』。

通考三二二，「七年」作「三年」。

『臨潼，次畿，唐昭德縣，大中祥符改』。

太平寰宇記二七，九域志三，通考三二二，「昭德」皆作「昭應」。昭應改臨潼，九域志三作大中祥符八年。

『河中府……護國軍節度』。

九域志三，『河中府……唐河中節度，太平興國七年改護國軍』。

『大中祥符中，以榮河爲慶戎軍。』

九域志三，『大中祥符四年改寶鼎縣爲榮河，隸慶成軍』。

『解州，中，防禦』。

太平寰宇記四六，『解州，解郡』。

『陝州……太平興國初改保平軍』。

續通鑑長編一七，開寶九年十月，「改保義軍爲保平軍」。

『縣七……湖城，中下，元豐元年復置。』

九域志三，「元年」作「六年」。

『閿鄉，中下，太平興國三年自虢州與湖城二縣來隸。』

太平寰宇記六，「三年」作「二年」。

『虢州，雄，虢郡，軍事。』

九域志三，『虢州，唐弘農郡。建隆元年改常農，至道三年改洪農，尋改虢郡』。按，建隆元年以避宣祖諱，故改「弘農」爲「恒農」。九域志書「常農」者，蓋宋史官避眞宗諱追改耳。

『縣四，盧氏，中，熙寧二年以西京伊陽縣欒川治鎮隸焉。』

九域志三，「欒川治鎮」作「欒川冶鎮」。

『虢略，中，唐弘農縣，建隆初改常農，至道三年改今名。熙寧四年省五城縣爲鎮入焉。』

太平寰宇記六，「常農」作「恒農」，「常」字蓋亦宋史官以避諱追改，元修宋史，未予改正耳。又太平寰宇記六，九域志三，通考三二〇，『五城縣』皆作「玉城縣」。

『欒川，元祐二年以欒川治爲鎮。』

「治」字亦應作「冶」。

『同州，望，馮翊郡，定國軍節度。』

太平寰宇記二八，『同州……周顯德六年降刺史。皇朝改爲定國軍節度。』九域志三，『同州……太平興國七年爲定國軍節度』。

『監一，沙苑』

九域志三，『乾德三年於馮翊朝邑二縣境置牧馬監，隸州』。

『華州……建隆初爲鎮國軍節度。』

宋史一太祖紀，續通鑑長編一，建隆元年正月『己酉復華州爲節度』。

『縣五……蒲城……建隆中自京兆隸同州。』

九域志三，「建隆中」作「乾德二年」。

『耀州……開寶五年爲感義軍節度。』

續通鑑長編八，乾德五年三月「置感義軍於耀州」。

『延安府……縣七，膚施……有金明龍安二砦』。

續通鑑長編一五〇，慶曆四年六月辛卯，改延州龍口平寨爲龍安寨』。

『安寨一堡。』

續通鑑長編一五九，慶曆六年九月壬寅，『以延川高平新修堡爲安寨堡』。

『延川……有安定黑水二堡。』

續通鑑長編一五七，慶曆五年十月甲子『以延州馬蹏川新築城爲安定堡』。

『城二，治平四年收復綏州，熙寧中改爲綏德城。』

九域志三，「熙寧中」作「熙寧二年」。

『青澗城，元符二年隸綏德城』。

九域志三，『青澗城……康定元年置』。

『鄜州，上，洛交郡，保大軍節度。崇寧戶三萬五千四百一，口九萬二千四百一十五。貢麝香，今改貢蠟燭。縣一，宜川。』

按此條係鄜州與丹州二條相混之文。鄜州條尾被截去，丹州條首被截去，而以鄜州條之首，加以丹州條之尾，於是乃大謬誤。由宋代諸地理書所載，知此條「保大軍節度」以上應屬鄜州條，「貢麝香」以下應屬丹州條，惟崇寧戶口之數，則一時不易推知其應屬鄜州條抑丹州條耳。九域志三，『上，鄜州，洛交郡，保大軍節度。……戶，主一萬九千四百四十二，客七千六百七十四。土貢，席一十領，大黃一百斤。縣四：緊，洛交；上，洛川；上，鄜城；中下，直羅。康定二年，即鄜城縣置康定軍使，仍隸州。熙寧七年省三川縣爲鎮入洛交。』又，『丹州，咸寧郡，軍事。……戶，主七千九百八十八，客一千八百四十七。土貢，麝五兩。縣一，上，宜川。』又通考三二二，『丹州，咸寧郡，貢麝香蠟燭』。

『宜川，上，後魏義川縣，太平興國中改名。』

「太平興國中」，太平寰宇記三五作「開寶九年」，九域志三作「太平興國元年」。按，開寶九年即太平興國元年。

『坊州，上，中部，軍事。』

「中部」下脫「郡」字。

『保安軍，同下州。』

太平寰宇記二七，『永康鎮……太平興國二年升爲保安軍』。續通鑑長編一八，太平興國二年四月己亥，『以延州永安鎮爲保安軍。』九域志三，亦作「永安鎮」。

『砦二，德靖』。

九域志三，『天禧四年置建子城，天聖元志改德靖寨』。

『順寧。』

九域志三，『慶曆四年置順寧』。

『堡一，園林。』

九域志三，『慶曆五年置』。

『綏德軍，唐綏州，熙寧三年收復廢爲城，隸延州。』
「三年」，九域志三，通考三二二皆作「二年」。
『銀州，銀川郡，領儒林……四縣。』
「儒林，」通考三二二作「榆林」，太平寰宇記三八亦作「儒林」。
『慶陽府，……縣三，安化，中，有……四砦。』
九域志三，『乾德二年改順化縣爲安化，省同川縣入焉。』又「四砦」作「五砦」，多一西谷一砦。
『環州……縣一，通遠。』
九域志三，『天聖元年改通遠縣爲方渠，景祐元年復爲通遠』。
『醴州……縣五……永壽，下，乾德三年自邠州來隸。』
九域志三，「三年」作「二年」。
『好時，本屬鳳翔府，政和八年三月割屬醴州。』
九域志十，『乾德三年析京兆府好時縣隸乾州。熙寧五年州廢，好時縣隸鳳翔府』。
『秦州……監一，太平。』
九域志三，『開寶初於清水縣置銀冶。太平興國二年升爲監，隸州』。
『城二，伏羌』
九域志三，『建隆二年置伏羌寨，熙寧……三年以伏羌寨爲城』。
『有得勝……榮園……一十一堡。』
九域志三，「榮園」作「芳園」。
『砦七……熙寧五年改古渭寨爲通遠軍。……割……威遠……隸軍。』
續通鑑長編八三，大中祥符七年八月丙寅，『改秦州大落門梟毬寨名曰威遠』。
『定西……三陽……弓門……靜戎……安遠……隴城。』
九域志三，『建隆二年置定西，開寶元年置三陽，太平興國三年置弓門，四年直靜戎，天禧二年置安遠，慶曆五年置隴城』。
『堡三……床穰……冶坊……達隆。』
九域志三，『開寶九年置床穰寨，太平興國四年置冶坊寨，慶曆五年置達隆』。
『安遠砦……小落門砦。』
續通鑑長編九一，天禧二年三月辛亥，『曹瑋請名新築大小洛門二砦爲安邊來遠，詔從之』。
『鳳翔府……乾德初，置崇信縣。』
太平寰宇記三〇，『崇信縣本唐神策軍之地，後改爲崇信軍，皇朝建隆四年，以崇信及赤城東西兩鎮及永信鎮等四處于此合爲崇信縣』。

『隴州……縣四……隴安，中，開寶二年析汧陽縣四鄉置縣。』

　　九域志三，隆平集一郡縣條，「三年」作「元年」。

『鳳州……監一，開寶，建隆二年於兩當縣置銀冶，開寶五年升爲監。』

　　太平寰宇記一三四，「二年」作「三年」。又宋史三，太祖紀，開寶二月庚辰，「以鳳州七房銀冶爲開寶監」。

『渭州……熙寧五年廢儀州。』

　　太平寰宇記一五〇，『義州，太平興國二年改儀州』。

『縣五……安化。』

　　九域志十，『乾德二年析華亭縣地增置安化縣』。

『涇州，上，安定郡，太平興國元年改彰化軍節度。』

　　續通鑑長編一七，開寶九年十月，『改彰義軍爲彰化軍』。

『原州……縣二……彭陽，中，唐豐業縣，太平興國初改。』

　　九域志三，『太平興國三年改豐義縣爲彭陽』。

『鎮二，新城……柳泉。』

　　九域志三，『乾興元年，以慶州柳泉新城二鎮並隸州。』

『砦五：開邊……西壕……平安……綏寧。』

　　九域志三，『端拱元年置西壕，咸平元年置開邊，天□五年置平安，慶曆四年置綏寧。』

『靖安，領中普吃囉岔中嶺張嵒常理新勒雞川立馬城殺獐川九堡。』

　　九域志三，『慶曆五年置靖安』。又『靖安領中郭普吃羅岔張嵒常理新勒川立馬城殺獐川九堡』。

『德順軍……慶曆三年年即渭州隴干城建爲軍。』

　　九域志三，「干」作「竿」。

『城一，水洛。』

　　九域志三，『慶曆四年置』。

『砦五：靜邊……得勝……隆德……通遠。』

　　九域志三，『天禧元年置羊牧城，二年置靜邊，天聖六年置得勝，慶曆三年改羊牧城爲隆德砦，八年置通邊』。

『中安堡。』

　　九域志三，『慶曆三年置』。

『鎮戎軍……本原州高縣之地，至道三年建爲軍。』

「高縣」。九域志三作「平高縣」，通考三二二作「高平縣」。又「三年」，隆平集一郡縣條，同。九域志三作「元年」。

『城一，彭陽。』

九域志三，『咸平六年置』。

『砦七：東山……乾興……天聖……三川……高平……定川……。』

九域志三，『……咸平二年置東山，乾興元年置乾興，天聖元年置天聖，八年置三川，慶曆二年置高平，定川』。

『堡二，開遠。』

九域志三，『咸平元年置開遠』。

『河州……堡四……熙寧八年置闍精。』

九域志三，「闍精」作「閛精」。

『鞏州，下，本通遠軍，熙寧五年以秦州古渭砦爲軍。』

九域志三，『皇祐四年以渭州地置古渭寨』。

『砦六……永寧……寧遠……通渭……熟羊……。』

九域志三，『建隆二年置永寧，天禧元年置來遠，三年置寧遠，熙寧元年置通渭，熟羊』。

『岷州……縣三……大潭，中，建寧三年合良恭大潭兩鎮置縣隸秦州，熙寧七年自秦州來隸。』

按，宋無「建寧」年號，「建寧」，九域志三作「建隆」。又太平寰宇記一五〇，『大潭縣本良恭大潭兩鎮，乾德元年合二鎮立大潭縣』。

『砦五：臨江……宕川。』

九域志三，『雍熙二年置臨江寨』。又，「宕川」作「宕昌」。

『西寧州……崇寧三年收復……。』

通考三二二，「三年」作「二年」。

伯希和撰鄭和下西洋考序

馮承鈞

西方史書言新地之發現者，莫不盛稱甘馬（Vasco da Gama）哥倫布（Columbus）等的豐功偉業，就是我們中國人編的世界史，也是如此說法。好像在講座中未見有人提起在這些大航海家幾十年前的中國航海家鄭和，這眞是數典而忘祖了。說來也很慚愧，我們中國人所忘記的這箇中國大航海家，業經外國學者研究過多次。首先有麥耶兒思（Mayers）

一八七四至一八七六），隨後有格倫威耳德（Groeneveldt一八七七至一八九六），菲力卜思（Philipps一八九五至一八九六），羅克希耳（Rockhill一九一五），諸人的研究，最後有兌温達（Duyve dak）的研究，同伯希和（Pelliot）的這篇考證。（均在一九三三年出版。）這些人的研究，在地理名物方面，固然有不少發明，但是尋究史源勘對版本的，祇有伯希和一人。在這一方面說，我們中國人確又有些自豪之處。伯希和此文刊布之兩年前，我的朋友向覺明（達），業已作過了一篇版本的考證（見民十八年四月小說月報四七至六四頁關於三寶太監下西洋的幾種資料）。他所尋究的史源較廣，版本較多，比方瀛涯勝覽尚有國朝典故本，星槎勝覽兩卷本尚有國朝典故本，羅以智校本，廣州中山大學覆刻天一閣本，四卷本尚有歷代小史本，皆是伯希和此文所遺漏者。我翻譯此文以前，曾請教過他，承他的幫忙，將所藏若干不易覓得的刻本鈔本借給我勘對。尤使我感謝的，又錄示他所鳩集的材料若干條，也是伯希和之研究所未及，所以我生吞活剝地轉錄於這篇序文之中。

諸本瀛涯勝覽中尚有一部題作「三寶征彝集」者，天一閣書目曾著錄，伯希和此文中亦曾說過，然未敢確定是瀛涯勝覽的別本。今檢抱經樓藏書志卷十九，著錄有明鈔本三寶征彝集一卷，瀛涯勝覽的前後序文並存，且足補紀錄彙編本脫漏之文。後序末題「是歲監察御史古朴劇弘書」，是歲疑即紀錄彙編本天方條末所題之景泰辛未（一四五一），劇弘未詳為何許人。抱經樓藏書志排印於甲子仲冬（一九二四），這部孤本三寶征彝集現在或尚存在，若能取以校勘紀錄彙編本，必更有所發明。

鄭和第三次奉使的年月，是永樂十年冬月，證以西安羊市大淸眞寺嘉靖二年（一五二三）重修淸淨寺記，「永樂十一年四月，太監鄭和奉敕差往西域天方（Mecca）國，道出陝西，求所以通譯國語可佐信使者，乃得本寺掌教哈三（Hasan）焉」等語，可見鄭和在永樂十一年夏季尚未出發。

鄭和第四次奉使的年月，是永樂十四年冬，證以泉州城外回教先賢墓鄭和下番路經泉州行香碑記，「欽差總兵太監鄭和前往西洋忽魯謨厮等國公幹，永樂十五年五月十六日於此行香，望靈聖庇佑，鎮撫蒲和日記立」等語，可見次年五月尚在泉州。

右引二條，足證鄭和是一信奉回教的人，復考永樂三年華亭李至剛為鄭和的父親所撰的墓誌銘（見袁嘉穀撰滇繹卷三），說「公字哈只，姓馬氏，世為雲南昆陽州人。

祖拜顏 (Bayan)，妣馬氏。父哈只，母溫氏，………子男二人，長文銘，次和；女四人。和自幼有材志，事今天子，賜姓鄭，爲內官監太監，………公生於甲申年（案甲申應是甲寅之誤）十二月初九日，卒於洪武壬戌七月初三日，享年六十九歲。長子文欽奉柩安厝於寶山鄉知代村之原。……」又足證明他世代信奉回教。哈只就是 haji 之對音，猶言巡禮人，足證和之祖與父均曾到過默伽。可是當時的回教徒。對於他教亦不甚排斥，元代的賽典赤諸人曾有修建文廟佛寺的先例，所以鄭和也曾受過菩薩戒，爲佛門弟子。摩利支天經經尾有永樂元年姚廣孝題記，末云，「今菩薩戒弟子鄭和，法名福善，施財命工刊印流通，其所得勝報，非言可能盡矣。一日懷香過余請題，故告以此。永樂元年歲在癸未(一四〇三)，秋八月二十又三日，僧錄司左善世沙門道衍」，可以爲證。

據永樂十八年刊太上說天妃救苦靈驗經經後題記，永樂十四年下番之役，並有僧人勝慧隨往西洋公幹，則第四次旅行中有佛徒一人矣。

乾隆崑山新陽合志卷三十五藝文，有周復俊星槎勝覽序，序末云，「予屏居多暇，稍加删析，錄一淨本，寘六梅齋中」。又同書卷二十四人物文苑：有費公曉傳，傳末言及星槎勝覽有云，「邑人周復俊得之，頗加删析，附玉峰詩纂行世」。則現在流行的四卷本，亦得爲周復俊之删析本。

上引各條皆是伯希和考證之所未及。至若伯希和這篇考證，全文共有二百十六頁，自從他撰了一篇交廣印度兩道考以後，從未做過如是長篇的大文。這篇大文原是一篇書評，乃對兌溫達所撰的重再考訂的馬歡書一書而撰，所以言版本考證之文過半，餘爲校勘版本糾正譯文之文。兌溫達書專考瀛涯勝覽，伯希和此文並及星槎勝覽。其考證星槎勝覽之文，居全文三分之一以上，鄭和七次下西洋的年月，同諸國的地名考證，皆在此部份中。全文無卷第，亦無子目，同他那篇交廣印度兩道考的體例相同，不過兩道考尚有子目可分，而此文言版本，言考證，言校勘，散見全文之中，譯文祇好仍其原狀。

此文原題「十五世紀初年中國人的偉大海上旅行」，別言之，就是三保太監下西洋諸役，所以我改題曰「鄭和下西洋考」。西洋二字，在現在固已喪失時效，然在當時地理概念尚未明瞭之時，凡玉門陽關以西的陸地，概名之曰西域，南海以西的海洋及沿海諸地，概名之曰西洋，所以印度東岸的Cola，名曰西洋瑣里，毛夕里 (Mawsil) 所產的紗布，名曰西洋布（Muslin mousseline），迨至耶穌會的傳道師到了中國以後，方開始漸漸以西洋的名稱專指歐洲，至若鄭和所至之西洋，當然是包括印度洋而言也。

我們校勘版本，有一種成見必須打破。關於鄭和下西洋的記事，固然要考證正史同行記，以及明人所撰的那些關於四夷的記載，可是羅懋登所撰的小說西洋記，也不可忽視。因爲西洋記所根據的材料，有一部份出於馬歡書，比方瀛涯勝覽卷首的紀行詩，除紀錄彙編本同國朝典故本有此詩外，他本俱闕，乃西洋記中反載有之，比較微有異文同譌誤，可是不乏可以參證的地方。我前見紀錄彙編本紀行詩中的「太宛米息通行商」一語，頗疑太宛是大宛之誤，米息是安息之誤，及見西洋記的紀行詩，作「大家未息通行商」，乃知太宛確是大宛，而米息不是安息，確是米息，就是明史卷三三二米昔兒亦名密思兒者之省稱。此米昔兒在西使記中作密乞兒，元史本紀（卷四十三）中作米西兒，郭侃傳中作密昔兒，並是Misr之對音，蓋指埃及也。則雖小說，亦有可資考訂之處。向覺明從前也曾取西洋記所載古里國的碑文，來校訂瀛涯勝覽古里條所載碑文的錯誤。反之，馬歡書天方條所言「司馬儀(Israël)聖人之墓」，在西洋朝貢典錄相對之文中作「古佛墓」，足證文人的潤飾之不可靠，反甚於小說。西洋朝貢典錄印行之年，不過晚於西洋記二十三年，黃省曾所見的，應該是未刪改過的瀛涯勝覽，竟有這樣武斷的解釋，所以我很希望有人將現存比較尙完全的紀錄彙編本，用國朝典故本勝朝遺事本，同張昇本，以及或能覓到的三寶征彝集，作一部校勘工作。這種工作祇有我們中國人作得好，外國學者究竟有點隔膜。

我還有一種希望，鄭和之遺事可作兩面觀，一面是歷史的鄭和，一面是故事民話的鄭和，後一鄭和也很重要，曾爲種種民話的幹題，至今南洋一帶尙盛傳之。見之載籍的固然要搜輯，傳之委巷的也要記錄。

向覺明曾說過，「桑原隲藏曾作了一部宋末泉州提舉市舶使蒲壽庚的事蹟，以蒲壽庚爲中心，敘述唐宋時代中國與阿拉伯人在海上交通的情形；若是有人以鄭和爲中心，而敘述元明時代中國與西方之交通，鈎稽羣書，疏通證明，其成就一定不會比桑原的書壞」（小說月報第二十卷第一號四八頁）。這是五年前的話，現在既有這些新資料之發現，我以爲能夠疏通證明的，最好就是向覺明本人。

民國二十二年七月十五日馮承鈞識。

曲錄內戲劇作家地域統計表

石兆原

王靜安先生在宋元戲曲史裏為現存劇本的元雜劇作家作了一個地域統計表，得到的結果，『六十二人中，北人四十九，而南人十三；而北人之中，中書省所屬之地，即直隸，山東，山西產者，又得四十六人……，且此四十六人中，其十分之九為第一期之雜劇家……；至中葉以後，則悉為杭州人，中如宮天挺，鄭光祖，曾瑞，喬吉，秦簡夫，鍾嗣成等，雖為北籍，亦均久居浙江……』。（見宋元戲曲史第九章）

王先生劇學精深，作家的地域研究，實自先生始。但至今日看來，這種工作，却有兩點不能令人十分滿意者：第一，僅以現存劇本之作家為主，則不能窺見當時作劇家的實際分佈情形；第二，所謂現存劇本，實無法可以規定，以吾人今日所知，即有不少為王先生所未見者，因之作劇家之入選與否亦無規定。所以吾人應將凡可考知者，無論其劇本存在與否，一律列入表中，自然可以得到一個比較正確的結論。

不但元人是這樣，所有中國戲劇作家都應當這樣。我早就有意作一個中國戲劇作家地域表。無奈個人能力有限，在前人所考見的以外，一點也沒有什麼創獲。如今先來作這一篇，自然當不得什麼研究，不過預備作將來的一種參考而已。

曲錄的不完備，差不多盡人皆知了。胡適之任中敏諸先生都有過很好的指正。最近鄭西諦先生作元明以來雜劇總錄，則是在曲錄之外，另起爐竈的一種新工作。惜現尚未成書，且亦以現存劇本為主，這裏不能引以為據。

我這表完全以曲錄為根據，至於它的錯誤，暫且完全不管它。好在用的是作劇家地域的一方面，除却遺漏和傳奇雜劇二者有時不免混淆外，尚不至有十二分的錯誤。表的排列，用着下面幾條規律：

（一）以地域為經，時代為緯，將每個作者各置於其所應在之地位。

（二）每個作者姓名之下皆標明其為何種戲劇作家，用『甲』字代表雜劇，『乙』字代表傳奇。若其人為兼作傳奇及雜劇者，則並標之。

（三）於『甲』或『乙』之下，復用數字標明其所作種數。

(四)每個作家皆用其名而不用其字；苟非其人字存而名佚，即其人以字顯而名反不彰者，亦用名，以期一律。

(五)作家名字皆用其首先標出者，其『或作』，『或云』，『一作』等一概不用。如：趙明道一作趙明遠，李行道一作李行甫，皆只用明道行道，而不用明遠行甫；並因限於表內地位，亦不互注。

(六)某地人又作某地人者，只用其首先標出地名，而不用次舉地名。

(七)省分的次序，以作家著錄於曲錄之先後爲準。

(八)一省內之次序，凡舊屬一府者放在一起，以今制雖不相統屬，而在當日則一府境內之風氣固大有關聯也。又如吳縣長洲，山陰會稽之類，今日雖或倂合，或取消，然在當日固分畫開的。今悉仍其舊。至此小組之次序則無定，或以今日之重要與否，或依作家之多寡列之。

(九)省分皆用今名，縣名則依書中原稱。其爲鎮名或其他方名如烏鎮等類者，亦用原稱，列於所屬縣後。

(十)凡貴族皆不列其籍貫，只以其生之所在地標之。

曲錄共著錄雜劇作者一百六十八家，傳奇作者二百七十家，中有無里居可考者，雜劇傳奇共一百一十家，更有吳昌齡等四人雖注有里居，一時不能考出其在何省，亦姑略去，只剩作家三百二十四人。此中尙有二十六人兼作雜劇傳奇者，此二十六人雖列在兩處，實合爲一人，再減去之，則爲二百九十八人。計雜劇作家一百二十五人，(兼作雜劇傳奇者附此)，傳奇作家一百七十三人。本表即由這三百個差二位的作家組合而成。

作家／時代／省縣	元	明	清
河			
大都	馬致遠 甲 一四 王德信 甲 一七 關漢卿 甲 六四 庚天錫 甲 一五 王仲文 甲 一〇 紀君祥 甲 六 楊顯之 甲 八 石子章 甲 二 李寬夫 甲 一 費君祥 甲 一 費唐臣 甲 三 梁進之 甲 二 孫仲章 甲 三		

北		趙明道 甲 二 李子仲 甲 二 李時中 甲 四分之一 張國賓 甲 四		
北	大興	曾瑞 甲 一		岳端(愼郡王) 乙 一 舒位 乙 五 胡介祉 乙 一
北	通州			張巽資 乙 四
北	涿州	王伯成 甲 三		
北	文安			張雲驤 乙 一
北	保定	李好古 甲 三 彭伯威 甲 一		
北	眞定	白樸 甲 一七 李文蔚 甲 一二 尙仲賢 甲 一〇 戴善甫 甲 五 侯克中 甲 一 史九敬先 甲 一 江澤民 甲 一		
北	大名	宮大挺 甲 六 陳寧夫 甲 一	盧枬 乙 一	
北	元城		張四維 乙 二	
山	濟南	武漢臣 甲 一三		袁聲 乙 一
山	章邱		李開先 乙 二	
山	德州			盧見曾 乙 二

東	曲阜			桂馥 甲 一 孔尙任 乙 二
東	東平	高文秀 甲 三四 顧仲清 甲 二 張時起 甲 四 張壽卿 甲 一 趙良璧 甲 一		
東	棣州	康進之 甲 二		
東	益都	王廷秀 甲 四		
東	臨朐		馮惟敏 甲 一	
東	萊陽			宋琬 甲 一
河南	河南		李雨商 乙 一	
河南	洛陽	姚守中 甲 三		
河南	新安		程麗先 乙 二	
河南	大梁	鍾嗣成 甲 七		
河南	汴梁	趙天錫 甲 二 陸顯之 甲 一		
河南	彰德	鄭廷玉 甲 二四 趙文敬 甲 三		
江	德興	李直夫 甲 一二		
江	樂平	趙善慶 甲 七		
江	彭澤		馮之可 乙 一	
江	南城		鄭之文 乙 三	

西			山			西	安							
臨川	鉛山	武林	太原	西京（大同）	平陽	絳州	徽州	休寧	歙縣	安慶	懷寧	望江	池州	蕪湖
		羅本甲一	李壽卿甲一〇 劉唐卿乙二 喬吉甲一一乙一	吳昌齡甲十七	石君寶甲一〇 于伯淵甲六 趙公輔甲二 狄君厚甲一 孔文卿甲一 鄭光祖甲一九	李行道甲一								
湯顯祖乙五							汪宗姬乙一	汪廷訥甲一乙一〇 吳大震乙二	汪道昆甲四	龍渠翁乙一	阮大鋮乙五		余聿雲乙二	
吳士科乙一	蔣士銓甲三乙六								方成培乙一			龍燮甲一乙一		石龐乙一 王墅乙一

徽		浙	
宣城	亳州	杭州	錢塘
	孟漢卿甲一	范康甲二 沈和甲六 鮑天祐甲七 陳以仁甲二 蕭德祥甲五 王曄甲三 王仲元甲三 范居中甲四分之一 施惠甲四分之一乙一 黃天澤甲四分之一 沈拱甲四分之一	
梅鼎祚甲一乙一		陸江樓乙一 王恒乙一 謝天祐乙二 吾邱瑞乙一 庾庚乙一 心一子乙一	張太和乙一 錢直之乙一 章大倫乙一 高濂乙二 汪錂乙一 胡文煥乙三 楊珽乙二 沈孚中乙三
李文瀚乙四			

			洪昇 甲一 乙八 陸次雲 乙一 吳城 乙 二分之一 厲鶚 乙 二分之一 夏綸 乙六 梁孟昭女士 乙一
仁和	鄒經 甲二	卓人月 甲一 徐士俊 甲二 程文修 乙二	沈沐 乙一 沈名蓀 乙一
海寧		陳與郊 甲一 乙一 張從懷 乙一	查繼佐 甲一 乙一 查愼行 乙一
紹興			顧元標 乙一 謝宗錫 乙一 石子斐 乙三
會稽		孟稱舜 甲六 陳汝元 甲一 乙二 單本 乙二 史槃 乙二 金懷玉 乙九	高奕 乙一四
山陰		徐渭 甲一 王應遴 甲一	李陸桂 乙一
上虞		車任遠 甲一 乙二 謝讜 乙一 趙於禮 乙二 朱期 乙一	
餘姚		葉憲祖 甲九 乙五 鄒逢時 乙一	

			楊之烱 乙一
蕭山		來集之 甲六	毛奇齡 乙二 周起 乙一
嘉興		李日華 乙一 王翃 乙四	姚子懿 乙一
秀水		卜世臣 乙二 姚子翼 乙四	
海鹽	楊梓 甲三	許炎南 乙二	黃憲清 乙七
平湖		沈鯨 乙四	
湖州			沈樹人 乙一
烏程		吳世美 乙一	
烏鎮		王濟 乙一	
武康		姚茂良 乙三	
慶元	汪勉之 甲 二分之一		
寧波		湯式 甲二	
鄞縣		屠隆 乙三 金无垢 乙一	
金華		呂文 乙一	
蘭溪			李漁 乙一六
建德	周文質 甲四		
淳安		徐鮔 乙一	
天台		黃維楫 乙一 秦鳴雷 乙一	

江	永嘉		戴子晉 乙 二 高明 乙 一	
江	金陵		甲 二 朱權 乙 一 朱有燉 甲 三〇 胡汝嘉 甲 一 黃方儒 甲 六 馬守眞女士 乙 一	
	江寧			張堅 乙 四
	句容		朱從龍 乙 一	
	溧陽		沈祚 乙 一 張景嚴 乙 一	史集之 乙 二
	蘇州		朱寄林 乙 三	張大復 乙 二三 毛鍾紳 乙 一
	吳縣		周朝俊 乙 一 馮夢龍 乙 四 王鳴九 乙 一 許自昌 乙 四	甲 一 袁于令 乙 五 陳子玉 乙 三 朱雲從 乙 一二 盛際時 乙 四 朱素臣 乙 一八 畢萬侯 乙 一六 李玉 乙 三三 朱佐朝 乙 三〇 葉稚斐 乙 八 馬佶人 乙 三
	長洲		甲 一 陸世廉 乙 一 鄒玉卿 乙 二 蔣麟徵 乙 一 吳千頃 乙 一	甲 五 尤侗 乙 一 陳二白 乙 三

		張鳳翼 乙 六 陸采 乙 五	
元和			陳鍾麟 乙 一
崑山		甲 二 梁辰魚 乙 一 顧采屏女士 乙 一 周公魯 乙 一 朱鼎 乙 一 顧仲雍 乙 一 顧希雍 乙 一 鄭若庸 乙 三	歸莊 乙 一
吳江		沈自徵 甲 三 葉小紈女士 甲 一 沈璟 乙 二一 顧大典 乙 四 李素甫 乙 五	
常熟		黃廷偉 乙 一	邱園 乙 九 陸曜 乙 二分之一 程端 乙 二分之一
太倉		王衡 甲 四 王世貞 乙 一 王翊千 乙 一	甲 二 吳偉業 乙 一 王抃 乙 二 王聖徵 乙 一
嘉定			周若霖 乙 二
揚州	睢景臣 甲 三 陸登善 甲 二 張鳴善 甲 二		
江都		程子偉 乙 一 陸弼 乙 一	甲 五 徐石麟 乙 三 吳綺 乙 四

地域			
			鄭小白乙一 李本宣乙一 汪祚乙一 汪楫乙一
儀徵	孫子羽甲一		
興化			李棟乙一
常州		邵宏治乙一	
武進		楊柔勝乙一	張龍文甲一 唐宇昭乙一 董定園乙二
陽湖			陳烺乙五
無錫		孫源文甲一 陸濟之乙一 盧鶴江乙一	堵庭棻甲一 黃家舒甲一 稽永仁甲二乙一 薛旦乙一〇 顧彩乙二
宜興		吳鵬乙一	萬樹甲八乙八 吳炳乙五 陳貞禧乙一
松江		王玉峯乙一	范文若乙九
華亭		顧瑾乙一	張照乙七（周祥鈺鄒金生等合作） 周稚廉乙二 朱龍田乙一
上海		黃伯羽乙一	黃兆森甲三乙一

省	地域			
蘇	海州			程枚乙一
	邳州		陳鐸甲二	
陝西	武功		康海甲一	
	郃陽		王櫑乙三	
	鄠縣		王九思甲一	
四川	新都		楊愼甲八	
湖北	湖廣		謝廷諒乙一	
	江夏		崔應階乙二	
	蘄春			顧景星乙一
湖南	長沙			楊恩壽乙六
	湘潭			張九鉞乙一
	平江			王維新乙一
	靖州		許潮甲八乙一	
	衡陽			王夫之甲一
	武陵		李九標乙一 龍膺乙一	
福建	福清		林章甲一	
	汀州		李玉田乙一	
廣東	瓊州		邱濬乙四	

右表雜劇作家一百二十六人，傳奇作家一百七十一人

（內有雜劇兼傳奇作家二十四人，未另計，只一見於雜劇作家數內，因其

本一人，（未可分之爲二也），共計二百九十七人。於此將近三百位作家的地域分配中，有幾樁顯著的事實，我們可以見到：

（一）作家省分的分配：　右表以今之地域計之，共十四省，但作家的多寡頗有不同，計：

1.	河北	三十七人	元三十人	明二人	清五人
2.	山東	十五人	元八人	明二人	清五人
3.	河南	八人	元六人	明二人	
4.	江西	八人	元三人	明三人	清二人
5.	山西	十一人	元十一人		
6.	安徽	十四人	元一人	明八人	清五人
7.	浙江	八十八人	元十五人	明五十二人	清二十一人
8.	江蘇	百零一人	元四人	明四十七人	清五十人
9.	陝西	三人		明三人	
10.	四川	一人		明一人	
11.	湖北	三人		明二人	清一人
12.	湖南	七人		明三人	清四人
13.	福建	二人		明二人	
14.	廣東	一人		明一人	

（二）時代與地域的演變：　由於前一項的統計，我們知道這十四省中，并不是每一朝代每省都出相等的戲劇作家，有不少的省分是只有一朝有的。今以朝代計之：

1. 元　河北，山東，河南，江西，山西，安徽，浙江，江蘇八省，其餘六省無作家。
2. 明　河北，山東，河南，江西，安徽，浙江，江蘇，陝西，四川，湖北，湖南，福建，廣東，十三省，只山西一省無作家。
3. 清　河北，山東，江西，安徽，浙江，江蘇，湖北，湖南八省，其餘六省無作家。

即此可見中國戲劇作家的地域最普遍的時代是明朝，不但在所有地域中佔了十四分之十三，並且陝西，四川，福建，廣東四省，都是只有在這時有作家的。自然戲劇作家的數量也要以這時期爲最多了，這可以從表裏的數目——元：七十七人；明：一百二十八人；清：九十三人——明白的看出來。

（三）戲劇種類與地域，我們再注意一件事，上面的地理分配，可以幫助我們更加明白，這件事就是戲劇的種類。這裏所謂戲劇的種類只就雜劇與傳奇而言，因爲除了少數的二十餘家兩種兼作之外，都是只作一種的。在上面表裏，我們知道：

雜劇作家　元：七十八人；明：三十一人；清：一十七人，——是一代比一代少的。

傳奇作家　元：二人；明：九十七人；清：七十六人，——是以明一代爲最多的（元之二人皆見於雜劇作家），這種互相消長的關係，是很可以注意的。

試再就各省計之，

1	河北	三十七人	雜劇三十人	傳奇七人（兼者三人）
2	山東	十五人	雜劇十一人	傳奇四人
3	河南	八人	雜劇六人	傳奇二人
4	江西	八人	雜劇四人	傳奇四人（兼者一人）
5	山西	十一人	雜劇十一人	
6	安徽	十四人	雜劇五人	傳奇九人（兼者三人）
7	浙江	八十八人	雜劇廿八人	傳奇六十八人（兼者七人）
8	江蘇	一百零一人	雜劇廿五人	傳奇七十六人（兼者十人）
9	陝西	三人	雜劇二人	傳奇一人
10	四川	一人	雜劇一人	
11	湖北	三人		傳奇三人
12	湖南	七人	雜劇二人	傳奇五人（兼者一人）
13	福建	二人	雜劇一人	傳奇一人
14	廣東	一人		傳奇一人

由此統計看來，雜劇作家的地域多在河北（佔三分之一），山東（佔十二分之一），山西（佔十二分之一），浙江（佔三分之一弱）等地，傳奇作家則多在江蘇（三分之一強），浙江（三分之一）兩省。其他各省，俱不佔重要地位。

雜劇作家地域的分配，這裏所得到的，仍和宋元戲曲史裏差不多。至傳奇作家的地域統計，因尚未見到前人的著作，自無從比較。至於二者地域的分配不同的原因，這裏限於篇幅不能論及。然在王靜安先生的統計裏，知道元中葉以後戲曲作家的中心已由北方移到杭州，則江浙二省繼起爲傳奇作家的中心地域已是非常自然的事了。

（四）戲劇作品的產量問題　除掉以上三項，這也是一個極可注意的事，因爲作品極少的作家除掉他的作品眞能出類拔萃以外，是不能給整個戲劇有多大影響的。所以我們於知道了戲劇作家的地域分配以後；還要知道他們的產量怎樣。這一項，我們可以把那些里居無考的作家的作品也一同統計的，得的結果，却是這樣：

甲，每人有一種作品的：雜劇六十五人　傳奇一百六十七人

乙，一種以上十種以下者：雜劇八十八人　傳奇九十人

丙，十種以上二十種以下者：雜劇十二人　傳奇六人

丁，二十種以上：雜劇：二十四種一人，三十種一人，三十四種一人，六十三種一人。

傳奇：二十一種一人，二十三種一人，三十種一人，三十三種一人。

這產量特多的八個作家的地域分配，是這樣的：

雜劇：二十四種：元彰德鄭廷秀，三十種：明金陵朱權，三十四種：元東平高文秀，六十三種：元大都關漢卿。

傳奇：二十一種：明吳江沈璟，二十三種：清蘇州張大復㈢，卅種：清吳縣朱佐朝，三十三種：清吳縣李玉。

八人除明朱權外，皆生於當日該種戲劇最發達之地。

由於以上四項事實，我們對於戲劇得有下列五種概念：

(一)雜劇盛行於元朝，明清以來漸次衰微。

(二)雜劇作家以河北人爲最多，次則爲杭州人。

(三)傳奇盛行於明朝，元則甚少；清雖較明作家少不了許多，但地域分配遠不及明朝之普偏。

(四)傳奇作家以江蘇人爲最多，浙江人次之。

(五)出品最多之作家多產於戲劇最盛行之地。

將來我們若有機會能詳細地再就實際所有的來統計一下，結果當然是要更詳確更可靠的。但是這裏所得的，總不會離着正確結果太遠，所以也可說是一種很重要的參考。

注：㈠王關西廂記係合五本雜劇而成，曲錄悞入傳奇類，今正。

㈡王伯成天寶遺事係散套，曲錄悞入傳奇類，今正。

㈢曲錄雜劇部收吳昌齡雜劇十一本，而悞將西游記六本入諸傳奇類，今改正。

二十三年六月，於故都庽廬。

游歷瓊州黎峒行程日記

光緒十三年(一八八七)十月二十一日至十一月二十二日

胡傳

光緒十三年十月二十一日，由瓊州府起程。出西門五里曰雨水村，往年防海駐兵處也，營壘尚存。又十里曰酒

陽村。又沿海而西，折而稍南，十里曰長坡。岡阜回環，磊磊之石露出無數，大小不等，石皆有孔而形圓。土人取石壘而成垣，聯絡若花格，而耕其中。高處種蔗與山芋，窪下之處則藝稻。晚稻已登場，頗豐熟。而路旁又見穀種初布者數處，秧針刺出水面者二處。蓋稻三熟，四月種者六月熟，七月種者十月熟，十一月種者來春三月熟也。又十里曰那柳村。地處高岡，土沃而厚。又西，地平而漸低，皆水田。十里至龍山。

龍山之南有長岡，自東而西。岡上徧種蔗。岡北有村曰撥雲。又北曰夏西村，瓊山澄邁于此分界。有河自東而西，可舟行達澄邁。

二十二日，自龍山雇船，過海邊村而北，折而西，過坡長村，計水程十五里而至廣德橋。登岸，已過澄邁縣城里許矣。過橋而西，十里曰雷公坡。地處高原，北可望海，而居民只三家。又西，過稍陽橋。由高坡上行十里曰多豐社。居民約三十餘家。又西二十里，過那黎穴。無橋有渡，無渡夫，涉水而過。只居民一家。又西，坡甚平曠，迤邐不絕約二十里，惟中數里係沙岡，其餘皆赤土而無開墾者。直抵青山，乃見居民。青山一曰森山，一曰福山，市集處也。瓊軍前營右哨駐此。是日，哨官李有明郭雲貴各帶哨勇同至此。營官魏慶庭總戎聞由澄邁枉道至金江，與中營會議緝捕事宜，尚未至也。

二十三日，由福山而西，十里入臨高界。折而南，十里曰那靜鋪。居民只數家。又十五里曰松柏橋。又三里曰清多朗村。又十二里抵多文市。一路所過皆荒坡，而自那淨以南，坡尤平廣，淺草中，畦町宛然可辨，蓋已墾而復荒者也。多文有生員姓顏名宗儀，予宿其家，詢以所學，惟咨嗟以貧對，問以地方利病，則謙言不知也。

二十四日，由多文而西南，十五里曰美凡村。坡地平衍而多沙。其西南一岡環之，低處為水田，高處皆未墾荒地，徧生小樹，高一二尺許，與澄邁之僅生淺草者不同，知其土沃于彼也。由村而南，十里至岡曰南肚川。有居民一家。過岡而南，十五里曰古留。居民亦只一家。又南十五里，路旁草舍或間一里一家，或間二三里一家，寥寥如晨星。又南，兩岡夾之，中成窪地，民刈稻于泥塗中，曰夾流。蓋山水所聚之區，民知蓄以溉稻，而不知開溝使可洩潦也。又南五里，抵和舍市。地在臨高之南百里，居民約二百餘家，皆客民之久居于此，與土著者同。其四鄉所散處者，則新客也。

瓊軍右營右哨新移駐于和舍。予本奉朱觀察札查點該軍人數。至此，遇其右哨，而札未交該營帶官，未便遽令集隊聽點，密查其數，共計三十七人。詢其哨官陳麟祥「哨勇均在此否」？答云，「在此者四十八之數，餘差赴四鄉偵探未歸也」。該哨官頗熟黎中道路，詢問久之，復取一路程單而歸。少頃，陳來答拜，復久談而別。

二十五日，由和舍而西南行十五里，路東曰龍南，約十餘家。西曰排總村，約三十餘家。地頗平曠。折而西，十里曰新市。又西五里過石橋，入儋州界。又西南十里曰美富。居民三百餘家。光緒五年客匪之亂，該村紳民自募鄉勇五百以守，鄰近二三十里小村之人爭移入該村居住，恃勇以無恐。既而勇與匪通，陰相結以圖，該村被禍最慘酷，死者約二千餘人。其地低處多水田，高處則一片荒莽也。又十里抵那大市。居民約五百餘家。

瓊軍右營管帶官朱簡臣副將原帶二哨駐那大。其右哨已移赴和舍，即昨日所見者。其後哨自九月下旬入白沙峝查案，十月初回那大，其哨官盛萬盈染瘴而疾，勇丁病者二十餘人，皆至今未愈。予至，朱副將以實情告，并言現能起而應點者只有二十餘人，明日至南豐詢問撫黎局當知所言不謬。答以既只二十餘人可以不必點名，由該營自行據實稟報可也。前見澄邁民呈稟中有那大一帶現復私造黑旂等語，密囑其加意防察而回旅舍。朱營官來請往伊公館，力辭之；將送禮，峻拒之。那大相近五六十里內所有新客民之為匪者，經方觀察捕誅百餘人外，餘皆逃散。其留者皆有十人互保，故近日尚安靜。惟西北距儋州百二十里路僻，途中行旅時聞有被擄刦者。

瓊軍中營派隨勇弁陳榮貴自言稍有感冒，即作書遣回金江。

二十六日，由那大而南，稍東，十里過河，曰白茅村。又十里曰紅坎村。官軍所開道甚寬平，而大半茅塞，人行者少也。又十里，抵臨高之南豐市。民黎交易處也。其地南接乾脚上水下水諸峝，西阻白沙，北連南洋，為走集之都會，而荒僻殊甚，前固為黎地也。入撫黎局拜洪君範卿黃君炳臣，即住局中，右營帮帶官王君光發前哨哨官楊朋舉來拜，言已另備公館，辭而謝之。其左哨則已移赴茅地駐紮，距南豐九十里。

二十七日，點右營前哨勇數。到點者二十九人，病者六人，餘皆奉撫黎局差入黎峝，帮散衣褲。

予自瓊州雇夫五人至那大，換五人至南豐。自南豐入黎地必改雇黎夫。據洪君範卿云，黎中路多峻嶺，黎夫不能任重，肩輿須雇四夫乃能抬。每担只能挑三十斤。入黎米可就地買食，水亦可飲，無須用沙漏，此沙桶可無須帶行。原來行李二挑，可改作三挑：備錢隨路發夫作一挑；備蔬菜油鹽自食，及鹹魚菸葉用以賞黎總營哨官當作一挑；又從人太單，須添勇四名，又局派通黎語者一名，當另雇一夫挑從人行李。從之。共託雇黎夫十名。

問洪君範卿「久居那大南豐兼入白沙峝，獨不染瘴，保身别有道乎？抑禦瘴有術乎？」曰，「染瘴與否，皆有不知其然而然者：謂黎中天氣尤炎熱，而夜及雨天風寒侵人肌理，則入黎者，誰不知加衣？謂林谷間草木腐爛鬱積之氣薰蒸，人觸之必病，則鼻觀幷未聞香臭而亦病？謂水有毒，或疑黎人置毒，則同飲者當同病，何以竟有不病者？謂秋冬無瘴，十二年十月二十日瓊軍入白沙峝，至十一月初二日合營大半報病？謂春夏瘴盛，十三年二月三月軍士開番打番崙路不病，四月開紅毛路者多病，六月因別差事入山者復鮮病？謂黎中物不可食，予在黎中日食牛羊雞猪等肉及鮮魚蔬菜瓜果，而獨不病；眞有不可解者。此次用兵，東西二路殺賊不過三百餘名，而我軍官弁勇丁瘴故者至三千餘人之多，可歎也矣！」

二十八日，雨。作函稟朱觀察，報將入黎峝。

洪君言「現奉札令於南豐籌開官市官行，體察情形，有四難：一入峝之黎客自有貲本者少，領行本者多，官招黎客則無本者來，有本者必不來，行賒貨于客，客賒于黎，其轇轕不清乃常情也。客欠行本不淸不能另投行，其所購之黎貨不敢交他行，亦常情也。官招之來，則其原交易之行必譁然投局評論，曲直不休，此一難也。一商賈不能不賒貸貨物于花戶，其所賒貸之價較現錢交易者必加一二分，防其虧負不能完淸也。商賈每歲將此等未收之帳或十作五，或十作三，或竟不作數，斯可核實通盤，官中交代，不能如此，二難也。一南豐一帶，處處有墟，今日在東，明日在西，黎貨不能日日集于一市。設官行而山貨他往，聽之，則坐食無所取利，分設于各墟，則人多費益多，終亦難取利，此三難也。原領官領本百兩分四年拔歸，每歲已取息二分半，加以行中薪水食用必每値百文之貨加四五分價出脫，而後足以取盈，恐市上無此厚利，此四難也」。

是夜，所雇黎夫至，言定送至番崙每名給錢三百文。

二十九日，兩未霽，復留一日，聽洪君言諒山失守及克復事。

李潔齋，湖南人。徒步出嘉峪關，遍歷新疆南北兩路歸，而赴京師伏闕上書，言新疆諸將帥陰事，語甚切直。

嘗留中半月。既而奉上諭發回原籍交地方官管束。後復至鎭南一帶游歷。光緒十二年聞瓊州用兵，復渡海入瓊軍，請入山自効。未行而疾作。臨終，語同人「毋畏瘴憚入山，我死爲鬼當驅瘴祐入山者」。卒葬那大南山，方觀察爲勒碑紀其墓。予聞亟詢有無箸作。洪範鄉兄言已歸其家矣。惜未一見其人與書。

三十日，晨起天陰甚。洪黃二君堅留再住一日。予以黎夫作已候一日，不可令再候，決計就道。別洪黃二君，偕原從人二及右營勇丁四局差一率黎夫十以行。十里至那口。水西流，深約三尺，撫黎局新造渡船在岸，尚未竣工。又南十里曰打凡村。又十五里曰南陽溝。水東北流，又十里至番打，即乾脚峝也。自那口至此，皆岡隴起伏，高下懸殊，每過一岡，必有一水間之。新開之道陡而峻，新造之橋則皆于八月中爲水漂去不見踪影矣。未至番打之西五里許，地勢稍平而草木尤暢茂。自此而南稍西二十里，涉三奇溝，踰三奇嶺，又十里，即至番崙。黎人約四十餘家。其時撫黎局奉督憲檄新給黎中婦女衣褲，聞官塲人至皆衣新以出，老幼一色，或立門前，或露半身于門樞間，咸嘻嘻互相顧視而笑，若跼促不自安者。其不慣穿華衣之情宛然如繪也。是處米每升錢三十文，購三升炊以作晚餐，九人食之皆果腹，升大可知矣。是日計行八十里。

凡開路傍山沿溪斜迤而上，則峻處亦可使欹而平。陡起陡落雖捷直，雖不高，亦峻而難陟。新開路隨電線行，故峻處多。

十一月初一日，由番崙而南，地稍平。十五里曰孔廠村。居民約三十餘家。又十里曰婆打村。北倚山，南襟水，種檳榔甚整齊，居民約二十家。又十里至黎板村。其地岡阜夾溪，殊狹隘。又十里緣溪行，路甚窄，至加來村。是日計行五十里。每夫給錢一百二十文。自此以往，至打寒只三十里，令黎哨官覓夫，許以每名給錢一百文。復求增加。加二十文，意似尚未饜。問其姓名，堅不肯自言。再問之，遂趨避。問「夫有否」？曰，「有」。黄昏後聞鳴金擊鼓歌唱聲，蓋哨官覓夫，諸頭人皆集，各歌以爲樂也。

初二日，由嘉來而東南，約二里許，即上嶺。折而東而北，至嶺頭。約三里許，嶺頭有黎人二十餘名刈路中草萊。蓋嶺今春新開，行人少，茅復塞之，今聞官塲人至，始集衆復刈草也。其時山間霧大作，小雨霏霏，人相去二丈許即不可辨。又約五里曰肯東村。復過嶺，下澗，折而東，過水，復上嶺，折而南。既過嶺，復東約十里，又踰嶺而南約十里，山谿中有村落曰打寒。是日計行三十里。

是日冒雨行。草中有虫灰黑色，或長寸許，或二寸三寸三半寸許。行二百步許，足上必有虫四五纏之，亟宜撥去，少頃，即刺入膚孔中流血。予僕侯二云，安徽水田中亦有此虫，見石灰則化。

初三日，大霧而雨。黎夫已齊，遂冒雨行。由打寒而東南，沿小溪兩岸，皆水田，路甚滑。約五里，過溪上嶺，既下復上，上如登峻坂，下則入幽谷。約二十餘里下嶺過河，曰毛丹村。其相近者曰岩寒村。二村共約三十餘家。又東五里至紅毛峝。其前黎總管曰王文昌，故村亦名文昌村。今總管即其弟文星，往凡陽未歸。村有瓦屋二，總管兄弟所居也。是日所過嶺頭，望五指山如在目前，爲霧所遮竟不能一見。計行三十五里，每夫給錢一百文。

由打寒南至草嶰計程三十五里，東南至紅毛亦三十五里，而由紅毛西至草嶰十五里，繞至紅毛迂而遠矣。

黎人耕田不知用犂起土，以水牛四五頭多或六七頭亂踹田中，使草入泥中，泥湧草上，平之以栽秧。低田常有水者二熟，高田一熟而已。

初四日，由紅毛復回來時原路，西北行過岩寒毛丹。涉水至長鼎村。折而西，沿大河而行，涉水三次，十五里至南岸曰草嶰村。又涉水而北，沿河行約三里許，水深不得過。復緣北岸石壁行。石峭峻，崚崚如刀戟。水流石隙間，浪如雪，聲如雷。其下石爲水所激磨，其渦如釜，如盆盎者，大小不一，皆圓而光。其旁方如井，長如槽者，亦皆如鑿成，人行其側，如坡公所謂「履虎豹，登蛟龍，懍乎其不可留」者約二里許，路雖險，亦奇觀也。度險得平路，十五里至他運。過小溪，折而西北。踰嶺復西南行，二十里至打三烏。是日計行五十五里，每夫給錢一百文。

他運村南襟大河，其東有山溪，村人以石作堰，壓其溪流蓄水使高，如安徽之堨緣，山腰而西而南，開小溝引所蓄之水以灌田，如安徽之圳能，興修水利，殊可喜也。

由他運而東南望，五指山爲雲所掩，僅見一峯而已。

初五日，由打三烏西南行，涉水二次，計廿五里至毛陽。又西曰毛贊。又南曰毛貴。平田甚多，而皆久荒不治。其人皆居兩岸高山深林中，無居于平地者。又十里曰毛能，曰毛或，情形與毛贊同。又約十里，路爲水沖去，行岸畔石上，甚險峻，有僅容足趾者。既踰險，西折而上嶺。山行約十里，下嶺，平田荒者尤多。下嶺路旁林邊見彩蝶千百成羣，穿林出入，聚而不散。從人以爲必有香木，將入林尋覓，予亟呵止之，恐有毒也。遂疾趨而過。至河，水深及臍。過河，即凡陽鍾教諭仁龍所帶瓊軍左營駐此。旣相見，詢及地方平田，始知此一帶自光緒五六年以後，屢被崖州黎匪刦掠，牛隻俱盡，民皆避居于山林，平地茅舍均爲賊燬。今年九月初一復被士塘官方多潤多港萬銃黎三百餘人刦掠一次。毛貴王陋簡家被擄子女七口，勒令取贖。大兵甫旋，小醜敢爾，殊可惡矣。是日行五十五里。

左營駐平坡，樹木爲栅，蓋茅棚以居，幫帶王君奉龍不解漢語，其勇大半鍾君鄉人也。所用皆來復鎗，無後門新式者。

初六日，邀札點左營勇數。其應點者計一百九十三名，其出差者十九名，告病者二十名，病故未補者二名，留府城者十四名，共二百四十八名。校閱其技，惟幫官五鎗全中，勇丁能中三鎗者僅三人而已。賞三勇每人五開洋銀三圓。

聞十月十六日士塘有傳箭事。

自南豐至此，皆行黎峒惟紅毛凡陽水土惡，飲之腹痛脾洩。左營弁勇亦患此。

初七日，黎人王陋簡等聯名呈請代稟上憲徵辦匪黎。計開匪首吉狗浪岸吉那熊王打來王阿五劉那燕劉那惑那阿葉二那阿農劉那禁皆士塘人。士塘即頭塘。劉打核那打麥劉廣廟皆官方人。劉應岸劉阿生劉艾豪皆多港人。王陋爽王那算王那惠王那混王那文德王那文暇王阿隆王打麥二皆萬銃人。

鍾竹汀廣文送程儀一封，約洋銀三十大圓，力卻之。走馬送予，及河，復出以贈，復卻之。右營勇四名南豐局差一名，過河分路回南豐，給路費洋銀六圓。左營派四勇送行。

由凡陽復涉河而北，緣岸西行，三十里曰南勞村。平田亦多荒者，而地則愈開曠矣。折而南十里曰志外。又十里曰南板。此處西倚山，東南襟河，北爲凡陽之障，山環水抱，頗爲形勝。河水深丈許，以竹筏渡。南岸有村曰邊水。平坡尤寬衍。又二十里，過河曰抱田。河以北黎屬定安，河以南黎屬崖州。由抱田而南，十里曰抱由。又十里至樂安城。是日計行九十里。

自紅毛以北，皆崇山峻谷。自凡陽以東，地稍開展。凡陽地面方廣不過五六里，四面環以山，海忠介謂凡陽毛贊之間可建一大縣，殆未親至其地，一觀廣狹何如耳。將來若添城設縣，據形勢莫如南板，取寬曠莫如邊水，凡陽不足道也。

鍾君言欲招黎中客設市于凡陽，毋許入居黎村，私與黎貿易，貿易必于市，官可就近爲平物價，亦禁盤剝之一法也。

自南勞以南，土地辟，田野治，路平山低，人庶歲豐，而穀賤甚。不意黎中乃有此好區處也。

樂安米每升重二十兩，計錢十四文。瓊州米莫賤于此處矣。

自南豐以至凡陽，共計三百零五里，皆生黎所居，山最深林最密之處也。其中並無平廣之荒地，亦無大林，間有茂密之區，亦淺露于山阿之外。其材木以雞子木臙脂木油楠綠楠爲佳，而每處不可多得，其出山易者已採伐罄盡，今惟層山峻谷中間有一二株數株而已。凡言黎中多腴地，多材木，皆耳食之談也。又有一種苗人居無定處，每向黎人租山而伐之，盡則易處，不居平地。凡陽一帶山中，間有二百餘家。

樂安城傾圮大半。城中無黎，只客民六七十家。井水不可飲。汛官何秉鉞往崖州治病，瓊軍後營前奉札移駐于此者亦尚未到，聞鍾竹汀廣文言後營已有差弁二人在樂安，予至樂安亦未見也。諺云，「崖州鬼，樂安水」，言能禍人也。

多港多澗在樂安之東十里，官方頭塘萬統距樂安均二三十里，駐兵于此，以衛山內生黎，以鎮山外熟黎，不可緩也。

初八日，由鄉約代覓黎夫八名。出南門東南行，約五里，轉而西南行，約十里曰樂岡，又南十五里曰大案，皆平地。又南踰二小嶺，復就平地，計十里至浮淺村。是日計行四十里。

生黎所居之茅棚，上圓如船之篷，下以木架之，或高尺許，或高一二三尺，用竹片或小竹排而編之。坐臥于其上。其下透空，犬豕可入。兩頭或一頭爲門，亦如船。熟黎茅棚上式同。下就地排木以竹簾鋪之，高不過二三寸，爲床以臥，亦有臥於地者。自番打以至紅毛草蟹他運打三烏，黎人男皆穿褲，女皆穿筒。毛贊以南之黎，男則以布五寸許遮其前後或僅包其前，俗謂之「包卵黎」者是也。女所穿之筒，紅毛以北，皆以自織之斑爛花布爲之，凡陽以南，多用洋布。其耳掛徑三寸許之大銅圈，面涅花紋，則同也。古羅活城遍訪無知其處者，疑即今之樂安城。

崖州黎村每有學堂，有塾師課孩子讀書。是日至浮淺，宿於學堂茅棚中。以筆問塾師以九月初一毛贊事及十月十六士塘事。答與所聞略同。問以匪首，則堅言不知爲誰。

初九日，由浮淺而南，十五里至覃寨。又十里曰抱懷。又三十里曰抱蘊。又十里至大力村。又十五里至小力村。又二十里至崖州。入西門，出東門借寓于四邑會館之西廊，已初更矣。是日計行九十里。一路所過，非岡即嶺，間有低平之田，亦狹而不廣，村落亦稀，新開之路茅草雖復刈去，而行人殊鮮，無怪途中屢有搶劫也。

自凡陽起程而南，黎夫或十里一換，或二十里一換。由凡陽至樂安凡換夫六次，皆黎夫彼此自相呼喚接送，隨到隨換，一呼即集，此接彼即去，不須給錢。樂安至浮淺未換，每名給錢五十文。浮淺至崖州惟至覃寨換一次，至抱懷抱蘊欲換，而村中男子皆外出收穫，村小男丁亦不多，覃寨夫直送至崖州，每名給錢一百文，崖州常例，用夫一日給百文也。

崖州文武官聞均赴籐橋查辦過山黎匪未回。

初十日，擬稿電稟道憲：□於十月三十由南豐入番崙，東至紅毛，西過毛贊毛貴，抵凡陽。初六日，遵札查閱左營。九月初一，有士塘官方多港多建萬銑黎吉狗浪岸等，率匪三百餘人劫掠毛貴等村人畜。十月十六，士塘復

有掛紅集衆事。幸二十後，左營至凡陽，亂未起。□沿途查訪，二事皆實。惟匪首係黎呈所開姓名，確否未探實。大兵甫旋，小醜即敢聚衆三百餘人，出境百五十里，復敢傳箭，似宜亟懲以折亂萌。查士塘多港等村皆在樂安東南二三十里內，可否報省兼飭催後營速進樂安，偕左營會同崖州文武速查辦，請酌。□於初九日抵崖。該州文武均往彈壓過山黎未回。賤軀幸平安。此稟。計開匪首二十三名。

又擬稿電稟督憲撫憲道憲：□於十月二十一由瓊而西，經澄臨，至那大。又南至南豐，取道入黎。過番打番崙打寒東折至紅毛，西經草蝋他運打三烏至毛贊，此以北，皆崇山峻谷，無平荒，林亦少材木。由毛贊毛貴毛陽西至凡陽南勞志外，此以東，稍寬曠，然平田亦無多。由志外南經南板邊水抱甸抱由至樂安大案，此百餘里中，土地辟，田野治，路平人庶，歲豐穀賤甚。又南由浮淺覃寨抱懷抱蘊大力小力，於十一月初九至崖，則岡隴多地轉狹矣。自南豐達崖，直穿黎心，所過惟紅毛凡陽水惡，飲之腹痛脾泄，鍾營在凡陽亦患此，餘俱無他。論目前黎情及地勢要害，宜駐兵莫如樂安，購糧亦易。此地方實在情形之大略，其詳容後函稟。恭請鈞安。　此稿十一日由電局發回

云，電綫斷，不能報。

申刻，樂安汛官何秉鉞來見。詢以地方黎情，則多方諱匿。詰以九月初一十月十六二事，亦不肯遽言。再三詰問，始言「多港多㵎頭塘官方之多匪久矣，官卑職小，言之上司以爲多事，故不敢言也」。問以匪首姓名，答云，「皆總管哨官頭人，地方有册查之自知」。問誰最兇惡，仍諱匿堅不吐實，刁滑可憎。

十一日，前崖州知州李君開庭來拜，現奉委在崖招商股開辦官墟也，云已招有九十股。電報局發回昨日稟督撫道三憲稿云，綫斷不能報。

擬稿函稟道憲：昨日電稟，想已蒙台鑒。我公智燭幾先，預調兵進凡陽，褫奸魄，銷亂萌，已爲地方造福不淺。伏查黎患在熟不在生，在山外不在山内。兵駐凡陽樂安握内外之樞紐，衞生之良，鋤熟之莠，二者均便。後或有他變，兵由外入，亦可冀收夾擊之效。海忠介言「據東西南北之中，狀虎豹在山之勢」，即在此矣。管見所及，願效千慮一得之愚忱，條陳于後，伏乞採擇焉。

一，凡陽水惡，樂安城中井水亦不可飲，兵恐難久駐。查凡樂之間有南板村，地頗形勝，左營甫于凡陽樹柵結茅以居，未便遽令再移，可飭就近相度南板，預爲經營，以作後圖。

一，凡陽毛贊一帶之黎，屢被匪掠，久棄平地，退居山林，久無牛，田皆荒廢，嶺門局發牛，亦未沾及。該處或購牛二三十頭，購犂稱是，以給黎人（嶺門局發給紅毛峝之牛亦有不服山草而斃者，須購崖州黎牛），招就平地，選左營勇之知以犂耕者教之用犂。購牛犂費不鉅，以犂耕用力少而成功多，左營近在凡陽以之教耕，似均便也。

一，樂安米升重二十兩者價只錢十四文，購五百石使足一營一年之食。糧爲軍中要需，可否先發一月餉銀，令營積軍糧，而于此後每月發餉分扣歸款。請酌之。

一，左營所用皆前門來復鎗，可否發給後門者數十枝。請酌之。

再稟者：昨日電稟後擬再發電，而局言綫斷，稿已發還。聞崖州陵水一帶，熟黎屢出刼殺，大兵之後似毫無畏懼，禍發恐不在遠。其勢散漫多烏合之衆，諒不能爲大患，而我兵不能耐瘴，不能深入，前車之鑒，最爲可慮。左營在凡陽勇多腹痛脾洩之病，□至凡陽亦苦此。冬時如此，來春恐或甚于此。後軍到樂安後，請飭速查辦土塘多港等村黎匪，「兵貴拙速，不貴巧遲」，二語乃目前要圖。至謀久計，須練耐瘴之兵也。請我公預籌之。□擬明日起程赴陵水。又稟。

答拜李君開庭。座遇崖州生員林承先，詢以黎事，談久之。

崖州漏網匪首王亞亂王怕動修王亞馬李亞書董亞貫林怕且六名盤據東峝，高亞厚符怕凱盧益彥麥亞橫四人盤據西峝，皆黎匪。又有謝其清黃亞福秦老開三人，土匪也。

崖州田賦額銀一兩折錢一千八百文，民色米一石折錢四千文。黎賦額銀一兩折錢二千五百文，色米一石折錢五千五百文。

東黎匪村抱寨抱丑大烟紅花力村等村最著。西黎匪村角牛官方頭塘(卽土塘)大抱過小抱過等村最著。

本年大兵撤後，四月下旬，黎匪刧牛于山脚村，刀傷二人，斃一人。五月初，東黎殺劉州牧保林親兵于廻風嶺。五月，黎匪砍電竿于坡頂。八月廿九日，力村峝昏約村黎劫死武生蕭國英于溝邊。九月十六多港峒牛角黎殺方上祿于山邊，劫商民于燥水田。九月廿五廿九日，過山黎歃血謀叛，掠陵水民牛。十月初旬，官方頭塘角牛黎會盟謀叛，數出境劫掠。

以上皆林生員所言。

崖陵交界處有狋黎六村，素多匪，地與屯前刁鵝相近。狋匪首目怕用丹(卽怕勇旦)。

崖州民間無當鋪，而文武大小各衙門各開當鋪。皆可以物質錢。每月六分起息，三月期滿，不贖卽不准再贖。其始衙門之僕從爲之，繼而帳房爲之，今則官自爲之。去任之時，其存心良善者，減息三分，令民取贖，其從人之私質者不減，習以爲常，眞奇聞也！

十二日，因夫未到，未起程。林承先至，詢以黎村道里。

抱寨抱丑大煙三村，在崖之東北九十里，其東南距三亞三十里。紅花落崩二村，在三亞東北三十里。大茅峝在三亞東五十里，距藤橋四十里。力材峝在崖城正東六十里，其北四十里卽抱寨。大抱過小抱過在樂安西七十里。過山吊羅二村在崖州東北二百二十里，距藤橋四十里。哱黎六村在崖州陵水交界處。

午刻接朱道憲電報，卽電復：灰示奉到。昨電阻，已另具稟交驛。明日起程赴陵水，如託福無恙，當再由寶亭入水滿，出嶺門回郡。復擬簡稿電稟督撫二憲：□由南豐直穿黎心，已達崖州。查紅毛以北，皆崇山峻谷，西折至凡陽稍開展，均無平荒，亦少大林。南折至樂安，百里中，土地辟，田野治，歲豐穀賤甚。黎山內弱外多反側，宜防。此禀。

是夜，林生員復至。詢以黎匪起事始末。太息而言，曰，「往者符河店之亂，攻之不勝，誘而斬之，其弟怒，集黨東西出掠各數十村以洩忿。官兵無如之何，卒以招撫了局。黎無忌憚，由此始也。東黎大茅大煙抱寨抱丑匪黨藤橋會匪，時出刼掠，迄至光緒十二年之亂，實始於感恩之陳宗明。而出刼定安者，大半皆多澗多港南崙抱寨及陵水孝黎，當事者乃以萬州陳中明爲罪魁，陳固匪首，而此次實未出巢，又未能勦多澗多港等匪，轉以頂帶榮之。匪黎以此誇耀于良黎，良黎亦思爲匪矣。地方何能久安！」問「感恩陳宗明何以亂始」？曰，「陳會匪之首也。會匪攻感恩黎，不勝。陳乃招藤橋會匪五百人往援。感恩黎敗，則求救于崖州多港多澗黎。崖黎以二千數百人往，復不勝。黎死二十餘人，會匪只死二人。黎乃以衆圍之。又數日，不克。感恩黎復求援于儋州黎。儋黎亦以二千餘人來援。會匪懼，陰賄崖黎而私與連和，乘夜脫歸。崖儋二黎爭功，各責賄于感恩黎。不滿其所欲，各大掠而歸。文武官無過問者。此光緒十二年六月下旬事也。崖黎旣出境飽掠得志歸，七月，遂合陵萬黎，出定安大掠，復各飽載回巢。大兵來勦什密寥二南崙而已，餘則就撫，各得頂

戴。十餘年來，爲匪之黎得志者多，受創者少，亂何能已耶」！又言，「今人惜無王陽明先生之學問經濟，若能如王之勦大洲，則可矣。甚矣，良知之學不可不講也」。問，「生平爲陽明之學耶？」曰，「講究已三年矣」。曰，「陽明平賊，其得力處在于地勢賊勢知之甚詳審，此乃程朱即事求知之學，非致良知之功也」。林聞此語，首肯者久之。復與語心性理氣四者之不可不辯。至三更後乃別去。

十三日，辰初由崖州而南，過河十里曰南山墟。又五里曰南山嶺。折而東，十五里曰新高汛。又二十里至馬嶺。又四十里至三亞汛。三亞港在汛東十二里，大船載萬餘斤者可入，又東五里曰衣領港則輪船亦可入，瓊州港門此爲最大矣。

至馬嶺時，聞協鎮方州牧唐皆于三亞理程，將至此，而途竟未相遇。至三亞詢之，云，「協鎮州牧昨日至三亞，日見各黎頭人畢，已于午初由此起程回州」。殆中途錯過也。

汛官梁廷驃來見。問以過山吊羅事，皆答云「不知」。問「協鎮州牧至藤橋何事，亦知之乎？」曰「撫黎」。問「撫何黎？何姓？何名」？答云「不知」。問「何以不知？」答云「地有分汛。」問「三亞藤橋相近，又同屬崖

州營，鄉黎有變，而云不知，可乎？」一笑而罷去。從九海祥魁三亞紳士也，亦來見，問以過山事，亦不知其詳。

是日，未早餐即就道。至新高，從人飯予，惡其不潔，未食。至馬嶺亦然。至三亞已黃昏。宿于文昌廟中，空虛無人。命從人尋鄉約至，始得水與柴，迨炊飯熟，已二更矣。將食而海梅春至，命從人先食，予與海談半時許。從人食畢而臥，已鼾聲如雷，以日間走九十里身乏故也。飯畢，令候僕先睡，自出照料門戶，月明在空，光明如晝，宵深人靜，庭樹無聲，僕僕于途，偶得此清寂好景，心目俱爲之一爽。

十四日，由三亞而東北，十五里至坡頂。又十五里至小橋。此處向有二百餘家，光緒六年以後，屢遭匪掠，逃亡大半，田地皆荒，而水土甚惡，往來者相戒勿於此處飲食，即崖州土人亦然。又十里至大茅峒。其西北即南崙峒也。自大茅而北，五里過同風嶺。嶺不高而崎嶇，多曲折，兩旁皆叢林陰翳，幾不見天日。下嶺五里，至嶺下塘，海濱也。

十五日，東北行，二十里曰永寧鋪。沙坡一片，甚寬而平，遍生淺草，稀有樹木，無開墾者。問之土人，云，「土多沙，瘠甚，不能藝五禾也」。又十里，至藤橋鎮。有海港，而大船不能入。市舖約七十餘家，土人約二百餘家。以過山事詢藤橋司陳君謨，云，「地有客民六七家，旁有小黎村九，每村不過數家，多者亦只十餘家，崖屬也，吊羅在其東北，係崖陵接界之山僻處。有偷牛賊藏于此，屢至陵水界盜牛。崖州報賊，探未實也。今已編其戶口，約百餘家。捕得楊阿桓一匪，逃匿于此者也」。藤橋汛楊君廷香來見。言亦同。

冬至節前後，日晷最短之時也。予日日黎明喚從人起炊，視時辰表値卯正，至酉正天始昏黑。海南不獨氣候寒煖與內他異，即時日長短亦異也。

十六日，由藤橋而東北，十五里曰赤嶺，有小村曰頭鋪灶。又七里曰孤屯。入陵水縣界（其北八里即吊鶉）。又東北八里至五村，過加獨嶺，嶺只一土岡而已。又十五里至九所。自藤橋至此，地濱海，白沙彌望，高平之處，淺草平鋪，無開墾者。窪下及坡之四邊欹斜之處，略有耕植者。凡地屬高坡，雖平曠而土深厚，墾而種植其收成必減于低處二三分。蓋其地四無遮蔽，晴則風吹鬆土以去，雨則水漂土膏下流，且禾苗茂時，多虞風災，此等情形，內地各行省山鄉之所同，海濱沙岡不待言矣。由九所東北二十里至鹽灶，又十五里至嶺頭。又十里至陵水縣城。

是日東北風甚大，當面吹來無可避禦。午刻至鹽灶時，身忽發寒，亟加衣而熱作，頭疼腰痛。下午風愈大，至陵水，天已昏黑，飲熱茶大汗出，臥至三更，熱始退。

十七日，至撫黎局拜總辦席春漁太守及文案委員丁養泉張少堂。得朱觀察十六日電示，令歸郡由西路轉，會于和舍那大一帶。又往拜陵水縣饒春帆別駕。甫回寓，席太守朱軍門枉顧，丁養翁亦至。

饒別駕送錢三千及箇葉紙燭倚墊茶碗等物，留碗及墊，餘均璧。

朱軍門訂明日巳刻招飲，席太守訂明日申刻招飲，均以疾力辭。丁養翁懷甯人，以鄉誼送菜四大碗，收其一，璧其三。饒別駕來答拜。

十八日，擬稿電禀道憲：十六抵陵水，微感冒，十七幸已愈。奉銑示令歸轉西路會那大，查道里惟由寶停水滿八九日可至紅毛稍近，餘均遠。由江西北，四日可達南豐，東至嶺門，西至金江，五日亦可達。容隨路探憲駕所至，趨迎。在陵再息一日，便北行。□禀，巧。

席太守丁養翁便衣至，面言申刻一叙，但具蔬菜。辭以實有疾，兼已懇縣代雇夫，須料理一切，懇容心領。蕭軍門枉顧。饒別駕從人來下帖，訂明日招飲，兼言明日夫恐未能齊。作書謝鍾教諭，遣四勇回營，各賞洋銀一元，又給路費一元。據勇言由陵水西北赴凡陽，五日可達。

午刻寒熱忽大作，頭疼週身骨節皆痛。至酉始汗出。至二更後，熱乃退。席太守送菩提丸一包，觀音膏二十張。

十九日，用葱白三條，薑三片，紅糖少許，煎菩提丸五圓服之。

席太守丁養翁來問疾。養翁送布帳一、太守送醃菜鹹姜等數種。饒別駕來問疾。

擬電禀道憲：十八電禀後，寒熱復大作，勢似瘧，藥之，愈當速。俟愈，即就道。□禀，皓。

二十日，巳刻覺微寒，即擁被臥。寒而熱，皆較十八日減輕，而久不出汗，令從人煮薄粥乘熱啜之，冀催汗出也。不意粥纔下腹，即大嘔吐。吐已，身困倦甚，臥而大汗出。丁養翁來問疾，臥不能起與談矣。

燈下席太守丁養翁同至。太守送新會橘八枚，囑茶水不可多飲，正患口渴喉乾，多飲茶而不解，剖一枚食之，眞如甘露也。得汪鐵舫十九電報，晚又得道署二十日電復，均勸勿再入峝，由大路回郡。

劉庸齋先生所刻治瘧三方，屢試屢驗，用第一方令從人取藥煎服，乃臥。是夜汗出，至天明未止。

二十一日，席太守送瞽桒四瓶，受其一，璧其三。蕭軍門至，見于臥室，避風故也。以劉師所刻第一方就正于席太守，云，「藥當而分數太輕，宜并三服為一服，濃煎傾出，即更煎而後三分服之。且子已出大汗，威靈仙蒼朮二味可去」。時配一劑，復去威蒼配一劑，并而同煎，二分而服之。服藥後，食粥仍嘔，至晚食飯亦嘔。饒別駕來問疾。夜臥甚不安神，口常作渴，食橘不能解。

二十二日，黎明喚從人起，煮茶飲之，渴不解。溫昨煎成藥服之，亦不解。席太守送小圓藥三丸，令以涼水送吞，從之，亦不解。復飲茶，轉覺喉乾口苦，連食二大橘，以甘蔗煎濃湯飲，亦不能解。午初，非寒非熱，焦灼異常，無可如何，惟煮薄粥湯，冷而頻頻飲之而已。

守三先生名傳，字鐵花，胡適之先生之尊人，歷官遼學。余外叔祖王勝之先生記其事云：『先生治樸學，工吟咏。性樂易，無城府，興至陳說古今，議論蠭涌，一坐皆傾。體幹充實，能自克苦。甞至南雅州密查要案，自肩行李，孑然就道；比至，遇大雨，午夜叩門無應者，立居民簷下，天明始行。又甞至瓊州查生熟黎互鬭案，深入五枝山，瘴地也，染瘴，一病幾殆；皆人所難。文士脆弱，先生獨否。自言少時負五斗米山行百十里，若無事者』。按先生瓊州之行，時客吳大澂幕，所記不僅歷程，關係掌故甚多，適之先生舉以付刊，可感也。　顧廷龍記。

勺園圖錄考

洪煨蓮著

連史紙精裝一厚冊 定價三元五角

米友石風流氣節，蜚聲於啓禎之間。其山水畫清秀拔俗，與董玄宰並稱；其勺園別業，幽邃出塵，與李園媲美。先生卒後，畫既少存，園亦頹圮。燕京大學前得先生所繪勺園修禊圖於天津陳氏，洪煨蓮先生又經八九年之搜討，參考百餘種書籍，爬羅剔抉，爲錄二百餘條，將勺園故址，考證清楚。今將圖攝影製版，與錄考合併刊行，並附引得及海淀鄰近水道，墨爾根園鄰近，集賢院遺址，集賢院鄰近等圖。關懷故都掌故者，當人手一編也。

發行者 燕京大學引得編纂處

水經注引得

鄭德坤編

二厚冊 定價十元

酈道元水經注，列叙千餘水道，兼及郡邑沿革，古蹟遺聞，首尾詳盡，有條不紊，爲治古地理者所必讀。其所引用古書四百餘種，現時存者十不二三，又爲輯佚者所必資。至其鋪叙山水，狀寫景物，詞致生動，更爲歷來愛好文藝者所欣賞。惟全書四十卷，遍讀匪易，尋檢綦難，學者苦之。厦門大學教授鄭德坤君，年來致力山水二經，頗著成績，特用餘暇，將水經注作爲引得，以爲檢查之助。該書前由燕京大學引得編纂處校訂編排，現已出版。愛好水經注者，當快先覩也。

地學叢書

乙編上冊 一厚冊 定價五角

地學叢書爲已故中國地學會會長張蔚西先生所輯，所收皆屬精博之作，詳目列下：

一，中國地圖學考原……陶懋立
二，西遊錄今註……張蔚西
三，湛然居士年譜……張蔚西
四，成吉斯汗園寢發見記……張蔚西
五，辨成吉思汗園寢書……屠敬山
六，成吉思汗陵寢辨證書……張蔚西
七，答成吉思汗陵寢辨證書……屠敬山
八，再答成吉斯汗陵寢辨證書……張蔚西
九，成吉斯汗陵寢之旁證……張蔚西
十，灤口黃河橋古爲鵲山淤湖說……蔣觀雲

發行者 中國地學會 北平北海公園圖成

商務印書館

景印各省通志

發售預約

廿三年先出下列六種

書名	冊數	定價	預約價	國內各行省郵費	預約截期	出書期
湖南通志	五厚冊	十三元	九元	一元四角	六月底	七月內
浙江通志	四厚冊	十二元	七元半	一元一角二分	七月底	八月內
廣東通志	五厚冊	十三元	九元	一元四角	八月底	九月內
畿輔通志	八厚冊	二十二元	十五元	二元二角四分	九月底	十月內
湖北通志	三厚冊	十元	七元	八角四分	九月底	十一月內
山東通志	五厚冊	十三元	九元	一元四角	九月底	十二月內

同時合購兩種者得照規定價目九五折計算

同時合購三種以上者得照規定價目九折計算

◁印備樣本▷

*D59(h)—23:4

武昌亞新地學社

新出圖書

甲種 中華析類分省圖 表解說明

精裝一冊　定價四元

總圖於地質·地勢·山脈·水系·氣候·農產·鑛產·鐵路·航路·郵政·電政·商埠·都會·政區等，依類爲圖·洵稱創作○分圖於南京市·二十八省·及蒙藏二區，各自成幅，亦屬他本所無○至其調查之確，編製之精，表說之詳，印刷之美，尤爲有目所共賞○

袖珍中華民國分省圖

精裝一冊　定價一元

袖珍世界列國地圖

精裝一冊　定價一元二角

上二種·幅僅盈握·可袖可圖·而衝要地名·仍屬應有盡有·附表亦簡明可喜·學商軍旅·誠宜人手一編·

●新中華民國分省圖●

一冊　一元六角

●新世界列國地圖●

一冊　二元

右二種取材斟酌，附表簡明，適合中學授課之用○中國如位置，山脈，河流，地勢，氣候，政區，人口，鐵路，農產，商埠等人地關係之理，列國，如台灣，朝鮮，安南，暹羅，緬甸，馬來等境域毘連之區，皆另圖表明，以便探討，尤非坊間各圖所能及○

丙種中華析類分省圖

詳附表解　精訂一冊　定價二元

是圖與本社原出析類分省圖，體例一律，因原圖篇幅過大，不易取攜；且需價甚高，購求匪易；故特縮成此本○縱七寸，橫五寸，大可盈掌，可懷可袖○所有自然人文各種地圖，及國內各大城市圖，並經詳爲增入，條例分明，洵爲教科善本○

新國民教育

表解說明

實用中華分省圖　精裝一冊　定價六角

實用世界列國圖　精裝一冊　定價六角

上二圖縱七寸，橫五寸，與教科書本略可相等○中國計正圖三十有二，附圖二十有六，後附說明，內容分自然，人文，要地，及邊疆問題，按類編輯○世界計正圖三十二，附圖二十二，後附說明與中國同，而尤注重世界與本國之關係，地名繁簡，極合初中高小之需○

各省明細地圖

每省一幅　每幅定價五角

各省分縣新圖

每省一幅　每幅定價二角四分

編纂者 顧頡剛 鄭德坤 校訂者 譚其驤

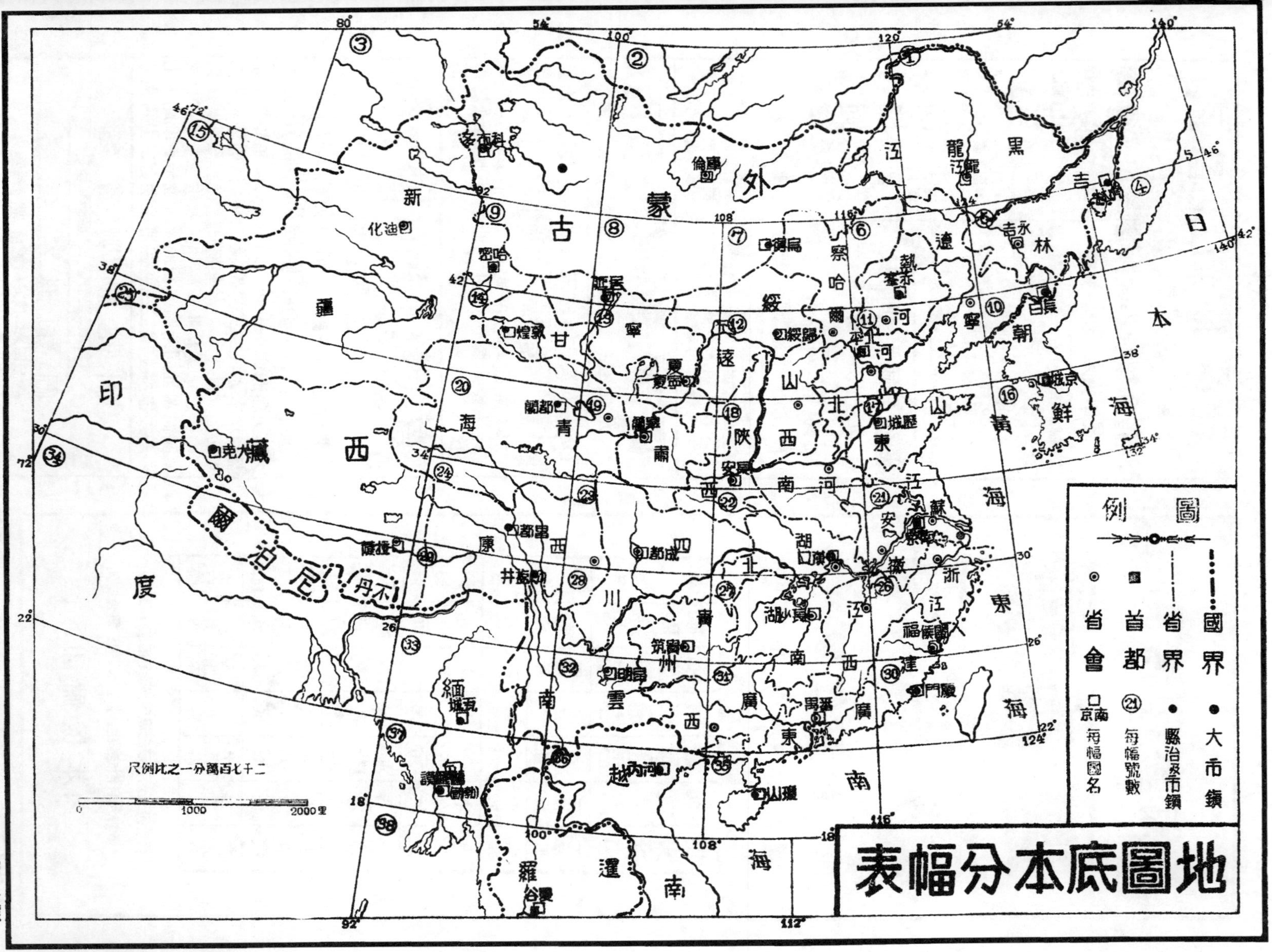

繪圖者 張頤年 吳志順

出版者：禹貢學會。
編輯者：顧頡剛，譚其驤。
出版日期：每月一日，十六日。
發行所：北平成府蔣家胡同三號禹貢學會。

禹貢

半月刊

價目：每期零售洋壹角。豫定半年十二期，洋壹圓；全年二十四期，洋貳圓。郵費加一成半。國外全年加郵費八角。

The Evolution of Chinese Geography

A Semi-monthly Magazine

Vol. 2 No. 2 Total No. 14 September 16th 1934

Address: 3 Chiang-Chia Hutung, Cheng-Fu, Peiping, China

第二卷 第二期

（總數第十四期）

民國二十三年九月十六日出版

內政部登記證警字第叁肆陸壹號　中華郵政特准掛號認爲新聞紙類

巴蜀歸秦考

馬培棠

提要

禹貢編製之年代，疑竇甚多，梁州之初入版圖，亦其一也。考梁州之域，實巴蜀之舊壤。禹貢曰：「華陽黑水惟梁州。」華陽國志申之曰：「是其一囿，囿中之國，則巴蜀矣。」巴蜀處於自然形勢之中，群山環繞，盆地天成，謂之一囿，誠不爲過。故其通於中國也，獨晚。李白之詩曰：「爾來四萬八千歲，乃與秦塞通人烟。」此固不免增飾之詞，而殊足以表示獨立發展之經過。雖然，「四萬八千歲」之始，或可不問；而「四萬八千歲」之終，似不可以茫然。蓋所謂梁州初入版圖者，當於是求之。

世之學者，多據史記秦本紀惠文王後元九年，司馬錯伐蜀滅之，而謂禹貢宜發生是後某相當年限內。竊以爲持此而定禹貢編製之早晚，其欠精確者，凡二欵：一，秦不滅巴蜀，無害於禹貢之加入梁州。蓋惠文王之滅巴蜀，絕非無意中發現之新大陸；乃攻伐往來，多歷年所，而決定之最後勝負。則秦人之對巴蜀，由知名而留意而生心者，已非一日。秦人道之，韓魏聞之，舉天下莫不知之矣。故曰：惠文王縱不滅巴蜀，無害於禹貢之加入梁州。二，即退一步說，非秦滅巴蜀，不足以產生梁州，而惠文王後元九年之記載，亦成問題。蓋列國史籍，刼於秦楚；史記董其殘餘，事次難免淩亂，改元諸王，尤見參差，惠文王後元九年之文，實即初元九年之譌，以致伐蜀一役，移後十有餘年。故曰：梁州縱出於巴蜀滅後，而九年之記載亦有問題也。茲據二款，詳辨如下。

稽古

巴蜀之通於中國，難稽厥初，牧誓所載，其最古乎？王曰：「逖矣！西土之人。」蜀列其次，巴尙闕如。但華陽國志補之曰：「周武王伐紂，實得巴蜀之師，著乎尙書。巴師勇銳，歌舞以凌，殷人倒戈，故世稱之曰：武王伐紂，前歌後舞也。」是牧誓蜀人，實賅巴衆，巴蜀於殷，信而有徵。雖然，尙書三誓，人多置疑，取而據之，有失矜愼。則吾巴蜀史料，此可存而不論。考周人發迹豳岐，立業豐鎬，西河南山，不足爲限，東鄉發展之餘，勢且及於褒國。幽王寵褒姒，即以廢滅。晉語曰：「周幽王伐有褒，褒人以褒姒女焉，褒姒有寵，周於是乎亡。」鄭桓公殉於國，其民逃於南鄭。耆舊傳曰：「南鄭之號，始於鄭桓公，桓公死於犬戎，其民南奔，故以南鄭爲稱。」褒國南鄭，相距密邇，位於華陽，則所謂華陽一圉者，固已溝通於宗周矣。

但褒鄭實介宗周巴蜀之間，周人可以南來，孰謂巴蜀不可以北上。巴蜀亦所謂「西僻」之強也，生息既久，當不自限於岷山之陽；秦更繼宗周之故業，益肆經營：則秦蜀接觸，亦屬意中之事。秦厲共公二年，秦本紀曰：「蜀人來賂。」六國表同。秦蜀交通，蓋自此始；秦蜀爭長，亦自此開端。褒鄭處二大之間，形勢重要。歐陽詹棧道銘曰：「秦之坤，蜀之艮，連高夾深，九州之險。」故視褒鄭之孰歸，可定勝負之大半。及至二十六年，六國表曰：「左庶長城南鄭。」本紀無，集解引徐廣曰：「一本二十六年城南鄭也。」是南鄭始爲秦有。躁公二年，本紀曰：「南鄭反。」六國表同。蓋蜀不甘於褒鄭歸秦，煽使之叛，故惠公十三年，本紀曰：「伐蜀取南鄭。」而六國表作「蜀取我南鄭。」按褒鄭已離秦，何得云「我」，本紀之文，於義爲長，通鑑從之。自此褒鄭終歸秦有。惠文王元年，本紀曰：「楚韓蜀人來朝。」六國表省「朝」字。及至後元九年，本紀曰：「司馬錯伐蜀滅之。」六國表省「司馬錯」三字。蓋蜀既失外戶，又啟內爭，秦人乘之，蜀遂亡矣。華陽國志曰：「秦惠王與巴蜀爲好，蜀王弟苴侯私親於巴，巴蜀世戰爭，周愼王五年，蜀王伐苴侯，苴侯奔巴，巴爲求救於秦。秦惠王遣張儀司馬錯救苴巴，遂伐蜀滅之。儀貪巴道之富，因取巴，執王以歸，置巴蜀及漢中郡。」

於此有一問題，不可不提及一辨者，漢中之郡是也。按褒鄭自褒鄭，漢中自漢中，華陽國志所云云，竟似混而一之，非是。夫漢中，楚郡，王先謙漢書補注曰：「郡名自楚」，其言可據。蓋其命名之義，或由初治西城，居漢水全長之中部，南鄭縣志曰：「指今興安府一帶，古西城旬陽房陵上庸長利諸邑。」亦即今陝西湖北交界一帶之地。上視嶓冢，下瞻大別，郡居其間，故曰漢中。正猶古人呼今西和爲漢源，今人呼古夏汭爲漢口也。楚據漢中，西與秦屬褒鄭接境。秦既出褒鄭之南，而滅巴蜀；更出褒鄭之東，而取漢中。惠文王後元十三年，楚世家曰：「秦大敗我軍，遂取漢中之郡。」自此漢中始歸秦有，而以褒鄭附之。於是漢中之郡，西鄉擴張，幾及漢源；但其名未易，郡治未改。及項羽封劉邦爲漢中王，都南鄭，此後南鄭乃獨擅漢中之稱。學者不察，因謂漢中初卽褒鄭，卒至無解於秦蜀之交。

又巴蜀雖滅於秦，而巴實比鄰於楚。秦出公元年，左傳已載有巴楚往來。本紀曰：「楚自漢中，南有巴黔。」然則秦孝公時，巴實在楚國勢力範圍之內，華陽之圉，從東方非不可通於中國。惜乎楚勢日微，漸不自保，巴蜀開闢之功，卒付之秦。

訂年

秦惠文王後元九年，司馬錯伐蜀滅之。秦本紀六國表所記皆同，已見上引。學者習之，一若毫無疑義；然考之張儀傳，乃竟有出人意外者，傳曰：「張儀遂得以見秦惠王，惠王以爲客卿，與謀伐諸侯。張儀既爲相，苴蜀相攻擊，各來告急於秦。司馬錯與張儀爭論於惠王之前，司馬錯欲伐蜀，惠王曰善，寡人請聽子，卒起兵伐蜀，十月取之，遂定蜀，貶蜀王，更號爲侯，而使陳莊相蜀。蜀既屬秦，秦以益彊，富厚輕諸侯。秦惠王十年，使公子華與張儀圍蒲陽，降之。儀因言秦復與魏。魏因入上郡少梁謝秦惠王，惠王乃以張儀爲相。儀相秦四歲，立惠王爲王。」凡此皆時間密緊，先後了了。則伐蜀實在初元十年之前，或即九年；張儀相秦，宜更在前，或即八年也。然而又贅敘「爲相」於十年之下，當非文法上之變換，而係事實上之矛盾：前人固已疑及之。梁玉繩史記志疑曰：「儀爲相在惠王十年，是時初用秦，非相也。」又曰：「伐蜀在惠王後九年，此誤在十年之前。」梁氏有其疑，而未作深考，或爲本紀所錮蔽。蓋本紀有所謂秦紀者，爲之藍本，史料宜較眞實。不知六國表曰：「獨有秦紀，又不載日月，其文略不具。」故梁氏志疑已於本紀多所匡補；奈何伐蜀之文，則強信不疑。若以本紀所載，他篇左證尚多；而不知各篇所云云，正以本紀爲根據。本紀編年，因果未顯，瑣事誤倒，每不經意。加以惠王改元，前後易混，奇事偶合，尤難檢尋。列傳次事，因果如環，錯簡佚篇，罔不發現。張儀親與秦事，則本傳之文，足資考信；乃司馬遷又不肯犧牲本紀之記載，卒至「正」「誤」兼存，矛盾成篇。

按本紀謂惠文王「十四年，更爲元年。」凡初元十三年，後元十四年。張儀見惠文王，果在何年，可得而言。蓋自見王至爲相，其間甚促，故本傳以「客卿」直接「相秦」。考蘇秦從約成於趙肅侯十八年，即惠文王六年，其年張儀受激而至秦，爲客卿。翌年，蘇秦去趙，魏世家曰：「從約皆解」。錢大昕廿二史考異疑之曰：「秦兵不敢闚函谷關十五年，則當時果有其事矣。蘇秦從約之成，在趙肅侯十八年，又十五年，則趙武靈王之九年也，是年張儀始以連衡說魏。此十五歲之中，秦惟出兵攻魏，間一擊韓，不聞及他國。迨至五國擊秦之師不勝（在趙武靈王八年），而後張儀得以說破之，則合從不爲無功矣。夫謂蘇秦去趙，而從約皆解，亦未盡然。」按趙武靈王八年，即惠文王後元七年，五國攻秦不勝，因敗從約。翌年，張儀自魏歸相秦，本紀載惠文王後元三年，「張儀相魏」，八年「張儀復相秦」，即其事。而又提敘「從約皆解」於初元七年者，當因「蘇秦敗約」，「張儀相秦」，二事之聯合致誤。則初相秦其在初元八年無疑，並可釋錢氏之惑矣。惠文王有前後兩元，張儀有前後兩相，又兩相各在兩元之八年，則其致誤將不止「從約皆解」，而且波及於伐蜀。本紀載惠文王後元「八年，張儀復相秦，九年司馬錯伐蜀滅之。」而張儀傳明言定蜀之後，始及初元十年，則可知此後元自是初元，復相更是初相也。故曰：秦滅巴蜀，宜在惠文王初元九年。

雖然，既知張儀相秦在滅蜀前一年，即所謂初元八年，而張儀傳曰：「儀相秦四歲，立惠王爲王。」若自惠文王初元十三年上數之，乃正在十年，故張儀傳於「既相秦」之後，又於十年「乃以張儀爲相」。此前後兩相，與出而復相不同，重文錯出，是又何解？竊以爲四歲之「四」宜作「六」，「六」篆文作宂，而「晚周別字」之「四」又作𠃢，與「六」極近似，因而致譌。此類之例正多。墨子兼愛曰：「此自先聖六王者，親行之。」孫詒讓閒詁曰：「下文止有四王，此六疑四篆文之譌。」此「四」誤爲「六」者也。禮記王制曰：「今以周尺六尺四寸爲步。」朱駿聲說文通訓定聲曰：「按考工云：六尺有六寸，與步相中也，四寸當爲六寸，𠃢宂字相似而誤。」此「六」誤爲「四」者也。試自惠文王初元十三年上數六年，則正在八年。司馬遷據舊文定史記，誤「六」爲「四」，致使前後不通。亦以其不通，始與吾人一求是之間。總之，巴蜀歸秦，宜較舊說移前十有三年。

梁州

世之學者，習謂禹貢編製蓋在巴蜀滅後，否則梁州不能加入版圖。然而巴蜀之滅已移前十有三年矣，禹貢當亦有早作十有三年之新運。且巴蜀通秦，更遠在百五十年前；則此長時間內，苟有作禹貢者，固可以隨時加入梁州，又何待於巴蜀之滅。秦不滅楚，無害於荆；秦不滅齊，無害於青。若以各州加入之早晚，而定禹貢編製之年代，則梁州與他州同一不能作精確之證明。故吾人欲作「禹貢編製年代考」，有須舍是而他求者。

雖然，巴蜀不能告人禹貢之初成，禹貢實貽後世巴蜀之新號。蓋禹貢作者，於巴蜀有相當明瞭後，合兩川，併漢中，所謂華陽一囿者，總呼之曰梁州。竊以命名之意，每資山川之險，華陽之險，劍山稱最；出入要害，劍門爲尤。蓋巴蜀北鄙，羣山屏蔽，嘉陵一綫，穿谷通流，山川激盪之交，不乏飛險之勢，劍山之門，實羉處此。于邵劍門山記曰：「峭壁中斷，兩崖相嵚，如門斯闢，如劍斯植」，故曰劍門，後世或稱之曰劍閣，實巴蜀之二重門戶。讀史方輿紀要曰：「漢中失，則蜀之大勢十去其六；劍閣危，則蜀之大勢十去其九。」司馬錯伐蜀，即由是道。益州談資曰：「劍閣兩崖峻拔，鑿石架閣而爲棧道。司馬錯由此伐蜀。」司馬雖卒利其險以成厥功；而其險實先司馬而大聞於天下，蜀王封弟苴侯於葭明，扼斯要也，孰意其反成厲階。禹貢作者既深悉華陽之形勢，則華陽之命名固舍此莫屬矣。

與地紀勝曰：「大劍山，在劍門縣，亦曰梁山。」按梁山非劍山之殊稱，實劍山之本號。山海經固已道及之，而疊加「高」字，蓋所以狀其「崢嶸而崔嵬」也。中山經曰：「高梁之山，其上多堊，其下多砥礪。」按之地望，則見岷嶺近屬，荆脈遙牽。故太平寰宇記曰：「劍門縣，大劍山，亦曰梁山。山海經云：高梁之山，西接岷峨，東引荆衡。」其長凡數百里，差將川北羣山而以梁山兼之。則所謂劍門者，不過梁山之洞裂而已。劍門山記曰：「艮爲山，爲徑路，爲門闕；梁山之有劍閣也，厥象備焉。」然而其險在是，南北人馬之所必經亦在於是，於是劍門之名以章，劍山之名以起；梁山舊稱反因此而漸趨堙沒，縱或知之，「亦曰梁山」而已，蓋勢使然也。禹貢作者呼華陽曰梁州，梁州之「梁」實指梁山，實指梁山之劍門。

二三，九，五。

地志與地圖

王以中

曩寫山海經圖與職貢圖一文（見本刊第三期），言及地志與地圖之關係云：

中國古來地志，多由地圖演變而來。其先以圖爲主，說明爲附。其後說明日增，而圖不加多，或圖亡而僅存說明，遂多變爲有說無圖，與以圖爲附庸之地志。設此說與畢氏之說皆確，則山海經一書，不僅爲中國原始之地志，亦可謂中國古地圖之殘跡矣。

該文目的，在論述山海經圖與職貢圖之體制，而於圖志之關係，未遑詳述。是篇之作，卽所以補其缺而申此說者。惟古代圖籍，存於今日者絕鮮，此篇所論，大抵據目錄記載，作約略之推測，自不免謬誤失當之處。海內鴻博，幸教正焉！

原吾國古代地圖，繪法不精，事實之不能以圖繪表明者，多以文字說明扶助之，故地圖之上，不僅記注地名，其附有說明者，殆不在少數。前漢趙充國謂『願馳至金城，圖上方略』(見漢書本傳)，是繪圖之外，更有陳述方略之文字，可以推知。後漢書陳敬王羨傳有『明年按輿地圖，令諸國戶口皆等租入，歲各八千萬』之言，則輿圖之上，亦記載戶口租稅，可以想見。晉書裴秀傳述所著禹貢地域圖，謂其『甄摘舊文，疑者則闕，古有今無者，皆隨事著列』；而裴氏自序之言吳蜀地圖，亦謂『校驗圖記，罔或有差』(見晉書本傳)。可見古地圖之附有記注說明，蓋非偶然之事。是以古來目錄記載，每有圖籍相同而名稱不一者：或總稱圖志，圖經，及圖記之屬，或單稱圖而不言記，更有僅稱記志而不言圖者。

隋書經籍志著錄周地圖記一百九卷，而新舊唐書藝文志作『周地圖』；文選陳孔璋爲曹洪與魏文帝書注，後漢書劉焉傳注，元和郡縣志，及史記正義俱引作『周地圖記』。

隋書經籍志著錄裴矩西域圖三卷；而本書裴矩傳則稱其『撰西域圖記三卷』。

隋書經籍志及新舊唐書藝文志，均有區宇圖一百二十八卷；隋書崔賾傳，及太平御覽著書篇引隋大業拾遺俱稱『區宇圖志』。

隋書經籍志及通志藝文略錄有冀州圖經；而崇文總目，通志圖譜略記無，及文選魏都賦注，太平寰宇記，均有『冀州圖』，殆卽冀州圖經之簡稱，或非一圖而爲續修摹繪之本。

文選西征賦引『雍州圖經』及『雍州圖』，疑亦一圖。

唐書藝文志著錄元和郡縣圖志五十四卷，而舊唐書李吉甫傳作『元和郡縣圖』，直齋書錄解題稱『元和郡縣志』。

此雖爲編錄及引書者之隨意繁簡，而實際上亦因圖之輿志，本不易劃分，遂有如許錯雜也。至於元和郡縣圖志，則據直齋書錄解題所述，於宋代已失其圖，故稱志而不稱圖，至今亦通稱爲志而不及圖字，是卽所謂『圖亡而僅存說明』之地誌也。此種變遷，以九域圖之變成元豐九域志爲尤顯。

玉海卷十四　景德重修十道圖：『景德四年八月己酉十六日，命知制誥孫僅，龍圖閣待制戚綸重修十道圖書不成。祥符六年十月戊子，判吏部眞從吉言格式司用十道圖，考郡縣上下緊望以定俸給，法官亦以定刑，而戶口歲有登耗，請校定新本，詔校理眞鏞邵煥晏殊校定，王曾總領之。天禧元年，書成，凡三卷，詔付有司。

玉海卷十四　祥符九域圖：『祥符初，命李宗諤修圖經，有司請約唐十道圖以定賦役，上命王曾修九域圖；六年成（崇文目二卷）。……熙寧八年六月辛丑，劉師旦言九域圖訛舛，請刪定。旣成，王存言不繪地形，難以稱圖，更名九域志』。（玉海卷十五，熙寧九域志節，及王存九域志序所言，均與此大體相似，茲不贅引。）

由此可知元豐九域志之淵源，遠紹唐代之十道圖，近承九域圖；吾人及今猶得見九域志之全豹，一展卷而即可知其爲圖注之體例，蓋卽地圖之「遺骸」耳。至若三輔黃圖，雖至今仍以圖稱，而實際僅存記注，學者固知之稔矣。此外古代輿圖，今雖不可得見，而其記注文字，則古籍所採引者，亦尙不少：如水經注，太平御覽等所引之外國圖，水經注初學記及文選東都賦注所引之括地圖，太平御覽及文選西征賦注所引之長安圖等，皆古地圖僅存之鱗爪，亦卽地圖之糟粕也。現今坊間流行之中外地圖，每圖多有說明附後，若單獨觀之，幾與簡約之地誌無甚差別。設數百年後，亦如古昔之亡其圖而僅存其說明，則亦地圖其名而地誌其實之書籍耳。

竊謂古地圖之變爲地志之形式，其主要轉機，約在南北朝之際。晉裴秀製禹貢地域圖，並論製圖之六體，是在中國古地圖史上，至少在原理上已達登峯造極之境，此後除受西方之影響外，對於製圖之法，大抵沿襲舊制，無甚進步。有之，則惟記注之加詳，與夫繪圖藝術之增美而已。是故，裴秀以後，地圖之統括州郡，而其事業與禹貢地域圖相類者，當推周地圖記（或稱周地圖，見前）。此圖之體制如何，雖不可知，而其記注之詳，疑當勝過前作。其後隋郎蔚之之撰諸州圖經集記（隋書經籍志著錄），除參考公私圖籍外，殆即據周地圖記而擴充者；且據隋書郎茂傳，蔚之曾仕齊，入周，至隋而爲尙書左丞也。至於隋大業中所修之區宇圖志（或稱區宇圖，見前），疑又爲諸州圖經集記之擴充；因蔚之與崔祖濬同撰諸州圖經（據郎茂傳），而祖濬又與諸儒同撰區宇圖志也（據隋書崔廓傳）。隋代版圖，雖大於北周，而周地圖記卷數（隋經籍志作百九卷），與隋諸州圖經集（百卷）略同。惟崔氏所編區宇圖志，卷數稍多（隋志作一百二十九卷，崔廓傳作二百五十卷），及經虞世基之增改，更衍而爲六百卷（此據崔廓傳，太平御覽文部引大業拾遺作五百卷），此中分量之擴充，疑亦以記注文字爲主，而圖繪不與焉。故其內容，漸由地圖變而爲地誌，其地圖之原形尙未盡脫。試觀玉海所引大業拾遺之言，吾人尙可依稀想見此圖志之概況：

玉海卷十五 隋地形志：「隋大業拾遺曰：『大業初，勅秘書學士十八人修十郡志，虞世基總檢。先令學士各序一郡風俗，擬奏請體式，付世基擇善用之。乃鈔吳郡序爲體式，及圖志第一。副本新成八百卷，奏之。帝以部帙太少，重修成一千二百卷（按此卷數又較太平御覽所引大業拾遺之卷數特多）。卷頭有圖，別造新樣。紙卷長二尺，敘山川則卷首有山水圖，敘郡國則有郭邑圖，敘城隍則有公館圖。其圖上山水城邑題書，字極細，用歐陽肅書。』」

此種圖志，其體制與後世之邊防水利圖說及各省府圖册相似；圖與說相間，與普通方志及一統志之將地圖彙編於全書之首者不同。是即一部分古地圖（圖經圖記等）之遺制，亦即普通方志與總志之原始狀態。至其裝製式樣，則當非摺叠之册頁，而爲橫長之卷軸，與世所見之晋唐寫經相似也。

「圖經」雖盛行於兩晋以後，而其名稱之起原較古。據余所知，以王逸之廣陵郡圖經爲最早（文選蕪城賦注引之）。此後則據太平御覽及文選注等所引錄者，無慮數十種；其體制式樣，大抵即圖說相聯之卷子本。其編製時代，雖尙難全定，但可大略推知爲隋代以前，或沿襲隋代之作品。蓋唐代圖籍，以圖經稱者頗少，即圖志亦不多覯也。竊疑唐代地圖，輕記注而重圖繪，故其形式，殆多爲廣袤不相上下之大幅地圖，而圖說並重之長卷「圖經」，不免因而減殺，又恢復西晋以前之舊觀。此在地志方面言之，固屬退化，而在地圖本身言之，則不能不謂爲進步。製華夷圖之賈耽，即爲此時期之代表，亦即裴秀以後之第一製圖家也。惟地圖之外，兼有記述，則仍沿襲未廢，故賈氏更有郡國縣道四夷述四十卷，今幸保留一部分，爲研究中古地理之重要材料。顧賈氏之圖，論其繪法，亦未必勝過裴氏，其可稱後來居上者，不過地理知識之增進耳。以是唐代地圖，對南北朝言之似較進步，而對西晉言之則只可謂爲中興而已。

五代及北宋之地圖，大抵沿襲唐制，據五代會要職方部，及舊五代史明宗本紀等所言，知其時尚引用唐代之十道圖而加以改革，直至北宋祥符天禧之際，始改爲九域圖（見前引玉海）。但於此不相上下之時期間，中央政府又有修州縣圖經之舉，與三四百年前之編「區宇圖志」，遙相輝映。

玉海卷十四　開寶修圖經：「四年正月戊午，命知制誥盧多遜扈蒙等重修天下圖經，其書迄不克成。六年四月辛丑，多遜使江南，求江表諸州圖經，以備修書，於是十九州形勢盡得之。宋準傳：開寶八年，受詔修定諸道圖經」。

玉海卷十四　祥符州縣圖經：「景德四年二月乙亥，命學士邢昺，呂祐之，杜鎬，戚綸，陳彭年編集車駕所經古跡。庚辰，眞宗因覽西京圖經，有所未

備，詔諸路州府軍監，以圖經校勘，編入古跡，選文學之官纂修校正，補其缺略來上。及諸路以圖經獻，詔知制誥孫僅，待制戚綸，直賢院王隨，評事宋綬，邵煥校定。僅等以其體制不一，遂加例重修，命翰學李宗諤，知制誥王曾領其事，又增張知白，晏殊，又擇選人李垂韓義等六人，參其事。祥符元年四月戊午，龍圖待制戚綸請會修圖經官，先修東封所過州縣圖經進內，仍賜中書密院崇文院各一本，以備檢閱。從之。三年十二月丁巳，書成，凡一千五百六十六卷目錄一卷。宗諤等上之，詔嘉獎，賜器幣，命宗諤爲序。又詔重修定大小圖經，令職方牒諸州謹其藏，每閏年依本錄進」。

由是可知圖經之作，一面由各地方政府奏進中央，一面由中央政府總纂之而頒布其格式於各地方，此與隋唐以來，每隔數年，各地方奏上輿圖之制相同（參新舊唐書職官志，唐六典，唐會要及五代會要之兵部職方員外郎；宋史職官志，玉海卷十四，亦述諸州上閏年圖之制）。可見輿圖之與圖經，其來歷與性質本屬相同，不過因內容之參差而略異其名耳。惟自是以後，不僅圖經之名盛行，恢復唐代以前之舊觀，而其文字之增多，圖繪之簡約，亦且變本加厲，一如後世方志與

總志之型式；元明以來，浩如煙海之方志，即於此時植其始基焉。是則宋代開寶祥符以降，地志雖由附庸而蔚為大國，但以地圖之位置言之，則不免有夫人作婢之概矣。

唐代之十道圖，至宋初而變為九域志，惟北宋人新繪之圖，除圖經而外，其見於著錄者，亦復不少。迄南宋而方志（圖經）大盛，輿圖因而式微。吾友吳君子馨，約計兩宋地志與地圖之見於著錄者，以覘其消長之跡，其所得結論如下：

清華研究院國學論叢第一期吳其昌宋代地理學史：

「(一)從此目可以考見郡志發達之經過　此目中北宋人著者約占二百分之十五，南宋人著者約占二百份之一百八十五。如此可下假定之斷語云，郡志之學，至南宋而突盛。(二)從此目可以考見郡志之範圍　此目中州郡之分配，長江以北約占二百分之十，長江以南約占二百分之一百九十，而高郵，襄陽，鄖城，無為，雖在長江以北，然皆貼近江漢。如此可下近似之斷語云，宋代郡志，限於長江以南。(三)從此目可以考見郡志與輿圖之消長　北宋輿圖，多至二千卷以上，而南宋輿圖（圖經不在此列），窮搜苦索，當在五十以下，略為一與三十之比」。

南宋偏安，方志自以長江之南為多，上述第二點，實即原於第一點之影響；而其主要之點，又在地圖與地志之互為消長（第三點）。故吳君所舉三點，實不過一事之三種數字表現。且地誌既為地圖之變體，則地誌盛而地圖衰，亦屬當然之勢也。

總之，中國輿圖，自周秦以迄西晉為演進時期，及裴秀而造其極。東晉以降，此學漸衰，乃趨重於文學記注與繪圖藝術之精美。故自晉迄隋，遂多圖說並重之圖經（或稱圖記，圖志）。唐代輿圖復盛，圖經轉衰。沿及北宋，圖經中興，至南宋而鼎盛，元明以來，方志之繁富，即肇基於此；而輿圖之學，幾類地理學上之支流餘裔，不僅鮮人注意，亦且無甚進步。清初賴西人測繪之地圖，固為空前之巨製，但直至胡林翼一統輿圖出，始為一般學者所利用。今所存內閣大庫之清初繪本地圖，仍如山水畫之形式，其圖繪藝術，雖不乏精美偉大之作，而皆不足以語於科學之繪法。顧吾人若推論其體制之淵源，則大致猶是千餘年來之舊法也。文化史跡，往往有遺留後世進步之社會中，而其實質與遠古之制無大差異者，此事亦其一例歟？

雖然由上之說，未可謂一切地志，皆源於地圖也。是不過就官撰及有官書為依據之私著圖籍，言其大勢而已。蓋古來輿圖，大抵掌諸官府，而後世之圖經，方志，及一統志之屬，亦多出於官修，故其中有關係線索可尋，至於私人遊記雜志，與官藏圖籍無甚因緣者，常多有記無圖，足為此種假設之例外，即官撰地志，亦有本無地圖者。惟官府圖志其初多為軍政實用之需，後世方志之變為地方史之性質，蓋非原制。宋祥符間修圖經，明言其目的在記述古跡（見前引玉海），是則方志之注重古跡史事，或始於北宋之世乎？

近閱丁文江先生再版中國分省新圖序中，言及地圖與說明之關係，與吾說可互相發明，因節錄之以殿是篇。

地圖有說明，是中國舊有地圖的特色，是世界通行的地圖所沒有的。如果圖的縮尺和投影是準確的，印刷是清楚的，符號是明顯的，根本用不着說，用不着解。舊圖之所以有說，是因為非說不明的原故。例如某處到某處多少里，舊縮尺和投影不準，或是根本沒有縮尺和投影，只好列之於說。新式的地圖，儘可以隨時照縮尺自己去量，用不着方輿紀要式的文章，或是統計表來幫助它。我們並不是說圖以外不需要再有說明地理的文章，但是，這是做地理教科書或是地理論文的人的事，不必附在地圖裏面的。

宋史地理志考異（兩浙路，淮南東路，淮南西路）

聶崇岐

『臨安府，……本杭州，餘杭郡，淳化五年改寧海軍節度。』

太平寰宇記九三，『杭州，……皇朝為鎮海軍節度。』「鎮海」改「寧海」，九域志五亦作「淳化五年」，惟輿地紀勝二作「淳化元年」。

『縣九……臨安，望，……太平興國四年……縣復舊名。』

九域志五，『太平興國三年改安國縣曰臨安。』輿地紀勝二，『梁改臨安縣曰安國縣，太平興國五年復名臨安。』

『衣錦軍，太平興國四年改順化軍。』

續通鑑長編十九，太平興國二年『改杭州衣錦軍為順化軍。』

『新城，上，梁改新登，太平興國四年復。』

『四年』，九域志五同，輿地紀勝二作『三年』。

『淳化五年，升南新場爲縣。』

太平寰宇記九三，『五年』作『六年』。九域志五，『淳化五年以南新場爲昭德縣，六年改昭德爲南新』。

『昌化，中，唐唐山縣，太平興國四年改。』

輿地紀勝二：『唐山，石晉改曰横山，太平興國四年改曰昌化』。

『紹興府，…縣八，…嵊，望，舊剡縣，宣和八年改。』

輿地紀勝十，『八年』作『三年』。

『新昌，緊，乾道八年以楓橋鎮置義安縣；淳熙元年改。』

太平寰宇記九六，『唐末，錢鏐…析剡縣一十三鄉置新昌縣』。

『平江府，…太平興國三年改平江軍節度。』

輿地紀勝五，『南唐升爲中吳軍節度，國朝改爲平江軍，國朝會要在太平興國三年，吳郡新志載「開寶八年改蘇州中吳軍爲平江軍」』。『中吳』改『平江』，九域志五亦作『太平興國三年』。

『鎮江府，…鎮江軍節度，開寶八年改。』

九域志五，『唐鎮海軍節度』。續通鑑長編一六，開寶八年十月戊午『改潤州鎮海軍爲鎮江軍』。通考三一八，『鎮海軍節度，宋開寶八年改鎮江軍』。宋史三，太祖紀三，誤作『改潤州鎮江軍節度爲鎮海軍節度』。

『湖州，…景祐元年升昭慶軍節度。』

輿地紀勝四，『周升爲宣德軍節度，皇朝改爲昭慶軍節度』。通攷三一八同輿地紀勝。

『寶慶元年改安吉州。』

輿地紀勝四，『元年』作『二年』。

『武康，上，太平興國三年自杭州來隸。』

九域志五，輿地紀勝四，『三年』皆作『四年』。

『婺州，…淳化元年改保寧軍節度。』

九域志五，『晉武勝軍節度，淳化元年改保寧軍』。

『縣七，浦江，上，唐浦陽縣，梁錢鏐奏改。』

太平寰宇記九七，『浦江』作『浦陽』，未言錢鏐奏改事。

『慶元府，本明州奉化郡。』

太平寰宇記九七作明州餘姚郡。

『建隆元年升奉國軍節度。』

九域志五，『梁望海軍。…建隆二年改奉國軍』。輿地紀勝十一亦作『改』奉國軍，不曰『升』。

『縣六：…定海，上。』

通考三一八，『梁望海縣，宋改定海』。

『江陰軍，同下州。』

九域志五，『淳化元年廢江陰軍，三年復置』。輿地紀勝九，『南唐始建爲江陰軍，皇朝因之。廢爲縣……在淳化元年：又復，……在淳化三年』。

『瑞安府，本溫州，……太平興國三年爲軍。』

按『軍』字下脫『事』字。太平寰宇記九七，『溫州，晉天福四年升爲靜海軍，皇朝爲刺史州』。九域志五，『溫州晉靜海軍節度，太平興國三年改軍事』。

『縣四，……樂清，上，唐樂成縣。』

太平寰宇記九九，『成』作『城』。

『台州，……縣五，……天台，上。』

輿地紀勝十二，『天台縣，……石晉改爲台興，國朝會要云，「建隆元年復曰天台」』。

『衢州，……縣五，……龍遊，上，唐龍丘縣，宣和三年改爲盈川，紹興初復故。』

通考三一八，『龍遊縣，……唐龍丘縣，錢王改』。

『開化，中，太平興國六年升開化場爲縣。』

隆平集一郡縣條，『六年』作『八年』。太平寰宇記九七，『開化縣本常山縣地，錢鏐析常山八鄉置開化縣』。九域志五，『乾德五年分常山縣置開化場，太平興國六年升爲縣』。

『建德府……縣六，……淳安，望，舊淸溪縣，宣和初改淳化，南渡改今名。』

輿地紀勝八，『宣和初』作『宣和三年』。

『揚州，……南渡後增縣二：……泰興，中，舊隸泰州，紹興五年來屬，十年又屬泰州，十二年又來屬。』

輿地紀勝，三七，『十二年』作『十四年』。

『宿州，……開寶元年建爲保靜軍節度。』

宋史三太祖紀三，開寶五八月癸卯，『升宿州爲保靜軍節度』。九域志五，通考三一七，『開寶元年』皆作『五年』。惟太平寰宇記十七與地理志同。

『縣四，臨渙，緊，大中祥符七年割隸亳州，天禧七年來隸。』

九域志五，『天禧七年』作『天禧元年』。

『楚州，緊，山陽郡，團練。』

九域志五，『楚州，……後唐順化軍節度，周降防禦，太平興國四年降團練』。

『乾德初，以盱眙屬泗州。』

九域志五，『乾德初』作『乾德元年』。

『開寶七年以鹽城還隸。』

九域志五，輿地紀勝三九，通考三一八，『七年』皆作『九年』。太平寰宇記一二四，『鹽城縣，僞唐割屬泰州。皇朝太平興國三年卻還割楚州』。

『海州，…縣四，…東海，中。』

九域志五，『開寶二年升朐山縣東海監爲縣』。續通鑑長編十一，開寶三年正月『廢海州東海監，復爲縣』。

『泗州，…建隆二年廢徐城縣。』

九域志五，『廢徐城縣爲鎭入臨淮』。

『眞州，…乾德三年升爲建安軍。』

九域志五，『乾德二年以揚州永貞縣迎鑾鎭爲建安軍』。隆平集一郡縣條，續通鑑長編五，輿地紀勝三八，通考三一八，『乾德三年』皆作『二年』，而太平寰宇記一三〇又作『建隆三年』。

『縣二，揚子，中，本揚州永正縣之白沙鎭。』

按，『永正縣』本作『永貞縣』，宋代諸書間有書爲『永正』者，蓋史官避仁宗嫌名追改耳。太平寰宇記一三〇，『建安軍，雍熙三年割揚州之永貞縣以屬』。九域志五，『雍熙二年以永貞縣隸建安軍』。輿地紀勝三八，『永正縣，雍熙二年自揚州來屬，祥符六年改揚子縣』。

『白沙鎭，南唐改爲迎鑾鎭。』

『白沙』改『迎鑾』，通考亦歸之南唐，惟太平寰宇記一三〇云『白沙鎭，僞吳順義二年改爲迎鑾鎭』。輿地紀勝三八攷辯頗詳，曰，『輿地廣記云，「南唐以永正縣地置迎鑾鎭」。寰宇記云，「本揚州白沙鎭地，僞吳順義二年改爲迎鑾鎭」。二者不同。象之謹按：通鑑，後梁龍德二年歲在壬午吳主楊溥即位，改元順義。又通鑑唐莊宗同光二年歲在乙酉，吳主如白沙鎭觀樓船，更命白沙曰迎鑾鎭，徐溫自金陵來朝。又儀眞志，引五代史，楊溥僭位，順義四年溥臨白沙閱舟師，金陵尹徐溫來見，改白沙鎭爲迎鑾鎭。自後梁龍德二年壬午順數至同光二年乙酉整整四年。則吳自龍德二年壬午改元順義，亦順數至順義四年乙酉，亦整整四年。參通鑑五代史二書以觀，則當在吳順義四年及後唐同光二年。輿地廣記以爲南唐所改，已是差互；而寰宇記以爲在順義二年，年月亦非是。當書曰：吳順義四年改白沙鎭曰迎鑾鎭』。

『通州，中，軍事。』

太平寰宇記一三〇，『通州，皇朝天聖元年改曰崇州，明道二年復故』。九域志五，輿地紀勝四一，並同。

按：太平寰宇記成於太平興國中，絕不能記至天聖明道時期，此條疑爲後人所誤加者。

『高郵軍…高沙軍事。』

輿地紀勝四三，『高沙軍』作『高沙郡』。

『建炎四年升承州。』

通考三一八，『四年』作『二年』。輿地紀勝四三，則與地理志同。

『縣二，…興化，…紹興五年廢爲鎮。』

輿地紀勝四三，『興化，…廢爲鎮入海陵』。

『招信軍，本泗州盱眙縣，建炎三年升軍。』

輿地紀勝四四，『建炎三年升盱眙軍』。

『縣二，…招信。』

九域志五，『太平興國元年改招義縣爲招信縣』。

『壽春府，…開寶中，廢霍山盛唐二縣。』

九域志五，『開寶元年省霍山縣爲鎮入盛唐；四年改盛唐爲六安』。太平寰宇記一二九，『六安縣…唐開元二十七年爲盛唐，…皇朝開寶四年改爲六安縣，仍併霍山縣入焉』。

『廬州，望，保信軍節度。』

太平寰宇記一二六，『廬州，廬江郡』。

『蘄州，…縣五，…廣濟，望，…羅田。』

輿地紀勝四七，『紹興五年六月辛亥，廢蘄州羅田廣濟二縣並爲鎮。是年，復』。

『安慶府，…縣五，…宿松，上。』

輿地紀勝四六，『紹興五年廢入望江。是年復』。

『太湖，上。』

輿地紀勝四六，『紹興五年廢入懷寧，是年復置』。

『光州，…縣四，…因始，望。』

九域志五，『建隆元年改殷城縣爲商城縣，後省爲鎮入固始』。

山東通志人物類地域分佈表

姚師濂

山左稱文化之邦，洙泗而下，代有賢哲。爰及晉唐，瑯琊清河，並稱右族。風流標映，不可指數。山川所鍾，及今猶烈。偶檢山東通志，其人物一門，所著錄者，曰先賢，曰經師，曰名臣，曰循吏，曰儒林，曰文苑，曰忠義，曰孝友，曰獨行，曰隱逸，曰藝術，都三千餘人，蓋濟濟焉。

竊嘗以爲人才之消長，莫不與一代政治相表裏，而文化流轉興廢之跡，又可覘一時一地之豐悴。故特於翻閱之暇，表而出之，聊備觀覽，以爲知人論世之資。惟玆所錄，僅二千有九十八，而先賢經師忠義孝友獨行不寓焉。蓋以先賢經師，但敘源流，忠義孝友，惟敦風俗。要皆無關大指，且難據信，故從略云。

斯表之作，以地爲經，以時爲緯。所列籍貫，一冠今名。俾覽者可一目了然，毋勞鉤稽。志中錯出之處，皆一一爲之訂正，貴在得實。如卷百六十一頁四漢章悏琅琊姑幕人，原註今莒州，據大淸一統志則今諸城地；又卷百六十二頁十八晉徐邈東莞姑幕人，亦註今莒州，按一統志姑幕漢隸琅琊郡，至晉改屬東莞郡，仍諸城地也，玆並係諸城下。卷百六十一頁十四宋李林離狐人，卷百六十八頁十一唐陸庭曜東郡人，按一統志離狐東郡皆古地名，宋唐已廢；離狐宋單父縣，即今單縣，東郡則今聊城堂邑博平茌平莘縣地也，今皆爲按實而分系之。卷百六十頁二十五元張德新濱州人，同卷頁二十六王忠渤海人，按一統志皆今濱縣地，玆合系之，卷百六十七頁三管寧北海朱虛人，原註今安邱境內，按一統志則今臨朐地；而卷百六十二頁十三邴原北海朱虛人，原註今臨朐；邴原管寧同時同籍，而志註各殊，是其自相牴牾者，今並從一統志係臨朐下。卷百六十三頁一漢禰衡平原般人，原註今德州，據一統志平原般縣今德平也，今從之改系德平下。卷百六十三頁三十明焦竑日照人，原註南京錦衣衞籍；故知明史卷二百八十八竑本傳稱江寧人者，蓋其占籍也，是亦可補正史之闕者，今從志系日照下。餘皆從例。

	歷城	章邱	鄒平	淄川	長山	齊河	齊東	濟陽	禹城	臨邑	長淸	陵縣	德縣	德平	平原	滋陽	曲阜	寧陽	鄒縣	泗水	滕縣	嶧縣	金鄉	魚臺	濟寧
漢晉	19			5				1	2	1	3		1	2	11	7	29	3	15		6	16	13	2	5
六朝	1	1		1						1			3		9	1	3					4	3		
唐五代	9	1			1										2	6	3			1	1	2	1		
宋	15	4	2	4	1							1	1		1	1	5			1					3
金元	20	5	5	1	1	2		1		1	4					5	5		1		3		1		
明	25	7	2	7	7	1		3	2	2	7		11	2	2	5	9	2	3	2	9	3	2	3	13
淸	52	7	9	12	17	6		5			2	4	15	2	4	5	20	8		1	2		4	2	29
合計	141	25	18	30	27	9		9	4	5	16	5	31	6	29	30	74	13	19	5	21	25	24	7	50

	漢晉	六朝	唐五代	宋	金元	明	清	合計
嘉祥							3	3
汶上	3				2	5	4	14
陽穀			1			1	2	4
壽張					1	3	1	5
聊城	2		3	1	4	9	23	42
堂邑	1	1		1	2	3	5	13
博平			1	3	2	2	2	10
茌平			1		2	7	4	14
莘縣	1			1	1	1	3	7
清平		1	1	1		1	3	7
冠縣			1	4	1	2		8
臨清		3	2	1		7	12	25
館陶	1	1	1	3	2	1	1	10
邱縣			1			3	1	5
恩縣			1		3	6	1	11
高唐	1	1	1	5	4		10	22
夏津				1	1	1	1	4
武城	3	26	15			4	3	51
益都		3	4	19	5	31	14	76
博山							3	3
臨淄	7		5	1		2	4	19
博興	2		1			3	1	7
高苑	4					16	10	30
廣饒	4	1		1		17	3	24
壽光	7	8		3	1	9	5	33

	漢晉	六朝	唐五代	宋	金元	明	清	合計
昌樂	5	2	1	2		1	5	16
臨朐	2			1		6	3	12
安邱	5	3	2	5		10	22	47
諸城	30		1	1	1	9	27	69
蓬萊				2	1	14	10	27
黃縣			1			6	7	16
福山	1					4	11	16
棲霞					1	3	11	15
招遠							5	5
萊陽				1		13	12	26
牟平	1				1	4	5	11
文登					1	1	14	16
海陽							8	8
榮成							5	5
掖縣	8		1	3	4	8	11	35
平度	3	1	2			7	2	15
濰縣		4	1	3	2	5	26	41
昌邑	1					4	6	11
膠縣				1		7	30	38
高密	4			5	1	3	18	31
即墨	4					8	7	19
惠民	3			1		2	13	19
青城				1	3	2	2	8
陽信				1	1	3	2	7
無棣			1	2	1	4	17	25

	漢晉	六朝	唐五代	宋	金元	明	清	合計
樂陵	2			1		1	9	13
商河			1		1	5	2	9
濱縣			1	3	3	3	6	16
利津						5	6	11
霑化					1	2	7	10
蒲台					1	1	1	3
臨沂	14	34	5		1	4	4	62
郯城	16	13	1			2	3	35
費縣							5	5
莒縣	5	11		1	1	3	1	22
蒙陰	1					4	2	7
沂水	5	2				5	5	17
日照					3	3	12	18
泰安	7	3		2	2	5	3	22
肥城						2	3	5
新泰	4	2				2		8

	漢晉	六朝	唐五代	宋	金元	明	清	合計
萊蕪							5	5
東平	7	1	4	13	22	8	3	58
東阿	1				3	13	7	24
平陰			1		1	2	6	10
荷澤	3	4	5	3	3	3	5	26
單縣	2			3		3	4	12
城武	1			2	1	3	1	8
鉅野	2			5		1	9	17
鄆城				2	4	3	2	11
曹縣	1		1	9	1	13	2	27
定陶	6			1		1		8
濮縣		1	5	20		11	5	42
范縣	1			1		1	1	4
觀城	1	4	1	2		1		9
朝城	1			2		6		9

宋史地理志戶口表

趙惠人

路	府州	領縣	時代	戶數	口數	總計縣數	總計戶數	總計口數	總計每縣人口平均數	備考
京畿路	開封府	一六	崇寧	二六一•一一七	四四二•九四〇	一六	二六一•一一七	四四二•九四〇	二七•六八三	
京東	青州	六	仝	九五•一五八	一六二•八三七					
	密州	五	仝	一四四•五六七	三二七•三四〇					
	濟南府	五	仝	一三三•三二一	二一四•〇六七					
	沂州	五	仝	八二•八九三	一六五•二三〇					
	登州	四	仝	八一•二七三	一七三•四八四					

京東路	萊州	四	全	九七•四二七	一九八•九〇八				
	濰州	三	全	四四•六七七	一〇九•五四九				
	淄州	四	全	六一•一五二	九六•一一〇				
	淮陽軍	二	全	七六•八八七	一五四•一三〇	三八	八一七•三五五	一•六〇一•六五五	四二•一四八
京東西路	應天府	六	全	七九•七四一	一五七•四〇四				
	襲慶府	七	全	七一•七七七	三一七•七三四				
	徐州	五	全	六四•四三〇	一五二•二三七				
	興仁府	四	全	三五•九八〇	六八•九三一				
	東平府	六	全	一三〇•三〇五	三九六•〇六三				
	濟州	四		五〇•七一八	一五九•一三七				
	單州	四	全	六一•四〇九	一一六•九六九				
	濮州	四	全	三一•七四七	五二•六八一				
	拱州	二							
	廣濟軍	一				三〇	五二六•一〇七	一•四二一•一五六	四七•三七一
京西南路	襄陽府	六	全	八七•三〇七	一九二•六〇五				
	鄧州	五	全	一一四•一一七	二九七•五五〇				
	隨州	三	全	三〇•八〇四	六七•〇二一				
	金州	五	全	三九•六三六	六五•六七四				
	房州	二	全	三三•一五一	四七•九四一				
	均州	二	全	三〇•一〇七	四四•七九六				
	郢州	二	全	四七•二八一	七八•七二七				
	唐州	五	全	八九•九五五	二〇二•一七二				
	光化軍	一				三一	四七二•三五八	九九六•七八六	三二•一五四
京西北路	河南府	一六	全	一二七•七六七	二三三•二八〇				
	潁昌府	七	全	六六•〇四一	一六〇•一九三				
	鄭州	五	全	三〇•九七六	四一•八四八				
	滑州	三	全	二六•五二二	八一•九八八				
	孟州	六	全	三三•四八一	七〇•二六九				
	蔡州	一〇	全	九八•五〇二	一八五•〇一三				
	淮寧府	五	全	三二•〇九四	一五九•六一七				

路	順昌府	四	仝	七八·一七四	一六〇·六二八				
路	汝州	五	仝	四一·五八七	一四一·四九五				
路	信陽軍	二	仝	九·九五四	二〇·〇五〇	六三	五四五·〇九八	一·二五四·三八一	一九·九一〇
河北東路	大名府	一二	仝	一五五·二五三	五六八·九七六				
河北東路	開德府	七	仝	三一·八七八	八二·八二六				
河北東路	滄州	五	仝	六五·八五一	一一八·二一八				
河北東路	冀州	六	仝	六六·二四四	一〇一·〇三〇				
河北東路	河間府	三	仝	一一·九三〇	六〇·二〇六				
河北東路	博州	四	仝	四六·四九三	九一·三二三				
河北東路	棣州	三	仝	三九·一三七	五七·二三四				
河北東路	莫州	一	仝	一四·五六〇	三一·九九二				
河北東路	雄州	二	仝	一三·〇一三	五二·九六七				
河北東路	霸州	二	仝	一五·九一八	二一·五一六				
河北東路	德州	二	仝	四四·五九一	八二·〇二五				
河北東路	濱州	二	仝	四九·九九一	一一四·九八四				
河北東路	恩州	三	仝	五一·三四二	八五·九八六				
河北東路	永靜軍	三	仝	三四·一九三	三九·〇二二				
河北東路	清州	一	仝	六·六一九	一二·〇七八				
河北東路	信安軍		仝	七一五	一·四三七				
河北東路	保定軍		仝	一·〇二九	二·四八四	六五	六四八·七五七	一·五二四·三〇四	二三·四五〇
河北西路	眞定府	九	仝	九二·三五三	一六三·一九七				
河北西路	相州	四	仝	三六·三四〇	七一·六三五				
河北西路	中山府	七	仝	六五·九三五	一八六·三〇五				
河北西路	信德府	八	仝	五三·六一三	九五·五五二				
河北西路	濬州	二	仝	三·一七六	三·二〇二				
河北西路	懷州	三	仝	三二·三一一	八八·一八五				
河北西路	衛州	四	仝	二三·二〇四	四六·三六五				
河北西路	洺州	五	仝	三八·八一七	七三·六〇〇				
河北西路	深州	五	仝	三八·〇三六	八三·七一〇				
河北西路	磁州	三	仝	三六·四九一	九六·九二二				
河北西路	祁州	三	仝	二四·四八四	四九·九七五				

路	慶源府	七	仝		三四・一四一	六〇・一三七				
	保州	一	仝		二七・四五六	二三〇・二三四				
	安肅軍		仝		七・一九七	一四・七五一				
	永寧軍	一								
	廣信軍	一	仝		四・四四五	八・七三八				
	順安軍	一	仝		八・六〇五	一六・五七八	五九	五二六・六〇四	一・二八九・〇八六	二一・八四八
河東路	太原府	一〇	仝		一五五・二六三	一・二四一・七六八				
	隆德府	八	仝		五二・九九七	一三三・一四六				
	平陽府	一〇	仝		七五・九〇八	一八五・二五四				
	絳州	七	仝		五九・九〇三	九四・二三七				
	澤州	六	仝		四四・一三三	九一・八五二				
	代州	四	仝		三三・二五八	一五九・八五七				
	忻州	二	仝		一八・一八六	四二・二三二				
	汾州	五	仝		五一・六九七	一八五・六九八				
	遼州	四	仝		七・三一五					
	憲州	一	仝		二・七二二	七・四四四				
	嵐州	三	仝		一三・二六九	六六・二二四				
	石州	三	仝		一五・八〇九	七二・九二九				
	隰州	六	仝		三八・二八四	一三八・四三九				
	慈州	一								
	麟州		仝		三・四八二	八・六八四				
	府州	一	仝		一・二四二	三・一八五				
	豐州		仝		一五三	四一一				
	威勝軍	四	仝		一九・九六二	三七・七二六				
	平定軍	二	仝		九・三〇六	二八・六〇七				
	岢嵐軍	一	仝		二・九一七	六・七二〇				
	寧化軍	一	仝		一・七一八	三・八二一				
	火山軍		仝		五・〇四五	九・四八〇				
	保德軍		仝		九六三	四・〇五〇				
	晉寧軍	二					七四	六一三・五三二	一・五二一・七六四	三四・〇七七
	京兆府	一三	仝		二三四・六九九	五三七・二八八				

路	州府軍								
永興軍路	河中府	七	仝	七九·九六四	二二七·〇三〇				
永興軍路	解州	三	仝	三二·三五六	一一三·三二一				
永興軍路	陝州	七	仝	四七·八〇六	一三五·七〇一				
永興軍路	商州	五	仝	七三·一二九	一六二·五二四				
永興軍路	虢州	四	仝	二二·四九〇	四七·五六三				
永興軍路	同州	六	仝	八一·〇一一	二三三·九六五				
永興軍路	華州	五	仝	九四·七五〇	二六九·三八〇				
永興軍路	耀州	六	仝	一〇二·六六七	三四七·五三五				
永興軍路	清平軍	一							
永興軍路	延安府	七	仝	五〇·九二六	一六九·二一六				
永興軍路	鄜州	一	仝	三五·四〇一	九二·四一五				
永興軍路	坊州	二	仝	一三·四〇八	四〇·一九一				
永興軍路	保安軍		仝	二·〇四二	六·九三一				
永興軍路	綏德軍								
永興軍路	銀州								
永興軍路	慶陽府	三	仝	二七·八五三	九六·四三三				
永興軍路	環州	一	仝	七·一八三	一五·五三二				
永興軍路	邠州	五	仝	五八·二五五	一六二·一六一				
永興軍路	寧州	三	仝	三七·五五八	一二二·〇四一				
永興軍路	醴州	五							
永興軍路	定邊軍	一							
						八五	一一一·四九八	二·七七九·二二七	三二一·五七九
秦鳳路	秦州	四	仝	四八·六四八	一二三·〇二二				
秦鳳路	鳳翔府	九	仝	一四三·三七四	三二二·三七八				
秦鳳路	隴州	四	仝	二八·三七〇	八九·七五〇				
秦鳳路	成州	二	仝	一二·九六四	三三·九九五				
秦鳳路	鳳州	二	仝	三七·七九六	六一·一四五				
秦鳳路	階州	二	仝	二〇·六七四	四九·五二〇				
秦鳳路	涓州	五	仝	二六·五九四	六三·五一二				
秦鳳路	涇州	四	仝	二八·四一一	八八·六九九				
秦鳳路	原州	二	仝	二三·〇三六	六三·四九九				
秦鳳路	德順軍	一	仝	二九·二六九	一二六·二四一				

	鎮戎軍	一	全	一·九六一	八·〇五七
	會州	一			
	懷德軍				
	西安州				
	熙州	一	全	一·八九三	五·二五四
	河州	一	全	一·〇六一	三·八九五
	聲州	三	全	四·八七八	一一·八五七
	岷州	三	全	四〇·五七〇	六七·七三一
	蘭州	一	全	三九五	九八一
	洮州				
	廓州				
	樂州				
	西寧州				
	震武軍				
	積石軍				
		四六		四四九·八九四	一·一一九·五三六
				二二·一六三	
兩浙路	臨安府	九	全	二〇三·五七四	二九六·六一五
	紹興府	八	全	二七九·三〇六	三六七·三九〇
	平江府	六	全	一五二·八二一	四四八·三一二
	鎮江府	三	全	六三·六五七	一六四·五六六
	湖州	六	全	一六二·三三五	三六一·六九八
	婺州	七	全	一三四·〇八〇	二六一·六七八
	慶元府	六	全	一一六·一四〇	二二〇·〇一七
	常州	四	全	一六五·一一六	二四六·九〇九
	江陰軍	一			
	瑞安府	四	全	一一九·六四〇	一六二·七一〇
	台州	五	全	一五六·七九二	三五一·九五五
	處州	六	全	一〇八·五二三	一六〇·五三六
	衢州	五	全	一〇七·九〇三	二八八·八五八
	建德府	六	全	八二·三四一	一〇七·五二一
	嘉興府	四	全	一二二·八一三	二二八·六七六
		七八		一·九七五·〇四一	三·六六七·四四一
				四七·〇一八	
	揚州	一	全	五六·四八五	一〇七·五七九

淮南東路	亳州	七	全	一三〇•一一九	一八三•五八一	三八	六六四•二五七	一•三四一•九七三	三五•三一五
	宿州	四	全	九一•四八三	一六七•三七九				
	楚州	四	全	七八•五四九	二〇七•二〇二				
	海州	四	全	五四•八三〇	九九•七五〇				
	泰州	二	全	五六•九七二	一一七•二七四				
	泗州	三	全	六三•六三二	一五七•三五一				
	滁州	三	全	四〇•〇二六	九七•〇八九				
	眞州	二	全	二四•二四二	八二•〇四三				
	通州	二	全	二七•五二七	四三•一八九				
	高郵軍	一	全	二〇•八一三	三八•七五一				
	安東州	一	全	一九•五七九	四〇•七八五				
	招信軍	二							
	淮安軍	一							
	清河軍	一							
淮南西路	壽春府	四	全	一二六•三八三	二四六•三八一	三三	七〇九•九一九	一•五八四•一二五	四八•〇〇三
	六安軍	一							
	廬州	三	全	八三•〇五六	一七八•三五九				
	蘄州	五	全	一一四•〇九七	一九三•一一六				
	和州	三	全	三四•一〇四	六六•三七一				
	安慶府	五	全	一二八•三五〇	三四一•八六六				
	濠州	二	全	六四•五七〇	一五三•四五七				
	光州	四	全	一二•二六八	一五六•四六〇				
	黃州	三	全	八六•九五三	一三五•九一六				
	無爲軍	三	全	六〇•一三八	一一二•一九九				
	懷遠軍	一							
江南東路	江寧府	五	全	一二〇•七一三	二〇〇•二七六				
	寧國府	六	全	一四七•〇四〇	四七〇•七四九				
	徽州	六	全	一〇八•三一六	一六七•八九六				
	池州	六	全	一三五•〇五九	二〇六•九三二				
	饒州	六	全	一八一•三〇〇	三三六•八四五				
	信州	六	全	一五四•三六四	三三四•〇九七				

路	太平州	三仝	五三•二六一	八〇•一三七				
	南康軍	三仝	七〇•六一五	一一二•三四三				
	廣德軍	二仝	四一•五〇〇	一〇〇•七二二	四三	一•〇一二•五二八	二•〇〇九•九九七	四六•七四四
江南西路	隆興府	八仝	二六一•一〇五	五三二•四四六				
	江州	五仝	八四•五六九	一三八•五九〇				
	贛州	一〇仝	二七二•四三二	七〇二•二二七				
	吉州	八仝	三三五•七一〇	九五七•二五六				
	袁州	四仝	一三二•二九九	三二四•三五三				
	撫州	五仝	一六一•四八〇	三七三•六五二				
	瑞州	三仝	一一一•四二一	二〇四•五六四				
	興國軍	三仝	六三•四二二	一〇五•三五六				
	南安軍	三仝	三七•七二一	五五•五八二				
	臨江軍	三仝	九一•六九九	二〇二•六五六				
	建昌軍	二仝	一一二•八八七	一八五•〇三六	四六	一•六六四•三五一	三•七八一•七四五	八二•二一一
荊湖北路	江陵府	八仝	八五•八〇一	二二三•二八四				
	鄂州	七仝	九六•七六九	一四〇•七六七				
	德安府	五仝	五九•一八六	一四三•八九二				
	復州	二						
	常德府	三仝	五八•二九七	一三〇•八六五				
	澧州	四仝	八一•六七三	二三六•九二一				
	峽州	四仝	四〇•九八〇	一一六•四〇〇				
	岳州	四仝	九七•七九一	一二八•四五〇				
	歸州	三仝	二一•〇五八	五二•一四七				
	辰州	四仝	一〇•七三〇	二三•三五〇				
	沅州	四仝	九•六五九	一九•一五七				
	靖州	三仝	一八•六九二					
	荊門軍	二						
	漢陽軍	二						
	壽昌軍	一			五六	五八〇•六三六	一•二一五•二三三	二一•七〇〇
	潭州	一二仝	四三九•九八八	九六二•八五三				
	衡州	五仝	一六八•〇九五	二〇八•二五三				

荊湖南路	道州	四	仝	四一•五三五	八六•五五三
	永州	三	仝	八九•三八七	二四三•三二二
	郴州	四	仝	三九•三九一	一三八•五九九
	寶慶府	二	仝	九八•八六一	二一八•一六〇
	全州	二	仝	三四•六六三	一〇六•四三二
	茶陵軍	一			
	桂陽軍	二	仝	四〇•四七六	一一五•九〇〇
	武岡軍	三			
福建路	福州	一二	仝	二一一•五五二	
	建寧府	七	仝	一九六•五六六	
	泉州	七	仝	二〇一•四〇六	
	南劍州	五	仝	一一九•五六一	
	漳州	四	仝	一〇〇•四六九	
	汀州	五	仝	八一•四五四	
	邵武軍	四	仝	八七•五九四	
	興化軍	三		六三•一五七	
成都府路	成都府	九	仝	一八二•〇九〇	五八九•九三〇
	眉州	四	仝	七二•八〇九	一九二•三八四
	崇慶府	四	仝	六七•八三五	二七三•〇五〇
	彭州	三	仝	五七•五二四	
	綿州	五	仝	一二二•九一五	二三〇•四〇九
	漢州	四	仝	一二〇•九〇〇	五二七•二五二
	嘉定府	五	仝	七一•六五二	二一〇•四七二
	邛州	六	仝	七九•二七九	一九三•〇三二
	簡州	二	仝	四一•八八八	九五•六一九
	黎州	一	仝	二•七二二	九•〇八〇
	雅州	五	仝	二七•四六四	六二•三七八
	茂州	一	仝	五六八	一•三七七
	威州	二	仝	二•〇二〇	三•〇一三
	永康軍	二			
	仙井監	二	仝	三二•八五三	一〇四•五四五

荊湖南路	三六	九五二•三九六	二•〇八〇•〇七二	五七•七七九
福建路	四七	一•〇六一•七五九		
成都府路				

路	州府	縣數	年代	戶	口	路縣數	路戶	路口	路計
	石泉軍	二				五七	八八二•五一九	二•四九二•五四一	四三•七二八
潼川府路	潼川府	一〇	仝	一〇九•六〇九	四四七•五六五	五二	五六一•八四四	一•五五八•三六二	二九•九六八
	遂寧府	五	仝	四九•一三二	一〇二•五五五				
	順慶府	三	仝	五五•四九三	一三〇•三一三				
	資州	四	仝	三二•二八七	四七•二一九				
	普州	三	仝	三二•一一八	七三•二二一				
	昌州	三	仝	三六•四五六	九二•〇五五				
	敍州	四	仝	一六•四四八	三六•六六八				
	瀘州	三	仝	四四•六一一	九五•四一〇				
	長寧軍								
	合州	五	仝	四八•二七七	八四•四八四				
	桑州	四	仝	一六•六六七	五二•〇八七				
	渠州	三	仝	三二•八七七	六三•八三〇				
	懷安軍	二	仝	二九•六二五	一七四•九八五				
	寧西軍	三	仝	四七•〇五七	一一•七五四				
	富順監		仝	一一•二四七	二三•七一六				
利州路	興元府	四	仝	六二•〇八四	一二三•五四〇	五六	二九七•六二九	六三七•〇五〇	一一•三七五
	利州	四	仝	二五•三七三	五一•五三九				
	洋州	三	仝	四五•四九〇	九八•五六七				
	閬州	七	仝	四三•九三六	一〇〇•九〇七				
	隆慶府	六	仝	三五•〇二三	一〇七•五七三				
	巴州	五	仝	二三•三三七	四一•五一六				
	文州	一	仝	一二•五三一	二二•〇七八				
	沔州	二	仝	一二•四三〇	一九•六七三				
	蓬州	四	仝	二七•八二七	五一•四七二				
	政州	二	仝	三•五二三	九•二九四				
	大安軍	二	仝	六•〇七五	一〇•八九一				
夔州路	夔州	二	元豐	一一•二一三					
	紹慶府	二	仝	二•八四八					
	施州	二	仝	一九•八〇四					
	咸淳府	三	仝	三五•九五〇					

路	州府軍監	縣數	年代	戶數	路縣數	路戶數
州路	萬州	二	全	二〇•五五五	三三	二四六•五二一
	開州	二	崇寧	二五•〇〇〇		
	達州	五	元豐	四〇•六四〇		
	涪州	三	全	一八•四四八		
	重慶府	三	全	四二•〇八〇		
	雲安軍	一	全	一一•〇七五		
	梁山軍	一	全	一二•二七七		
	南平軍	二				
	大寧監	一	元豐	六•六三一		
	珍州	二				
	思州	三				
	播州	一				
廣南東路	廣州		元豐	一四三•二六一	三二	五七四•二七六
	韶州	五	全	五七•四三八		
	循州	三	全	四七•一九二		
	潮州	三	全	七四•六八二		
	連州	三	全	三六•九四三		
	梅州		全	一二•三七〇		
	南雄州	二	全	二〇•三三九		
	英德府	二	全	三•〇一九		
	賀州	三	大觀	四〇•二〇五		
	封州		元豐	二•七七九		
	肇慶府	二	全	二五•一〇三		
	新州	一	全	一三•六四一		
	德慶府	二	全	八•九七九		
	南恩州	二	全	二七•二一四		
	惠州	四	全	六一•一二一		
廣	靜江府	一一	全	四六•三四三		
	容州	三	全	一三•七七六		
	邕州	二	全	五•二八八		
	融州	一	全	五•六五八		

路	州府軍							
南西路	象州	四	仝	八·七一七				
	昭州	四	仝	一五·八八〇				
	梧州	一	仝	五·七二〇				
	藤州	二	仝	六·四二二				
	龔州	一	仝	八·〇三九				
	潯州	一	仝	六·一四一				
	柳州	一	仝	八·七三〇				
	貴州	一	仝	七·四六〇				
	慶遠府	四	仝	一五·八二三				
	賓州	三	仝	七·六二〇				
	橫州	二	仝	三·四五一				
	化州	二	仝	九·三七三				
	高州	三	仝	一一·七六六				
	雷州	一	仝	一三·七八四				
	欽州	二	仝	一〇·五五二				
	白州	一	仝	四·五八九				
	鬱林州	二	仝	三·五六四				
	廉州	二	仝	七·五〇〇				
	瓊州	四	仝	八·九六三				
	南寧軍	三	仝	八五三				
	萬安軍	二	仝	二七〇				
	吉陽軍	二	仝	二五一		六二	二三六·五三三	

明代遼東歸附及衛所都司建置沿革

李晉華

頡剛吾師：

禹貢第四期，七期，兩載張維華君關于遼東問題論文，徵引甚詳，得讀甚喜。但張君所引明史，全邊略記，明大政纂要諸書，均屬間接記述，無法徵實，故只得斷定：『黃儔使遼必在洪武三年六月之後』，『劉益之降當在洪武三年與四年之間』，『遼東都衛建于洪武四年七月之說當無大誤』，『遼東之置都司亦以洪武八年十月爲是』。此類推測雖去事實不甚遠，然讀者仍覺無所適從。查遼東歸附及衞所都司之建置，實錄均有明文，記載職方之事不涉忌諱，當可徵信。玆特錄以就正焉。又考「監」爲司牧之所，隸太僕寺，不屬于職方，張君謂『遼東轄境二十五衞二州之外尙有一監』，似亦須更正。謹縷述如下：

一，納哈出據遼及其歸附事略

元至正十五年乙未（洪武紀元前十三年）六月乙卯朔，上率徐達常遇春等克太平，執其萬戶納哈出。（太祖實錄）

十二月壬子朔，釋元萬戶納哈出北歸。納哈出者，木華黎裔孫也。上初獲之，以其爲元世臣子孫，待之甚厚。納哈出居常鬱鬱不樂，上遣降將萬戶黃儔察其去就。儔見納哈出，言上所以待遇之意。納哈出曰：『荷主公不殺，誠難爲報；然我本北人，終不能忘北』。儔以告上，上曰：『吾固知其心也』。謂徐達等曰：『納哈出，元之世臣，心在北歸，今强留之，非人情也，不如遣之還』。達等以爲虜心難測，若舍之去，恐貽後患；不如殺之。上曰：『無故而殺之，非義，吾意已決，姑遣之』。因召納哈出及降臣張御史謂之曰：『爲人臣者各爲其主，况汝有父母妻子之思念？遣歸仍從汝主於北』。因資而遣之。納哈出等辭謝而去。（實錄）

洪武二年四月乙亥，太祖聞納哈出擁兵據遼陽爲邊患，乃遣使以書與元主，又以書諭納哈出。三年五月復以書諭之（兩書皆諭以逆凶順吉之理，實錄具載其文，可以查覈）。

按：是時元平章高家奴守遼陽山寨，知院哈剌張屯瀋陽，丞相也先不花駐開元，平章劉益守盖州。遼陽開元迤北金山等處爲納哈出所據，其勢足以左右全遼。若其來歸，則全遼可定，故太祖望于納哈出者亦至殷。四年六月，遼東衞遣人奏言元將納哈出據金山擾邊，爲遼陽患，乞益兵以備。乃遣黃儔齎書諭之，儔至金山，納哈出拘而不遣。七年十一月，納哈出引兵寇遼陽，千戶吳壽等擊走之。八年十二月，復寇遼東，都指揮使葉旺大敗其兵。十一年六月，十二月，兩遣使齎書往諭均不報。二十年正月，遣宋國公馮勝爲征虜大將軍，潁國公傅友德，永昌侯藍玉爲左右副將軍，率師二十萬北伐。六月丁酉，馮勝等進師金山之西。癸卯，師逾金山，至女直苦屯，納哈出部將全國公觀童降。丁未，遣右副將軍藍玉至納哈出營，降其衆。八月丁丑，征虜大將軍馮勝上賀平納哈出表。九月戊寅朔，封納哈出爲海西侯。自納哈出歸降後，全遼底定，事具實錄。

二，劉益歸附及遼東衞所都司建置事略

洪武三年九月，詔諭遼陽等處官民。初，元主之北走也，遼陽行省平章高家奴聞之，集兵老鴉山，而平章劉益亦集兵屯盖州之得利嬴城。二兵相爲聲援，以保金復等州，顧望欲爲邊患。至是，上遣斷事官黃儔齎詔諭之（辭長不錄）。（實錄）

張君考略引全遼志云：『黃儔使遼在洪武三年，然在是年何月則未明言，詔內載李文忠遣使陳奏事，則知六月前無遣使使遼事，而黃儔使遼定在六月後也』。實錄載在九月，不詳何日，原詔亦與全遼志所載稍有異文也。

洪武四年二月壬午，故元遼陽行省平章劉益以遼東州郡地圖并籍其兵馬錢糧之數，遣右丞董遵，僉院楊賢，奉表來降（有「願効順投誠」語，文不具錄）。上覽表嘉其誠，詔置○○○○○○遼東衛指揮使司，以益爲指揮同知。詔曰：

（前略）『前遼陽行省平章劉益能審察時機，推誠歸朕，以遼東州郡地圖遣右丞董遵等奉表朝獻，朕甚嘉焉。雖漢竇融，何專前美！今特置遼東衛指揮使司，授爾益同知指揮使。爾其恪遵朕意，固保遼民，以屏衛疆圉，則爾亦有無窮之譽！』（實錄）

據此：三年九月詔諭遼陽等處官民，至是平章劉益率衆來歸，乃置衛以益知衛事，是爲遼東置衛之始。是時衛置于盖州得利嬴城，本劉益所屯駐之地。遼陽東北開元金山等處仍爲元將所據，非所轄治。

今按：張君考略引明史全遼志及明大政纂要諸書云：『黃儔使遼既在洪武三年六月之後，劉益之奉表求降必後乎此可知，推其時（置衛時）當在三年與四年之間』。劉益歸降與遼東置衛同爲四年二月事，巳見實錄，明史紀傳均據之。全邊略記以爲三年春事，誤。

洪武四年五月丙寅，故元平章洪保保馬彥翬八丹等叛，殺遼東衛指揮同知劉益。（實錄）

洪武四年六月壬寅，故元右丞張良佐，右丞房暠，遣參政張革，行樞密院副使焦偶，廉訪司僉事李茂，斷事崔忽都，自遼東來貢馬，及送賊殺劉益逆黨平章八丹，知院僧兒等至京，並上故元所授印章宣勅金牌。先是故元平章劉益以遼東之地來降，朝廷遣斷事官吳立往宣詔，置遼東衛於得利嬴城，以益爲指揮同知。未幾故元平章洪保保馬彥翬共謀殺益，良佐等率部下擒彥翬殺之，保保走納哈出營。遼東之衆因推良佐與暠權衛事。至是良佐遂以其事來聞，仍上其事于中書省（原奏略）。右丞相汪廣洋等以聞，上以吳立張良佐房暠爲遼東衛指揮僉事。其餘將校從本衛

定擬職名具奏聞銓注，軍人俾隸籍。賜張革等文綺衣各一襲。(實錄)

洪武四年七月辛亥朔，置定遼都衛指揮使司，以馬雲葉旺爲都指揮，吳泉馮祥爲同知，王德爲本衛僉事，總轄遼東諸衛軍馬，修治城池，以防守邊疆。時上以劉益之變，而元臣納哈出等未附，故命雲等鎮之，仍遣雲諭祭劉益(祭詞略)。

按：是年二月置遼東衛，以劉益知衛事，及益被殺，復以吳立張良佐房暠僉衛事。七月置定遼都衛，以馬雲葉旺爲都指揮使，總轄遼東諸衛軍馬。在衛之上設都衛，事權歸一，便于統屬，不關設置因革。全邊略記云『置衛總轄遼東』，是也。大政纂要云，是年『置遼東都司』，是誤以八年後之改稱爲初置時之稱名矣。

洪武八年十月癸丑，詔以在外各處所設都衛並改爲都指揮使司。定遼都衛爲遼東都指揮使司置定遼前衛指揮使司，以遼東衛爲定遼後衛指揮使司。(實錄)

據此，可知遼東衛建于洪武四年二月，定遼都衛于置是年七月，都衛改都司則八年十月事：此遼東置都司之沿革也。

三，附論

張君考略云：『明史地理志稱「洪武八年改置遼東都指揮使司，領衛二十五，州二。二十年(明史作十年)府縣俱罷」。是知洪武二十年後遼東悉置衛所。又稱「永樂七年置自在安樂二州」。則知此二州之置爲復洪武八年舊制，此外則悉爲衛所』。

按：衛之設所以統制當地軍馬，修葺城池，府縣則綜理民刑錢穀，衛與府縣並設，本軍分治之旨，爲明代定制。若罷府縣，則軍民事一歸于衛矣。考實錄「洪武六年六月戊戌，定遼都衛請設遼陽府縣治，從之，詔吏部銓官鑄印。尋罷遼陽府縣」。十年不載此事，或設未幾即罷，不待十年也。明史「十年府縣俱罷」，不知何据？

又按：歷代以來，地皆郡縣，明代盡改置衛，而獨于遼陽開元設自在安樂二州者，蓋所以處內附夷人也。夷人初附，語言不通，習俗亦異，故別立州，仍以夷人爲長官以治之(永樂七年七月癸巳，遼東自在安樂二州韃官買你等來朝，貢方物，賜鈔及襲衣，所貢物悉厚直酬之。見實錄)。其外附夷人，東北則建州毛憐女直等衛，西北則朶顏福餘泰寧三衛，分地世官，互市通貢，事雖羈縻，勢成藩蔽。惟自在安樂二州之置乃永樂初事，若洪武八年時，不特二州未置，建衞亦不及二十五，所云領衞二十五，州二，非八年以前也。

張君考略又云：『明史地理志論遼東都指揮使司所轄疆域謂領衞二十五，州二，此蓋以常制論。明人置衞遼東，興廢無常，其建置之數不只以二十五爲限，衞外有自在安樂二州，二州外有永寧監，亦屬遼東分疆之一，而地志則未言及。……是遼東轄境以常制論當作二十五衞二州一監也。』

按：遼東轄境以二十五衞二州爲常制，其說可通。至永寧監乃掌牧馬者，屬太僕寺，非隸職方，是以地志不言及。洪武初西北軍事方殷，重視馬政，命于江淮等處設牧監養馬外，復定茶馬互市法，與西番易馬。永樂初仍舊制設苑馬寺，寺之下仍設監，監之下設苑。北京甘肅等處苑馬寺所屬監苑最多。遼東分苑馬寺隸北京，設六監，每監下設四苑，爲二十四苑。後均裁廢，僅存永寧一監，清州深河二苑。全遼志所云，尚無不合。特監非治所，不同于州衞，卽州衞之外不設監爲治也。

安徽宣城的廣東村和洪楊亂後宣城的人口

胡傳楷

我在宣城住過一年，宣城給予我的印像很深。無論人物和古蹟，宣城在歷史上都佔有重要的位置。

宣城梅氏是鼎鼎著名的，宋朝的梅堯臣（聖俞），清朝的梅文鼎，文鼐，文鼏兄弟，以至於現代的梅光迪先生，皆爲一代有數的人物。南齊的謝朓，曾爲宣城太守，後人稱作謝宣城。唐代詩人李白，在宣城流寓很久，他稱贊宣城的風景，寫了不少詩，其中有一首，末後有這樣兩句：

相看兩不厭，只有敬亭山。

宣城的敬亭山的確是很好的風景。其他如：鰲峰，北樓，南樓，雙橋，雙塔寺，也都可以使人留戀而忘返。所以李白就死在宣州。其他愛慕宣城而來寄寓的，唐代還有韓愈，白居易，杜牧；宋代如蔣之奇，徐亮；明代如屠隆；清朝如洪亮吉。眞是指不勝屈。我一想起宣城，我便想起上面這些事跡。但我另外還有一個比較更深的印像，就是宣城鄉下的一個廣東村。

宣城東門外，二十里左近，有一座小小的土山，俗名黃土山。在山的東首，有幾家新式的洋房，住的是幾十個廣東人。他們的生活方式都不與本地土著相似。他們說的是廣東方言，本地人聽不懂。但他們也能說普通話。他們不大與本地人來往，似乎單獨成一個村莊，所以本地人就叫他爲廣東村。

他們村上（實際算不得村）自己辦了一個小學，教育他們自己的子弟。土匪不敢上他們村去，因爲戒備得很嚴。他們家家備有手鎗，房子外，圍了一重鐵絲網，好像上海公共租界戒嚴時一般。

廣東村沒有什麼可注意，可注意的是那幾個廣東人，因爲他們並不是眞正的廣東人，而是道地的宣城人！

原來他們的祖父母，本是宣城人氏，只因當咸同間，避洪楊之亂，逃往廣東，子孫數代相傳，遂習於廣東的風俗。可是終於因爲宣城是祖宗墳墓的所在，故決意遷回原籍。宣城人聽他們口裏說的是廣東方言，以爲是廣東人，那知他們倒反是道地的宣城人。更有趣的，現在大多數的宣城居民，原本都不是宣城人，乃是洪楊之後四方八處移住來的。由外省遷來的，有湖北人，湖南人，河南人和江西人；本省則以蕪湖和徽州二處的人爲最多（北門外一帶店鋪，幾乎完全是徽州人開的）。從這一點——洪楊亂後宣城的居民土著少而客籍多——上看來，很可以使我們想見宣城在洪楊時代所受的禍亂是怎樣的慘重！

宣城的戰事始於咸豐六年二月；三月二十八日，陷於太平軍。同年十二月，爲官軍所克復。但戰事仍繼續不息，延至咸豐十年八月十二日，第二次失守；同治元年六月十五日，始再度克復。翌年八月，太平軍又犯府城，爲官軍所擊敗，自此宣城始無太平軍之踪跡。

經過了七八年的激烈戰事，兩次失守府城，殺得流血遍野，伏尸盈路，亂軍所至，放火燒刼，姦淫屠戮，無所不極！試想當日宣城的居民，還有幾個不死亡逃散?!

據光緒十四年的宣城縣志所載宣城戶口，清朝從嘉慶元年（一七九六），直到十一年（一八〇六），每年人口都是增加。嘉慶十一年（一八〇六）的戶數增到二十五萬四千五十二戶，口數增到一百七萬六千一百六十口。十一年以後無統計，中間隔了道光咸豐兩朝，及至同治七年（一八六八），當洪楊大亂之後，統計宣城戶數僅有五萬七千二百五十二戶，口數僅有二十五萬一千三百口了。較之嘉慶十一年的統計，要減少十九萬六千八百戶，八十二萬四千八百六十口，這個數目多麼驚人！而況嘉慶以來，歷年的人口都是增加的，那麼洪楊亂前的人口，一定還要超過嘉慶十一年的數量呢！

由此，我們更明白這個所謂『廣東村』的名稱之由來，實含有很深長的歷史意義呢！

附：安徽宣城縣歷代戶口統計表

朝代	年號	年數	西曆	戶數	口數	附註
宋	未詳	未詳	九六〇至一二七六	一九・五八五 二二・四〇八	四八・八七六 五六・三〇〇	土戶口數 客戶口數
明	洪武	四	一三七一	三一・四四七	一六七・二七七	
	萬曆	未詳	一五七三至一六一九	二六・四〇五	一七八・四〇六	
清	乾隆	六〇	一七九五	二〇一・五〇四	八四〇・二六七	
	嘉慶	元	一七九六	二〇七・八六七	八六七・八八七	
		二	一七九七	二〇九・一八〇	八五四・五〇六	
		三	一七九八	二一〇・二〇八	八六三・二二三	
		四	一七九九	二一二・九三六	八七三・三四六	
		五	一八〇〇	二一五・四四八	八八四・八六九	
		六	一八〇一	二一八・〇四〇	八九六・九八三	
		七	一八〇二	二二三・五一〇	九〇五・八九二	
		八	一八〇三	二二三・五九四	九一九・九五八	
		九	一八〇四	二三三・六〇三	九六八・三七一	
		一〇	一八〇五	二四一・八三五	一〇一六・九七五	
		一一	一八〇六	二五四・〇五二	一〇七六・一六〇	
	同治	七	一八六八	五七・二五二	二五一・三〇〇	民屯土客在內
	光緒	一三	一八八七	七八・三一六	三一九・三三九	民屯土客在內
中華民國	民國	五	一九一六	六三・六六三	四二六・二二三	
		一七	一九二八	一〇一・八〇五	五二八・七〇九	普通戶口寺廟戶口公共處所戶口均在內

傳楷按：表中光緒十三年以前，係根據光緒十四年本宣城縣志；民國五年，係根據民國十一年度內務統計土地與人口；民國十七年，係根據民國十七年各省市戶口調查統計報告。

二十三，九，一，眞如鏡十二號。

評奉天全省輿圖

吳志順

用『等高線法』或『等高線分層着色法』表示地形的地圖，在現在是最爲新穎不過的。翁文灝先生在中國分省新圖序裏痛斥舊法所繪諸圖之弊，以爲這類圖很足導讀者於謬誤觀念，而對於『等高線法』則以爲盡善盡美。殊不知『等高線法』用在比例尺十萬分之一以下，或『等高線分層着色法』用在五十萬分之一上下的圖，固然顯明；倘若用在二三百萬分之一以上高度在一二百公尺以上以至於一千公尺才能繪上一根線，而又缺少標高點的圖，恐怕更易導讀者於謬誤的觀念，竟可使讀者疑到同高度的平原會有這樣廣大的面積。因爲縮尺小，雖然表明每段高度是在若干公尺與若干公尺之間，但是在這每段固定高度以內，就沒有超過它的固定高度與不及它的固定高度的地帶了。不過因爲縮尺小，線法簡，有許多的地方，就沒法把它完全表現出來了，當然不免就有指鹿爲馬之弊。那麽，這類地圖的價值，也很有限，決不能說它是圖學的新紀元；而把旁的地圖，全都廢棄。

舊法所繪諸圖，在製圖學上說來，都是投射投影法裏的一種透視地平法。不過那時不懂得什麽叫經緯度投影法，什麽叫中等海水面的一切繪畫法，所以畫出來不十分正確。我們要研究地形，地質，或考究距離，高度，舊法所繪諸圖，自然不宜，若要用在人文，或史地沿革上，則這類地圖，自有相當價值。倘使『等高線法』的地圖，縮尺一小，內容簡陋，它的價值還遠不及舊法所繪內容詳細的圖咧。所以學者擇用地圖，當按着自己的用途，審查其內容的價值如何，不要因其形式的新舊，而定去取。近時的新圖，儘有牟利之徒，輾轉抄襲，說得天花亂墮，一按其內容，漏遺謬誤，不可究詰。舊圖中，亦有繪製方法固舊，而內容極爲精詳的，實在可貴。

燕京大學圖書館新得奉天全省輿圖三十一幅（銅版精印，年月不詳，亦無繪印之所），工程浩大，當屬官書，是一份很有價值的地圖。分幅按清代府廳州縣之制，計：

奉天全省總圖　一幅
奉天府總圖　昌圖府總圖　錦州府總圖
鳳凰廳總圖　興京廳總圖　各一幅
遼陽州（今遼陽縣）　義　州（今義　縣）
岫巖州（今岫巖縣）　寧遠州（今興城縣）
復　州（今復　縣）　金州廳（今金　縣）
鳳凰廳（今鳳凰縣）　海龍廳（今輝北縣）
興京廳（今新賓縣）　承德縣（今瀋陽縣）
新民縣（今瀋陽縣）　海城縣
懷仁縣（今桓仁縣）　蓋平縣
奉化縣（今梨樹縣）　錦　縣

懷德縣　鐵嶺縣
廣寧縣(今北鎮縣)　通化縣
昌圖府(今昌圖縣)　開原縣
安東縣　康平縣
寬甸縣　各一幅

圖例云：『奉省方域，自吉林黑龍江分界後，南北縱九百六十里，東西廣一千七百六十里；南至大孤山五百四十里，以海爲界；北至鄭家屯四百二十里，接蒙古王旂界，東至廿一道溝一千三百四十里，接吉林界；西至淸河邊門四百二十里，接直隸界；西南至紅牆子八百三十里，接直隸界；西北至葉茂台邊一百六十里，接直隸界；東南至長甸河口七百六十里，接朝鮮界；東北至亮子河六百六十里，接吉林界；西南至京師一千五百里。縱距烏里三百八十八里。橫距烏里一千一百零五里。斜距烏里一千一百七十一里。其河道入海者，均繪於圖，至細流支港，繪入分圖，以淸界限。圖內皆遵原頒格式』。

看了上面省界的四至及府廳州縣分制的情形，可知爲光緒三十三年以後出版的圖。版底之精美，內容之豐富，決不是晚近市肆出版的地圖所能及其萬一。現在出版的圖，對於現在行政區域的省會，縣治，直隸市，及重要首邑，市鎮等，那是準可使你滿意的找得各個的位置，但是一遇移治或新增，則毫無辦法。即以遼寧省爲例；復縣在九一八前即已移治瓦房店，在復縣未移治以前新出的各圖，你要找這瓦房店，就有許多的圖會沒有，就是最近申報館出版之中國分省新圖裏，復縣不但未曾移在瓦房店，即瓦房店亦未註繪。又東北之萬寶山屯，這是釀成九一八之導火線，在政治歷史上很關重要，但是在萬寶山事件發生以前出版的圖，多以爲是不重要的小村屯而不繪註。看了這份奉天全省輿圖，按現在的行政區域，它所缺的縣治爲：

東豐　西豐　西安　營口　遼中　台安　彰武　黑山
盤山　綏中　錦西　臨江　輯安　長白　安圖　撫松
撫順　本溪　輝南　柳河　莊河　洮南　遼源　雙山
通遼　開通　洮安　安廣　瞻榆　鎮東　法庫　突泉
金川　清原

我們把知道所缺各縣設治地點的舊地名，在這圖裏居然全都找着了，這種舊地名，在其他新舊圖中，往往是找不到的。

東豐設治地點大肚川　西豐設治地點掏鹿
西安設治地點大疙瘩　營口設治地點營口(或曰牛莊，誤也。牛莊當係牛莊城。)

遼中設治地點阿司牛象　台安設治地點八角台
彰武設治地點橫道子　黑山設治地點小黑山
盤山設治地點雙台子　綏中設治地點中後所
錦西設治地點江家屯　臨江設治地點帽兒山
輯安設治地點通溝口　長白設治地點塔甸
安圖設治地點娘娘庫　撫松設治地點犛牛哨
撫順設治地點撫順　本溪設治地點本溪湖
輝南設治地點蛤蟆河　柳河設治地點柳樹河子
莊河設治地點莊河　遼源設治地點鄭家屯
雙山設治地點板打窩棚　法庫設治地點法庫門
金川設治地點樣子哨　清原設治地點八家子

就祇洮南，洮安，通遼，開通，安廣，瞻榆，鎭東，突泉這幾縣，那時還在蒙古王旂界內，故此圖不詳。他如現在復縣縣治所在之瓦房店，及遼省添設之鐵路如北寧，瀋海，南滿，四洮……等，所經過之大小站名，都能很詳明的尋着它的位置，所有大小山脈，河流，也都繪出。

總而言之，這份圖一定是一部煞費經營的著作，無論是怎樣小的村屯，怎樣小的山河，概行列入，而各個地名的位置也很正確。所以在當時最不關重要的地名，現在或因交通的衝要，闢爲商埠，或以政治的關係，增設縣治，或因發生過國際的交涉，爲全國所注意，我們想找的，都可以找着，眞是快事。雖然是舊法繪書，比上那縮尺小而內容簡陋的新法所繪的地圖，還要有用些。

所以製圖法之新舊，是一件事，圖之詳確與簡陋，又是一件事。我們當不分新舊，審查它內容的價值，而定採擇的標準，才是學者的態度。

一九三四，九，十一。

新刻許氏方輿攷證百卷 三百八十餘萬言 五十册出版廣告

價格　甲乙種　連史毛邊紙　六五十元

自來講史學者以地理爲先，地理之書以後出爲貴，我國幅員廣大，載籍浩繁，方輿之書，偏重考古。唐元和郡縣志以後，至清一統志以前，求一博通簡要，足以考證歷史，經世致用，幾無一編。顧氏方輿紀要專注兵略，至於：經史之沿革，州郡之僑置，水道之變遷，道路之夷險，古跡之存亡，名稱之異同，大率略而不詳，況幅員界域，以明代爲範圍，按之清代，幾少五分之二，挾此致用，何異冥行。乾嘉間濟寧許鴻磐雲嶠氏專攻地學，通籍後爲牧令，幾三十年，歸田後又積十餘年，成方輿考證壹百卷，根據方志，表裏邊幅，參訂載記，脉絡分明。當時西域拓地二萬餘里，爲山經所不誌，方志所未及者，一一考證之，四百萬言，首尾一貫。自禹貢以還，班氏以後，未有本末賅備如此書之完整者。稿甫脫手，先生即歸道山。嘉慶季年，鄱陽胡果泉中丞（克家）審定發刋，武進李申耆大令（兆洛）弁言，刻總部六卷，亦即中輟；原稿流出，輾轉爲先生同邑潘氏華鑑閣所得，又經膠西柯鳳孫先生審定補輯，惟全部幾四百萬言，付諸剞劂，中經世故，十餘年來始得告成。是海內人士所日夕想望，而不可得者，一旦躍治而出，豈非大快事哉？際此國難，地理之學，尤爲當務之急。愛國志士，舟車行篋，萬不可少。特先赶印二百部，每部裝五十巨册，發售特價，只收工料，不計版權，亦爲嘉惠士林，先覩爲快也。

北平修綆堂書店

隆福寺東口內路南

電話東局二二〇五

文奎堂經售地志目

北平隆福寺街廟西路南門牌百十號

具區志十六卷	翁澍	康熙年刊	白紙	十本	百六十元
乾道臨安志三卷		通行本	竹紙	一本	一元二角
乾道臨安志三卷淳祐臨安志六卷		光緒年刊	白紙	二本	二元八角
汴京遺蹟志二十四卷	明李濂	河南刊	白紙	六本	四元
咸淳臨安志百卷	元潛說友	汪氏刊	白紙	二十四本	十七元
景定建康志五十卷	宋周應合	嘉慶孫氏刊	竹紙	二十本	五十五元
嘉定赤城志四十卷	宋世犖	台州叢書本	白紙	六本	十元
西湖志四十八卷	李衞	浙江局刊	竹紙	二十本	四元
永定河志三十二卷續志十六卷		光緒年刊	白紙	二十八本	十八元
焦山志十二卷	盧見曾	雅雨堂刊	白紙	四本	二十五元
焦山志二十六卷續八卷	吳雲	同治年刊	竹紙	十本	五元
武夷志略四卷	明徐表然	明刊	竹紙	四本	二十元
武夷山志四卷	明勞堪	明萬歷年刊	白紙	七本	四十元
武夷山志二十四卷	董天工	道光年刊	白紙	八本	五元
石鐘山志十六卷	李成謀等	光緒年刊	白紙	八本	五元
盤山志十卷補遺四卷	智朴		白紙	四本	三元
金山志十卷		雅雨堂刊	白紙	四本	十六元
泰山志二十卷	金棨	嘉慶年刊	竹紙	十本	六元
華嶽志八卷	李榕	道光年刊	白紙	四本	三元
盋山志八卷	顧雲	光緒年刊	白紙	三本	二元
清涼山志十卷		乾隆年刊	洋紙	四本	三元
攝山志八卷	陳毅	乾隆年刊	白紙	四本	七元
鼎湖山慶雲寺志八卷		光緒年刊	白紙	四本	六元
五山全志二十卷	劉名芳	乾隆年刊	竹紙	五本	二十四元
桃花源志略十三卷	唐開韶	道光年刊	白紙	四本	五元
荊州萬城隄志十卷	倪豹岑	光緒年刊	白紙	六本	三元
烏青鎮志十二卷	董世寧	鉛印	白紙	二本	二元
畿輔通志百二十卷	唐執玉	雍正年刊	竹紙	四十八本	四十五元
畿輔通志三百卷	黃彭年	光緒年刊	白紙	二百四十本	百十二元
山西通志二百三十卷	覺羅石麟	雍正年刊	白紙	百本	五十元
山東通志二百卷	孫葆田	宣統年鉛印	竹紙	百二十八本	百三十元
江西通志百八十卷首五卷	趙之謙	光緒年刊	竹紙	百二十本	四十五元
廣東通志三百三十四卷	阮元	同治年刊	白紙	百二十本	六十元
陝西通志百卷	沈青崖	雍正年刊	洋紙	百本	五十五元
盛京通志四十八卷	雷以鍼	乾隆年刊	竹紙	二十本	十二元
浙江通志二百八十卷	嵇曾筠	浙江刊	竹紙	百二十本	四十五元
湖北通志百七十六卷	張仲炘	近年修刊	白紙	百零八本	五十五元
貴州通志四十六卷	鄂爾泰	乾隆年刊	棉紙	十六本	六十元
新疆圖志百十六卷	袁大化	鉛印	竹紙	三十二本	五十五元
回疆通志十二卷	和寧	鉛印	白竹紙	四本	三元

•J49(h)-23:9

出版者：禹貢學會。
編輯者：顧頡剛，譚其驤。
出版日期：每月一日，十六日。
發行所：北平成府蔣家胡同三號禹貢學會。

禹貢半月刊

價目：每期零售洋壹角。豫定半年十二期，洋壹圓；全年二十四期，洋貳圓。郵費加一成半。國外全年加郵費八角。

The Evolution of Chinese Geography

A Semi-monthly Magazine

Vol. 2 No. 3 Total No. 15 October 1st 1934
Address: 3 Chiang-Chia Hutung, Cheng-Fu, Peiping, China

第二卷 第三期

（總數第十五期）

民國二十三年十月一日出版

內政部登記證警字第叁肆陸壹號
中華郵政特准掛號認為新聞紙類

論古水道與交通（續）

蒙文通

嚴安主父偃皆言秦使尉屠睢將樓船之士以攻越。淮南人間訓云：「秦王使尉屠睢發卒五十萬，爲五軍。一軍塞鐔成之嶺，一軍守九嶷之塞，一軍處番禺之都，一軍守南野之界，一軍結餘干之水。三年不解甲弛弩，使監祿轉餉，又以卒鑿渠而通糧道，以與越人戰」。（南康記，「秦略定揚越，謫戍五方，南守五嶺。第一塞上嶺卽大庾嶺是，第二騎田嶺今桂陽郡臘嶺是，第三都龐嶺今江華郡永明嶺是，第四甿渚嶺亦江華郡白芒嶺是，第五越城嶺零陵郡南臨嶺是。」）屠睢樓船之士至番禺，未審畢從何道，而監祿鑿渠通糧，則非自海道也。於漢書南粵傳呂嘉建德等反，令粵人及江淮以南樓船十萬師討之。元鼎五年秋，衛尉路博德爲伏波將軍，出桂陽，下湟水，主爵都尉楊僕爲樓船將軍，出豫章，下橫浦，故歸義粵侯二人爲戈船下瀨將軍，出零陵，或下灕水，或抵蒼梧。武帝本紀云：「南粵王相呂嘉反，遣伏波將軍路博德出桂陽下湟水，樓船將軍楊僕出豫章下湞水，歸義侯嚴爲戈船將軍出零陵下灕水，甲爲下瀨將軍下蒼梧，皆將罪人江淮以南樓船十萬人。」知江淮樓船之士下番禺，而出零陵下灕水固一道也。水經注，「湘水出零陵始安縣陽海山。」酈注，「湘灕同源，分爲二水，南爲灕水，北則湘川東北流。」灕水注，「灕水與湘水出一山而分源也。湘灕之間，陸地廣百餘步，謂之始安嶠。嶠水自嶠之陽南注灕水，故庾仲初之賦揚都云，『判五嶺而分流』者也。」漢書所謂出零陵，下灕水，則由湘達灕，正所謂出零陵，下灕水，此漢戈船將軍所從道也。臨桂圖經，「秦使御史監祿自零陵鑿渠，出零陵，下離水」（御覽引）。桂海虞衡志云：「灕水乃牂柯江下流，與湘水遠不相謀。史祿始作靈渠，派湘流而注之灕，使北水南合」。則漢時戈船將軍所從之道，卽秦監祿所從之道也。讀史方輿紀要言：「灕水上流謂之靈渠。昔秦戍五嶺，命史祿鑿渠，以通舟楫。漢滅南粵，使歸義越侯嚴爲戈船將軍，出零陵，下灕水。又東漢建武十七年，馬援討徵側，因史祿舊渠開湘水六十里，以通餉道」。又言：「興安縣零渠，卽導灕水處，亦謂之澪渠。水經注湘水自零陵西南，謂之澪渠是也。唐咸通五年，嶺南用兵，諸道餽運，皆泝湘江入澪渠。宋溝洫志，靈渠以引灕水，故秦史祿所鑿。」監祿糧道及漢江淮樓船由此，則秦屠睢樓船諒亦由此，亦一道也。豫章湞水之間，不知亦猶湘離之溝通否耶？秦漢於此，亦有開耶？不可詳也。而零渠一道，固至今猶通。

燕策言秦正告魏曰：「乘夏水，浮輕舟，強弩在前，銛戈在後，決營口，魏無大梁；決白馬之口，魏無濟陽；決宿胥之口，魏無虛頓邱」。秦正告楚曰：「蜀地之甲，乘船浮於汶，乘夏水而下江，五日而至郢；漢中之甲，乘船出於巴，乘夏水而下漢，四日而至五渚」。浮汶，浮漢，浮河三道，當時秦亦由之以威楚，所係亦重。其流鑿，固無俟於深論也。

吳城邗溝，由江以入淮；又闕爲深溝於商魯之間，北屬之沂，西屬之濟，則由淮溯泗以北上。夫差正告周曰：「遵汶伐博，戰於艾陵」。則所謂北屬之沂者，水經注所謂「泗水南逕魯城西南，合沂水」是也。水經注，「沂水出魯城東南尼丘山西北，又西經圜丘北，又西流。昔韓雉射龍於斯水之上。尸子曰：『見申羊於魯，有龍飲於沂』。又西右注泗水」。左氏昭二十五年傳，「季孫請待於沂上」；論語「浴乎沂」：皆指此言。夫差蓋闕深溝以通於此，非謂出泰山蓋縣之沂也（大沂水）。夫差遵汶伐博，於哀十一年傳曰，「公會吳子伐齊。五月，克博，至於嬴，齊及吳師戰於艾陵」。嬴博皆在今泰安，艾陵在今萊蕪，知遵汶爲自西而東。吳人既闕爲深溝達魯城之沂，亦即由泗入汶；而東伐艾陵，由泗入汶，蓋遵闡而北。水經注，「洸水又西南逕南平陽縣，又南洸水注之。呂忱曰：『洸水出東平，上承汶水於剛縣西闡亭東』。爾雅曰：『汶別爲闡』。洸水西南流逕盛鄉城西，又南逕太山寧陽縣故城西，又西南逕太山郡乘丘縣故城東，又東南流注於洙水，又南至高平，南入於泗水」。於夫差之遵汶伐博，自西而東，則知北屬之沂者，爲出尼丘山之沂。於北屬之沂；溝通水道，則知遵汶伐博者，爲由泗入洙，由洙入闡，由闡入汶。其城邗溝以通江淮，水道洞然，不必論。而屬沂遵汶一道，事不詳覈，特述明之。若夫徐承帥舟師自海入齊，齊人敗之，則遵汶外又別一道。至闕爲深溝於商魯之間，曰西屬之濟，而與晉公午會於黃池，於古由泗入濟，支渠正多，以范蠡事衡之，當爲由泗而菏而濟一道。朱公至陶曰：「此天下之中，諸侯四通，貨物所交易也」。陶而曰天下之中，正以濟泗分流，於此爲南北東西兩大交通線之交點。吳越盛時於此爲南通江淮之樞紐；吳越北通上黨之國，固亦由此。詳其水系，許慎於說文言：「泗水受泲水，東入淮」。班固地理志言：「泗水東南至睢陵入淮」（濟陽乘氏下）。又曰：「泗水至方與入泲」（魯國卞縣下)。水經泗水注，「又南過方與縣東，菏水來注之」。水經言：「濟水又東過湖陸縣南，東入於泗水」。酈氏言：「泗濟合流，故地記或言濟入泗，泗亦言入濟，互受通稱」。故地理志有「南梁水入濟」之文。水經濟水注，「菏水上承濟水於濟陽縣，與南濟北濟濮水合入鉅野澤，復東南逕乘氏至湖陵入泗」。此濟泗通溝之道，而有菏澤大野注之，則非小水。河濟為東西水道幹線，菏泗為江淮北上，南北交通幹線，而菏分濟於陶，此其所以為天下之中者也。衛則正當大河北曲之會，此又自河濟一線北上之中樞。戰國之世，每以陶衛並稱，為富甲天下。(如國策韓非子。) 於水上交通求之，誠有不爽者。於史記蘇秦傳言，「韓守成皋，魏塞午道」。張儀傳言，「秦軍塞午道，齊師渡清河」。楚世家言，「夜加即墨，顧據午道」。說者謂在魏之東，齊之西。索隱云：「蓋亦未詳其處」。鄭玄云：「一縱一橫，謂交道也」。則亦非濟泗分流處之陶莫屬。此之謂「午道」，正一縱一橫也。戰國之際，魏徙大梁，趙徙邯鄲，韓徙新鄭，楚徙壽春；越徙瑯琊，皆環「午道」而爭。其在上世，堯居於唐，猶復居陶；舜居蒲坂，亦居鳴條；禹居晉陽，亦居陽翟；湯居偃師，亦居於薄：非以其交通商業之中心，遂亦為軍事政治之中心耶？

春秋之世，秦晉交通，其水道亦有可徵。左氏僖十三年傳，「秦於是乎輸粟於晉，自雍及絳相繼，命之曰汎舟之役」。則雍絳之間，舟楫是賴，浮渭入河，以達於絳。智伯曰：「汾水可以灌平陽，絳水可以灌安邑」。水經涑水注，「涑水又西南過安邑縣西」。又曰，「其水又逕安邑故城南」。則絳水即涑水也。顧景范言：「涑水在蒲州東十里，有孟盟橋，其上流即絳涑一水也」。顧棟高言：「今縣西北有絳水，即涑水之上流也。而水經注云絳水西北流注於澮，疑水道改矣。今之絳入涑，而水經之絳入澮」。古蓋澮涑通流，故新絳故絳皆依澮水，而澮涑皆得絳水之名。則秦人自雍浮渭入河，出河浮涑至絳，不由河入汾也。僖二十四年，「秦伯納重耳，濟河圍令狐，入桑泉取，臼衰。壬寅，公子入於晉師。丙午，入於曲沃」。此由涑川之道也。呂相之絕秦曰：「入我河曲，俘我王官，伐我涑川，剪我羈馬」。此由涑川之道也。文七年，「宣子立靈公以禦秦師，潛師夜起，敗秦師於令狐，至於刳首」。此由涑川之道也。秦晉之事，涑川一道最繁，以水便也。知汎舟之役，亦依此道。

中國古代文化，實依河流而發展，正賴此水道交通也。論者徒以黃河當之，而實不然。其上流爲渭而非西河；中流爲南河，而輔之以雒；下流爲泲，而非東河：此東西交通一大幹線也。濟泗入淮入江：又南北交通一大幹線也。而陶爲交點。東河北行西山（大行）下，以達於海，亦一南北交通線。而衞其交點也。何以明之？於禹貢明之也。禹貢導水，四瀆之外，曰弱，曰黑，曰濟，曰洛，曰渭，而他之大川不與焉。弱黑皆神話，猶崑侖耳。（此別有說。）禹貢記山川澤地，獨著濟泗渭洛，亦此道最詳，於東河西河江淮漢之域皆略。遠者僅著其名山大川，或更誤謬不可究詰。蓋密者知其爲人物萃聚之區，略者則人稀地曠，其謬誤者，更人迹罕至，僅有傳聞焉耳。則古代人口分布各地，疎密之情形，不難揣測而知。於導渭曰：「東會於灃，又東會於涇，又東過漆沮，入於河」。於導洛曰：「東北會於澗瀍，又東會於伊，又東北入於河」。於導沇曰：「東流爲濟，入於河，溢爲滎，東出於陶邱北，又東至於菏，又東北會於汶，又東入於海」，於雍州曰：「涇屬渭汭，漆沮既從，灃水攸同」。於豫州曰：「伊雒瀍澗，既入於河」。於兗州曰：「雍沮會同」。於青州曰：「濰淄其道」。夫漆沮涇灃瀍澗灉沮濰淄諸水，其細已甚，而記之特詳。導河之文，意尤顯白。曰：「導河積石，至於龍門」。此西河也，其略如是。曰：「南至於華陰，東至於底柱，又東至於孟津，東過洛汭，至於大伾」。此南河也，則詳。「北過洚水，至於大陸，又北播爲九河，同爲逆河，入於海」。此東河也，又略。於導山曰：「導岍及岐，至於荊山，逾於河；壺口雷首，至於太嶽；底柱析城，至於王屋」。此沿渭與南河之山也。曰：「太行恆山，至於碣石，入於海」。此沿東河之西北名山也，而略。曰：「西傾朱圉鳥鼠，至於太華，熊耳外方」。此沿渭南洛南之山也，而皆特詳。「桐柏陪尾」，以遠而又略。總禹貢觀之：雍冀兗三州皆詳於南而略於北，豫徐青三州皆詳於北而略於南，梁獨詳於西北，徐獨詳於東北，而他皆疏略謬誤。此正禹貢之時，人口分布之情，沿渭洛河濟，資於水道交通而發展之情形也。

更詳論之。於梁州曰：「沱潛既道」。於荊州亦曰：「沱潛既道」。鄭玄云：「水出江爲沱，漢爲潛」。蓋禹貢之人，不知梁東荊西之地道，以梁之沱即荊之沱，梁之潛即荊之潛，潛之號西漢水者，正亦沿以梁之潛爲通於導漾之漢耳。則梁東荊西，固人迹所不常至。「黑水西河惟雍州」，「華陽黑水惟梁州」，「導黑水至於三危，入於南海」：則禹貢實以雍梁之黑水爲一。夫三危之水安得至於南海，此亦由於不知雍梁以西地道，徒以聞神話之黑水而妄記之也。於梁州曰：「岷嶓既蓺，沱潛既道，蔡蒙旅平，和夷底績」。皆梁之西境，則梁東無交通又可知。曰：「岷山之陽，至於衡山，過九江至於敷淺原」。疏既若斯，誤更可哂。以北江爲漢而中江爲江，亦緣禹貢之人不知江漢之委悉。水經沿之，以北江爲沔，亦已過於泥古也。曰：「熊耳外方桐柏，至於陪尾」。今文春秋家說泗出陪尾，隋志泗水縣有陪尾山。此禹貢之人於桐柏以東，陪尾泗水以西，滎播濟水以南，皆不了了，以泗出之陪尾，即桐柏之東支，於此廣漠之區，未究其悉。班志始言「古文家以橫尾山爲陪尾」，則後來地理知識已臻明確，以此救禹貢之誤。則今文家所言爲舊傳，古文家爲新說。古文釋地理則是，而說禹貢則非，今文說地理則非，而釋禹貢反爲是也。管子霸形篇言：「楚人攻宋鄭，燒焫熯焚鄭地，要宋田夾塞兩川，使水不得東流。東山之西，水深滅垝四百而後可田也」。則宋地卑下，陪尾而西，桐柏而東，下至春秋，易灌者尚四百里而遙。周官職方於荆州曰：「其浸潁湛」。於豫州曰：「其浸波溠」。在春秋爲川者，在職方爲浸，則泗東淮北濟南，鴻溝所灌，於古爲洳澤可知。宜禹貢之人，不知桐柏之非可接於泗首陪尾也。禹貢曰：「滎播既豬」。又曰：「泆爲滎」。則禹貢之人以沿濟故惟知有滎澤耳，而下流未之知。職方曰：「其川滎雒」。則出滎澤東南流，水經所謂渠水者，職方之滎川，所謂沙南流是也。徐偃王通溝陳蔡之間，欲舟行上國，以伐宗周，惟沙南流得至陳蔡，此正偃王之所泛。穆天子傳：「浮於滎水」。時穆王方有事於徐，穆王之所浮，當即偃王之通溝。周徐往來之道，可經陳蔡者惟沙水，當即爲職方之滎川，則於洳澤之區漸知有通流之道。在禹貢惟菏爲溝通濟泗之水，在職方則滎又溝通濟泗淮之水也。濟南泗西淮北，在禹貢爲沮洳之鄉，人所不至，故以陪尾西接桐柏，至職方而滎川一道已通。在職方波溠潁湛爲浸，至春秋則浸已涸而爲川。波即強水，入汝者也。溠即湏水，入漢者也。沮澤之冲積爲平陸，由禹貢時期而職方，而春秋，乃次第長成也。往者錢賓四兄以齊北燕南廣漠之區，未有封國爲詢。余答曰：此正九河之區，地卑水盛，居民寡，故無封國。惟地卑水不易治，故「十有三載乃同」，而後「降邱宅土」；惟居民寡，故惟田中下而賦下下。故平陵關並言：「河決率常於平原東郡左右，其地形下而土疏惡。聞禹作河時，本空以地，以爲水猥盛則放溢 少稍自索」。則齊之西北，宋之西南東南，其地形古今之變可求也。西周之世，其地皆戎夷居之。南則東夷之族居之，東周之初，宋路之而後地至彭城。北則北戎居之，於穆天子傳晉語爲草中之戎，於左傳竹書紀年爲北戎。逮於戰國，蘇代猶曰「北夷方七百里」，是南北藪澤之區，皆諸夏之所棄，而夷狄居之。雷夏菏澤孟諸鉅野大野羣藪之間，鄋瞞居之，所謂長狄者也。審乎周代諸華羣舒衆狄之居，與於時山川澤地之情，蓋若合符節也。

由職方之所知，以考禹貢之所不知，則中國先後開拓之情，非常明確。既以渭河（洛）濟爲諸華民族之繁榮正線，禹貢時代，此線南北開拓不遠，職方時代，此線之北更益闢而北，此線之南亦益闢而南，不僅熒川一道也。禹貢於豫州曰：「伊雒瀍澗，熒播既豬，導菏澤，被孟諸」。而職方於豫州則：「其澤藪曰圃田，其川熒洛，其浸波溠」。於荊州又曰：「其浸潁湛」。潁湛東南入汝者也，此南河以南闢地日遠也。禹貢於兗州曰：「灉淄其道」。職方於兗州曰：「其浸盧濰」。於幽州曰：「其浸菑時」。盧即九台水，入濰者也。時水，入淄者也。禹貢言濰淄記下流近濟之水，職方記盧時則窮濰淄上流，并及盧時遠於濟流之水，此濟南闢地蓋遠者也。「其澤藪曰貕養」，在今萊陽東五十里。禹貢東至濰，職方更至濰東。職方於冀州曰：「其浸汾潞」。於并州「其澤藪曰昭余祁，其浸淶易，其川虖池嘔夷」。淶即巨馬河，嘔夷，入易者也，皆非禹貢所記。則黃河以北，又益闢而及於汾潞滹沱。職方於青州（禹貢徐州域）曰：「其浸沂沭」。於雍曰：「其澤藪弦蒲」。幽州「其山鎮曰醫無閭」。冀州「其澤藪曰楊紆」。此皆禹貢所不記，而於職方爲名山澤，正黃河南北益後而闢地益遙之證。以周之建國證之：於職方禹貢爲沮洳之鄉者，皆夷狄居之，於禹貢職方見其爲久已開闢似人物殷盛者，皆兄弟婚媾之國，諸華居之。職方禹貢之比較，自見沿渭洛濟泗闢地日遠，於北及汾川一道，於南及漢川一道，並爲諸姬之封，皆至是漸墾，故封國以多也。而爾雅所記，濟南淮北水地最詳。春秋以後，淮泗之間，繁榮日臻，知爾雅誠戰國以來之書也。釋水言：「水自河出爲灉，濟爲濋，漢爲潛，淮爲滸，江爲沱，過爲洵，潁爲沙，汝爲濆」。并春秋以來，其地大開而後知者也。由禹貢而職方而爾雅，校其記地之有無與疎密，則華族初時所居之河流，與繼後所開拓，彰彰明也。周人封建諸侯，與職方尤若合符，已別文論之，此不贅敘。若左氏國語國策中所記春秋戰國之山川澤地，皆益後而益詳，古今之變，瞭如示掌。獨解釋古地之學，家派不同，易滋誤惑。

大凡杜預釋古必證之今，依今以斷古，往往昧於地勢川流之變，此一派也。鄭玄篤信班固之書，以爲足恃也，必遷古以就今，此一派也。高誘注呂覽淮南國策，許愼作說文，往往多存古說，不期驗之近世，得者爲多，此一派也。郭璞時益後而所欲明者益古，荒謬難稽，自不可並論。明乎各派家法主旨之殊，以爲取舍之準，以之求古，要不中不遠也。

四岳考

童書業

『四岳』有山名，有人名，（又有官名，從人名山名而來。）然山名實本於人名也。嘗考『四岳』之來源，詩崧高篇曰：『崧高維嶽，駿極於天；維嶽降神，生甫及申』；國語謂申甫齊許皆四岳之裔，則所謂『維嶽降神』之神，實即四岳也。四者，多也；（太古人以四爲最多數，古文甲乙丙丁字之象形爲一組，戊以下又爲一組；一二三四字爲一組，五以下又亦爲一組：可証。）岳，嶽神也，崧嶽非一峯，故謂之多嶽；（或以陽城太室，三塗等山實四之數，未是。）則四岳者，崧山之主神，而姜姓民族傳說中之先祖也。國語又謂齊爲伯夷之後，伯夷殆即四岳；（姜姓民族本爲西夷，殆伯夷之名所由起。）世本謂伯夷爲堯四岳，潛夫論稱『四岳伯夷爲堯降典，折民惟刑』：可証二人確有合一之可能。伯夷始見呂刑，呂刑乃東周初之作，（關此余別有考。）故伯夷具有半神半人之性，（呂刑謂上帝命三后恤功于民，伯夷降典，折民惟刑；一降字即表現有神性。）與崧高之所謂嶽神者異趣矣。迄東周伯夷又化爲皋陶，墨子尙賢篇上言『天之所使能誰也？曰：若禹稷皋陶是也』；下引呂刑命三后一節；再徵以陶夷之音近，皋陶之後封在許之說（見史記夏本紀）：二人爲一，當屬可信。魯頌之皋陶，益具人性，較之崧高之嶽神，可稱脫胎換骨已！降及戰國，四岳伯夷皋陶並出，化爲三人；（益與許由亦皋陶之化身，當別爲文論之；明陳霆有許由即四岳說，近人章太炎有許由即皋陶說。）四岳又或爲四人。（虞書於四岳下加僉曰，國語謂禹與四岳爲一王四伯。）伯夷皋陶本皆掌刑者，虞書既使皋陶掌刑，伯夷乃不得不改使典禮，（典禮之典字，乃從呂刑降典之典字而來。）其作僞固已可哂。而四岳復因名稱之關係，分化爲山岳之四岳。（岱，南，西，北之四岳。）虞書中五行之思想已極盛，（虞書中事物之數多從五，可証。）其稱四岳不稱五岳，即可證山岳之四岳，由人之四岳脫化而來也。

二十三，九，十六，于杭州。

都爾鼻考

內藤虎次郎著　周一良譯

清太祖實錄天命十年三月己酉，載太祖欲自東京遷都瀋陽，貝勒諸臣皆諫，太祖曰：『瀋陽乃形勝之地，若征明，可由都爾鼻渡遼河，路直且近；若北征蒙古，二三日可至』。遂不聽。自遷都奉天至順治元年之遷北京，都爾鼻蓋連絡遼東遼西之要地。自明代訖清太祖天命七年之取廣寧，所常經由之遼陽廣寧連絡路綫殆由此而幾於廢絕。箭內亘氏於滿洲歷史地理第二卷元在滿洲之疆域文中，曾考證都爾鼻之地，謂清太祖實錄及太宗實錄天聰元年六月七月諸條以都爾鼻爲在遼河之東者非是，當以太宗實錄天聰八年五月，『丁未，……大兵西行出上榆林口。戊申，大兵渡遼河，抵陽石木河（養息牧河）。沿河立二十營。……己酉，大兵至都爾鼻地方，與前兵會』之文爲正。又引大清一統志（卷四百九之一）養息牧牧廠山川條下所舉杜爾筆山，註云：『牧廠即設其下』。又古跡條：『杜爾筆城在牧廠東南五里，周一里一百七十步有奇，高三丈。東西門各一』。故謂杜爾筆都爾鼻都爾弼皆一地之名。開國方略紀崇德二年太宗命築都爾弼城，翌年竣工，改名爲屏城。箭內氏推定杜爾筆城之遺址即此時改築者之遺址，此說大體不誤。但都爾鼻之名或兼施諸遼河以東之蒙古游牧地，不僅爲都爾鼻一城。如瀋陽日記辛巳八月十五日記：『夕至遼河東十五里蒙古地。（今爲清有，地名不知。或云豆老支）』。豆老支之名似與都爾鼻不無關連，是可注意也。至於都爾鼻城之位置，箭內氏蓋以中國地圖欠精密，故未能確切指出。

述箭內氏說竟，請提出一二可補其不備之材料。清宣統三年所編東三省政略民政篇奉天省後，附有吳廷燮之奉天郡邑志，其中彰武縣條舉山之著者有『杜爾筆山（縣西北九十里）』，是明記杜爾筆山與彰武縣——即橫道子——之距離也。又據同時刊行之奉天省屬各府縣分圖中之彰武縣輿圖，距彰武縣城西北約五十里之地，新開河之東養息牧河之西有地名新城基，亦足據以確定都爾鼻城之位置。清太宗崇德二年朝鮮仁祖在南漢山城降清後，遣其世子及鳳林大君爲質於瀋陽，至順治元年放還。其從者記此八年間事爲瀋陽日記，與當時送致本之國狀啓——集成瀋陽狀啓——同爲佐證清朝實錄之重要史料。崇德六年松山杏山之大戰，朝鮮世子鳳林大君從太宗於軍中，日記詳記其路程，八月十六日條：『卯時發行十五里，舟渡遼河，是日行約一百三十餘里。

出西柵門，酉時止宿新城前野』。註云：『遼河西邊有城，清人所築。設柵以標界，門曰柵門。新城亦清人所築。二城皆若干居人，新城距瀋陽二百餘里』。新城之名又見於此。所謂柵門者或是巨流河城乎？以今日道里計，奉天至彰武縣二百四十里，則至新城基當二百九十里，當時所測蓋未精也。順治元年朝鮮世子又從睿親王赴北京，其紀行附於瀋陽日記之末。據此紀行則四月十一日渡遼河，行二十里許，宿於清人所謂狠胥山之地。翌十二日自狠胥山行四十餘里，宿於豆乙非。豆乙非無疑即都爾鼻，然謂去遼河岸不過六十里則未免過近，此亦測定距離難信之一證。要之，奉天郡邑志之杜爾筆山及彰武縣輿圖之新城基固皆確定都爾鼻之位置之有力資料也。

然余考都爾鼻之本意固不單在其城址，而在由奉天出遼西之路綫，是從來史家所未嘗注意者也。關於此路綫，試檢清朝實錄，得以下數條。

天聰五年八月癸卯，『兵分兩路並進，諭德格額類，岳託，阿濟格三貝勒曰：「爾等率兵二萬，由義州進發，屯於錦州大淩河之間。以俟朕將大兵由白土場入趨廣寧大道，初六日會於大淩河」』。

由此可以推定：蓋渡遼河後先出邊門外，再自白土廠門即白土場及義州路蓋自清河門入入遼西。但其記松山杏山之戰止言崇德六年八月戊午，渡遼河；壬戌，至松山；而不及所由之路。其記順治元年睿親王之西征謂在四月庚午，師次遼河；壬申，次翁後，得吳三桂來書；癸酉，次西拉塔拉；丁丑，次連山；己卯，至山海關。惜翁後西拉塔拉諸地名今不可考。是年八月世祖遷都北京，其路程如下：

『乙亥，駐蹕舊邊內木橋。
丙子，駐蹕開城。
丁丑，駐蹕暘西木。即陽石木，養息牧。
戊寅，駐蹕張古臺口。
己卯，駐蹕廣城。
庚辰，駐蹕爾濟。
壬午，駐蹕魏家嶺。
癸未，駐蹕廣寧。
甲申，駐蹕謝家臺。
九月丙戌朔，駐蹕大淩河。
丁亥，駐蹕小淩河。
戊子，駐蹕塔山。
己丑，駐蹕寧遠。』

亦可推知其由白土廠門入，惝開城，張古臺口，廣城，爾濟，魏家嶺等地名今皆不可考耳。且自義州路至錦州路綫之研究，實錄之外更有待於其他史料，幸瀋陽日記頗詳實，可供參考。試撮取其辛巳年崇德六年記事之有關係者：

『八月十五日戊午，發瀋陽，行過永安橋。石橋甚大，三虹門，距瀋陽三十餘里。出長城。土築古城，有烟臺，距瀋陽僅六十里。夕至遼河東十五里蒙古地，今爲清有，地名不知。或云豆老支。止宿路邊。是日行可八十里。』

永安橋俗稱大石橋，與南滿路之大石橋異。長城當即今之老邊。

『十六日己未，卯時發行，十五里舟渡遼河，是日行約一百三十餘里。出西柵門，酉時止宿新城前野。

『十七日庚申，平明發宿所，行百十餘里，路北山上有一大塔。又過十里許，止宿峽中路邊。自離瀋陽，行無邊大野，野無人居，草長一尺而已。但有烟臺數處，路邊無水，渴不可耐，及是始有山有川，而山亦不高矣。』

據中日戰後日本陸軍所製百萬分一東亞輿地一覽圖，自橫道子——即彰武縣——西行，過高山台，西南方有地名塔子營，山上之大塔或即此地乎？

『十八日辛酉，平明發宿所，行一百二十餘里，入長城。止宿林寧堡前川邊。林寧堡，伊州所屬邊鎮，距伊州四十五里。』

入長城當卽入清河門。林寧堡今雖不可考，然謂川邊，則當去清河門不遠也。

『十九日壬戌，平明發宿所，巳時歇馬于伊州衛城外川邊。川乃大凌河上流云。午自北門穿過南門，約行四十里。炊供晚飯，人馬困疲，欲止宿矣，爲護行驅迫，昏又驅馬。約行四十餘里，見路邊有一座廢城，問於清人，云是義州古城，或云，是乃戚家堡也。夜半止宿川邊，距錦州衛十餘里云。是日夜通行一百三十餘里。伊州本名義州，漢音伊義聲相近也。自伊至錦九十里，或云八十餘里。夜行疾馳，不能的。』

戚家堡奉天輿圖等皆作齊家堡。

據上文所引，渡遼河，西北出彰武臺邊門，自都爾鼻附近西南向，由清河門入邊，自義州入錦州，與瀋陽狀啟所收成貼狀中之言略同。更考順治元年從睿親王赴北京之紀行，似亦取同一路線。今撮取其有關之文字如下：

『甲申四月初九日丙寅，瀋陽離發西行。未時行到永安橋西邊止宿。

初十日丁卯，西出古長城，即遼蒙界也。申時止宿於遼河東邊，去永安六十里也。

十一日戊辰，渡遼河前進，去遼河二十里許，止宿。地名則清人謂之狠胥山，而大野中了無山形。

十二日己巳，申時到豆乙非止宿，去狠胥山四十里許矣。

十三日庚午，行到□□城近處，殘山斷隴，始得見焉。九王駐兵于丘陵上。行到地名愁乙古，村落往往相望，田疇開墾播種，即錦州衞所管屯所，而南至錦州三日程矣。有一大渠，水深泥濘，仍於渠邊止宿，去豆乙非六十里許矣。

十四日辛未，卯時發行前進，出柵門外，始見蒙人之居。是日行六十里許，蒙古村止宿。

十五日壬申，卯時行軍五里之許，九王駐兵不進。范文程密言山海總兵吳三桂遣副總游擊來言……

十六日癸酉，卯時發行。迤南西行，五十里許，又行六十里許止宿。去古長城十五里也，所經多沮洳之地。

十七日甲戌，卯時發行。逾古長城即中原地界也。至臨寗城西，少歇。申時，至義州衞南二十里許止宿。是日行八十里。

十九日丙子，卯時發行，午時到錦州衞』。

其所經過地名如狠胥山愁乙古雙島之雖皆不可考，然實錄所謂翁後卽睿親王得吳三桂書處，知在清河邊門外也。要之，由此二紀行，義州路綫之大概可窺知矣。

復次，意者都爾鼻路之廢蓋在康熙年間乎？康熙年間所編之盛京通志已載：

『奉天西至山海關站道：

第一站，在城。

六十里至老邊站。

四十里至巨流河站。

七十里至白旗堡站。

五十里至二道井站。

五十里至小黑山站。

七十里至廣寗站。

八十里至十三山站。

五十四里至小凌河站。』

此即今日經過新民屯之路綫矣。康熙二十一年高士奇扈從聖祖東巡，其扈從東巡日錄記：

『二月乙巳，駐蹕大淩河東岸。

丙午，駐蹕閭陽驛。

丁未，駐蹕廣寧縣城。

戊申，駐蹕滾腦兒。

三月朔己酉，駐蹕白旗堡。

庚戌，駐蹕遼河。

辛亥，駐蹕永安橋。』

此亦取今之新民路綫。蓋都爾鼻遂永爲史家所忘却。然苟欲研究清初龍興之戰蹟——即松山杏山之役及山海關一片石之役者，固決不可忽視此舊路也。

附記

朝鮮麟坪大君（李㴭，仁祖第三子，孝宗之弟。）松溪集中有燕紀途行，其丙申順治十三年九月初五日記：『自瀋陽抵此城（指廣寧），有三路。一路從瀋陽小南門出，渡遼河下流，歷鎮寧堡達於此，約四日程。一路由瀋陽上西門（即小西門）出，過永安石橋，渡遼河，歷豆乙非城，黃旗舖，白旗舖，鎮遠堡，達於此，約五日程。一路從豆乙非城，歷新城，暨班齊塔達於此，約六日程。此三路余皆經過者，細算程途，牛庄作路僅減一二日程而其艱倍焉。』所言第三路即崇德及順治初年之都爾鼻路也。

漢書地理志水道與說文水部水道比較表

王振鐸

州部	郡國	縣邑	漢書地理志水道（附澤藪）	說文水部水道
司	京兆尹	南陵	沂水出藍田谷，北至霸陵入霸水。（沂，滻之字誤。）	滻水出京兆藍田谷，入灞。
			霸水亦出藍田谷，北入渭。	
		杜陵		一曰，滈，水名，在京兆杜陵。
	左馮翊	褱德	洛水東南入渭，雍州寖。	洛水出左馮翊歸德北夷界中，東南入渭。
	右扶風	鄠	酆水出東南，	
			又有潏水，皆北過上林苑入渭。	澇水出扶風鄠，北入渭。

	盩厔	靈軹渠，武帝穿也。	
	郿	成國渠首受渭，東北至上林，入蒙籠渠。	
	漆	水在縣西。	漆水出右扶風杜陵岐山，東入渭；一曰入洛。
	杜陽	杜水南入渭。	
	汧	(北有：：雍州弦蒲藪。)	
		汧水出西北，入渭。	汧水出扶風汧縣，西北入渭。
		芮水出西北，東入涇；詩「芮陾」，雍州川也。	
	武功	斜水出衙領山，北至郿，入渭。	
		襃水亦出衙領，至南鄭入沔。	
			一曰，有湫水，在周地。
弘農郡	弘農	衙山領下谷，爓水所出，北入河。	
	盧氏	熊耳山在東，伊水出，東北入雒，過郡一，行四百五十里。	
		又有育水，南至順陽入沔；	淯水出宏農盧氏山，東南入沔；或曰，出酈山西。
		又有洱水，東南至魯陽亦入沔：皆過郡二，行六百里。	
	黽池	穀水出穀陽谷，東北至穀城入雒。	
	丹水	水出上雒冢領山，東至析入鈞。	
	新安	禹貢澗水在東，南入雒。	一曰，澗水出弘農新安，東南入洛。
	析	黃水出黃谷，	
		鞠水出析谷，俱東至酈入湍水。	
	上雒	禹貢雒水出冢領山，東北至鞏入河，過郡二，行千七十里，豫州川。	
		又有甲水，出秦領山，東南至錫入沔，過郡三，行五百七十里。	
河東郡			河東有涑水。
	安邑	(鹽池在西南。)	
	垣	禹貢王屋山在東北，沇水所出，東北至武德入河；軼出滎陽北地中，又東至琅槐入海，過郡九，行千八百四十里。	沇水出河東東垣王屋山，東爲泲。泲，沇也，東入于海。
	彘		㵫水出霍山，西南入汾。

隸	河內郡	共	北山，淇水所出，東至黎陽入河。	淇水出河內共北山，東入河；或曰，出隆慮西山。
		隆慮	國水東北至信成入張甲河，過郡三，行千八百四十里。（國，洹之字誤。）	
		蕩陰	蕩水東至內黃澤。	蕩水出河內蕩陰，東入黃澤。
			西山，羑水所出，亦至內黃入蕩。	
	河南郡	滎陽	卞水，馮池皆在西南。	
			有狼湯渠，首受泲，東南至陳入潁，過郡四，行七百八十里。	
				潘，一曰水名，在河南滎陽。
		中牟	（圃田澤在西，豫州藪。）	
		穀成	禹貢瀍水出朁亭北，東南入雒。	
		密	有大騩山，潩水所出，南至臨潁入潁。	潩水出河南密縣大隗山，南入潁。
				溴水出河南密縣，東入潁。（鐸按：溴潩一水複出。）
		開封	（逢池在東北；或曰，宋之逢澤也。）	
豫	潁川郡	陽城	陽城山，洧水所出，東南至長平入潁，過郡三，行五百里。	洧水出潁川陽城山，東南入潁。
				潧水出鄭國；詩曰「潧與洧方渙渙兮」。
			陽乾山，潁水所出，東至下蔡入淮，過郡三，行千五百里，荊州濅。	潁水出潁川陽城乾山，東入淮。
				瀷水出潁川陽城少室山，東入潁。
	汝南郡	吳房		灈水出汝南吳房，入瀙。
		弋陽		渒水出汝南弋陽垂山，東入淮。
		上蔡		澺水出汝南上蔡黑閭澗，入汝。
		新鄭		洇水出汝南新鄭，入潁。
		定陵	高陵山，汝水出，東南至新蔡入淮，過郡四，行千三百四十里。	汝水出宏農盧氏還歸山，東入淮。
	沛郡	城父	夏肥水東南至下蔡入淮，過郡二，行六百二十里。	
	梁國	蒙	獲水首受甾獲渠，東北至彭城入泗，過郡五，行五百五十里。	
		睢陽	（禹貢盟諸澤在東北。）	
				澶淵水在宋。

州	郡	縣	漢書地理志	說文
				河灉水在宋。
冀	魏郡	鄴	故大河在東北，入海。	
		館陶	河水別出爲屯氏河，東北至章武入海，過郡四，行千五百里。	
		內黃	清河水出南。	
		武始	漳水東至邯鄲入漳。	
			又有拘澗水，東南至邯鄲入白渠。	
		武安	欽口山，白渠水所出，東至列人入漳。	
			又有寖水，東北至東昌入虖池河，過郡五，行六百一里。	寖水出魏郡武安，東北入呼沱水。
	鉅鹿郡	鉅鹿	(禹貢大陸澤在北。)	
	常山郡	元氏	沮水首受中丘西山窮泉谷，東至堂陽入黃河。(沮，泜之字誤。)	
		石邑	井陘山在西，洨水所出，東南至廮陶入泜。	洨水出常山石邑井陘，東南入于泜。
		靈壽	禹貢衛水出東北，東入虖池。	
		蒲吾	大白渠水首受緜曼水，東南至下曲陽入斯洨。	
		上曲陽	恒山北谷在西北，……禹貢恒水所出，東入滱。	
		房子	贊皇山，石濟水所出，東至廮陶入泜。	濟水出常山房子贊皇山，東入泜。
		中丘	逢山長谷，諸水所出，東至張邑入濁。(諸，渚之字誤。濁，湡之字誤。)	渚水在常山中丘逢山，東入湡。
		南行唐	牛飲山白陸谷，滋水所出，東至新市入虖池水。	一曰，滋水出牛飲山白陘谷，東入呼沱。
				泜水在常山。
	清河郡	鄃	河水別出爲鳴犢河，東北至蓨入屯氏河。	
		信成	張甲河首受屯氏別河，東北至蓨入漳水。	
	趙國	邯鄲	堵山，牛首水所出，東入白渠。	
		襄國	西山，渠水所出，東北至任入寖。(渠，一本誤作渠。)	湡水出趙國襄國之西山，東北入寖。
			又有蓼水，	
			馮水，皆東至朝平入湡。(馮，[illegible]之字誤。)	[illegible]水出趙國襄國，東入湡。

州	郡國	縣	漢書地理志	說文
	廣平國	南和	列葭水東入㶟。	
	眞定國	緜曼	斯洨水首受大白渠，東至鄡入河。	
	中山國	北平	徐水東至高陽入博；又有盧水，亦至高陽入河。	
		北新成	桑欽言易水出西北，東入滱。	
		曲逆	蒲陽山，蒲水所出，東入濡。又有蘇水，亦東入濡。	
		望都	博水東至高陽入河。	
	信都國	信都	故章河，故虖池皆在北，東入海。禹貢絳水亦入海。	
	河間國	樂成	虖池別水首受虖池河，東至東光入虖池河。	
		弓高	虖池別河首受虖池河，東至平舒入海。	
兗州	東郡	濮陽		濮水出東郡濮陽，南入鉅野。
		東武陽	禹治漯水，東北至千乘入海，過郡三，行千二十里。	漯水出東郡東武陽，入海。
	陳留郡	陳留	魯渠水首受狼湯渠，東至陽夏入渦渠。	
		封丘	濮渠水首受泲，東北至都關入羊里水，過郡三，行六百三十里。	
		浚儀	睢水首受狼湯水，東至取慮入泗，過郡四，行千三百六十里。	汳水受陳留浚儀陰溝，至蒙爲雝水，東入于泗。
	山陽郡	湖陵	禹貢「浮于淮泗，通于河」，水在南。	菏澤水在山陽胡陵；禹貢「浮于淮泗，達于菏」。
		鉅壄	（大壄澤在北，兗州藪。）	
		平樂	淮水東北至沛入泗。	泡水出山陽平樂，東北入泗。
	濟陰郡		（禹貢荷澤在定陶東。）	
		成陽	（禹貢雷澤在西北。）	

徐州

泰山郡	乘氏	泗水東南至睢陵入淮，過郡六，行千一百一十里。	泗，受泲水，東入淮。
		汶水出萊毋，西入濟。	
	蓋	臨樂于山，洙水所出，西北至蓋入池水。	洙水出泰山蓋臨樂山，北入泗。
		又沂水南至下邳入泗，過郡五，行六百里，青州𣻏。	一曰沂水出泰山蓋，青州浸。
	南武陽	冠石山，治水所出，南至下邳入泗，過郡二，行九百四十里。	
	萊蕪	原山，甾水所出，東至傅昌入泲，幽州𣻏。	
		又禹貢汶水出西南，入泲；汶水，桑欽所言。	桑欽說汶水出泰山萊蕪，西南入泲。
			洹水，在齊魯間。
			濼，齊魯間水也；春秋傳曰：「公會齊侯于濼」。
城陽國			
淮陽國	扶溝	渦水首受狼湯渠，東至向入淮，過郡三，行千里。	過水受淮陽扶溝浪湯渠，東入淮。渦，過水中也。
東平國			
琅邪郡	朱虛	凡山，丹水所出，東北至壽光入海。	
		東泰山，汶水所出，東至安丘入維。	汶水出琅邪朱虛東泰山，東入濰。
	靈門	壺山，浯水所出，東北入淮。（淮，即維。）	浯水出琅邪靈門壺山，東北入濰。
	柜	根艾水東入海。	
	郑	膠水東至平度入海。	
	長廣	（奚養澤在西，秦地圖曰，「劇清地」，幽州藪。）	
	橫	故山，久台水所出，東南至東武入淮。（淮，即維。）	
	東莞	術水南至下邳入泗，過郡三，行七百一十里，青州𣻏。	沭水出青州浸。
	箕	禹貢維水北至昌都入海，過郡三，行五百二十里，兖州𣻏也。	濰水出琅邪箕屋山，東入海，徐州浸；夏書曰：「濰淄其道」。
	椑	夜頭水南至海。	
	折泉	折泉水北至莫入淮。（莫，箕之字誤。淮，即維。）	
東海郡	費		沂水出東海費東，西入泗。
	容丘	祠水東南至下邳入泗。（祠，桐之字誤。）	

州	臨淮郡	淮浦	游水北入海。	淩水在臨淮。
	魯國	卞	泗水西南至方與入沛，過郡三，行五百里，青州川。	
		蕃	南梁水西至胡陵入沛渠。	
				瀞水在魯。
				(淨，魯北城門池也。)
	楚國			一日，涌水在楚國。
	泗水國			
	廣陵國	江都	渠水首受江，北至射陽入湖。	
青州	平原郡	平原	有篤馬河，東北入海，行五百六十里。	
		高唐	桑欽言漯水所出。	
	千乘郡	博昌	時水出東北至鉅定入馬車瀆，幽州寖。	
	濟南郡			
	齊郡	臨淄	如水西北至梁鄒入泲。	
		昌國	德會水西北至西安入如。	
		鉅定	馬車瀆水首受鉅定，東北至，琅槐入海。	
		廣	爲山，濁水所出，東北至廣饒入鉅定。	濁水出齊郡厲嬀山，東北入鉅定。
		臨朐	石膏山，洋水所出，東北至廣饒入鉅定。	洋水出齊臨朐高山，東北入鉅定。
	北海郡	桑犢	覆甑山，溉水所出，東北至都昌入海。	溉水出東(北之誤)海桑瀆覆甑山，東北入海。
	東萊郡	睡	居上山，聲洋丹水所出，東北入海。	
		曲成	陽丘山，治水所出，南至沂入海。	治水出東萊曲城陽丘山，南入海。
	甾川國	劇	義山，蕤水所出，北至壽光入海。	
		東安平	菟頭山，女水出，東北至臨甾入鉅定。	
	膠東國			
	高密國			

揚

廬江郡		金蘭西北有東陵鄉，淮水出。	
		廬江出陵陽東南，北入江。	廬江有決水，出於大別山。
			潓水出廬江，入淮。
	雩婁	決水北至蓼入淮。	
		又有灌水，亦北至蓼入決，過郡二，行五百一十里。	灌水出廬江雩婁，北入淮。
	尋陽	禹貢九江在南，皆東合爲大江。	
	灊	沘山，沘水所出；北至壽春入芍陂。	
	湖陵邑	（北湖在南。）	
九江郡	博鄉		泄水受九江博安洵波，北入氐。
會稽郡	吳	南江在南，東入海，揚州川。	
		（具區澤在西，揚州藪，古文以爲震澤。）	湖，大陂也。揚州浸有五湖浸，川澤所仰以灌溉也。
	毗陵	北江在北，東入海，揚州川。	
			江水東至會稽山陰爲浙江。
	餘暨	蕭山，潘水所出，東入海。	
	上虞	柯水東入海。	
	大末	穀水東北至錢唐入江。	
	句章	渠水東入海。	
	鄞	東南有天門水，入海。	
	錢唐	武林山，武林水所出，東入海，行八百三十里。	
丹陽郡	宛陵	清水西北至蕪湖入江。	
			泠水出丹陽宛陵，西北入江。
	石城	分江水首受江，東至餘姚入海，過郡二，行千二百里。	
	陵陽	桑欽言淮水出東南，北入大江。	
	蕪湖	中江出西南，東至陽羨入海，揚州川。	

		黝	漸江水出南蠻夷中，東入海。	漸水出丹陽黟南蠻中，東入海。
		溧陽		溧水出丹陽溧陽縣。
				灊水在丹陽。
	豫章郡	彭澤	（禹貢彭蠡澤在西。）	
		鄱陽	鄱水西入湖漢。	
		歷陵	傅易山，傅易川在南，古文以爲傅淺原。	
		餘汗	餘水在北，至鄡陽入湖漢。	
		艾	脩水東北至彭澤入湖漢，行六百六十里。	濆水出豫章艾縣，西入湘。
		贛	豫章水出西南，北入大江。	
		南城	盱水西北至南昌入湖漢。	
		建成	蜀水東至南昌入湖漢。	
		宜春	南水東至新淦入湖漢。	
		雩都	湖漢水東至彭澤入江，行千九百八十里。	
		南壄	彭水東入湖漢。	
				一曰，湛水，豫章浸。（按，章實州之誤文，姑列此。）
荊州	六安國	六	如谿水首受沘，東北至壽春入芍陂。	
	南陽郡	雉	衡山，澧水所出，東至郾入汝。	澧水出南陽雉衡山，東入汝。
		蔡陽		滇水出南陽蔡陽，東入夏水。
		舞陰	中陰山，瀙水所出，東至蔡入汝。（蔡，應作上蔡。）	瀙水出南陽舞陽中陽山，入潁。
				潕水出南陽舞陰，東入潁。
		酈	育水出西北，南入漢。	
		平氏	禹貢桐柏大復山在東南，淮水所出；東南至淮陵入海，過郡四，行三千二百四十里，青州川。	淮水出南陽平氏桐柏大復山，東南入海。
		魯陽	魯山，滍水所出，東北至定陵入汝。	滍水出南陽魯陽堯山，東北入汝。
			又有昆水，東南至定陵入汝。	

			滶水出南陽魯陽，入城父。
			溠水在漢南，荊州浸也。
南郡	郢		(一曰，涔陽渚在郢中。)
	臨沮	禹貢南條荊山在東北，漳水所出，東至江陵入陽水。陽水入沔，行六百里。	南漳出南郡臨沮。
	華容	(雲夢澤在南，荊州藪。)	
		夏水首受江，東入沔，行五百里。	
	枝江	江沱出西，東入江。	
	巫	夷水東至夷道入江，過郡二，行五百四十里。	
	高成	洈山，洈水所出，東入繇。	洈水出南郡高城洈山，東入繇。
		繇水南至華容入江，過郡二，行五百里。	
江夏郡			
桂陽郡	郴	耒山，耒水所出，西至湘南入湖。	
	臨武	秦水東南至湞陽入匯，行七百里。(匯，應作洭。)	溱水出桂陽臨武，入匯。
	南平		深水出桂陽南平，西入營道。
	耒陽	舂山，舂水所出，北至酃入湖，過郡二，行七百八十里。	
	桂陽	匯水南至四會入鬱林，過郡二，行九百里。(匯，應作洭。)	洭水出桂陽縣盧聚山洭浦關爲桂水。
武陵郡	索	漸水東入沅。	
	孱陵		油水出武陵孱陵西，東南入江。
	鐔成	康谷水南入海。	
		玉山，潭水所出，東至阿林入鬱，過郡二，行七百二十里。	潭水出武陵鐔成玉山，東入鬱林。
	無陽	無水首受故且蘭，南入沅，八百九十里。	
	辰陽	三山谷，辰水所出，南入沅，七百五十里。	
	義陵	鄜梁山，序水所出，西入沅。	
	充	酉原山，酉水所出，南至沅陵入沅，行千二百里。	
		歷山，澧水所出，東至下雋入沅，過郡二，行一千二百里。	

州			
零陵郡	零陵	陽海山，湘水所出，北至酃入江，過郡二，行二千五百三十里。	湘水出零陵陽海山，北入江。
		又有離水，東南至廣信入鬱林，行九百八十里。	
	都梁	路山，資水所出，東北至益陽入沅，過郡二，行千八百里。	
長沙國	羅		汨，長沙汨羅淵，屈原所沈之水。
	荼陵	泥水西入湘，行七百里。	
	安成	廬水東至廬陵入湖漢。	
益			
漢中郡	旬陽	北山，旬水所出，南入沔。	
	南鄭	旱山，池水所出，東北入漢。	
	房陵	淮山，淮水所出，東至中廬入沔。	
		又有筑水，東至筑陽亦入沔。	
		東山，沮水所出，東至郢入江，行七百里。	沮水出漢中房陵，東入江。
	安陽	鬵谷水出西南，北入漢。	
		左谷水出北，南入漢。	
廣漢郡	梓潼	五婦山，馳水所出，南入涪，行五百五十里。	
			潼水出廣漢梓潼北界，南入墊江。
	雒	章山，雒水所出，南至新都谷入湔。	
	緜竹	紫巖山，緜水所出，東至新都北入雒。	
	甸氐道	白水出徼外，東至葭明入漢，過郡一，行九百五十里。	
	剛氐道	涪水出徼外，南至墊江入漢，過郡二，行千六十九里。	涪水出廣漢剛邑道徼外，南入漢。
蜀郡		有小江入，并行千九百八十里。（入，八之字誤。）	
		禹貢桓水出蜀山，西南行羌中入南海。	
	郫	禹貢江沱在西，東入大江。	沱，江別流也；出嶓山，東別爲沱。
	臨邛	僕千水東至武陽入江，過郡二，行五百一十里。	
	青衣	禹貢蒙山谿，大渡水東南至南安入渽。	
	江原	鄷水首受江，南至武陽入江。	

	嚴道	邛來山，邛水所出，東入青衣。	
	緜虒	玉壘山，湔水所出，東南至江陽入江，過郡三，行千八百九十里。	湔水出蜀郡緜虒玉壘山，東南入江。
	旄牛	鮮水出徼外，南入若水。	
		若水亦出徼外，南至大莋入繩，過郡二，行千六百里。	
	湔氏道	禹貢崏山在西徼外，江水所出，東南至江都入海，過郡七，行二千六百六十里。	江水出蜀湔氏徼外崏山，入海。
	汶江	渽水出徼外，南至南安東入江，過郡三，行三千四十里。	涐水出蜀汶江徼外，東南入江。
		江沱在西南，東入江。	
			沫水出蜀西徼外，東南入江。
犍爲郡	符	温水南至鄨入黚水。	温水出犍爲涪南，入黔水。
		黚水亦南至鄨入江。	
	南廣	汾關山，符黑水所出，北至僰道入江。	
		又有大涉水，北至符入江，過郡三，行八百四十里。	
	漢陽	山闟谷，漢水所出，東至鄨入延。	
越巂郡	邛都	（有邛池澤。）	
	遂久	繩水出徼外，東至僰道入江，過郡二，行千四百里。	
	臺登	孫水南至會無入若，行七百五十里。	
	定莋	（步北澤在南。）	
	姑復	（臨池澤在南。）	
	蘇示	尼江在西北。	
	青蛉	（臨池灊在北。）	
		僕水出徼外，東南至來唯入勞，過郡二，行千八百八十里。	
			淹水出越巂徼外，東入若水。
益州郡	滇池	（大澤在西。滇池澤在西北。）	（滇，益州池名。）
	銅瀨	談虜山，迷水所出，東至談槀入温。	
	俞元	池在南，橋水所出，東至毋單入温，行千九百里。	

	收靡	南山，臘涂水所出，西北至越嶲入繩，過郡二，行千二十里。	涂水出益州牧靡南山，西北入潉。
	秦臧	牛蘭山，即水所出，南至雙柏入僕，行八百二十里。	
	葉榆	(葉榆澤在東。) 貪水首受青蛉，南至邪南入僕，行五百里。	
	雟唐	周水首受徼外。 又有類水，西南至不韋，行六百五十里。	
	弄棟	東農山，毋血水出，北至三絳南入繩，行五百一十里。	
	毋棳	橋水首受橋山，東至中留入潭，過郡四，行三千一百二十里。	
	勝休	河水東至毋棳入橋。	
	來唯	勞水出徼外，東至麋泠入南海，過郡三，行三千五百六十里。	
牂柯郡	故且蘭	沅水東南至益陽入江，過郡二，行二千五百三十里。	沅水出牂柯郡故且蘭，東北入江。
	鐔封	温水東至廣鬱入鬱，過郡二，行五百六十里。	
	鱉	不狼山，鱉水所出，東入沅，過郡二，行七百三十里。	
	毋斂	剛水東至潭中入潭。	
	夜郎	豚水東至廣鬱。	
	西隨	麋水西受徼外，東至麋泠入尚龍谿，過郡二，行千一百六里。	
	都夢	壺水東南至麋泠入尚龍谿，過郡二，行千一百六十里。	
	句町	文象水東至增食入鬱。 又有盧唯水，來細水，伐水。	
巴郡	閬中	(彭道將池在南。彭道魚池在西南。)	
	朐忍	容毋水所出，南。……	
	安漢	(是魚池在南。)	
	宕渠	潛水西南入江。(潛，即灊。) 不曹水出東北，南入灊。	灊水出巴郡宕渠，西南入江。
武都郡	武都	東漢水受氐道水，一名沔，過江夏，謂之夏水，入江。	

州	郡	縣	漢書地理志	說文
			(天地大澤在縣西。)	
		河池	泉街水南至沮入漢，行五百二十里。	
		沮	沮水出東狼谷，南至沙羨南入江，過郡五，行四千里，荊州川。	沔水出武都沮縣東狼谷，東南入江；或曰，入夏水。
涼州	隴西郡	氐道	禹貢養水所出，至武都爲漢。	漾水出隴西柏(當是氐之字誤)道，東至武都爲漢。
				漢，漾也，東爲滄浪水。——一名漢水爲潛。
				浪，滄浪水也，南入江。
		首陽	禹貢鳥鼠同穴山在西南，渭水所出；東至船司空入河，過郡四，行千八百七十里，雍州浸。	渭水出隴西首陽渭首亭南谷，東入河；杜林說夏書以爲出鳥鼠山；雍州浸也。
		羌道	羌水出塞外，南至陰平入白水，過郡三，行六百里。	
		臨洮	洮水出西羌中，北至枹罕東入河。	洮水出隴西臨洮，東北入河。
		西	禹貢嶓冢山，西漢所出，南入廣漢。	
			白水東南至江州入江，過郡四，行二千七百六十里。	
	金城郡	允吾	烏亭逆水出參街谷，東至枝陽入湟。	
		浩亹	浩亹水出西塞外，東至允吾入湟水。	
		令居	澗水出西北塞外，至縣西南入鄭伯津。	
		白石	離水出西塞外，東至枹罕入河。	
		河關	河水行塞外，東北入塞內，至章武入海，過郡十六，行九千四百里。	河水出焞煌塞外昆侖山，發原注海。
		臨羌	(西北至塞外有……僊海，鹽池。)	
			北則湟水所出，東至允吾入河。	湟水出金城臨羌塞外，東入河。
			(西有須抵池。)	
	天水郡			
	武威郡	姑臧	南山，谷水所出，北至武威入海，行七百九十里。	
		武威	(休屠澤在東北，古文以爲豬壄澤。)	
		蒼柗	南山，柗陝水所出，北至揟次入海。	
	張掖郡	觻得	千金渠西至樂涫入澤中。	
			羌谷水出羌中，東北至居延入海，過郡二，行二千一百里。	

州		删丹	桑欽以爲道弱水自此，西至酒泉合黎。	溺水自張掖删丹西至酒泉合黎，餘波入于流沙。
		居延	(居延澤在東北，古文以爲流沙。)	(漢，北方流沙也。)
	酒泉郡	祿福	呼蠶水出南羌中，東北至會水入羌谷。	
	敦煌郡		(正西關外有……蒲昌海。)	
				汃，西極之水也。
				(泑澤在昆侖下。)
		冥安	南籍端水出南羌中，西北入其澤，溉民田。	
		龍勒	氐置水出南羌中，東北入澤，溉民田。	
	安定郡	朝那		安定朝那有湫泉。
		涇陽	开頭山在西，禹貢涇水所出；東南至陽陵入渭，過郡三，行千六十里，雍州川。	涇水出安定涇陽开頭山，東南入渭，雝州之川也。
		鹵	灈水出西。	
		烏氏	烏水出西北，入河。(河，涇之字誤。)	
		眴卷	河水別出爲河溝，東至富平北入河。	
	北地郡	直路	沮水出東，西入洛。	瀘水出北地直路西，東入洛。
		歸德	洛水出北蠻夷中，入河。	
		郁郅	泥水出北蠻夷中。	泥水出北地郁郅北蠻中。
并	太原郡	晉陽	龍山在西北，……晉水所出，東入汾。	
		鄔	(九澤在北，是爲昭餘祁，并州藪。)	
		汾陽	北山，汾水所出；西南至汾陰入河，過郡二，行千三百四十里，冀州寖。	汾水出太原晉陽山，西南入河，或曰出汾陽北山，冀州浸。
		上艾	緜曼水東至蒲吾，入虖池水。	
	上黨郡	長子	鹿谷山，濁漳水所出；東至鄴，入清漳。	濁漳出上黨長子鹿谷山，東入清漳。
		屯留	桑欽言絳水出西南，東入海。	
		沾	大黽谷，清漳水所出；東北至邑成入大河，過郡五，行千六百八十里，冀州川。	清漳出沾山大要谷，北入河。
		壺關	沾水東至朝歌，入淇。	沾水出壺關，東入淇。
		泫氏	楊谷，絕水所出，南至壄王入沁。	

州		高都	莞谷，丹水所出；東南入泫水。	
		潞		潞，冀州浸也。上黨有潞縣。
		穀遠	羊頭山世靡谷，沁水所出；東南至滎陽入河，過郡三，行九百七十里。	沁水出上黨羊頭山，東南入河。
	雲中郡			
	定襄郡	武進	白渠水出塞外，西至沙陵入河。	
		武皋	荒干水出塞外，西至沙陵入河。	
	鴈門郡	沃陽	(鹽澤在東北。)	
		陰館	累頭山，治水所出，東至泉州入海，過郡六，行千一百里。	漯水出鴈門陰館累頭山，東入海；或曰治水也。
		彊陰	(諸聞澤在東北。)	
				泒水起鴈門葰人戍夫山，東北入海。(按葰人屬太原。)
	代郡	且如	于延水出塞外，東至寧入沽。	
		平舒	祁夷水北至桑乾入沽。	
		靈丘	滱河東至文安入大河，過郡五，行九百四十里，并州川。	滱水起北地(郡名誤)靈丘，東入河；滱水卽漚夷水，并州川也。
		廣昌	淶水東南至容城入河，過郡三，行五百里，并州寖。	淶水起北地(郡名誤)廣昌，東入河；并州浸。
		鹵城	虖池河東至參合入虖池別，過郡九，行千三百四十里，并州川。從河東至文安入海，過郡六，行千三百七十里。	
朔方	上郡	白土	圜水出西，東入河。	
		高奴	有洧水，肥可難。	
	西河郡	穀羅	(武澤在西北。)	
		美稷		湳，西河美稷保東北水。
		中陽		濕水出西河中陽北沙，南入河。
				涶，河津也，在西河西。
	朔方郡	朔方	(金連鹽澤，青鹽澤皆在南。)	
		窳渾	(屠申澤在東。)	
	五原郡			
幽	涿郡	涿	桃水首受淶水分，東至安次入河。	

	故安	閻鄉，易水所出，東至范陽入濡也，并州寖。水亦至范陽入淶。	
			濡水出涿郡故安，東入漆淶。
	良鄉	垣水南東至陽鄉入桃。	
勃海郡	成平	虖池河，民曰徒駭河。	
上谷郡	軍都	温餘水東至路，南入洛。(洛，沽之字誤。)	
	且居	樂陽水出東，東入海。	
漁陽郡	漁陽	沽水出塞外，東南至泉州入海，行七百五十里。	沽水出漁陽塞外，東入海。
	白檀	洫水出北蠻夷。	
右北平郡	無終	浭水西至雍奴入海，過郡二，行六百五十里。	
	俊靡	灅水南至無終，東入庚。	灅水出右北平浚靡，東南入庚。
	字	榆水出東。	
遼西郡		有小水四十八，并行三千四十六里。	
	海陽	龍鮮水東入封大水。	
		封大水，	
		緩虛水皆南入海。	
	新安平	夷水東入塞外。	
	柳城	參柳水北入海。	
	肥如	玄水東入濡水。	
		濡水南入海陽。	
		又有盧水，南入玄。	
	交黎	渝水首受塞外，南入海。	
	狐蘇	唐就水至徒河入海。	
	臨渝	渝水首受白狼，東入塞外。	一曰渝水在遼西臨俞，東出塞。
		又有侯水，北入渝。	
	絫	下官水南入海。	

州			又有揭石水，	
			賓水，皆南入官。	
	遼東郡	望平	大遼水出塞外，南至安市入海，行千二百五十里。	
		遼陽	大梁水西南至遼陽入遼。	
		居就	室僞山，室僞水所出，北至襄平入梁也。	
		番汗	沛水出塞外，西南入海。	沛水出遼東番汗塞外，西南入海。
	玄菟郡	高句驪	遼山，遼水所出，西南至遼隊入大遼水。	
			又有南蘇水，西北經塞外。	
		西蓋馬	馬訾水西北入鹽難水，西南至西安平入海，過郡二，行二千一百里。	
	樂浪郡	浿水	水西至增地入海。	浿水出樂浪鏤方，東入海；一曰出浿水縣。
		含資	帶水西至帶方入海。	
		呑列	分黎山，列水所出，西至黏蟬入海，行八百二十里。	
	廣陽國			
交	南海郡	龍川		湞水出南海龍川，西入溱。
	鬱林郡		有小谿川水七，并行三千一百一十里。	
				溜水出鬱林郡。
		廣鬱	鬱水首受夜郎豚水，東至四會入海，過郡四，行四千三十里。	
		臨塵	朱涯水入領方。	
			又有斤員水，	
			又有侵離水，行七百里。	
		定周	水首受無斂，東入潭，行七百九十里。	
		增食	驩水首受牂柯，東界入朱涯水，行五百七十里。	
		領方	斤員水入鬱。	
			又有橋水。	
	蒼梧郡	猛陵	龍山，合水所出，南至布山入海。	

州	郡	縣	水道	說文
	交趾郡			
	合浦郡	臨允	牢水北入高要入鬱，過郡三，行五百三十里。	
	九眞郡		有小水五十二，并行八千五百六十里。	
	日南郡		有小水十六，并行三千一百八十里。	
		西捲	水入海。	
				涑水出發鳩山，入於河。
				涻水出北嚻山，入邙澤。
				瀤，北方水也。
				瀕，沕，湳，浚，湡，滜，洸，淜，淉，湞，淲，
				氿，汶，洦，汗，泟，水也。
				濼，演，濱，一曰水名。
				勃澥，海之別名也。
				海，天池也，以納百川者。
				瀘，瀟，瀛，灤，洺，水名。（新附）

西域行程記

陳誠　李暹

陳誠西域行程記據千頃堂書目及吳兎床拜經樓藏書題跋記俱作三卷，而行世之學海類編本則只一卷，且與明一統志及名山藏諸書所引誠書較，亦形簡略，說者疑之。今年北平圖書館收得天津李氏藏書，中有獨寤園叢抄四種一册，內二種爲陳誠李暹之西域行程記及西域番國志。所謂西域番國志即學海類編之陳誠使西域記，而詳略逈殊，哈烈一篇尤甚。以之辜較，不惟學海類編本删節之跡顯然，即明一統志及名山藏引，亦非原來面目。西域行程記一種尤爲可寶，乃通行本所絕無。有此而永樂十二年陳誠李暹奉使西行之程途，可以按圖以求矣。原書兩卷，正與明史藝文志所記吻合，益以題跋，恰合三卷之數。陳李原書或即如此也。原抄本綠絲闌，版心上有獨寤園稿，下有淡泉書屋四字，兩者皆海寧鄭端簡公讀書之所。鄭公曾著四夷考，此册或其所抄以供取材之用者也。原本舊藏秀水朱氏潛采堂，今歸圖書館。因抄一册，以資參覽。題跋及贈詩據東洋學報神田喜一郎之陳誠使西域記考證所引補抄，未及一一查明篇第。又淵鑒類函有陳誠使西域祀天文，亦未檢出。明史永樂實錄及誠事尚多，當俟異日再為彙錄也。二十二年三月二十七日夜午，向達記於舊京寓廬。

順治重修吉安府志卷十九列傳二

陳誠字子魯，吉水人。洪武甲戌進士，授行人。詔往北平求賢，山東蠲租，安南諭夷，皆能不辱命。還，陞翰林檢討，署院事。永樂初除吏部驗封主事，尋陞員外郎，扈從北征，陞廣東參議。時西域撒馬兒罕諸番國皆遣使入貢，詔誠報之。跋涉險阻，朞年乃至，宣布朝廷威德。還以西域志進，賜予甚厚。擢廣東參政，遂乞致仕。誠居官畏愼，守職不妄與人交，居閑三十餘年，絕口不掛外事。徜徉泉石，超然世外，時人高之。

明史藝文志史部地理類

陳誠西域行程記二卷

黃虞稷千頃堂書目卷八史部陳誠西域行程記三卷

永樂十三年十月癸巳，中官李達，吏部員外郎陳誠等使西域還，上

使西域記，所歷凡十七國，山川風俗物產悉備。

吳騫拜經樓藏書題跋記卷二奉使西域行程記

右三卷，題行在吏部驗封清吏司員外郎臣陳誠，北京苑馬寺清河監李暹謹進。前有正統十二年國史總裁王直序，後附胡廣周孟簡鄒緝送行詩序。

王直王文端公文集卷十七西域行程記序

西域之國哈烈差盛强，其次則撒馬兒罕。蓋自肅州嘉峪關西行九千餘里至撒馬兒罕，又二千八百餘里乃至哈烈。所經城郭諸國凡十五六，其人物生聚有可觀者蓋無幾，惟此二國物產之饒，風俗之豪侈，遠近賓旅之所輻湊，大略相似。然無舊志可考，不知於漢唐為何國，此夷之所以陋也。我太祖皇帝受命有天下，四夷君長莫不奉貢，惟西域遠國不能自達，仰聲明文物之盛，而興其謳歌朝覲之心，久矣。太宗皇帝入正大統，仁恩義澤，靡不沾被，其諸君長則皆稽首南向，曰聖人之德猶天也，庶幾其撫我乎。上知之，擇廷臣之賢者往焉，而陳公子魯實當其選。公忠厚樂易，恭己愛人，敬愼之心，久而彌篤。遍歷諸國，宣布明天子德意，未嘗鄙夷其人。是以其人不問小大賤貴，皆嚮風慕義，尊事朝廷，奔走送迎，惟恐或後。既而各遣使者來謝恩賜，貢水土物。公則以其所歷山川之險易，人民之多寡，土壤之肥瘠，貲畜之饒乏，與其飲食衣服言語好尚之不同，備錄成書，上之。蓋一舉目之間，可以想見萬里之外，公之用心亦至矣。予讀「皇皇者華」之詩，而知君之所以遣使，與使之所以事君。蓋君在上不與遠人接也，故遣使以宣己意，達下

情；爲使者欲副君之意，而廣其聰明，則咨諏度詢，其可以緩哉。公之上其書正此意也。此孔子所謂不辱君命者也。公所上書詔付之史官，而藏其副於家。後之君子欲徵西域之事，而於此考覽焉，其亦亮公之意哉！

送陳員外使西域詩（有序）

周孟簡

司封員外郎陳公子魯，邑之賢者也。以明經登進士第，列官於朝，屢使番夷，克舉厥職。永樂初拜擢今官。今年秋，皇上欲遣儒臣有文武才者遠使西域，大臣以子魯薦。命下之日，子魯躍然喜動顏色，告諸寮友曰：「士生明時，得委身於朝，苟可効涓涘，雖鞠躬瘁力，無所遜避。西域雖遠，聖天子聲敎及暨之地也」。於是治裝告行。噫，子魯其賢矣哉！視萬里若出戶闥，雖殷大夫何以過之。予於子魯居同鄉，學同志，復得相與宦遊於兩京，欲已於言得乎！賦詩歌以識別。

金臺八月驚寒早，一夜清霜零白草。故人別我出都門，西風萬里交河道。憐君草莽一書生，曾是高皇知姓名。揮毫每視金鑾草，乘傳屢入南交城。只今又作鳳池客，天語傳宣到番國。郎官不減舊聲華，聖主非常賜顏色。新錫貂裘不憚寒，壯遊詎道別離難。流沙只合吟邊度，葱嶺惟應馬上看。看山對景多行樂，張騫偉績今猶昨。聖主當圖絕漠功，丹青好畫麒麟閣。

陳員外奉使西域，周寺副席中道別

曾棨

漢家郎官頭未白，屢從初爲兩京客。忽逢天邊五色書，萬里翩翩向西域。腰間寶劍七星文，連旌大旆何繽紛。解鞍夜臥營中月，攬轡朝看隴上雲。黃沙斷磧千迴轉，玉關漸近長安遠。輪臺霜重角聲寒，蒲海風高弓力軟。茲行騎從歷諸番，氈帳依微絕漠間。殘煙古樹羌夷聚，遠火荒原獵騎還。番酋出迎通漢語，穹廬葡萄酒如乳。舞女爭呈于闐粧，歌辭盡協龜茲譜。當筵半醉看吳鉤，上馬便著錦貂裘。山川遙認月支窟，部落能知博望侯。草上風沙亂鶻肩，邊頭日暮悲笳咽。行盡天窮始回轅，坐對雪深還仗節。歸來雜遝宛馬羣，立談可以收奇勳。卻笑古來征戰苦，邊人空說李將軍。

送陳員外使西番

王洪

劍佩翩翩出武威，關河秋色照戎衣。輪臺雪滿逢人少，蒲海霜空見雁稀。蕃部牛羊沙際沒，羌民煙火磧中微。茲行總爲宣恩德，不待葡萄苜蓿歸。

送陳員外奉使西域

胡廣

旌旆西征逸氣雄，玉關春早聽歸鴻。紫駝夜度交河月，驄馬晨嘶瀚海風。黃沙古蹟行行見，白草寒雲處處同。莫言萬國崑崙外，總在皇仁覆育中。

送陳郎中重使西域

曾棨

馳驅宛馬入神京，拜命重爲萬里行。河隴壺漿還出候，伊西部落總知名。天連白草寒沙遠，路遶黃雲古蹟平。卻憶漢家勞戰伐，道傍空築受降城。

玉關迢遞塞雲黃，西陟流沙道路長。山繞高昌遺碣在，草遮姑默廢城荒。閑聽羌笛多乘月，暗捲戎衣半帶霜。不用殷勤通譯語，相逢總是舊蕃王。

重宣恩詔向窮邊，蕃落依稀似昔年。酋長拜迎張繡幌，羌姬歌舞散金錢。葡萄夜醉氍毹月，觱篥晨嘶苜蓿烟。百寶嵌刀珠飾靶，部人知是漢張騫。

和曾侍講送陳郎中重使西域　錢幹

歸朝名馬貢飛黃，再撫羌夷出塞長。纔到交河南部識，重經瀚海舊營荒。客程春半時逢雨，虜地寒多夏亦霜。從此番酋俱欵附，不須生致左賢王。

送陳郎中子魯再使西域　王直

翩翩旌旆出皇州，瀚海崑崙是昔遊。塞外風雲隨使節，天涯霜雪敝征裘。還家不論千金橐，佩印須爲萬里侯。想見番吏歸聖德，自西河水亦東流。

送陳郎中重使西域　周恂

故人好文仍學武，早歲出身事明主。載筆曾經直玉堂，分陝還聞佐藩府。前年復拜漢仙郎，遠傳天詔向遐方。辭家不作兒女態，上馬寧憂道路長。驅車曉過蕭關北，莽莽黃雲望空磧。錦帳迎風夜宿遲，赤旂捲空軍行疾。揚鞭迢遞過伊西，部落多因水草移。樓煩城郭居人少，鐵勒沙場烟火稀。手持龍節經諸國，橫行直欲向西極。畫角塞吹月色殘，吳鉤醉拂霜花白。番王幸覩漢儀型，氈裘夾道多歡聲。拜迎不但設供帳，職貢還隨朝玉京。五色狻猊目光動，百羣天馬皆龍種。歸來同獻白玉墀，天墀非常賜恩寵。粉署還官月未餘，乘軺又復出皇都。山川遙憶經行處，番部重迎使者車。薊城官舍春開宴，金樽綠酒歡相餞。英雄慢說李將軍，意氣寧慚班定遠。問君此去來何時，辛勤三載計還期。半酣笳鼓發征騎，旌旆悠悠空爾思。

使西域記叙略（見學海類編本使西域記）

永樂間中書李達吏部員外郎陳誠等使西域還，西域諸國哈烈撒馬兒罕火州土魯番失剌思俺都淮等處各遣使貢文豹西馬方物。誠上使西域記，所歷凡十七國，山川風俗物產悉備焉。

使西域記跋（仝上）

文皇初平內難，卽遣給事中胡濙以訪仙爲名，潛行人間。又遣內臣鄭和等將兵航海使東南諸夷。最後則中使李達吏部郎陳誠使西域，得其風俗程頓，紀之以還，正與鄭和星槎勝覽堪互讀。但星槎板行已久，此則睹者甚尠，且水陸亦不同程也。陳誠以永樂十一年十月返命，偕哈烈等國使臣來朝貢，上厚禮之。次年，六月，遣歸，又命誠及中使魯安齎勅伴送。及誠還　朝，僅得轉布政，參議以出，後亦不顯。　文皇初以遜國伏戎爲慮，以故軺車四出，幾于上窮碧落下黃泉矣。其後胡濙階此，窮極榮寵，而陳誠所得止此，是必有說。先是洪武末年給事中傅安等使哈烈撒馬兒罕諸國，留十餘年，至永樂七年還　朝，幷帶各國貢使至，得西馬五百五十四。上仍命安伴送諸使還國，亦無褒賞，僅以工科改禮科而已。後安終此官。沈德符識。

西域行程記

行在吏部驗封淸吏司員外郎臣陳誠
苑馬寺淸河監副臣李暹

永樂十二年正月十三日巳時，出行由陝西行都司肅州衛城北門外，過澗水八九處。約行五里，度一大溪。北岸祭西域應祀之神，以求道途人馬平安。祭畢，安營，住二日。

十六日，晴。早起，向西行。約百有七十里，至嘉峪山關近安營。

十七日，晴，過嘉峪關，關上一平岡，云即古之玉門關，又云榆關，未詳孰是。關外沙磧茫然。約行十餘里，至大草灘沙河水邊安營。

十八日，晴。早起，向西行，南北皆山。約行七十里，地名回回墓有水草處安營。

十九日，晴，大風。明起，向西行。約五十里，地名騸馬城安營。

二十日，晴。三更起，向西行。約九十里，有古城一所，城南山下有夷人種田，城西有溪水北流，地名赤斤安營。

二十一日，晴。四更起，向西北行，渡溪水，入平川，當道盡皆沙礫，四望空曠。約行百餘里，有古牆垣，地名魁里安營。

二十二日，晴，大風。平明起，向西北行，道傍有達達帳房。約行五十里，有古牆垣，地名王子庄安營。住一日。

二十四日，晴。早起，向北行。途中有樹枝幹似桑榆，而葉如銀杏，名梧桐樹。約行七十里，地名蘆溝兒安營。

二十五日，晴。早起，向北行。一路沙磧高低，四望空曠，惟南有山。約行一百餘里，有夷人種田處，富水草，地名卜隆吉安營。住二日。大風。

二十八日，晴。平明起，過卜隆吉河，向西北行，入一平川，四望空曠，並無水草，惟黑石磷磷。沿途多死馬骸骨。北有遠山，白日極冷。約行百餘里，不得水，止路傍少憩，一宿。

二十九日，晴。早起，向北行。約五十餘里，始盡平川，有小澗凍冰處安營。鑿冰煮水，以飲人馬。

二月初一日，晴。早起，向西北行。一路沙磧高低，絕無水草。約行七十餘里，至小溝凍冰處安營。鑿冰得水飲馬。

初二日，晴。早起，向北行。一路岡源高下，並無水草，亦無凍冰，人馬不得飲食。約行五十里，至晚於沙灘上空宿。

初三日，晴。早起，向北行，入山峽中，山粗惡，中道有小冰窟，不能周給。通行百五十里，有冰池及泉孔處，地名榦魯海牙安營。

初四日，晴。早起，向西行，四望空闊。約有五十餘里，有泉水一處，地名可敦卜剌安營。

初五日，晴。平明起，向北行，山道崎嶇，絕無水草。約行一百餘里，至晚於山谷間安歇。

初六日，晴。早起，向北行，過一平川，渡一大溪，名畏兀兒河。溪南有古寺名阿里忽思脫，因有夷人種田，好水草係哈密大烟墩處。約行七十餘里，安營。住一日。

初八日，晴。早起，向西行，過一平川。約行一百三十里，方有水草，安營。哈密遣人來接。

初九日，晴。明起，向西北行，皆平川，約行九十里至哈密城東南果園邊。安營。住五日。

十五日，晴。明起，由哈密城東門外渡溪水，向西行，皆平川。約行七十餘里，有人烟好水草處安營。

十六日，晴。明起，向西行，有古城名臘竺，多人烟樹木敗寺頹垣，此處氣候與中原相似。過城通行九十餘里，好水草安營。

十七日，晴。早起，向西北行。高低沙磧，絕無人烟，路遥粗惡。約行九十餘里，畧有水草處安營。

十八日，晴。早起，向西北行，上坡下坡盡皆黑石。約五十餘里，地名探里，有少水草處安營。

十九日，晴。早起，向西北行，入大川，絕無水草。午後至一沙灘上，有梧桐樹數株，云是一站，亦無水草。行至中宵，又到一處，有土屋數間，小水窟三二處，苦水一池，云是一站，人馬難住，仍行。至

二十日巳時分，又至一所，有土房一二處，小水窟二處。畧飲人馬復行。至一沙灘，有小泉孔三四處，少供人飲，於此少息。中夜復行，至

二十一日巳時分，至一大草灘，傍有小山，山下有大泉，山上有土屋一所，地名赤亭。自十九日起入川，行經二晝夜，約有五百里方出此川，於此安營。住一日。

二十三日，晴。早起，向西行，中途有古城一處。約行九十里，有夷人帳房處，地名必殘安營。住一日。

二十五日，晴。早起，向西北行。道北山青紅如火焰，名火焰山。道南有沙岡，云皆風捲浮沙積起。中有溪河一派，名流沙河。約有九十里，至魯陳城，於城西安營。住四日。

三月初一日，晴。明起，向西行。中道有小城，人烟甚富，好田園。約行五十餘里，至火州城，於城東南安營。住三日。

初五日，晴。明起，向西北行平川地。約有七十里，至土爾番城，於城東南安營。住一日。

初七日，晴。移營於城西三十里崖兒城邊水草便處，安營。住十七日。

二十四日，晴。明起，由崖兒城南順水出山峽，向西南行。以馬哈木王見居山南，遂分南北兩路行。約有五十里，於有草處安營。

二十五日，晴。明起，向西行平川地。約行五十餘里，有小城，地名托遜，於城東南水草便處安營。

二十六日，晴。明起，向西行。約行五十餘里，於八家近處安營。

二十七日，晴。明起，向西行。約有三十餘里，有水草處地名奚者兒卜剌安營。

二十八日，晴。中宵起，向西行，經一平川。約行一百五十餘里，有一大烟墩，地名阿魯卜古蹟里。過此入山峽中，沿石澗西行。至晚，於澗邊路傍安歇，馬食枯葉而已。

二十九日，晴。明起，沿澗水向西行。四面皆石山，路逕崎嶇，約行六十餘里，於石灘上安歇。

三十日，晴。明起，沿澗水向西行。約有五十餘里，一草灘上安歇。

四月初一日，晴。五更沿澗水西行，過石崖四五處，路稍寬。約行一百餘里，於草灘上安營。

初二日，晴。微明起，向西北行，過高山二處。第二山上有水一泓，地名窟丹納兀兒。下山度一平川，約有九十餘里，於南邊山傍地名哈剌卜剌安營。是夜大雪。住三日。

初六日，晴。明起，向西北行。過高山三處，路逕崎嶇。約行九十里，一高山博脫禿，於下山峽中安歇。

初七日，晴。明起，向西南行，順山峽而出，復西北行，盡平川地。約行七十里，地名點司禿營。夜大雪。

初八日，雪，晴。早起，向西北行，路上雪深數尺。午至一石崖下，名塔把兒達剌，復大雪。約行九十餘里，於原上雪中安營。

初九日，雪晴。明起，向西行，平坦路多澗水。約行七十餘里，地名尹禿司安營。

初十日，晴。早起，向西南行，度平川，多澗水。約行百餘里，近川口北山下安營，地名斡鹿海牙。

十一日，晴。早起，向西南出峽口，山根亂泉湧出，地多陷。出峽復向北行，又一大川。約行百里，於山坡安營。夜大雪。

十二日，雪。明起，順行向西北行，約有七十餘里，於山坡雪中安營。

十三日，晴。明起。向北過阿達打班，山高雪深，人馬迷途。先令人踏雪尋路，至暮方得下山。約有五十餘里，亂歇沙灘上。

十四日，晴。明起，向北行，皆平地。約行五十餘里，有青草處地名納剌禿安營。

十五日，大雪，午後晴。起北行，過一山。約行五十餘里，下山，東西一大川，有河水西流，地名孔葛思安營。住一日。

十七日，晴。明起，向西行。約有五十餘里，地名忒勒哈剌近夷人帳房處安營。馬哈木王遣人來接。住一日。

十九日，晴。明起，順河西下。行五十里，近馬哈木帳房五七里設站舍處安營。住十三日。

五月初三日，晴。起營順川向西。行三十餘里，安營，住一日。

初五日，晴。明起，向西行，順平川。約有五十餘里，地名迭力哈剌安營。

初六日，晴。明起，向西行，度一大溪水，沿途有種小麥地。約行五十里，於溪邊安營。

初七日，晴。明起，向西，順川。約行五十里，於沙灘上安營。

初八日，晴。明起，向西南，過長山。約行七十里，地名阿剌石河邊人烟處安營。夜雨。住二日。

十一日，陰晴。起向西行，渡山(按山疑小訛)河二處，水勢衝急，俱於岸窄處石崖上架木爲橋。約行七十里，地名忒哥橋安營。

十二日，晴。明起，向西北行，度長板(按板疑坂訛)，下平川。約有九十里，近衣烈河邊有人烟處安營。

十三日，晴。明起，向西行。約有七十里，近河邊安營。

十四日，晴。明起，向西行，過矮山三四重。約行九十里，近過渡處安營。

十五日，晴。明起，向向西行，順河而下。約行九十里，於河邊安營。住一日。南北路皆至此河兩岸安營，差百戶哈三進馬回京。

十七日，晴。明起，順河西下。約行五十里，於河岸安營。

十八日，陰雨。早起，順河岸向西行。約行九十里，近水邊安營。

十九日，晴。明起，順河西下。約行五十里，於阿力馬力口子出至河邊渡頭安營。住一日。

二十一日，晴。早起，向南山下行。約一百三十里，至山近有人烟種田處安營。

二十二日，晴。早起，向西南入山峽中，過巷里打班，山巡崎嶇，雪深數尺。約行九十餘里，下山，有青草處安營。

二十三日，陰。明起，順山澗水向西行。約有五十餘里，有夷人帳房處安營。

二十四日，大雪。早起，行約有五十里，於松山下安營。

二十五日，晴。明起，向西行，順流水平川。約有九十里，安營。住一日。

二十七日，晴。明起，向西行平川地，水東流。約行七十里，安營。

二十八日，晴。明起，向西行，度平川，轉西北行。約有八十里，地名闊脫禿，人烟多處安營。

二十九日，晴。明起，向西行，入山坡中。有水一大池，路北邊有石一大堆，若矮山，地名爽塔石。過此行通行一百餘里，於山（按山疑小或平字之訛）川中安營。

六月初一日，陰，大風，微雨。明起，向西行平川道，北山甚高。約行七十里，於草灘上安營。住一日。

初三日，陰，雨，午後止。起向西行，約有四十里安營。

初四日，明起，向西行平川地。有一海子，南北約百里，東西一望不盡，名亦息渴兒。約行九十里，於海邊安營。

初五日，晴。明起，向西行，沿海岸。約行五十里，於岡山安營。

初六日，晴。明起，向西行，沿海岸。約行七十里，於有草處安營。

初七日，晴。明起，向西南入山峽中。約行九十里，於山坡上安營。

初八日，晴。明起，向西行，過長山。約一百二十里，下山，於草灘上安營。

初九日，晴。明起，向西南行平川地。約九十里，於山下安營。

初十日，晴。早起，西南行，上高山名塔兒塔石打班。石逕崎嶇，高百丈，雪深數尺。約行七十里，過山，於草處安營。

十一日，晴。明起，順川水向南行。約五十里，近夷人帳房地名哈剌烏只山坡上安營。近頭目忽歹達帳。住三日。

十五日，下雪。明起，向北行，過山下平坂，復向西行。約有五十餘里，於草灘上安營。

十六日，晴。明起，順川流西行，度水七八回，水勢衝急。約行九十里，於草灘上安營。

十七日，晴。明起，順山峽向西行，復北向上一高山，路逕嶮峻，人馬不得並行。約五十餘里，下山安營。

十八日，晴。早起，入山峽中，向西北行；過山，下平川。約有百餘里，於川中安營。午，雨雹。

十九日，晴。早起，向西行，順川過水入峽中。約行百餘里，於水邊安營。

二十日，晴。早起，順山峽逆流向西行，過打班。約行一百五十餘里，於山下安營。

二十一日，晴。早起，向西行平川，路多溪水，上坂下川。通行一百五十餘里，於岡上安營。

二十二日，晴。早起，向西入山，大溪水東流，經平川。通行一百五十里，於山邊安營。

二十三日，晴。早起，向西北上山過坂，下山順川西行。約一百里，安營。

二十四日，晴。早起，向西行，出山口一大平川。約行一百五十里，於川中有古牆垣處安營。

二十五日，晴。早起，順川西行。約有一百五十里，於河邊安營。

二十六日，晴。早起，向西行五十餘里，至養夷城邊息馬。午後，復行。至晚，通行一百五十里，於有草處安營。

二十七日，晴。明起，西行皆平川路。約行一百里，有回回阿兒哥處安營。

二十八日，晴。明起，向西南行。約一百五十里，於原上安營。

二十九日，晴。明起，向西行，一路平坦。約行七十里，地方哈卜速安營。塞藍頭目差人來接。北路亦先至此相會。住一日。

七月初二日，晴。早起，向西行。約五十餘里，過塞藍城，西邊近水處安營。住二日。

初五日，晴。早起，向西行。平坦路。約行一百里，有水草地名月都呱兒巴安營。

初六日，晴。中夜起，向西南行。約有一百五十里，人家近處安營。撒馬兒罕差人來接。

初七日，晴。早起，向西行。約四十里，近達失干城東田中安營。住二日。

初十日，晴。向西南，皆平路。約有一百里，地名渴牙兒安營。

十一日，晴。早起，向西南行，經平川。約行七十里，至一渾河，地名大站。有船五六隻，可渡行李。馬由水中渡，泥陷死者甚多。住一日。

十三日，晴。分人去沙鹿黑業賞賜頭目也的哥兒哈班。午起，向西南行，入一大川，並無水草。約行三百里，至有人家處，地名底咱安營。住一日。

十五日，晴。早起，向西南行，皆平地。約行九十里地名米咱兒安營。住二日。

十八日，晴。中宵起，向西行，經一石峽。約行七十里，地名多礶安營。

十九日，晴。五更起，向西行，皆平地。約行七十里，地名石剌思安營。

二十日，晴。早起，向西行平川地。約行七十里，地名哈喇卜蘭安營。

二十一日，晴。早起，向西行，過大溪水，灘淺而寬。約行四十餘里，至撒馬兒罕城東果園安營。住十日。

（未完）

商務印書館出版

中國分省圖

劉季辰　李慶長　編繪

一册　定價一元五角

本圖內載全國總圖一幅，各省分圖二十五幅。各圖均照多錐面投影法繪製，以復參考實測原圖多種，以期準確。所有交通道路及村鎮地名，率以公路圖及郵政圖爲根據。山峯城市，皆注明拔海高度。末附四角號碼地名索引，檢查極便。書由中華教育文化基金董事會編譯委員會繪輯，本館印行。

新製中國地圖

上海輿地學社　陳鐸　編

一册　定價二元二角

此圖：設計，取材，編製，附說，悉依中學新課程標準。內容首爲自然部分，次爲人文部分，後爲地方部分，與普通中學地理教科書之編法完全吻合。正圖四十幅，附圖一百四十餘幅。不僅備載縣名，即重要市鎮亦無不列入。圖背有附說，末附索引，極便查檢。

袖珍中國地圖　上海輿地學社　陳鐸編　一册定價一元

最新修訂 **中國形勢一覽圖** 附說　童世亨原著　陳鎬基修訂　一册定價一元八角

重編重繪 **世界形勢一覽圖** 附說　童世亨　陳鎬基　合編　一册定價一元八角

歷代疆域形勢一覽圖　童世亨著　一册定價一元五角

新刻許氏方輿考證百卷

三百八十餘萬言

五十册　出版廣告

價格毛邊紙五十元

自來講史學者以地理爲先，地理之書以後出爲貴。我國幅員廣大，載籍浩繁，方輿之書，偏重考古。唐元和郡縣志以後，至清一統志以前，求一博通簡要，足以考證歷史，經世致用，幾無一編。顧氏方輿紀要專注兵略，至於：經史之沿革，州郡之僑置，水道之變遷，道路之夷險，古跡之存亡，名稱之異同，大率略而不詳；況幅員界域，以明代爲範圍，按之清代，幾少五分之二，挾此致用，何異冥行。乾嘉間濟寧許鴻磐雲嶠氏專攻地學，通籍後爲牧令，幾三十年，歸田後又積十餘年，成方輿考證壹百卷，根據方志，表裏邊幅，參訂載記，脉絡分明。當時西域拓地二萬餘里，爲山經所不誌，方志所未及者，一一考證之，四百萬言，首尾一貫。自禹貢以還，班氏以後，未有本末賅備如此書之完整者。稿甫脫手，先生卽歸道山。嘉慶季年，鄱陽胡果泉中丞克家審定發刋，武進李申耆大令兆洛弁言，刻總部六卷，亦卽中輟；原稿流出，輾轉爲先生同邑潘氏華鑑閣所得，又經膠西柯鳳孫先生審定補輯，惟全部幾四百萬言，付諸剞劂，中經世故，十餘年來始得告成。是海內人士所日夕想望而不可得者，一旦躍冶而出，豈非大快事哉？際此國難，地理之學，尤爲當務之急。愛國志士，舟車行篋，萬不可少。特先赶印二百部，每部裝五十巨册，發售特價，只收工料，不計版權，亦爲嘉惠士林，先覩爲快也。

隆福寺東口內路南

電話東局二二〇五

北平脩綆堂書店

出版者：禹貢學會。
編輯者：顧頡剛，譚其驤。
出版日期：每月一日，十六日。
發行所：北平成府蔣家胡同三號禹貢學會。

禹貢

半月刊

價目：每期零售洋壹角。豫定半年十二期，洋壹圓；全年二十四期，洋貳圓。郵費加一成半。國外全年加郵費八角。

The Evolution of Chinese Geography

A Semi-monthly Magazine

Vol. 2 No. 4 Total No. 16 October 16th 1934
Address: 3 Chiang-Chia Hutung, Cheng-Fu, Peiping, China

第二卷 第四期（總數第十六期）
民國二十三年十月十六日出版

代售處

北平北京大學史學系楊向奎先生
北平燕京大學哈佛燕京社
北平燕京大學史學系李子魁先生
北平輔仁大學史學系史念海先生
北平清華大學史學系吳春晗先生
北平師範大學國文系羅根澤先生
北平女子文理學院侯堮先生
天津河北女子師範學院班書閣先生
濟南齊魯大學史學系張立志先生
開封河南大學史學系楊鴻烈先生
上海暨南大學江應樑先生
杭州之江學院顧敦鍒先生
安慶安徽大學周予同先生
武昌武漢大學史學系吳其昌先生
成都四川大學文學院劉以墉先生
成都四川大學賀幼于先生
廈門廈門大學史學系鄭德坤先生
廣州協和神學院李鏡池先生
北平北平圖書館王以中先生
杭州浙江圖書館夏廷域先生
北平景山東街十七號景山書社
北平景山大石作大學出版社
北平西單商場大學出版社營業部
北平和平門外大街文化學社
北平東安市場岐山書社
北平西單商場增華書社
北平琉璃廠東口寶德堂書舖
北平琉璃廠來薰閣書舖
北平隆福寺街修綆堂書舖
北平隆福寺文奎堂書舖
北平孝順胡同後溝三號曾紀琳先生
北平成府競進分社
天津法租界二十六號路佩文齋
天津大經路北方文化流通社
開封新書業街龍文書莊
濟南西門大街東方書社
南京中央大學門前鍾山書局
南京太平路中市羣衆圖書公司
上海五馬路亞東圖書館
上海九江路伊文思圖書公司周文欽先生
重慶天主堂街重慶書店
日本東京中華青年會魏建猷先生
日本京都中京區彙文堂書店
日本東京神田區神保町巖松堂書店

內政部登記證警字第叁肆陸壹號　中華郵政特准掛號認爲新聞紙類

西周戎禍考 上　附辨春秋前秦都邑

錢穆

余前著周初地理考，謂周室避狄患，乃由東西遷，非由西東遷，讀者或疑之。然古書所謂蠻夷戎狄，並不全在邊荒。此意不明，則治古史地理，每多窒礙。茲姑再舉一例論之。

史記周本紀：『幽王廢申后，去太子，申侯怒，與繒，西夷犬戎，攻幽王，殺幽王驪山下』。今按申國在兩漢爲南陽宛縣，今南陽縣北有故申城；周宣王時申遷於國南謝地，則在南陽之南。春秋時楚文王伐申，後遂爲楚邑。驪山則在陝西新豐縣南，故驪戎國。西周都鎬，驪山則在周都與申邑之間。據竹書載此事謂：

八年，幽王立伯服爲太子。

九年，申侯聘西戎及繒。

十年春，王及諸侯盟于太室，王師伐申。

十一年，申人繒人及犬戎入宗周，弒王于戲，及鄭桓公。

戲，水名，在驪山下。則申周之役，乃周王伐申而申侯迎戰，故殺周王於驪山之下。鄭語亦謂『申繒西戎方強，王室方騷。王欲殺太子，必求之申，申人弗畀必伐之。若伐申而繒與西戎會以伐周，周不守矣』。此亦驪山一役由周王伐申而起之助證。繒爲申之與國，申侯結以同叛。據左傳哀公四年，『楚人謀北方，致方城之外于繒關』，此必繒之故國，在方城之內，與申接壤。史紀正義說繒，謂『國語，繒，姒姓，夏禹後。括地志云，繒縣在沂州承縣，故侯國』。此繒乃後徙之國。若西周幽王時，申侯方將資其力以同抗王室，豈得遠在山東之沂。繒申之地望既得，則當時犬戎踞地亦可推迹以求。舊說每以犬戎遠在周疆之西北，故崔述考信錄疑其事，謂：

申在周之東南，千數百里。而戎在周西北，相距遼遠，申侯何緣越周而附於戎。豐鎬考信錄卷七

竊謂崔疑誠是。犬戎若遠在周之西北，則事前申固無緣越周而附於戎，而臨事戎亦不得越周而與申聯師於驪山。魏源詩古微則疑幽王先已去豐鎬，故見殺於驪山。不知驪山之役，由周王興師伐申而起，王師未敗，何由先去豐鎬？此皆誤認犬戎在周西北而云也。今以當日形勢推之，犬戎居地，定在周之東南或西南，近於申繒，而決不在周之西北。左傳昭公四年，『周幽爲太室之盟，戎狄叛之』。

此所謂戎狄，自兼指犬戎。犬戎叛周，卽指聯申繒同抗王命而言。大室，杜注謂中嶽。此在禹貢謂之外方，國語謂之崈山，爾雅謂之嵩高。戴延之云：嵩山三十六峯，東曰太室，西曰少室。今山在河南登封縣。夫謂周幽盟太室而戎狄叛之，則此等戎狄亦必離太室不遠，而犬戎亦在其內，則犬戎宜距太室非遠矣。史記又謂幽王旣見殺，『諸侯乃卽申侯而共立故幽王太子宜臼，是爲平王。平王立，東遷于雒邑，辟戎寇』。此亦可疑。夫殺幽王者申侯，立平王者亦申侯。犬戎之於幽王固爲寇，而於申侯平王則非寇實友也。然則平王東遷，特以豐鎬殘破，近就申戎以自保，非避戎寇而遠引也。

繼此有可附論者，則爲秦戎之關係。據秦本紀，

秦之先，帝顓頊之苗裔。

仲衍之後，遂世有功，以佐殷國，故嬴姓多顯，遂爲諸侯。

仲衍之玄孫曰中潏，在西戎，保西垂，生蜚廉。蜚廉生惡來。惡來傳四世生大駱。大駱生非子。

非子居犬丘。善養馬，孝王召使主馬于汧渭之間，馬大蕃息，孝王欲以爲大駱適嗣。申侯之女爲大駱妻，生子成爲適。申侯乃言孝王曰：昔我先酈山之女，爲戎胥軒妻。正義，胥軒，仲衍曾孫也。生中潏，以親故歸周，保西垂。西垂以其故和睦。今我復與大駱妻，生適子成。申駱重婚，西戎皆服，所以爲王。王其圖之。于是孝王邑非子于秦，徐廣曰：今天水隴西縣秦亭。亦不廢申侯之女子爲駱適者以和西戎。

據史記此段所載，則秦之先世本在東方，佐殷爲諸侯。及中潏始西遷，則以其母乃西土酈山氏女故也。其時所謂西垂者，卽與周室豐鎬不甚相遠。其云申駱重婚，西戎皆服，尤證西戎與申隣近，並不遠隔。非子初居犬丘，蓋卽其父大駱封地。徐廣曰：今槐里也。其地近在周西，卽今之興平，與豐鎬相距不過百里，自此南至盩厔縣界不到三十里。縣有駱谷水，谷名來歷或與大駱有關。當日所謂西戎，大抵當自興平盩厔迤東越酈山以至河南南陽之申國一綫相近求之。應在周室之西南乃及東南，而去周京不遠。故曰不廢申甥駱適以和西戎。至非子主馬渭汧之間而孝王邑之秦，然後秦人益移而西，別有一支居於隴西。此乃周室近畿大駱犬丘之分封。若謂秦人本自此方來，則秦本紀云云，豈全爲鑿空乎？王國維觀堂集林秦都邑考，割棄秦本紀大駱非子以前一段不論，又不能辨大駱適子成與庶子非子之分土別居，因遂不

能分別大駱地犬丘與非子後莊公居故「西犬丘」之非一地。乃輕疑徐廣，凡所云云，無往不誤。然亦由誤謂秦祖先起戎狄，則必僻在四裔故也。

本紀又云：

周厲王時，西戎反王室，滅犬丘大駱之族。周宣王即位，乃以秦仲非子之曾孫爲大夫，誅西戎，西戎殺秦仲。秦仲有子五人，周宣王使伐西戎，破之。於是復予秦仲後及其先大駱地犬丘，並有之，爲西垂大夫。

夫西戎反王室，而滅犬丘大駱之族，是犬丘近王室，而西戎亦近王室之證也。大駱適子成一族居犬丘者既滅，故周室命非子一族邑秦者誅西戎，而以大駱地犬丘並封之，是秦自宣王後大駱一支既滅，而其地遂合於非子之後也。本紀又云：

秦仲長子曰莊公，居其故西犬丘。

稱西犬丘者，別於東方槐里之犬丘而言。稱故者，秦仲乃非子一支，本居西，與大駱一支別也。亦稱犬丘者，此余謂古代地名隨民族而遷徙之一例。本紀又云：

莊公長男世父，曰，戎殺我大父仲，我非殺戎王，則不敢入邑。遂將擊戎，讓其弟襄公爲太子。襄公二年，戎圍犬丘世父，世父擊之，爲戎人所虜；歲餘復歸世父。

莊公居西犬丘，其子世父欲報大父仇，不敢居，讓弟襄公，是襄公仍居西犬丘。而稱戎圍犬丘世父，則世父所居犬丘，乃其先大駱地犬丘，地近戎，世父謀報大父仇故居之，而戎亦得圍而虜之也。若以秦人居天水隴西，而戎尚在秦西北，則此段記載又難通。本紀又云：

襄公七年春，西戎犬戎與申侯伐周，殺幽王酈山下，而秦襄公將兵救周有功，襄公以兵送周平王，平王封襄公爲諸侯，賜之岐以西之地。曰：戎無道，侵奪我岐豐之地，秦能攻逐戎，即有其地。

此段有不可解者。平王因申侯而得立，幽王則爲申侯所殺。既謂秦襄公將兵救周有功，即不啻與申侯平王爲敵，如何又謂以兵送平王？戎之入周，申侯平王召之，如何又曰戎無道，侵奪我岐豐地？惟自當日地勢論之，則所謂岐豐之地，岐西之地者，岐即近在豐鎬，所謂岐畢，而決非鳳翔之岐山，此則與上辨犬戎踞地可牽連論定者也。關於西周岐山之地望，詳見周初地理考，此不再及。秦戎本世仇，戎因周亂而踞豐鎬，秦人則因周室之東而侵地自廣，所謂救周有功，賜地封侯云云，則未必盡信史也。秦本紀又云：

襄公十二年，伐戎至岐，卒。

文公元年，居西垂宮。三年，文公以兵七百人東獵；四年、至汧渭之會，曰昔周邑我先秦嬴於此，後卒獲爲諸侯，乃卜居營邑之。正義云：在郿縣。十年，初爲鄜畤。徐廣曰：鄜縣屬馮翊。十六年，文公以兵伐戎，戎敗走，於是文公遂收周餘民有之，地至岐；岐以東獻之周。

據此則秦自大駱適庶分國，而戎禍常被於大駱犬丘之一支。及秦仲以後，秦又合爲一，而戎禍仍在大駱犬丘，不在西犬丘。秦人之力征經營，與戎爲進退者，其勢所向亦在東南不在西北。以秦戎之形勢論之，亦可證西周一代所謂「西戎」及犬戎踞地之大概也。

宋史地理志考異

江南東路　江南西路

聶崇岐

『江寧府，上，開寶八年平江南，復爲昇州節度。天禧二年升爲建康軍節度。』

按，『昇州』下『節度』二字似爲衍文。續通鑑長編九一，天禧二年二月丁卯，『以昇州爲江寧府，置軍曰建康』。輿地紀勝十七及通考三一八皆云天禧二年昇州升府並升節度。

『寧國府，本宣州，……乾道二年以孝宗潛邸，升爲府。』

『二年』，輿地紀勝作『三年』。

『池州，……縣六，……青陽，上，開寶末自昇州與銅陵並來隸。』

太平寰宇記一〇五，『昇州』作『宣州』。九域志江寧府條，『開寶八年以青陽銅陵二縣隸池州』。輿地紀勝二二，『青陽縣，初屬宣州，永泰元年隸池州。……銅陵縣，南唐屬昇州，開寶八年屬池州』。

『監一，永豐。』

續通鑑長編卷四〇，至道二年十月，『詔以池州新鑄錢監爲永豐監』。

『信州，……縣六，……淳化五年升弋陽之寶豐場爲縣，景德元年廢寶豐縣爲鎮，康定中復置。』

九域志六，『景德元年』作『景祐二年』。『康定中』作『康定元年』。續通鑑長編一一五，景祐元年八月『廢信州寶信縣爲鎮』。

『永豐，中，舊永豐鎮，……熙寧七年爲縣。』

續通鑑長編二四八，永豐升縣在熙寧六年十一月。

『太平州，上，軍事，開寶八年改南平軍，太平興國二年升爲州。』

續通鑑長編十六，開寶八年五月，『改雄遠軍爲南平軍』。通考三一八，『南唐…雄遠軍，…開寶八年改南平軍』。『南平軍』，九域志六，隆平集一，輿地紀勝十八皆作『平南軍』。又隆平集一，『太平興國二年改平南軍爲太平軍；咸平元年改太平軍爲太平州』。

『縣三，…蕪湖，…太平興國三年…復來隸。』

『三年』，九域志六作『二年』。

『南康軍，…太平興國七年以江州星子縣建爲軍。…縣三，星子，上，太平興國…七年與都昌同來隸。…都昌，上，紹興七年自江州來隸。』

按：星子縣下既云『太平興國七年與都昌同來隸』，而都昌縣下又云『紹興七年自江州來隸』，兩者時代頗爲矛盾。考星子都昌二縣自江州隸南康軍，太平寰宇記一一一，通考三一八皆云太平興國七年，則都昌縣下，『紹興七年』云云恐係誤也。

『廣德軍，…縣二，廣德，望，開寶末自江寧府隸宣州。』

九域志六，『開寶末』作『開寶八年』。

『建平，望，端拱元年以郎步鎮爲縣來隸。』

九域志六，『端拱元年以廣德縣郎步鎮置建平軍』。

『隆興府，本洪州，…隆興三年以孝宗潛藩升爲府。』

『隆興三年』，輿地紀勝二六引會要作『元年』，職方乘作『二年』。

『縣八，…新建，望，太平興國六年置縣。』

『太平興國六年』，輿地紀勝引會要作『四年』。通攷三一八，『析南昌縣置新建縣』。

『江州，上，…開寶八年降爲軍事。』

通考三一八，『江州，…南唐爲奉化軍節度』。

『大觀三年升爲望郡。』

『三年』，輿地紀勝三〇作『元年』。

『建炎元年升定江軍節度。』

『元年』，輿地紀勝三〇作『三年』。

『監一，廣寧。』

九域志六作『咸平三年置』。

『贛州，上，本虔州，…紹興…二十二年改今名。』

輿地紀勝三二，『章貢志在二十二年，而國朝會要在二十三年，當從會要』。

『縣十，…興國，望，太平興國中析贛縣之七鄉置。』

『太平興國中』，九域志六作『八年』。

『會昌，望，太平興國中…置。』

『太平興國中』，九域志六作『八年』。

『吉州…縣八，…吉水，望，雍熙元年析廬陵地置縣。』

輿地紀勝三一，『吉水縣，南唐保大八年割水東十一鄉置吉水縣。…九域志及國朝會要皆以爲在太平興國九年，三朝志以爲雍熙元年。…通鑑，周廣順三年書曰，「吉水人歐陽廣拜本縣令」。是歲實保大十年，在置縣之後二歲。則不待雍熙而已置吉水縣，第恐廢而復置耳』。

『龍泉，望，宣和三年改泉江，紹興復舊。』

輿地紀勝三一作『紹興元年』。

『永新，望，至和元年徙吉水縣地置永新縣。永豐，望。』

太平寰宇記一〇九，『永新縣，唐顯慶四年置于禾山東南七十里，即今理也』。通考三一八，『至和元年析吉水縣置永豐縣』。又永新縣下注『唐縣』，永豐縣下注『宋縣』。輿地紀勝三一，『至和元年割吉水報恩鎮置永豐縣』。由以上諸書所記觀之，則志永新縣下之注，似爲永豐縣下之注誤竄入者。

『萬安，望，熙寧四年以龍泉縣萬安鎮置。』

輿地紀勝三一，『熙寧二年割龍泉太和贛縣地併改萬安縣』。

『袁州，…縣四，…分宜，望，雍熙元年置。』

輿地紀勝二八，『分宜舊爲宜春之安仁鎮』。通考三一八，『雍熙元年析宜春縣置分宜』。

『萬載，緊，開寶末自筠州來屬。』

『開寶末』，輿地紀勝二八作『八年』。

『撫州，上，臨川郡，軍事。』

太平寰宇記一一〇，『撫州，僞吳順義九年升爲昭武軍，節度，皇朝因之』。九域志六，『撫州，僞吳昭武軍節度，皇朝開寶四年降軍事』。輿地紀勝二九，『昭武軍節度，開寶八年降爲軍事州』。

『縣五，…宜黃，望，開寶三年升宜黃場爲縣。』

『三年』，輿地紀勝二九作『元年』。太平寰宇記一一〇，乾德六年李煜割崇仁之仙桂崇賢待賢三鄉復立宜黃縣』。

『金谿，緊，開寶五年升金谿場爲縣。』

『開寶五年』，九域志六，隆平集一，輿地紀勝二九，通考三一八，皆作『淳化五年』，太平寰宇記一一〇有金谿場，無金谿縣，則志云『開寶』者誤也。

『瑞州……上，本筠州……紹興十三年改高安郡。』

按宋制州府皆另有郡名，其新立之州或舊州無郡名者皆特賜之。此云筠州改高安郡之『改』字恐爲『賜名』之誤。

『縣三，……新昌，望，太平興國六年析高安縣置。』

『六年』，九域志六作『三年』。輿地紀勝二七引國朝會要云，『太平興國七年勅割高安上高二縣……置新昌縣』。

『興國軍，……縣三，……大冶，緊，南唐縣，自鄂州與通山並來隸。』

九域志六，『乾德五年以大冶場置縣』。又，『太平興國二年以鄂州通山大冶二縣隸軍』。

『建昌軍，……縣二，……南城，望，淳化二年自撫州來隸。……南豐，望。』

九域志六，撫州條，『淳化二年以南豐縣屬建昌軍。』通考三一八，『南唐以撫州南城縣置建武軍；太平興國四年改爲建昌軍；淳化二年以撫州南豐縣來屬』。按：南城在南唐時已建爲軍，似不在淳化二年始自撫州改屬建昌。志南城下之注，恐應爲南豐縣下之注誤竄入者。

賈耽與摩尼教

愚公谷

唐李涪著刊誤一書，其七曜歷條云：『賈相國耽，(按即賈耽，唐人紀耽事，耽或作躭，太平廣記所引諸條可證。)撰日月五星行歷，推擇吉凶，無不差謬(下略)』云云。按七曜歷與關于七曜之占星吉凶之學，與摩尼教關係極深，蓋摩尼慕闍挾以俱來者也。

賈耽，唐德憲宗時人，最精於蕃夷風土域外地理之學，盧氏雜俎云：『耽好地理之學，四方之使，乃是蕃夷來者，而與之坐，問其山川土地之所終始，凡三十年。所聞既備，因撰海內華夷圖，以問郡人，皆得其實事，無虛處』。按德憲時，摩尼教以迴鶻可汗信奉之故，恃政治之力量，復行於中土。大曆三年敕回紇奉末尼者，建大雲光明寺。其時磧路已塞，唐與磧西交通多有假道迴紇境者，而唐室與回紇交往之頻繁，亦見諸史乘。賈耽適以大曆末年任鴻臚卿，其所以能從容坐訊蕃夷風土者，當在此時。

所謂四方之使者，必不少迴紇人。摩尼教挾來之七曜歷及占星吉凶之學，當亦於其時爲耽所習聞矣。

當時士大夫之習於摩尼教乘者，蓋亦不止賈氏一人。顏魯公與康國人頗有往還，且以『穆護』之名字其男。康國人多奉摩尼教，當時七曜譯名，卽以康居語音也。唐人稱魯公得嘗方士名藥服之，雖老，氣力壯健如年三四十人。近人頗疑其得摩尼方士攝生之術。而唐人所傳賈氏佚事，如太平廣記引逸史云：『賈公譎仙事甚衆』。芝田錄云：『耽陰陽讖緯，無不洞曉』。又其他筆記中紀耽事者，酉陽雜俎一條，玉泉子一條，會昌解頤一條，皆極爲神奇，與太平廣記所引諸書紀魯公靈蹟事大抵相類似。借此推論兩公與摩尼教之淵源，當不誣也。

綜上列諸說觀之，賈氏地理之學，得自當時迴紇使者及所遣來之摩尼僧衆口述者，必不在少數。李涪謂日月五行歷撰自賈氏，未必可信。惟自當時迴紇在中土勢力言之，摩尼教傳播情形言之，賈氏絕域異地知識之來源，蓋可推知一二焉。此種關係雖不可與明淸之際，耶蘇會教士以天文地理之學，灌輸中土事相提並論，要亦不失爲我國與地學史中一小小嘉話也。

華陽國志晉書地理志互勘

姚師濂

巴郡　常志云：「獻帝初平元年征東中郎將安漢趙潁建議分巴爲二郡，潁欲得巴舊名，故白益州牧劉璋以墊江以上爲巴郡，江南龐義爲太守，治安漢；以江州至臨江爲永寧郡；朐忍至魚復爲固陵郡：巴遂分矣。建安六年魚復蹇徹白璋爭巴名，璋乃改永寧爲巴郡，以固陵爲巴東，徙義爲巴西太守，是爲三巴」。則初平時已分巴郡爲巴永寧固陵三郡，前云二郡，疑有脫誤。按晉書地理志益州篇云：「獻帝初平元年，劉璋廿二史考異云：此時尚未牧益州，初平或是興平之誤。分巴郡置永寧郡。建安六年，改永寧爲巴東，以巴郡爲巴西」。梁州篇又云：「獻帝初平六年以臨江縣屬永寧郡，建安六年劉璋改永寧爲巴東郡，分巴郡墊江置巴西郡」。所紀年月幷同。惟晉志以改永寧爲巴東，不知永寧自改巴郡，改巴東者爲固陵郡。又以爲分巴郡置巴西郡，不知巴西卽巴郡所改。常志稱徙義爲巴西太守，義原守巴郡，蓋不過易其名號而已。參見廿二史攷異。常志稱其屬縣七，除江州枳縣臨江墊江等四縣見於晉志外，餘平郡樂城常安蜀，延禧時省，故未錄。

巴東郡　常志稱屬縣五，但除晉志所有魚復朐忍一作朐䏰，與晉志同。南浦三縣外，只多漢豐，合之纔四縣耳。

涪陵郡　晉志益州篇云：獻帝「建安六年，……又立涪陵郡」。按常志卷一云：涪陵謝本白璋，求以丹興漢髮二縣爲郡，初以爲巴東屬國，後遂爲涪陵郡」。廿二史攷異晉書地理志上亦稱涪陵初稱巴東屬國，則涪陵立郡，或猶不在六年也。常志載涪陵丹興漢平萬寧漢髮五縣，漢髮當卽晉志之漢復，惟常志有丹興，無漢葭，晉志反之。按常志云：「丹興，蜀時省」，故晉志不及。不知晉志之漢葭卽置丹興故地否？至晉志稱涪陵蜀置，漢葭要非蜀有也。

巴西郡　晉志所載巴西屬縣九，曰閬中西充國蒼溪岐愜南充國漢昌宕渠安漢平州。常志稱其屬縣七，然所及者僅閬中南充國安漢平州四縣，其餘宕渠漢昌二縣則隸宕渠郡，以常氏時有宕渠郡也。

宕渠郡　晉志梁州篇云：「劉備據蜀，……割巴郡之宕渠安漢漢昌三縣置宕渠郡；尋省，以縣并屬巴西郡」。又云：「惠帝復分巴西置宕渠，統宕渠漢昌安漢三縣」。所云巴郡蓋卽巴西也，說見巴郡條。按常志卷一云：「宕渠郡，延熙中置，以廣漢王士爲太守。郡建九年省，永興元年李雄復置，今遂爲郡」。不載惠帝置郡事。意梁州郡縣尋皆沒於李特，而李雄立郡卽因晉制，故常氏略之，而晉志亦不錄也。惟郡亦非蜀晉舊制，晉蜀郡屬有安漢縣，據常志則安漢時爲巴西屬縣矣。

漢中郡　常志云：「太康中晉武帝子漢王迪受封，更曰漢國」。按晉書武帝紀，漢王受封在太康十年，武帝薨前數月事也。則漢之爲國，當亦在太康末矣。常志所載六縣，晉志尚多黃金興道二縣。又成固，常志作城固，黃金興道不爲雄據，故常志不載也。

魏興郡　常志云：興晉縣，晉置，晉志荆州篇作晉興。晉志有長利縣，常志稱員鄉云：「本名長利縣，縣有員鄉」，豈李氏所易耶？

上庸郡　常志有安樂縣而無上廉，晉志反之。廿二史考異稱魏明帝誅達，復分其地爲上庸錫郡，錫郡旋廢，故兩志皆不及也。

新城郡　常志瀰鄉，晉志作沶鄉，常志綏陽，晉志作綏陽，疑常志誤。

梓潼郡　晉志統縣八，常志稱統縣六。其梓潼涪縣晉志作涪城晉壽白水則晉志所有，另少晉志之武連等四縣，而益以廣漢德陽。按廣漢德陽晉志屬廣漢郡，可知非晉舊域矣。

武都郡　晉志屬秦州，統縣五，下辯河池沮武都故道。常志有九縣，除前五縣之下辯作下辨，故道作上祿故道外，尚有泉街平樂脩城嘉陵四縣，或氐楊所置。常志云：「武都郡蜀平屬雍州，太康六年還梁州」。晉志不載，惟秦州篇云：「太康三年罷秦州抖雍州，七年復立」。參合觀之，則武都於泰始五年隨梁州之陰平改屬秦州，太康三年罷秦州抖雍州，武都又隨屬雍州，至六年始還梁州，七年遂又改屬秦州也。

陰平郡　晉志云：「泰始二年立，統縣二，陰平平廣」。廿二史考異稱其志敘或作魏武置，或云劉禪置，或云晉置，三處互異。且平廣亦應作平武，蜀作廣武，晉武帝太康元年改平武。誤謬特甚。按常志云：「永平後羌虜數反，遂置爲郡。屬縣四，陰平甸氐武平剛氐」。又云：「元康六年還屬梁州」。疑陰平晉初入秦州，太康三年罷秦州抖雍州而郡亦罷，而元康六年亦應從武都例改爲永康。六年還梁州後不復立郡，故晉志不載。及惠帝永平中始更因羌亂置郡，而屬縣增二，已非魏蜀之舊矣。常志之武平或猶是平武之衍也。

蜀郡　晉志統縣六，常志稱屬縣五，其實與晉志同、有成都廣都繁江原臨邛郫六縣，五字當誤。常志云：「蜀郡太康初屬王國，改號曰成都內史；王改封，仍復舊」。按蜀卽成都王頴采邑，頴封在十年，不當言太康初也。

廣漢郡　常志記屬縣八，雒綿竹什邡新都五城郪縣廣漢德陽。按是書前梓潼郡屬已有廣漢德陽，不應重出，必有一誤。晉志泰始二年置新都郡見梁州篇，屬縣四，雒什方即什邡綿竹新都。廣漢郡屬縣三，廣漢德陽五城。梁州篇云：太康六年九月罷新都郡抖廣漢郡。是廣漢有七縣矣。然猶少常志一縣，郪殆後置耶？常志云：「劉氏延熙中分廣漢四縣置東廣漢郡，咸熙初省。泰始末又分置新都郡，太康省」。劉氏同時更分置南廣郡。廿二史考異稱晉志皆不及。按晉志益州篇云：「劉禪建興二年，……分廣漢立東廣漢郡。魏景元中蜀平，省東廣漢郡」。是志惟不及南廣耳。其稱建興景元，亦有異乎延熙咸熙。

犍爲郡

江陽郡　常志稱屬縣四。視晉志多新樂一縣。元康五年置，故志不及也。晉志符縣，常志作苻，亦有作符者。

汶山郡　常志云：「孝武元封四年置」，又卷三云：「元封六年以北部冉駹後作駹爲汶山郡」，自相牴牾。按晉志益州篇云：「靈帝又以汶江蠶陵廣柔三縣立汶山郡」，并見後漢書西南夷傳參見廿二史攷異。劉昭又以爲安帝延光三年置。當可從也。晉志汶山郡統縣八，文山升遷都安廣陽興樂平康蠶陵廣柔。常志所紀縣十有一，曰邛都臺登闌縣今省漢示晉省會無大筰漢末省定筰三縫卑水潛街漢末置，晉初省安上晉初省，皆與晉志異；而邛都臺登會無定筰卑水五縣，晉志隸越嶲郡；定筰，晉志作定笮。

牂柯郡　晉志作牂牁，屬益州；屬縣八，萬壽且蘭指談夜郎毋斂并渠鷩平夷。其寧州篇云：「永嘉二年分牂牁立平夷夜郎二郡」。然常志稱「晉元帝世太守建寧孟才以驕暴無恩，郡民王淸范朗逐出之，刺史王遜怒，分鷩半爲平夷郡，夜郎以南爲夜郎郡，牂柯屬縣四，萬壽且蘭廣談毋斂」。廣談不見晉志。毋斂與母斂相近，當卽一縣。至稱分置二郡，在元帝時，則與晉志稱永嘉者異。

平夷郡　晉志無。常志稱晉元帝建興元年置，屬縣二，平夷鷩。按建興乃愍帝年號，此誤作元帝。則前所稱晉元帝世分鷩半爲平夷郡，或不若晉志之作永嘉爲得實也。

夜郎郡　晉志無。常志稱屬縣二，夜郎談指。談指或晉志牂牁屬縣之指談耶？

晉寧郡　晉志無。梁州篇云：「太安二年分建寧以西七縣別立爲益州郡，永嘉二年改益州郡曰晉寧」；而常志稱「寧州別建爲益州郡，後太守李遏，恢孫也。與前太守董慬，建寧爨量共叛，寧州刺史王遜表改益州爲晉寧郡」；與晉志之稱永嘉者異。亦猶平夷郡之以永嘉爲晉元時事也。常志所稱七縣，除滇池連然毋單秦臧見於晉志建寧郡外，其同勞同安建伶三縣必係後置。因計常志所載建寧郡屬十三縣，皆晉志所有惟常志升麻，晉志作牧靡，益以晉寧之四縣，恰晉志建寧郡之十七縣也。

建寧郡　常志云：「晉太安二年分爲益州平樂二郡，縣十三」。太安，惠帝年號，故益州卽晉寧平樂晉志不及也。十三縣皆見晉志。寧州篇惟牧靡常志作升麻。常志升麻下云：「山出好升麻」，想縣以此得名，晉志或誤。常志談豪，晉志作談稾；伶丘，晉志作泠丘。

平樂郡　常志云：「元帝建興元年刺史割建寧新定與遷二縣，新立平樂三沮二縣，合四縣爲郡。後太守建寧董霸叛降雄，郡縣遂省，雄復爲郡」。故晉志不及。按建寧乃愍帝年號，此與平夷郡同誤。又按新定，常志又入建寧郡，不當重出。

朱提郡　晉志屬益州；屬縣五，朱提南廣漢陽南秦常志作南泰堂狼常志作堂螂。常志南廣縣屬南廣郡，當是後置。別有南昌，合計仍符五縣之數。

南廣郡　晉志無。常志云：「蜀延熙中置，建武九年省。雄定寧州，復置郡」。蓋分朱提郡之南廣更立臨利常遷新興而置也。

永昌郡　晉志稱治不韋，常志稱今治永壽，蓋元康因南夷作亂移治者。常志與晉志皆統八縣，惟常志有南里無南涪，晉志反之，不知是一縣否也。

雲南郡　常志稱與興古郡皆蜀建興三年置。廿二史考異稱「雲南郡分建寧永昌置」。是即晉志之雲南郡。統縣九，然常志所載只七縣，其二縣又別爲河陽郡，故只雲南葉榆晉志作楪榆遂久弄棟晉志作栟棟蜻蛉晉志作青蛉五縣，蓋後置也。

河陽郡　常志云：「刺史王遜分雲南置，屬縣四」。然所錄只河陽一縣，不知何故。按晉志寧州篇云：「其後李壽分寧州興古永昌雲南朱提越嶲河陽六郡爲漢州」。蓋永嘉後始有河陽，李氏有其地，因分置郡也。

梁水郡　常志稱亦王遜分置，縣三，梁水賁古西隨。晉志無郡，賁古另屬寧州興古郡。

興古郡　晉志統縣十一，常志無臥漏毋掇賁古進乘四縣，而晉志之宛溫作溫縣，鐸封作鐔封，滕休作勝休，都篖作唐都，未知孰是。廿二史考異稱興古，蜀建興三年分建寧牂牁置。

西平郡　常志云：「刺史尹奉割興古雲南之盤江來如南零三縣爲郡」。晉志無。當是永嘉後事，因尹奉刺州猶在王遜後也。常志云：「寧州，晉泰始六年初置」卷四。又云：「泰始六年以益州大，分南中四郡爲寧州。…太康三年罷寧州」。又云：太安元年，「永昌從事江陽孫辨上南中形勢，…應復寧州，以相鎮慰。冬十一月丙戌，詔書復置寧州，增統牂柯益州朱提，合刺郡爲刺史」。詔書幷見晉書惠紀是寧州以泰始六年置，太康三年罷，太安元年復置也。然晉志寧州篇云：「泰始七年分益州之建寧興古雲南，交州之永昌，合四郡爲寧州。…太安二年惠帝復置寧州」。兩次建置年月幷與常志異，未知孰是。孝惠復置詔書在太安元年十一月，或建置實在二年，惟初置在泰始七年，則不知何據也。又按晉志不及罷州事，而常志大同志更云：「太康五年罷寧州諸郡還益州」，是又與前稱太康三年自相牴牾矣。

中國地方志綜錄序

朱士嘉

中國史料，浩如煙海，欲窮個人之畢生精力，搜集而整理之，固非事實所許可。其已爲人所發見，所採取，並據以爲專門之研究者正復不少；二十四史，資治通鑑，會要，會典等書固無論矣，即現存之檔案，傳誌，金石文字，以及詩文集，筆記等類，已莫不有人搜羅，條分件繫，作精密之研究；獨于方志則仍多屏而弗採，採而弗詳1，或以爲非著述之體，有類類書，不足供大雅之參攷，則囿於傳統之觀念，未能明其眞相者也。方志者蓋即以地方爲單位之歷史與人文地理也，其起源甚早，三國吳已有之2，初自地理書演變而成，至宋又增人物藝文，體例漸備3，自後代有纂述，至清則自省府廳州縣而外，幷鄉鎭亦多有志，開歷代未有之紀錄。民國衍其餘緒，惜也兵戈擾攘，不絕如縷。此其源流之大要也。至其所記述，則不外地理之沿革，疆域之廣袤，政治之消長，經濟之隆替，風俗之良窳，教育之盛衰，交通之修阻，與遺獻之多寡。故欲睹一縣人民活動之總成績者必於縣志是賴，欲覩一省人民活動之總成績者必於省志是賴；自縣而至省，自省而至國，然後一國文化遞嬗之迹，庶幾可以瞭然矣。抑又有進者，方志之所取材，爲現代的 Contemporary 4，故其足資徵信之程度，更有非意想所能及者，又烏可以蔑視之哉。

著錄家之於方志，非陋即略5，且多以附入地理，並不獨標一門；其獨標爲一門者，惟章實齋之史籍考，爲著錄家創一新例，厥功甚偉6。章氏去今，又百數十年，方志之價值，始漸爲學術界所公認，有搜集之者，有研究之者。然若舉以問現存方志若干種？何類居多？以見於何年者爲最早？其庋藏之狀況有可得言者歟？則恐將瞠目無以對也。綜錄之編，不亦爲當務之急耶。

余事綜錄之編，五載於是矣。初以爲現存方志，就北平所見，當不出三千種7，得上海涵芬樓直省志目，稍致疑焉，得上海徐家匯天主堂藏書樓，金陵大學，中山大學諸書目而益疑焉，然尙自信相差無幾也。

及後瞿兌之宣穎先生撰方志考稿8，以天津任氏振采家藏爲藍本，因見其目，實多瓌異。又承張孟劬爾田王善業顧起潛廷龍諸先生介紹目錄，增益不尠。去夏顧師頡剛道出滬瀆，訪得王綬珊先生藏有方志千數百種，因請介紹，徵得九峰舊廬方志目一册，珍本秘籍，琳琅滿目，洵可寶也。余亦於去歲八月赴滬，參觀徐家匯天主堂書藏樓，承徐潤農先生以該館方志目相示，始悉最近三年，館中又續獲方志二三百種，並有採自新疆者，世所罕見[9]。方思調查常熟瞿氏與南洋中學所藏方志[10]，値家母病，中心焦灼，未獲如願，甚悵悵也。

國外藏志，聞以日本東洋文庫及美國國會圖書館爲最夥。東洋文庫迄今尚未見目錄，國會圖書館則已承洪師煨蓮之介，蒙恒慕義先生 Dr. Hummel 惠賜方志簡目一册，今春復與袁守和先生所藏該館方志目相較，始獲一千三百七十種。其餘如日本內閣文庫，日本宮內省圖書寮，日本帝國圖書館，大連圖書館，臺灣總督府圖書館[11]，與美國哈佛大學圖書館，亦皆各有藏本，均著於錄。至是國內外公私藏家採訪所及者已五十處[12]，搜羅方志，都五千八百三十二種，九萬三千二百三十七卷。以與余民國二十一年所作中國地方志統計表相較[13]，已增九百二十種，一萬八百二十三卷，不謂不多矣，然尚未敢云詳也。何以言之？

綜錄之編，有四難焉：各圖書館缺少總目，檢閱不便，其難一也。即有目錄，有遠在他省者，不易見之，其難二也。目錄備矣，其於各書所著編纂人與編纂時期取捨不一，以至同一書也，誤分爲二，甚有以重刊本誤爲原刊本者，以增補本誤爲重修本者，並有卷數與編纂時期亦不著錄者，又安所據以爲憑乎？其難三也。同名異省之地，不下六七十處，民國初年，政府通令更正，期免重複[14]，乃各圖書館編纂目錄並不注意及之，以至本省縣志誤入他省者屢見不鮮，雖經校勘，恐仍有誤，其難四也。近日國內外各圖書館購求方志，不遺餘力[15]，珍本秘笈，將隨時以俱出，收不勝收；而私人庋藏之富，更有非耳目所能及者，故綜錄雖已麤就[16]，尙不敢遽出以問世也。近者友朋借觀者衆，頻囑發表，以冀續有所獲，故敢忘其謭陋，編綴成篇，公之於世，將就正於通人。至於志書中無數珍貴之史料，若有人焉聞風興起，作大規模之整理與研究，爲史地學界闢一新途徑者，則是篇之作爲不徒然矣。

是書之成，端賴他山之助，顧師頡剛，洪師煨蓮之指正體例，張孟劬爾田，瞿兌之宣穎，陳翰笙，王寅生，馬季明鑑，徐潤農，顧起潛廷龍，沈勤廬，王善業，袁守和同禮，王有三重民，日本杉村勇造諸先生之介紹目錄，胡適之適，葛詞蔚，王綬珊，王佩諍謇，葉谷磬，薛澄淸，美國恒慕義，日本山中樵諸先生之惠賜書目，皆作者之所不敢忘者；至於增益其所未詳，補正其所闕失，則張乾若國淦先生之力爲多。謹此誌謝，並以自勗焉。

1 私人箸述，採及方志者以朱彝尊日下舊聞，陸心源宋史翼，顧炎武天下郡國利病書爲詳。陳師援庵（垣）據至順鎭江志以完成其元也里可溫攷一文（參看東方雜誌廿週年紀念刋物），張師亮丞（星烺）據閩粵方志以完成其裴律賓史上李馬奔 Limahong 之眞人考一文（參看燕京學報第八期），日人桑原隲藏作蒲壽庚事蹟，援引閩粵方志多種，蓋皆善能網取方志中之材料者。

2 隋書經籍志著錄婁地記一卷，三國吳顧啓期撰，似爲各書目所見最早之方志，惜已不傳。

3 地理書自秦及漢，歷兩晋南北朝而大盛。禹貢，山海經，水經注，爲言地理者之所本，班固之地理志，尤其著者。繼此則晋摯虞之畿服經，齊陸澄之地理書，任昉之地記亦皆斐然可觀；陳顧野王復裒集衆家之言撰輿地志，則集地理書之大成矣。試一略各書之內容，則皆有關地理，沿革，疆域，風俗，物產，財賦，戶口等類，蓋宛然一統志之體裁，而後來方志之所自昉。現存晋宋（劉宋）隋唐間州郡圖經，尙不出地理書之範圍。宋代方志，始由地理的而趨於人文的方面，每事必注出處，分條敍述，簡潔有法，體例大備。

4 方志之所取材，大半以現代爲主，分述如下：

（一）史籍如二十四史，資治通鑑，雜史，別史，九通，會典，會要等。（地理，沿革，疆域諸門多引用之。）

（二）史籍以外之記載如經書，子書，詩文集，筆記，信札等。（散附各門。）

（三）檔案如府册，縣册，禮房册，兵防册，報銷册等。（建置，食貨，學校，兵備，壇廟諸門多引用之。）

（四）採訪册。（人物，列女，藝文，古蹟，寺觀，冢墓，拾遺諸門多引用之。）

（五）諸牒傳誌等。（人物，列女，藝文，古蹟，冢墓諸門多引用之。）

（六）金石。（建置，古蹟，藝文，金石諸門多引用之。）

（七）舊志。（散附各門。）

5 歷代著錄家之於方志，非陋卽略，卽以現存宋代方志而言，其爲宋史藝文志所遺漏者，有寶慶四明志，開慶四明續志，嘉泰會稽志，不亦疏略之甚乎？嘉泰會稽志施宿撰，沈作賓助成之，陸游爲之序，宋志旣載沈作賓會稽志，又載陸游會稽志，復見疊出，不亦舛陋之甚乎？至于清史稿藝文志幷方志之編纂時期亦不臚列，則又陋略中之陋略者矣。

6 史籍攷今已失傳。各書目除叢書舉要稱畢沅未刋書史籍攷百卷外，皆未見著錄，今其總目編修史籍攷要略與史籍攷釋例尙散見章氏遺書中，胡適之姚名達所撰章實齋先生年譜援用之。按章氏以前史志及各書目對于方志雖見著錄，但甚疏陋，前已言之矣，且其史部地理類並無方志一門。通志藝文略與國史經籍志地理類有圖經一門，萬卷堂藝文紀地理類有方州各志一門，淡生堂藏書譜圖書類有省會通志與郡邑志等門，四庫全書總目史部地理類有都會郡縣一門，多雜以他種地理書，非盡方志也。惟章實齋毅然以方志一門入地理類，所見甚當。及後光緒畿輔通志光緒順天府志等藝文類亦皆各有方志一目。章氏爲清代史學家，萃其畢生精力於方志之學，嘗謂編修方志，當以現代史料爲主，所著有和州志，永清縣志，亳州志，湖北通志等數種，大抵愈後出者體例愈精審，惟和州志與湖北通志久失傳。見于章氏遺書中者僅其序錄而已。

7　余於民國十九年着手調查中國現存方志，時北平圖書館尚未與北海圖書館合併，所藏方志，或見於簿錄，或見於卡片，大約不出二千五百種；合北平各大學圖書館，前外交部藏書處，中央研究院歷史語言研究所，東方文化委員會圖書館所藏方志，亦不出三千種。

8　瞿兌之（宣穎）先生方志攷稿，賅括江蘇，河北，山東，河南，山西，遼寧，吉林，黑龍江八省，民國十九年出版。

9　徐家匯天主堂藏書樓新自新疆採得方志六種，計孚遠縣鄉土志一種，吐魯番直隸廳鄉土志一種，新平縣鄉土志一種，廣平州鄉土志一種，綏定縣鄉土志一種，温宿府志一種，編纂時期未詳，惟據其內容所載，約止於清末光宣年間，皆世所罕見。

10　時陳樂素先生介余往觀南洋中學所藏方志，值家母病，事遂中止。來平後乃承徐潤農先生惠借該館方志目，約得一千四百七十種，搜羅之富，有如是者。沈勤廬先生介余往觀瞿氏藏書，竟亦不果。

11　臺灣總督府圖書館館長山中樵偶獲拙作中國地方志備徵目，知未將該館所藏方志列入，乃慨然以清朝官撰本島府縣志類解題相贈，果得孤本十二種。

12　國外如法國巴黎圖書館，安南遠東學校圖書館，亦皆各有藏本，爲數寥寥，又無孤本，故未著錄。

13　參看史學年報第四期拙作中國地方志統計表。

14　參看全國行政區畫表，民國五年內務部編。

15　大規模的搜羅方志，或以日本內閣文庫爲最早，大約始于清嘉道年間，因其所收方志，以嘉慶南翔鎭志爲最晚出也。及後美國國會圖書館應斯營爾博士 Dr. Swingle 之請，於民國五六年間來華搜求方志。博士者現代美國農林學專家，十餘年前來華，發見方志有關於動植物以及土地性質之記載，乃注意搜羅。頃晤該館東方部主任恒慕義先生，始悉其經過如此。恒先生近又購得方志二三百種，容待續增。上海徐家匯天主堂藏書樓間亦竭數十年之力以搜羅方志，始有今日之成績。其上海東方圖書館（已燬，見凡例。）南京金陵大學圖書館所藏方志，亦甚可觀。至於國立北平圖書館，大約自民國十五年起，始積極購求方志，其所庋藏，大半承內閣大庫，國子監，教育部之舊，亦有爲各地方人士所陸續捐贈者，以明末清初本最爲珍貴。近者國內各圖書館無不各盡其力以求方志，而方志亦益不易得矣。

16　拙稿（江蘇，浙江，安徽三省）曾刊登民國二十一年地學雜誌第一第二期，民國二十二年地學雜誌第二期。

西域行程記（續）

陳誠　李暹

八月初一日，晴，大風。明起，向西南行，約有三十里，地名米昔兒安營。

初二日，晴。向午方起，向西南行，度小岡；約行三十里，有高土屋一所，居石山上，舊時帖木駙馬所築，地名塔達哈剌赤安營。

初三日，晴。午後起，向西南入山峽中，山逕崎嶇，約行七十里。天晚於山上亂宿。

初四日，晴。明起，向西南下長坡，至一大村；約行六十里，地名沙李三安營。

初五日，晴。明起，向南行十餘里，近渴石城邊安營。住一日。

初七日，晴。明起，向南行，度平川；約有五十里，地名脫里把剌鎮安營。

初八日，晴。早起，向西南行，皆矮上（上應作山）；約行六十里，地名火進滿剌小河邊安營。

初九日，晴。早起，向南行，度平岡，復向東行；約七十里，地名大亦迭里河邊安營。

初十日，晴。早起，向南度山；約行一百里，地名白阿兒把山上安營。

十一日，晴。五更起，向南行入山峽，或東行度一石峽，名鐵門關。出關渡小河，約行七十里，於草灘上安營。

十二日，晴。早起，向南行，度一石橋；約行百里，地名屑必藍安營。

十三日，晴。早起，向南度山，經一大村；約行六十里，地名鸚哥兒安營。

十四日，晴。早起，向南行，復東向經大村；約有六十里，地名阿必阿母人家近處安營。

十五日，晴。早起，向南行，經大村；約行五十里，至一河邊，名阿木，有小舟七八箇。東岸有城池，名迭里迷。於河岸上安營。住二日。過渡。

十八日，晴。渡八馬至晚，連夜就行；向西南過沙川，無水。至

十九日早，通有一百五十里，至大村中，地名斜吉兒安營。

二十日，晴。早起向西南行，經大村；約行六十里，近

八剌黑城東北安營。住二日。
二十三日，晴。早起，向西行，或西北行，四面空闊，維（維應作惟）南有遠山。約行百里，渴石安營。
二十四日，晴。早起，向西北行，皆大村。約行五十里，有山河水駕石橋過，地名孛里哈荅，於橋頭安營。
二十五日，晴。早起，向西北行，一路平坦；約行一百里，地名奥禿安營。
二十六日，晴。早起，向西行，一路平坦；約有六十里，地名都克安營。
二十七日，晴。向晚起西行，過沙川，無人烟。行至二十八日早，約有一百餘里，近俺都淮城東安營。住三日。
九月初二日，晴。早起，向西南行，一路軟沙；約行一百里，地名奥赤下兒山河邊安營。
初三日，晴。早起向西南行平沙地；約行九十里，地名哈令卜板有人烟處安營。
初四日，晴。早起，向西南行，皆平岡；約行九十里，地名巴里晤安營。
初五日，陰。早起，向西南行，度山峽，出大村；約行九十里，地名買母納安營。住三日，以同行之人多病。
初九日，晴。早起，向西南行，度山峽，出大村中；約六十里，地名了里馬力安營。
初十日，晴。早起，向西南上山渡峽；約行六十里，地名納鄰安營。
十一日，晴。早起，向西行，上山下坂，出一大村；約行四十里，地名海嬰兒安營。
十二日，晴。中宵起，向西行，度山峽，至一大村；約行一百里，地名車扯禿安營。住半月，候沙哈魯出征回。
二十八日，晴。早起，向西行，經平川；約行七十里，地名跛看安營。
二十九日，晴。早起，向西行，度南邊山坡，出大村中，地名馬剌奥；約行七十里，於田中安營。住一日。
閏九月初一日，晴。天明起，順河西行，度山峽，出平川；約行五十里，地名骨里巴晤田中安營。住五日。
初七日，晴。明起，向西北行；約十餘里，地名馬剌綽人家多處安營。
初八日，晴。日中起，向西南入平山，順峽西南行，至初九日，巳時分方出山。約行二百餘里，至村中地名色忒兒革河邊安營。

初十日，晴。四更起，順川向西南行；約有八十里，地名吐端人家近處安營。住一日。

十二日，晴。四更起，向西南行，度矮山；約一百三十里，地名札剌等吉安營。

十三日，晴。三更起，向南行，入山峽，路逕崎嶇；約有一百二十里，地名脫忽思臘巴兒山下安營。

十四日，晴。明起，向西南度矮山；約行三十餘里，出山口，近哈烈城東邊安營。計在途九匝月，尚在哈烈。

陳公出使祭告始末載淵鑑類函。

達按：小字是後來讀者所加，非原文也。又一行小注原是硃書，與前行筆蹟同，俱清初人書，當卽叢抄末作跋之桌碧也。

西域番國志

行在吏部驗封淸吏司員外郎　臣陳誠

苑馬寺淸河監副　臣李暹

哈烈

哈烈一名黑魯，在撒馬兒罕之西南，去陝西行都司肅州衞之嘉峪關一萬二千七百里（實錄作萬一千一百里）。其地居一平川，川廣百里餘，中有河水西流，四面大山。城近東北山下，方十餘里。國主居城之東北隅，壘磚石以爲屋。屋平方，勢若高臺，不用棟梁陶瓦，中拱虛室數十間。牆壁窗牖，粧繪金碧琉璃。門扉雕刻花紋，嵌以骨角。地鋪氈罽。屋傍仍設綵綉帳房，爲燕寢之所。房中設金床。上鋪茵褥數重。不設椅凳，惟席地加趺而坐。

國主衣窄袖衣，及貫頭衫，戴小罩剌帽，以白布纏頭，鬋髮後髭，服色尚白，與國人同。國人皆稱之曰鎖魯檀，鎖魯檀者，猶華言君主之尊號也。國主之妻皆稱之曰阿哈。其子則稱爲米兒咱者，猶華言舍人也。凡上下相呼皆直比其名，雖稱國主亦然。不設大小衙門，亦無官制，但管事之人稱刁完官。凡大小之事皆由刁完官計議處置。

凡相見之際略無禮儀，惟稍屈躬道「撒力馬力」一語而已。若久不相見，或初相識，或行大禮，則屈一足致有三跪。下之見上，則近前一相握手而已。平交則止握手，或相抱以爲禮。男女皆然。若致意於人，則云「撒藍」。凡聚會之間，君臣上下男女長幼皆環列而坐。

飲食不設匕筯，肉飯以手取食，羹湯則多以小木瓢汲飲。多嗜甜酸油膩之味，雖飯內亦和以脂油。器皿多用甆瓦，少用硃漆，惟酒壺臺盞之類則用金銀。不置卓凳，皆坐地飲食。若宴會則用低卓盛飯，諸品羹湯，一時並進；食既，則隨即撤去。

屋舍皆壘以磚石，豪家巨室與國主同。甚者加以紈綺繖哈剌之屬，遮護牆壁，以示驕奢。其下戶細民，或住平頭土房，或爲氈帳屋，皆不用瓦房，以其雨少故不致傾頹也。

市井街坊，兩傍築屋，上設覆蓬，或以專石拱甃，仍穴天窗取明。晴不畏日，雨不張蓋，遇乾燥生塵則以水澆洒。鋪店各分行頭，若弓矢鞍轡之類。衣服各爲一行，不得參雜，少見紛爭。如賣馬駝牲畜亦各聚一所。

城市人家少見炊爨，飲食買於店鋪，故市肆夜不閉門，終夕燒燈燃燭。交易通用銀錢，大者重一錢六分，名曰「等哥」；次者每錢重八分，名曰「抵納」；又其次者每錢重四分，名「假即眉」。此三等從人自造，造完於國主處輸稅，用印爲記。交易通用，無印記者不使。假即眉之下止造銅錢，名曰「蒲立」，或六或九，當一假即眉錢。惟於其地使用，不能通行。

斗斛不置，止用權衡。權衡之制，兩端設盤，分中爲準，置大小鐵石，分斤兩輕重於一盤中以爲度。雖五穀亦以盤稱。其斤兩之則各處不同，無一定之制。稅錢什分取二，交易則買者償稅，國用全資此錢。

官府文書行移，不用印信。國主而次，與凡任事者有所施行，止用小紙一方，於上直書事體，用各人花押印記即便奉行。花押之制，以金錢銀爲戒指，上鐫本主姓名。別無關防，罔有爲奸僞者。

國中不用刑法，軍民少見詞訟。若有致傷人命，亦不過罰錢若干，無償命者。其餘輕罪略加責罰而已。

酒禁最嚴，犯者以皮鞭決責。故不釀米酒，醖以葡萄。間有私買者。凡有操履之人多不飲酒，以其早暮拜天，恐褻瀆也。國中體例，有別色人願爲回回者，云以萬錢給之，仍賜衣服鞍馬。

婚姻多以姊妹爲妻妾，爲一門骨肉至戚，雖同祖兄弟姊妹，亦皆得爲婚姻。至於弟妻兄妻，兄娶弟婦，亦其常事耳。國中男子髡首，以素帛纏頭；婦女亦蒙以素帛，略露雙眸。如有喪制，反以青黑布易之。帷幔皆用青黑，居喪不過百日即釋服。

喪葬俱不用棺木，惟以有囊裹屍，置於壙內。富家巨室，多於墳上高築土室，恣於華靡。貧民下戶，墳墓止於居室傍，絕無所禁忌。

不祀鬼神，不立廟社，不奉宗祖，不建家堂，惟以墳墓祭祀而已。每月數次望西禮拜，名「納馬思」。若人烟輻輳之處，一所築大土屋，名「默息兒凡」。禮拜之時，衆士屋下列成班行，其中一人高叫數聲，衆人隨班跪拜；若在道途，亦隨處禮拜。

每歲十月并春二月爲把齋月，白晝皆不飲食，至日暮方食。周月之後，飲食如初。開齋之際，乃以射胡蘆爲樂。

射胡蘆之制，植一長竿，高數丈，竿末懸一胡蘆，中藏白鴿一雙，善騎射者躍馬射之，以破胡蘆白鴿飛去者爲得采。

有通回回本教經義者，衆皆敬之，名曰「滿剌」，坐立列於衆人之右；雖國主亦皆尊之。凡有祠祭，惟滿剌誦經而已。

有等棄家業，去生理，蓬頭跣足，衣弊衣，披羊皮，手持恠杖，身掛骨節，多爲異狀，不避寒暑，行乞於途，遇人則口語喃喃，似可憐憫，若甚難立身，或聚處人家墳墓，或居岩穴，名爲脩行，名曰「迭里迷失」。

有爲醫者，於市廛中聚求藥之人，使之環列而坐。却於衆中口談病症，作爲多端，然後求藥之人皆出錢與之，醫者各散藥少許而去。效驗竟莫可知。

有好事之人，於城市稠人中揮大鉞斧，手舞足蹈，高出大言，驚世駭俗，莫詳其故，槩警人爲善之意。

有善步走者，一日可行三二百里，舉足輕便，疾於馬馳。然非生而善走，蓋自幼習學而能。凡官府有緊急事務，則令其持箭而走報，以示急切。常腰掛小鈴，手持骨朶，其去如飛。

男女少能負荷乘載，全仗馬騾驢駝。若少輕之物，則以頭戴，趨走搖揚，不致覆墜。

婦女出外，皆乘馬騾。道路遇人，談笑戲謔，略無愧色；且恣出淫亂之辭以通問。男子薄惡尤甚。

國俗尙侈。衣服喜鮮潔，雖所乘馬騾鞍轡多以金銀彩色飾之，遍身前後覆以氈罽，懸以響鈴。家家子弟，俱係翡翠裝綉衣袍，珍寶綴成腰帶，刀劍室飾以金玉，或頭簪珠寶，以飾奢華。

城郭鄉村，居民按堵。深山曠野，人馬獨行，晝無虎狼，夜無鬼魅。

四時氣候，多煖少寒。冬月如春，小草之生與薺麥同。出殘臘則遍地已青青農事興作。人家少見圍爐。雖遠山積雪，平處稀有；春雨雖云多，亦不終日。隴畝田園，街衢巷陌，人家院落，皆引水通流，以淨塵土。雖天降雨澤不多，而流水四時不斷。

鄉村僻處，多築水窖，貯水以飲人馬。其制高砌土屋，廣闊水池，甃以磚石，若氷窨然。此流水少處故也。

城市鄉鎮，廣置混堂，男女合爲一所，制度與中國不異。一堂之中，拱虛室十數間，以便多人澡。浴者初脫衣之際，各與浴布一條遮身，然後入室。不用盤桶，人各持一水盂，自於冷熱池中，從便汲温涼淨水，以澡雪洗淋其身；餘水流出，並無塵積。亦有與人摩擦肌膚，揣捻骨節，令人暢快者。浴畢出室，各與浴布二條，一蒙其首，一蔽其身，必令乾潔而後去。人以一二銅錢與之而已。

水磨與中國同。間有風磨，其制築垣牆爲屋，高處四面開門，門外設屏墻迎風，室中立木爲表，木上周圍置板乘風，木下置磨石，風來隨表旋轉動。且不拘東西南北之風，皆能運動，以其風大而多故也。

道旁多築土屋，名「朗兒哥」，以爲憩來往之人留憩，免祁寒暑雨之患。二十里爲一「木頭」，或每木頭設土屋一所，又名「臘巴兒」，內設飲食以給往來之飢渴者。

鄉村多立墟市，凡交易處名「巴咱兒」。每七日一集，以有易無，至暮俱散。正朔不頒，花甲不論，擇日用事，自有定規。每七日一轉，周而復始。七日之中，第一日爲「阿啼納」，二日爲「閃伯」，三日爲「亦閃伯」，四日爲「都閃都」，五日爲「且閃伯」，六日爲「閃伯」，七日爲「攀閃伯」。凡拜天聚會，以阿啼納日爲上吉。餘日用事，各有所宜。

都城中有大土屋一所，名「默得兒塞」。四面房廊寬廣。天井中設一銅器，制如大鍋，周圍數丈，上刻文字如鼎狀。前後左右房室猶偉麗，多貯遊學生徒，及通諸色經義者，若中國之大學然。

地產銅鐵，製器堅利，造瓷器尤精，描以花草，施以五采，規制甚佳；但不及中國輕淸潔瑩，擊之無聲，蓋其土性如此。

土產琉璃器，人家不常用，但充玩好而已。多以五色琉璃薄葉疊綴窗牖，以取光明，炫燿人目。

渴石地面產白鹽，堅明與水晶同。若琢磨爲盤楪，以水濕之，可和肉食。

多有金銀，寶貝，珊瑚，琥珀，水晶，金剛，朱砂，剌石，珍珠，翡翠。云非其所產，悉來自他所，有不可知。

多育蠶桑，善爲紈綺，輕妙細密，優於中原；但不能如中國壯厚，且不解織羅。其織成金線，可以廻爐。布帛有名中「鎖伏」者，一如紈綺，實以羊毛織成。善織剪絨花毯，顏色雖久不衰。綿布幅制猶寬，亦有甚細密者。

土產桑，榆，楊，柳，槐，檟，松，檜，白楊，多植果樹。自國中而次，有力之家，廣築果園，盛種桃，杏，梨，李，花紅，葡萄，胡桃，石榴之類。蒲萄有通明若水晶之狀者，無核而甚甘。杏子中有名「巴旦」者，食其核中之仁，香美可當。有若大棗而甜，名「忽鹿麻」，未見其樹。有若銀杏而小者，名「苾思檀」，其樹葉與山茶相類。李有小如櫻桃而黃色者，有紫色者，滋味極甘，花紅極大而脆。皆可收藏經年，顏色不改，必以新舊相續為佳。

五穀之種，與中國同。麻，豆，菽，麥，穀，粟，米，粱，悉皆有之。但小豆有如珠圓者。綿花有淡紅色者，為布若駝褐然。瓜種大而極甜。葱本有如拳者。菜根有紅而大者，重十餘斤，若蘿蔔狀。

耕農多鹵莽，廣播種而少耰鋤，然所收不薄者，以其田美而多，每歲更休，地力得完故也。時雨稀少，雖旱稻綿花小麥皆藉水澆；若水不到處，難於耕種矣。

多產良馬，愛護甚密，皆於土房深處喂養，風日不及透，冬暖夏涼。

人家畜養雞犬鵝鴨，惟不養豬，亦不食其豬肉，此最忌憚之。凡宰牲口，非回回宰殺者不食。

蠟燭以牛羊脂油澆灌，又以脂油和綿花撚成團塊，置鐵盞中，置鐵柱以手持行，止則卓立於地上，風雨不避。

暑天不知揮扇，或於帳房中高懸布幔，幔下多設鬚頭，兩面設繩索，牽動生風，名曰風扇。

凡餽贈賜予及進送之物，不拘幣帛珠玉犬馬，比以九數為則。自一九至於九九，皆為成禮。

凡宴會之際，尊者飲酒，則下人皆跪。酒進一行，則陳幣帛，次進珍寶及金銀錢，雜和為一，分散四座，餘者亂撒座間，及前後左右，觀望執服事之人，使之競拾，喧譁叫笑，以示豪奢，名曰喜錢。

獅子生於阿木河邊蘆林中。云初生時目閉，七日方開。欲取而養之者，俟其始生未開目之際取之，易於調習。若至長大，性資剛狠，難於馴馭。且其勢力強勝，爪牙距烈，奮怒之際，非一二人可駕馭之。善搏巨獸，一食能肉十斤。多有得其尾者，蓋操弓矢設網罟以殺之；若欲生致，甚難得也。

有一花獸，頭耳似驢，馬蹄騾瓦（疑是尾字之訛），遍身文采，黑白相間若織成者，其分布明白，分毫寸不差。

撒馬兒罕

撒馬兒罕在哈烈之東北，東去陝西行都司肅州衛嘉峪闢九千九百餘里（實錄作九千七百餘里），西南去哈烈二千八百餘里。地勢寬平，山川秀麗，土田地膏腴。有溪水北流，居城之東。依平原而建立，東西廣十餘里，南北逕五六里，六面開門，旱乾濠深險。北面有子城，國主居城之西北隅，壯觀下於哈烈。城內人烟俱多，街巷縱橫，店肆稠密，西南番客多聚於此。貨物雖衆，皆非其本地所產，多有諸番至者。交易亦用銀錢，皆本國自造，而哈烈來者亦使。街坊禁酒。屠牛羊賣者不用腥血，設坎埋瘞。城東北隅有土屋一所，爲回回拜天之處，規制甚精壯，皆青石，雕鏤尤工，四面迴廊寬敞，中堂設講經之所。經文皆羊皮包裹，文字書以泥金。人物秀美，工巧多能。有金銀銅鐵氈罽之產，多種白楊，楡，柳，桃，杏，梨，李，葡萄，花紅，土宜五穀。民風土俗與哈烈同。

俺都淮

俺都淮城在哈烈之東北，西南去哈烈約一千三百九十里（實錄作千三百六十餘里），東北去撒馬兒罕約一千三百六十里。城居大村中，村廣百里，田土地膏腴，人民繁庶。城周迴十餘里，略無險峻。雖爲哈烈所隸，賦稅止入於其處頭目之家。

八喇黑（實錄作八答商）

八剌黑城一名八里，在俺都淮之東北。城周圍十餘里，居平川，無險要。惟南山相近，田地寬廣，食物豐饒。西南諸番商旅聚此城中，故番貨俱多。哈烈沙哈魯遣其子守焉。

迭里迷

迭里迷城在撒馬兒罕之西南，去哈烈二千餘里。城臨阿木河之東岸，依水崖而立；河水稍寬，非舟楫難渡通，稍略據險要。城之內外居民數百家。孳畜蕃息。河水多魚。舊城相去十餘里。河東土地隸撒馬兒罕所轄。河西蘆林之內云有獅子產焉。

沙鹿海牙

沙鹿海牙城在撒馬兒罕之東，相去五百餘里。城築小岡上，西北臨山與河。河名水站，水勢衝急，架浮梁以過渡，亦有小舟。南邊山近，三面平川。城廣不數里，人烟繁庶，依崖谷而居，園林廣茂。西去過一大川二百餘里無水，間有水處，多鹻，牛馬飲之必多致損傷。地生臭草，根株獨立，高不尺餘，枝葉如蓋，春生秋死，臭氣逼人。生取其汁，熬以成膏，即名「阿魏」是也。又有小草，高一二尺，枝幹叢生，遍身棘刺，葉細如藍，淸秋露降，凝結成珠，綴於枝幹，甘如餳密，可熬爲糖，名爲「達郎古賓」，即甘露是也。

塞藍

塞藍在達失干之東，西去撒馬兒罕一千三十里。城周迴二三里。四面俱平原，略無險要。人烟稠密，樹木長茂，流水環繞，五谷蕃殖。秋夏間草中生小黑蜘蛛，爲毒滋甚，人或被其噬者，疼痛遍身，呻吟動地，諸藥莫解。夷人有禳詛者以薄荷枝於人身上掃打，及以鮮羊肝遍擦人身，口誦咒語，經一晝夜其痛方息。愈後遍體皮膚皆蛻，頭足被其傷者多翻滾就地而死。故凡安歇必近水畔，則可避之。地生香草，狀類野蒿，結實甚香，可辟蠹虫，卽名「瓦失實」是也。

渴石

渴石城在撒馬兒罕之西南約二百六十里。城居大村中，周圍十餘里，四面多水田，東南山近。城中有園林一所，云故酋長帖木兒駙馬所建。中有臺殿數十間，規模弘博。門廡軒豁張，堂上四隅有白石柱，高不數尺，猶璧玉然。墻壁飾以金碧，窗牖綴以琉璃，惜皆頹塌。西行十數里，俱小山，多莓思檀果樹。又西去三百餘里，有大山屹立，界分南北。中有石峽，略通東西，石壁懸崖高數十丈，若如斧劑，路深二三里。出峽口有門，名「鐵門關」。

養夷

養夷城在塞藍之東三百六十里。城居亂山間，東北有大溪水西流，一大川長數百里。多荒城遺址，年久煙蕪。蓋其地界乎別失八里蒙古部落之間，更相侵犯，故人民無寧，不得安居，惟留戍卒數百人守此孤城而已。

〔別失八里〕〔〕內標題原無，今補。

別失八里地名沙漠間，今爲馬哈木氏王子主之。馬哈木盖胡元之餘裔，前世錫封於此。不建城郭宮室，居無定向，惟順天時，逐水草，牧牛馬以度歲月，故所居隨處設帳房鋪氈罽，不避寒暑，坐臥於地。其王戴小罩剌帽，簪鵕鶲翎，衣秃袖衫，削髮貫耳。婦女以白布裹首纏項，衣窄袖衣。飲食惟肉酪，間食米麵，希有菜蔬，少釀酒醴，惟飲乳汁。不樹桑麻，不務耕識，間種穄麥，及爲毛布。有松檜，榆，柳，細葉梧桐。廣羊馬。多雪霜，氣候極寒。平曠之地，夏秋略煖，深山大谷，六月飛雪。風俗獷戾。服食卑汚。居臣上下絕無紀律。究其故疆，東連哈密，西至撒馬兒罕，西北至脫忽麻，北與瓦剌相接，南至于闐阿端云。

〔于闐〕

于闐有河，中產玉石。哈石哈地面出寶石金銀桑麻禾粟。其封域之內，惟魯陳火州土爾番哈石哈阿力馬力數處略有城邑民居田園巷陌；其他處所，雖有荒城故址，敗壁頹垣，悉皆荒穢。人多居山谷間，蓋爲其國主微弱，恐爲鄰境相侵故也。度其地方，東西尚有五千餘里，南北不下千里，人民可以萬計。猶能知尊長其所長而無變態者，故豈不由其我前人積德乎？

〔土爾番〕

土爾番城在火州之西僅百里，即古交河縣之安樂城。城方一二里，居平地中，四山大而遠。天氣多煖少寒，稀鮮有雨雪。土宜麻麥，水稻不生，有桃杏棗李，多蒲萄。畜羊馬。城近而廣人烟，廣有屋舍。信佛法，僧寺居多。在唐爲伊西庭節度之地，在漢爲車師國王所居。城西三十里有小城，居水崖上，名崖兒城，則故交河縣。去城西北百餘里有靈山，相傳爲十萬羅漢佛涅槃之處。近山有土臺，高十餘丈，云唐時所築。臺畔有僧寺，寺下有石泉一泓，林木數畝。由此而入，山行二十餘里，經一峽之南，有土屋一間，傍多柳樹。沿土屋之南，登山坡，坡上有石壘小屋一間，高不五尺，廣七八尺。房中有小佛像五位，傍多木牌，皆書夷字，云遊山者紀其姓名。前有一土池，一口不甚大，淺無積水，潔無塵汙。池東而山石靑黑，遠望紛若毛髮狀，云十萬羅漢佛於此洗頭削髮，遺下此靈跡。循峽而東南行六七里，臨一高崖。崖下小山羣列，土皆赤色，細軟虛浮，峯巒秀麗，分布行列。土有白石成堆，似璧玉而輕脆。堆中有靈骨，形狀甚眞，堅硬如石，文縷分明，顏色光潤，云十萬羅漢佛涅槃於此。白石堆者，毫光變化。靈骨不朽者，羅漢佛之所遺。順峽而東，下一石崖，向南行數里，峽東崖上石中有石笋如人手足肐膊之狀。又南行數里，矮坡上赤土中有白石一堆，瑩潔如玉，高出地上三四尺，云此爲辟支佛涅槃之處。周行羣山約二十餘里，悉皆五色砂石，光焰灼人，四面峻壑窮崖，千態萬狀，不可勝紀，草木不生，鳥獸稀少，眞靈境也！

〔崖兒城〕

崖兒城在土爾番之西二十里。二水交流，斷崖居中，因崖爲城，故曰崖兒。廣不二里，居民百家。舊多寺宇，有石刻存。古爲率師國王所居，復後立交河縣治；今併入土爾番焉（焉原作馬）。

〔鹽澤〕

鹽澤在崖兒城之西南，去土爾番城三十餘里。城居平川中，廣不二里，居民百家。城中有高塚二處，環以林木，周以墻垣，蓋故國王黑的兒火者夫妻之墳。墳近有小塚，云其平親暱愛之臣從葬也。城北有矮山，產石鹽，堅白如石，可琢磨爲器，以盛肉菜，不必和鹽，此鹽澤之名是也。

〔火州〕

火州在魯城之西七十里。城近北山，地勢卑下。山色青紅若火，天氣多熱，故名火州。城方十餘里，風物蕭條。昔日人烟惟多，僧堂佛寺過半，今皆零落。東邊有荒城基址，云古之高昌國治，漢西域長史戊己校尉並居焉原作馬。唐置伊西庭節度使，今爲馬哈木所隸。自陝西行都司肅州嘉峪關至此，行一月程。

〔魯陳〕

魯陳城古之柳中縣，地在火州之東，去哈密約千餘里。其間經大川，砂磧茫然，無有水草，頭疋過此，死者居多。若遇大風，人馬相失。道傍多骸骨，且有鬼魅，行人曉夜失侶，必致迷亡。夷人謂之「瀚海」。出川至流沙河，河上有小岡，云風捲浮沙所積。道北有山，青紅如火，名火焰山。城方二三里，四面多田園，流水環繞，樹林陰翳。土宜穄麥麻豆，廣植種蒲萄桃杏花紅胡桃小棗甜瓜胡蘆之屬。有小蒲萄，甘甜而無核，名曰鎖子蒲萄。土產綿花，能爲布而紕薄。善釀蒲萄酒。畜牛羊馬駝。氣候和煖。人民醇朴。有爲回回體例者，則男子削髮，戴小罩剌帽，婦女以白布裹頭。有爲畏兀兒粧束者，男子椎髻，婦人幪以皂巾，垂髻於額，俱依胡服。方音皆畏兀兒語言。火州土爾番魯陳三處民風土產，大槩相同。

〔哈密〕

哈密城居平川中，周圍三四里，惟東北二門入民數百戶，住矮土房。城東有溪水西南流，果林二三處，種楸杏而已。農耕須糞壤，惟穄麥豌豆大小二麥，多陷鹵。北面大山，三面平曠。東南去肅州約一千六百餘里，北至瓦剌地面疾行約一月程，西去火州三箇城約千里。在唐爲伊州之地，今爲西北諸胡往來之衝要路。其人多獷悍，凡經此處，必有求焉原作馬。蒙古回回雜處於此，衣服禮俗各有不同。

〔達失干〕

達失干城在塞藍之西，去撒馬兒罕七百餘里。城周廻二里，居平原上。四面皆平岡，多園林，廣樹木，流水長行。土宜五穀。居民稠密。負載則賃車牛。

〔卜花兒〕

卜花兒城在撒馬兒罕之西（實錄作西北）七百餘里。城周廻十餘里，居平川中。民物富庶，街市繁華，戶口萬計。地土下濕，天氣溫和，冬不附向火。土宜五穀桑麻，產絲綿布帛。冬食生菜。牛羊魚肉鵝雞兔悉皆有之。

明代倭寇史籍誌目

吳玉年

錫山王君以中（庸）著明代邊防圖籍錄（載地學雜誌），及海防圖籍錄（載清華週刊第三七卷第九十期文史專號），搜羅完密，允稱精當。惟所述海防圖籍錄緣由有云：『以地理設施及策略方術爲主，專論歷代事蹟，如馭倭錄倭患考原均未著錄，後日當續補』，云云。嗣見余所輯明代倭寇始末引用書目，大都與其所輯者隱相脗合；因囑余爲補輯。竊思明代海防，雖間爲紅毛等國而設，究以禦倭爲重，故論海防者，罔不按倭寇出入所由，以定防禦之大計，是海防與倭寇實相爲樞紐者也。不揣檮昧，爲補是篇，惟所錄僅止於專載海防及倭寇之書，其史料方志文集奏議以及筆記有涉及倭寇事者，則請俟諸異日。

此篇專及書籍，未涉輿圖，因論海防之書，大都首揭海圖，其有圖無書者不數數覯，未敢臆斷其內容也。

頃以王君之命，將海防圖籍錄內之涉及倭事者二三篇附載於後，以便閱者檢查。

末學膚受，見聞譾陋，續貂之誚，在所不免，伏維大雅君子進而教之。

二十二年夏，吳玉年謹識。

王士騏皇明馭倭錄九卷　北平圖書館藏明刊本

四庫書目著錄浙江巡撫採進本，入雜史類存目三，提要云：『士騏字冏伯，太倉人，尚書世貞子。萬曆己丑進士，官至吏部員外郎，坐妖書逮獄削籍。明史文苑傳，附載世貞傳末。是編乃其爲兵部主事時採明一代倭寇事蹟，起洪武元年，訖萬曆二十四年，凡當時所奉詔旨，及諸臣奏議，並中外戰守方略，案年編紀，本末頗具。自序以爲薛浚考略，王文光補遺，鄭若曾籌海圖編，多取野史爲證，往往失眞，故所錄皆就國史中拈出。然當時奏報亦多掩敗爲功，欺蔽粉飾，國史所載，正未必盡爲實錄也』。按此書大都根據明歷代實錄，略引籌海圖編水東日記世經堂集及世廟識餘錄諸書，以補充之。起洪武二年，至隆慶六年止。提要所云：起洪武元年，訖萬曆二十四年，實誤。蓋書尾附萬曆二十四年御史朱鳳翔爲胡宗憲奏請優敘之章，遂致牽混年月。又此書不載月日，並有前後倒置，脫簡闕文，別風淮雨，無頁無之，殆急就成章，未遑覆校歟？茲覆按實錄各書，爲校補二卷，補遺九卷，俾成完璧。再此書流傳甚少，僅見兩本：一藏於北平圖書館，一藏於清華大學圖書館。而兩本略有異同，清華藏本後有附錄二卷，首爲歷代通倭事略，次爲日本寄語，及詩文雜錄，非關明代倭寇之本事也。著者之事蹟及其他著作，皆詳拙著馭倭錄校補云。

胡宗憲籌海圖編十三卷　明天啓刊本

四庫地理類二著錄安徽巡撫採進本，提要云：『宗憲字汝貞，號梅林，績溪人。嘉靖戊戌進士，官至兵部尚書。督師勦倭寇，以言官論劾下獄瘐死。萬曆初追復原官，諡襄懋。事迹具明史本傳。是書首載輿地全圖，沿海沙山圖；次載王官使倭略，倭國入貢事畧，倭國事略；次載廣東福建浙江直隸登萊五省沿海郡縣圖，倭變圖，兵防官考，及事宜；次載倭患總編年表；次載寇迹分合圖譜；次載大捷考；次載遇難殉節考；次載經略考。明史稱趙文華督察浙江軍務，宗憲深附之，總督張經破倭于王江涇，文華盡掩經功歸宗憲，經遂得罪。又陷撫臣李天寵，文華還朝，力薦宗憲，遂擢巔秩。宗憲又因文華結納嚴嵩，以爲內援。其喜功名而尙權詐，誠有如傳贊所云「奢黷蒙垢」者。書中載胡松撰王江涇捷事略，專述宗憲之功，不及張經，與本傳符合，是其攘功之實證。然其他若載嘉靖三十四年五月平望之捷，陸涇壩之捷，十一月後屯之捷，清風嶺之捷，三十五年仙居之捷，七月乍浦之捷，十一月龕山之捷，及金塘淮揚寧台溫之捷，又紀勦徐海及擒王直始末，大端與明史紀傳均相符合。則宗憲之保障東南，尙不爲無功。經略考三卷，內凡會哨鄰援，招撫城守，團結保甲，宣諭間諜，貢道互市，及一切海船兵仗戎器火器，無不周密。又若唐順之張時徹俞大猷戚繼光諸條議，是書亦靡不具載，於明代海防，亦云詳備。蓋其人雖不醇，其才則固一世之雄也』。

按此書爲鄭若曾撰。王庸繆鳳林施鳳笙諸君已詳論之，玆不贅。

鄭鍾籌海重編十卷　北京大學圖書館藏舊抄本

四庫地理類存目四著錄兩淮馬裕家藏本，提要云：「鍾字道鳴，晉江人。萬歷二十年倭大入朝鮮，海上傳警，總督蕭彥命鍾取崑山鄭若曾籌海圖編刪其繁冗，重梓成書，冠以各處海圖，次記奉使朝貢之事。又分按江海諸省，記其兵防制變各事宜，而以經略諸條終之。以前代舊聞，亦間有引證。前有彥序一篇，極稱胡宗憲功，亦當時公論也』。

光緒泉州府志勳續：『鍾父名城，爲狼山副總兵，與俞大猷共事，擊倭有功。鍾字元宇，萬曆丁丑進士。先爲廣東東山參將，有武功；歷前軍都督，任四川貴州都督，以征苗播大功，加護國大將軍。鍾武健多智略，熟兵書，善用古法』。按鍾家學淵源，功垂邊隅，其爲都司時，奉蕭彥命著此書以備防海者之採納，而大都襲籌海圖編之文，倭寇事跡，僅略增嘉靖三十二年至三十四年其父城之戰功，及四十年以後之事，餘則於每篇之後加以按語，間爲引証而已。

鄭若曾江南經略八卷 北平圖書館藏明隆慶刊本

四庫兵家類著錄兩江總督採進本，提要云：『是編爲江南倭患而作，兼及防禦土寇之事。八卷之中，每卷又分二子卷，一之上爲兵務總要；卷一之下爲江南內外形勢總考；卷三之上至卷六之下分蘇州常州松江鎮江四府，所屬山川險易，城池兵馬，各附以土寇要害；卷七上下論戰守事宜；卷八上下則雜論戰具戰備，而終以水利積儲，與蘇松之浮糧。明季武備廢弛，法令如戲，倭寇恆以數十人橫行數千里，莫敢攖鋒，土寇亦乘之不靖，若曾此書，蓋專爲當時而言，故多一時權宜之計。福建林潤，時爲應天巡撫，爲評而刊之。所評多遷就時勢之言，然所列江海之險要，道路之衝僻，守禦之緩急，則地形水勢，今古略同，未嘗不足以資後來之考證，究非紙上空談，檢譜而角觝者也』。

按此書北平圖書館所藏明隆慶本與四庫本互有異同，四庫本將林之評語多刪去，而明刊本又少圖說數篇，蓋四庫本較詳於明刊本。如能合兩本互校之，有功於是書不尠。明刊本首有林潤序，此傳是樓書目所以誤爲林潤撰也。

平倭錄

四庫著錄江蘇周厚堉家藏本，入雜史類存目二，提要云：『不著撰人名氏。記明任環平倭事蹟。萬曆中吏科給事中翁憲祥，巡撫陝西監察御史吉人重刊。憲祥作前序，人作後序，亦不言爲誰作也。嘉靖癸丑倭寇由越入吳，環時爲蘇州府同知，力戰殲之，以功晉山東布政司參政，卒贈光祿卿。是編首乞歸終制疏，蓋環用兵時適丁生母艱，事平因上此疏；次錄諭祭碑文誌銘，及其孫可復所錄事蹟；又以環所著詩文簡牘名山海漫談並列之末；又附後人歌頌詩文，合爲一帙：編次叢雜，漫無體例。海虞陳禹謨說儲載環方出兵時，以靈棋經占得益友卦，其繇曰：「客有王孫，來叩我門，語我福慶，主得蒙恩」。薄暮常熟王公鈇果叩門，遂決策進兵，我師大克云云。而此錄無之，蓋小說附會之談，不足據也』。

朱平海平倭錄

見籌海圖編。作者蓋有慨於胡宗憲功成罪及，故錄其功蹟獨詳，自嘉靖三十三年宗憲爲巡按起，訖四十四年宗憲卒，乃褒揚宗憲之作。與前編平倭錄名雖同而事則異。前編既少流傳，此編亦僅於圖編附載，尙未見有單行本傳於後世，故其人亦不可考云。

宋九德倭變事略四卷 勝朝遺事本

海鹽縣志文苑傳云：『九德字常吉，衞官舍貢教授。嘉靖倭變時，九德嘗取幕府日記報，爲東夷事略二卷，談倭擾時事，及諸帥功罪，頗晰，足備海上一時故實』。今東夷事略不見流傳，不知卽此編之別名否？然其自序云：『自嘉靖癸丑歲，倭夷騷動閩浙蘇松之境，患我邑數載勿靖，幸而漸就殲滅，然東南罷敝極矣。余世居海濱，目擊時變，追惟往昔，四郊廬舍，鞠爲煨燼，千隊貔貅，空塡溝壑，旣傷無辜之軀命，復淩有生之脂膏，同者興憐，見者隕涕。矧余本支世胄，盡忠效死，叨蔭國恩，余也能無記述示子姓，俾識艱以善繼前人之志乎？』則此兩編名異而實一。倭變事略序事年月日，記之頗詳，蓋卽縣志所謂『取幕府日記』，故能如此之明晰。序事起自嘉靖三十二年，訖於三十八年，而自序作於三十七年十二月，其爲序先作而書後成可知。記事詳海鹽之寇，而他處之寇亦略附載，作海鹽倭寇之實錄可也。

鄭茂靖海紀略二卷 勝朝遺事本 鹽邑志林本

光緒海鹽縣志名宦云：『茂字士元，莆田人，進士。嘉靖三十二年冬，知海鹽，應變有膽略。時倭擾海上，茂以才選來令，豫儲守具，增築子城，四拓睥睨，爲敵台者十八，移倉廒，淸野。次年夏，倭薄城，茂籍軍民乘城，部分僚吏，乃衞職督之，禁縋城避者，而納其縋以入者，晝夜巡行，給糗餌衣絮，或親扶其不力者示激勸，且設法燬賊攻具，倭乃解圍西去，城竟得全。當是時倭南穴石墩，北穴柘林，鹽介其中，村落焚劫幾空，茂弔死扶傷，日不暇給，而一切調發，受檄制府，輙咄嗟辦，人咸服其才敏。後以秦駐塢之捷，拜白金文綺賜，尋擢給事中』。

此編專記其防禦倭寇之事，俱爲身歷之談。叙事自嘉靖甲寅，訖丙辰，可想見三年守禦之勤勞。夫茂以進士作宰海隅一小邑，値汪直等引外寇以擾內地，飄忽千里，勢餤鴟張，乃能率領鄉兵，困守孤城，支持三年之久，以視封疆大吏，棄省垣於不顧，大判霄壤。可見官無論大小，職無論文武，既遭風雨飄搖之際，當秉禮義干櫓之心，則雖強敵在前，誓死勿去，天必報以成名。讀是書尤令人發敵愾之氣，可垂不朽於後世矣。其所紀事實，大略與倭變事略相同，惟入寇之日，間有異耳。杭州府志兵事篇，謂此編據當時官報，多得其實，則時日可以此爲準。後附全城志記倭寇之事，以補其不足云。

張鼐吳淞甲乙倭變志二卷 常熟圖書館藏

四庫著錄浙江巡撫採進本，入雜史類存目三，提要云：『鼐字世調，華亭人。萬曆甲辰進士，官至南京吏部右侍郎，兼詹事府詹事。吳淞倭患在嘉靖甲寅乙卯之間，故記二歲事獨詳。上卷分紀兵紀捷殲渠周防四目，下卷分十德十勳十忠十節僧兵狼兵鹽丁遣祀三大學四辯士兩孝子三乞兒三腐儒等十三目。明史藝文志著錄此本，題曰甲乙倭變鈔錄者，省其文也。鼐自序云：「松之難，松之遺老能道之。然案之籌海圖編及海防考諸書，其日月頗不合，得非境外事，境外不能傳耶？吾寧信其目繫者焉」。今考正史，倭寇松江，始於嘉靖甲寅，而此云癸丑，張經王江涇之捷，歲紀乙卯，而此云甲寅，諸所記載，率差一年，非第日月而已。鼐作是書時，已官諭德，直史館，於故府典故，得考核，不應差謬至此，其必有所受之也。書中汪直俱作王直，未喻其故，殆傳寫之誤耶？』

按此書甚少傳本，惟常熟圖書館藏有之。松江府志記倭事，大都引用此書，觀其記事，頗爲詳備。汪直，明人著作多作王直，非獨此書也。

嘉靖東南平倭通錄 江蘇國學圖書館影印本

柳詒徵跋云：『是書故明徐學聚所輯國朝典彙中之日本一篇。典彙載倭寇事，起洪武初，玆本標題嘉靖平倭通錄，徑自朱紈事起，疑在明季已摘鈔別行。丁氏八千卷樓目不著撰人名氏，蓋未知其出于典彙也。倭患之棘，世廟時爲最，玆仍鈔本之名，而錄典彙，自洪武迨嘉靖事坿于後，以昭其全。學聚字敬輿，蘭谿人，萬曆癸未進士，官至副都御史巡撫福建。四庫存目載歷朝瑠鑒及明朝典彙二書，千頃堂書目又載兩浙名賢錄及外錄，明史藝文志同』。

按此編序事起嘉靖三十一年，訖四十三年，後附隆慶朝事甚略。大約與馭倭錄所載同，蓋亦以明實錄爲藍本，而不及馭倭錄之詳備。其記月而不記日，與馭倭錄亦同一弊病。考明人之記倭事者，至多且夥，除一二身歷其境，所記皆目睹，如靖海記畧倭變事略等書外，大都根據實錄，往往雷同，故無足取。典彙起洪武二年，訖嘉靖二十七年，寇貢兼載，亦略而不詳。兩編合刋，作倭寇之概略觀則可，若以爲研究倭寇之圭臬，則尙須他書之輔助也。

崔鳴吾紀事一卷　鹽邑志林本

光緒海鹽縣志文苑傳：『崔嘉祥字道徵，衞官舍，性孝友。博覽羣書，試輒先其曹，談經濟甚晰。所傳有鳴吾雜著一卷，採入鹽邑志林』。

此編雜紀諸事，而於倭寇海鹽之事獨詳，且與倭變事略靖海紀略所載，略有異同，可互相攷正。平湖縣志及吳騫海甯倭寇始末作崔鏜紀事，與此文同，實二而一者也。鏜疑爲嘉祥之別名，鳴吾又爲其別字。吳騫既爲海甯人，且爲藏書大家，其引用必有據，且其按語有稱鳴吾紀事者，則鏜與嘉祥可證其爲一人也。

李日華嘉禾倭寇記略

見恬致堂集。日華字君實，號竹懶，嘉興人。萬曆壬辰進士，官至太僕寺少卿。明史文苑傳，附載王維儉傳中。此編乃記其家鄉之寇，其跋云：『世廟丙辰丁巳間，我邑中倭，創巨痛深，距今七十年餘。父老及見者，言之聲淚俱下。今於聞見零落之後，掇拾敗楮，偶得一編於田舍，稍紀所見，然或月而不日，姓而不名，地而不處，其筆又俚而不文，葢紓伏之耆畯，所自嘆自歌者。暇日因爲攷質公牘碑記，與學士大夫所著撰涉及者，一一釐正，而潤澤之，名曰嘉禾倭寇紀略。其人名轄，又逸其姓』。觀此則非日華所纂，乃潤色他人之作。明史藝文志有李日華倭變志一卷，不知卽是此編否？其著作除恬致堂集外，尙有梅墟先生別錄二卷，竹懶畫賸一卷，續畫賸一卷，六研齋筆記四卷，二筆四卷，三筆四卷，四庫俱著錄。是日華非獨以詩文名，且精於書畫者也。

李遂平倭事略

見籌海圖編。天一閣書目有李克齋平倭事略一卷，署名爲蔣應奎撰，不知卽是此編否。遂字邦良，豐城人，嘉靖五年進士，官至南京參贊尙書，事蹟詳明史本傳。當其巡撫鳳陽四府時，倭寇江北，遂督率諸將，次第蕩平。此編疑紀當時事蹟，惜未能詳舉要領。天一閣書目又著錄李遂督撫經略疏八卷，當與是書相表裏云。

沈明臣台州平倭紀略

見台州府志及台州外書。明臣字嘉則，鄞縣人，嘉靖中諸生，嘗與徐渭同參胡宗憲幕府。明史文苑傳，附見徐渭傳中。著有通州志八卷，越草一卷，無對詩選四十三卷，四庫俱著錄。又有無對樓集，見甯波府志藝文志。籌海圖編中舟山之捷一篇，亦爲明臣所撰，此編專紀台州倭寇事，甚詳晰也。

吳騫海甯倭寇始末 北平圖書館藏原稿本

藏書紀事詩引海昌備志云：『騫字槎客，號兔牀，家新倉里。篤嗜典籍，遇善本傾囊購之弗惜，所得不下五萬卷，築拜經樓藏之』。此編爲拜經樓所未刊，豈以此書編著未能愜意，乃不付梓耶？按語謂『許志所載，但據外志，缺誤頗多，今以鄭茂靖海紀略，宋九德倭變事略，崔鐙紀事相參，方詳盡』。是編此書之大意也。倭變事略以參將陳善道之死敵，乃大言輕敵所致。騫爲之申辯，稱爲慷慨赴難之壯士，以其能死國事，善善從長，且愧夫棄職偷生者，殊有卓識。書尾附周春函，春本浙西名士，此編曾囑其爲之修訂云。

張之純江陰倭事舊聞

金武祥序云『此編起嘉靖三十二年，至三十七年，凡六年，載倭寇焚掠事，並忠義士民殉難姓名事蹟。是時張君九世祖水南先生，目擊邑侯錢公鶴洲之死忠，城中無主掌兵者，不可恃，因上書撫按，請兵救援。旣又上靖醜夷安東南一疏，內陳禦寇五策，並致嚴徐兩相國書。復上書巡按，請兵解圍。吾邑之民，不致盡殲，皆水南之力也』。此編於上述水南之疏書俱載，並參以錢薇承啓堂之文，於江陰七縣之倭寇大略可稱詳備矣。

陳良瓌倭難紀略

見福清縣志。福清當嘉靖乙卯後，十餘年間，屢遭倭寇，城門失火，殃及池魚，兵禍之酷，不可勝言。幸至嘉靖四十三年，戚南塘掃除餘孽，然後得安。此記皆目擊之談，原委詳晰，亦禦侮之實錄也。

歸有光崑山倭寇始末

見震川先生集。有光生當倭寇之時，其集中有與當道論防禦之事甚多。此編記倭寇崑山，圍城數日，未破乃去；有光身處圍城，躬於守禦之役，所記皆目睹之事實也。

郭光復倭情考略一卷

四庫總目入兵家類存目，兩淮鹽政採進本，提要云：『光復，武昌人，官揚州府知府。考萬歷己丑進士別有一郭光復，順天固安人，官至右副都御史，遼東巡撫，姓名偶同，非一人也。嘉靖中，東南屢中倭患，而揚州當江海之衝，被害尤甚。光復以爲必得其情，始可籌備禦之術，因攷次其所聞爲此編，首總，次事略，次倭患，次倭術，次倭語，次倭好，次倭船，次倭刀，載其情狀頗詳，蓋亦知己知彼之意，而得諸傳聞，未必一一確實也』。按是書述日本雖得諸傳聞，未必確實，惟是時海禁綦嚴，考查頗不易，光復官吏，決不能乘桴浮海，而能摭遺聞逸事，其用心亦良苦矣。

嘉靖倭亂備鈔二卷

四庫著錄左都御史張若淮家藏本，入雜史類存目二，提要云：『不著撰人名氏。始於嘉靖二十三年日本入貢，終於四十五年閏十月。凡倭之搆亂，以及平戢始末皆載之。大旨謂倭亂始於謝氏之通海，成於嚴嵩之任用非人，功罪顛倒，所言比正史爲詳』。

黃俁卿倭患考原二卷

四庫著錄兩淮鹽政採進本，入雜史類存目三，提要云：『自題曰閩人，其始末未詳。俁卿以嘉隆間福建瀕海郡縣，嘗被倭患，故爲是書，以推其致禍之由。上卷溯洪武初年，遣吏通倭，終萬曆初，廣賊林鳳之亂。下卷恤援朝鮮，則紀宋應昌楊鎬東征事也。卷末附以倭俗考。其中載所聞事，多草野傳聞，殊爲簡略』。

周大章御倭武略

康熙吳江縣志名臣傳云：『大章字章人，沈雄慷慨有文武略，嘉靖壬子舉人。値倭夷入寇，轉略近地，大章乃糾合義勇教練之。以邑城庳薄，倡議增築。又以平望夾浦爲南北要地，進議於知縣楊芷，設兵駐守。日治干戈，船寇至則據險邀擊，親冒矢石，督兵湖蕩中。首尾五年，斬馘過當。總制胡宗憲上其功，力辭，乃官其子崇仁蘇州五千戶。隆慶初，補瑞安知縣，卒於官。著御倭武略行於時』。

按此書未見，不敢妄議內容。然其人躬與行伍，其記諒爲目擊之事，必有可觀者也。

戚繼光閩海紀事

見止止堂集。南塘爲禦倭名將，立大功於閩浙間，其事蹟具載明史本傳。此爲在閩禦倭之事，皆身在行間之談，非耳食之記載可比。但甚爲簡略，豈故爲謙遜，不欲自張撻伐之意乎？其子祚國所爲之年譜，詳載其戰蹟，可補此篇之不足也。

（未完）

出版者：禹貢學會。
編輯者：顧頡剛，譚其驤。
出版日期：每月一日，十六日。
發行所：北平成府蔣家胡同三號禹貢學會。

禹貢

半月刊

價目：每期零售洋壹角。豫定半年十二期，洋壹圓；全年二十四期，洋貳圓。郵費加一成半。國外全年加郵費八角。

The Evolution of Chinese Geography

A Semi-monthly Magazine

Vol. 2 No. 5 Total No. 17 November 1st 1934

Address: 3 Chiang-Chia Hutung, Cheng-Fu, Peiping, China

第二卷 第五期（總數第十七期）

民國二十三年十一月一日出版

代售處

全國郵政局
北平北京大學史學系楊向奎先生
北平燕京大學哈佛燕京社
北平燕京大學史學系李子魁先生
北平輔仁大學史學系史念海先生
北平清華大學史學系吳春晗先生
北平師範大學國文系羅根澤先生
北平女子文理學院侯堮先生
天津河北女子師範學院班書閣先生
濟南齊魯大學史學系張立志先生
上海暨南大學江應樑先生
杭州之江學院顧敦鍒先生
安慶安徽大學周予同先生
武昌武漢大學史學系吳其昌先生
成都四川大學文學院劉以壎先生
成都四川大學賀幼于先生
廈門廈門大學史學系鄭德坤先生
廣州協和神學院李鏡池先生
北平北平圖書館王以中先生
杭州浙江圖書館夏廷域先生
北平景山東街十七號景山書社
北平景山大石作大學出版社
北平西單商場大學出版社營業部
北平和平門外大街文化書社
北平東安市場岐山書社
北平西單商場增華書社
北平琉璃場東口寶德堂書鋪
北平琉璃廠來薰閣書鋪
北平隆福寺街修綆堂書鋪
北平隆福寺文奎堂書鋪
北平孝順胡同後溝三號會紀琳先生
北平成府競進分社
天津法租界二十六號路佩文齋
天津大經路北方文化流通社
開封新書業街龍文書莊
濟南西門大街東方書社
南京中央大學門前鍾山書局
南京太平路中市羣衆圖書公司
上海五馬路亞東圖書館
上海九江路伊文思圖書公司周文欽先生
重慶天主堂街重慶書店
日本東京中華青年會魏建猷先生
日本京都中京區彙文堂書店
日本東京神田區神保町巖松堂書店

內政部登記證警字第叁肆陸壹號　中華郵政特准掛號認爲新聞紙類

從地理上證今本堯典爲漢人作

顧頡剛

民國二十年秋冬間，予曾作堯典著作時代考一篇，編入尙書硏究講義，與燕大及北大同學共商榷之。其結論爲：堯典固爲孟子時所有，但吾人今日所見之堯典則非孟子時書而爲漢武帝時人所改作。脫稿之後，自覺此問題甚大，甚願再加考慮，故未敢在報紙中發表。本年發刊禹貢，正欲舉此舊稿，提出討論，而暑假以前事務牽掣，竟未得爲；假中兩度游覽綏察，亦不得暇；假期將畢，家繼母猝然辭世，匆遽奔喪南回，更無由伸紙作文。本刊編輯工作，盡舉而交諸譚季龍先生，曷勝抱疚。因念舊作中，關於地理之部分，可排比爲一篇，先質正於同好，較之閉於篋衍，惟待一己之增删者爲更有希望，遂別立此題而刊之。至於三年以來，續有所得，已登筆記，而皆存平寓，未遑攜以南行，故於原文不再加以潤飾。深願兩校選課同學勿嗤爲故步自封，亘數載而猶不易一字也。

廿三年十月十三日，記於杭州寓所。

中國一統之局，至秦始立。殷周之世則大邦與小邦並峙，蠻夷與諸夏雜居，王畿止於千里，交通限於一隅，不僅無統一之制度，亦且無統一之思想。至於春秋，交通始廣。至於戰國，國境始大。於是有『九州』之具體說明，有『定於一』之迫切要求。至秦始皇帝二十六年（西元前二二一），而後此醞釀五百年之局面乃定。故是年丞相王綰等議帝號，皆曰：

> 昔者五帝地方千里，其外侯服夷服諸侯或朝或否，天子不能制。今陛下興義兵，誅殘賊，平定天下，海內爲郡縣，法令由一統，自上古以來未嘗有，五帝所不及。

倘是時已有今之堯典，則堯舜之世固有十二州矣，秦皇之天下固上古以來所早定者矣，何言『未嘗有』耶？

始皇三十二年，因得『亡秦者胡』之讖，使將軍蒙恬發兵三十萬人北擊胡，略取河南地（即河套，漢武立朔方郡者）。三十三年，又略取陸梁地爲桂林，象，南海三郡。當是時，北方逾於秦之舊境，南方亦逾於楚之舊境，度越禹貢之記載多矣。然今之堯典，則有『命羲叔宅南交』，『命和叔宅朔方』之語，將謂始皇新闢之境固早爲帝堯之疆域耶？

當始皇統一之後，即令『一法度，衡石，丈尺；車同軌；書同文字』。今堯典亦有『同律度量衡』之語。始皇二十七年，治馳道，遂頻年出巡。東上泰山，登之罘，至琅邪；又之碣石。南渡淮水，之衡山，南郡；又浮江下，至錢唐，上會稽。西出雞頭山，過回中。北巡邊，從上郡入。其之罘刻石之辭曰，『時在中春，陽和方起，皇帝東游，巡登之罘』。以較堯典所云『歲二月，東巡守』以及巡守四岳之文，何其似耶？

始皇二十八年，上鄒嶧山，與魯儒生議封禪望祭山川之事，遂封泰山，禪梁父。東遊海上，行禮祠名山大川及八神。史記封禪書記其祀典云：

自殽以東，名山五，大川祠二。曰太室，恒山，太山，會稽，湘山。水曰濟，曰淮。

自華以西，名山七，名川四。曰華山，岳山，岐山，吳岳，鴻冢，瀆山。水曰河，沔，湫淵，江水。

其上帝則有雍四時（上時祭黃帝，下時祭炎帝，鄜時祭白帝，密時祭青帝）。其羣神則有陳寶，諸布，諸嚴之屬。以視堯典，則云『類于上帝，禋于六宗，望于山川，徧于羣神』，又云『望秩于山川』，又云『封十有二山』，又何其相似耶？

夫與秦制相似固不能遂斷爲秦人所作，然一統之意味若是其重，君主之勢力若是其厚，則必不能在秦之前。且秦以『不師古』自標，『偶語詩書』者罪至棄市，假使今堯典竟先秦之統一而存在，則秦且事事師古矣，秦始皇且法堯舜矣，何有乎挾書之禁？觀李斯之言曰，『五帝不相復，三代不相襲，各以治；非其相反，時變異也』，則知堯典所云，非秦之襲堯，乃堯之襲秦矣。何以故？秦之創制與堯典之成文同在於一個時代潮流中也。

然則此篇遂爲秦人作乎？是又不然。堯典與秦制最衝突之一點曰封建。秦有天下，分爲三十六郡，郡置守，尉，監；其下立縣，縣有令。子弟功臣無尺寸之土。故博士淳于越遂有『今陛下有海內而子弟爲匹夫，無輔拂何以相救』之語。今堯典中有四岳而置四岳，有十二州而置十二牧，固是郡縣制矣，然一則曰『協和萬邦』，再則曰『班瑞於羣后』，三則曰『肆覲東后』，四則曰『羣后四朝』，是乃仍有諸侯之制存在，而侯國又至多。夫封建制與郡縣制可兩存乎？

曰，可兩存，是在西漢之世。漢書高惠高后文功臣表序云：

漢興，……八載而天下迺平，始論功而定封。迄十二年，侯者百四十有三人。時大城名都民人散亡，戶口可得而數，裁什二三，是以大侯不過萬家，小者五六百戶。

又諸侯王表序云：

漢興之初，海內新定，同姓寡少。懲戒亡秦孤立之敗，於是剖裂疆土，立二等之爵，功臣侯者百有餘邑，尊王子弟，大啟九國。自鴈門以東，盡遼陽，爲燕代。常山以南，太行左轉渡河濟，漸於海，爲齊趙。穀泗以往，奄有龜蒙，爲梁楚。東帶江湖，薄會稽，爲荊吳。北界淮瀕，略廬衡，爲淮南。波漢之陽，亘九嶷，爲長沙。諸侯比境，周帀三垂，外接胡越。天子自有三河，東郡，潁川，南陽，自江陵以西至巴蜀，北自雲中至隴西，與京師內史，凡十五郡；公主列侯頗邑其中。而藩國大者，夸州兼郡，連城數十，宮室百官同制京師：可謂矯枉過其正矣！

又地理志云：

本秦京師爲內史，分天下作三十六郡。漢興，以其郡太大，稍復開置；又立諸侯王國。武帝開廣三邊。故自高祖……訖於孝平，凡郡國一百三，縣邑千三百一十四，道三十二，侯國二百四十一。

即此可見西漢時之特殊制度，一方既承秦之郡縣，一方又襲周之封建，縣令郡守與侯王並立，與堯典之以『羣牧』與『羣后』並立者正相合。但此種制度實爲封建制之廻光返照，故文景武三世專爲芟刈之工作，高祖所封異姓王盡於文帝時，其異姓侯則盡於武帝時。同姓之封雖未能遽削，然武帝下推恩之令，使諸侯王得分戶邑以封子弟，不行黜陟而藩國自析，諸侯惟得衣食稅租，不與政事，與富室無異。封建之名雖存，而其實已非矣。然封建者古制也，儒者所樂道者也。當時之實際政治無封建之需要，此非儒者所能喻；當時矯秦之制而有封建，則固儒者所歡欣歌頌者也。其以此種特殊制度錄入堯典，宜哉。

堯典之爲西漢人作，不僅此一點。即『肇十有二州』一語，亦一堅強之證據。

自來言分州者惟以九數，無以十二數者。齊侯鎛鐘云：

虩虩成唐(湯)，有嚴在帝所，尃受天命。……咸有九州，處禹之堵(都)。

此謂湯繼禹而有九州也。左傳襄四年，魏絳述周太史辛甲虞人之箴曰：

芒芒禹迹，畫爲九州，經啟九道。

又宣三年記王孫滿之言曰：

昔夏之方有德也，遠方圖物，貢金九牧，鑄鼎象物。

則禹之時州爲九，牧亦爲九也。禹貢一篇既分述九州，又總叙之曰：

> 九州攸同，……九山刊旅，九川滌源，九澤既陂。

國語記太子晉之言（周語下）亦曰：

> 其後伯禹……封崇九山，決汨九川，陂鄣九澤，豐殖九藪，汨越九原，宅居九隩。

此可知當春秋戰國之時確信地制當以九數，舉凡州，牧，山，川，澤，藪，原，隩以及道路莫不受範焉。以此之故，呂氏春秋有始覽曰：

> 天有九野，地有九州，土有九山，山有九塞，澤有九藪，

不但地以九分而天亦以九分矣。即迂僻之鄒衍，以九州爲不足，推而廣之爲八十一州，亦爲九之自乘數。此等事自吾輩觀之，或以其過于整齊爲可嗤，而在當時則確有強烈之信仰在。故其後地域既擴大，幽并二州不能不立，則職方（見逸周書及周官）寧删去徐梁以遷就之，誠以地方可增廣而九數則不能改變也。直至漢武帝窮兵黷武，開拓三邊，境域過廣，當其分州之際，禹貢之州不足，則以職方之州補之；又不足，則更立朔方交趾兩部：而後向之九州觀念因事實上之需要而被打破，堯典中亦遂應時而有『肇十有二州』『咨十有二牧』之言，許九數擴張爲十二矣。

予爲此言，或將曰：畫地爲九州，禹事也。肇十有二州，舜事也。安見九州之前不爲十二州乎？

答之曰：禹之治水，孟子言堯舉舜而舜使之，則舜攝政時事也。禹貢言『禹敷土，隨山刊木，奠高山大川』，即接言九州山川貢賦，是分州即在治水時也。堯典言『肇十有二州』，亦舜攝政時事也。同一時代而有兩種界畫，何也？豈禹爲一種制度，舜又爲一種制度乎？抑禹定之而舜改之，舜禪禹而禹又改之乎？且尚書大傳者，最早之解釋尚書者也，其記舜事云：

> 維元祀，巡守四嶽八伯。（通鑑前編引）

八伯者何？王制云：

> 凡四海之內九州，州方千里。……八州，州二百一十國。天子之縣內……凡九十三國。……州有伯。
>
> 八州，八伯。

是九州之中，天子自領一州，餘八州各設伯以爲之長，八伯即州牧也。此可知尚書大傳之作者雖猶依違經文十二州之說，然其觀念則仍以舜時爲九州，未改其舊焉。

禹之爲九州，自古無異論。舜之地不容爲十二州，亦

於戰國秦漢間人之觀念中可以知之。然則今本堯典之文顯然有受時勢影響而增竄者，其迹可推也。

夫堯典之襲漢制，堯典固自言之矣。羲和四宅之地，羲叔宅於南交，和叔宅於朔方。南交者何？漢之交趾部也。朔方者何？漢之朔方部也。交義至顯，朔方則有說。

朔方之名，最早見於詩。小雅出車云：

> 王命南仲，往城于方。出車彭彭，旂旐央央。『天子命我，城彼朔方。』赫赫南仲，玁狁于襄！

又六月云：

> 玁狁匪茹，整居焦穫；侵鎬及方，至於涇陽。織文鳥章，白旆央央。元戎十乘，以先啟行。
>
> 戎車既安，如輊如軒。四牡既佶，既佶且閑。薄伐玁狁，至於大原。文武吉甫，萬邦爲憲。

此二詩在文體上，在記事上，均可信爲同時之作。是則玁狁居焦穫而侵鎬方，以至於涇陽；吉甫伐之，至於太原；方既爲玁狁所侵，周王爲防禦計，遂命南仲往城之。此二詩中，二稱方而一稱朔方。蓋方在周都之北，故以『朔』加之；亦猶交在漢境之南，遂稱曰『南交』耳。方在何處，前人無能指言之。數年前，王靜安先生作周葊京考，據井鼎，靜𣪘，史懋壺等『王在葊京』之文，謂葊卽小雅之方，秦漢之蒲坂。又謂吉甫伐玁狁所至之大原，據左傳『宣汾洮，障大澤，以處太原』之文推之，當在漢之河東郡境（今之山西省南部）。又謂涇陽，據秦始皇本紀之『肅靈公居涇陽』及穰侯列傳之『秦昭王同母弟曰高陵君涇陽君』推之，當在涇水下游，即今陝西之涇陽縣。焦穫之地，舊說在陝西。近錢賓四先生作周初地理考，云：

> 墨子，『舜漁於濩澤』。水經沁水注，『濩澤水出濩澤城西，東逕濩澤；得陽泉口水，水歷嶕嶢山東，注濩澤水』。焦穫者，殆卽嶕嶢濩澤，故爾雅列之十藪而稱『周有焦護』者，蓋成周，非岐周。地近析城王屋諸山，正當春秋皋落赤翟之東，西接絳翼，北連沁源，東被黨潞，南瞰河洛；其爲玁狁整居之所，最爲近是。

又錢先生考，安邑有方山，則方在安邑。此與王先生說雖微異，而其在山西省之西南部則同。予按史記秦本紀云：

> 惠文君……九年，渡河取汾陰皮氏，與魏王會應，圍焦，降之。

正義引括地志云，『焦城在陝州城內東北百步，因焦水爲名』。是則焦亦密邇安邑者。上述數說如皆信，則當年玁狁整居於今山西南部及河南東北部，先侵山西西南之方京，自河入渭而侵陝西中部之鎬京，又渡渭而北至涇陽。吉甫逐之東去，至山西南部之太原而止。本爲侵方及鎬而詩云『侵鎬及方』者，蓋以叶『至于涇陽』之韻也。

或以鎬京被侵不見史籍，遂以爲別有一地名鎬者，則周襄王三年（西元前六四九），揚拒泉皋伊雒之戎同伐京師，入王城，焚東門，亦不見於春秋。况涇陽之離鎬京若是其近，玁狁既能至涇陽，豈不能侵鎬京乎？

總上地名，涇陽也，鎬也，方與朔方或㫄京也，焦穫也，太原也，皆不出今陝西，河南，山西，三省交錯之地，悉在北緯二十四度至三十六度之間。若漢武帝之朔方郡，則在今綏遠之鄂爾多斯，當北緯四十度，相去絕遠矣。

予言至此，或將見詰曰，大戴禮少閒篇言『虞舜以天德嗣堯，朔方幽都來服，南撫交趾』，漢武帝得河套地，立朔方郡，是朔方之爲北方邊境，信矣。堯命和叔宅朔方以正仲冬，宜矣。可知詩言『城彼朔方』，自當在綏遠，不當在山西。故朱熹詩集傳直云，『方，朔方，今靈夏等州之地』（出車）。宋之靈夏等州則今綏遠也。三證符同，安見南仲所城非卽和叔所宅者乎？又安見和叔所宅非卽漢武所置部郡乎？

答之曰，苟以名稱之同而卽說爲一地，則一切糾紛殆不足理，然其貽於後人之糾紛亦更不勝理矣。今將解答此題，試申二問：

其一，周人能有漢朔方郡之地乎？左傳昭九年，王使詹桓伯辭於晉曰，『武王克商，……肅愼，燕，亳，吾北土也』，不言及河套，亦不言有朔方。雅頌所載，絕無開拓北邊至千里以外之事。大雅韓奕云，『王錫韓侯，其追其貊，奄受北國，因以其伯』。韓以立國於周北而命爲北伯，似甚北矣，然其地卽今之陝西韓城縣，去鎬京東北垂四百里耳；而已『其追其貊』，深入蠻夷之叢矣。其尙能越安定榆林而至於綏遠耶？六月出車諸篇，文字茂美，逈異周頌，蓋周頌作於成康以後而六月等篇則出西周之末。說爲宣王，固自近是。然至於西周之末，召旻已慨歎『日蹙國百里』矣。假使宣王之世尙能彭彭央央以城綏遠之朔方，尙何有日蹙之懼；亦何至驪山烽火，幽王見殺而宗周遂滅哉！

自周東遷，秦乃奄有其地；自穆公霸西戎而其國境日拓。假使綏遠之朔方本是周地，則道路已闢，秦自當襲而有之。然春秋戰國之世，秦地固不聞有朔方也。義渠者，戎國也，在今甘肅東部及陝西北部。據史記秦本紀，厲共公三十三年（西元前四四四），伐義渠，虜其王；至惠文王十一年（前三二七），縣義渠，義渠君爲臣。又惠文王後元十年（前三一五；六國表作十一年），伐取義渠二十五城。史記匈奴列傳云，『秦昭王時（前三〇六——二六五），義渠戎王與宣太后亂，有二子；宣太后詐而殺義渠戎王於甘泉，遂起兵伐殘義渠。於是秦有隴西，北地，上郡，築長城以拒胡』。其所記年代雖與紀表差池，要之秦有涇洛渭諸水上游之地實在戰國中葉之後。然是時拓地雖廣，尚不能至河套。禹貢一篇，紀載戰國疆域，其導河一章獨詳下游，龍門以上不能質言；蓋非其不願知，乃尚不容知耳。

直至秦始皇三十二年，使將軍蒙恬發兵三十萬人北擊胡，略取河南地，秦之疆界始越陝西而至綏遠。夫以虎狼之秦，力征經營如此，而河套之地直至六國殘滅之後方得擊而有之，乃謂周人能早有之乎？乃謂唐虞之世能早有之乎？

其二，漢之朔方郡其本名爲朔方乎？按漢族始有河套地者爲趙武靈王。自其易胡服，習騎射，二十年（前三〇六），略中山地，遂西略胡地，至榆中。榆中者，即今榆林也。二十六年（前三〇〇），復攻中山，攘地北至燕代，西至雲中九原。九原者，河套以北也。（以上據趙世家。）又築長城，自代並陰山下至高闕爲塞。高闕者，徐廣注曰，『在朔方』。（據匈奴列傳。）是河套南北，趙悉有之。然其地名曰榆中，曰九原，曰高闕，不聞有朔方也。（趙有河套地由漠南行，略如今大同至包頭之鐵路線，而從九原直南至秦，道固未通也。）

其後始皇使蒙恬北擊胡，本紀云『略取河南地』，匈奴列傳云『悉收河南地』，亦不云朔方也。自秦得其地，名之曰北河。故漢書主父偃傳云：

諫伐匈奴，曰，『……昔秦皇帝乘戰勝之威，……遂使蒙恬將兵攻胡，辟地千里，以河爲境；……然後發天下丁男以守北河。……』

又錄公孫弘語云：

秦時嘗發三十萬衆築北河，終不可就，已而棄之。

又嚴安傳云：

上書曰，『……使蒙恬將兵以北攻彊胡，辟地進境，戍於北河。……』

則秦名新闢之地亦不曰朔方也。漢書食貨志記武帝元狩三年『徙貧民於關以西及充朔方以南新秦中』，應劭注云：

秦遣蒙恬攘卻匈奴，得其河南造陽之北千里地，甚好，於是爲築城郭，徙民充之，名曰新秦。

則北河之外又有名新秦者，亦不曰朔方也。秦得朔方之地而不名為朔方，何耶？

漢書衛青傳云：

> 明年（元朔二；西元前一二七），青復出雲中，西至高闕，遂至於隴西，捕首虜數千，畜百餘萬，走白羊樓煩王，遂取河南地，為朔方郡。……使建築朔方城。上曰，『……詩不云乎，「薄伐獫狁，至於太原」，「出車彭彭，城彼朔方」。今車騎將軍青渡西河，至高闕，獲首二千三百級。……遂西定河南地，案榆谿舊塞，絕梓嶺，梁北河，討蒲泥，破符離，斬輕銳之卒，捕伏聽者，三千一十七級。……』

讀此可見衛青率師所至之地原無一處名為朔方者。其所以立郡名為朔方，則以逐走白羊樓煩王有類於吉甫之『薄伐玁狁，至于太原』；而其建築城治亦有類於南仲之『出車彭彭，城彼朔方』也。當時為儒家全盛時代，六藝具有無上之權威，故武帝取詩語以美衛青，亦取詩語以名其所築之城與所立之郡；至於詩之朔方之在此與否，所不計也。是則河套之地之名朔方，乃古典主義下之產物，而非周人原地明矣。

漢武帝喜以古地名名新地，不止此一事，即崑崙亦然。史記大宛列傳云：

> 漢使窮河源，河源出于窴。其山多玉石，采來。天子案古圖書，名河所出山曰崐崘云。

可知于闐之山本不名崑崙，武帝好古，遂案『古圖書』而名之曰崑崙。此與河套地本不名朔方，以其好古，遂案詩小雅而名之曰朔方者正相同耳。

更如金城郡有縣曰令居，蓋取韓奕『慶既令居』之義。朔方郡有縣曰渠搜，蓋取禹貢『渠搜西戎即序』之義。雖未明言為武帝所定名，其出於此種風氣之下固自顯然。若信以為真，遂謂韓姞燕譽之地在今皋蘭西北，雍州之北部延及鄂爾多斯，則惑矣！

明乎此則知小雅朔方一名最在前，其地在河曲；漢朔方郡之名次之，其地在河套；堯典『宅朔方』出最遲，乃在朔方郡既立之後。蓋假使堯典與小雅之文所指為一地，則南仲所城不在北表，不得為和叔測候之所；使堯典之文出於立朔方郡前，則武帝詔書亦不當但引小雅而捨棄此更可寶且更適合之經言也。若大戴禮輯集於宣帝後，彼時堯典行世久矣，其以朔方與幽都並舉又何疑！

朔方既然，南交亦然。禹貢南至衡山，不知有交趾。秦定南越之地，立桂林，南海，象郡，至交趾矣，而不以『交』名其地。至漢武元鼎六年（西元前一一一）平南越，以其地爲交趾等九郡。越五年，置十三州刺史，乃以此九郡總爲交趾部。故『宅南交』者，亦置交趾郡與交趾部以後之產物也。

四宅之南北既定，東西即可推知。

堯命羲仲宅嵎夷，嵎夷見於禹貢青州章，當是山東海畔夷人，原非甚遠之地。惟至漢而其意義改變。西漢之言今雖不可見，而東漢則有說文『暘』字條云，『暘山，在遼西。……一曰，嵎銕，暘谷也』。又『堣』字條云，『堣夷在冀州陽谷』。是則嵎夷不在青州而在碣石之北，幽冀之間。若仍欲納之於青州，惟有說爲越海而有之。然遼西及冀州皆在北而羲仲測候之所應在東，頗不合。范曄後漢書東夷列傳記朝鮮日本等海國事，其篇首云：

王制曰，『東方曰夷』。……夷有九種，曰畎夷，于夷，方夷，黃夷，白夷，赤夷，玄夷，風夷，陽夷，故孔子欲居九夷也。昔堯命羲仲宅嵎夷，曰暘谷，蓋日之所出也。

其篇末贊云：

宅是嵎夷，曰乃暘谷。巢山潛海，厥區九族。……

是以嵎夷爲九夷之總稱，亦即以嵎夷指朝鮮等地。此說若取解禹貢之嵎夷，未免過遠；若以解堯典之嵎夷，尤其於明白羲叔和叔所宅在漢武立朔方交趾諸部郡之後，則甚是。按漢書武帝紀元封二年（前一〇九），朝鮮王攻殺遼東都尉，迺募天下死罪擊朝鮮。明年，朝鮮斬其王右渠降，以其地爲樂浪，臨屯，玄菟，眞番郡。是所謂『宅嵎夷』者，亦即漢武新闢之朝鮮四郡也。

堯典云，『分命和仲，宅西』，此甚怪事。東之地爲嵎夷，南之地爲交趾，北之地爲朔方，何以西獨無地名乎？禹貢云，『西被于流沙』，何以此不言宅流沙乎？秦始皇本紀云，『西至臨洮羌中』，何以此不言宅羌中乎？以此之故，鄭玄遂以『西』爲地名，而云，『西者，隴西之西』，蓋隴西郡有西縣也。然西縣故址在今甘肅東南部天水縣與禮縣之間，當西經十一度，其遠尚不及臨洮（西經十三度）羌中（約在十四度之西），更不及流沙（約十八度）。何以羲和四宅，於東南北俱取其遠而於西獨取其近乎？是則仍有難通者。

欲剖析此疑案，又不得不據漢武帝時之情勢以度之。當武帝即位之初，匈奴降者言月氏與之爲讎；漢方有志滅胡，欲得月氏助，乃募能使者，張騫應募。然月氏在匈奴北，道必經匈奴，騫遂被留。得閒亡去，至大宛，康居，月氏，大夏諸國。歸爲武帝言其地形所有，帝欣欣然，發開使四道並出。然北方則見閉於氐筰，南方則見閉於嶲昆明，終莫得通。元狩二年（前一二一），霍去病破匈奴西邊，至祁連山。其秋，渾邪王率衆降漢，漢以其地爲武威酒泉郡。而金城河西西竝祁連山至鹽澤（今羅布淖爾）空無匈奴，道乃可通。張騫說帝厚賂烏孫，招大夏之屬爲外臣；帝以爲然，多齎金帛而遣之。騫遂與烏孫等國使者俱來，令知漢之廣大。中西交通，由此而闢，此則周秦間人所未嘗夢見者也。

元鼎六年（前一一一），武帝遣公孫賀出九原，趙破奴出令居，皆二千餘里，不見虜而還。乃分武威酒泉地，置張掖敦煌郡，徙民以實之。自是漢境至玉門陽關，達西經十九度矣。

自張騫鑿空以致尊貴，吏士爭上書求使；使者相望於道。樓蘭姑師當道，苦之，屢攻刼漢使。元封三年（前一〇八），遣趙破奴等擊之，虜樓蘭王，破姑師，因暴兵威以動烏孫大宛之屬。太初元年（前一〇四），以大宛不肯與漢善馬，遣李廣利伐之。連四年，宛人斬其王首，獻馬三千匹；漢軍乃還。諸小國聞宛破，皆使其子弟從入貢獻見天子，因爲質。自有此次戰事，而自敦煌西至鹽澤亦列亭障矣。

初，諸國大率土著，有城郭田畜，與匈奴烏孫異俗，而兵力甚弱，故皆役屬於匈奴。匈奴西邊日逐王置僮僕都尉，居焉耆尉黎間，領諸國之賦稅以供其國用。自漢列郡至玉門，又列亭至鹽澤，其西輪臺（今新疆輪臺縣）渠犂（今輪臺縣東南）皆有田卒數百人，置使者校尉領護，以供給使外國者。匈奴益弱，僮僕都尉由此罷；而漢境遂達西經三十二度矣。

漢西闢之地，本皆在蠻夷中，經典所不見，將何以名之？又地極廣，將以何名爲其總名乎？是則雖以善於命名之武帝而亦躊躇莫決者。觀張騫傳云：

> 騫……所遣副使通大夏之屬者皆頗與其人俱來，於是西北國始通於漢矣。

又云：

> 初置酒泉郡，以通西北國。

似以『西北國』爲其總名。而西域傳記桑弘羊奏云：

> 臣愚以爲可遣屯田卒詣故輪臺以東，……益墾溉田，稍築列亭，連城而西，以威西國。……願陛下遣使使西國以廣其意。

似亦以『西國』爲其總名。又李廣利傳云：

> 下詔曰，『貳師將軍廣利征討厥罪，……涉流沙，

通西海，……獲王首，虜珍怪之物畢陳於闕；其封廣利爲海西侯！……』

則似又以『西海』爲其總名者。又張騫傳云：

初，天子發書易曰，『神馬當從西北來』。得烏孫馬好，名曰天馬。及得宛汗血馬益壯，更名烏孫馬曰西極馬，宛馬曰天馬云。

此事與本書他處所記相較，有不合處。按武帝紀云：

貳師將軍……獲汗血馬來，作西極天馬之歌。

又禮樂志載天馬歌云：

天馬徠，從西極。涉流沙，九夷服。

可見當時以宛馬爲西極馬，不曰天馬。然無論以西極屬諸烏孫或大宛，而彼時既知此二國之西尚有康居，月氏，奄蔡諸國在，則必不以此二國爲西方之極也。意者『西極』一名亦諸國之總稱乎？至鄭吉傳云：

神爵中（前六一——五八），吉旣破車師，降日逐，威震西域。……乃下詔曰，『都護西域騎都尉鄭吉拊循外蠻，宣明威信。……』吉於是中西域而立幕府，治烏壘城。

自此以後，『西域』一名遂爲其總稱，至於今不改。然此是宣帝時事，武帝時固未嘗聞有此名也。

總上所錄，可知武帝時對於此一帶地原無定名，率隨意呼之；然曰西北國，曰西國，曰西海，曰西極，名雖有異，要必有一『西』字在。是卽堯典所以言『分命和仲宅西』，而不從禹貢言『宅流沙』，亦不從秦紀言『宅臨洮』之故也！

堯典所述之地，以漢武帝時之疆域度之，幾于不差累黍，尙不得爲文景時書，況可列於虞夏書耶！且卽以本篇『四罪』之文較之，亦復廣狹迥異。流共工于幽州：幽州，燕也。（幽，燕，雙聲字。此問題當於禹貢篇中討論之。）放驩兜于崇山：不詳其處；孔穎達疏謂在衡嶺之南，杜佑通典謂在澧陽縣，則皆指今湖南地。殺三苗于三危：三危，禹貢列於雍州之域，則亦不出今陝西甘肅。殛鯀于羽山：羽山見於禹貢徐州，則必在泰山之南，淮水之北；說爲江蘇東海縣，殆近之。夫四罪者，所謂『惟仁人放流之，迸諸四夷，不與同中國』者也，亦卽近世所謂『發配極邊充軍』者也，乃北不過遼寧，南不過湖南，西不過甘肅，東不過江蘇，較之羲和之北宅綏遠，南宅安南，西宅新疆，東宅朝鮮者，其不廣爲何如？豈羲和已度居於邊疆而四罪仍容留於內地耶？抑四罪故已迸之於四夷，而羲和之測候日景乃更投於四夷之外耶？即此可知孟子所引爲戰國之堯典，其想像之四極，不過爾爾；而吾儕所見則爲漢武之堯典，彼時之四極已大遠於戰國，然而誤襲戰國堯典之舊文，遂使一篇之中之地理觀念自相牴牾如此耳。

難者將曰，堯典云，『申命和叔宅朔方，曰幽都』，朔方，史記引作『北方』，則方位之通稱而非土地之專名也。幽都，即幽州，則和叔所宅與共工所放原在一處，何廣狹逈異之有！

應之曰，若朔方僅爲方位之通稱，則命羲仲應曰宅東方，羲叔當曰宅南方，和仲當曰宅西方，何三子者皆不然而獨然於和叔耶？幽都（或幽州）本是某一地之專名，但此間用之則含有象徵之意義。蓋東以日出故曰暘谷，西以日入故曰昧谷，本無其地，存想而有之；日出日入，東西之極也。北方於五行屬水，於色屬黑，故以幽闇之義名之而曰幽都。其云幽都，固已非戰國之幽州而改指北方之極矣。故淮南子地形訓云，『北方幽晦不明，天之所閉也』。而鄭玄亦於『南交』下注云，『夏不言「曰明都」三字者，摩滅也』。彼意北方既以幽晦而曰幽都，則南方自當反之而取昭明之義曰明都矣。然其謂爲經文摩滅，則非是。楚辭天問云，『出自湯谷，次于蒙汜；自明及晦，所行幾里？』所謂湯谷，即暘谷也。（湯與暘皆昜聲。）所謂蒙汜即昧谷也。（昧與蒙同紐。爾雅釋地，『西至日所入曰大蒙』。淮南子天文訓，『日出於暘谷，……至於蒙谷』。）幽都又屢見於戰國諸子。是此三名皆習熟于當時人之口耳，然未見有以明都名南方者，亦更無類此之名，故堯典之作者寧闕之而不言也。

按建元六年（前一三五），閩越王郢興兵擊南越，武帝遣兩將軍將兵誅閩越，淮南王安上書諫曰：

> 越，方外之地，劗髮文身之民也，不可以冠帶之國法度理也。自三代之盛，胡越不與受正朔：非彊弗能服，威弗能制也，以爲不居之地，不牧之民，不足以煩中國也。……限以高山，人迹所絕，車道不通，天地所以隔外內也。……（漢書嚴助傳）

又是年匈奴來請和親，天子下議，韓安國曰：

> 匈奴負戎馬之足，懷禽獸之心，遷徙鳥舉，難得而制也。得其地不足以爲廣，有其衆不足以爲彊；自上古不屬爲人。……擊之不便！（史記韓長孺列傳）

夫朔方屬胡而交趾屬越，洵如劉安韓安國之言，則是不居之地，不屬爲人之人，天地所以隔外內之區，何得羲叔宅南交而和叔宅朔方乎？自三代之盛，胡越不與受正朔，何以唐虞之際，正仲夏於南交，正仲冬於朔方，正朔反出自胡越乎？倘當時有今之堯典在，劉與韓能作此言乎？若作此言，議者能不引堯典之文以折之乎？武帝尙能嘉淮南之意而納安國之言乎？

夫昔之人曷嘗無疑此者哉！史記改『朔方』曰『北方』，此即疑堯典不當有朔方也。尙書大傳曰，『中祀大交霍山』，鄭玄注云，『仲祭大交氣於霍山』，僞孔傳曰，『「南交」言夏與春交』，此即疑堯典不當有交趾也。旣珍寶之而又不能掩其罅漏，則不得不曲解以彌縫之；然則此罅漏者蓋曲解之人之所知也，然則此曲解者亦吾人所可藉之以尋本篇之罅漏者也。

又按，元光六年（前一二九），大司農鄭當時言，『穿渭爲渠，下至河，漕關粟，徑易，又可以漑渠下民田萬餘頃』。詔發卒數萬人穿渠如當時策，自長安至華陰，三歲而通；人以爲便。元封二年（前一〇九），帝自祠泰山還，臨瓠子，塡決河，築宮其上，名曰宣防（即宣房）。而導河北行二渠，自是梁楚之地復寧無水災。其時用事者爭言水利，朔方西河河西酒泉皆引河及川谷以漑田，而關中靈軹成國湋渠引諸川，汝南九江引淮，東海引鉅定，泰山下引汶水，皆穿渠爲漑田，各萬餘頃。它小渠及陂山通道者不可勝言。史記至特作河渠書以記之，漢書繼之爲溝洫志，是固當日一大政也。夫据孟子所言，堯時天下未平，洪水橫流，蛇龍居之，民無所定，是唐虞之政莫急於治洪水。而今之堯典乃於鯀績弗成之後更無一字道治洪水者，卻于『封十有二山』之下書曰『濬川』，則其爲武帝時溝渠之政固極顯然，其與武帝祠泰山而臨瓠子之事亦甚似也。

其他若郊祀，封禪，巡狩，機衡，贖刑，考績諸制度，堯典與武帝時制莫不斠若畫一，以非地理，故不列。夫洪水之際原一恐怖之時代，而今之堯典，喬皇典麗，惟見盛世規模，此豈初降丘宅土者可有事哉！漢高創業，積百年之力，乃得武帝之封禪改制以紀功成，夫一代大典固非率爾所得舉也。

四岳之問題，十二州與二十二人之問題，會當續爲討論。

禹貢土壤的探討

王光瑋

引言

自然界與人生的關係，最密切的莫過於土壤的分布和變遷。不論在文化上，或經濟上，都占有重要的位置。尤其是農業，不能離開土壤而發展。因爲他能培養作物的生育，促進作物的成長，推而至於作物品質的優劣，產量的多寡，都與土壤的分布和變遷有關，這眞是值得研究的問題。

歐美先進各國，對於本國的土壤，早已特設機關，調查，測量，繪圖，分類研究。中國用科學方法來研究土壤，不過近年的事。先賴李喜霍芬（F.V.Richthofon）安特生（B.Anderson）諸專家提倡；繼有翁，丁，謝，李諸氏著論鼓吹；又有唐氏將全國土壤分爲十四區域；而北平地質調查所且派潘氏到綏遠薩拉齊，河北沙河等處測圖採驗，又到廣東繪測中部和南區的土壤，並有報告刊行。然此仍爲片段的報告，欲求全國有系統的土壤記載，和精確的測量地圖，恐非最短期間所能辦到。

然攷諸古代，禹貢已有土壤的記載，關於土壤的種類，色澤，性質和分布，都有相當的辨別。由今日觀察，固覺其膚淺簡略；然在數千年前而已有此，不可謂非一種重要的紀錄。況欲研究中國土壤過去的狀況，以推測現代的趨勢，非找古代較有系統的記載以資研究，殊不易言。所以我們現在把禹貢所記的田土來做資料，探究其由來，討論其分布和考察其變遷，以供研究古代土壤的參攷。

一　禹貢土壤記載的由來

研究禹貢土壤問題，若不先把禹貢的眞僞問題弄好，則土壤的時間性無由確定。我們要問：禹貢所記究竟是指何時代的土壤？這土壤的紀錄究竟是出誰的手筆？

禹貢一篇，因其記載皆爲地理，和尚書中他篇的體例不同，唐劉知幾已生疑念。到了現代，古書的信仰漸見薄弱。尤其後儒視爲古史的經書，因近年古物出土日衆，經多方証明，覺得經書所說，可疑頗多。加以國人對於科學理論的信用，日臻鞏固，不合進化公例的記載，大衆是加以否認的。禹貢所記的土壤，既將色澤，性質和等級，分得清清楚楚，甚至在今日尚難解决的土壤分布問題，當時且列得明明白白。難道眞是現代的火車和輪船，不如上古乘橇和乘欙的快嗎？現代的地面測量，航空攝影，不比上古準繩規矩爲精嗎？這是引起中外學者的疑惑的。茲將各家對禹貢懷疑之說分列如次：

a.英國洛斯裴氏（Percy Maude Roxby）說：『吾人察戰國時七國所據之土地，大約與禹貢所載者相合。禹貢之正確性與著作時代，至今尙無定論。然此爲上古文化發展時期內中國經濟地理之一文字記述，殆無疑義』。（方志月刊第七卷第六期中國之統一問題及其與歐洲之比較）

b翁文灝氏說：『在紀元前二二〇〇年前，禹貢已將土壤分爲九等：—黃壤，白壤，黑墳，白墳，赤墳，埴，壚，青黎，塗泥，似尚駕我人今日而上之。疑古學家以爲禹貢出於漢儒之手，良有以也』。（師大地理月刊第一册翁氏講演錄）

c馬衡氏說：『禹貢是否爲夏時書，不可不辨。……近人如梁啟超，顧頡剛，皆主張非夏時書。……當禹之時，水土初平，即使有分置九州之事，而於土田貢賦等之調查釐定，又豈能若是之詳盡耶』。（北大國學季刊中國之銅器時代）

上列數家，皆根據土地之說。其中有疑爲戰國時代的文字，亦有以爲是漢儒的作品，對於禹貢著作時代，所見不無差異；然認爲非夏禹的紀錄，則彼此一致。

然則禹貢究爲何時的文字？何人的手筆呢？欲找明確的證據說明，則作僞的人對於上古地理環境的摹擬，自有幾分的類似；而其作僞的證據，又早已銷毀無遺，現在是不易找到的。然如從禹貢記載的由來推究，不無可以尋出相當的頭緒來。據德國柏林大學現任東亞史地及文化交通史教授A. Herrmann 的推測，禹貢的由來有三：a，由機關或團體先調查各地方情形，再將所得材料加以彙纂，始成此篇。b，依據各地報告所勒成。c，關於此項材料，已有地圖記載，後來有人按圖著成此篇。（此說是姚從吾氏在柏林大學聽講所記的。）依此推測，著成此篇，非在統一政府成立以後不易進行。因爲圖籍掌於政府，七國分立，誰能催促各個政府發給地圖呢？而各地調查報告，非有長期的統一局面，也不易收到相當的效果。那麼，禹貢的著作似在漢高統一以後的時代了。

大概關於一種調查報告的普徧工作，在交通進步的今日，還覺困難，在古代更不必說。非爲改變政制，或更換朝代，是不輕於舉辦的。由前漢轉爲後漢，光武中興，一無更改，其有變更，多出於新莽的託古改制。關於國家財政，既仿周官的理財方法（有人說周官也是出於新莽時代），置五均，司市，泉府等官，更設六筦之令。至於土地經濟政策，也是不能外於古制的。任土作貢，相傳莫善於夏禹，然代遠年湮，文獻不足，在孔氏時已難徵信，亦惟有出於假託的一途。禹貢土壤，恐怕竟是漢人所擬述的。其中所託，雖不十足逼肖上古，要不能離開古代情形而任意僞造。故其紀錄，至低限度亦可代表漢以前的土壤，在古地學上佔有相當的地位，誰也不能加以否認的。

古代土壤的記載，禹貢而外，還有周禮和管子。草人所稱：騂剛，赤緹，墳壤，渴澤，鹹潟，勃壤，埴壚，彊檃，輕爂等。地員所稱：赤壚，黃唐，斥埴，黑埴，赤壤，白壤，灰壤，粟土，沃土，位土，隱土，壤土，及上，中，下等十八土。這兩書的記載，當時曾否經過調查和實驗，無從攷証。能否代表周代的土壤，尙屬疑問。然考其大意，草人所掌，在辨別土性，以便種植和施肥。地員所記，在察土地的高下，水土的深淺，以便擇種耕植。禹貢則在行相地宜，使出其所有以貢。其目的既不相同，記載當然各異。蓋施肥擇種，只辨別土性淺深，於事已足；至任土作貢，則必普徧調查，纔能鑑定。故禹貢土壤，於類別，色質和等級外，又有土壤分布的一項。我們今日欲作中國土壤今昔的觀察，自以土壤分布這一項爲最重要。

二　九州三壤的分布

禹貢所載土壤分布的狀況，是否根據於土壤的調查或採集實驗的結果，現在尙難斷定。然依據『庶土交正，咸則三壤』的句子來推斷，那時所有的田土，似亦經過相當的則定，並且大致分爲三種，可無懷疑。後人不察，見州分爲九，田賦等級也分爲九，遂將土壤分爲：黃壤，白壤，壤，白墳，黑墳，赤埴墳，墳壚，塗泥，青黎等九種。這不免太牽強了。

土壤分類的法子很多，大概易爲古人所識別的：就是色澤和普通的性質。禹貢土壤的類別，也是不外這兩項。黑，黃，赤，白，青黎，是色澤；壤，墳，埴，壚，塗泥，是性質。而性質的肥瘠和貢賦的關係更大，所以禹貢分類的標準就完全根據性質一項了。其中壤，墳和塗泥三種，所佔的面積最廣，故則定爲三壤。至墳，壚二種，是混雜於徐豫二州的壤與墳的中間，所佔地域無多，故不能單獨成立。玆將三壤分布於九州的概況釋述如下：

（一）雍，冀，豫的壤土　據孔傳：『無塊曰壤』。說文：『壤，柔土也』。是壤土爲一種柔軟而無塊的土壤，和土壤學上所說砂土與黏土混合得宜的就是壤土（Loam Soil）差不多。其分布範圍，以雍冀二州爲最普徧。然在雍爲黃壤，就是現在的黃土（Loess）。在冀爲白色，或者因爲塞武紀的石灰岩，經風化結果，在冀州流露，以致土色變白。至豫州則壤土而外，雜有壚墳。孔傳：『高者爲壤，下者墳壚』。馬傳：『豫州，地有三等，下者墳壚也』。鄭注：『壚，疏也』。說文：『壚，黑剛土也』。凡剛土多不肥，然爲黑色而質疏，是含有腐植質，也不致於很瘠。墳亦肥土，和東邊的兗徐相同；壤則和西北的雍冀相同。那麽，豫州土壤的分布，壤在其西，墳在其東，中間爲壚，因地有三等，故土壤也分爲三等了。孔疏：『豫州言壤不言色，蓋州內之土不純一色，故不言色也』。這頗能知道豫州土壤分布的複雜。

（二）兗，青，徐的墳土　古代壤土，多分布在黃河上游和中游區域；至墳土則多在黃河下游和淮河北境一帶。馬傳：『墳，有膏肥也』。王闓運箋：『墳，肥，聲轉通用字。入治爲壤，自肥爲墳，土皆黑肥，所謂沃地』。那麽，墳是一種肥土無疑；因其分布在河淮下游地帶，堆積沙泥，諒必不少，故可稱做砂質黏土(Sandy clay)。至孔傳：墳爲墳起，恐是由河流搬運和冲積作用的結果，僅爲表土所呈的狀態。如果墳土的組織眞是隆起像墳墓一樣，那麽，崎嶇不平，利用的程度有限，禹貢徐州的田地列爲第二，青州第三，兗州第六，都將成謊話了。不過墳土的色澤和性質，因地形和森林等的關係，其分布也不能一致。

據土壤學的色別說：土色白的，含有石灰石膏成分；色赤的，含有鐵質；呈暗褐或黑色的，必含有腐植質。兗州墳土的黑色，因爲有森林的緣故。說文：兗，字本作沇，古文作㕣，『㕣，山間陷泥地，從口，從水敗皃，……九州之渥地也』。可知黑墳爲山林陷積所致。青州的白色，或者是先塞武紀的泰山系，雜有石灰岩，古代發現獨多所致。徐州的赤色，是因爲地層的關係，現代它的表土，並多半是黑色或棕色，而心土是紅色的；古代的赤色，或是現代紅色心土所顯露的。至青州的斥土，胡渭說：『登萊二府，東西長八九百里，三面濱海，皆可以煮鹽，「海濱廣斥」，蓋謂此也』。其分布在青州的東北濱海地帶無疑。徐州土壤分布頗爲複雜，有墳土，也有埴土。孔傳：『土黏曰埴』。徐廣說：『埴爲黏』。是埴爲黏土。徐州之域，東至海，北至岱，南及淮，古代土壤的分布，多依此三方而不同。東方爲海岸伸張的冲積地，大概古今是一樣的。徐州既多爲墳土，和兗青相同，則與兗青交界的岱南方面，自爲墳土。那麽，淮北的地帶非屬埴土而何。

（三）荊，揚，梁的泥土　此三州在今爲長江流域，不論禹貢是夏禹眞筆，或漢儒僞擬，對此廣大的地域，其土壤概目爲塗泥，其色澤則僅稱爲青黎，殊令人不能深信。雖古代南方開化程度，比北方爲低下，其土壤利用的範圍亦較爲狹小，然記述三州土壤的分布，亦不能以『青黎，塗泥』四字了之。

按詩角弓：『如塗塗附』。毛傳：『塗，泥也』。說文解字注：『按上「塗」謂泥，下「塗附」連讀謂著』。禹貢『塗泥』，不論訓爲泥土，或附著的泥，要之，其質細柔，見水則化，總不外此意義。故孔傳：『塗泥，地泉濕也』。傅同叔說：『梁州獨言色之青黑而不及其性，則非壤非墳，爲土之剛瘠可知』。是梁爲剛土，荆揚爲柔土。乃土壤的利用，梁爲第七，荆揚爲第八，第九，從此可知三州土壤分布的紀錄不盡可靠。

查梁州地形，中部爲盆地，而沱江，岷江，嘉陵江流域爲冲積地，餘爲岷，嶓冢等山地。其土壤分布，若由性質的剛柔來說，則在上古時代只有沿各江流域和盆地爲柔土，其餘類多剛瘠。至荆州在江，漢，九江和雲土夢之間，爲細柔的泥土；在荆，衡，大別等山地，自屬剛瘠。惟有揚州，地處下游，大部爲冲積層，泥土較多。又荆揚古多林木，腐植質必不少，其泥土色澤，或呈暗褐，或爲黑色，大約和梁州的青黎差不多。

三 禹貢土壤的變遷

土壤是由於地面或近於地面的層積物質，經過氣候，地形，和生物等的風化作用而成。地形，氣候和生物既都不能一成不變，故土壤也不能一成不變。禹貢紀述的土壤，到今已有數千年，當然是有變遷的。不過禹貢以後，沒有精詳的紀錄供我們考究，僅有史記貨殖傳，漢書地理志，隋書地理志，通典州郡，通考輿地，及宋史地理志等所記較爲可靠。然一鱗半爪，不可得詳，欲明梗概，非依土壤學原理，加以相當的解釋，殊難尋出變遷的頭緒來。

土壤變遷的原因很多，而中國土壤的變遷，不外風力吹積和河流冲積的結果。又森林水利的發展，以及文化事業發達的影響，都能使土壤有相當的變遷，不可不加以注意的。

(一)關於壤土方面：

黃壤分布的擴大

古代壤土的總分布，在今甘，陝，豫，晉及冀西，魯西一帶地方，上面已經說過。而黃壤則僅限於陝甘二省，以視今日的黃土（Yellow Soil)多分布在熱，察，綏，寧，冀，晉，陝，隴及豫，魯等省，其範圍相去甚遠，這是什麼緣故呢？大概中國西北的沙漠，上古的時候最厲害的是在新疆方面。北邊的蒙古，尤其內蒙，因爲所有的土質多是新生代的火山噴出的熔岩，而陰山，呂梁，五台等山又是森林蓊蔚，砂礫飛起，是較現代爲少。所以史稱：夏禹『西被流沙，朔南暨』。北邊並不說及沙漠，而西邊的流沙，相去一定很遠。據奧勃洛奇夫氏（Obrutchef）的研究：蒙古瀚海非眞正之沙漠，雨季植物繁茂，成草原地，僅乾季呈沙漠性。又據科茲樂夫氏（Kozloff）說：大戈壁沙漠，有以極小之速度向東移動之情形；並以科布多的蒙古人，科布多湖泊，逐年減少爲証，預計將來之蒙古當完全爲沙漠，而蒙古族將趨滅亡之途云。依此可知古代黃壤分布範圍之小，因大沙漠在古代尚未完全東移。今黃土掩盖之廣，當然是大量沙漠侵入蒙古的結果。朔風常起，砂塵飛來，河海變色，可見風力吹積，影響於土壤變遷的厲害了。

隋唐後雍州土壤的變遷

黃土爲一沙和石灰混合的土質（Sandy Calcareous clay），性疏鬆而黏韌，容易吸收水分，凡有灌溉，便爲沃土。雍州自古即有涇，渭，汭，漆，沮，灃等水以資灌溉，故田土肥沃，秦漢皆資以統一中國。但自隋唐以後，關中糧食便感不足，漕餉皆仰給於東南。是雍州黃壤性質的變動，隋唐實爲一大關鍵。盖土性的變動與氣候有關，氣候的變動與森林有關。有了森林，不特可以培養水源，且可增加雨量，使河流不致枯竭，土壤得資灌溉。秦風：『在其板屋』。漢志：『秦民富饒，天水隴西山多林木，民以板爲室屋』。又說：『有鄠杜竹林，南山檀柘，號稱「陸海」，爲九州膏腴』。由此可見秦漢以前，關中因森林繁植，而土壤便爲肥美。以後經三國的蜀魏相持，五胡的佔據，東西魏的劇戰，都是摧殘森林，影響於土壤的灌溉不少。所以自隋唐迄今，陝省除漢中及幾個河谷，於農業上可資發展外，所謂關中的富足，不過是一個歷史名詞罷了。

冀豫土壤的變遷

此二州的土壤在古代都是次生的黃土，不過風力吹積作用，不比山林枝葉的腐化作用來得強大，那時太行，恆山，熊耳，大別諸山，大都有林木掩盖，腐植質自然比現在爲多，故黃土的色澤不甚顯著，其性質頗多肥美。但在河內一帶，自戰國到宋，那鹹質雜於壤土裏頭，爲農耕的大害。那塊平原，除非有水灌溉，起滲透作用，使鹹質下潛，眞是沒法利用的。故魏國史起引漳溉鄴，老百姓便歌道：『鄴有賢令兮爲史公，決漳水兮溉鄴旁，終古舃鹵兮生稻粱』。依此可見水利變更土性的重要，卽種麥的地方也能改爲種稻的。至二州高地的土壤，古來都不甚變化。隋志：『河東，絳郡，文城，臨汾，龍泉，西河，土地沃少瘠多，以是傷於儉嗇』。通典：『山西土瘠，其人勤儉』。這和今日也差不多。又今日豫西，除南陽和洛陽附近，有水灌漑的地帶外，都不甚好，在古代更是貧瘠。戰國策韓策：『韓地險惡山居，五穀所生，非麥而豆，民之所食，大抵豆飯』，可見豫西剛瘠的一斑。惟豫東平原，爲古代墳土，沃野良田，古今是一樣的。

(二)關於墳土方面：

徐兗土壤的變遷

造成墳土變遷的原動力有二：a，西北風的吹積力。b，黃河下游的冲積力。尤以冲積力和墳土變遷的關係爲最鉅。因爲黃河下游的河道，古來常爲遷徙，或南或北，本無一定。當其泛濫所及，砂泥沈澱，則土質肥美；一旦河流他遷，砂礫瀰漫，則地多不毛。故墳土的肥瘠常視黃河變遷爲轉移。自周迄宋，河常北行，故徐州土壤多爲磽瘠。漢志：『今之楚彭城，本宋也。沛楚之失，急疾顓己，地瘠民貧』，可爲明證。宋初，河便南行。宋史地志：『大名，澶淵，安陽，臨洛，汲郡之地頗雜斥鹵』，可見古兗州的土壤宜於畜牧，因河南遷，就不肥美。是冲積作用，在徐兗土壤的變遷上，其關係實屬不小。

惟近代以來，在黃河下游區域，西北風的吹積力也並不小。據洛斯裴氏說：在北緯三一度(南京稍南)與四〇度(北平緯度)之間，又太行山與東經一一八度(穿過山東西部山地之中心，及江蘇北部諸湖之地)之間，此範圍內，依丁文江氏之意見，以爲黃土較冲積土爲多，而冲積土大概以北緯三六度爲其北境之界限。那麼，吹積的黃土已渡淮而達大江以南。今日徐州良田萬頃，土宜菽麥，與古代彭城相去霄壤，是近代吹積作用的結果。

青州斥土和冲積

河北山東因雨量較少，瀕海地帶，土壤的鹹質較多。然如有河水冲積滲透，亦能使鹹質下潛。故黃河泛濫，自另一方面說，固爲有害；然自壓潛鹹質作用，使土壤便於農作言，並不是毫無利益的。禹貢青州東北海濱的斥土，因無河水泛濫，耕作不宜，古今同病。史稱太公封於營邱，其地潟鹵，乃通魚鹽之利；降及北宋，仍是地瘠民貧(蘇軾謝表)。就是現代也不見得十分肥美。這都是因無冲積作用的緣故。

(三)關於泥土方面：

荊揚土壤的變遷

長江流域地形來得複雜，開化也比較的晚。關於自然和人文方面，古來變動很多，土壤當然是隨着轉移的。茲分爲二項說明：

a，河流的作用　就揚州的東境說：長江口岸，上古當在江陰，現在江陰已離海有一百二十八公里。崇明島在唐武德三年，才發見一小沙洲，現在已擴大到七百平方公里。可知長江的冲積作用，以下游爲神速，這樣，就是揚州東境的泥土面積愈來愈大。又中游的洞庭湖，禹貢並未述及，在荊州只說『九江孔殷』。洞庭五渚，至戰國時始見稱說。大概在上古時候，因九江冲積太盛，洞庭已有八渚。（九江會流入江，下游自形成八渚。）嗣後因地形變更，積流難通，由八渚變爲五渚，至漢代竟成爲大洞的湖澤。（漢地志：下雋縣西南，有洞庭湖。）是漢以前，荊州泥土的面積當然是由大變小的。降及近世，因湘，資，沅，澧等江冲積過鉅；清康熙時，又許瀕湖居民，各就湖邊荒地，築圍成田，佔地愈多，湖面愈狹，其泥土面積，又由小而日漸擴大。鄱陽湖面，亦因逐漸淤縮，泥土伸漲，近年的變遷狀況，和古代的雲土夢之由大而小，亦復相同。

b，文化的影響　中國爲農業國，從古以來，文化普及的地方，即是農業發展，土壤利用的程度較高。故古代地方土壤的良否，不盡由於地味原來的肥瘠，恒視文化曾否普及以爲斷。荊揚泥土本爲沃壤，乃禹貢田地列爲第八，第九的最下的等級，此實文化尚未成熟，農業尚未發達的緣故。按漢地志：『江南地廣，或火耕水耨；民食魚稻，以漁獵山伐爲業』。從此可知當漢朝時候，荊揚地方的文化程度很低，人民尚多過其遊牧民族的生活，對於土壤的極端利用當然是談不到的。雖說篳路藍縷以啟山林，蠻荊的開發遠在西周之世；然文化實際所及，必自江左建都始。蓋五胡亂華，北方衣冠之族紛紛南渡，南方文化日以增高，土壤的利用亦日以進步。延及隋唐，江南遂爲財賦之區。隋志：『宣城，毗陵，吳郡，會稽，餘杭，東陽，川澤沃衍』。唐書亦謂『鄂土沃民剽』。由是可見文化發展，影響於土壤變遷的一斑。

梁州土壤的變遷

禹貢梁州的開化，比荊揚爲早。當周初時，巴蜀的人已從武王伐紂，中原文化諒已傳播。雖文王之化已及江漢，不過是局部的薰陶；荊蠻的開發必待楚子的強大。故由土壤利用的歷史說：梁州確比荊揚爲久遠，其生產力不但在禹貢中已比荊揚爲大，即到漢代，梁州的土壤仍較荊揚爲肥美。史記漢書都說『巴蜀土地肥美，有山林，竹木，疏食，果實之饒』。與荊州至唐代始稱爲『沃土』者有別。

查巴蜀地質，冲積土層雖不多，然在古代必爲淺露。又其地既多林木，腐植質自爲不少。故梁州土壤，色澤青黑而肥美。及近代侵蝕作用較強，土壤已變爲紅色，性質也比不上古代的肥沃。據翁文灝氏四川遊記說：『四川內部土壤，多爲紅色頁岩腐蝕所成，粘性重而滋養性並不甚富』。依此可見今昔色質的不同，似由於侵蝕作用太強，腐植質難於存在之所致云。

梁惠王與禹貢

馬培棠

小序

余前草冀州考原（本刊一卷五期），曾假定禹貢制作之時地，其言曰：『竊以戰國之季，紛亂已極，切望統一，久成上下一致之心理。因有利三晉之形勢，而擬憑藉之，一匡天下者，運神思，垂大典，畫九州，定貢賦』，此禹貢之所由來也。只以意在『考冀州之舊』，『博辨古史』非其目的，故語焉未詳。玆願繼之，暫加發揮如次。

定時地

禹貢一篇，取材複雜，嘗試就九州，導山，導水，五服，逆爲先後而研究之，一若有見於制作之消息。五服者，即王都之外，四周各長五百里，曰甸服；甸服之外，四面各出五百里，曰侯服；侯服之外，又各出五百里，曰綏服；綏服之外，又各出五百里，曰要服；要服之外，又各出五百里，曰荒服。按此極規律極整齊之地理畫分，要爲紙上作圖之把戲，吾決不承認其在上古有一度之實現，自作者之王制假託無疑。然而其四隅遼闊，東西南北各數千里，則非完全出於構思，而有當時地理知識作其背景。禹貢曰：『東漸于海，西被于流沙，朔南暨聲教，訖于四海』。四海之辭，南北雖無明文，而東漸西被，確有實地可指。東海無論矣，流沙蓋指新甘戈壁，師古漢書注曰：『流沙在敦煌西』。如此廣袤，決非殷周人所能想像，更何論乎夏禹。孟子公孫丑上曰：『夏后殷周之盛，地未有過千里者也』。盛周猶不能過千里，夏后氏當更在千里之內。而九州四至乃在數千里外，則禹貢此說蓋出盛周之後。

導水之文，亦如五服之整齊而有規律。若自右左數，則弱黑分列南北，而位極西；江河承之，亦分列南北，而長驅東下；漢渭淮濟，兩兩並流於江河之間。八川平行，儼如翼對，雖曰天然之美，記載亦云周備；且各川文字，數量亦差相等，是作者有心取其衡稱。然而有洛水者，特時於八川之末，禹貢曰：『導洛自熊耳，東北會于澗瀍，又東會于伊，又東北入于河』。按其所以獨無比和者，將以足九川之數也；但如洛之水，頗不乏有：江之沱，河之漨，胡爲乎而厚愛於洛，蓋天下之中也。以中視洛，實始於周，史記周本紀曰：『此天下之中，四方入貢，道里均』。此成王時事，而果都洛者乃爲平王，故東遷以後，三川之名方大聞於天下。史記正義曰：『三川，周天子都也』。三川者，伊洛河也。伊入於洛，洛入于河，以洛賅伊，而足九川之數，導五服之水。然則五服王都，其洛邑無疑矣。則禹貢此說又出東遷之後。

導山之文，僅言二脈，與導水之有九者不同。蓋山脈之研究，晚出大川窮原蹈委之後；既分大川爲二系，于是範北方之水者，謂之導汧，範南方之水者，謂之導嶓冢。鄭玄四列論，又將二脈各兩分之，史記索隱引其說曰：『汧爲陰列，西傾次陰列，嶓冢爲陽列，岷山次陽列』。所謂次陽列蓋繞於長江之外，陽列分水于江漢之間，次陰列又爲漢渭之限，陰列則初隔河渭，後又繞行于河北。鄭氏之說，不定卽禹貢原意，然不得謂禹貢無其文。所可怪者，弱黑不言山介，此猶可以遼遠未悉爲辭；而河洛之間，亦不言山，羣山乃集於河北。四列之文，原有文法，次陽列，陽列，次陰列，皆以二『至于』足述之；惟陰列凡用『至于』四，倍於其他。禹貢曰：『導岍及岐，至于荊山，逾于河；壺口雷首，至于太岳；底柱析城，至于王屋；大行恆山，至于碣石，入于海』。若以漢書地理志考之，則壺口在河東北屈境，雷首在河東蒲反境，太岳在河東彘縣境，底柱在河東大陽境（王先謙補注補），析城在河東濩澤境，王屋在河東垣縣境，大行在河內壄王境，恆山在常山上曲陽境。是除岍岐荊山碣石而外，皆繞行山西邊界，太岳且入其腹地中。按山脈本與水道相發揮，奈何去勻稱，輕中心，轉厚於山西，特詳於河東一隅。山西河東，於周屬晉，則禹貢編制有關於晉。

至於九州，冀州居首，是爲畿輔，不言境界，以示王者無外之意；然以鄰州求之，正値晉地，呂氏春秋有始曰：『兩河之間爲冀州，晉也』，固無怪導山之厚於山西矣。各州次第：一曰冀州，二曰『濟河惟兗州』，三曰『海岱惟青州』，四曰『海岱及淮惟徐州』，五曰『淮海惟揚州』，六曰『荊及衡陽惟荊州』，七曰『荊河惟豫州』，八曰『華陽黑水惟梁州』，九曰『黑水西河惟雍州』。是九州首冀，冀東爲兗，兗東爲青，青南爲徐，徐南爲揚，揚西爲荊，荊北爲豫，豫北爲冀，後歸於初，恰成圈狀。荊豫之西爲梁，冀豫之西爲雍，梁南雍北，恰成直線，列於圈右，正如阿拉伯數字之『10』。此圈線之間，抑所謂『崤函之固』乎？『山西』獨立，『山東』團結，豈非戰國合從之局乎？按言合從者獨推蘇秦，秦蓋集從之大成者也。六國合從，轟烈千古，而其年代乃不易得，故有直疑蘇秦其人不果有，而僅爲小說之材料者。吾以爲從衡長短，各有門戶：愛秦者，神其術；忌秦者，滅其功：以致行事傳說多不切實。然亦吾人之愼取之，不可疑之太過也。茲據錢大昕廿二史考異之說，定爲『從約之成，在趙肅侯十八年』。其時晉亡已久，魏韓趙並列爲諸侯；而魏有河東，獨承晉統。考異又曰：『三家分晉，魏得晉之故都，故魏人自稱晉國，而韓趙則否；史公以晉附魏，蓋以此』。然則禹貢之編制，又有關於魏。

驗史事

史記十二諸侯年表曰：『齊，晉，秦，楚，其在成周微甚，封或百里，或五十里；晉阻三河，齊負東海，楚介江淮，秦因雍州之固，四國迭興，更爲霸主』。而三河最險，故晉霸獨長，秦雖虎狼，不得東逞；地勢資人，良非淺鮮。顧祖禹讀史方輿紀要曰：『秦日以強，足以爭雄於中國；而成周無恙，東諸侯之屬不遂罹秦禍者，不可謂非晉之大有造於天下也』。惜乎！三家起而晉室分，因開戰國而邀秦之兼幷。雖然，魏初居安邑，終不失爲強大。國策魏策載『武侯與諸大夫浮於西河，曰：「河山之險，豈不信固矣哉！」王鍾侍王，曰：「此晉國之寶也，若善脩之，則霸王之業具矣」』。文武明主，均不失晉文之烈。然而惠王之繼之也，好大喜功，作無謀之戰，結怨韓趙，以漁利分人，才經三北，卒棄安邑而遠去，吾固知天下之將變也。

惠王初即位，文武之緒未墜，國勢尙有可觀。史記楚世家宣王六年，載天下之強，惠王爲尤；杜平之會，居諸侯右。比及十七年，圍趙邯鄲，而楚人始議其後。國策楚策載『景舍曰：「王不如少出兵以爲趙援，趙恃楚勁，必與魏戰；魏怒於趙之勁，而見楚救之不足畏也，必不釋趙：趙魏相弊，而齊秦應楚，則魏可破也」』。楚因使景舍起兵救趙，邯鄲拔，楚取睢濊之間』。是趙未卒得，而地已先失。乃不知悟，三十年又伐韓，而齊人又乘之。齊策曰：『南梁之難，韓氏請救於齊，齊因起兵擊魏，大破之馬陵』。魏策亦曰：『齊魏戰於馬陵，齊大勝魏，殺太子申，覆十萬之軍』。是韓又未得，軍乃大破，太子且死。夫魏以不友韓趙而動齊楚之兵，久困之秦乃得乘其弊而逞其欲。

史記商君傳載衛鞅說孝公曰：『秦之與魏，譬如人之有腹心疾，非魏并秦，秦卽并魏。何者？魏居嶺阨之西，都安邑，與秦界河，而獨擅山東之利，利則西侵秦，病則東收地』。是魏之地勢固佳，長天下而有餘；秦人亦固深畏之，痛疾之，而莫可如何！傳又曰：『今以君之賢聖，國賴以盛；而魏往年大破於齊，諸侯畔之，可因此時伐魏；魏不支秦，必東徙；東徙，秦據河山之固，東鄉以制諸侯，此帝王之業也』。孝公明哲，如衛鞅言；惠王老悖，烏能不墮其計中。傳又曰：『衛鞅將而伐魏，魏使公子卬將而擊之。軍旣相距，衛鞅遺魏將公子卬書曰：「吾始與公子驩，今俱爲兩國將，不忍相攻，可與公子面相見盟，樂飮而罷兵，以安秦魏」。公子卬以爲然。會盟已飮，而衛鞅伏甲士而襲虜魏公子卬，因攻其軍，盡破之，以歸秦。魏惠王數敗於齊秦，國內空，日以削，恐，乃使使割河西之地，獻於秦以和。而魏遂去安邑，徙都大梁』。夫大梁之地，雖隔韓而遠於秦；然而四戰之地，不可以攻守。蘇秦傳曰：『秦之攻韓魏也，無有名山大川之限，稍蠶食之，傳國都而止。韓魏不能支秦，必入臣於秦』。秦無韓魏之規，禍且逐加於他國。然則魏之去安邑，遷大梁，非特一國之存滅，亦全局轉化之軸也。

惠王亦自知南辱，東敗，西喪，將無抵極；乃思所以振拔之方，因改元更始，會諸侯於徐州以相王。按魏世家載惠王三十六年卒，無改元稱王事；主之者，多據竹書。杜預春秋左氏傳後序曰：『古書紀年篇，惠王三十六年，改元，從一年始；至十六年，而稱惠成王卒，卽惠王也。疑史記誤分惠成之世，以爲後王年也』。誠以據史記合計惠襄，都五十二年，若後元十六年，則後元一年正在三十七年，適與史記誤爲襄王之年者合。竹書爲長。惠王僭號，固大無謂，而此次會徐州，實爲東方聯歡之盛舉，齊且與焉。魏之仇，莫齊若，而其卒能相王者，抑猶有重於是者也？其三年，合從成。但蘇秦之說六國，不始魏齊，始於燕趙，次及韓魏，再及齊楚。蘇秦之意，若先大國，而大國有所恃，恐不易動其心，故不先齊楚；若先弱國，而弱國有所震，恐不易行其言，故不先韓魏。彼『竊以天下之地圖案之』，天下大勢，初分東西，西方秦，東方六國。而六國又分南北，東南齊楚，西北燕趙韓魏。蘇秦乃以僻處之燕趙而令韓魏，楚王雖視『韓魏迫於秦患，不可與深謀』，然而合之燕趙，固天下之強也。再以燕趙韓魏而脅齊楚，則齊楚不敢不從；更以燕趙韓魏齊楚而制孤秦，秦亦不敢不聽命矣。十五年秦兵不敢闚函谷，合從之力也。雖然，六國相結，終須先有河北之聯合。

禹貢作者，於此合從暫時維持之下，稍感和平之新機，因再進一步，想像世界統一，政由天子，其幸福更當百倍於是。然而其所以不克臻此者，未始非初由三晉之分，繼由安邑之去。誠使魏王反故土以振文侯之功，合韓趙以修文公之業，則齊楚可報，強秦可服。非特自拔已也，繼周而王，抑或由此。於是垂大典，開新世，宰制區宇，料其重輕，廢國分州，使相牽掣。三晉之地，四塞之區，憑爲畿輔，以臨天下，是爲冀州，呂氏春秋有始曰：『兩河之間爲冀州，晉也』。晉南爲周，不足有爲，然居中原，兼顧三陝，畫爲豫州，有始曰：『河漢之間爲豫州，周也』。東敗之齊，長子且死，不可不重殺其勢，大魯衞以分之，有始曰：『河濟之間爲兗州，衞也；東方爲青州，齊也；泗上爲徐州，魯也』。南辱之楚，亦一強敵，重割百越，以減其力，有始曰：『東南爲楊州，越也；南方爲荊州，楚也』。西喪之秦，其暴尤甚，巴蜀合心，足以擾之，有始曰：『西方爲雍州，秦也』，而無梁州，乃曰：『北方爲幽州，燕也』。蓋呂覽作於秦相，怒於禹貢之割裂國土，故以梁幷雍；然而減一則不得爲九，因出燕於冀，以削三晉，名之曰幽，附於九州之末，又擺豫於冀之前，藉以泯滅合從之痕跡。吾於呂覽，益信禹貢用心旣有如上所云云。

附識

本篇只願說明梁惠王與禹貢之關係，至於禹貢果何如人作，關涉尚多，非此短文所能明白。吾將以本篇爲引論，繼而研究：何爲而有九州？何爲而有五服？何爲而託名於大禹，以及貢賦之由來等等，各具專草，以發揮本篇之所未能盡。

二三，十，八，於保定。

宋史地理志考異

荊湖南路，荊湖北路

聶崇岐

『江陵府，……縣八，……公安，次畿。』

輿地紀勝六四，『建炎三年，公安縣陞爲軍使。紹興四年復舊』。

『潛江，次畿，乾德二年升白伏巡爲縣。』

『二年』，九域志六，隆平集一，輿地紀勝六四，通考三一九，皆作『三年』，『伏』，太平寰宇記一四六，及隆平集皆作『洑』，而通考又作『秋』。

『監利，次畿，至道三年以玉沙縣隸復州，……』

『三年』，志復州玉沙縣下作『二年』，九域志六作『三年』。

『鄂州，……武昌軍節度，初爲武清軍，至道二年始改。』

『至道二年』，九域志六作『太平興國三年』。

『縣七，……崇陽，望，唐縣，開寶八年又改今名。』

九域志六，『開寶八年改臨江縣爲崇陽。』通攷三一九，『崇陽，唐唐年縣，宋改』。太平寰宇記一一二與通攷同。

『咸寧，中。』

九域志六，『景德四年改永興縣爲咸寧』。輿地紀勝六六，『僞唐升爲永安縣。……景德四年改咸寧，避永安陵諱也』。

『通城，中。……』

輿地紀勝六六，『元豐八年割隸岳州，元祐元年歸于鄂』。

『德安府，……安遠軍節度，本安州。』

宋史一，太祖紀一，建隆元年正月己酉，『復安州爲節度』。

『開寶中，廢吉陽縣。』

太平寰宇記一三三，『孝感縣，皇朝開寶三年併吉陽入焉』。九域志六，『開寶二年省吉陽縣入孝感』。

『復州，……縣二，景陵。』

九域志十，『建隆二年改晉陵縣爲景陵』。輿地紀勝七六，『竟陵，……建隆三年改景陵』。

『玉沙，下，至道二年自江陵來隸。……熙寧六年又隸江陵府。』

九域志六，『乾德三年以白沙院置玉沙縣，至道三年隸復州』。『至道二年』，志江陵府監利縣下作『三年』，已見上文。又九域志十，『熙寧六年，省玉沙縣爲鎮入江陵府監利縣』。續通鑑長編熙寧六年五月，『以玉沙縣爲鎮入監利』。

『常德府，……常德軍節度，乾德二年降爲團練……，政和七年升爲軍。』

九域志六，『周爲武平軍節度，皇朝建隆四年降團練』。輿地紀勝六八，『常德府，上』。又，『後唐武平軍節度，降爲團練州』注，『乾德二年』。又，『升永安軍，改靖康軍』注引國朝會要，『崇寧元年以犯陵名改』。又，『繼改常德軍』注引會要『政和七年』。

『縣三，……桃源，望，乾德中析武陵地置縣。』

『乾德中』，九域志六作『元年』，隆平集一及輿地紀勝六八皆作『二年』。

『龍陽，中，大觀中改辰陽，紹興三年復舊，五年升軍使，……三十年復縣。』

『紹興三年』，輿地紀勝六八作『元年』。『五年』，輿地紀勝亦作『元年』。『三十年』，輿地紀勝作『三十一年』。

『沅江，中下，自岳州來隸。乾道中割隸岳州，今來復。』

九域志六，『乾德元年改橋江縣爲沅江』。輿地紀勝六八，『沅江，馬氏割據改爲橋江縣。……乾德元年復曰沅江。……隸岳州。……元符二年撥隸鼎州』。

『峽州……縣四……夷陵，中。』

輿地紀勝七三，『開寶八年省巴山縣爲鎭入夷陵』。

『長楊，中下。』

『楊』，輿地紀勝七三作『陽』。

『岳州……宣和元年賜軍額。』

『元年』，輿地紀勝引指掌圖作『二年』，引會要作『元年』。

『縣四：平江，上；臨湘，淳化元年升王朝場爲縣，尋改。』

隆平集一，『淳化五年升王朝場爲平江縣』。輿地紀勝六九，『淳化四年陞爲王朝縣；至道二年改爲臨湘縣』。

『歸州，……建炎四年隸夔路，紹興五年復，三十一年又隸夔。』

『三十一年』，輿地紀勝七四作『二十一年』。

『辰州，下，盧溪郡，軍事。』

輿地紀勝七五，『辰州，沅陵郡』。

『靖州，……縣三，永平，下，本渠陽縣，崇寧三年改名。』

『三年』，輿地紀勝七二作『二年』。

『會同，本三江縣，崇寧二年改。』

輿地紀勝七二，『會同縣，……崇寧二年立三江縣，是年改今名』。又引四朝國史地理志，『本三江寨，崇寧二年置縣賜名』。

『荆門軍，開寶五年長林江陵二縣自江陵來隸。』

續通鑑長編十三，開寶五年二月乙亥，『以荆南荆門鎭爲荆門軍』。輿地紀勝七八，『荆門軍，同下州』。

『縣二，長林，次畿。』

太平寰宇記一四六，『長林縣，開寶五年割襄州故樂鄉縣合爲一縣』。輿地紀勝七八與寰宇記同。

『漢陽軍，……縣二，……漢川，下，太平興國五年自德安來隸。』

按：『德安』應改爲『安州』，因太平興國五年，安州尚未升爲德安府也。太平寰宇記一三一『周世宗……以漢陽縣置漢陽軍，仍析漢陽縣地置漢川縣』。九域志六，『太平興國二年改汶川縣爲漢川』。輿地紀勝七九，『皇朝改汶川縣爲義川縣，太平興國二年改曰漢川』。

『壽昌軍，下。』

輿地紀勝八一，『壽昌軍，同下州』。

『本鄂州武昌縣，嘉定十五年升壽昌軍使，續升軍。』

輿地紀勝八一引樞密院文，『樞密院關鄂州：武昌縣係是江西上流去處。見今本縣刱立兩軍，專備防守江西衝要隘口，竊慮知縣難以彈壓。十四年十二月三省樞密院同奉聖旨，一武昌縣陞作武昌軍使』。又，『十五年正月，武昌縣陞作壽昌軍』。

『潭州，……縣十二，長沙，望，開寶中廢常豐縣入焉。』

九域志六，『乾德三年升常豐場爲縣，開寶中，省入長沙縣』。

『衡山，望，淳化四年以衡山來隸。』

九域志六，『衡山』上冠『衡州』二字。

『湘陰，中，乾德二年自鼎州隸岳州，俄而來隸。』

『二年』，九域志六作『元年』。

『寧鄉，中。』

九域志六，『太平興國三年析長沙縣地置寧鄉縣』。

『衡州，……縣五，……安仁，中，乾德二年升安仁場爲縣。』

『二年』，九域志六及輿地紀勝五五，並作『三年』。又輿地紀勝，『咸平五年析衡陽衡山二縣地益之』。又輿地紀勝五五，衡州下有酃縣，並引國朝會要云，『開禧嘉定年置』。志未載。

『道州，…乾德三年廢大曆縣。』

九域志六，『省大曆縣入寧遠』。

『縣四，營道，緊，熙寧五年省永明縣爲鎮入焉。元祐元年復。』

九域志六，『建隆三年改弘道縣爲營道縣』。隆平集一，『建隆四年改弘道縣爲營道』。『元祐元年』，輿地紀勝五八作『二年』。

『江華，緊。』

隆平集一，『江華前屬潭州，建隆四年割屬道州』。

『寧遠，緊，唐延唐縣，乾德三年改。』

『延唐』，九域志六作『延喜』。輿地紀勝五八，『延唐，晉爲延熹，乾德二年改寧遠』。

『永州，…縣三，…東安，中，雍熙元年升東安場爲縣。』

九域志六，『東安場』上冠以『零陵縣』。『雍熙元年』，太平寰宇記作『太平興國七年』。

『郴州，縣四，宜章，中，唐義章縣，太平興國初改。』

輿地紀勝五七，『初』作『元年』。

『南渡後增縣二，興寧，嘉定二年置資興縣，後改今名。』

按太平寰宇記有資興縣，九域志無，蓋太平興國後廢省，南渡後又復者。

『寶慶府，本邵州，…大觀年升爲望郡。』

輿地紀勝五九，『邵州，乾德二年始爲中州。…大觀二年升望。』

『全州，下，軍事。』

輿地紀勝六十，『全州，淸湘郡，軍事』。

『桂陽軍，…縣二，平陽，上，…天禧三年置。』

『三年』，九域志六作『元年』，輿地紀勝六作『三年』。

『藍山，中，景德三年自郴州來隸。』

『三年』，九域志六及輿地紀勝六一皆作『元年』，通攷三一九彬州下作『二年』，而桂陽軍下作『元年』。

『南渡後增縣一，臨武，中，自石晉廢，紹興十一年復。』

『十一年』，輿地紀勝作『十六年』。

記『舊鈔本穆天子傳』

張公量

莫友芝邵亭知見傳本書目引張金吾愛日精廬藏書志云：

穆天子傳舊抄前有荀楊序，首有結銜五行云：

侍中中書監光祿大夫濟北侯臣勗。一行

領中書令議郎上蔡伯臣嶠言部。二行

秘書主書譴勳給。三行（按孫詒讓云，『譴勳似是令史姓名，然爲譌字，「勳」字書所無，疑當爲「勳」之誤』。）

秘書校書中郎張宙。四行

郎中傅瓚校古文穆天子傳已訖，謹並第錄。五行

此五行世行本無。按史記索隱引穆天子傳目錄云，

『傳瓚爲校書郎，與荀勗同校定穆天子傳』，蓋卽指此。板心有『元覽中區』四字，蓋秦西巖藏本。孫詒讓籀廎述林並記其事。惟不載經見出處，但云，『舊鈔本穆天子傳卷首荀勗叙前有結銜五行（下略）』而已，則是孫氏亦曾目睹張氏藏書志所云之舊鈔本乎？抑僅撫藏書志或知見書目所記而已。竊以後者可能性較大，然終莫能是定。蓋在三人，孫氏爲晚。張志刊於道光丙戌，莫目刊於同治癸酉，孫氏當及見之。然『荀楊序』之『楊』『序』，彼作『勗』『叙』；第五行『郎中傳瓚校古文穆天子傳已訖』之『訖』，彼作『記』，故註云，『疑當作訖』。此則張氏有張氏之舊鈔本，孫氏有孫氏之舊鈔本，其間面目顯有不同者矣。又張氏以板心有『元覽中區』四字，逕指爲秦西巖之藏本，而孫氏無說。此中疑難，甚願博聞君子有以解之。

孫氏於此結銜，考證頗爲翔實。以此鈔本爲西晉時校上之舊，其珍貴可知。玆錄其文如左，以明顛末：

（上結銜五行略）明以來刊本無此五行，惟舊鈔本有之。蓋猶西晉時校上之舊。漢劉向校定古書目錄，皆屬於叙後，故司馬貞史記索隱引穆天子傳目錄云，『傳瓚爲校書郎，與荀勗同校穆天子傳』。宋本高續古史略亦云，『郎中傳瓚，卽師古注漢書所引臣瓚者也』。皆卽指此叙首五行也。臣勗者，荀勗；臣嶠者，和嶠。孔穎達左傳後叙疏引王隱晉書束皙傳云，『汲郡初得此書，表臧秘府，詔荀勗和嶠以隸字寫之（原註：新晉書束皙和嶠傳並不云嶠與荀勗校竹書）』。此叙蓋勗嶠二人同進，故稱臣而不著姓。吳琯古今逸史及近時洪筠軒校本所載序，並止題荀勖撰，誤也。第四行『秘書校書』四字，統下『傳瓚』一行。『張宙』結銜，『中郎』當爲『郎中』之誤。蓋張傳二人同爲秘書校書郎中也。李林甫唐六典秘書郎注，『晉起居注云，「武帝遣秘書圖書，分爲甲乙景丁四部，使秘書郎中四人，各掌一焉」』。晉書云，「左太冲爲三都賦，自以所見不博，求爲秘書郎中」。（此所引乃十八家晉書，新晉書左思傳則删去「中」字矣。）宋氏除「中」字』。據李說，則晉曰『秘書郎中』，宋曰『秘書郎』。索隱引作『校書郎』者，婿文。新晉書職官志，『秘書監屬官，有丞有郎』，則誤依劉宋官名除『中』字，非晉制也。此五行非徒可證索隱，並可證史文之誤，舊本書之可貴如此。

總孫氏之言，約有二事。以司馬貞史記索隱，宋本高續古史略，孔穎達左傳後叙疏所言之名稱，證明臣勗臣嶠之爲荀勗和嶠，一也。以晉起居注，晉書左太冲傳所言之官制，刊正張宙結銜『中郎』爲『郎中』之誤，二也。皆足以糾史文之紕謬。雖屬璅屑極微之考證，而其功則確乎其不可沒矣。

二十三年九月二十三日，北京大學西齋。

廣東潮州舊志攷

饒宗頤

廣東潮州之有志，或曰：明宏治間知府車份所修五卷，實其蘿蕎也。（康熙潮州府志凡例一：『潮州志修於明弘治中郡丞車份』。周碩勳乾隆潮州府志卷首，錄車份志叙，附按曰：『潮志自明宏治以前，無可攷矣』。）然予稽諸史籍，乾道淳熙之際，蓋猶有書名可考見者。（宋史藝文志三，有王中行潮州記一卷。中行揭陽人，淳熙十二年，曾知東莞縣。又順治潮州府志四官師部：『常褘邛州人，嘗修潮州圖經』。考褘爲郡守，在乾道年間。）明文淵閣所庋潮州府志，圖志共六部；（文淵閣書目卷十九暑字號，舊志有潮州府志一册，潮州圖志二册，又潮州府三陽志二册，又潮州三陽志二册，又三陽志一册；卷二十往字號，新志有潮州府幷屬縣志一册，共六部。謹按：所謂『三陽』者，即海陽潮陽揭陽也。）而宋王象之輿地紀勝所引潮州圖經，則又有二種焉。是潮州雖處禹域極南之地，其有方志，蓋已昉自趙宋之世矣。惜夫舊籍湮沒，存目無徵，遂使後之人誤以車志爲始；而未知車氏之前，更有志書也。茲廣爲蒐集，勒成斯編，物存辜較，幷加疏證，用備研討舊志者之助耳。

方志之書，名目綦繁，茲所稱述，厥名有五：曰『記』（如王中行潮州記），曰『圖志』（如文淵閣書目所載潮州圖志），曰『圖經』（如輿地紀勝所引趙師岌潮州圖經），曰『府志』，又或簡稱曰『志』（如千頃堂書目中雷春永樂間修潮州志），其名稱雖有歧異，而義例實未有不同者也。予考千頃堂書目所列明代潮州方志，皆稱曰『潮州志』；惟清吳穎所修者，獨作『潮州府志』。按潮州之置爲府，實肇於洪武元年。自廢路爲府，方志乃有「府志」之稱；而其簡稱曰『志』者，蓋沿宋代舊規也。乾隆潮州府志言潮州之有府志，車份實刱其例（見卷三十一職官表）；然文淵閣書目中，有潮州府新舊志三種。是『府志』之名蓋已權輿乎明初矣。

文淵閣書目所載各潮州志（見上註），皆未言修於何時。

考書目卷首有楊士奇正統六年題本，稱各書自永樂十九年，由南京取來移貯文淵閣，則此數志者，當爲永樂十九年以前所修輯也。其所謂潮州三陽志，則必修於宋宣和以後，蓋宣和三年，析海陽置揭陽，潮州始領有三縣也。至各書爲何人所撰，文淵閣書目幷未著錄，今亦不可考矣。謹附記於此，不更別錄於後云。

茲編採錄之例，特限於州；其屬各縣之志，率不列入。至於排比之先後，一依修纂之年代云。

宋

潮州記一卷王中行撰，佚。

謹按：此編著錄於宋史藝文志卷三，又見於道光廣東通志藝文略五。考千頃堂書目無其名，（千頃書目僅錄其增江志四卷，而王中行則作王仲行。）書之佚蓋已久矣。潮州方志最古而可考者惟此，然書僅一卷，當爲悧具雛形之志書也。

潮州新圖經失名，佚。

王象之輿地紀勝一百：『潮州新圖經教授陳宗甯序』。

謹按：此書道光廣東通志藝文略有著錄。其撰著人未詳；而陳宗甯序，今亦不可考也。

潮州圖經常褘修，佚。

王象之輿地紀勝一百：『潮州圖經郡守常褘序』。

謹按：順治潮州府志稱：褘曾修潮州圖經（見上註）。而紀勝載有其序文二節，茲迻錄於下：

『一潮州耳：或曰「金城」者，以是山舊屬於金氏；曰「鳳凰山」，（下當有闕文）一水緣溪而出；（按輿地紀勝一百景物類鳳水條引圖經云：『在鳳凰山下，曰「鳳水」者，以鳳山一水緣溪而出』。所引圖經或卽此序。是語足彌其奪漏也。）曰「鱷渚」者，以韓公驅鱷之舊；曰「揭陽」者，蓋有取於古之舊縣；曰「潮陽」者，蓋有取於今之郡名』。

又曰：『太平興國間，始有聯名桂籍者』。

此斷章賸句，蓋爲乾道間褘所修圖經之自序也。

潮州圖經二卷趙師岌修，佚。

吳潁順治潮州府志四官師部：『嘉泰間，潮州刺史有趙思岁，字會時，開封人』。（按趙師岌，順治潮州府志訛作『思岁』；康熙雍正兩潮州府志，幷誤作『師岁』。茲從宋史藝文志。）

謹按：此潮州圖經二卷，原著錄於宋史藝文志三。道光廣東通志藝文略據之採入，竟誤題爲『一卷』；幷謬引輿地紀勝曰：『郡守常褘序』。考褘爲郡守，在乾道年間，距師岌刺潮，先三十餘年。師岌於嘉泰間修圖經，不應禕爲作序也。其以常序爲趙書而作者，蓋未知常曾自修潮州圖經也。

明

永樂潮州志雷春修，佚。

千頃堂書目七地理類中：『雷春潮州志永樂間修』。

乾隆潮州府志三十一職官表：『雷春，福建汀州人，永樂七年任知府』。

正統潮州志王源修，佚。

千頃堂書目七地理類中：『王源潮州志，正統間修』。

萬姓統譜四十五：『王源，龍溪人（龍溪當作龍巖），永樂初進士，爲庶吉士，歷官兵部職方郎中，廣東潮州知府，所至有聲』。

謹按：乾隆潮州府志宦蹟傳，不云『源曾修潮州志』。

景泰潮州志沈聲修，佚。

千頃堂書目七地理類中：『沈聲潮州志，景泰間修』。

謹按：沈聲籍貫行實未詳。

天順潮州志失名，佚。

千頃堂書目七地理類中『□□□潮州志，天順間修』。

謹按：此書撰人未詳。

宏治潮州志五卷車份修，盛端明輯，佚。

潮州府同知車份序：『……宏治丙辰，余來佐潮郡，閱舊志而竊有疑焉。一日，潮士盛端明進見，余以其意語之，端明忻然，退而重爲纂輯成編，以質於余，簿書碌碌，未暇也。近余以疾乞歸，得以參之舊志，考正其訛謬，補其闕疑，爲書四卷，彙分爲二十篇，科貫，職官，別爲年表一卷。……』（乾隆潮州府志卷首）

千頃堂書目七地理類中：『車（今本「車」誤作「東」）份潮州志五卷，弘治間修。』

乾隆潮州府志三十一職官表：『車份會稽進士，宏治間任同知，創修府志』。

光緒海陽縣志卷三十六：盛端明，字希道，饒平學，海陽人。……累官至禮部尚書』。

謹按：此編，道光廣東通志藝文略三，亦有著錄；惟題曰『府志四卷』，誤也。舊以是志爲車份所撰，然觀車敘，迺份延端明纂輯；雖後經份稍爲補訂，而草創之功，固當屬之端明也。又車序言此志共二十篇，其名今已無考。惟吳穎順治潮州府志有述車志貪吏論，迺知諸編中，『貪吏』爲其一也。然顯所引者，迺從郭春震志中迻錄，非曾目睹其書，蓋車志清初已亡佚矣。

嘉靖潮州府志八卷郭春震修，佚。

林庭㭿序：『林子讀郭公漸齋續修潮志，……其凡例有八：首「地理」……次「建置」……次「田賦」……次「祠祀」……次「官師」……次「選舉」……次「人物」……終「雜志」。比方類記，而義例以燦；災祥附著，而天人以判……』。（乾隆潮州府志卷首）

千頃堂書目七地理類中：『郭春震潮州志八卷，嘉靖間修』。

乾隆潮州府志三十三，宦蹟傳：『郭春震，字以亨，江西萬安進士。嘉靖二十四年修府志，重建文廟有碑記』。

謹按：此志著錄，見明史九十七藝文志二，又江西通志卷一百三。周碩勳錄舊志序，附以跋語曰：『潮志……迨嘉靖二十六年，太守郭春震重修之……版蠹飄零，世亦罕見……』。是嘉靖潮州府志，乾隆初已鮮有傳本矣。道光廣東通志錄此書，亦題曰『佚』；迺作十二卷，與各書標曰『八卷』者異，未審何所據也。

清

順治潮州府志十二卷吳穎修，存（順治辛丑刊本）。

乾隆潮州府志三十三：『吳穎，號繭雪，江南溧陽人。順治十五年，出守潮州，時郡志修自前明嘉靖丁未，已百二十餘年，穎搜羅殘編，偕諸生鄒（志作「郭」誤）慶春等，重加修輯，辛丑志成』。

謹按：順治潮州府志分十一部：曰『地書』，曰『賦役』，曰『祀典』，曰『官師』，曰『科名』，曰『人物』，曰『兵事』，曰『山川』，曰『古蹟』，曰『軼事』，曰『古今文章』，都十有二卷。是時程鄉，平遠，鎮平，仍屬潮州，故志皆列入。其書爲潮州知府吳穎所親定，參稽考訂者，有諸生楊閫，曾棟奇，陳士稼，鄒慶春諸人，（楊閫字今鵷，大埔人。棟奇字砥慈，海陽人。士稼里貫俟考。慶春字豫來，海陽人。）而慶春搜討尤力。顯於兵燹之後，乃能留意及此，網羅遺聞，編成卷帙，其存吾鄉文獻之功，不爲不多也。

康熙潮州府志十六卷林杭學修，存（康熙丙寅刊本）。

澄海縣知縣湘潭王岱敘：『……郡守林公守潮數年……志

事遂與……與耆舊陳園公（海陽人名衍虞），林介文（普寧人名嶲胄），兩君筆削點定；草創稿成，復就佘（艷雪）楊（鍾岳）諸先生釐正之。……予適待罪澄海，與陳林兩先生爲故交，因得竊窺其書，深嘆馬文班實，二者俱備』。

潮州府知府江寧林杭學叙：『……開局修纂，始於康熙二十二年七月，越二十三年十月而志成，爲條目二十有八。……』

謹按：康熙潮州府志，清學部圖書館方志目有著錄。道光廣東通志藝文略題曰：『知府林杭學修，郡人楊鍾岳輯』。光緒海陽縣志仍之。攷此志撰稿，實出於陳衍虞林嶲胄兩先生手，楊鍾岳不過稍加釐正而已。鍾岳是志序曰：『叨越敦請，辭不獲命』；又曰：『不意兩暨時侵，未能與諸生同人，彙帙而分門，删繁而舉要；及誌將告成，始得肆力一覽觀焉』。由此可知當時鍾岳雖被總纂之職，實未能始終其事也。（府縣志鍾岳傳不載其有修志事。）

又按：陳衍虞所著有序錄一卷，其文與是志各門小序，大同小異，葢即當時草稿，更加訂定者也。此足證康熙潮志撰稿多出自衍虞手也。

雍正潮州府志二十四卷 胡恂修，存（雍正壬子刊本）。

謹按：胡恂，浙江蕭山人，貢生，雍正五年蒞任州知府。癸卯重修郡志，成書二十四卷，列目三十，較吳，林兩志，搜採參訂，更爲詳備。乾隆周志，實取之爲藍本也。

乾隆潮州府志四十二卷 周碩勳修，存（光緒癸巳重刊本）。

謹按：周碩勳，湖南寧鄉舉人，乾隆二十一年，由廉州知府調任潮州。乾隆辛巳仲春，續修府志，至壬午季冬始竣事。成書四十二卷，分三十六門，皆手自纂定。其條目雖較舊志爲詳博，而義例實猥雜而寡法；且去取好憑肊斷，實其所短，如趙德昌黎文錄叙，曾經大儒朱子所鑒定；清嘉慶欽定全唐文亦有載入，實可無庸致疑，而周氏竟以爲贋質，刋而不錄，皆疑古太過之病。至其迻錄舊文，每率肊沾竄塗竄，而自謂爲之剪裁潤飾（見卷首例言），此尤乖於史法者也！

三友堂書莊經售書

北平隆福寺街門牌一百二十七號

皇朝職貢圖九卷 敕撰 殿刊 竹紙九本五十元
畿輔河道水利叢書 吳邦慶輯 道光刊 竹紙十本五元
畿輔水利四案六卷 潘錫恩纂 道光刊 竹紙六本三元
畿輔水利議一卷 附滇軺荷戈紀程 林則徐撰 光緒刊 白紙三本二元
水道提綱二十八卷 齊召南編 原刊 竹紙六本八元
水道提綱二十八卷 齊召南編 光緒排印 白紙八本一元五角
黃運河口古今圖說 麟慶撰刊 白紙一本一元
深州風土記二十二卷表五卷 吳汝綸纂 光緒刊 竹紙八本十元
海內奇觀十卷 楊爾曾撰 萬曆刊代圖 棉紙十本百二十元
澳門紀略二卷 印光任撰 嘉慶刊 白紙二本六元
朔方備乘六十八卷 何秋濤撰 石印 白紙八本一元四角
北徼彙編 何秋濤撰 同治刊 竹紙八本二元
黔南識略三十二卷 愛必達撰 光緒刊 棉紙十本六元
西招圖略一卷 松筠撰 自刊 竹紙一本二元
大明一統志九十卷 嘉靖刊 竹紙七十本百六十元
大明一統志九十卷 李賢萬安等纂 萬壽堂刊 竹紙四十本八十元
大清一統志三百五十六卷 乾隆年修 活字本 白紙百二十本三百二十元
大清一統志五百卷 乾隆年修 石印 白紙六十本十九元
續琉球國志略五卷首一卷 費錫章齊鯤同輯 嘉慶殿本 竹紙四本三十元
中俄界約斠注七卷 附綜綴表十六卷 洪鈞撰 光緒刊 白紙四本一元五角
皇朝一統輿圖二十卷 胡林翼纂 湖北刊 白紙三十本三元
國子監志八十二卷 文慶覺羅雙壽等纂 道光殿刊 竹紙三十二本四十元
中國江海險要圖志二十二卷附圖補十卷 陳壽彭譯 石印 油光紙十五本三元
籌海圖編十三卷 胡宗憲撰 明天啓刊 白紙八本二十元
水經注四十卷 明朱謀瑋刊 竹紙十二本三十元
行水金鑑百七十五卷 傅澤洪撰 雍正刊 白紙四十本二十元
江西全省輿圖十四卷 白紙十五本三元
廣東輿地全圖 光緒二十三年印 白紙二本三元
各省府廳州縣志等書名目頗繁不及詳載

新校天津衛志

民國二十三年九月出版

每部二冊

易社校印

定價一元五角

郵費二角

天津衛志修於清康熙十四年傳本甚希收藏者率展轉借鈔以圖保存易社同人以此書關係一方掌故懼其或致湮沒爰集資翻印又以原書譌舛屢見乃詳爲校訂凡加校註三百餘條以期盡善印數不多（以限於資祇印毛邊紙者二百部洋紙者五十部先儘毛邊紙者發售）購希從速

發行處 天津河北省政府河北月刊社

河北月刊

河北省政府河北月刊社出版

民國二十二年一月創刊

本刊內容包括以下各項：政務，實業，教育，地理，沿革，水利，交通，物產，人物，古蹟，掌故，金石，名勝。

論述範圍以本省爲限，文字翔實，插圖豐富。可爲修志之資料，可備施政之參考。旅行調查，手此一編，尤爲便利！

經售處：天津河北省政府河北月刊社

價目表

	全年十二冊	半年六冊	每冊零售
價	三元六角	一元八角	三角
郵費 國內及日本	全年三角六分		每冊三分
郵費 外國港澳	全年九角六分		每冊八分

附注：報費係大洋計算郵票十足代用

修綆堂經售地方志書目

北平隆福寺街電話東局二二〇五

書名	年代	本數	價值
臨清直隸州志	乾隆	一〇	八元
濱州志	咸豐	四	三元
德州志	乾隆	八	五元
南嶽志	乾隆	六	四元
盤山志	康熙	四	三元
壽張縣志	康熙	六	五元
大英國志	光緒	二	一元
長清縣志	道光	六	四元
費縣志	光緒	一〇	七元
商河縣志	道光	八	五元
德平縣志	光緒	六	四元
臨漳縣志	同治	四	二元五
續海塘新志		四	三元
西湖志	雍正	二〇	十六元
唐縣志	光緒	八	七元
石鐘山圖志	光緒	八	三元
鹿邑縣志	光緒	六	四元
清苑縣志	康熙	四	十元
沂水縣志	康熙	四	三元
魚山志	同治	一〇	四元
通州直隸州志	光緒	一六	十二元
南陽人物志	同治	一二	八元
敦煌縣志	道光	四	六十元
大童縣志		六	八元
黎里志	嘉慶	一〇	十元

書名	年代	本數	價值
沂州志	康熙	八	五元
大觀亭志	宣統	四	三元
陵縣志	光緒	八	五元
來陽縣志	康熙	四	五元
夏津縣志	乾隆	六	五元
來無縣志		四	三元
臨邑縣志	道光	八	七元
花平縣志	康熙	四	三元
齊河縣志	乾隆	四	三元
湘潭縣志	光緒	一〇	八元
濟陽縣志	乾隆	一〇	七元
雲林寺志	乾隆	四	三元
咸淳臨安志	道光	二〇	廿四元
新泰縣志	乾隆	六	四元
禹城縣志	嘉慶	四	三元
萊州縣志	乾隆	八	六元
義烏縣志	光緒	一二	十四元
長山縣志	嘉慶	一〇	十元
黃巖縣志	同治	一六	十元
開封縣志	光緒	一二	七元
寧波府志	康熙	一六	卌五元
再續掖縣志	道光	二	二元
甘棠小志	咸豐	四	一元五
東野志	康熙	四	十元
德平縣志	嘉慶	四	四元

書名	年代	本數	價值
雙山鄉土志	民國	一	八角
臨朐縣志	光緒	六	三元
高陵縣志	嘉慶	二	三元
汶上縣志	萬歷	二	二元
太和縣志	同治	一六	廿元
莘縣鄉土志	民國	一	八角
濟寧直隸州志	咸豐	二四	十六元
樂陵縣志	乾隆	八	五元
文登縣志	道光	四	三元
平原縣志	乾隆	四	三元
續武城縣志	道光	四	三元
泰安縣志	道光	一四	十元
寧波府志	道光	一四	三十元
東平州志	光緒	二〇	十五元
滑縣志	同治	八	七元
鄒縣志	康熙	四	三元
章邱縣志	道光	八	十六元
魚臺縣志	光緒	四	三元
處州府志	光緒	二八	廿元
偃師縣志	乾隆	一六	九元
海塘新志	乾隆	一二	十元
三遷志	光緒	六	四元
汾州府志	乾隆	一六	十二元
寧化縣志	同治	八	五元
廬山縣志	康熙	一六	六元

商務印書館編印

萬有文庫

第二集發售預約

第二集合購分購辦法	合購正編及參考書	分購 正編	分購 參考書 十通	分購 參考書 佩文韻府
冊數	二〇〇〇冊 又二八鉅冊	二〇〇〇冊	二一鉅冊	七鉅冊
十月內預約價	三六〇元	三〇〇元	五五元	二五元
各行書郵費	四四元	三二元	九元	三元

贈閱目錄樣本

第一集發售特價

第一集正編二千冊大本參考書十冊

定價六百元特價四百五十元郵費卅二元

贈閱目錄

出版者：禹貢學會。
編輯者：顧頡剛，譚其驤。
出版日期：每月一日，十六日。
發行所：北平成府蔣家胡同三號禹貢學會。

禹貢

半月刊

價目：每期零售洋壹角。豫定半年一卷十二期，洋壹圓；全年二卷二十四期，洋貳圓。郵費加一成半。國外全年加郵費八角。

The Evolution of Chinese Geography

A Semi-monthly Magazine

Vol. 2 No. 6 Total No. 18 November 16th 1934

Address: 3 Chiang-Chia Hutung, Cheng-Fu, Peiping, China

第二卷 第六期（總數第十八期）

民國二十三年十一月十六日出版

代售處
全國郵局
北平北京大學史學系楊向奎先生
北平燕京大學哈佛燕京社
北平燕京大學史學系李子魁先生
北平輔仁大學史學系史念海先生
北平清華大學史學系吳春晗先生
北平師範大學國文系羅根澤先生
北平女子文理學院侯堮先生
天津河北女子師範學院班書閣先生
濟南齊魯大學史學系張立志先生
上海暨南大學江應樑先生
杭州之江學院顧敦鍒先生
安慶安徽大學周予同先生
武昌武漢大學史學系吳其昌先生
成都四川大學文學院劉以壦先生
成都四川大學賀劝于先生
厦門厦門大學史學系鄭德坤先生
廣州協和神學院李鏡池先生
北平北平圖書館王以中先生
杭州浙江圖書館夏廷域先生
北平景山東街十七號景山書社
北平景山大石作大學出版社
北平西單商場大學出版社營業部
北平和平門外大街文化學社
北平東安市場岐山書社
北平西單商場增華書社
北平琉璃廠東口寶德堂書舖
北平琉璃廠來薰閣書舖
北平隆福寺街修綆堂書舖
北平隆福寺文奎堂書舖
北平孝順胡同後溝三號曾紀琳先生
北平成府競進分社
天津法租界三十六號路佩文齋
天津大經路北方文化流通社
開封新書業街龍文書莊
濟南西門大街東方書社
南京中央大學門前鍾山書局
南京太平路中市羣衆圖書公司
上海五馬路亞東圖書館
上海九江路伊文思圖書公司屠文欽先生
重慶天主堂街重慶書店
日本東京中華青年會魏建猷先生
日本京都中京區彙文堂書店
日本東京神田區神保町巖松堂書店

內政部登記證警字第叁肆陸壹號　中華郵政特准掛號認為新聞紙類

大梁學術

（參看本刊二卷五期梁惠王與禹貢）

馬培棠

二

史職

嘗讀史通史官建置曰：『戰國史氏無廢：蓋趙鞅晉之一大夫爾，有直臣書過，操簡筆於門外；田文齊之一公子爾，每坐對賓客，侍史記於屏風』。然則戰國之世，豈徒史職之未廢，抑且普具於臣子，載筆之盛，遠邁前代。蓋史官之建置也，既書一人之過，以資戒勉；兼記衆賢之言以佐邦治：臣子且有取於此，君父更當如之何！梁惠王，大軍三敗，匡過宜深於簡子；奇才四離，需客尤急於孟嘗。若其未悟，固無可言；及其既悟，將何以為自拔之方？史記魏世家曰：『惠王數敗於軍旅，卑禮厚幣，以招賢者。鄒衍淳于髡孟軻皆至梁』。惠王既渴望於『直臣』，更宜廣設乎『侍史』。鄒孟淳于，又皆天下之英俊，君臣問答，言談至道，史官抱簡，必有所書。雖舊文不存於今日，而史官撮取諸家，所定之治世大典，倘有昭示百代者，禹貢是也。孔穎達書正義曰：『此篇（禹貢）史述為文』。彼雖以傳統思想，未嘗謂之魏史；而其為史述之文，從古云然矣。

二子

自子夏為文侯師，儒家乃得昌行於魏國。雖惠王廣招賢者，志在圖強，不定有家派之限制；而儒家以歷史關係，當覺默投夙好。況惠王之世，正切盼恢復文侯之烈，而儒者實為君師，則儒家之說，尤當明白提倡也無疑。鄒孟之學，極大梁一時之盛，蓋可由想像而知者。淳于髡『博聞彊記，學無所主』，又在梁不過經旬，影響蓋寡，茲願從略。

孟軻，純儒也。因尊聖道而考其行事者甚多，狄子奇孟子編年尤為膾炙人口。惟謂惠王後元凡十七年，其十六年，孟軻適梁，非是。蓋由惠王改元之年而誤。然所據者，亦劉宋以來之舊說也。裴駰史記集解曰：『今按古文，惠成王立三十六年，改元稱一年，改元後十七年卒』。但晉人所據古文則不若是，杜預左傳後序曰：『古書紀年篇，惠王三十六年，改元，從一年始，至十六年，而稱惠成王卒』。前草梁惠王與禹貢，已略有考訂，以後序為長。然則惠王後元凡十六年，孟軻至梁，其十五年也。暨年，惠王卒，襄王立，孟軻一見而去。

鄒衍之爲儒，非特有人不予承認；即其至梁，亦多謂不足信濕。果儒與否，另題論之，茲僅證其至梁爲實。史記孟荀傳曰：『騶子重於齊。適梁，梁惠王郊迎，執賓主之禮；適趙，平原君側行襒席；如燕，昭王擁彗先驅，請列弟子之座而受業，築碣石宮，身親往師之』。鄒衍，齊人，則其在齊也，必非一朝，每當倦遊燕息，即以齊爲棲止之地。故其適趙，劉向別錄謂之『齊使』；如燕，召公世家謂之『自齊』；至梁，雖未詳其所從入，但以初遊，亦宜由齊始。故史記以『重於齊』總上引下。若夫至梁適趙如燕，僅一遊之，故得詳惠王郊迎，平原側行，昭王擁彗。史記之文，殊自有方。

乃崔適史記探原立三證以辨其不信，曰：『案梁惠王世次，與騶衍不相當。孟子適梁之次年，惠王即薨，則此傳上云，騶衍後孟子，不當與惠王同時：一也。惠王亦不與平原君燕昭王同時：二也。平原君傳，公孫龍說平原君，不可以信陵君之存邯鄲而請封；平原君厚待公孫龍，及騶衍過趙，乃絀公孫龍。案信陵君存邯鄲，事在趙孝成王九年，使騶衍過趙即在是年，去梁惠王薨七十八年，不及相見：三也』。

案傳所謂『騶衍後孟子』，乃較孟軻爲幼，非後孟軻而至梁，更非孟軻至梁而後生也，何得遽云『不同時』『不相當』乎？且惠王之不與平原燕昭同時，何礙鄒衍？惠王雖薨，鄒衍不必偕亡也，自有餘年見平原，謁燕昭。至平原傳所云云，尤不可先有成見，隨意去取。其原文曰：『虞卿欲以信陵君之存邯鄲，爲平原君請封。公孫龍聞之，夜駕見平原君，曰：此甚不可，……平原君遂不聽虞卿。平原君以趙孝成王十五年卒，子孫代，後竟與趙俱亡。平原君厚待公孫龍。公孫龍善爲堅白之辯，及鄒衍過趙，言至道，乃絀公孫龍』。龍衍之辯，敘於平原死後，子孫與趙俱亡之後，乃一篇之贅文，自是增附無疑。但其所以敘於是者，蓋以上文提到公孫龍而連類及之。若然，則龍衍之遇；不定在『存邯鄲』之後。平原之活動期，至少亦歷惠文三十二年，及孝成十五年；公孫龍因趙入，客平原又非一日，則衍固可先『存邯鄲』而遇龍。且衍以至道絀龍者乃其堅白之辯，堅白爲龍之所常言，與諫封無涉，更何證其必在『存邯鄲』之後。公孫龍本無傳，當其傳荀卿，荀卿『趙人』，於是想到『而趙亦有公孫龍』；傳平原，平原納龍諫，因又想到曾絀於鄒衍。若公孫龍不必後於荀卿，則龍衍之辯不必定在『存邯鄲』之後。且孟荀傳末有李悝，尸子，墨翟，此諸人者，果以文列孟軻之次而謂其後孟軻乎？平原傳所云云，本宜分看，公孫龍說平原爲一事，鄒衍絀公孫龍又一事，『離之則雙美，合之則兩傷』者，此之謂矣。

崔氏亦知其說之難通，故以『公孫龍說平原』緊接『平原厚待公孫龍』，而删中間『平原以趙孝成王十五年卒，子孫代，後竟與趙俱亡』，使成一時一事。又以『平原厚待公孫龍』緊接『鄒衍過趙』，而删中間『公孫龍善爲堅白之辯』，於是讀『絀』爲『黜』，屬之平原；而不知說文通訓定聲曰：『絀，叚借爲屈，又爲詘』。鄒衍以至道詘其堅白辯也。如彼翦裁，最易失眞。所幸崔氏結論上冠『使』字，『使』疑詞也，固未嘗視爲定論。

竊以在未有積極證據可以推翻史記之前，但願讓守史記之記載。平原傳之『鄒衍過趙』，即指孟荀傳之『鄒衍適趙』而言，去趙而後如燕。召公世家曰：『燕昭王於破燕之後，即位，卑身厚幣，以招賢者，……鄒衍自齊往，……二十八年，燕國殷富』。此文太簡，考事殊疏。鄒衍如燕，當不出二十八年之外。但前此適趙，身居齊使，平原禮之，則平原已似爲相。六國表曰：『趙惠文王元年，以公子勝爲相，封平原君』。趙惠文元年，距燕昭二十八年，共十四年，然則此十四年中，先見平原，旋反齊，後見燕昭。武內義雄六國表訂誤，即於惠文元年平原君相趙下施括弧曰：『騶衍重於齊。適趙，平原君側行襒席；如燕，昭王身親師之』。雖其言曰：『施括弧之事項，大體爲想像的，而非正確的年代』，但亦頗近情理。適趙既得，則至梁當無疑義。狄氏孟子編年載孟軻至梁，年五十三，如鄒衍後彼二十歲，亦年三十三，于學有『立』；況其幼之不至如是者乎？下迄燕昭二十八年，必不過七十。然則中間見平原，公孫龍亦必在三十左右，則今人謂龍生於周愼靚王元年者，雖不中不遠矣。是鄒衍至梁適趙如燕，昭然事實。漢書郊祀志曰：『自齊威宣時，鄒子之徒論著終始五德之運』。威宣二朝，鄒衍之術已大聞於世。據六國表訂誤，威宣之交，正梁惠王後元十六年耳。鄒衍果不及見惠王耶？竊信鄒孟在梁，同其來去。晉掘汲冢，得大曆二篇，晉書束晳傳曰：『鄒子談天類也』。當即鄒衍在梁講學所遺。

九州

鄒孟在梁，果何所云，除孟軻少有記載外，鄒衍直不易待，蓋孟子旣非完文，鄒子更早遭亡佚也。竊以一家之言，自成系統，無論何地，守之不變。玆僅綴拾殘遺，以見二子之略。

孟荀傳載鄒衍治學之術曰：『先驗小物，推而大之，至於無垠』。故其論空間，『先列中國名山大川通谷禽獸，水土所殖，物類所珍。因而推之，及海外，人所不能睹』，爰有所謂『大九州』。九州之名，早見金文，齊侯鎛鐘曰：『咸有九州』。或曰九有，商頌玄鳥曰：『奄有九有』。或曰九牧，左宣三曰：『貢金九牧』。或曰九土，國語魯語曰：『能平九土』。名號雖未統一，數量則相一致。蓋人類對於方位之辨認：初有四，東西南北是也；既而九，東西南北，加四隅以配中央也：皆不過一種方整如畫之觀念而已，無定所，無定界，隨時代而異其大小。殷周天下，不出中原；春秋戰國，已擴及江河南北。衍更推而大之，及海外人所不能睹，且卒取定九州之名。孟荀傳曰：『儒者所謂中國者，於天下乃八十一分居其一分耳。中國名曰赤縣神州，赤縣神州內自有九州，禹之序九州是也，不得爲州數。中國外，如赤縣神州者九，乃所謂九州也，於是有稗海環之。人民禽獸，莫能相通者，如一區中者，乃爲一州。如此者九，乃有大瀛海環其外，天地之際焉』。是鄒衍之九州有三：一曰赤縣神州之九州；二曰如赤縣神州者九之九州；三曰如一區中者，乃爲一州，如此者九之九州。世恆呼第三曰『大九州』，玆爲便於稱說計，竊呼第一曰『古九州』，第二曰『新九州』，以與『大九州』相比配。『古九州』者，中夏之故土也，居『禹』都以視八方，要不出河南一隅之地。爾後王室式微，諸侯強大，開疆擴土，幅員日增，居『中』國以視八方，寖及四海，於是『古九州』不足數，放大之而爲『新九州』。衍又思『古九州』可放至較大之『新九州』，焉知不可因較大之『新九州』放至更大而超現時之『大九州』，於是推至無垠，而『大九州』生焉。但『大九州』之影響，當時似只限於海隅，燕齊方士，乘風破浪，以求仙士者，『大九州』說實爲其背景。若內地諸邦，『稗海』所不嘗睹，何有於『天地之際』，故其視『大九州』也，『閎大不經』而已。然而其切盼之大一統，實爲『新九州』之再造，則大梁王公所『懼然顧化』者，此矣。

孟軻亦言九州，孟子梁惠王上曰：『海內之地，方千里者九』。此言『九』而不言『州』，蓋『州』經鄒衍而始爲定稱，其在當時，固未一致。玆亦爲便於稱說計，呼此『方千里者九』曰九州。孟軻持九州，論時勢，不拘於古，不及於大，與鄒衍『新九州』所指正同。然而其九州分畫，似將打破自古相傳之板滯觀念，而從現實國際上着想，較鄒衍『新九州』又爲更進一步之時代化。梁惠王上曰：『海內之地，方千里者九，齊集有其一』，是齊有九分之一也。又梁惠王下載齊伐燕，取之，孟軻曰：『天下固畏齊之強也，今又倍地而不行仁政，是動天下之兵也』，然則燕亦九分之一也。惜乎！餘則不可考而見。但公孫丑下曰：『今天下地醜德齊，莫能相尙』。以此推之，則『方千里者九』亦只容九國而已。其實孟子所言及之國，不只有九，而各國又不等皆千里。即以齊燕論之，齊則千里有加，燕則千里不足，而皆謂之千里者，於齊意在言天下之大，於燕意在狀齊國之強；他若魯衛不及五百，秦楚有逾二千：乃總謂之『地醜德齊』者，『大抵皆約略之辭』也。然而已開以九州論形勢之漸，由方整而無定地之觀念一變爲山川國別之分畫矣。梁惠王以爲『迂遠而闊於事情』，當非指此。

總觀鄒孟，衍集往日『想像』九州之大成，軻開異日『實際』九州之先聲。二子去梁，史官因撮取其要，寓以惠王以來天下國家之大計：利國家莫若還河東，復故都；定天下莫若合六國，抗強秦。但鄒衍九州規模整齊，寄意匪易；惟孟軻九州富於活動性，故禹貢九州實爲藍本。

孟子無專論地理之文字，但所提及之一二水道，與禹貢九州水道正合。兗州之『九河既道』『浮于濟漯』，滕文公上之『疏九河』『瀹濟漯』也。揚州之『沿于江海，達於淮泗』，滕文公上之『決汝漢，排淮泗，而注之江』也。但僞孔傳釋『沿』爲『順水而下』，曰：『沿江入海，自海入淮，自淮入泗』。於是學者惑之，爰謂江淮水道不與孟子合。孫星衍分淮注江論闢之甚精。按釋文曰：『沿，馬本作均，云均平』。蓋淮既獨入海，而又有南支入江，由江由海，均可達淮泗也。是孟軻九州之舊文猶有畧可考見者。史官即據此舊文，參以己意，列國隨愛憎以爲分合，九州因利害而爲先後，與晉絕秦，破齊併燕，爰有冀兗青徐揚荊豫梁雍之禹貢九州。然則呂覽之於禹貢，正如史官之於孟軻也。吾故曰：『禹貢九州』，『改組之孟軻九州』也。

史官又以求全之心理，附鄒衍『新九州』於『改組之孟軻九州』後，一爲縱橫有度，一爲錯綜無常，前後矛盾，諸有不安於心者，於是又變鄒衍『新九州』爲『五服』。衍之『新九州』，『中』國曰赤縣神州，神州自有九州；然則其他八如神州者，亦宜各有九州。一如『新九州』自有九州，其他八如『新九州』者亦各有九州，故曰神州居八十一分之一也。於是『新九州』中，分至其極，亦宜有八十一州。其最中一州，實爲王畿。王畿之外，八州近環之，十六州再環之，二十四州三環之，三十二州四環之，外爲稗海：四環加王畿，共得五區，命曰五服。禹貢之『五百里甸服』，中州王畿也；『五百里侯服』，近環八州也；『五百里綏服』，再環十六州也；『五百里要服』，三環二十四州也；『五百里荒服』，四環三十二州也；然後東漸西被，朔南曁，『至于四海』，稗海也。九州雖變爲五服，然舊界終有不能盡泯者，卽甸侯二服爲一組，綏要荒三服另一組也。荀子正論釋此最明白，曰：『封內甸服，封外侯服，侯衞賓服，蠻夷要服，戎狄荒服』。甸侯二服，已自足封之內外，所謂神州之故土也。且其命名亦似有本，吳其昌矢彝考釋曰：『侯甸男三字，爲經典彝器中之古成語，從未離析，且從未顛倒』。此蓋殷周之一種封建制度，史官附會用之；但神州故土，只有二服，不得不選取首二字而又顚倒之，復以男括之侯內。神州外，八州爲拓殖土，故荀子不釋曰封，而稱之侯衞，且更綏曰賓，尤可顧名思義，知爲新附。過綏賓其蠻夷戎狄之舊居矣。吾故曰：『禹貢五服』者，『改裝之鄒衍九州』也。

雖然，孟軻之『方千里者九』，若依舊形式計之，總積之一邊實爲三千。呂覽愼勢亦有『方三千里』之言，則三千里實爲『新九州』一邊之定數。乃鄒衍『新九州』，若以五服度之，五九，四千有五，乃大於三千，是又何解？竊謂鄒衍自有大九州，必不使『新九州』無故加廣，此蓋又是史官求全之弊。按五服之發生出於意外，及其與舊封建相牽合而取『侯甸男』之稱，問題因隨之而起。『邦畿千里』，習於人口，若定中央爲千里，則各服宜各千里，勢必至於九千，未便增至三倍；於是各服五百，四千五雖仍大於三千，但可以模稜之詞隱寄千里於五百之下。禹貢曰：『五百里甸服：百里賦納總，二百里納銍，三百里納秸服，四百里粟，五百里米』。於是等觀五服，各五百里；獨觀甸服，又似王都之外，一面五百里：依違兩可，與冀州不言境界同一用心。然而甸服惟賦，迥異他服，吾固知其窮於詞也。乃周官作者直不知五服之來源，一意附會封建之制，職方氏曰：『方千里曰王畿』，又仍甸服之五百，退之王畿之外，且恢復侯甸男之舊有次序，更與男以五百，擴及萬里，畫至十區。五服之出於九州，益不白於世矣。

總之，禹貢一篇，充滿矛盾。幸作者百般彌縫，差能滅其綻裂。雖五服配九州，仍不免郡縣封建之不合；然較之二九州之直接衝突，則愈百倍。況又以導山導水緩和其間，更惑人於不知不覺。蓋九川與五服，同其重心；四列與九州，同其重心：而九川與四列實相表裏。史官之筆，亦云妙矣。

書成

鄒孟二子，於梁惠王後元十五年至梁，十六年又他去。史官編製禹貢，至早不過十五年。但禹貢九州之排列次序，合從氣味太濃，則禹貢編制又在合從未失效用之前。狄氏孟子編年謂梁襄王元年『楚趙梁鄭燕齊伐秦，攻函谷』。則此次大舉攻秦，蘊蓄十五年，一旦暴發，乃東諸侯信賴合從之焦點。然而竟無如秦何，編年曰：『秦人開關延敵，六國皆敗走』。東諸侯經此挫折，當時必遷怒於合從，蘇秦即於是年被殺，張儀因於明年而連橫矣。連橫之道，復自魏始。資治通鑑曰：『魏王乃倍從約，而因儀以請成於秦』。然則禹貢編制，又至晚不出襄王元年。無已，則編制之時，其惟惠王薨，襄王繼，鄒孟繼去，合從方酣之惠王後元十六年乎？雖曰治世大典未即實行，而魏史守之，演爲紀年；魏儒習之，補於夏書。

附圖二組（爲易比較起見，不得不用等方塊。）

圖一

甲

「新九州」略圖

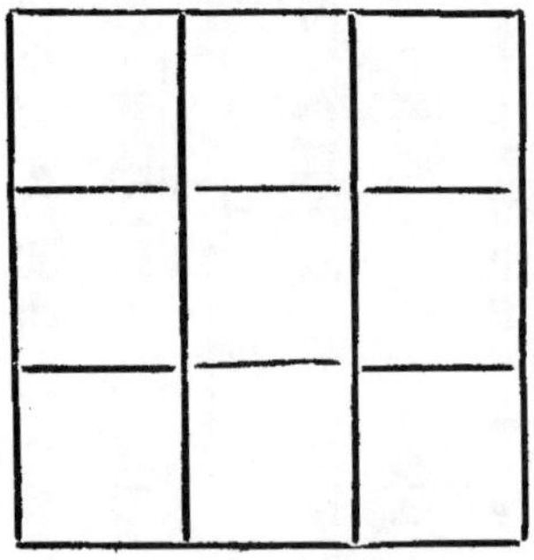

乙

「改組之孟軻九州」圖

（禹貢九州）

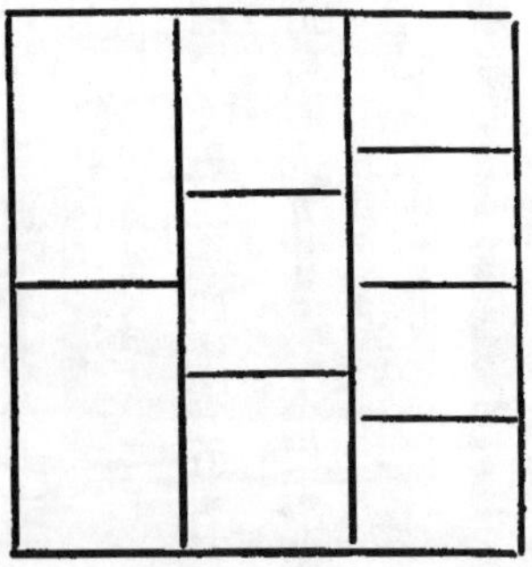

圖二

甲

「新九州」詳圖

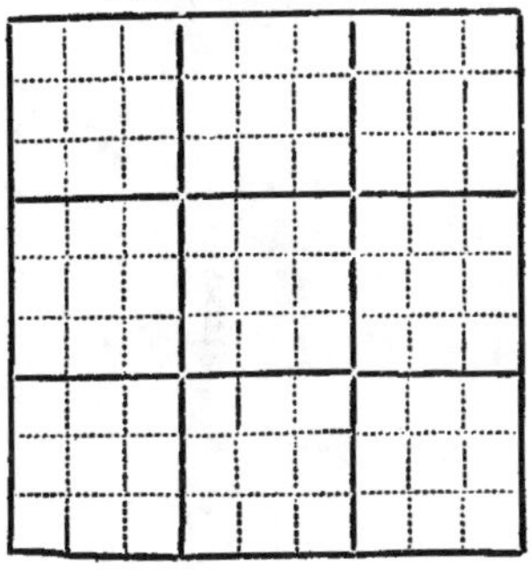

乙

「改裝之鄒衍九州」圖

（禹貢五服）

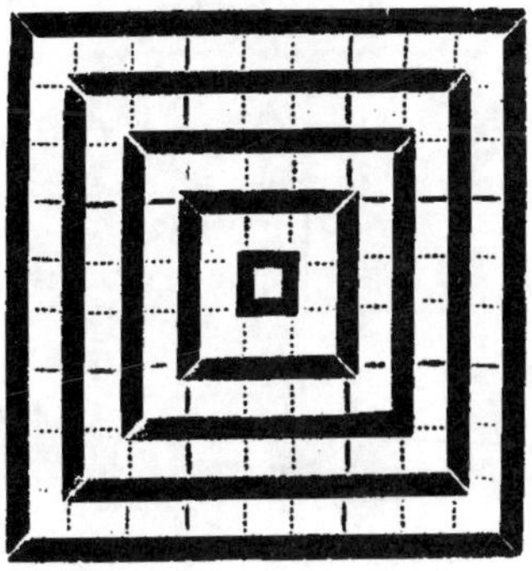

論狄

方庭

王靜安作鬼方昆夷玁狁攷，証三者同爲狄族，其見甚卓，然猶有未盡者。今案後漢書西羌傳引竹書稱季歷伐西落鬼戎，獲翟王二十，此其西方部落也；易稱高宗伐鬼方，三年克之，此其東方部落也。東部鬼戎春秋稱爲赤狄，以潞爲最大，後悉倂於晉；西部鬼戎又稱爲白翟，呂相對秦所稱與君同州者也，後悉倂於秦，其別部在赤狄之北爲肥鼓鮮虞諸部，後肥鼓爲晉所滅，鮮虞爲中山所滅，戰國時倂於趙。蓋『狄』之分赤白，亦猶匈奴之分南北，突厥之分東西也。惟赤白之名出於晉人，故史記匈奴傳於晉稱赤翟白翟；於秦所服之西戎八國其中復有曰翟者，實亦白狄之屬。至若緄戎大荔之流，蓋亦狄族也。

東部之狄與商人相接蓋始於未伐夏之前，周易，天問，山海經所稱王亥喪僕牛於易，亦即此地。易與狄本可通用，故逖字亦作逷。商之『景員維河』，其地本在大河之兩岸。商之東爲萊夷及海，其南爲荆舒，其西南爲夏故墟，皆非狄地，則有易之疆域，自亦爲後世狄人所踞之上黨常山，則其爲殷商大敵久矣。武丁號爲高宗，中興商代，其最大功績即爲伐鬼方。周室封同姓之魏於河曲，魏即隗亦即鬼，自當故爲狄人所有。其後封晉封翟，皆在其北，則其地當卽取之于懷姓九宗之屬，然亦僅限於汾水而止，周人固未能奄有上黨也。

禹貢覃懷底績至於衡漳，正義曰：『地理志河內郡有懷縣，在河之北，蓋覃懷二字故爲一地』。按其地後屬周畿，復歸于晉稱爲南陽，正値上黨之南，而懷亦即懷性九宗之懷，則其地在周室未領有以前固爲狄據。是狄之地在滅衛之前固已及於河內。殷世鬼方之克或即此乎？

宣王薄伐玁狁，至於太原，國語稱料民於太原，則太原自爲與狄相接之地，而爲軍事重鎮。然求其地自宜以小雅爲據，先求涇陽而後太原可得而說。涇陽所在王氏攷得爲今之涇陽，自畝顧氏日知錄所說爲後來居上。然謂太原在今河東，猶有未諦。宣王時河東已爲諸姬封地，不應不侵及諸姬封地而直犯鎬方及涇陽。涇陽以北之高原正上郡地，『上』之爲言『高』，證之於爾雅『高平曰原』之說亦無不合，則後世之上郡當卽前之太原。前人于太原一地或東屬之晉陽，或西屬之安定，均能言之成理；今上郡正當晉陽安定之間，則從晉陽迄於平涼一帶之高原，皆古之太原也。虢季子白盤云，『薄伐厥允，于洛之陽』，虢季子白盤有宣榭之名，當爲宣王時器，則其地當卽小雅所稱之太原。洛水所經大抵皆在上郡，則太原當卽指上郡矣。且圁洛之間正白狄故疆，證之後世情形亦非無當也。

成周之地北偪於狄，南偪於九州戎，非如東漢中興，據有三河之勝，東遷以後特贊旒而已，不足以制諸侯也。其後桓文霸業，所攘無非狄楚，封衛，納王，攘狄也；召陵之會，城濮之師，攘楚也。及晉據有陽樊溫原之地，而赤狄西南遂爲晉所包，晉爲狄大敵，而狄遂不能若閔僖之世滅邢，滅衛，伐魯，伐齊矣。經累代之經營，荀林父滅潞，晉國之境遂與齊衛相接，疆土之大，駕商周畿內而過之。至於長狄之爲赤狄之別，顧棟高已論之矣。

李鼎祚周易集解引干寶易注云，鬼方北方國也，其見甚確。竹書所稱王季伐西落鬼戎，蓋亦指西部之狄，未必指在岐周之西。案太王由邠徙岐，乃由東北而西南，則岐周以西尙無大敵，可以想見。嚴允出沒之地，前已考定爲上郡附近，又廣均注稱平州爲白狄故地，則上郡與後世平州之間亦當爲白狄故地矣，按其地約當太原北境及西河代郡雲中諸地，適當春秋末年代國之疆域。代國趙襄子滅之，事見呂覽國策史記諸書，則代正在白狄之間。又按太山一作岱，岱從代得聲，而太與大通用，則代大二字當同音。詩有杕之杜，杕爲狄之陰聲，顏氏家訓河北詩經杕作狄，近人說狄或本亦從大，則代國之名又當由狄之名而轉，則代國之爲狄亦審矣。狄爲游牧之族，秦策北有胡貉代馬之用，韓詩外傳代馬依北風，鹽鐵論馬效千里，不必胡代可證代之產馬至漢猶存其說。至于東京始有胡馬依北風越鳥巢南枝之詩，不復言代矣。

宋史地理志考異（福建路）

聶崇岐

『福州…威武軍節度。』

九域志九，『福州，唐威武軍節度，周改彰武軍，皇朝太平興國二年復舊』。

『縣十二…永福。』

『永福』，九域志九作『永泰』。輿地紀勝一二八，『永泰縣，崇寧避哲宗陵名改永福』。

『長溪，望，有王林銀場。』

『王林』，九域志九作『玉林』。

『羅源，中，舊永貞縣。』

通考三一八，『永貞縣，乾興元年改爲羅源』。九域志九，『天禧五年改永貞縣爲永昌，乾興元年改羅源』。

『懷安，望，太平興國五年析閩縣置。』

『五年』，輿地紀勝一二八引會要與志同，惟引圖經則作『六年』，而太平寰宇記一百又云，『太平興國七年割閩縣敎業等九鄉置懷安縣』。

『建寧府…本建州，紹興三十二年以孝宗潛邸升府。』

輿地紀勝一二九，『國朝會要以紹興三十二年升爲建寧府，而建寧志在隆興二年，當改』。

『縣七，…松溪，緊。』

輿地紀勝一二九，『松源縣，開寶八年改爲松溪縣』。『緊』，紀勝作『上』。

『甌寧，望，熙寧三年廢，元祐四年復。』

通考三一八，『治平三年析建安建陽浦城地置甌寧縣』。

『泉州，望清源郡，太平興國初改平海軍節度。』

九域志九，『泉州，僞唐清源軍節度，太平興國三年改平海軍』。輿地紀勝一二九，『陳洪進傳云，「太祖取荆湖，洪進大懼，請命於朝，乃改清源軍爲平海軍，拜洪進爲節度」，則改清源軍爲平海軍當在太祖時。而國朝會要以爲改清源軍爲平海軍在太平興國三年太宗之時。二者不同。象之謹拜觀長編之書云，「乾德二年正月改清源軍爲平海軍，命陳洪進爲節度使」。而皇朝編年，「太平興國二年四月平海節度使獻漳泉二州」。則洪進納土之時，已稱平海軍節度，則平海更節當在太祖之時矣』。

『縣七……惠安，望，太平興國六年析晉江置縣。』

輿地紀勝一三〇，『晉江縣圖經云，「淳化五年析晉江縣地置」。國朝會要云，「太平興國六年」。不同，當改』。

『安溪，下。』

『安溪』，九域志九作『青溪』。

『南劍州……縣五，……尤溪，上，有尤溪寶應等九銀場。』

九域志九，銀場無尤溪。

『漳州，下，漳浦郡軍事。』

九域志九，『唐漳州，後改南州，皇朝乾德四年復舊』。續通鑑長編六，乾德三年九月『詔南州復爲漳州』。

『汀州……縣五，長汀，望，有上寶錫場，……』

『錫』，九域志九作『銀』。

『蓮城，本長汀蓮城堡，紹興三年升縣。』

輿地紀勝一三二，『蓮城縣，……本長汀縣之蓮城村』。又引會要：『紹興三年割古田置蓮城縣』。

『邵武軍，……太平興國五年以建州邵武縣建爲軍。』

『五年』，隆平集一作『三年』。續通鑑長編二十，太平興國四年十一月辛卯，『以建州邵武縣爲邵武軍』。

『縣四，邵武，望，有黃土等三鹽場。』

『鹽』，九域志九作『銀』。

瀛涯勝覽校注序

馮承鈞

考明史鄭和傳，永樂宣德間，鄭和等通使西洋，將士卒二萬七千餘人，多齎金帛，造大舶數十艘（第一次共有六十二艘，見本傳；第二次共有四十八艘，見星槎勝覽），自蘇州劉家河泛海至福建，復自福建五虎門揚帆首達占城，以次徧歷諸番國，自永樂三年之初次航海，迄宣德八年之還京，二十八年間，先後七奉使，擒叛王三八，歷國凡三十餘。自和後，凡將命海表者，莫不盛稱和以夸外番，故俗傳三保太監下西洋爲明初盛事云。又考鄭和統率大䑸縱橫印度洋上之時，尙在西方諸大航海家甘馬（Vasco da Gama）哥倫布（Columbus）等航海之數十年前，則我華人此種空前航海事業，應爲東西交通史中之一大事；乃迄今西方史書之述航海家者，不言鄭和。而三保下西洋事，昔在中國流轉委巷，演爲戲劇平話者，今幾盡湮沒而不彰，則此舊事安得不重再提起？

鄭和將命海表時，隨使者有會稽人馬歡，太倉人費信，應天人鞏珍。茲三人者：歸誌其事，各撰一書，曰瀛涯勝覽，曰星槎勝覽，曰西洋番國志。鞏珍西洋番國志，僅見讀書敏求記，述古堂書目，四庫全書總目提要等書目著錄，原書今已不傳。費信星槎勝覽傳世者有兩本：一爲兩卷本（天一閣本及國朝典故本），一爲四卷本，疑即周復俊之刪析本，亦今日流行最廣之本也。惟費信之書，半採汪大淵島夷誌略之文，而本人所記者亦頗簡略，實不如馬歡瀛涯勝覽之敘事詳賅。瀛涯勝覽現存者，亦有兩本，一爲張昇改訂本，流傳較廣。其刻本可考者，有張文僖公（昇）詩文集附刊本，寶顏堂秘笈本，續說郛本，廣百川學海本，天下名山勝槩記本，圖書集成本。惟張昇本刪削太甚，原文所存無幾，不足觀也。馬歡原書現存者有四本：一爲紀錄彙編本，一爲國朝典故本，一爲勝朝遺事本，一爲三寶征彝集。三寶征彝集首見天一閣書目著錄，後見抱經樓藏書志著錄。據最近調查，此本今已不知爲何人所得，則現今可得見者實僅三本而已。比較三本，以紀錄彙編本爲最詳；勝朝遺事本對於原文及譯名不得其解者概從刪節；國朝典故本原刻本似未刪節，然今日僅存之鈔本，脫誤太多，致較勝朝遺事本之文爲尤簡。顧此三本，或爲明刻本，或爲明鈔本，槪爲今日學者所不易見；爰取三本合勘，以紀錄彙編本爲底本（後省稱原本），證以勝朝遺事本，（後省稱吳本），及國朝典故本之文，復旁採業經採錄馬歡瀛涯勝覽原文之西洋朝貢典錄（後稱省黃錄），明史等書，以及抱經堂藏書志所錄存之三寶征彝集前後序（後省稱集序）。馬歡本附有紀行詩，僅紀錄彙編，國朝典故二本載之。惟國朝典故本之紀行詩，錯訛難讀，乃取羅懋登西洋記通俗演義所載之紀行詩勘校；西洋記所採瀛涯勝覽之文可資參證者不少，未可以其爲小說而輕之也。

馬歡原書文言白話夾雜，錄其本者，莫不意爲刪潤，故現存三本多有出入。今校勘之目的，務在使原書還其舊，使讀者通其讀。還其舊，故對於俚語別字槪不爲之改正畫一；通其讀，故凡譯名多附原名於其下。書中之譯名涉及印度洋一帶之語言甚夥，現在雖未能作全部之詮釋，然多已經 Mayers, Groeneveldt, Philipps, Schlegel, Rockhill, Duyvendak, Pelliot 諸人之考訂，今採其說較長者從之。至若地名，僅著錄當時之譯名。至其古今同名異譯，將來擬在『南海地名』中裒輯比附。

當時所謂之西洋，蓋指印度洋也。馬歡紀行詩曰，『闍婆又往西洋去』，足見其以爪哇以西之海洋爲西洋。明史(三二三)婆羅傳云，『婆羅(Borneo)又名文萊(Brunei)，東洋盡處，西洋所自起也』，又足証明其以印度洋爲西洋。第所指者不僅海洋而已，沿海陸地亦名西洋，如西洋瑣里(見明史，即Coromandel沿岸之Cola)，西洋古里(見武備志，即Calicut)，西洋布(見本書，出產於坎巴夷，昔之Koyampadi，今之Coimbatore)等名稱，皆可證已。至以歐洲爲西洋，要在耶穌會士東來之後。

讀書敏求記西洋番國志條有云：『詳觀前後勅書，下西洋似非鄭和一人，鄭和往返亦似非一次，惜乎國初事蹟紀載闕如，茫無援據』。第檢載籍，及最近發現之資料，鄭和奉使次數，隨使人名，以及往返年月，多不難考求得之。鄭和本傳云，和先後七奉使，茲爲分別考證於下：

第一次奉勅通使西洋，在永樂三年六月己卯，還京時在永樂五年九月癸亥。隨使者有中官王景弘諸人，此見諸明史紀傳者也。

第二次奉勅復使西洋，事在永樂六年九月癸亥，還京時在永樂九年六月乙巳，亦見明史本紀著錄。顧奉使年月不必即是出發年月。此次費信曾隨行，據信所撰星槎勝覽云，『永樂七年秋九月，自太倉劉家港開船，十月到福建長樂太平港，泊。十二月自福建五虎門開洋，順風十晝夜至占城國』，則出發時距奉勅時有一年矣。

第三次奉勅時在永樂十年十一月丙辰(案是月無丙辰，疑明史誤丙戌作丙辰)，回京時在永樂十三年七月癸卯，亦見明史。此次出發時與奉勅時相距或者亦有一年，蓋馬歡在此次初隨行，其瀛涯勝覽永樂十四年序云：『永樂十一年，命正使太監鄭和統領寶船往西洋諸番開讀賞賜，余以通譯番書，亦被使末』，可以証已。此次隨行者，尚有回教掌教哈三，考西安羊市大淸眞寺嘉靖二年重修淸淨寺記云：『永樂十一年四月太監鄭和奉勅差往西域天方國，道出陝西，求所以通譯國語，可佐信使者，乃得本寺掌教哈三焉』。足證奉勅之次年四月鄭和尙在陝西。

第四次奉勅時在永樂十四年十二月丁卯，回京時在永樂十七年七月庚申，亦見明史，出發時亦在數月以後。泉州城外回教先賢墓有鄭和下番路經泉州行香碑記，其文曰：『欽差總兵太監鄭和前往西洋忽魯謨斯等國公幹，永樂十五年五月十六日於此行香，望靈聖庇佑，鎮撫蒲和日記立』，可以證之。此次從行者尙有僧人勝慧，曾見永樂十八年刋本太上說天妃救苦靈驗經經後題記。鄭和雖奉回教，然亦曾皈依佛教。考佛說摩利支天經，經後永樂元年姚廣孝題記有云，『今菩薩戒弟子鄭和，法名福善，施財命工刊印流通，其所得勝報，非言可能盡矣。一日懷香過余請題，故告以此。永樂元年，歲在癸未，秋八月二十又三日，僧錄司左善世沙門道衍』，其一證也。

第五次奉勅時在永樂十九年正月癸巳，還京時在永樂二十年八月壬寅，亦見明史本紀。出發時疑在是年冬季，馬歡此次疑從行。隨使者似尚有內官楊慶洪保二人，讀書敏求記西洋番國志條云：『此冊首載永樂十八年十二月初十日勅太監楊慶往西洋公幹，永樂十九年十月十六日勅內官鄭和，孔和卜花，唐觀保，今遣內官洪保等送各番國使臣回還，合用賞賜即照依坐去數目關給予之』。是年十月尚勅鄭和等，足證當時和尚未出發也。吾友向覺明達藏有淸初人鈔本殘卷一冊，書題序跋並闕，殆是「針位編」之一種。中有一條云：『永樂十九年奉聖旨，三寶信官楊敏字佛鼎洎鄭和李愷等三人，往榜葛剌（原誤傍葛塿）等番邦，週遊三十六國公幹，至永樂二十三年，徑烏龜中，忽暴風浪』（下言禱告天后娘娘得平安）。此條雖合五六兩次奉使爲一事，然可考見奉使者尚有楊敏李愷二人。楊敏名見明史外國傳。舊本星槎勝覽卷首行程表，永樂廿年有少監奉使往榜葛剌等國，其人名在天一閣本中作楊敕，在國朝典故本中作楊剌，疑皆是楊敏之誤。

第六次奉使時在永樂二十二年正月癸巳，然明史本紀未載回京年月，要在洪熙元年二月命和以下番諸軍守備南京之前，則此次往還最久不過一年，似僅至舊港即還。

第七次往還年月，皆不見明史本紀。惟鄭和本傳云：『宣德五年六月，鄭和王景弘復奉命，歷忽魯謨斯等十七國而還』。讀書敏求記西洋番國志條云：『宣德五年五月初四日，勅南京守備太監楊慶羅智唐觀保大使袁誠，今命太監鄭和往西洋公幹，大小海船，該關領原交南京入庫各衙門一應正錢糧，幷賞賜，幷原下西洋官員買到物件，及隨船合用等物，勅至即照數放支與太監鄭和王景弘李興朱良楊眞右少監洪保等關領前去應用』，又足證鄭和王景弘而外，尚有李興朱良楊眞洪保均在奉使之列。又據讀書敏求記同條，星槎勝覽卷首行程表，及瀛涯勝覽天方條，知鞏珍費信馬歡三人並隨使行，尚有郭崇禮者名見瀛涯勝覽後序，似亦爲隨使之一人。至若往返年月，據祝允明前聞記（紀錄彙編本卷二〇二），則在宣德五年閏十二月六日於南京附近之龍灣開船，宣德八年七月六日回京。

鄭和等先後所至諸國，據鄭和本傳，有占城（Campa）

爪哇(Java) 眞臘 (Kamboja) 舊港 (Palembang) 暹羅 (Siam) 古里(Calicut) 滿剌加(Malaka)渤泥(Borneo) 蘇門答剌 (Aceh) 阿魯 (Aru) 柯枝 (Cochin) 大葛蘭小葛蘭 (Quilon) 西洋瑣里 (Cola) 瑣里 (Cola) 加異勒 (Cail) 阿撥把丹南巫里 (Lambri) 甘把里 (Koyampadi) 錫蘭山 (Ceylan) 喃渤利 (Lambri)彭亨(Pahang)急蘭丹 (Kelantan)忽魯謨斯 (Ormuz) 比剌 (Brawa?)溜山 (Maldives)孫剌 (Sunda?)木骨都束 (Mogedoxu) 麻林 (Malinde) 剌撒祖法兒 (Zufar) 沙里灣泥 (Jurfattan?) 竹步(Jobo) 榜葛剌(Bengal) 天方 (Mekka)及黎代(Lidé) 那孤兒(Battak) 等三十七國。明史常因一國譯名不同，析爲二傳。此三十七國中之南巫里喃渤利，即同一國也。西洋瑣里瑣里，亦同一國也。又考明史之大葛蘭，乃本於星槎勝覽之大唄喃條者，而星槎勝覽此條，又係轉錄島夷誌略之小唄喃條者，則此大小葛蘭或大小唄喃殆指一國。所餘者僅三十四國。又考阿丹 (Aden) 一國，名見馬歡費信鞏珍之書，亦係鄭和所歷之地，鄭和本傳漏舉其名。星槎勝覽之卜剌哇 (Brawa)，亦係寶船所至之地，亦不見於鄭和本傳，有人以爲即是傳中之比剌，然與對音未合，未敢以爲是也。此外傳中國名不見於馬歡費信鞏珍之書者：有印度之瑣里加異勒阿撥把丹甘把里沙里灣泥五國，馬來半島之急蘭丹一國，疑是島夷誌略孫陀之孫剌一國，非洲東岸之麻林一國，似多非寶船所至之地。證以馬歡書誤剌利作瑣里，復誤以瑣里爲印度人概稱之例，可以見已。尙有眞臘，似亦非寶船之所經。總之，鄭和等所歷之國有跡可尋者，僅二十餘國。

鄭和所歷之國可考者固僅此數，然寶船航行所經，實已遍歷印度洋沿岸之地，茲可以其航行路線證之。

記載寶船里程之最詳者，要爲前聞記之下西洋條，所記者雖爲第七次航行之里程，然亦七次航海所循之舊道。據載由龍灣開船，經劉家港而至長樂港，約停七月，乃開船出五虎門到占城。由占城到爪哇之蘇魯馬益(Surabaya)，由蘇魯馬益到蘇門答剌東南角之舊港 (Palembang)，由舊港到滿剌加，由滿剌加到蘇門答剌西北角之亞齊(Ačeh)，由亞齊到錫蘭，由錫蘭到古里，由古里到波斯灣口之忽魯謨斯，復由忽魯謨斯回到古里。大䑸寶船由古里回洋，歷經亞齊滿剌加占城等地，徑航太倉。

前聞記所載之里程要爲大䑸寶船之里程，即對於大䑸寶船所歷之地亦未遍舉。茲綜合瀛涯勝覽，星槎勝覽，西洋朝貢典錄，明史所誌之針位證之，諸書中時常著錄不見於字書之「䑸」字，此字應是當時海上航行用語，以指海船者也。綜有大綜及分綜之別，馬歡書舊港，蘇門答剌，古里等條之「大綜寶船」殆指正使所駕之大隊船舶。卷首紀行詩同阿丹天方等條所言之分綜，殆指分遣赴各地之船舶。考諸書所誌之針位，分綜出發之地，大致有五：

一爲昔日占城之新州，今日安南之歸仁，其航線大致有三：一爲赴浡泥島之文萊(Brunei)之航線，一爲赴暹羅之航線，一爲赴爪哇島，蘇魯馬益之航線。後一線應經過假里馬打(Karimata)麻葉甕(Billiton)兩島之間，大綜寶船所循者蓋爲此第三線。自是由蘇魯馬益歷舊港，滿剌加，亞魯而至亞齊。

二爲亞齊，即諸書之蘇門答剌也。其航線有二：一爲赴榜葛剌之航線，一爲赴錫蘭之航線。茲二航線雖在亞齊分道，似皆經過喃浡利翠藍嶼兩地，然後分途。航行大綜寶船所循者，乃後一航線也。

三爲錫蘭島之別羅里，此地雖不能必爲今之何地，要在今之高郎步(Colombo)附近，其航線亦有二：一爲西赴溜山羣島之航線，一爲西北赴小葛蘭之航線，亦即大綜寶船之航線。明史言錫蘭可通非洲東岸之不剌哇(Brawa)，殆爲溜山一線之延長線也。

四爲小葛蘭，其航線亦有二：一爲徑航非洲東岸木骨都束之線，一爲北赴柯枝之線，大綜寶船即遵此線經過柯枝而至古里。當時寶船似未北行至阿剌壁人之沙里八丹(Jurfattan，今Cannanore)及狠奴兒(Honore)二國。

五爲古里，其航線似亦有二：一爲西北赴波斯灣口忽魯謨斯島之航線，一爲赴阿剌壁南岸祖法兒(或應加入今地未詳之剌撒)阿丹等國之航線。當時寶船雖未徑航默伽，所遣通事七人附載之古里船應亦循此線西北行而抵秩達(Jidda)也。

當時之分綜不止一隊，馬歡費信鞏珍等未能同時遍歷諸國，所以其記載各有詳略。如馬歡未至剌撒，所以瀛涯勝覽無剌撒條；費信未至默伽，所以星槎勝覽列天方於傳聞諸國之內。

前所述者，僅就以鄭和爲中心之下西洋寶船而言。此外在鄭和以前及寶船以外之特使，航行南海及印度洋中者，亦不乏其人。茲據明史列誌如左：

使臣劉叔勉於洪武二年使西洋瑣里。

使臣塔海帖木兒於洪武三年使瑣里。

御史張敬，福建行省都事沈秩於洪武三年使浡泥闍婆(即爪哇)。

中官尹慶於永樂元年使爪哇滿剌加柯枝古里等國。

副使聞良輔，行人甯善於永樂二年使蘇門答剌西洋瑣里二國。

中官馬彬於永樂二年後使西洋瑣里。

中官張謙，行人周航於永樂六年送浡泥王還國。

中官甘泉於永樂十年送滿剌加王侄回國。同年有使印度之紹納樸兒 (Jaunpur) 底里 (Delhi) 二國者，不知是否爲同一人。

中官侯顯於永樂十三年使榜葛剌國。此次遣使並見星槎勝覽，惟在卷首行程表中誤作鄭和。此外星槎勝覽行程表並誌有少監楊敕等於永樂十年使榜葛剌國。

如前所述，足徵洪武永樂宣德三朝國勢之盛，傳播國威之遠。漢代雖亦有遣黃門與應募者入海市異物之舉(漢書卷二九)，然不及明初規模之大。撫今追昔，感慨繫焉！

本書校勘，承向覺明以若干難覓之鈔本刻本見示，並以若干新發現之資料見貽，而於名物之考證，得之於 Rockhill 及 Pelliot 二氏者不少(原考見一九一五年及一九三三年通報)。惟去歲出版 Duyvendak 撰「重再考訂之馬歡書」，未能一檢，而國朝典故本瀛涯勝覽得之較晚，惜脫誤甚多，故僅摘錄其異文之重要者。至與吳本黃錄相合之寫法，未能遍注也。三校既畢，爰將考證所得，誌於卷首云。

民國二十三年八月十五日，馮承鈞識。

穆傳之版本及關於穆傳之著述

張公量

晉太康二年，汲郡民不準盜發魏襄王塚，得古竹簡書。帝命荀勗和嶠等撰次爲十五部，以爲中經，列在秘書。今所傳者惟紀年穆天子傳周書古文瑣語數書而已。穆天子傳，高似孫史略云，『一卷，竹書內。李氏邯鄲書目云，「六卷」，必是字誤』。今本皆作六卷，襲李氏之誤歟，抑別有據歟？晁公武郡齋讀書志謂書凡八千五百一十四字，今本僅六千六百二十二字，缺脫愈甚矣，始作偽者誰歟？

元明以降，校是書者不下二三十家，或考詳典禮，或訓釋故字，或疏證地理，厥功至鉅。然明人荒陋，輕易校刊，譌奪滋多；洎淸一代，望江檀墨齋始作穆天子傳註疏，江都陳穆堂繼爲穆天子傳補正，固皆穿鑿附會，了不足取，即錢塘丁益甫之穆天子傳地理考證，自以得其實，亦五十步之於百步耳。儀徵劉申叔著穆天子傳補釋，已較嚴謹；而近人武進顧惕生撰穆天子傳西征今地考，轉涉悠謬。蓋諸人於古史疆域，史蹟眞贋，茫昧而未之考，徒以今日之地理觀念繩而測之，以炫神州威力之重，文物之盛，夜郎滇池，不亦儇乎？

是書或入起居注類（如書錄解題），或入傳記類（如郡齋讀書志），或入小說類（如四庫提要），自來著錄，原無定準，吾人亦不必判別是非。茲就知見所及，輯錄傳本於后。

穆天子傳一卷

高似孫史略記竹書（穆天子傳一卷，周書十卷，古文瑣語四卷）一條，可資考宋時穆天子傳之面目，摘錄如下：『襄王即魏惠成王之子靈王也。世本以爲襄王。又史記六國年表自靈王二十一年至秦始皇三十四年燔書之歲八十六年，至太康二年初得此書凡五百七十九年。杜預於左氏傳之末，嘗攷其不合於經傳者數事。劉知幾史通乃言汲冢紀年載春秋事多與左氏同。又郭璞註山海經以爲穆天子傳載穆王饗西王母于瑤池之上，與竹書同。璞又言竹書不出，則山海經幾廢。則知竹書所載怪妄者必有合於山海經者。初在隋目八十七卷，是猶皆存；至唐藝文志吳兢西齋書目僅十四卷耳。知幾又曰：汲冢所得，尋即亡佚。然則摯虞束晳既嘗據引，荀顗又嘗參訂；杜預之所引用，干寶之所稽法，則是不爲不古矣。不只是也，師古稱臣瓚所注漢書，喜用竹書。隋志有竹書同異一卷。按荀勗所考古尺其簡長二尺四寸，以墨書，一簡四十字。時勗爲中書監，同第錄者中書令和嶠，秘書主書令史秘書校書中郎張宙，郎中傳瓚。瓚即師古注漢書所引臣瓚者也。時所書用二尺黃紙』。又云，『（穆天子傳），李氏邯鄲書目云「六卷」，必是字誤』。按今本結銜不署和嶠張宙傳瓚等人職名。而舊抄本有之，見張金吾愛日精廬藏書志，顧千里抄校道藏本。孫詒讓籀廎述林考之頗詳，宜參閱。

穆天子傳六卷

郡齋讀書志錄之傳記類，云：『右晉太康二年汲郡縣民盜發古塚所得，凡六卷，八千五百一十四字，詔荀勗和嶠等以隸字寫之云云。郭璞注本謂之周穆王遊行記。勗之時，古文已不能盡識，時有缺者。又轉寫益誤，殆不可讀』。按此，則是書又名周穆王遊行記矣。

穆天子傳六卷

元劉庭幹校本。王元翰（漸）至正十年序云：『南臺都事海岱劉貞庭幹舊藏是書，懼其無傳，暇日稍加讎校訛舛，命金陵學官重刊，與博雅之士共之，諗予題其篇端云』，則王序爲是本而作也。明本以降，皆錄之，則明本殆劉本可知也。按定盦謂今所據有劉氏庭幹本，則尚有元版劉校本，惜余未之見也。

穆天子傳六卷

明吳氏琯古今逸史本。

按是本與龍威秘書本多同，如『柏夭』之俱作『伯夭』，卷一『丙寅天屬官效器』，『天』下之俱有『子』字等。但亦有違異者。

穆天子傳六卷

明邵氏闇生瀫古介書前集二十一種本，四册。

是書爲明天啟七年（丁卯）刻，凡通行本之□，皆註『缺』字於旁。不載荀勗序。字形多異，如鴅之作鷵，烏之作鳥，俟之作竢。字體亦有異者，如留國之邦之作留骨之邦，𣏌之作旃。卷一卷二相連，不另起頁。爲穆傳之又一面目，北京大學圖書館藏巴陵方氏之藏本。

穆天子傳六卷

明范欽天一閣本。上海涵芬樓影印本。

穆天子傳六卷

漢魏叢書本。

穆天子傳無卷數

說郛本，不全。按說郛有西王母傳，題漢桓驎撰，僞也。是篇末云：『周穆王時命八駿與七華（誤）之士，使造父爲御，西登崑崙，而賓西王母。穆王持白珪重錦以爲王母壽，事具周穆王傳』。所言多出穆天子傳。

穆天子傳六卷

上海涵芬樓影印道藏本。

穆天子傳六卷

龍威秘書本，即漢魏叢書採珍十九種本。

穆天子傳六卷

顧抱冲校影宋本。宋本九行，行二十字。顧氏手校曰：『壬子春得一影宋鈔本，斷爛不全，失去一葉，其文與註則微有異同。因研朱細校其異。顧文字古奧，未敢妄訂是非，行就博雅家正之。癸丑霜降後二日，抱冲校畢記』。（經義孫藝風堂藏書記）

穆天子傳六卷　洪頤煊校

新斠平津館叢書十集本。　傳經堂叢書本。

頤煊字旌賢，號筠軒，浙江臨海人。是書據漢魏叢書本，明程榮本，吳琯本，汪明際本，趙君坦所校吳山道藏本，暨史漢諸注，唐宋類書所引，互相參校，所得甚多，向稱善本。洪氏信穆傳爲周秦間人作，舉古字爲證。如聘禮云，『管人布幕于寢門外』。鄭君注云，『管，猶館也』。古文管爲官。此書云官人陳牲，官人設几，乃古文之僅存者。又爾雅釋地云，『觚竹，北戶，西王母，日下，謂之四荒』。此書云紀迹于弇山之石，眉曰西王母之山，與爾雅所記合。復以末卷爲荀勗等所定。氏自叙其功云，『表其異同，正其舛謬，爲補正文，及注若干字，刪若干字，改若干字，其無可校證者闕之。徒憾傳譌已久，未能盡復舊觀，如釋古彝器碑碣之十得五六云爾』。其態度至篤實，所正自可依矣。

覆校穆天子傳六卷　清翟云升撰

五經歲偏齋校書三種本

此書與洪頤煊校本竝稱諸校本中最善者。自序述著作之經過云：『自前明逮我朝，校是書者不下十家。傳鈔翻刻，又各有舛錯，甚至不可句讀。余不自揣，覆校之，於諸本中從其一是，兼采檀氏萃疏，參附管見，以成此編。業付梓矣，而審視仍多未合，且有刋刻之誤，未及檢者，竝剔改如左（按末附補遺，當即此）。豈易復郭氏之初，庶與都事（按指元劉貞）本不甚相遠。惟是竹書古文，晉武付秘書以今文寫之，以隸破篆，筆迹詭奇，展轉致譌，寖用歧出，無從是正。玆取諸家傳本，載在字書者，從其同而附其異焉。烏乎，其荒邈矣哉！』按是書不盡采檀疏，有如陳穆堂（逢衡），校勘頗慎，改正特多。如澤之誤爲滜，崖之誤爲峯，鵾之誤爲鶴，藿之誤爲萑，皆經指出。說『𨞚柏絮』一段，尤足資考證之模範。云『路史六國名紀：𠠜，僩也；𠠜，伯綮國。穆天子西征至于𠠜，河宗之子孫𠠜柏綮逆天子。郭，叵宥切；柏，爵；綮，名。廣韻上聲引之云，漢有𠠜城侯；地紀，陳倉有𠠜城云。河宗之子孫，則宜在此，非沛之𨞚。姓纂作鄁伯綮。穆傳今作𨞚伯絮，訛。案今廣韻上聲四十三等，𨞚，普等切。穆天子傳云，「西征至𨞚」。郭璞云，「國名也」。前漢書有𨞚城侯。今漢書高惠文功臣表𨞚城侯周緤，師古曰，「𨞚音陪，又音叵宥反」，字皆作𨞚，不作𠠜也。攷說文六下，𨞚，右扶風鄠鄉，從邑，崩聲。沛城父有𨞚鄉，讀若陪。是𨞚爲兩地，而音不同。傳所云「𨞚」，蓋在右扶風，郭云叵宥反，即崩之重聲也。玉篇始音𨞚爲梅沛切。故說文新附，孫愐唐韻音薄回切，而顏注漢書，亦主音陪。不知玉篇唐韻所音，乃沛城父之𨞚；若𨞚成侯之𨞚，則在右扶風，專音普宥反也。廣韻平聲十五灰，「𨞚，薄回切，鄉名，在扶風」，竝誤。路史謂穆傳國名，非沛之𨞚，則是；謂其字當作𠠜，而譏姓纂作𨞚爲訛，則非也。又攷集韻始有𠠜字，凡三見，竝爲𨞚之重文。上聲四十三等云：「𨞚，國名，穆天子傳西征至於𨞚人。一曰縣名，在扶風，鄉名，在鄂」。平聲十五灰十八尤則專引說文云云。雖均未剖判分明，然未嘗以鄙鄘爲兩家也。路史之說，殆不足信，惟謂絜爲緊之訛，則似可從，但它無所據耳』。

穆天子傳六卷

清孫星衍校本，未見。龔定盦最錄穆天子傳（文集補編卷三）云：『晉書束皙傳曰，「此書本五卷，末卷乃雜書，十九卷之一」。孫星衍曰，「尋其文義相屬，應歸此傳，束皙傳別出之者非也」。龔自珍曰，「孫說是也」』。又謂所據諸本，洪氏（頤煊）孫氏（星衍）爲佳。按是本，北平北大兩圖書館均無，而各種書目亦未載，不知尙在天壤間否也。既見許於定盦（謂末卷爲本傳，自是不凡），當有過人之處，惜乎其不可見也。又按孫氏平津館鑒藏記補記有穆天子傳寫本，云，『此本與今世所行漢魏叢書本無大異同，惟末卷多未刻字，又闕曰□祀大哭以下幷注廿字』。則是即孫氏所校之本歟？

穆天子傳注疏六卷（巴陵方功惠柳橋廣州輯刊碧琳瑯館叢書本。坊刊本。）

清檀萃撰。檀萃字默齋，安徽望江人，乾隆二十六年進士。著述頗富，穆天子傳注疏以外，有大戴禮注疏，逸周書注，儷藻外集，楚庭稗珠錄等十四種。穆傳注疏一書，不爲後人稱善，陳逢衡雖采其說入於補正中，而詆諆特甚。長洲黃蕘圃並未參校。最後劉師培爲補釋，亦多譏譏。蓄其書妄設篇章，妄發議論，差而不實也。兩刊本余並未見，今惟從陳氏補正窺見一斑而已。陳氏凡例二則其目，知其卷首列編年，即以竹書紀年之穆王篇全列於上，而附注於下。又於卷一標出啓行出塞章第一，河宗迎接章第二，披圖視典章第三，濟河伸乘章第四，數過嘉辭章第五，末附河源考。於卷二標出瞙晝居慮章第六，昆侖之邱章第七，命□吾主章第八，春山銘迹章第九，赤烏之人章第十，曹奴之人章第十一，留骨之邦章第十二，羣玉之山章第十三，潛時章第十四，剞閭溫歸章第十五，鷃韓無凫章第十六，至西王母之邦第十七，末附崑崙考。於卷三，標出賓西王母第十八，憂吟世民章第十九，曠原大獵章第二十，智氏章第二十一，瓜纑紗衍章第二十二，命懷諸飦章第二十三，末附西王母傳。於卷四，標出重邕氏章第二十四，文山歸遺章第二十五，八駿翔行章第二十六，巨蒐𠔉奴章第二十七，河宗歸邦章第二十八，入塞章第二十九，入宗周章第三十，西土之數章第三十一，祭廟觴師章第三十二，北遊還反章第三十三，末附穆巡里數考。以上檀所謂西巡也。以下爲東巡。於卷五，標出休瀍澤章第一，飲洧上章第二，圃田章第三，觀桑者章第四，宿祭章第五，雀梁奏樂章第六，射獵遊章第七，化人神遊章第八，虎牢章第九，次宿閒告章第十，帝臺觴樂章第十一，黃池謠章第十二，入啓室章第十三，蒐獵苹澤章第十四，還入章第十五，末附帝臺化人考。於卷六則不曰章而分爲節。自勸示石閭至歸周凡三十一節，末附穆天子論。陳氏從而評之云：『穆天子傳是古起居注體例，其紀事但纏聯而下，不分卷數。若盛姬死事，又自爲一種。晉荀勖輩妄分爲五卷，已屬不合，檀氏又從而分章分節，陋矣。夫論孟之分章，以上下各不相屬故分爲章句，檀氏仿而效之，殊覺武斷』。蓋失之瑣屑，然矣。陳氏則歸咎於其遠謫滇南，用以洩胸中不平之氣，有以致其舛也。是書顧師有殘本一冊，係卷一之三，無鐫刻標識，不知是何版本，亦不載諸序。首題『河東郭璞註，江南檀萃疏』，疏語繁亂，復有眉批。所附之考尤沓。卷一共四十一頁，而河源考佔三十頁。玆錄其釋『河伯無夷』一段，以爲例：『經云「崑崙虛南所，有氾林，方三百里。從極之淵，深三百仞，惟冰夷恒都焉。冰夷人面而乘兩龍。一曰忠極之淵。陽紆之山，河出其中。凌門之山，河出其中」。郭註經云，「冰夷，馮夷也。淮南云，馮夷得道，以潛大川，即河伯也」。然此論不自於淮南而始於莊子。蓋河伯上古之諸侯，有功德於民，如重該修熙之類，故祀爲河宗氏也』。故陳氏謂其『考證者一二，附會者八九』，非虛言也。

穆天子傳六卷

海嶽慶秘笈叢刊之一，海源閣藏黃蕘圃校本，民國二十三年一月山東省立圖書館印行。

黃丕烈字蕘圃，又號復翁，江蘇長洲人，爲有清一代校勘大家。所著有士禮居藏書題跋記六卷，續錄二卷，再續記二卷等。校註穆天子傳者，當以蕘圃所見傳本爲最夥。計有九行二十二字本，元妙觀道藏本，程榮本，范欽本，范欽吉陳德文本，抄本有叢書堂本，校本有顧本惠本。其書以朱墨二色互校，惟所屬無例。其校法，有云：『丙寅小除夕以顧千里影鈔道藏本校。其與此刻異者，旁行加△，或下方旁行註出，標以「道」字。與此刻同者不贅註出矣』。以程榮本爲主，以他本校之。彼以程本爲明刻本之最先，因『九行二十二字本校本文與此刻同，疑此即從九行二十二字本出』故也。卷末附顧實王獻唐二氏跋。

穆天子傳補正六卷

陳氏叢書本　讀騷樓叢書本

陳逢衡（一七七六—一八五五）字穆堂，江都人，與馬氏玲瓏山館同以藏書知名於鄉里，瓠室其別業也。生平嗜書，精於是正，嘗以五色筆敘其端委，莊書簡端，朗如眉列。江浙書賈，獲一秘籍，必先造其廬，陳氏不惜以重貲購之（稗傳集），故所著竹書紀年集證逸周書補註等，皆搜輯甚博，學者便焉。穆天子傳補正之作，自謂乃繼明胡應麟之志。序稱『幼耽古籍，專意持平。履彼蠶叢，穿茲蟻曲。絕無矜奇可愕之事，但有互亂錯簡之疑。洵知此傳，實出西京，穆滿猶秉周禮。蓋嘗三復揣摩，循其轍迹，所經大都在西番大昆侖東南宿州小昆侖而止。至於字畫，則齒齒闕疊，可以識蝌蚪之舊；國名則重繙鶵韓，可以補姓氏之缺』。其精神意氣，略可知矣。是書以郭注為主體，備錄洪檀諸家之言，末加按語，或補正，或考釋，而心得則無多。茲尋出三點言之，以例其餘。一為干支之考證：如『庚辰，戊寅後二日』；『癸未，庚辰後三日』之類。又略為訂正，如『甲辰，癸卯後一日，若上文是癸酉，則下距甲辰三十一日矣，穆王不至留連如是之久，故定以為癸卯也』；又『戊申，丙午後二日，洪本作戊寅，上距丙午三十二日，誤』之類。按穆傳書缺簡脫，自非他書可比，故不能拘牽情理，定其謬誤。二為引書之釐正：凡類書所引，誤以為穆傳者，悉加釐正。如太平御覽三十八『自密山以至鍾山四百六十里，其間盡澤，多怪獸奇魚』，為西山經之文；錦繡萬花谷前集卷三十『西王母降周，穆王開宴，有萬歲冰桃，千葉碧藕』，為王子年拾遺記之文：皆誤引以為穆天子傳也。三為郭注之刊正：如郭璞引山海經『西王母如人虎齒，蓬髮，戴勝，善嘯』以注『吉日甲子賓于西王母』句，大加訶斥云：『山海經所載是禹益時所見之西王母，至穆王時已千餘年，其國猶是，其人則非也，焉得取山海經之文以註此』。又云：『即依山海經之文證之，亦無甚怪異。豹尾者，其衣有尾也。後漢書梁冀傳「冀作狐尾單衣」，注「後裾曳地如狐尾也」。又西南夷列傳，「槃瓠生子十二人，槃瓠死後，因自相夫妻，好五色衣服，製成皆有尾形」。又哀牢夷種人皆刻畫其身象龍文，衣皆有尾，此類是也。虎齒，言齒粗大也。善嘯，如後世孫登阮籍之類。蓬髮者，古時質樸，不似後世女人梳妝，故髮四垂也。戴勝者，戴玉花勝也。本無神怪。穆傳敘述西王母歌詩贈答，何等雅正。竹書紀年亦然。即證之山海經，亦無奇異之處，而況以千餘年之西王母為即穆王所見之人乎？故辭而闢之』。神話傳說自不必解釋，而陳氏反剌剌不休，無裨實際。其拘迂鈍拙可哂者類此。穆堂自道一生以著述自娛，尤耽古史。汲冢三書，先後盤梳，而其蔽短攸歸，乃缺乏史學上批判的眼光也。僅足供吾人之參攷，不足資吾人之依據。所謂『較之洪本少有異同，實於郭注多所補正』，即此自表之功，吾人亦未能首肯焉。

穆天子傳地理攷證六卷 附中國人種所從來攷，穆天子傳紀日干支表。

穆天子傳地理攷證六卷，丁謙（一八四三——一九一九）撰，浙江圖書館叢書（二集）本。謙字益甫，古杭（浙江嵊縣）人，精研地理，著述頗多。是書，民國四年刊於浙江書局。謙生當清季，其時學者於西洋歷史已頗有所聞，遂倡中國人種西來之說，引證雖詳，不免傅會。益甫此書，蓋亦循此空氣造成。其言迂闊，不爲典據。首冠凡例多條，有云：

讀是書，當先知中國人種古時由西方遷徙而來，故三代以前人多畜懷故土之思，此穆王西征之原因也。讀是書，當先知西王母爲西方大國，其國上古時名加勒底（按即 Celt），炎黃時名巴比倫，至於商周，名亞西里亞。中國人種西來之始，當在加勒底時代，而穆王至彼則亞西里亞時代也。

此皆大言不慚者也。彼不問穆傳之眞實與否，不審古代交通之遼廓與否，昧於變遷之道，視古今如一軌。以此治學，莫不乖失，徒滋繁瑣，以眩耳目耳。又云：

讀是書，當先知西見王母始於黃帝，帝堯繼之，穆王不過遵領故轍，儒生不察，駭爲異事，囿於所見故也。讀是書，當先知穆王西征之道卽今日通行之大路，就本書卷四之里數方向，按圖以考，雖地名不同而大致皆合，方信古書所載皆屬實事。

彼於古書之信心，有如是者。逸周書竹書紀年皆晚出爭訟之書，彼且不以爲疑。故直謂西見王母昉於黃帝。穆王西征，左傳史記載之三數語，是否卽指其事，顧亦難言。其事至穆傳僞列子（穆王篇）然後備，究竟何若，不得而知；然於魏晉之間，流播始盛，則可言也。故安得謂西征之道卽今日通行之道？其武斷類此。今摘錄其辯西王母一段於下，以見其概：

……西王母者古加勒底國之月神也，軒轅黃帝傳言時有神人西王母，太陰之精，天帝之女，可爲月神確證。攷加勒底建都於幼發拉的河西濱，名曰吾耳一作威而城，有大月神宮殿，窮極華美，爲當時崇拜偶像之中心（見輿國史譚）。又其國合諸小邦而成，無統一之王，外人但稱爲月神國。以中國語意譯之，則曰西王母，卽稱其國爲西王母國，嗣並移而名其國之王。……穆王見西王母處，當卽亞西里亞國都尼尼微城。據舊約創世紀，此城爲古加勒底寧錄王所造，至前元千一百三十年，亞西里亞王帝騰皮思始建爲都。

按通大夏（今阿富汗）始於漢甘英，決非穆王之世所能及，丁氏不惜牽連西史而必之，何與？學者大抵熟習舊典，志在邦國，本自我之抓懷，發思古之幽情，爲先民宣揚國光，昭示文教，遂張大其辭，適足以增羞而自玷耳。雖然，其攷證詳贍，不失爲參考之資。至其附錄諸考，如犬戎樹惇攷，積石山攷，剞閼鸚韓諸地皆古大夏國境攷，重璧臺攷略，尤不可忽也。

穆天子傳六卷

呂調陽校　觀象臺叢書本。

穆天子傳補釋　劉師培著

是書刻於己酉（一九〇九）國粹學報第五十，五十一，五十二，五十三諸期中。有同年正月序一篇，略云：『此書雖出晉初，然地名符於山海經；人名若孔牙耿翛，均見書序所載；賓祭禮儀器物，亦與周官禮古禮經相符：則非後人贋造之書矣。考穆王賓於西王母，其事具載列子，馬遷修史，亦著其文。雖所至之地，均今葱嶺絕西，然證以山海經諸編，則古賢遺裔，恒宅西陲。西周以前，往來互達；穆王西征，蓋亦率行軒轅大禹之軌耳。不得泥博望以前西域未通之說也』。其信而無疑，仍不脫傳統觀念之獘籠者，從可知矣。故其說穆王西征之途，至有謂帕米爾爲羣玉之山，波斯爲西王母之邦，裏海爲大曠原所在，任情挾智，爲老祖宗作廻護，余滋惑焉。劉氏爲古學大師，志在述古，學風所限，亦有不得不然者。其書非完統之作，僅取若干條而釋之。序云：『師培幼治此書，病昔治此書者率昧考地。因以今地考古名，互相證驗。古義古字，亦稍闡發。成書一卷，顏曰補釋。惟書中古字，率多未詳。又卷三「世民之子」，亦深思而昧其解。世有善思誤字之士，尙有闡此蘊義乎？』則其精力所萃，又可見矣。故於地名，甚多玄解。謂由葱嶺達中亞，均漢代塞種所居，而穆王所稱西膜，適當其地。並見西籍中有塞迷種，古居亞洲西境，遂言轉音則爲西膜，省音則爲塞。『膜拜』『膜稷』，均由西膜得名，非即沙漠。皆影響穿鑿之新例證也。計卷一凡七條，卷二凡十一條，卷三凡六條，卷四凡四條，卷五凡六條，卷六凡六條，合四十條。以余觀之，所釋古義古字，多精覈。如釋『里』（天子里圃田之路）爲『釐』，引書序『帝釐下土方』馬注，『釐，理也』，與周禮獸人鄭注『謂虞人釐所田之野』爲說；釋『官人』爲旅次掌食之人，官與館同，引周禮遺人職『五十里有舍市，有候館』，與詩鄭風緇衣『適子之館兮，旋，予授子之粲兮』爲說。可謂發前人之所未發，有功於穆傳者宏矣。

穆天子傳六卷

王國維校　趙萬里先生過錄本

是本卷末跋語有云：『乾隆二十一年丙子嘉平月盧文弨校（一行）。己亥三月二十八日得抄本又看一過，弓父記于崇文書院（二行）。癸卯八月庚申朔以道藏本校訖，弓父記于山右之三立書院（三行）。庚申三月見盧抱經先生校本，無甚異同。摘其要錄之。翟校多與盧合，似曾見盧本也。國維記（四行）。丁卯七月十七日萬里過校，時客滬上（五行）』。

明代倭寇史籍誌目（續）

吳玉年

茅坤徐海本末一卷

四庫著錄戶部尚書王際華家藏本，入傳記存目六，提要云：『坤字順甫，歸安人，事蹟具載明史文藝傳。坤好談兵，罷官後，値倭事方急，嘗爲胡宗憲招入幕，與共籌兵計。此編乃紀宗憲誘誅寇首徐海之事，皆所親見，故敘述特詳，與史載亦多相合。袁褧以此書與汪直傳合刻入金聲玉振集中，題曰海寇後編，今析出各著錄焉』。

按此編並載於鹿門集及籌海圖編。其集中與當道書中，常論防禦倭寇之事。其海防事宜一篇，疑卽與李汲泉中丞議海寇事宜書，共分諜賊情，申軍令，利器械，分戰守，擇官使，籍兵伍，築城堡，練鄉兵等八事。所議皆當時要務，後皆次第施行，頗著成效。

茅坤海防事宜

說見前。

茅坤海寇議後記一卷

見金聲玉振集。說見前。

汪直傳一卷

四庫著錄，入傳記類存目六，戶部尚書王際華家藏本，提要云：『不著撰人名氏，記嘉靖中汪直引倭入寇海上，及總督胡宗憲以計誘殺直事，所以歸功於宗憲者甚至，或其幕客所作也』。

按此編與籌海圖編中擒獲汪直一篇完全相同，王先謙日本源流考引用擒獲汪直之編，題曰謝顧撰，先謙博學，諒必有所受也。

劉燾沈莊進兵實錄

見姚叔祥見只編。閩書卷四十三，文涖：『燾字仁甫，天津衞人。嘉靖三十九年，代王洵爲巡撫。時倭寇頻歲焚掠，其年三月鳩衆數萬，由南台寇福州。燾素有威名，善騎射，走及奔馬。下令大開城門，往來不禁。親率死士千餘，邀賊閩安鎭，身發三矢，中其三酋，應弦而斃；賊盡奔潰，赴水死無算。凱旋之日，士民歡迎馬首。無何復出軍禦倭長樂之北鄉，遇賊壺井山下，手射二酋，賊駭潰，避去。以病免』。

按康熙南匯縣志疆土志：『沈莊在縣西北約五十里，下砂北二十里，東曰北五竈港，入鹹塘，南過鎭五六里，轉西由北行出浦，爲上海往來之官道。相傳沈三萬莊舍，南北約一里，兩岸居民約百許，海寇徐海踞此爲巢』。此編即記剿滅海之事蹟，甚爲詳備，可與茅坤徐海本末並傳矣。再籌海圖編參過圖籍中載燾有海防議一篇，而未見傳本，不諗其內容如何也。

李言恭 郝杰　日本考　北平圖書館藏明刊本

四庫著錄浙江鮑士恭家藏本，入地理類存目七，提要云：『言恭字惟寅，岐陽武靖王文忠之裔。以萬曆二年襲封臨淮侯。杰字彥輔，蔚州人；嘉靖丙辰進士，官至南京兵部尚書。方言恭督京營戎政，杰爲右都御史。會倭患方劇，乃共摭所聞，爲此書。記其山川地理，及世次土風；而於學書譯語，臚載尤詳。後倭陷朝鮮，封貢議起。杰以力爭不合，徙南京。而言恭子宗城卒爲石星所薦，充正使往封；至釜山而倭情中變，易服逃歸，被劾論戍。蓋徒恃紙上空言，宜其不能悉知情僞也』。

按封貢議起，杰力爭不可，疏載明神宗實錄。宗城出使日本，言恭具疏力辭，且云：『必不得已，宗城誤事，幸無罪及』。事見兩朝平攘錄。可見二人熟悉當時日本情形，未始非此書之助。惜乎！明廷固信石星，一意主款，至貽中國之羞，殊可浩歎！此書後載琴棋法式，殊爲畫蛇添足，實無載錄之必要也。

鄭若曾　日本國纂一卷　鄭開陽雜著本

四庫著錄天一閣本，入地理類存目七，提要云：『此書乃其在胡宗憲幕府所作。以坊行日本考略一書舛謬難據，因從奉化人購得南奧倭商秘圖，持以詢諸使臣，降倭通事，火長之屬；彙訂成編。前爲圖三幅，附以論說。後載州郡，土貢，道路形勢，語言，什器，寇術，而儀制，詩表，別爲附錄，視若曾萬里海防編內所載，較爲詳密。其針經圖說止載入貢故道，而間道便利皆隱而不言；蓋恐海濱姦宄得通倭之路，有深意存焉。惟其言明太祖洪武二年，命趙秩往諭其國，明史載在洪武三年。又言太宗十九年，寇遼東，總兵劉江殲之於望海堝，明史載在永樂十七年，乃總督劉榮非總兵劉江，均不相合。然明史據明實錄及國史，不得有誤，殆是書傳聞未實也』。

按此書乃開陽雜著之一種，近南京國學圖書館有影印本；其所載頗爲周密，可與籌海圖編媲美。且其中相同之事甚多，如日本國圖，日本入寇圖，寄語，寇術，針經等。所異者，惟後附日本貢使詩，爲籌海圖編所無耳。其言趙秩使日本及劉江殲倭之事，其紀年皆誤。惟劉江劉榮實爲一人。考明太宗實錄，『永樂十七年六月戊子，遼東總兵官中軍左都督劉江以捕倭捷聞。又九月壬子封劉江爲廣寧伯。江初名榮，其父名江，隸燕山左護衞兵籍。榮代役，因冒父名。至是始復其初名云』。以此可知榮爲江之初名，而總兵乃節文之差耳。提要斥爲傳聞不實，蓋未及詳考也。

薛浚日本考略一卷　得月簃叢書本

四庫著錄天一閣本，入地理類存目七，提要云：『浚，定海人。嘉靖二年，日本國使宗設來貢，抵寗波。未幾宋素卿等亦至，互爭眞僞，自相殘殺。所過州縣，大肆焚掠。浙江瀕海之地，人民苦之。浚因纂輯是書，大略言防禦之事爲多，而國土風俗亦類入焉。然見聞未廣，所輯沿革疆域二略，約舉梗概，挂漏頗多。屬國中兼及新羅百濟等國；不知新羅百濟，在宋時已爲朝鮮所併，其時並無是國矣。又序世系，但及宋雍熙以前，而不載元以後國王名號，亦疎漏也』。

按此書共分十五略，爲沿革，疆域，州郡，屬國，山川，土產，世紀，戶口，制度，風俗，朝貢，貢物，寇邊，文詞，寄語，皆甚簡略。其寄語一篇，與籌海圖編略有異同。蓋得諸傳聞，俱難準確，若以現時日本語音合之，百不一得也。此書得月簃叢書採入，首有鄭餘慶及汪光文兩序，蓋鄭爲初刻，王又爲之補遺重刊，說郛續中日本寄語一卷即採此書之一篇也。

葉向高日本考

見蒼霞草。向高字進卿，福淸人；萬歷十一年進士，官至首輔，事蹟詳明史本傳。此編所記，大都內寇之事，而於彼國風土人情俱略而不詳。更不如薛浚日本考略之詳備也。

唐樞禦倭雜著

見皇明經世文編。明史本傳：『樞字惟中，歸安人，嘉靖五年進士，授刑部主事』。世宗實錄：『嘉靖三十七年六月戊午，詔舉將材，唐樞亦在舉中，後不果用』。蓋因樞知兵故舉之。籌海圖編採其說甚多，又著錄其海議一篇，所論皆當時要務，爲世所推重云。

錢笠永陵傳信錄六卷

四庫著錄江蘇巡撫採進本，入紀事本末類存目。提要云：『笠字耘野，吳江人。是書用紀事本末體，一曰興獻大禮，一曰更定郊祀，一曰欽明大獄，一曰二張之獄，一曰曾夏之獄，一曰經略倭寇事。各爲卷，每卷皆先敘而後斷』。

康熙吳江縣志隱逸傳云：『笠爲人溫雅醇茂，自幼至老，以閉戶著書爲事。成則堂紀事三十卷，舉四海之大，匹夫之賤，激烈痛悼，幽隱孤憤，牢騷游佚，靡不備也』。

按此書吳江縣志藝文志未載，僅有則堂紀事三十卷。此書或已載於紀事中，亦未可知也。待考。

王世貞弇州史料倭志

弇州史料博採羣書，巨細畢載，故研究明史者奉之爲圭臬。倭志一篇，序事頗爲簡略。其子士騏著馭倭錄，較爲詳備。殆本其家學而擴張之歟？

諸葛元聲三朝平攘錄海寇　（東方文化委員會藏明刊本）

四庫書目僅載兩朝平攘錄，而無三朝平攘錄。此書爲東方文化委員會圖書館所藏，較兩朝平攘錄僅多海寇一卷，餘則俱同。其爲後補無疑，余別有文詳論之矣。其敘事自洪武初年，終於嘉隆末季，合二百餘年之事爲篇。其所記之事殊無特徵之處，蓋亦傳抄之作也。

郎瑛浙省倭寇始末略

見七修類稿卷二。此編乃集嘉靖朝浙省倭寇之事爲一篇，僅具綱領而已。

錢薇海防略

薇有承啟堂集，四庫別集類存目四著錄。提要云：『薇字懋垣，海鹽人；嘉靖壬辰進士，官至禮科給事中，隆慶初贈太常寺少卿，事蹟具明史本傳』。

此編不見於本集，集中有鄉兵議，處倭議，與撫按兩台論防禦書，俱爲防倭之文。浙江通志經籍志引檇李往哲列傳有海防略，豈採其集中關於海防諸文，而爲是編耶？抑此編不入文集，而別行著錄耶？此則猶待考證者也。

王崇古海防議草

見籌海圖編。明史本傳：『崇古字學甫，蒲州人，嘉靖二十年進士，除刑部主事，歷遷常鎮兵備副使。擊倭夏港，追殲之崑江，從巡撫曹邦輔戰滸墅，已偕俞大猷追倭出海。累進至兵部尚書，身歷七鎮，勳著邊陲，卒贈太保』。此編乃禦倭時所作。明史藝文志著錄王公督撫奏議。北京大學圖書館藏有明刊本，乃其經理邊境之奏，無關倭事者也。

俞大猷平倭疏

大猷有正氣堂集，內載禦倭之文甚夥，此編乃其中之一耳。大猷字志輔，晉江人。嘉靖中，舉武進士，累官至都督同知，兼征蠻大將軍，進右都督，謚武襄。於東南各地殊多功勳。事蹟詳明史本傳及其集首李杜撰功行紀中。其集傳本僅有兩種，一爲明刊本，一爲清道光重刊本，而流傳甚少。今由南京國學圖書館影印明刊本發行。余曾爲文介紹，載於十月五日北平晨報學園，可爲參攷也。

皇甫汸備倭議

見籌海圖編。汸有百泉子續論一卷，司勳集六十卷，四庫俱著錄，一入雜家類存目一，一入別集類二十五。提要云：『汸字子循，長洲人，嘉靖己丑進士，官至雲南按察司僉事。明史文苑傳附見其兄涍傳中』。其集中不載此編，僅有平倭碑一篇。其記倭事，僅於奉賀胡公宗憲進位司馬序，及贈憲使熊公桴擢雲南參政序中，略及之，蓋歌功頌德之文也。

中欽征倭雜志

見廣史。

備倭事略

見餘姚縣志，不著撰人姓名。

倭事徵信錄

見松江府志及金山縣志，不著撰人姓名。

海防經略纂要

見鎮海縣志。

敘嘉靖倭入寇東南事

見徵信叢錄。

陳鳳章倭寇紀略

見台州府志及奉化縣志。

張泳備倭全書

見光緒太倉州志藝文志兵家類。

南征實略

原書未見，僅於皇明經世文編徐顯卿天遠樓集中有南征實略序一篇。序云：『往者倭奴盜入中國，民受害者不訾。彼倭賊者，竊處島嶼間，髡跣跟蹡，不知中國何道可入；乃中國人如中行說者，嚮道之使入。夫倭賊者，日本之餘島也，彼無甲冑轂屬也，中國賊民引之。彼倭奴者，以一二翟鼓刀跳舞，民久不識兵革，輒竄草莽間；俄而伏發，不過二三十八。中國者將不知兵，兵不知戰，且無冑甲鐃鼓進退紀律也，輒駭而北矣。嗟乎！倭為之中國患也，古未聞也。高皇帝神明獨斷，設備倭將臣，慮至遠也，迺今則驗矣。遂至僨動天下，召邊兵以捕擊之，寇退而加賦于田，以為練卒費者，歲且不訾，垂二十年。嗚呼，禍亦烈哉！余讀郭公南征事而悲之。當公與督兵諸大臣設機略出沒干戈波浪間，歷諸艱苦；而公之功尤在出信票以禁刼掠騎，而叱止過河者，率之力戰，令無譁，譁者戮。公時以兵曹郎參軍事，天子嘉其功，拜光祿少卿，然謗毀叢焉。嗚呼，將易言哉！』郭君何名，尚待考實。觀序中所云，其曾出沒干戈波浪間，蓋躬與禦倭之事者，其所記必有可觀也。

萬表海寇議一卷　借月山房彙鈔本　金聲玉振集本

四庫兵家類存目著錄，戶部尚書王際華家藏本。提要云：『表字民望，鄞縣人，正德末武進士，累官都督同知僉事，南京中軍都督府。時值海寇出沒，為江浙患。表推原禍本，以為姦民通番者所致，因為此議上之當事，歷敘逋逃嘯聚始末甚詳。其後倭亂大起，表結少林僧習格鬥法，屢殲其衆，蓋本能以才略自顯著，宜其所言之具有先見也。案黃虞稷千頃堂書目載表海寇前後議一卷；此乃袁褧採入金聲玉振集者，所錄僅一卷，疑已佚其後議。又譌「萬」為「范」，尤為失考矣』。今按適園叢書本千頃堂書目萬表前後海倭議二卷，又海寇後編，別史類與地理類下複見，萬字皆不誤，當係刊行時改正。又按明史經籍志著錄海寇議，亦書范表，恐亦因金聲玉振集而誤『萬』為『范』耳。表有玩鹿亭稿八卷，北平圖書館藏有明刊本；海寇議一篇，集中亦載。金聲玉振集海寇後編為茅坤之海防事宜及汪直傳，非萬表之作也。千頃堂書目，因表有前編，遂以後編亦誤為表作耳。

卜大同備倭圖紀二卷　學海類編本　寶顏堂秘笈本

四庫兵家類存目著錄編修程晉芳家藏本。提要云：『大同字吉夫，秀水人，嘉靖戊戌進士。由刑部主事，歷任湖廣按察司僉事，弭靳黃盜有功，陞布政司參議；又有平苗功，終於福建巡海副使。是編即其官福建時，講求備倭之術而作也。上卷分八篇：曰制置，曰方畫，曰將領，曰士卒，曰烽堠，曰險要，曰戰舸，曰邊儲。下卷分二篇：曰奏牘，曰策議。所言頗簡略，不足以資考核。又喜徵古事，尤屬空談。其書本名備倭圖記，原本卷首尚有海圖，此本佚之，遂併書名刪去圖字，然浙江鮑士恭家藏本尚題備倭圖記也』。

明史藝文志著錄四卷。楝亭書目作一卷。今學海類編本稱備倭記，亦分二卷，篇目與提要所言同，無圖，卷末缺策議一欄，其他篇目與學海本同。惟按學海本之策議，僅列歸有光之備倭事略與禦倭議兩篇，不知此爲卜氏原書所附，抑爲後人參入。學海本下卷各篇次序，與寶顏堂本不同；且缺議革巡海右參政疏一篇，而奏革巡海參政專管糧儲疏，與議五寨把總五年一換，及巡海總督備倭更番出巡疏二篇，均多刪節。此外零星誤字亦多，如上卷制置篇『宋置崇節水軍』句誤『置』爲『直』；烽堠篇之『沙埵』『小埵寨』，險要篇中『小埵』之『埵』字，皆爲『埕』字之誤；下卷論福建海寇劄子，首句『臣契勘廣南』之『南』誤爲『白』字，而奏復沿海逃亡軍亡餘剩糧疏篇末亦缺四十餘字。由是知寶顏堂秘笈本蓋勝於學海本也。

據學海本及寶顏堂本卷末均錄『嘉靖三十三年三月三十日本部尚書方等具題』之奏，可知卜氏之輯此書當爲嘉靖三十三年以後。籌海圖編參過圖籍中未列此備倭記，而圖編之茅坤序在嘉靖戊戌(四十一年)，其著作時期或較備倭記稍晚，但各不相謀耳。

吳晗按，閩書卷四十八文蒞志：『卜大同傳稱其以進士授刑部主事，歷湖廣參議，有平苗功，再遷福建巡海副使。輯備倭圖記，書戰守計，終任無倭患』。此文殆即爲提要所據。惟此作備倭圖說，歷官爲湖廣參議，與提要小有異同耳。大同生平事蹟有徐階撰福建按察司副使卜大同墓誌銘可參閱，見徵獻錄卷九十。

玉年按，此則爲王君以中所纂之明代海防圖籍錄之一篇。以其爲專論倭寇之書，故轉錄之。

張寰籌倭末議

見籌海圖編。稱張氏爲通政司參議。

海上丈人禦倭條議一卷

澹生堂目著錄，附於江南實錄之下，稱『海上丈人著，徵信叢錄本』。近古堂目亦著錄，不記撰人名。

梁文定海備倭紀略

見千頃堂目及雍正浙江通志經籍志引海防纂要，皆謂梁氏爲遊擊。

李賢備倭考

見籌海圖編及千頃堂目，謂李氏爲寧波人。

會題平倭事例

見籌海圖編。下注公卿科道會議。

胡國材平倭管見

見籌海圖編，稱胡氏爲『五官挈壺正』。

俞元升海寇議

見籌海圖編，稱俞氏爲太倉人。

哈佛燕京學社北平辦公處出版書籍目錄

古籀餘論　孫詒讓著　刻本二册　實價大洋一元五角

吳式芬作攈古錄金文，搜羅商周彝器銘辭一千三百三十四種，號稱精善。此書校正其釋文之誤者一百又五器，多確當之語。

尙書駢枝　孫詒讓著　刻本一册　實價大洋八角

記言之經，莫尙於書。文言雅辭，非淹貫故訓不能讀。此書摭舉與昔儒詮釋殊異者七十餘事，使後人知雅辭達辭自有焯然之通例，其增益顚倒以爲釋，而穀桑晦澁仍不可解者，皆不通雅辭之蔽也。

張氏吉金貞石錄　張塤著　刻本二册　實價大洋一元八角

此書增訂興平扶風鄠三縣金石志而成，凡金七種，石五十五種。涵芬樓秘笈第五集之扶風石刻記題黃樹穀輯。孫毓修跋謂取較關中金石記，不如此書之完善。然與此書扶風縣金石志相同，而缺前金刻，可知石刻記乃節錄張氏書而成，題黃氏輯者誤也。茲據本校圖書館所藏張氏手定本重刻，筆畫皆照原書，並可正石刻記傳鈔之譌。

馬哥孛羅遊記第一册　張星烺譯　鉛字本一册　定價三元，特價大洋二元四角

此書以英國亨利玉爾所譯注之馬哥孛羅遊記爲藍本，舊注刪除者不及十之一，新注增補者約十之三。世界各種文字，皆有此書譯本　譯者目的在使漢文中有一善譯，所記中國之事有詳細注釋，可供研究史地者之用。

寶蘊樓彝器圖錄　容庚著　珂羅版本二册　實價大洋十六元（無書）

清乾隆間，敕編內府所藏彝器爲西清古鑑，由內府刊行。後復續編寧壽鑑古，西清續鑑甲編，西清續鑑乙編三書。其鑑古及甲編由涵芬樓影印，惟乙編世人尙未得寓目也。乙編之器，舊藏盛京行宮。民國後，移置北平古物陳列所。茲由古物陳列所鑑定委員，燕京大學教授容庚先生從所藏八百器中，選其有文字及形狀異，花紋佳者得九十二器，加以考釋，編爲寶蘊樓彝器圖錄。將原器攝影，摹拓，視乙編之摹畫失眞，考釋謬誤者，迥乎不侔，當爲好古家所樂覩也。

歷代石經考　張國淦著　鉛字本三册　實價大洋四元

石經之刻，漢魏唐後蜀北宋南宋清凡七朝。考其原流及文字者凡十數家。茲考先爲提綱，而以諸家論著疏注於其下。以新方法布勒新材料，自來言石經原流者未有若此之詳明也。

王荆公年譜考略　蔡上翔著　附年譜推論

熙豐知遇錄　楊希閔著　鉛字本六册　實價大洋五元

蔡氏著此書，前後數十年，搜討至勤。立意在表章荆公，辭闢歷來官私書之誣妄；而考證精核，不惟荊公積謗於茲大白，即熙豐變革之眞實成績，亦昭然若揭，直宜作政治史讀。舊刊頗不易得，茲爲點讀重印。楊希閔嘗删節蔡氏書爲年譜節要，於蔡氏書所未備者，恆有補苴發明，今取以散入本書，以省兩讀。楊氏又嘗博證羣書，成年譜推論一卷，又節取李燾通鑑長編神宗荊公君臣問答之語，成熙豐知遇錄一卷，尤足與蔡氏書相表裏，茲亦附刊於後。

碑傳集補　閔爾昌纂錄　鉛字本二十四册　定價二十元

閔氏之纂此書，蓋補錢儀吉碑傳集，繆荃孫續碑傳集之遺漏及晚出者，全書分二十七類；（一）宰輔，（二）部院大臣，（三）內閣九卿，（四）翰詹，（五）科道，（六）曹司，（七）使臣，（八）督撫，（九）河臣，（一〇）監司，（一一）守令，（一二）校官，（一三）佐貳雜職，（一四）武臣，（一五）忠節，（一六）逸民，（一七）理學，（一八）經學，（一九）疇人，（二〇）文學，（二一）孝友，（二二）義行，（二三）藝術，（二四）黨人，（二五）釋道，（二六）列女，（二七）集外文；凡三十餘萬言，收羅宏富抉擇緊嚴，已備前二書者，不可不備此書也。

地圖底本出版豫告

顧頡剛 鄭德坤編纂 譚其驤校訂 吳志順 張頤年繪製

無論做什麼工作，都依賴精良的工具。這就是所謂『工欲善其事，必先利其器』。研究地理學，或研究有關於地理的其它學問，如歷史，經濟，語言，以及旅行調查之類，所需要的工具是什麼？『地圖』，自然是首先舉出來的！

說到地圖這項工具，大家或者覺得是不難得到的，因爲很多的書舖裏都有地圖出賣，我們只要肯花錢，哪會買不到。其實，事情是沒有那樣簡單的。我們要得到一點常識，當然買來的地圖已够用。但是我們如果要求深入，必須尋一種足以供我們研究時或調查時打草稿的地圖，那就沒有。因爲原有的種種，不是嫌篇幅小，就是嫌顏色太複雜，着疊其上顯不清楚；而且普通的合裝本地圖，關于某一地方，買一本只有一張，這一張給我們打了一回草稿，就不能用了，要打第二次草稿時，必須重買一本，這是多麼的不經濟。要自己畫罷，也是够困難的。一來呢，製圖的技術不是每個人都會。二來呢，製一地圖實在太費時間。其三，則畫了一幅圖只能使用一次，同一地方，使用幾次就得繪製幾回，這豈不是太費功夫？我們一羣人是研究地理沿革史的。我們讀古人的地理書，滿紙是地名而沒有圖，不要說記不住，就是讀了也等于不讀，彼此心中都感到十分的苦悶。想替他們補畫圖罷，那眞是不勝其煩；而且沒有一個公同的標準，就是畫了也合不攏來。因此，我們從去年三月起，開始畫『地圖底本』，目的有下列幾種：

（一）用經緯綫分幅，這張和那張，分得開，合得攏，要大要小都隨着使用者的心意。

（二）用紅色印，讓使用者隨着他的需要，加上藍色或黑色的文字和符號，例如研究地理沿革的就把古代地名及路線記上，研究經濟的就把各地人口，物産，賦稅記上，研究氣象的就把各地雨量，溫度之類記上，要作統計圖的就把比例數畫上；他不必費大氣力，就可有想象中的一幅地圖出現。

（三）對於民國十七年以來新置的縣治和十八年以來改名的縣治，均參照內政公報，盡量採錄。就是不當它底本用，也是一部最新的地圖。

到現在，我們已畫成了三十九幅，因爲大致已足供研究中國地理沿革史者的使用，暫作一小結束；此後尙當畫亞洲全洲，進而畫全世界。

這三十九幅，東西從東經七十二度至一百四十度，南北從北緯二度至五十四度。邊疆方面，因爲使用較少，比例爲五百萬分之一；其餘則爲二百萬分之一。（這是一個臨時的辦法，將來內地也要畫五百萬分一的，邊疆也要畫二百萬分一的，以求彼此的貫通。）每幅取一個最重要的地名作爲圖名，以便記憶。圖名如下：

（一）龍江	（二）庫倫	（三）科布多	（四）虎林	（五）永吉	（六）赤峯	（七）烏得	（八）居延	（九）哈密	（一〇）長白
（一一）北平	（一二）歸綏	（一三）寧夏	（一四）敦煌	（一五）迪化	（一六）京城	（一七）歷城	（一八）長安	（一九）皋蘭	（二〇）都蘭
（二一）南京	（二二）漢口	（二三）成都	（二四）昌都	（二五）噶大克	（二六）閩候	（二七）長沙	（二八）貴筑	（二九）鹽井	（三〇）廈門
（三一）番禺	（三二）昆明	（三三）瓦城	（三四）拉薩	（三五）瓊山	（三六）河內	（三七）普羅謨	（三八）曼谷	（三九）新加坡	

至於製圖的方面，也有許多特點可說：

（一）經緯度皆依據圓錐投影法作標繪製。

（二）山脈用暈滃線法繪製，使脈絡顯明；但仍參考多種地圖，不加臆斷。

（三）河流，湖泊，島嶼，海岸綫等皆依據投影原理，依照光綫的射入而分畫綫的粗細，使得易于識別。

（四）所用字體及其大小各有分別，例如：國都用四米粒等綫字，縣治用二米粒五等綫字，省會用三米粒五做宋字，市鎭用一米粒五等綫字，河流用斜體宋字，湖泊用斜體等綫字，山脈用聳肩字等，務使一目了然。

這圖畫好之後，本來即可出版，但因我們不敢草率從事，貽誤學者，所以特請譚其驤先生校對修改，使其達到盡美盡善的地步。此後譚先生校好幾幅，即付印幾幅，逐次在本刊發表。大約在半年之內可以印畢，屆時合購也可，單買也可。你研究哪個地方，或調查哪個地方，你就儘買那地方的圖去使用。我們的價格一定是定得最低廉的，我們一定使得這種地圖確能成爲一般學者的草稿紙。

禹貢學會啓。

文奎堂所藏珍本書出售廣告

天府廣記四十四卷　都門孫承澤著　全書二十册　實價八百元

四庫存目史部地理類稱鈔本，光緒順天府志引用是書亦稱鈔本。順天府志成於近年，所據尤係鈔本，似是未經雕版者也。欲研究北平風土掌故，不可不備之書。倘承惠顧，極誠歡迎。本莊尚有其他各書，印有詳細目錄，函索即寄。

文奎堂書莊啟。

北平隆福寺街電話東局六六五

為內地讀書界謀便利

創訂免收匯費寄費辦法

▼使通信現購無異向門市購買

免收
寄書匯書
便信購書
銀行匯款

敝館為謀內地各界讀書機會之普及，特自廿三年五月一日起先後商得中國銀行、上海商業儲蓄銀行及金城銀行之同意，創訂免費匯款購書辦法，凡內地各界託上述三行各地分行匯款至敝館上海發行所，購買本館發售之圖書文具儀器，概不收取匯費。三行各地分行備有空白匯款購買本館書物用紙，任客索取填寫，由銀行轉寄敝館，不必另行備信，兼省信費。又自二十三年七月一日起，凡照敝館通信現購章程，向敝館上海發行所或國內各地分館，採購本版圖書，（預約特價書廉價書雜誌原版西書代配圖書及文具儀器等除外）除寄往新疆蒙藏及國外各地外，所有郵寄費一概免收，由敝館擔任，俾內地通信現購諸君，與向門市惠顧同其便利。（免收匯費詳細辦法及通信現購章程，承索即奉。）

郵局代定五大雜誌

東方雜誌　全年廿四册　三元六角

教育雜誌　全年十二册　一元八角

英語週刊　全年五十册　二元五角

兒童世界　全年廿四册　二元四角

兒童畫報　全年廿四册　一元六角

敝館發行上列五種定期刊物，業已依照郵政局代訂刊物辦法，分別領到登記證，凡全國各地郵政管理局及一二三等郵局，均可照原定價代訂。

商務印書館謹啟

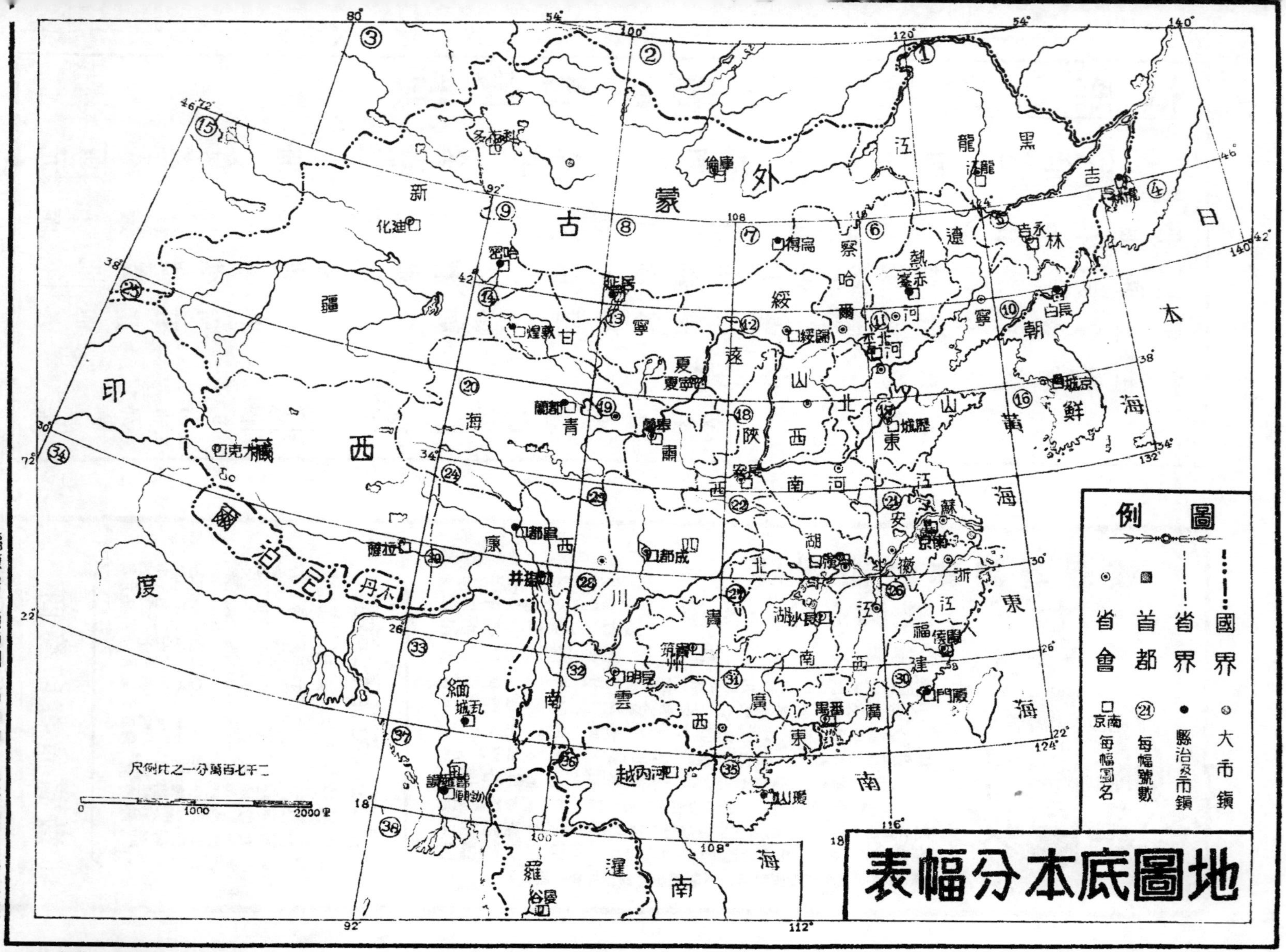

編纂者 顧頡剛 鄭德坤 校訂者 譚其驤

繪圖者 張頤年 吳志順

出版者：禹貢學會。
編輯者：顧頡剛，譚其驤。
出版日期：每月一日，十六日。
發行所：北平成府蔣家胡同三號禹貢學會。

禹貢
半月刊

價目：每期零售洋壹角。豫定半年十二期，洋壹圓；全年二十四期，洋貳圓。郵費加一成半。國外全年加郵費八角。

The Evolution of Chinese Geography
A Semi-monthly Magazine

Vol. 2 No. 7 Total No. 19 December 16th 1934
Address: 3 Chiang-Chia Hutung, Cheng-Fu, Peiping, China

第二卷 第七期
（總數第十九期）
民國二十三年十二月一日出版

內政部登記證警字第叁肆陸壹號
中華郵政特准掛號認為新聞紙類

東北史中諸名稱之解釋

馮家昇

歷史上，關于東北之名稱，曰東夷，曰東胡，曰韃靼，曰滿洲；皆表示東北民族之符號，而其範疇則古今各異。如東夷，經傳所載乃居于山東，江蘇，安徽等地之夷貊；三國志後漢書以後，則指居于東三省，朝鮮，日本之民族。東胡，原始不過居于熱河之一種民族；而西洋人以為通古斯之對譯，用于東北一般民族之公名。韃靼，初為興安嶺一種民族之名；至明則統指元代後裔；至今而西洋人更用于古代漠北之一般民族。滿洲，初不過居于吉林之小部族，清人入關，為八旗之公名；至今則亙東三省一大區域，概謂之曰滿洲。

一　東夷

先秦經傳中，有所謂東夷，亦有所謂九夷。王制云『東方曰夷』。後漢書東夷傳謂夷有九種，故云九夷。一則表示其方位，一則表示其數目，一而二，二而一也。言九夷者自來有二：(一)東夷傳說，(二)李巡爾雅釋地注。東夷傳謂九夷為：一、畎夷，二、于夷，三、方夷，四、黃夷，五、白夷，六、赤夷，七、玄夷，八、風夷，九、陽夷。王靜安古本竹書紀年輯校：夏后相元年，征淮夷，畎夷。二年，征風夷及黃夷。七年，于夷來賓。少康即位，方夷來賓。后芬三年，九夷來御。后泄二十一年，命畎夷，白夷，赤夷，玄夷，風夷，陽夷。商仲丁征于藍夷，河亶甲征藍夷。是此之所謂九夷必甚古也。李巡爾雅釋地注所謂九夷為：一玄菟，二樂浪，三高驪，四滿飾，五鳧更，六索家，七東屠，八倭人，九天鄙。又邢昺論語注疏『子欲居九夷』所舉與此同，惟高驪改作高麗，滿飾或本作滿節(阮元校勘記以浦鏜飾誤為節之說為非)。大抵為漢魏以後之說，說經者多以附會而不道。呂思勉貉族考(中山文化季刊創刊號)解東屠為屠州，滿飾為滿潘汗，索家為索離，並謂漢之郡名乃因九夷之名，非九夷之名原自漢郡也。然此說不自呂氏始，日伊藤長胤日韓古史考引盍簪錄，以滿飾為滿洲，鳧更為扶餘，天鄙為鮮卑，早有此論。按魏志裴注引魏書曰，『烏丸者東胡也，漢初，匈奴冒頓滅其國，餘類保烏丸山，因以為號焉』，又『鮮卑亦東胡之餘也，別依鮮卑山，因號焉』，則烏丸鮮卑秦漢以前統稱東胡，漢初為冒頓所破，始有鮮卑之名，先秦時代安能有之？

大抵後漢書東夷傳所謂九夷根據竹書紀年，說必最古。甲骨文中屢有征『夷方』之文，此『夷方』或即『方夷』。孫詒讓墨子閒詁以為『王制所云皆海外遠夷之種別；此九夷（論語：子欲居九夷）與吳楚相近，蓋即淮夷，非海外東夷』。按東夷傳又引論語『子欲居九夷』之文，與此九夷未別為二。且孫氏既謂兩種九夷有別，但未能舉出論語九夷為何名。大抵其始也或有所指，其後至春秋戰國時代，已為稱東夷之一種術語，非東夷在孔子時代其數仍九也。

九夷住地，說經者自來各異。孫詒讓謂在淮泗之間；劉原父呂東萊謂在徐州南陽之間。由吾人攷之，此九夷所居，不盡在一地，其散佈甚廣。大抵周民族東來時，亙黃河下流，朝鮮西北，遼東半島各近海之地，均為此東夷之住地。其在中國之東夷因受周民族之壓迫，逐漸散居山東，安徽，江蘇等地，春秋以後之萊，紀，郳，徐……等等皆屬此一支；歷秦漢而融合於中國民族血統中，後漢書東夷傳，『秦幷六國，其淮泗夷皆散為民戶』是也。其居于朝鮮遼東半島者即漢魏以後所謂之東夷，各史所指亦即此一支。二者地域雖不同，論其種屬則一。此由近年考古方面所證明者也。

二　東胡

西人每以東胡為通古斯之對音，如一八二〇年法人 Abel Rémusat 於所著 Recherches sur les langues Tartares p. 12-13 謂東胡即西伯利亞與『滿洲』蔓延之通古斯族之對譯。一八三一年 Klaproth 於所著 Asia Polyglotta 亦然，在氏之亞洲史表 Tableaux historiques de l'Asie 中，通古斯欄內收入肅慎，挹婁，勿吉，靺鞨失韋，地豆于，烏洛侯，渤海，契丹，女眞。沙畹 Chavannes 於所著 Voyageurs Chinois (Journal Asiatique XI, p. 389, Note i)，譯魏志烏丸傳『烏丸者東胡也』為 Les On-hoan sont des Toungouse。日人白鳥庫吉於所著東胡民族攷（史學雜誌第十九編）反對之，謂『通古斯』乃 Yakut 人因輕侮其隣族而稱之名詞，其義在各民族語言中為『豕』，十七世紀時，俄人首聞其名，而傳于歐洲；至于東胡則為春秋至漢初遊牧于遼河上流之蒙古種，其名為東胡，意即東方之胡也。二者之間毫無關係。

按西人以東胡即通古斯之對譯，不若謂通古斯原出自東胡之為透闢；至于白鳥解東胡為東方之胡，則出自史記匈奴傳索隱所引服虔語『東胡，烏丸之先，後為鮮卑，在匈奴東，故曰東胡』。此不過漢人懾于匈奴之武力，故作此解耳。易言之，漢之北患在匈奴，凡言胡，均以匈奴當之，言東胡則又解為東方之胡。實則先秦以前早有所謂『

胡』，並不指匈奴。史記匈奴傳，『而晉北有林胡』，集解曰，『如淳曰：林胡即儋林，爲李牧所滅』；『樓煩之戎』，索隱引應劭語曰『故樓煩胡也』。攷匈奴在春秋戰國時代不過塞北一小部族，至秦而仍受制于東胡月氏。史記謂『當是之時，東胡彊而月氏盛』，當時情勢由此可見。匈奴之彊，始自漢初之冒頓，然東胡則早具其名矣。

東胡必有其原音在，作東胡者其音譯之一。山海經海內西經，『東胡在大澤東』，又曰『夷人在東胡東』。逸周書王會，『不令支玄獏，不屠何靑熊，東胡黃羆』，孔晁注曰，『不屠何亦東北夷也』。王氏補注曰，『管子曰，桓公敗胡貉，破屠何。注（按郎尹知章注）屠何，東胡之先也』。

王會謂不屠何，管子稱屠何，則『不』字一望而知爲附加字。何秋濤王會篇箋釋曰，『謂之不令支，不屠何者，猶吳之稱勾吳，越之稱於越也。蓋其國之人自稱有此發語聲，故因而記之』。又按王引之經義述聞卷二七不律謂之筆條曰，『郭璞曰，蜀人呼筆爲「不律」也，語之轉變。引之謹案：「不」者發聲，猶「漘」謂之「不漘」（見釋邱）；「類」謂之「不類」；「若」謂之「不若」也（見釋魚）。說文曰，「楚謂之『聿』，吳謂之『不律』，燕謂之『弗』，秦謂之『筆』」。「聿」「律」聲相近；「不」發聲也。「不律」謂之筆，猶言「律」謂之筆耳。鄭樵注曰，緩聲爲「不律」，急聲爲「筆」。其說似是而非』。按王氏于此『不』字所解極當，可與王會『不』字相印證。

是則東胡一作屠何，均由其原音所轉譯者。又按何秋濤王會篇箋釋云，『屠何即徒何城，在奉天錦州府錦縣西北。……劉恕通鑑外紀，周惠王三十三年，齊桓公救燕，破屠何，即徒何也』。則東胡，屠何之外，復有所謂徒何之異譯也。此徒何其後專用于地域之名，而東胡則用于民族之號。若究其原始，殆由一音之轉耳。

史記匈奴傳，冒頓滅東胡，虜其人民，東胡之名自此不見于史籍。然其人民不盡爲匈奴所虜，必遠逃漠北以自保。若東胡之裔烏丸自曹魏以後不見于史籍，然按舊唐書室韋傳，『烏羅護之東北二百餘里那河之北，有古烏丸之遺人，今亦自稱烏丸國』。那河即今嫩江，烏丸雖在三國時代爲曹魏所滅，然其遺族至唐代仍居于黑龍江上游也。又若鮮卑，隋唐以降亦不見于史籍，然按丁謙北方三大人種攷（浙江圖書館叢書第一集漢書匈奴傳攷證），『大鮮卑山在俄屬伊爾古斯科北，通古斯河南，今稱其地爲悉比里亞，悉比即鮮卑轉音（按何秋濤朔方備乘已有此說）；以地皆此種人所居，故秦西人種學家以鮮卑人爲通古斯種（一名唐古希），通古斯河南即大鮮卑山之所在。一以河為標目，一以山為標目，中西所攷，若合符節』。匈東胡為冒頓所滅，雖其支系若烏丸鮮卑者出，而其少數之基本部族必遠逃漠北，退享其原始人類之生活。今日黑龍江省尚有一族曰通古斯 Tungus，白鳥以為 Yakut 人賤稱其隣族之名，然寧知非秦漢時代之東胡因退保漠北，得以殘留于今者耶？

三　韃靼

韃靼，達怛，達旦，達靼，達達，達打皆一音之轉，波斯人曰 Tatar，歐人曰 Tartar。英人 Parker 於所著 A thousand Years of Tartars p. 97 謂魏志烏丸大人蹋頓 Tatun 即韃靼 Tartar 之原音。余按漢書匈奴傳，『單于行西南，留闟敦地』，師古注云，『闟音蹋，頓又音對』。後漢書馮異傳，『又降匈奴于林闟頓王』，章懷注云，『匈奴王號，山陽公載記曰，「頓字作碓」，前書音義，「闟音蹋，敦音頓，又音碓」』，則蹋頓二字已見前後漢書，Parker 氏蓋臆說耳。就吾人所知，韃靼始見于唐玄宗廿年之突厥闕特勤碑。其詞曰，『且泣且歎之前方日出處，猛烈沙漠之民 Tabgač（唐家子）Tüpüt（托跋）Apar，Aprim，Kirghiz（黠戛斯），三姓 Kurikan（骨利幹），三十姓 Tartar（韃靼），Kytai（契丹），Tatabi 等民衆，既歌且泣』。『右為 Tabgač（唐家子）之民敵，左為 Baz 可汗，九姓 Oguz（回紇）之民敵，Kirghiz（黠戛斯），Kurikan（骨利幹），三十姓 Tatar（韃靼），Kytai（契丹），Tatabi 皆敵也』。其中之 Tatar 即韃靼，已毫無疑義（以上見于箭內亙蒙古史研究韃靼考文所引）。見于中國文獻之最早者為唐會昌間李德裕之一品集卷五賜回鶻嗢沒斯特勒等詔書『秋熱，卿及部下諸官幷左相阿波兀等部落，黑車子達靼等平安好！』又卷八代劉沔與回鶻宰相頡于伽思等書『紇扢斯專使將軍踏布合祖云發日紇扢斯即移就合羅川，居回鶻舊國，兼已得安西北庭達怛等五部落』（以上王靜安蒙古史料四種韃靼考亦引）。其後舊唐僖宗紀，舊五代唐武皇紀，新唐沙陀傳，新五代韃靼傳；遼史，契丹國志，元秘史等書各有所記載。

遼史有阻卜，金史有阻𨍏，王靜安先生以為元人諱稱韃靼所改，徐旭生先生著阻卜非韃靼考（女師大學術季刊第一期）駁之，王靜如先生又別著論韃靼非阻卜（中央研究院歷史語言研究所集刊第二本第三分），謂阻卜或阻𨍏乃藏文之 Sogpo，指蒙古人也。無論阻卜或阻𨍏是否為韃靼，要待繼續之搜求；吾人所注意，則以此一部族之名廣續之久，應用之廣，有非其他名稱所及。其始也不過興安嶺一帶遊牧之一小部族，其後蔓延于陰山山脈，循名責實，此韃靼乃與蒙古部族相近之汪古惕，元秘史稱曰塔塔兒，並非蒙古自身之稱。宋人不知，妄為附會強分所謂『黑』，『白』，『生』，『熟』，以黑韃靼或生韃靼專指蒙古人。明人更沿宋人之說，指元之後裔曰韃靼。歐人更擴大而以亞洲北部之古代民族統曰韃靼，如 Visdelou 之 Histoire de la Tartare, Parker 之 A thousand years of Tartars 等書是也。則韃靼一辭至今日已為用于亞洲北部之古代民族之一種術語矣。

四　滿洲

滿洲一詞來源未久，始見于清太祖實錄，表示部族之號，若肅愼，勿吉，女眞，非地域之名也。清人入關，用于種族，如清漢曰『滿漢』是也。然其時亦有以為地域之名者，故乾隆特闢之曰：『今漢字作滿洲，蓋因「洲」字義近地名，假借用之，遂相沿耳。實則部族而非地名，固彰彰可考也』（滿洲源流考卷一）。顧其時所指之滿洲地域，不過包括遼水以東，鴨淥江以西，混同江以南一個區域；易言之，清室發祥地之建州衞在清初一般人之心理中為滿洲之地域也。十八世紀後，俄人蓄意侵略東省，亙東三省一大區域冠之曰滿洲，滿洲為地域之名自是始著。

至滿洲之意義，寧承恩君曾為滿洲字義考，載東北叢刊第一期，及民國二十二年五月北平新晨報東北問題欄。家昇以其取材不廣，出處不明，復為滿洲名稱之種種推測，刊東方雜誌第三十卷第十七號，對于『滿洲』之解釋凡十一：一為清亮之意，二為勇猛之意，三為『滿珠』之譌，四為『滿是豬』之訛，五為滿仲之重出，六為肅愼之音轉，七為勿吉之音轉，八為滿節之音轉，九以滿咄得名，十以『文殊師利』得名，十一以滿住得名。諸說或得或失，詳見原文，不復具論。至今思之，此十一說中，惟『滿咄』，『滿住』之說較為得之。

按隋書室韋傳，『南室韋……分二十五部，每部有「莫弗滿咄」，猶言酋長也』。『北室韋……分為九部落，其部落渠帥號「乞引莫弗滿咄」』。又靺鞨傳，『渠帥曰「大莫弗瞞咄」』。此『莫弗滿咄』，『乞引莫弗滿咄』，『大莫弗瞞咄』，一望而知其為綴合字。遼史語解，『「莫弗紇」，諸部酋長稱，又云「莫弗賀」』。此『莫弗紇』或『莫弗賀』即『莫弗』，則其頭音，室韋，女眞（靺鞨），契丹三部均同，而『滿咄』則為室韋女眞所獨有也。大抵『滿咄』為一種尊號，加『莫弗何』，加『乞引莫弗』為較尊；加『大莫弗』則尤尊；其基本之字根『滿咄』歷許多年而仍賡續于其部族中。

求此『滿咄』之對音，則惟建州女眞酋『滿住』一辭足以當之。按明季北略萬歷四十四年，清太祖建元天命，國號後金，黃衣稱朕，當時自稱曰『朕』，而其臣下則稱之曰『滿住』，可見『滿住』爲一種尊號，建州女眞在清太祖時，尙以此稱其首領也。又按稻葉君山滿洲發達史據朝鮮記錄，淸太祖天命三年（萬歷四十七年）之春，都元帥姜宏立加入明軍，征淸太祖，中途爲淸兵所虜，見太祖之部下，俱稱太祖曰『滿住汗』。則建州女眞以『汗』而加于『滿住』之下，與室韋靺鞨以『莫弗』而加于『瞞咄』之上，命意不無相關。

又有所謂『南滿』，『北滿』，『口滿』，『奧滿』，則爲晚出之名稱，而受政治之影響者也。『南滿』，『北滿』見于中國文書者自光緒二十四年五月十八日中俄東省鐵路續訂合同始；『口滿』，『奧滿』則爲日人所妄定。至其範圍向未有明確之解釋：一八九七年俄大藏省所編之滿蒙全書第一卷地理部頁一下，『南北滿』以分水嶺爲界，所謂分水嶺即公主嶺，嶺北曰『北滿』，嶺南曰『南滿』。長春以南爲『南滿』，以北曰『北滿』，此日人文書所習見；而稻葉君山則以『南北滿』之分界在哈爾濱（滿洲發達史），則尤異者也。所謂『奧滿』包含黑吉二省之一部，『口滿』則沿長白山脈而蔓延之區域也（見八木奘三郎滿洲攷古學坪井九萬三序）。要之，俄日任意定名，意有所受，各欲其勢力範圍之擴大，馴致一種名稱欲尋求其界說而不可得耳。

明代「棄套」始末

伊志

古無河套之名。自明築長城，東起黃甫川，西抵寧夏花馬池，棄長城以北三面環河之地于外，遂以河套名之。

其地戰國時屬于趙，秦爲上郡九原地，沿河築城，扶蘇蒙恬所經營者爲縣三十餘。漢置五原郡，主父偃所謂河南地肥饒，外阻河，蒙恬城之，內省輸運戍漕，廣中國之邊備者是也。魏晉因之。五胡時苻秦，赫連夏迭有其地。隋置勝州榆林郡，更于沿邊築長城焉。（參考秦邊紀略卷六。）唐初置朔方軍，北與突厥以河爲界。中宗時從張仁愿之請奪取漠南地，始于河北築三受降城，絕突厥南寇之路。唐末拓拔思恭思忠以討黃巢功，賜姓拜爵，奄有寧夏綏豐勝宥麟諸府州地，延五代及宋遂建國爲西夏。元滅西夏，置寧夏行中書省，旋并入甘肅省。

明初旣逐走元敗將王保保等于塞外，遂城東勝州北千里之地，墻塹墩臺，居然腹裏。洪武四年正月廢州置衛，並置失寶赤，五花城，斡魯忽奴，燕只，甕吉剌五千戶所。二十五年八月分置東勝左右中前後五衛，屬行都司。二十六年二月罷中前後三衛，僅存左右二衛。永樂元年二月徙左衛于北直盧龍縣，右衛于北直遵化縣，直隸後軍都督府。三月置東勝中前後三千戶所于懷仁等處守禦，而衛城遂虛。正統三年九月復置，其後又輟東勝而就延綏，則以一面捍千里之衝，遂使河套沃壤爲寇巢穴，邊患相尋不解矣。（參考明史四十地理志一。）

北虜寇邊與入套之始

有明一代，北虜爲患，無時或已。成祖時，阿魯台叛服不常。宣宗之世，有兀良哈之寇亂。英宗時，瓦剌也先強大，帝就征之，致肇土木之變。其後也先弒其主脫脫不花，旋又爲其知院阿剌所弒，內部紛亂，故邊患得苟息焉。

天順而後，孛來猖獗。元年四年寇寧夏，參將种興戰死。三年正月總兵官石彪，彰武伯楊信敗孛來于安邊營，都督僉事周賢等死焉。四年八月孛來三道入寇大同，旋入雁門掠忻代朔諸州。九月復圍大同。五年六月寇河西，官軍敗績。是年八月上書乞和，明年春入貢，於是邊警又得不傳者數年。

成化之初，毛里孩復繼之入寇。元年八月犯延綏。二年七月犯固原，旋犯寧夏，都指揮焦政戰死。三年正月命總兵官朱永討之，寇且入犯大同。四年冬輾轉犯延綏遼東等處。五年十一月再犯延綏，毛里孩與乩加思蘭孛羅忽滿都魯諸寇相繼入居河套。自是宣大延綏烽烟不息，而虜之入中國若行堂奧矣。

成化年間之搜勦河套

自成化五年冬寇入河套，屯牧其中，屢爲邊患，延綏巡撫王鋭請濟師，朝廷命以右副都御史王越之赴。越至榆林，遣遊擊將軍許寧出西路龍州鎮靖諸堡，范瑾出東路神木鎮羌諸堡，而自與中官秦剛按榆林城爲聲援。寧戰黎家澗，瑾戰崖窰川皆捷，右參將神英又破敵于鎮羌，寇始退。六年春以捷聞，越引還至偏頭關。二月都督僉事房能以河將解凍，寇仍未去，欲潛据河套度夏，擾耕農，乞留越統宣大官軍操戍，詔從之。（參考明史七一王越傳。）

三月巡撫王鋭以寇入河套潛伏，聲言耕種，時來搶掠，出沒不常，奏請備禦。旋諜報迤北虜酋將糾衆寇邊甚急，詔撫寧侯朱永佩平虜將軍印充總兵官，都督劉玉劉聚充左右副總兵，太監傅恭顧恒監軍，右副都御史王越參贊軍務，往延綏備禦。

五月參贊軍務右副都御史王越等議上安邊勦賊事宜，分遣諸將錢亮等分統騎步兵軍于安邊營，高家堡，神木堡，龍州城，懷遠堡，清平堡，鎮羌堡，平夷堡，雙山堡，威武鎮，清平堡，寧塞堡，及波羅安邊靖邊孤山柏林清水等要塞。而自與太監傅恭顧恒，撫寧侯朱永，統步騎兵一萬二千有奇軍于榆林，總制三路，相機策應，以圖成功。七月平虜將軍朱永奏報官軍于張厚家川蘇家寨等地方遇賊戰敗之，頗有斬獲。是時襄陵王冲炑以虜入河套致煩朝廷出師征討，願率子孫及婿從總兵官征勦。帝優詔不許。

然是時寇逾數萬，而官軍堪戰者僅萬餘，又分散防守，勢不能敵。平虜將軍朱永等因以河套虜寇未退，議上戰守二策。其畧曰：『……為今之計，宜于京營大同宣府寧夏陝西等處量調兵馬數萬，期于三日內俱至榆林地方，聽臣等調度，相機審勢，搗其巢穴，此戰之策也。若軍馬餽餉一時未辦，宜慎固封守，嚴督沿邊居民無事則分哨耕牧，有警則舉號避藏，仍令提督官軍各守城堡，伺便會兵截殺，此守之策也』。

事下兵部，尚書白圭以馬方瘦損，供餉不敷，勢難進勦，請勅諸將慎為守禦，以圖萬全。是冬癿加思蘭阿羅出諸虜分道進犯大同，總兵官楊信告急，而花馬池定邊營之寇又入抄固原寧夏。白圭以虜寇久据套不退，擾邊無虛日，乃于八年二月建議搜套。疏略云：

『虜寇深入，頃已勅吏部侍郎葉盛親詣陝西延綏寧夏會議邊務。……宜……勅王越等俟盛至日，即開調甘涼莊浪蘭縣官軍分守要害。又今河氷已開，虜無遁意，計其秋高馬肥，必復入寇。必須于明年二月大舉搜勦河套，庶收一勞永逸之功。』

帝壯其言，命如議行之。是時右副都御史余子俊，總兵官許寧等奉搜套議，請會王越赴京面議機要，大舉搜勦。兵部命侍郎陳俊區畫糧草，所有行軍方略仍命侍郎葉盛與諸將會議奏聞。（以上參考憲宗實錄。）

葉盛者，初為諫官，喜言兵，多所建議。及往來三邊，乃以時無良將，邊備久虛，轉運勞費，搜河套，復東勝，皆未可輕議。乃會都御史馬文升，都督白玉等上疏謂宜堅壁清野，伺寇惰歸擊之，令受一大創，庶可遏其再至；或乘彼入掠，遣精卒進搗其巢，誘其反顧，內外夾擊，足以有功。（參考明史一七七葉盛傳，原疏甚長，載憲宗實錄八年三月乙卯。）旋復與右都御史王越等上疏，謂『套中地境動經數千百里，沙深水少，軍行日不過四五十里，往返必踰月，計調集官軍必至一二十萬，所需糧料供運之人不下數十萬。若以原調與兵部今擬並本境官軍通爲籌算，各就近分守要害，酌量虜情，來則拒殺，去不窮追，俾進無所得，退無所措，勢旣困迫，必將圖歸』。

尚書白圭以爲：『延綏二十三堡已餘一千五百里，而寧夏所屬花馬池直抵高橋又可四百里，今各堡人馬分地而守，供給倍常，使虜知我兵勢之分，轉輸之苦，俾奧魯遠處河套，而于精騎時出剽掠，因糧于我，至春不去，則大同宣府甘涼等處客兵經年調發，屢歲戍守，師老糧費，軍罷民斂。况所積糧草有限，以七八萬之衆駐師坐食，儻有不給，必須徵發，意外之患，在所當慮。宜俟盛越至京之日，仍以所奏事情會官議處』。

是年五月葉盛還京，王越亦至京議事，尚書白圭請命文武大臣與盛越等面議攻守事宜。乃會會昌侯孫繼宗吏部尚書姚夔等議，謂：『虜酋亂加思蘭等久居河套，頻年寇邊，荼毒生靈，罔有紀極，若不痛加勦殄，邊患終無寧日。先後所調諸軍已逾八萬，各路總兵彼此頡頏，事無統一，兵雖多而成功少。今宜遣一大將佩印受勅，與越赴延綏等處調度。仍勅都御史馬文升督陝西兵，余子俊督延綏兵，徐廷章督寧夏兵，及各邊總兵參將遊擊將軍等官悉聽大將節制，則事權歸一，可責其克敵成功，以息邊患』。議上，帝命武靖侯趙輔佩平虜將軍印充總兵官，統制諸路兵馬。

輔拜命，乃條奏行軍事宜六事以上，所請副將參將乃同功一體之人，如不用命不能遽以軍法從事外，餘悉如議行之。是年九月輔與都御史王越會疏云：

『虜寇被我軍追奔出境，日夜東行，今方秣馬厲兵，思與一戰。……今欲攻之，必須搜套，緣河套之內延袤二千餘里，而從征軍士止餘二萬，所選近邊精兵亦然，調遣不足，須得京營山陝精兵十五萬分道並進，庶可成功，應用芻糧宜區畫以待，進攻之策大略如此。但今議者皆云延綏兵禍連結，供餽煩勞，國賦邊民窮竭甚矣。重復科徵，恐生內釁。倘念邊務之勞，暫爲退守之計，宜即散遣從征軍馬，量留精銳就糧鄜延等城，以便防守。沿邊軍民悉令內徙山崖舊堡，深藏避寇。其寇經之路，多設坑塹，密置釘板蒺藜以爲險阻，山頭多置烽火以相傳報。仍從都御史余子俊所奏，鑿山築墻，以爲保障。其寧夏花馬池高橋兒境內沙漠平漫，難以修築，宜令都御史馬文升徐廷章等于黄城鹽池諸處量度形勢，浚壕築牆，虜必不敢懸軍深入。而甘涼被調諸軍亦宜量留精銳，就糧固原等城，以爲陝西藩屏，退守之策大略如此。……』

疏下兵部，白圭請與文武大臣會議可否。大臣皆謂：『北虜深入邊疆二千餘里，單人匹騎，驅我人畜數千，邊臣守將俱擁兵自守，莫敢嬰其鋒。及輔等兵已至邊，虜復掠延慶，不能少禦，益兵攻勦，事將誰欺！且既欲進攻，又稱險遠，方張聲勢，遽愬艱虞，兩可其詞，聊且塞責。其言退守內地，欲量選精兵分屯邊堡，少甦民勞，似爲得計，然大敵在前，我軍退却，恐亦非宜。但軍中事機，理雖遙制，宜勅輔越會同三邊巡守總兵之臣，量度事情，具陳方略』。輔復奏云：

『比傳聞虜寇知我兵馬大集，移營近河，潛謀北度，迨今兩月，不來入寇，意者其不戰自屈乎？但大軍所至，芻草缺供，況山陝荒旱，烝庶流移，邊地早寒，凍餒死亡相繼。彼督餉者惟恐缺，典兵者惟欲足兵，民事艱危，所不暇恤。曩所擬攻守二策，今觀之攻在所難。……莫若姑從防守之策，省兵，節費，安民，三者俱便。乞量留從征將士于各邊要害就糧屯駐。虜如北歸，即各遣還伍。如復入寇，就令彼處總兵等官併力拒之。仍行各邊巡撫等官乘春鑿山築牆，以爲久計。臣等居此，勢既難行，事殊無益，亦宜暫且還京，俟圖再舉。』

兵科駁其議，不許旋師。輔自揣情事重大，不克勝任，乃以疾乞代，得旨不允。十一月郭鏜奏報輔實有風疾，恐悞邊務，宜別選將臣代回，廷議改命寧晉伯劉聚佩平虜將軍印充總兵官往代之。未幾郭鏜自陝西還，劾告趙輔王越誣下罔上，弛兵玩寇，宜逮赴法司究治，以爲臣子悞事不忠之戒。南京監察御史戴珑亦請以輔等付懲戒。九年正月六科十三道都給事中梁景等劾奏輔失機誤事，懷奸罔上，乞明正其罪，以戒將來。帝曲予優容，仍令調治舊疾。

寧晉伯劉聚受命爲總兵官，遷延半載，仍無寸功。七月間都御史余子俊，都督僉事許寧，敗虜于榆林澗，擒斬不二三十，聚以捷聞，仍賜勅嘉獎。旋議上安邊三策，亦無高論。九月十二日滿都魯孛羅忽亂加思蘭三酋自河套出，分寇西路。都御史王越與總兵官許寧，遊擊將軍周玉，各率兵四千六百營于白鹹灘；北行又一百五十里，探知虜賊老弱俱在紅鹽池，連營五十餘里，乃取弱馬分布陣後，以張聲勢，選精騎令許寧爲左哨，周玉爲右哨，又分兵伏於他所，進距虜營二十餘里。虜集衆以拒，越督諸將戰，伏兵從後呼譟進擊；虜見腹背受敵，遂驚潰。自紅鹽池之捷，虜以營幕俱盡，無所依居，乃相率出套。（以上參考憲宗實錄。）

私治正德禦虜

自成化九年，王越敗北虜于紅鹽池後，諸虜漸出套，邊患稍息，幾二十年。至弘治六年五月，小王子復入寇寧夏，殺指揮趙璽。八年正月犯涼州，爲總兵官劉寧所敗。十年五月，犯潮河川，進犯大同。十一年二月，遣使求貢，旋復寇掠沿邊。七月，總制三邊都御史王越敗之于賀蘭山，虜稍北遁。然自是于每歲秋高馬肥之際，出沒河套，至春間氷解，入寇諸郡，藉入貢爲名，乘機飽掠而去；邊將因循玩忽，莫可如何也。

弘治十年間小王子火篩等入貢，以賞賜稍薄，不饜所望，乃潛入河套間，乘機剽掠寧夏延綏大同等處。十二年四月火篩寇大同，遊擊將軍王杲敗績于威遠衛。既而邊報疊至，乃命平江伯陳銳爲靖虜將軍充總兵官，太監金輔監軍，侍郎許進，都督劉寧充副總兵官，往大同禦寇。出師逾二月竟無功，而虜殺掠人畜日有所聞。六月大學士劉健等上疏劾銳等。得旨命陳銳金輔具還京，以保國公朱暉爲征虜大將軍充總兵官，太監扶安監軍，都督僉事神英充參將，代之。旋以左都御史史琳提督大同等處軍務，復命太監苗逵監軍。是冬小王子火篩諸部入寇大同，又入居於河套，犯延綏神木等堡。十四年四月寇固原，朱暉史琳苗逵等分道進師延綏。七月襲小王子于河套，指揮王泰復禦之于紅鹽池死焉。八月火篩諸部復犯固原，大掠韋州環縣萌城靈州等處，輾轉犯寧夏，官軍窮于應付。是冬巡按陝西監察御史王用以虜衆在套，請調宣大甘涼環慶延綏寧夏並京營兵十萬會于邊，期來春三月虜馬瘦弱之時連絡並進，直擣其巢。兵部難其議，然未幾虜衆已出套矣。（以上參考孝宗實錄。）

正德初，小王子復犯宣大，仍命朱暉爲征虜將軍充總兵官，太監苗逵監軍，都御史史琳提督軍務往禦之。四年九月犯延綏，圍總兵官吳江于隴州城。十一月犯花馬池，總制尚書方寬戰死。乃起右都御史楊一清總制寧夏延綏甘涼軍務，于是一清遂議防邊四策，四策者，修濬牆塹以固邊防，增設衛所以壯邊兵，經理靈夏以安內附，整飭韋州以遏外侵也：而尤注意于守東勝以制勝焉。（以上參考武宗實錄。）

一清之策固已超越成化弘治以來將臣所謂搜套者矣。顧格于劉瑾，不得行其議。至六年春，虜衆復入河套，寇沿邊諸堡。自是之後，膺封疆之寄者咸非其人，不唯復套無望，並搜套之議而不聞矣。

嘉靖議復河套

嘉靖初，小王子猶時入寇，俺答繼之，勢更猖獗。其後吉囊又繼之，寧夏固原延綏宣大烽烟瀰漫，歲無寧息。至二十年後，俺答且入犯山西內地，由雁門而犯太原，再掠潞安沁汾襄垣長子諸郡邑，官軍莫能禦。一逮總督翟鵬，再逮總督張漢，樊繼祖罷黜于前，仇鸞下獄于後，邊事窮蹙可知。二十五年夏命兵部侍郎曾銑總督陝西三軍邊務，時寇十萬餘騎由寧塞營入，大掠延安慶陽境，銑率兵數千駐塞門，而遣參將李珍搗寇巢于馬梁山陰，斬首百餘級，寇聞之始遁。虜衆牧近塞，零騎往來，居民不敢樵採，銑方築塞，慮爲所擾，乃選銳卒擊之，寇稍北；間以輕騎入掠，銑復率諸軍驅之遠徙。銑感帝知遇，圖有所報稱，念寇居河套，爲中國患，必驅之遠遁，始可以久安。是年十二月上疏云：

『爲今之計，宜用練卒六萬人，益以山東槍手二千，多備矢石，每當春夏之交，攜五十日之餉，水陸並進，乘其無備，直搗巢穴，材官騶發，礮兵雷激，則虜不能支矣。歲歲爲之，每出益厲，虜勢必折，將遁而出套之恐後。俟其遠出，然後因祖宗之故疆，並河爲塞，修築墩隍，建置衛所，處分戍卒，講求屯政，以省全陝之轉輸，壯中國之形勢，此中國之大烈也。』

兵部議覆略云：

『築邊復套，兩俱不易；二者相較，復套尤難。夫欲率數萬之衆，齎五十日之糧，深入險遠必爭之穴，以驅數十年盤据之虜，談何容易！故不若修牆濬塹，爲計完而成功可期也。』

是時帝憤連年虜患，頗有蕭清沙漠之意，因諭曰：

『此邊境千里沙漠，與宣大地異，祗可就要害修築。兵部其發銀二十萬兩予銑，聽其修邊餉兵造器，便宜調度支用，備明年防禦計。』（以上參考世宗實錄）

銑所倡復套之策，已令曾延綏寧夏諸鎮撫官議上方略，諸臣久不報命。二十六年七月，銑以諸臣延誤事機，請申誡諭。帝讓諸臣避難畏事，期于秋防後再遲回者總督官奏治之。是年十一年銑復上疏云：

『……而當時封疆之臣，曾無有爲國家深長之思，以收復祖宗舊業爲生民立命者。蓋軍旅之興，國家之重務，圖近利則壞遠謀，小有挫失，媒孽其短者繼踵而至，鼎鑊刀鋸，面背森然，其不改心易慮者幾希。況復所見不同，甲可乙否。若待來年，便已遷延不振，日復一日，長寇貽禍。臣雖愚昧，豈不知兵凶戰危，未易舉動。但近年以來，得之見聞，常懷憤激，今復親履其地，目擊此虜跳梁，地方危殆，切齒痛心，實有寢不安席，食不下咽者焉。……伏乞勅下該部，將臣此奏與修築榆林邊墻之奏，會集廷臣詳議可否。如蒙采納，特賜該部修邊復套次第施行。』

（按：此疏見于章潢圖書編，實錄不載。疏中『若待來年，便已遷延不振，日復一日，長寇貽禍』云云，似在二十六年七月誠諭諸臣之後，故錄於此。然查明史二百四曾銑傳節錄此疏，似與實錄前疏併爲一者，蓋由秉修史筆者加以更易矣。）

銑復疏陳邊務十八事，凡修築邊垣，恢復河套，申明賞罰，選擇將材，選練將士，買補羸馬，進兵機宜，轉運糧餉，兼備舟車，多備火器，招降用間，審度時勢，防守河套，營田儲餉，及明職守，息訛言，寬文法，處孳畜等言之甚詳。旋復上營陣圖八，曰立營總圖，遇虜駐戰圖，先鋒車戰圖，騎兵逐戰圖，步兵搏戰圖，行營進攻圖，變營長驅圖，論功收兵圖等，尤見精密。帝覽疏嘉之，並諭兵部會衆定策以聞。

二十七年正月，兵部尚書王以旂等奉旨會同府部九卿翰詹科道等衙門謀復套事，閣臣夏言等不敢決。帝命與議諸臣，令數日再會疏聞。於是大學士嚴嵩上疏曰：

『臣閱曾銑所奏，征討必用三年，每年必用兵十二萬，銀必百五十萬兩。又云此特其大略，其臨時請給者不在此數，則師未興而經費已不支矣，民將何以堪之！銑以好大喜功之心，而爲窮兵黷武之舉，在廷諸臣皆知其不可，第有所畏不敢明言，以致該部和同附會上奏。幸賴聖心遠覽，特詳明諭，活全陝百萬生靈之命，誠宗社無疆之福。臣備員輔職，如此舉措關係國家安危大計，不能先事匡正，至廑聖慮。同官夏言於他政效勞爲多，臣獨分毫無補，有負委任，請從顯黜！』

疏入，帝以嵩既知復套之不可，何不力言於銑疏初至之時，乃密疏人臣未有如銑之忠者，每擬誇許，果何用意？嵩疏語侵夏言，帝亦疑之。言不自安，因上疏云：

『臣愚竊以匈奴雖多，不過漢一大縣，況當國家全盛之時，皇上中興之會，薄示威武，旋可成功，故向於曾銑所奏，不揆固陋，妄有議擬。……然此事臣數與嵩議，絕無異言，今乃先臣具奏，名雖自劾，意實專欲誘臣自解。所幸軍旅未興，聖諭先布，否則臣將不知死所矣。』

帝責夏言專徇私情，強君脅衆，前密奏未允，乃詐稱上意必行，所奏又無引罪詞，令禮吏二部會都察院參看以聞。嵩復疏辯云：

『銑疏初至，臣誠心知其非，而不敢正，罪無可說。臣與夏言同典機務，事無巨細，理須商榷，而言驕橫自恣，凡事專決，不惟常務不獲與聞，即與兵復套，事體極大，自始至今亦並無一言議及。其諸疏揭所奏，不過列署臣名。昨奉明旨謂密奏稱人臣未有如銑之忠者，臣讀之愕然，實不知也。而於每擬諭許皆出言手，言欲於此顯上意於外，而示親厚於銑，故廷臣皆謂上意欲行，無不恐懼，即臣不知，亦恐皇上別有諭於言也。昨蒙降兵部會疏於閣，言獨留看三日，後出一密奏於袖中，令臣一閱，隨即謄進，且不以片言商可否。……臣誠自知具員，不宜復靦顏在列，乞罷！』

帝以嵩不能先事救正，已加恩宥，正當感恩盡忠，乃復奏擾，所辭不允。是時帝意且不測，而嵩攻言甚力，言懼，復上書自明且求去，疏云：

『……復套覆議，嵩謂臣獨留三日，出奏稿於袖中，令其一閱，隨即謄進。夫奏稿出諸袖中者，臣之過於謹密也；會看然後謄進者，臣與之商榷可否也。使稿不自收而委之他人，謄寫既成而後與之會看，此則可以責臣而無辭矣。嵩明知其故，乃以此罪臣，至謂臣每擬諭許，故欲以此顯上意於外，而示親厚於銑。夫擬議雖自臣下，一經御覽，即係聖斷，非臣所敢輕與者。況征戰之事，成敗難測，衆方為銑危懼，而以此為示親厚，豈理也哉？嵩以危禍中臣，必欲置之死地，臣不足惜，其如國體何？臣不能復與並列，乞賜骸骨歸田里！』

嵩與言反復疏辯，帝命部院一併參看。既而兵部尚書王以旂會廷臣議上復套事宜，言虜兵強據險，為中國計但當練兵積粟，來則禦之，不宜與之較曲直，爭尺寸。宜令銑嚴督各鎮蓄兵養威，加意防禦；前議出師搜套一應事宜悉行停止。帝亦以銑無故倡議復套，諸臣集議又不為國為民，深思實慮，因命兵部尚書王以旂兼僉都御史往代曾銑，盡心督理，以贖前罪；與議官各奪俸一月；科道官悉逮至廷杖；會銑械繫至京究問。未幾吏禮二部尚書聞淵費寀，都御史屠僑等參覆夏言有違禮法，令削奪言官，以尚書致仕。嵩與其黨乘機媒孽，言與銑俱就戮西市。嗣是遂無敢議復套者。（以上參考世宗實錄。）

時翁萬達方總督宣大，多所規畫，然奉旨議覆復套事宜，則曰：

『……夫馳擊者彼所長，守險者我所便，弓矢利馳擊，火器利守險；舍火器守險，與之馳擊於黃沙白草間，大非計。議者欲鼇六萬衆，爲三歲期，春夏馬瘦彼弱，我利於征；秋冬馬肥彼強，我利於守；春蒐套，秋守邊：三舉彼必遠遁，我乃拒河守。夫馬肥瘦，我與敵共之，卽彼弱，然坐以待，懼其擾擊我，及彼強又恐其報復我。且六萬之衆，千里襲人，一舉失利，議論蜂起，烏能待之？即三舉三勝，彼敗而守，終不渡河，版築亦無日。……況循邊距河，動輒千里，一歲食糜億萬，自內輸邊，自邊輸河，飛輓之艱，不可不深慮。若令彼有其隙，我乘其敝，從而圖之，未嘗不可。今塞下喘息未定，邊卒瘡痍未起，横挑強寇，以事非常，愚所不解也。』（此疏見明史一九八翁萬達傳。）

嘗曾銑疏請復套之初，帝甚爲之嘉悅，大學士夏言亦力主之。乃帝意中變，嚴嵩夏言又互相攻訐，迨帝入嵩之譖而言敗，府部科道乃希帝旨而議復套之非。諸臣原不知疆事，無定見可言；獨翁萬達總督延綏宣大，任封疆之寄既重且專，乃亦爲以此畏敵苟安之言，宜邊事之不堪問也。

附論

明自太祖定中原，克燕都後，命耿炳文收河湟，馮勝取甘肅，於嘉峪關畫玉斧以界華夷；雖不能逾玉門關以外，然西境幅幀亦云廣矣。北則因河爲固，及城東勝則東受降城之故壤，雖未復漢唐之舊，而玉門以內，黃河以南，莫非王土。迨東勝不守，則河套爲空虛之地，一任寇之踐蹦而不之惜，是河套非虜能取之，乃明廷棄之也。

正統以前，明廷雖已棄河套，虜尙未据之也。自成化以來，虜酋毛里孩孛羅忽滿都魯乩加思蘭等相繼入套，始据爲久居，識者早引爲深慮。大司馬白圭有經濟才，唱大舉搜套之議，而前後所遣三大將朱永趙輔劉聚等皆畏怯不任戰，無寸功之報。葉盛奉命與諸邊臣議戰守，乃懷畏敵苟安之計，爲攻難守易之言，白圭之策卒扞格不行。自葉盛倡誕謾之論，遂堅棄河套之心，於是余子俊王瓊陰用其言，後先合志，設重兵于楡木舊堡，築長城東起黃甫川，西訖寧夏花馬池，乘障列燧，畫壤分疆，舉北面千餘里而棄之，河套遂擯于內地。則河套之棄，實三子者爲之也。

當余子俊王瓊之時，即不能踰河復受降三城，但因秦漢故疆，以河爲界而復之，其費與城榆林等，兵不加多而足守饒野之地，其利害相去豈啻霄壤乎！自城堡林立，邊牆綿亘之後，凡踰短垣謂之出塞，是委河套于敵，而自遺腹心之憂也。唐築受降城，乃禦敵于黃河之外，明築榆林堡，則養夷于河套之中，而洪亮吉輩且謂子俊等之築牆爲節用愛人，籌邊之策無有善于此者，是目覩而不見其睫也。

孝宗之際，火篩入套，肆爲侵凌，然其時圖搜河套，復東勝，開屯田，猶可爲也。顧所用大將如陳銳朱暉皆非其人，太監金輔苗逵輩又俱爲不學無術者流；其相繼無功自可斷言。夫憲孝兩朝，雖非英銳之主，亦稱有志之君，憲宗之命朱永也，曰『體朕安邊保民之意，盡心所事』，再命趙輔也，曰『有功之日，不吝陞賞』，軫念之殷，于焉可見。孝宗之時，苗逵監軍，帥師出鄜延，斬首僅三級，而廟堂論功乃至二千餘，此尤見在上圖治之切，而不吝爵祿之加。然君王雖拊髀思念虎臣，而邊臣迄無能分主憂者，吾以是嘆英宗而下，有能復套之君，而無能復套之臣也。

武宗躭于荒樂，文治武功俱無足述。其自命威武大將軍統六師巡邊，亦出之於嬉遊躭樂耳 虜衆寇邊猶坐視也。

嘉靖時，視河套爲久棄地，而平凉固原延綏環慶寧夏以至涇川三原涇陽，歲遭虔劉，動以萬計。是棄河套而全陝騷然，四方震動。世宗誠厭兵端，雖曾銑有壯猷，兵出有功，旋遭嚴嵩仇鸞之構，遂使畫謀者效力者盡于一網，是自壞藩籬以媚盜，且明示臣工以搜套復東勝爲戒矣。是則武宗而下，有能復套之臣，而無欲復套之君也。

成化以來，搜套復套之議，發言盈庭，惟夏言曾銑之主復套爲上策。楊淸兩總三邊軍務 ，先後發言同出一轍，斯賢者所見之同也，白圭倡議搜套，曾具決心，功雖未竟，亦不失爲中策。余子俊馬文升王銳王瓊等之修牆濬塹，揚琚移堡防邊之議，均策之下也。其他遙度坐談，皆不足道。當時希帝旨議河套，以巧言亂眞者固多，獨怪夫倪岳者以卓然名臣，既知向日失東勝，其害遂萃于延綏，乃議復東勝搜河套時，云『帝王之兵以全爲勝，孫吳之法以逸待勞』，以『提兵深入，饋餉惟艱』之常談，論西北用兵之害，亦不無失言之譏。

讀議復套諸疏，數千言娓娓可聽者莫如翁萬達。萬達總制宣大有年，諳于邊事，乃飾浮詞以迎合帝意，取悅好相，尤可怪焉！

當王越紅鹽池敗虜衆之、時擒斬僅三百餘人、虜衆乃喪膽，相率出套遠遁，知套非不可復也。虜會自吉囊而後，日漸式微，南恐搗巢之患，北懼死刺之侵，則亦巢于幕上耳。當夏言曾銑之主復套時，使邊臣如翁萬達輩亦力和之，授以彼時財力，未始不可行也。乃見不及此，虜患日殷，至萬曆間勢既無可如何，惟行封貢而已。未幾而有哱拜之叛，肅清無日，而明社已且屋矣。北虜之禍蓋亡明之遠因，而棄套養夷又為致禍之主因，安危倚伏，不亦大哉！

徐市故事之演化

馬培棠

燕齊沿海之區，思想自古而異；蓋其耳目所接者，大海汪洋，胸襟擴展，故冥想之能力特強，學術界遂獨立一幟。戰國時，在位者復加以提倡，齊宣燕昭廣招賢者；於是燕齊之間學者輩出。有鄒衍者，最蒙兩主之優遇；深觀陰息陽消，而作怪迂之變，驗小推大，至於無垠，其『大九州』之說最為特出，變昔海內之保守而啟發海外之尋求。惜乎，燕齊海上之方士傳其術不能通，而怪迂阿諛苟合之徒自此興，不可勝數也。史記封禪書載方士之說曰：

蓬萊，方丈，瀛洲，此三神山者，其傳在勃海中。去人不遠，患且至，則船風引而去；蓋嘗有至者。僊人及不死之藥皆在焉；其物：禽獸盡白，而黃金銀為宮闕。

其說可信與否，無容置辯。而世主聽之，尋求不遺餘力。齊宣燕昭而後，頗不乏人，其最大規模而盛為後世稱道者，首推秦皇之使徐市。始皇以蓋世英雄，統一天下，因思長生久視之道，永臨茲土，於是三神山之奇草，大動始皇之聽聞。

二十八年，齊人徐市等上書，言海中有三神山，名曰蓬萊，方丈，瀛洲，僊人居之。請得齋戒，與童男女求之。於是遣徐市，發童男女數千人，入海求僊人。（史記秦始皇本紀）

案三神山者，本係方士假託之詞，粉飾鄒子之說，以邀世主之寵。及秦王之世，徐市竟要求與數千童男女偕行，誠若求仙，何用此長物；而其所以為此者，當別有故。攷自齊宣十八年，鄒衍講學稷下；至秦王二十八年，徐市求仙；百餘年中，方士入海，當未斷絕，東方秘密，或已略知一二。徐市抑據過去之經驗，知東海之外尚有大陸，而為殖民之舉，以遠暴秦之刑殺乎？惟其最可疑者，去而復返：

> 三十七年十月癸丑，始皇出游。……還過吳，從江乘渡，竝海上，北至琅邪。方士徐市等入海求神藥，數歲不得，費多，恐譴；乃詐曰：『蓬萊藥可得，然常爲大鮫魚所苦，故不得至。願請善射與俱，見則連弩射之』。始皇……乃令入海者齎捕魚具；而自以連弩候大魚出，射之。（史記秦始皇本紀）

返而請善射者與俱，或其至彼大陸，士人不使登岸，乃歸詐武力以隨也。而史竟無明文詳其後，只云：『乃令入海者齎捕巨魚具』，所請『入海者』，當時本多有其人，是否徐市等又武裝而去，未得而知，此誠史記載事之未周也。然猶有最矛盾者焉。封禪書曰：

> 蓬萊，方丈，瀛洲，此三神山者，其傳在勃海中，……僊人及不死之藥皆在焉。……秦始皇幷天下，至海上，則方士言之不可勝數。始皇自以爲至海上，而恐不及矣，使人乃齎童男女，入海求之。船交海中，皆以風爲解，曰：『未能至，望見之焉』。其明年，……後三年，遊碣石，考入海方士。……後五年……遂登會稽，並海上，冀遇海中三神山之奇藥，不得。還至沙丘，崩。

本紀之文，含混未盡：此則簡練明白，記載殊乖。一則曰遣徐市，一則曰使人，果誰使也，烏有若大舉動而不著其使之名者：是徐市其人不能無問題也。一則曰費多恐譴，而有鮫魚之苦，名言其詐；一則曰船交海中，以風爲解，若系實陳：是其入海之經過足以起人之疑問也。一則曰請善射與俱，似有再反之心；一則曰遇風未能至，更無防禦之文：是還而再返之說又使人不敢劇然承認也。且其大不同者尤不在此。本紀稱始皇二十八年，初使徐市入海。至三十七年，不得藥而還。九年之中，所費巨萬，卒爲鮫魚所苦；始皇不知其詐，夢戰海神，因以致疾而死，則此事之有關重大自不待言。而封禪書所載，茫無年月，但以後文推之，則在二十八年無疑。及敍入海者還，乃在同年，與本紀相差九年。雖於後四年，考入海方士，蓋指本紀三十二年所載之使盧生求羨門高誓，使韓終侯公石生求僊人不死之藥，及盧生入海還等而言。如其然，則『後五年』卽三十七年，冀遇仙藥不得，非冀徐市之藥明矣；後文更輕提曰：『還至沙丘崩』，則徐市無與始皇之死也更明矣。由此觀之，徐市傳說最初已不一致，故一人之筆竟若是其參差也。

徐市故事之參差，卽足以證明其事根本恍惚；然卒以得盛傳者，誠以數千童子無辜流亡；萬里海外，所費不貲，百姓悲痛，相思欲為亂者，十家而六。及漢代秦統，始皇虐政益為家談巷議之材料；而徐市故事乃得隨風流行。但為便利口說計，為取得聽信計，則徐市傳說勢必先求一致。其不同者，巧為删改；其固同者，更求演義。事實既定，結果尤須痛快，以重始皇之不德。故其後九十年中，徐市故事大見進步。漢武元朔五年，伍被引市事以諫淮南，可代表本期傳說之演化。

昔秦……使徐福入海求神異物，還為偽辭曰：『臣見海中大神言曰：「汝西皇之使邪？」臣答曰：「然」。「汝何求？」曰：「願請延年益壽藥」。神曰：「汝秦王之禮薄，得觀而不得取」。卽從臣東南至蓬萊山，見芝成宮闕，有使者，銅色而龍形，光上照天；於是臣再拜問曰：「宜何資以獻海神？」曰：「以令名男子若振女，與百工之事，卽得之矣」』。秦帝大悅，遣振男女三千人，資之五穀種種百工而行。徐福得平原廣澤，止王不來。（史記淮南列傳）

此說最大特點，有五。一改徐市為徐福。抑以前說未定其人，而另有攷證也？或曰：『市本作芇，芇與黻同，音福，後人因誤作徐福』。至今因之，不復作『徐市』矣。二徐福第一次隻身入海，確知有平原廣澤，欲王而無所藉。每讀本紀封禪之文，疑徐福入海之突然，至此而釋。三偽言至神山，見神藥，游神宮，與神談話，以動始皇之聽。特加重仙人神藥之描寫者，發揮本紀封禪可得與望見之義也。四所以不得藥者，乃王之禮薄，以詐取童男女五穀百工，而為止王之預備。以見其求之有因，删本紀封禪蛟風之詞異。五秦王許之，遂作二次游，而王平原廣澤，以遂徐福之志，以快讀者之心，而補本紀封禪之所不及。徐福之來去既已言之成理，則昔日傳說之紛歧於斯乃定。班固撰漢書，因司馬說而不變。（郊祀志因封禪書，伍被傳因淮南傳，有略無詳。）

西漢傳說，較前固為進步，而仍有未滿人意者，卽徐福止王海外，其平原廣澤果何地乎？是求知者與好奇者不能不再問者也。比及後漢，說者補之。

會稽海外，有東鯷洲，分為二十餘國。又有夷洲及澶洲，傳言秦始皇遣方士徐福，將童男女數千人入海求蓬萊神仙；不得，徐福畏誅，不敢還，遂止此州。世世相承，有數萬家，人民時至會稽市；會稽東冶縣人，有入海行遭風，流移至澶洲者；所在絕

遠，不可往來。（後漢東夷傳）

其敍求仙事，較西漢爲略，蓋因仍前說，無甚殊異也。其所異者，決定止王之所，名曰澶洲。後漢之時，已有數萬家居其上，如此可驚可喜之成績，固恐人之不輕信也，於是一曰其人時來會稽易市。二有人遇風，誤入其境。三更給人以不可試驗之詞曰：『所在絕遠，不可往來』。此作僞之方法，更密矣。雖然，海外樂國，吾民冥想而思求者，久矣。玆有澶洲，誰肯舍之；縱使絕域，其奈皇家之力何。故至三國，吳大帝遣將求之。

黃龍二年春正月，遣將軍衛溫諸葛直，將甲士萬人，浮海求夷洲及澶洲，在海中。長老傳言，秦始皇帝遣方士徐福，將童男女數千人，入海求蓬萊仙及仙藥，止此洲不還。世相承有數萬家。其上人民，時有至會稽貨市；會稽東縣（按地名與後漢不同）人，海行亦有遭風流移至澶洲者。所在絕遠，卒不可得至。但得夷洲數千人還。（三國志孫權傳）

夫澶州人既能至會稽矣，何以大陸人不得至澶州？而卒不果至者，乃澶州及其易市人，固長老之傳言，烏足信也。但終後漢之世，幾二百年，則其深入人腦，牢不可破明矣。故引起吳帝尋求之野心。孰意經此實驗，乃證明其爲子虛烏有；於是人之信仰頓衰，而徐福亦因成爲理想之人物，一入於玄虛。故至六朝，徐福乃成爲神仙家之材料。

祖洲近在東海之中，地方五百里，去西岸七萬里；上有不死之草，草形如菰苗，長三四尺，人已死三日者以草覆之，皆當時活也，服之令人長生。昔秦始皇大苑中，多枉死者，橫道；有鳥如烏狀，啣此草，覆死人面，當時起坐，而自活也。有司聞奏，始皇遣使者，齎草以問北郭鬼谷先生。鬼谷先生云：『此草，是東海祖洲上有不死之草，生瓊田中，或名爲養神芝；其草似菰苗，叢生，一株可活一人』。始皇於是慨然言曰；『可采得否？』乃使使者徐福，發童男女五百人，率攝樓船等，入海尋祖洲，遂不返。福，道士也，字君房，後亦得道也。（海內十洲記）

澶洲既不可得，則衆人迷信無法維持。神仙家乃改澶洲曰祖洲。祖洲者，海內十大仙州之第一洲也。當然仙草之產生不必再有三神山之想像，而徑謂產於祖洲。且始皇先見仙草請教鬼谷，然後使徐福求之；其所以特詳仙草者，神仙家言也，故童男女數千人無妨省至五百人，略資點綴。福亦得道之士，又有字君房。隋唐而還，因十洲記之說，無甚刪改，惟更加多徐福之神祕性。

唐開元中，有士人患半身枯黑。御醫張尙容等不能知。其人聚族曰：『形體如是，寧可久邪？聞大海中有神山，正當求仙方，可愈此疾』。宗族留之，不可。因與侍者齎糧至登州大海側，遇空舟，乃賫所携，掛帆隨風。可行十餘日，近一孤島，島上有數百人，如朝謁狀。須臾，至岸。岸側有婦人，洗藥；因問彼皆何香，婦人指云：『中心牀坐鬚鬢白者，徐君也』。又問：『徐君是誰？』婦人云：『君知秦始皇時徐福邪？』曰：『知之』。『此則是也』。頃之，衆各散去，某遂登岸致謁，具語始末，求其醫理。徐君曰：『汝之疾，遇我卽生』。初以美飯哺之，器物皆奇小，某嫌其薄。君云：『能盡此，爲再餐也；但恐不盡耳』。某連啖之，如數甌物。致飽而飲，亦以一小器盛酒，飲之致醉。翌日，以黑藥數丸，令食；食訖，痢黑汁數升，其疾乃愈。某求住奉事。徐君云：『爾有祿位，未宜卽留，當以東風相送，無愁歸路遙也』。復與黃藥一貸，云：『此藥善治一切病，還遇疾者，可以刀圭飲之』。某還，數日至登州，以藥奏聞。時元宗令有疾者服之，皆愈。（太平廣記）

徐福故事，至宋修太平廣記，作僞已造其極。自秦及唐，將及千年，而徐福僅鬚鬢白，其僞已不値一辯矣。案徐福故事之初行，恍惚性與不實在性固足引起人之懷疑而有餘。只以幾經修改，歷兩漢其說乃定。至三國起而實求之，始知傳說之非眞。神仙家乘機加入，徐福卒被以道士之名，長生不死，能醫百病。諸此無稽之談，若妄據爲史料，而謂徐福爲我最古海外殖民家，是甚於據三俠五義而講包龍圖也，豈不可憐而可笑。

眞番郡考

朝鮮李丙燾著　周一良譯

一

眞番郡者，漢武帝元封時滅以今平壤附近爲根据之衛氏朝鮮後，所置四郡之一。自來學者於此四郡——樂浪，眞番，臨屯，玄菟——之位置及境域，以至四郡中之山川縣邑所在，皆屢有論列；然說各不同，益增繁瑣。近年發掘樂浪帶方兩郡之遺跡，頗足助吾人研究；然關於四郡之重要問題，待解决者尚多，眞番郡之位置尤爲聚訟之的。蓋史料不足，爲研究此問題之大困難。而讀史者於此貧乏之史料中，猶未能細心探討。或拘於注釋，或欲以近代吾人擴大後之意識解釋古代國郡疆域，往往忽視自然地理狀態，及當時之大勢。如求眞番郡之方位於極南極北者，皆陷於此弊而致然也。竊謂欲正當解决四郡問題，當先熟讀史料，更注意於當時大勢及自然地理狀態，且收縮吾人之擴大意識而考察之，則庶乎有得。眞番郡外，余於玄菟臨屯兩郡之位置及樂浪郡之領域諸問題，皆嘗考之；然欲解决此諸問題，必先解决眞番郡之位置，故就此郡位置先陳鄙見焉。

未論眞番郡之位置，當先考定其前身眞番國之方位。從來學者之主張極夥，大別之有二派。一派主張眞番在 Proper 朝鮮之北，一派主張在其南。而小別之，則在北說中又有遼東說（包含高句驪說）及肅愼說；在南說中有辰國說，貊國說，帶方說及馬韓說（包含忠清道說及忠淸全羅北道說）。今先就諸說一一論其得失，再述鄙見。

二

眞番在遼東說乃求此郡於長白山以西之地，其說最古，從之者亦最多。蓋本於史記朝鮮傳註之徐廣說及索隱。史記卷一百十五朝鮮傳：『朝鮮王滿者，故燕人也。自始全燕時，嘗略屬眞番朝鮮』。眞番下徐廣註云：『一作莫，遼東有番汗縣。番音普寒反』。索隱曰：『始全燕時謂六國燕方全盛之時，常略二國以屬己也。應劭云：「玄菟本眞番國」。徐氏云遼東有番汗縣者，据地理志而知也』。此爲主張遼東說之最古者，爲後人主是說者所根据，主在北說者大部分之所以求眞番於遼東地方者，皆拘於徐廣遼東有番汗縣，及索隱應劭玄菟（高句驪）本眞番國之言。然徐廣所以謂遼東有番汗縣者，如索隱所言，乃据漢書地理志。地理志（遼東郡條）有番汗註一，乃遼東之一縣，班氏自註止云：『沛水出塞外，西南入海』，並未明確謂眞番番汗在同一方面。徐廣特因番汗之『番』及眞番之『番』字相一致，故臆測之耳。此說根据至薄弱，雖迷罔後人，固不値一顧也。索隱所引應劭之說，亦据漢書地理志（玄菟郡條）註，其文曰：『玄菟郡 武帝元封四年，開高句驪。莽曰下句驪。屬幽州。應劭曰：「故眞番朝鮮胡國」』，未嘗言玄菟『本眞番國』，如索隱所引。索隱似是略應劭『故眞番朝鮮胡國』之文爲『本眞番國』，然眞番朝鮮既是兩國名之連稱，則不顧其所以連稱之意義何在，隨意省略引用，不可謂非武斷矣。自來主在南說及在北說中之取肅愼說者，俱不考索隱之引用爲略取地理志，惟以應劭說爲非。大儒如安鼎福（順庵），亦固執肅愼說，其所著眞番考（見東史考異）中謂『應劭謂玄菟古眞番國，皆非也。若玄菟即古眞番，則立郡之際何不稱眞番而稱玄菟耶？』其謂若玄菟即古眞番，則立郡之際不當稱玄菟者甚是，然直謂被節略之應劭註爲非者，則失之矣。苟論應劭註當注意漢志中之全文，烏可未覩『故眞番朝鮮胡國』之語遂下批評乎？以余觀之，應說似亦非特別不可通。何以言之，若廣義地解釋『眞番朝鮮胡』一語，認爲代表海東某部族之漫然的稱號，讀爲『故眞番朝鮮胡之一國』，抑『故眞番朝鮮族之一國』，文義自不待言，即事實亦非大謬誤。蓋此語不以高句驪方面之玄菟單爲眞番胡或朝鮮胡，而併擧二者，故云『故眞番朝鮮胡國』，乃總括的說法。若解爲故眞番，同時爲朝鮮胡國，是不識古人文法也。史記每每連稱『眞番朝鮮蠻夷』，『穢貉朝鮮眞番之利』，漢書連稱『朝鮮濊貉句驪蠻夷』，乃古書之特徵。應劭之文亦猶此類，索隱偏於一方，略成『玄菟本眞番國』，可謂疏矣。苟以索隱所引用爲正當之解釋，玄菟果爲眞番國，則如安鼎福氏之言，何以立郡時不稱眞番而稱玄菟乎？於是主遼東說者引証三國志魏志卷十三東沃沮傳『以沃沮城爲玄菟郡，後爲夷貊所侵，徙郡句麗西北，今所謂「玄菟故府」是也。沃沮還屬樂浪』。及後漢書卷百十五東夷濊傳『至昭帝始元五年，罷臨屯眞番，以幷樂浪玄菟，玄菟復徙句麗，自單單大領已東，沃沮濊貊悉屬樂浪』之文。謂玄菟立郡之地雖在沃沮方面（今咸鏡道邊），昭帝時幷眞番，其後爲夷貊所侵，故郡治因以移於眞番故地之句麗方面。然魏志及後漢書以玄菟移居地爲句麗西北，或單以爲句麗，不以爲即眞番故地，故『罷臨屯眞番，幷樂浪玄菟』之文是否如一般遼東說者所解釋，爲罷臨屯併於樂浪，罷眞番併於玄菟，尙是疑問（俟後論之）。而魏志所云玄菟郡最初位置在沃沮方面者，其說亦大可疑。玄菟郡爲夷貊所侵，棄沃沮而遙徙至句麗西北，而沃沮反屬樂浪，是可怪也。如謂沃沮仍是漢領地，還屬樂浪，則何必特徙玄菟郡去沃沮乎？『以沃沮城爲玄菟郡』語亦不可解。余既懷此疑，且主張玄菟 (Hyen-tu) 即丸都 (Hwan-tu) 之新說，故不得不全部反對沃沮說，其詳俟異日論之。要之，祇根据薄弱之徐廣說，及索隱誤引之應劭說，而主張眞番在遼東，其說決不能成立也。

然而主遼東說者，据史記『自始全燕時，嘗略屬眞番朝鮮』之文，謂燕略屬眞番朝鮮之地歸于已。而列眞番於朝鮮前，是眞番對燕國之地理的位置當較朝鮮對燕爲尤接近，遂謂爲眞番在朝鮮以北遼東邊境之左証。但此說亦殊難成立。若祇『眥略屬眞番』一語，或可如此解釋。既言『眥略屬眞番朝鮮』，與朝鮮並舉，而並舉之次序又非必以地理上近於中國者爲先也。史記卷百十九貨殖傳明謂燕『東綰穢貉朝鮮眞番之利』，數眞番於朝鮮之次；魏志卷三十馬韓傳注引魏略：『初右渠未破時，朝鮮相歷谿卿以諫右渠不用，東之辰國。……亦與朝鮮貢蕃不相往來』，『眞蕃』諸家皆謂『眞番』之誤，是亦朝鮮眞番並舉之例。由此觀之，不可因燕眥略屬眞番朝鮮，遂求眞番於朝鮮之北明矣。

李世龜（養窩）東國三韓四郡古今疆域說（養窩集卷十三）謂：『遼東郡有縣沓氏，疑是眞番所治霅縣也』。以漢書卷六武帝紀元封三年，臣瓚注所引茂陵書中之眞番郡治霅縣擬漢書卷廿八下地理志遼東郡屬縣中之沓氏。丁若鏞（茶山）我邦疆域考（玄菟考）謂：『眞番郡治本是霅縣。「霅」旣胡甲切，蓋又胡臘切，蓋馬者霅縣也』。又以眞番郡治之霅縣當地志玄菟郡屬縣中之西蓋馬。李氏蓋据師古注反霅縣之『霅』音爲『丈甲』，依應劭注反沓氏縣之『沓』音爲『長荅』，以『霅』『沓』二字音近，遂混霅縣與沓氏縣爲一。丁氏則以『霅』音胡甲切，蓋馬之『蓋』音胡臘切，故認霅縣與西蓋馬縣爲同一方面之名稱。二說皆主眞番在遼東（長白山以西），而取霅縣『霅』字之音與其他地名相比附，自不免於牽強。苟因地名一字或兩字之音聲近似，遂穿鑿之，將無往而不可附會矣。李氏丁氏之音韵學的解釋適足使遼東說益陷於困窮難通耳。

眞番在肅愼說（長白山東北地）乃金崙，南九萬（藥泉）及安鼎福等所唱導，其論据之根本爲臣瓚引茂陵書所見眞番去長安里數。茂陵書：『臨屯郡治東暆縣，去長安六千一百三十八里，十五縣。眞番郡治霅縣，去長安七千六百四十里，十五縣』。金氏（崙）謂：『眞番遠於臨屯，則我國界內不可得，似在今寧古塔近處矣』注二。南氏（九萬）亦云：『霅縣比之東暆，更遠一千五百餘里，東暆今陵江也。……以此推之，眞番意在今遼東東北遐遠之地，而非今日我國之境也』（東史辨證眞番條）注三。安氏（鼎福）更進謂：『意者眞番之「眞」出於愼肅，而後世女眞之「眞」亦襲眞番歟？』（東史考異眞番考）自余觀之，肅愼說較遼東說尤不合理。茂陵書之紀載已極簡短，所傳里數亦待考慮，乃拘泥於此，及細微之語音的比較，於根本史料之文字及當時大勢反忽視之。史記朝鮮傳云：

(a)『自始全燕時，嘗略屬眞番朝鮮。……』

(b)『燕王盧綰反入匈奴，滿亡命，聚黨千餘人，魋結蠻夷服而東走出塞，渡浿水，居秦故空地上下鄣，稍役屬眞番朝鮮蠻夷及燕齊亡命者，王之，都王險。』

(c)『會孝惠高后時，天下初定，遼東太守即約滿爲外臣，保塞外蠻夷，無使盜邊。諸蠻夷君長欲入見天子，勿得禁止。以聞，上許之。以故滿得兵威財物，侵降其旁小邑，眞番臨屯皆來服屬，方數千里。』

貨殖傳又云：

(d)『夫燕……北隣烏桓夫餘，東綰穢貉朝鮮眞番之利。』

太史公自序云：

(e)『燕丹收散亂遼間，滿收其亡民，厥聚海東，以集眞藩，葆塞爲外臣。』

綜合觀之，眞番與衛滿統治前後之朝鮮固有地理上密接之關係，而眞番面積之不廣，亦頗可窺知。史記或言眞番朝鮮(a，b)；或言朝鮮眞番(d)；或以眞番爲朝鮮附近地(c，e)：是眞番去朝鮮不遠也。又言亡命者如衛滿之徒，逃至朝鮮，用其極微弱之勢力，即能役屬眞番(b，e)；衛滿朝鮮雖包括眞番臨屯等，而其總面積不過數千方里(c)：可以知當時衛滿朝鮮之勢力範圍，比之魏志卷十三三韓傳所謂『方可四千里』之半島中部以南之三韓地方，尚有遜色。後人謂衛氏朝鮮所併之眞番在遼東東北遐遠之地者，其不合乃判然明白矣。不惟肅愼說爲然，即求眞番於朝鮮本國之極南部者，其不當於事實同。若推定眞番於廣遠之地，則朝鮮(包括眞番臨屯)之總面積豈只數千方里乎？且衛滿亡命於朝鮮，其初勢力極弱，如何而能支配如彼遐遠之地域乎？茂陵書『霅縣去長安七千六百四十里』之里數蓋不可信，如信之，則史記之記載遂全不可通，意者此數或傳寫有誤也。先進學者中有疑『七千』爲五千之譌者註四，余意七千蓋六千之譌(參下節)。主肅愼說者執此不甚可憑之數字爲唯一根據，而不顧史記之重要史料與當時大勢，其結論自難穩固矣。

以上就眞番在遼東及在肅愼說分別評論之，然不問遼東說與肅愼說，在北說之成立猶待商榷也。史記朝鮮傳：『自始全燕時，嘗略屬眞番朝鮮，爲置吏，築鄣塞。秦滅燕，屬遼東外徼。漢興，爲其遠難守，復修遼東故塞，至浿水爲界，屬燕』。又云：『滿亡命，……東走出塞，渡浿水，居秦故地上下鄣，稍役屬眞番朝鮮蠻夷』。全燕所略屬之眞番朝鮮，秦時屬遼東外徼（此『屬』當解爲編入），及漢興，以浿水爲界，屬於燕。衞滿渡浿水而來，稍稍役屬眞番朝鮮等，則求眞番於浿水以北之地烏可得乎？關於浿水有鴨綠江說，淸川江說及大同江說，是非尙待考証，今姑從最北之鴨綠江說（余意實主淸川江說）註五，以之當浿水。浿水既是眞番朝鮮與漢燕之境界——更具體言之，則爲朝鮮與燕領遼東之境界，——則衞滿渡浿水來稍稍從屬之眞番，其位置自不可求於浿水以北遼東之地，亦不能比定於遼東東北之地，此在北說之第一不可通也。

史記朝鮮傳：『至右渠，所誘漢亡人滋多，又未嘗入見。眞番旁衆國，欲上書見天子，又擁閼不通』。『擁閼不通』乃謂不使眞番旁諸國通過朝鮮，衆國之位置無論，眞番之地位亦不能出朝鮮後在北方也。校刊史記集解索隱正義札記（四）『眞番旁衆國』註：『宋本衆作「辰」』。此爲稻葉岩吉氏之發見，余亦與同稻葉氏同意，以辰國爲正，『衆』乃『辰』之誤。漢書卷九十五朝鮮傳作『眞番辰國』，資治通鑑卷二十一單作『辰國』，漢書省『旁』字作眞番辰國不可解，通鑑省『眞番旁』三字單言『辰國』則大有意義。蓋『眞番旁』三字所以示辰國之位置，實爲贅文。雖此三字於研究四郡問題至貴重，自行文言之，無寧省去爲便，故通鑑省去之。由是知宋以前史記『衆國』確作『辰國』。如以史記之文爲『眞番旁辰國』，辰國當朝鮮南方，則在其旁之眞番亦宜在朝鮮之南矣。此在北說之第二不可通也。

余嘗唱眞番卽卒本說（高句麗說），努力於樹立在北說，終以上述難通之點未能打破，遂棄北而從南。然自來之主在南說者亦含有缺點與矛盾，得失互見，余之解釋與之頗有出入。今首舉在南說中矛盾最甚缺點最多之辰國說，而批評之。

（註一）最近稻葉岩吉氏在朝鮮第一百五十四號中發表漢四郡問題之考察一文，其中論及番汗縣及沛水之經置，頗有所啟發。尤其求番汗縣及沛水於鴨綠江以南，至爲卓識，令人欽服。但氏認浿水爲大同江，遂擬沛水爲淸川江。余則以浿水爲淸川江，而以沛水當博川江（今大寧江）。因之謂番汗縣當在博川郡附近。博川之博，番汗之番，沛水之沛，三字音皆甚相近也。又番汗縣及沛水當在鴨綠江南之理由，可參考稻葉氏說。

（註二）安鼎福東史考異所引。

（註三）藥泉集卷廿九。

（註四）外交繹史卷二朝鮮史考（第八章）。

（註五）他日擬作浿水考評論此點，先就鄙見之重要者述之。余所依爲唯一之論據乃史記朝鮮傳『左將軍破浿水下軍，乃前至城下，圍其西北。樓船亦往會，居城南』之文。所謂『城下』『城南』之城自是衞氏朝鮮首府之王險城，其位置實與推定浿水位置有密接關係，因上文明言破浿水上軍乃前至城下也。王險城即平壤，括地志已為是說，余更據『圍其西北，樓船亦往會，居城南』之言，益確定之。圍城之西北，又居城南，自西北南三面包圍此城者，以城東直對大同江，除今平壤無可以當之也。若以之為平壤對岸之地，則無棄其東面，只圍西北南三面之理。從來學者皆輕輕放過此段文字，甚可怪也。既謂王險城為今平壤，則浿水當然為平壤北之清川江，因漢軍乃先破浿水上軍，始至城下也。清川江乃分畫今平安南北道之自然的政治的界線，江之長雖不過五十里，而江南有東西走之妙香山脈，江北控狄踰山脈，自然成為分劃區域之界線，故自來有清南清北之稱。先進學者中多以浿水當鴨綠江，或以當大同江，然浿水若如彼之長，何以漢書地理志浿水下不舉其里數？地理志中相當長之河流大抵書明里數，如馬訾水，列水皆注出，而浿水帶水無里數。帶水乃今黃海道之月唐江（瑞興江），不足以注明里數，浿水亦從可知矣。清川江而外，要無足當浿水者也。韓久菴（百謙）東國地理志（樂浪郡條）謂『愚按秦漢皆以浿水為朝鮮北界，其非大同江明矣。又馬訾水出西蓋馬，入西安平，則此當為鴨綠江。而清川江在鴨綠大同之間，恐此為浿水』，可謂卓見也。

（未完）

宋史地理志考異　成都府路

聶崇岐

『成都府，次府，本益州蜀郡，劍南西川節度，太平興國六年降為州。』

按：兩蜀承唐舊，皆稱益州為成都府。宋乾德三年平兩川，成都之稱仍舊，至太平興國六年始降為益州。此段無舊稱成都府之文，而曰『太平興國六年降為州』，嫌無所承，辭意亦欠清晰也。

『端拱元年復為劍南西川，成都府。』

『元年』，九域志七，輿地廣記二九皆與志同，惟通考三二一作『二年』。又上文『太平興國六年降為州』下，未言罷節度，今驟云『復為劍南西川』，亦嫌無所承也。

『淳化五年降為節度。』

九域志七，輿地廣記二九，隆平集一，皆云淳化五年降為『益州』，不云『降為節度』。且成都府已於端拱元年復為節度，若降，則宜為防禦，團練或軍事，不應『降為節度』。此蓋降為益州，罷節度之訛也。

『嘉祐五年復為府。』

『五年』，九域志七，輿地廣記二九皆作『四年』，而續通鑑長編一九〇亦云『嘉祐四年…十一月…癸酉，復以益州爲成都府』。

『眉州，…縣四，眉山，望，隋通義縣，太平興國初改。』

『初』，九域志七，輿地廣記二九皆作『元年』。

『崇慶府，…縣四，…晉源。』

按：志雖云『縣四』，實則僅列晉源，新津，永康三縣，由他書勘校，知漏去江源一縣。又『晉源』，太平寰宇記七五，九域志七，輿地廣記二九皆作『晉原』。

『新津，望，唐唐安縣，開寶四年改。』

太平寰宇記七五，『江原縣，…唐…爲唐安，至皇朝開寶四年改爲江原』。隆平集一，『開寶四年，改蜀州唐興縣曰江源』。九域志七同。輿地廣記二九，『唐安，後又曰唐興，皇朝開寶四年改唐興曰江原』。諸書所記，皆言唐安或唐興改爲江原或江源，無言改爲新津者；而新津自宇文氏置縣以來，並未更名；則新津下『唐唐安縣，開寶四年改』之文，想本在江源條下，因江源漏去，遂誤移於新津之下，致成張冠李戴之謬耳。

『永康，望，蜀析青城地置縣。』

九域志七，『熙寧五年廢永康軍，以永康縣隸州』。續通鑑長編二三九，熙寧五年十月『廢永康爲寨，…青城縣隸蜀州』。通考三二一『前蜀析青城置永康軍，宋因之。熙寧五年廢永康軍，以青城還隸州。重和元年割永康屬石泉軍』。

『彭州，…縣三，…崇寧，望，唐昌縣，崇寧元年改。』

九域志七，『開寶四年改唐昌縣爲永昌』。

『嘉定府，上，本嘉州犍爲郡軍事。』

九域志七，『嘉州，唐中都督府，乾德元年爲上州』。

『乾德四年廢綏山羅目玉津三縣。』

九域志七，『乾德四年省綏山羅目二縣爲鎮入峨眉，玉津縣爲鎮入犍爲』。太平寰宇記七四，『羅目縣，…皇朝乾德四年廢綏山入焉』。寰宇記又有玉津縣，似羅目玉津之廢不在乾德中也。

『龍遊，上，宣和元年改曰嘉祥，後復故。』

嘉祥後爲龍遊，輿地紀勝一四六在紹興元年。

『監一，豐遠，鑄鐵錢。』

九域志七，作崇德二年置。

『黎州，上，漢源郡軍事。』

九域志七，『黎州，唐下都督府，乾德元年爲上州』。

「縣一，漢源，下，慶曆六年廢通望縣入焉。」

「六年」，九域志七，輿地廣記二三〇皆作「七年」。

「領羈縻州五十四，羅巖州。」

「巖」，九域志十作「嚴」。

「秦上州。」

「秦」，九域志十作「奉」。

「蓬口州。」

太平寰宇記七七作「下蓬州」；九域志十作「蓬州」。

「柏坡州。」

「柏」，太平寰宇記七七作「百」。

「博盧州。」

「博」，太平寰宇記七七作「傅」。

「木屬州。」

「木」，九域志十作「大」。

「昌化州。」

「化」，太平寰宇記七七，九域志十作「明」。

「粟川州。」

「粟」，太平寰宇記七七，九域志十皆作「象」。

「附木州。」

「木」，太平寰宇記七七作「樹」。

「吉川州。」

「吉」，太平寰宇記七七作「古」。

「甫蕁州。」

「蕁」，九域志十作「蓼」。

「牒琮州。」

「琮」，九域志十作「綜」。

「浪彌州。」

「彌」，九域志十作「獮」。

「雅州，上，盧山郡軍事。」

九域志七，「雅州，唐下都督府，乾德元年改」。

「領羈縻州四十四，……來鋒州。」

「來鋒」，太平寰宇記七七作「東鋒」。

「鉗泰州。」

「鉗泰」，太平寰宇記七七作「甘恭」，九域志十作「鉗苯」。

「隸恭州。」

「隸」，九域志十作「斜」。

「晝重州。」

「晝」，太平寰宇記七七，九域志十作「盡」。

「籠羊州。」

『龍』，太平寰宇記七七作『龍』。

『林燒州。』

『燒』，太平寰宇記七七作『嶢』，輿地紀勝一四七作『曉』。

『百頗州。』

『頗』，太平寰宇記七七作『頻』。

『富仁州。』

『富』，太平寰宇記七七，輿地紀勝一四七皆作『當』。

『禍林州。』

『禍』，九域志十作『福』。

『諾祚州。』

『祚』，太平寰宇記七七作『祐』，九域志十作『柞』。

『三恭州。』

『三』，輿地紀勝作『平』。

『茂州，上通化郡軍事。』

九域志七『茂州，唐下都督，乾德元年爲上州』。

『羈縻州十，…遠州。』

『遠』，九域志十作『達』。

『威州，下，…本維州，景德三年…改。』

『三年』，九域志七同，輿地紀勝一四八，通攷三二一皆作『二年』，而續通鑑長編一一八云景德三年三月戊戌『改維州爲威州』。

『縣二，保寧，下，唐薛城縣，南唐改。』

『南唐』，輿地紀勝一四八，通考三二一皆作『蜀』，太平寰宇記七八，『薛城，…僞蜀永平二年改爲保寧縣』。按：維州屬蜀，不屬南唐，志云南唐者，誤也。

『通化，下，天聖元年改途川。』

『途』，九域志七，輿地廣記三〇，輿地紀勝一四八，皆作『金』。

『景祐四年復，治平三年省通化軍隸縣。』

輿地紀勝一四八，『通化縣，…治平三年即縣地置通化軍使』。

『永康軍…熙寧五年廢爲砦。』

輿地紀勝一五一作『灌口砦』。

『永康軍使隸彭城。』

『彭城』，輿地紀勝一五一作『彭州』。

『縣二，…青城，望，乾德中自蜀州來隸。』

『乾德中』，九域志七作『四年』。

『仙井監，…至道三年升爲團練。』

『至道三年』，輿地紀勝引圖經作『淳化三年』，引會要作『至道二年』。

『咸平四年廢始建縣。』

九域志七，『廢始建縣入井研』。

『隆興元年改爲隆州。』

輿地紀勝一五〇，『隆州，下，仁壽郡軍事』。

『石泉軍，…縣三，…龍安。』

九域志七，『熙寧五年省西昌縣爲鎮入龍安』。續通鑑長編二二四，熙寧四年六月『廢錦州西昌縣入龍安神泉』。又二四一，熙寧五年十二月『廢綿州西昌縣爲鎮』。同一續通鑑長編，前後所記西昌之廢併年月不同，未知孰是。

縉雲小志

張公量

一　自敘

顧師命我替本縣做一篇『小志』，原是我十分喜悅的事，但現在恕不能好好的交卷了。一則事先沒有留心過應用的材料，不免潦草塞責，罅漏彌甚；二則還沒有遊遍全縣，不免隔靴抓癢，偏蔽孔多。我從十四歲離別鄉井，到如今首尾八個年頭了，假期常留校，即是回家，也忙着做客，連那仙都和括蒼，終於因了數十里的山路，未嘗一去，徒爲神往而已。我此次暑假居鄉月餘，本想挈伴作雁蕩之遊，無奈苦旱苦熱，弄得焦頭爛臉，不勝其煩懣，那有興致探勝呢（其實經費不易舉措是最大原因）！雖已借得縣志，翻了幾遍，預備單遊仙都，也成虛願。當此寫『小志』之時，尤引爲遺憾。北返的前夕，到第一小學（五雲書院）觀看游藝（暑期講習會爲結束而設），遇見石坡，渭熊，雲秀諸先生，席間談起縣志缺修已久，而且甚壞的問題，我當時只有緘默。我入北京大學之初，常想對於故鄉作一輪廓的(sketchy)描述，以便續修縣志的參考，或者可以說是急先鋒。這在我不算奢望，在鄉人也不算苛求。但是史學的根基沒有打好，文學的涵養未臻圓熟，便哼哼唧唧起來，寧非笑柄！我逐漸覺悟自己以前幼稚的可憐，現在淺薄的可鄙了。但此刻卻在作『小志』呢，我怎麼辦呢，還不是憑着一點點粗粗的記憶，浮光掠影般的，作成它的 perspective 而已！

二　地理沿革

縉雲是浙江偏南部的一小縣，離杭州有五百餘里，離北平有五千餘里。其廣袤東西一百六十里，南北一百七十里。於秦爲閩中郡地（據全祖望浙東分地錄）。漢回浦縣地。東漢章安縣地。三國吳松陽縣地。隋括蒼縣地。唐登封元年（新唐書地理志作聖歷元年）析麗水縣東北界，婺州（金華）永康縣南界而置，屬江南道處州。五代因之。宋屬兩浙路處州。元屬江浙省處州路。明屬浙江省處州府。清因之。民國三年劃屬甌海道。國民政府成立，廢道，直隸浙江省政府。

原其得名的由來，以縣東之縉雲山也。縉雲山之見於載籍者：輿地志云，『永康縣南忠義村下有石亭，長二十里，有縉雲堂，三天子都也』。謝靈運云，『凡此諸山多龍鬚草，以爲攀龍而墜，化爲此草。又有孤石從地特起，高三百丈，以臨水，綿連數千峯，或如蓮花，或似羊角之狀』。名山記云，『孤石干雲，可高三百丈，黃帝煉丹於此』。郡國志云，『縉雲有瀑布，日照如晴虹，風吹如細雨』。按今東鄉人多織蓆爲業，名叫龍鬚蓆，則謝靈運所記確是事實。又臨水有石矗立，俗名石筍，頗爲奇觀，則所謂『孤石特起，高三百丈』者，亦是事實。縉雲山即仙都山亦名丹峯山，道書以爲第二十九洞天。其旁有獨峯，以頂有湖，亦名鼎湖。唐六典十道山名之一曰縉雲。陳書徐則傳『杖策入縉雲山，從學數百人，苦請教授，則謝而遣之』，是爲徐則之所棲隱，而黃帝煉丹之說則無稽。又括蒼山在縣東七十里，東跨仙居，西控臨海。吳錄云，『登之俯視，雷雨高一萬六千丈，棠溪赤溪菅溪三水環繞其下，四面石壁可容數千人』。至於水，有好溪，發脈於大盆山。輿地廣記云，『好溪，本名惡溪，多水怪；唐大中中刺史段成式有善政，怪族自去，因改名好溪』。此則近於神話了。

三　生活概況

縉雲既從金華處州兩府分析出來，區域就比較的狹。有北門無北鄉，有西鄉卻也無西門。只有三鄉，而北門出城就是西鄉。浙江號稱富庶之邦，尤其近年來到處鬧共匪，鬧飢荒，人民流離四散，呼籲無門，而我們還能安居樂業，可說得是地上的天堂，是僅有的乾淨土；但縉雲卻受不起此種佳譽——至少是我的看法——，它實在窮得不堪，糧食不夠，出產也無多。所以到外縣做工或者經商，不在少數。永康武義的裁縫匠，昌化於潛的柴炭工，幾乎是唯一謀生之路。年終抵家，勤儉的可有百來元的盈餘，恰好撐持家用，度他們的年節。不務積蓄的，也就空肩歸來，被家人一頓痛罵，甚至吵架，煞是可憐。近年大都市的不景氣，間接影響於鄉村的衰落。本縣大宗出產爲南鄉的松板，西鄉的竹紙。此二項爲一縣生計攸關。自廿年九一八事變，廿一年一二八事變以後，百貨凝滯不銷，我縣遂陷於萬刼不同之境。人民生計，頻於斷絕。城中姑夫業商，告我市面一年不如一年。我看看，和我幼年在城念書時不相上下，一點也沒有進步。最近公路既闢，交通便利，或可少臻繁榮，但地瘠民貧，不見得就有補救。今年亢旱，只收三四成。暑假在鄉，目擊枯槁的稻田，以及鄉民種種愚蠢的防旱舉動，可嘆又可憐。我們十分擔憂，明年或要遭匪禍了。近得鄉信，說是龍泉匪氛極熾，恐有蔓延到來的危險，省方派遣保安隊前去，公路汽車日夜的行駛，我不禁大吃一驚。

稻是一年一種的，副產物爲麥，豆等，也不多。普通秋收以後，田空着不耕，因爲不很肥。亦以甘薯等爲食糧之助。一村之中，鮮能自給自足者。所居蓬窗甕牖，牲芻同畜，見者怵目。大多數是過着非人生活，但是跑軍隊的鄉友，還說比外省強多呢！

四　風俗紀

習語說『有傷風化』，可見風俗與教化是一體的。但古人說，『風成於上，俗變於下』，風又是教化了。總之，風俗不是件單純的關係。我鄉既深處於萬山之中，像桃源一般，秦歟漢歟，小百姓是不知道，也不想去知道的。三家村或者五家坡上的學究，咿咿唔唔，背熟四書五經，口口人心，聲聲天理，他們算是維持風化的特權階級。人家有婚喪喜慶，他來指示禮儀；地方有災眚疾疫，他來禳法消祛。他幫辦一切，而一般愚夫愚婦，沒有此種人，卻也失了家似的，沒處可安身，沒法可安心了。所以女人應當是三從而四德的，不準越閨門一步，不準剪髮，不準穿短裙，否則就是淫蕩風騷，連禽獸都不如了。婚姻是買賣式的，女兒的身價，自十元至百元不等，大可發一筆財。近年來藉黨部宣傳的力量，市鎮上，小脚總算慢慢的絕迹了。但鄉村完全是中世紀式的（我縣尤甚，非謂他縣不然也），過年過節有極繁縟的禮節，現在卻漸趨簡單了。除夕本該守歲，待天明還須燃炮開門，算是接年，也就所謂『爆竹一聲除舊歲』的。前年回家，很少聽得爆竹的聲響了，母親說大家都嬾得放，都隨便起來。但是元旦祭宗廟分糕餅的陋俗，仍而勿替。元旦起七日，元宵起七日是拜佛忙的時期，家家戶戶，都要向村頭村尾的佛殿上香。統計我村有興福廟關公廟五穀神廟后土天燈等，巡迴一徧，怕半個鐘頭不夠。家裏還有不少菩薩，母親就供了十餘位。巫覡的勢力，仍舊很大。驅魔治病，樣樣都來。畫一張鍾馗的像貼在門上布幔上，膽氣就會壯旺若干。古代巫醫的社會，倒還可以經驗的呢！年來不知怎的同善社阿彌陀佛教都伸入鄉間來了，也眞有不少的善男信女追隨着，大有炙手可熱之勢。茹素，唸經，行好事，這樣就一切都會得救似的，多麼可哂！總結一句，淳樸是淳樸的。

五　人物紀

人物，說也可憐，所謂浙東學派是絕緣的。眞奇怪，永康只隔三四十里，而它有陳同甫；東陽只隔五六十里，而它有呂祖謙；况獨峯當年亦承朱子道臨講學，在學術空氣濃重的溫熏裏，竟產生不出一個大師！鮑彪的戰國策補註，潛悅友的咸淳臨安志，趙順孫的四書纂疏，算是頂刮刮的了。有明一代，據說不少朱紫大夫，文風也盛。但我就一個不知道。不錯，鄭汝璧是個大臣，如今淮陰還保留有他的題壁，令人油然景仰，但又有誰呢？清初鄭賡唐的讀易蒐，父親早就告訴我，頗風行於當時士林，每次太爺考，都去推銷；但四庫館臣把他收入存目，評它『每卦之末，附論一篇，多經生之常義。至繫辭舊雖分章，然自漢晉以來，未有標目；賡唐直加以天尊章，設位章諸名，則是自造篇題，殊乖古式。又說卦章次，亦加删併，而不言所以改定之故，更不免變亂之譏。蓋猶明季諸生輕改古經之餘習也』，自然沒有多大的價値。到現在還嘖嘖於婦孺之口的吳成周，是千言立就，書富五車的。學問固及身而絕，而高文典册，也被不肖的子孫散佚精光了！此刻，我村有一位五十多春秋的學究，著了部鳴鳳山房集，很可惜聰明智慧，化在那無聊極沒意義的壽序碑銘上，餖飣而已，覆瓿而已。還有好幾位，確是資分絕高的，但都成草莽的英雄，山林的遺逸，無以彰於世了。我很可憐他們不幸而生於山陬僻左，被岡巒重疊的圍困住。但此刻的鄉民，還在那裏歌頌學究教育呢！有子弟，有財力，也不願送出來，吸收些新鮮的血液，去抵抗那頑固的毒汁！我以萬分誠意，奉勸鄉中父老，多讓子弟，快叫子弟，遠出官學，費用也不很大，決不像你們所想像的那般大。那末，縉雲文化庶有改進之望。像現在，眞是沒落有餘，配講什麼呢！『池沼中只有魚蝦，不是藏蛟之所』（石門集），時人之言，豈眞是不刊之典？記得縉雲文徵的序文上一段話是菲薄我們的，說是窮鄉僻壤的縉雲，不會有什麼人才，我們也決不接受！鮑彪潛悅友趙順孫是我們的開山祖，感念遺徽，怎不蹶然興起！

六　教育及其它

提到教育，我也無話可說，那里會有一年二三百塊錢可以辦一所兩級小學，五六十塊錢可以聘一位教職員呢？這原是從最低額說，但最高的也不過百五十元，師資的優絀與否，是可想而知了。鄉村裏的小學，那簡直是私塾的變相。能負責改良的固然很多；而因循苟且的確也不少。暑間教育局設一『進修會』，把教員抽回訓練，可以說是一種善舉，不管它的成效有多大。小學的數量確實可觀——鎮上有辦兩所小學的——，而實質上可太差了。城裏的仙都中學，也是受了經費的缺憾，設備與教學上，都不能走上完善的路，但辦學者的精神是值得欽敬的。民衆教育館是推行民衆文化的，責任很重大，我去參觀了一下，也還差強人意，而館中人員的努力，尤使我們佩服。在這一方面，不能不算是有長足的進步了。

其他歌謠方面，我沒有留心把它記錄下來，初中時曾記過的月亮灣灣照隔山，現在也就忘懷了。歌謠很不少，我們打從小巷穿過，黃昏時分，總可以聽到羣兒的歡唱，天上星，你娘也和尙（也，嫁的意思）等等算是最流行普遍的了。

綏遠方志鱗爪

顧廷龍

春假中，頡剛和我作平綏路上的旅行，流覽山水，并想知道一些西北風土的大概。

我們在綏遠住了幾天，覺得那裏正從各方面積極的改進。承蔣恩鈿君的介紹，得往各處去參觀，才得到這些鱗爪。

民衆教育館編刊的調查報告甚多，繪製各縣地圖甚詳。樊庫的自序說：「因內地人士不明西北實況……特將綏省各縣暨各蒙旗之位置，面積，山脈，河流，以及沿革，戶口，交通，物產等項，詳細調查，繪製圖說，名曰綏遠分縣圖，彙訂成册」。本省圖由本省人編著，自然切實。

通志館已成立數年了。我初以爲關於邊陲的文獻不多，很難攷徵。但去了就知道大部分均已成稿了，參考的書也很多。我在架上看見一部歸綏道志的稿本，三十七卷，光緒三十三四年間吉林貽穀等所編，總司其事的是甯河高錫亭。貽穀序裏說原稿四十卷，今三十七卷中尙有缺佚，則已殘失了好多卷了！當時搜羅到的資料的確不少，可稱爲綏遠地理最好的參考。我把牠引用書目中少見的書名，鈔在下面：

歸綏識略　張曾著。曋縣人，字小袁。

歸化廳志採訪稾二十册　缺二册，本廳劉鴻逵子儀輯，徐樹璟寶生續輯，張幹臣嘉楨補輯。

綏遠城志略　舉人景秀合色本穆騰武音德納輯，佐領觀瑞同輯。

清水河廳志稿　通判文秀纂，吳福麟百皆

歸化紀略叢語　韓鳳樓退齋撰。

土默特志略　參領都格爾札布昶玉撰。

綏遠職官紀　副都統文潤齋哲潤敘。

土默特職官紀　同上。

站地疆域墾務記　景知州禔武平輯。

寧遠廳古蹟志　朝邑喬桐蔭楚才著。

奉使日記　國初大學士張鵬翮運青撰。

豐鎮廳志稿四册　署同知德溥纂輯。

和林格爾廳志略草　通判兼理事銜張煥綬之輯，喬樾蔭少珊續輯。

綏遠城右司册　普祥月庭輯。

薩拉齊鄉土志五册　通判塔義矩根梅纂，偏關劉澍初稿。

藏拉齊包頭鎮志略一册　包頭鎮紳士採輯。

寧遠廳志略一册　署通判寧存校，岱青輯。

興和新廳志稾一册　同知陳時雋石朋纂。

陶林廳志略　通判賈楜方臣編纂。

榆林府志十二册　護延綏道榆林府知府李熙齡芸渠纂輯。

托克托廳採志錄三册　通判河間任秉銓輯。

五原志略二册　署同知姚學鏡輯。

上面有幾種方志，因為是稿本，所以外邊人不得而知。所惜的，這份目錄裏不曾記上編輯的年月。

廿三，四，廿四。

杭州抱經堂書局經售地志目

杭州城站 新福緣路

浙江通志	二八〇卷	嵇曾筠	乾隆原刊	竹紙一二〇本五十元
杭州府志	一七六卷	龔嘉儁	民國鉛印	竹紙八一本十六元
紹興府志	八〇卷	李亨特	乾隆刊	竹紙四八本八十元
金華府志	三〇卷	沈麟趾	康熙刊	竹紙三〇本六十四元
湖州府志	四八卷	胡承謀	乾隆刊	竹紙四八本四十八元
台州府志	一〇〇卷	王佩瑤	光緒修鉛印	竹紙六十本十二元
揚州府志	四〇卷	尹會一	雍正刊初印	竹紙一二本三十六元
江西通志	一八〇卷	曾國藩	光緒刊	白紙一二〇本六十四元
順天府志	一三〇卷	張之洞	光緒刊	竹紙六四本四十八元
甘州府志	一六卷	鍾賡起	乾隆刊	竹紙十本四十八元
鎮江府志	五五卷	高龍光	乾隆刊抄配	一本半二八本百六十元
嘉興府志	八八卷	許瑤光	光緒刊	竹紙四八本二十四元
安徽通志	三五〇卷 補遺十卷	何紹基等	光緒刊	竹紙一二〇本六十四元
徽州府志	一八卷	趙吉士修	康熙刻	竹紙二十四本四十八元
徽州府志	一六卷	馬步蟾修	道光刻	竹紙六十四本八十元
海甯州志稿	四一卷	朱錫恩	鉛字排印	竹紙三二本十八元
平湖縣志	一〇卷	王恒修	乾隆刻	竹紙八本二十四元
嘉靖海甯縣志	九卷	蔡公完輯	光緒刻	白紙二本四元
新興州志	八卷	任中宜修	雲南省據乾隆鉛印	洋紙八本二十元
騰越州志	一三卷	屠述濂修	雲南省光緒刊	皮紙六本二十元
康熙德清縣志 嘉慶德清續志	一〇卷	侯元棐 周紹濂	光緒石印	白紙十二本十六元
武康縣志	八卷		康熙十一年修抄本八本四十八元	

查康熙武康縣志此書流傳甚少各省圖書館搜集多年均未得到本堂得自武康舊家秘藏精抄之斯書與刻本堪稱並駕齊驅洵屬難得

康熙紹興府志	六〇卷	滇南俞卿修	康熙刊	竹紙二四本
乾隆紹興府志	八〇卷	李亨特修	乾隆刊	竹紙八〇本
康熙會稽縣志	二八卷	呂化龍修	康熙刊	竹紙八本
嘉慶山陰縣志	三〇卷	朱文翰修	嘉慶刊	竹紙八本

近來要合收此四種甚難得而會稽志尤屬罕見此係本堂歷年收藏湊合以上四種合售三百二十元

澉水新志	一二卷	清方溶撰	精鈔本	竹紙十二本八十元
續澉水志	九卷	明董穀纂		竹紙四本三十二元

以上兩書爲浙江海鹽名勝之處刻本向無流傳

海昌外志	八卷	明談遷著	精鈔本	竹紙十本八十元

此書查各家方志目中均未收錄向無刻本流傳此係由該邑藏家珍藏之原稿中傳鈔洵爲難得

寧志餘聞	八卷	清周廣業	精鈔本	竹紙十本百二十元

此書係該邑小清儀閣藍格精鈔世間無刻本流傳內載各節多與海寧志海昌備志不同搜藏方志者誠不可缺之書也

海昌勝覽	二〇卷	海寧周松靄	精鈔本	竹紙十本八十元

此書係該邑張氏小清儀閣藍格精鈔本市上未見刻本流傳內容極爲詳備

龍游縣志	四〇卷	余紹宋	民國鉛印	白紙十二本十六元
壽昌陽志	一〇卷	陳煥輯	民國鉛印	竹紙八本十二元
皋蘭縣志	二〇卷	勒爾修	乾隆刊本	皮紙十二本十六元

尚有其他方志數百種逐期登載如承惠購請速賜教另有舊書目錄函索附郵三分即行寄上

天山月刊第一卷第二期目錄

天山月刊社 南京大石橋二十五號

插圖

漢文部

- 新疆之危機 趙瑞生
- 印度通信 穆罕莫德阿濟政
- 西安通信 阿斯曼哈提
- 包頭通信 阿哈莫特
- 新疆之經濟現狀 艾沙
- 一塊麵包 趙瑞生譯
- 新疆問題的觀察 郭家英譯
- 共產外蒙古的現勢 張覺人譯
- 勸日本加入回教 艾沙譯
- 伊犂古今紀事 粹之 阿里合譯
- 濟寧回民及清眞寺之調查 石覺民
- 西域故事(一續) 李景昭
- 新疆南路探訪記(續) 斯坦因著 王竹書譯
- 邊事日記 振民 育賢合輯

回文部

- 新疆民變得到的結果 艾沙
- 世界偉人莫索里尼之功勛 哈三
- 新疆與蘇俄 艾沙
- 最近數年來略記 艾沙
- 中國國民革命史 阿里 粹之合譯
- 憲法草案 阿里 哈三合譯
- 三民主義 薩利漢譯
- 世界回教消息 哈三編
- 新疆消息 哈三編
- 國內重要消息 哈三編
- 國際消息 哈三編
- 本社通訊

二十三年十一月十五日出版

零售每册一角五分 預定半年六册八角 全年十二册一元五角

文奎堂所藏珍本書出售廣告

天府廣記四十四卷 都門孫承澤著 全書二十册 實價八百元

四庫存目史部地理類稱鈔本,光緒順天府志引用是書亦稱鈔本。順天府志成於近年,所據尤係鈔本,似是未經雕版者也。欲研究北平風土掌故,不可不備之書。倘承惠顧,極誠歡迎。本莊尚有其他各書,印有詳細目錄,函索即寄。

文奎堂書莊啓 北平隆福寺街 電話東局六六五

開發西北

第二卷第一期（西藏專號）目錄

卷頭語	編者
籌藏芻言	王文萱
西藏政敎始末	班禪額爾德尼
康藏問題之史的檢討與今後實施方針	黃舉安
西藏現狀與中英之關係	河口慧海
唐宋元明清歷代與西藏之關係	斌
拉薩見聞錄	朱緒
西北考察記	馬鶴天
與論選輯	記者
一月來之西北	文萱編

第二卷第二期（西康專號）目錄

挿圖	
寫在卷首	編者
西康之經濟概況	滬記者川康考察團
西康之交通事業	滬記者川康考察團
川康邊區之礦產	滬記者川康考察團
西康之農業畜牧	任筱莊
西康敎育之過去與將來	滬記者川康考察團
西康之墾務	仝上
西康的牧畜事業	黃舉安
西康風俗瑣談	滬記者川康考察團
康事紀略	鄧驤
西康疆域史料	胡吉廬
西康各縣喇嘛寺調查	康特區政務會
西康各屬舊有土司土職調查	仝上
康區十四縣氣候土壤調查	馮雲仙
西北考察記	馬鶴天
與論選輯	記者
一月來之西北	王文萱
書評——評梅心如先生著「西康」	文萱
會務報告	

第二卷第三期（年會專號）目錄

卷頭語

計劃

西北水利計劃

西北農業計劃

西北礦業計劃

開發西北交通計劃

西北六省敎育計劃

開發西北協會第二屆年會報告

會議紀錄

提案

紀事

零售每册二角　預定半年一元　全年二元

南京新街口興業里三號　開發西北協會

上海市通志館期刊

第二年第一期

上海商埠的開闢

上海公共租界現行地皮章程的形成經過

上海法租界的多事時期（下）

上海縣在元明時代

吳淞鐵路交涉

上海金融在袁世凱帝制時代

關于上海的書目提要

上海的日報

第二年第二期

上海在前期太平天國時代

上海的灝氣

法公董局內各機關的沿革

上海外交在日俄戰爭時代

上海縣在清代

上海的外國銀行

上海的高等教育

非賣品

上海薩坡賽路二九一號

上海市通志館

陶希聖主編

食貨 半月刊

（中國社會史專攻刊物）

創刊號

目錄（以時代爲次序）

漢代官府工業	鞠淸遠
魏晉時期莊園經濟的雛形	何茲全
魏晉南北朝時政治經濟中心的轉移	李旭
天寶之亂後農村崩潰之實況	黃穀仙
王安石以前田賦不均與田賦改革	陶希聖
宋代都市的夜生活	全漢昇
編輯的話	陶希聖
食貨學會會約	

定價		
零售	每册大洋一角	
預定全年	國內二元	國外三元

（郵費在內）

▲總發行▼ 新生命書局 上海棋盤街寶善里

▲分發行▼ 新生命書局 南京 北平 武昌

▲門市代售▼ 黎明書局 華通書局

四部叢刊續編

第一期書

嘉慶重修一統志

全部二百册附贈索引十册
單售定價一百十元

再版出書

一統志初版、於本年四月出書、俟即售罄、再版書現已如期印出、凡合購四部叢刊續編第一期書全部而未取得本書者、及單獨定購本書者、請即憑定單向原定書處取書、（索引十册同時奉贈）其訂明郵寄者、已由敝館分別寄奉、再一統志索引早於六月底出書、而持有索引領書劵訂明自取各戶、仍有至今未來換取索引者、請即憑劵換取、諸希　台察、

本叢刊續編第一期書、截至十月底止、已出三百八十五册、分册定價共二百零五元四角、尚有一百十五册、本年出齊、現在全部五百册合售僅二百元、請勿錯失機會、再第一期書最前所出二十九種、初版售罄、再版亦已出書、繼續零售、

商務印書館謹啓

C915(6)

諸君要（檢閱重要史料考查近來各種雜誌內容）（研究專門學術搜求作文著書寶貴材料）麼？請讀▶人文月刊◀——如得開發智識寶藏之鑰鎖

本刊特點

本刊除注意現代史料每期登載有系統之著作外並有最近三百餘種重要雜誌要目索引包含各科學術爲學者著書立說青年修學作文所必需之參考品尤爲圖書館學校及公共機關必備之刊物

第五卷九期目錄

另售每册三角郵費二分半
預定——全年十册國內三元國外四元八角郵費在內

總發行所　上海霞飛路一四一三號

人文月刊社

代理處　上海生活時代作者　蘇新南新黎明現代　大東申報服務部等書局

代售處　各埠大書局

出版者：禹貢學會。
編輯者：顧頡剛，譚其驤。
出版日期：每月一日，十六日。
發行所：北平成府蔣家胡同三號禹貢學會。

禹貢

半月刊

價目：每期零售洋壹角。豫定半年十二期，洋壹圓；全年二十四期，洋貳圓。郵費加一成半。國外全年加郵費八角。

The Evolution of Chinese Geography

A Semi-monthly Magazine

Vol. 2 No. 8 Total No. 20 December 16th 1934
Address: 3 Chiang-Chia Hutung, Cheng-Fu, Peiping, China

第二卷 第八期
（總數第二十期）
民國二十三年
十二月十六日出版

內政部登記證警字第叁肆陸壹號
中華郵政特准掛號認為新聞紙類

戰國疆域沿革考

鍾鳳年

戰國繼春秋後，七雄並峙，時君兼并之貪慾尤熾於曩昔，故軍役之頻繁，爭戰之酷烈，亦爲前所未有。既鑒於防禦之不容或疏，乃創置郡縣於內，以期易於統治；更築長城互防於外，使之利於堅守。是以當時天下之形勢又大異於春秋，由國策史記之文察之，可以得其梗概焉。

當日地理區劃，無整個之記載；今所知者，僅皆因事以見名，無系統可言。其堙沒無聞者，實不知凡幾。而即此殘餘之陳迹，自古討論之者猶至尠。地名既變化無常，難作清晰之分次，遂至迄今無一較爲界劃精嚴之專著。

漢書地理志中，頗附戰國各地分，惟其文止粗具輪廓，無可深研。然舍此以外更無他篇，故言戰國疆域者必不能置而弗顧焉。其所列敘，又多龐雜，甚至舉嬴秦之世猶未開拓者亦復視等七雄舊疆，是直將漢武帝之新土與戰國相亂也。（班氏所舉戰國之地，盡代以西漢郡國名稱，此或因前代地域於時已無從詳考，或因避繁瑣之故，欲使人易辨當時經界，皆未可知，然地域界畫之廣袤不同，固難免於惑亂之譏矣。）又卽戰國所應有，而度以當時遞嬗之跡，亦覺彼此參差，殊不一致。例如某地於始爲某國所據有，至垂亡或滅絕時方入秦者，班氏竟奪此以與彼，而謂卽是秦地，豈爲當乎！復有此國攘諸他方，而中絕其毗連之地，令人莫測其從何途以取得者。以有此病，故更有遺而不言何所屬者。設有人確據其說，繪製一圖，將見境壤或重或闕，觸手乖離，而不相脗合矣。此皆班氏疏於審辨之失也。惟吾人猶當曲原之者，彼乃斷代爲書，注重在漢，戰國特其牽連所及。彼蓋慮戰國遺痕久而益泯，爰補太史公所未備，以貽來者而已。今人於戰國地勢，所以尙有端倪可尋者，飲水思源，仍受班氏之賜也。

歷代考釋戰國之地者，率多零星之詞，或見於注，或載於集，既非專著，自無通盤之條理。張琦之國策釋地，明是專著矣，而又惜失之太簡。狄子奇程恩澤之國策地名考，搜羅完盡，考證詳備矣，而又不免於龐雜，復有忽於文義而誤入他國，不應互見而載之兩國，及應互見而闕遺，元非地名而誤取之者（下文因地辨證，茲不舉例），故其病在貪多務得，擇焉不精。至於楊守敬之戰國疆域圖，既自顏以『戰國』矣，則舉凡戰國之地之可考者原當盡數錄入。又其敘文云，『史公所載，……似亦當附錄，以完戰國之全』，則更當不限於國策。然而循名責實，其所圖者一依狄程之書而已，史記無與也。不特此也，於諸古地名，或得姓之地名，凡見於國策者轉悉采納，而不怪己書命名固與國策地名考有異，斷不容涉及題外者也。故楊氏之書，吾人據之以讀國策自可，若欲因之以明瞭尙可考見之戰國全境，則仍不適於用耳。

茲將戰國諸地之未見於國策者，畢據史記補入。更依各國歷世侯王之疆域盈縮，列以為表。并擇其變遷較著之時期分繪輿圖，以見其變易之狀況。雖文獻鮮徵，綴輯久脫，必不能錙銖無遺，庶亦抱殘守缺之一道。斯世不乏識者，幸有以詔之！

今請先就班志所示，仍其舊序，加以討論；兼及策中所言之各國疆域焉。

秦

地理志曰，『秦地……自弘農故關以西，京兆，扶風，馮翊，北地，西河，上郡，安定，天水，隴西；南有巴，蜀，廣漢，犍為，武都；西有金城，武威，張掖，酒泉，敦煌；又西南有牂柯，越巂，益州：皆宜屬焉。……自武威以西，本匈奴昆邪王休屠王地；武帝時攘之，初置四郡。……武都地雜羌氏，及犍為，牂柯，越巂，皆西南外夷，武帝初開置』。

按，此文所舉秦地，雖已有上郡而不及宜陽。依秦本紀，惠文前元十年，魏之上郡畢入秦；武王四年，取韓宜陽。是則班氏所指，殆惠文季年之疆域乎？茲仍沿漢郡縣名，為分證其當否如下：

弘農故關

秦本紀，惠前十三年，『使張儀伐取陝(今河南陝縣)』，地在秦故關之東。又策史記張儀說齊，有『趙入朝澠池』之語；其說趙也，有『秦……一軍軍澠池』之語：其地更在陝東。是應自澠池(今河南縣)歷陝入故關以及京兆也。

京兆，扶風，馮翊

漢三輔於秦為腹地，無待論證。

北地

秦本紀，惠後十年，『伐義渠，取二十五城』。後漢書西羌傳云，『平王之末，周遂陵遲，戎逼諸夏，……涇北有義渠之戎。……秦惠王伐義渠，取郁郅(漢屬北地郡)。……秦伐義渠，取徒經(漢屬西河郡)二十五城。及昭王，……至王赧四十三年(昭三十五年)，……因起兵滅之，始置隴西，北地，上郡焉』。

元和郡縣志關内道三寧州下云，『……周時爲義渠戎國。至秦隱公得由余，西戎小國來。……始皇分天下爲三十六郡，此爲北地郡，即義渠舊地也』。又慶州下云，『戰國時義渠戎國，……始皇時屬北地郡；按今州理即漢郁郅城也』。按清慶州自宋以後爲慶陽府。康熙陝西通志稱府(後隸甘肅)於春秋爲義渠，秦析其地爲北地郡。

緣上所引，可知義渠地元亦甚大；秦惠所取既止郁郅及二十五城，蓋僅當漢北地郡之一部，因義渠於時尚未滅也。又『徒經』爲西河縣，亦以伐義渠而取，知其國境涉及漢西河郡之一部。

上郡

秦策一楚攻魏章云，『犀首戰威王，魏兵罷弊，恐畏秦，果獻西河之外』。秦策四楚魏戰於陘山章云，『魏……效上洛於秦』。

史記匈奴傳云，『韓魏共滅智伯，分晉地；……魏有河西上郡。……惠王擊魏，魏盡入西河(此與漢西河郡有異，即吳起傳魏文侯以起爲西河守地，於漢爲左馮翊之東部)上郡於秦』。魏世家襄六年(秦惠前九年)云，『魏伐楚，敗之陘山。七年，魏盡入上郡於秦』。

據上引策史之文，可知魏於陘山役後，即以河西之地與秦。惟魏原有之地僅當漢上郡之一部，蓋從西羌傳中知義渠地有在上郡者；又別據策史考之，趙於上郡亦有其一部分之地也。其證如下：

(一)齊策五蘇秦說齊閔王章云，『昔者魏……拔邯鄲，西圍定陽』。按元和郡縣志卷三謂延州門山縣本漢定陽縣地。國策地名考亦謂即在漢上郡者，位於今陝西宜川縣西北，或是。

(二)趙世家惠文三年(秦昭十一年)云，『滅中山，遷其王於膚施』。正義曰，『今延州膚施縣』。元和志於膚施縣下云，『本漢舊縣，屬上郡；趙武靈王滅中山，遷其王於膚施，……即其處也』。又謂本州之延長，及綏州之龍泉，延福，城平，大斌，別爲秦膚施地。此俱誤。案魏書地形志於豳州襄樂郡膚施縣下注云，『二漢屬上郡，晉罷，後復置』。隋書地理志於雕陰郡上縣下注云，『西魏置』。元和志於龍泉縣云，『秦膚施縣地，二漢同，後魏於此置上縣，取郡爲名。隋開皇三年，上縣屬綏州；大業三年，改綏州爲上州，又改爲雕陰郡上縣。……皇朝……天寶元年，改爲龍泉』。若延州之膚施縣，乃隋大業三年所新置，見地志延安府縣注。舊唐志亦云，『隋分豐林金門二縣置』。是則唐延州之膚施係隋所改置，焉有戰國時事而乃預書此千餘年下立名之地者！故秦之膚施，自以在龍泉等縣爲合，因可以證正義等之必誤。此殆緣正義於魏世家業謂綏州爲秦魏之上郡地，遂不得不以延州之膚施隸諸趙，而不審今古之有異也。至於元和志之文，則又隨正義而誤者。

觀上策史之文，可知趙確有漢上郡之一部。唐龍泉爲今陝西綏德縣，於地勢已爲漢上郡之北境，定陽近於郡之南端，則二縣間地諒必悉爲趙有，則趙於昔實占有漢上郡之東部矣。魏所據地，似未踰洛水流域。正義目鄜州爲魏地，據魏襄五年被秦敗於雕陰之文，地正在唐鄜州治北，所言當是。此外復以延州歸之。今考本州之延長，臨眞，延川，延水，盡在門山之東北，斷非魏地所能至，魏地止宜有門山西北之豐林，金明，敷政，膚施，延昌諸近於洛水之地。至并言綏州同是魏地，亦恐誤。

西河

考漢西河郡所統三十六縣，舍騶虞，鵠澤，樂街，徒經，廣田，益蘭，宣武，饒，千章，廣衍，武車，方利，平陸，觬是，博陵，鹽官十六縣地闕，餘則西都，中陽，皋狼，藺，離石，平周，穀羅，隰成，臨水，土軍十縣在今山西；圜陽，圜陰，鴻門，陰山四縣在今陝西；富昌，平定，美稷，增山，大成，虎猛六縣在今綏遠河套內。

其在今山西地爲秦惠所取得者，魏世家襄十四年（秦惠前三年）云，『秦取我……平周』。趙世家武靈十年（秦惠後九年）云，『秦取我西都，中陽』。可考者僅上三縣。

他若藺，離石，雖趙世家肅侯二十二年（惠前十年）云，『秦取代，藺，離石』，又武靈十一年（惠後十年）云，『秦拔我藺』，而似俱未能據有。故周本紀王赧三十四年（秦昭三十六年，趙惠文十八年）記蘇代語曰，『取藺，離石，祁，皆白起也』。同時趙世家云，『秦拔我石城』，蓋即離石。呂氏春秋審應覽亦載趙惠文十餘年時藺離石入秦。此並可證秦惠王時雖曾取之而實未能長有之也。

其在今陝綏二省者，宜先辨戰國時誰屬。按魏世家惠十九年（秦孝十年）云，『築長城，塞固陽』。正義曰，『固陽縣，漢舊縣也（今位於綏遠包頭縣北），在銀州銀城縣界。按魏築長城，自鄭濱洛，北達銀州至勝州固陽縣爲塞也』。又於魏襄七年『魏盡入上郡於秦』下復曰『魏築長城，自華州鄭縣以北，濱洛至慶州洛源縣白於山，即東北至勝州固陽縣，東至河，上郡之地盡入秦』。（漢西河郡之在河西者，乃分秦上郡而置；正義所言上郡，乃指秦時疆域。）如其說，是漢西河郡之在今陝綏二省者幾悉爲魏有，與班志略符；惟不識其有所本否？若據史記察之，其說不無可疑。茲證論如次：

史漢匈奴傳云，『秦昭王時……起兵伐殘義渠，於是秦有……北地，上郡，築長城以拒胡。……秦滅六國，而始皇使蒙恬將十萬之衆北擊胡，悉收河南地，因河爲塞，築四十四縣城臨河』。按『河南地』即今河套內地，旣拓自始皇，則昭襄所築之長城自必不能及其地。考康熙陝西通志云，神木縣於秦以前爲上郡之北境。疑神木左近之長城元爲昭王所築而始皇因之。不然，蒙恬於收得河南地後，胡爲僅臨河築塞，而在陝西之長城仍不出省境乎？秦人猶然，而謂魏人反能渡河而北抵固陽，豈事理之所許哉！

魏惠十九年塞固陽，是時爲秦孝公十年。其事，史公記於秦本紀孝王元年所附書魏長城文（此亦不在是時，說見下）之後。意者魏因惠十七年少梁入秦，無可據守，乃更於其北築城以禦之，有地適名固陽，而後已無考；正義不肯闕疑，爰傅會班說，強以漢稒陽當之，文致其詞，兼誤以魏先後所築長城係之於一時代也。

唐銀州即漢圁陽圁陰諸縣地，位於綏州之北，勝州之南。上文已論綏州於戰國宜爲趙地，元和志謂勝州舊乃趙境，則往昔銀州亦當隸彼。趙於秦昭初年旣尙擁有河以西地，是則秦惠文所攘當漢西河郡之地者，似仍不外前所舉之平周，西都，中陽，及取自義渠之徒經各地而已。孟堅以全郡歸之，恐誤。

安定

郡僅班志注云『武帝元鼎三年置』，武帝紀則無所見。元和志卷三於涇州原州並謂『春秋時屬秦，至始皇分……屬北地郡。漢分北地郡爲安定郡，即此是也』。康熙陝西通志云，『平涼府（後改隸甘肅），秦屬北地郡，漢析置安定郡』。

案春秋時秦已據有斯土，惠文之頃，不言可喩。

天水

秦本紀云，『非子……好馬及畜，善養息之。……周孝王……分土爲附庸，邑之秦』。集解引徐廣曰，『今天水隴西縣秦亭也』。

史漢匈奴傳云，『秦穆公得由余，西戎八國服於秦；故自隴以西，有緜諸，緄戎，翟，䝠之戎（漢地志天水郡有緜諸道䝠道二縣，是漢天水久爲秦隴西之一部），於是秦有隴西』。

水經渭水一，『其水北逕冀縣故城北』。酈注曰，『秦武公十年伐冀戎，縣之；故天水郡治』。

元和志卷三十九隴右道秦州下亦云，『周孝王時，其地爲秦邑。……今天水隴西縣秦亭秦谷是也。始皇分……此爲隴西地。漢武帝元鼎三年，析隴西置天水郡』。

如上諸說，可證漢天水地，秦時開拓最早；惠文之世，有之久矣。

隴西

秦本紀襄公七年云，『祠上帝西畤』。又文公元年云，『居西垂宮』，正義曰，『即上西縣是也』。又武公十年云，『伐邽冀戎，初縣之』。

蒙恬傳云，『秦已并天下，乃使蒙恬……築長城，起臨洮，至遼東』。

漢書西域傳云，『秦始皇攘卻戎狄，……然而不過臨洮』。

案漢地志隴西郡有西，上邽，臨洮三縣，具見上。嬴秦開國元自隴西，而其西境迄不過臨洮，視漢之聲威相去遠矣。

巴蜀

秦本紀惠後九年云，『司馬錯伐蜀，滅之』。張儀傳云，『苴蜀相攻擊，各來告急於秦。秦惠王……起兵伐蜀，十月，滅之』。

滅巴之事不詳，僅甘茂傳及李斯傳中，二人各有『張儀西并巴蜀』之語。正義於儀傳所引華陽國志，見卷第一巴志，文云，『秦惠王遣張儀司馬錯救苴巴，遂伐蜀，滅之。儀貪巴苴之富，因取巴，執王以歸』。水經江水一酈注亦有類此之記載。

廣漢

華陽國志巴志云，『天下既定，漢高祖乃分巴置廣漢郡』。水經江水一，『洛水又南，逕洛縣故城南』，酈注曰，『廣漢郡治也。漢高帝……六年，乃分巴蜀置廣漢郡于乘鄉』。

巴蜀既拓自秦惠，廣漢本其一部，則班說是也。

犍爲

郡於本篇開端所節班志即可見其先後牴牾。且班氏於西南夷傳明云武帝建元六年唐蒙始約得夜郎以爲犍爲郡，不解何以此乃言秦已有其地？又西南夷傳襲自史記，司馬遷目擊其事而書之，必非妄語，足證孟堅之誤也。

武都

史漢西南夷傳云，『及漢誅且蘭邛君，並殺筰侯冉駹，皆振恐，請臣置吏，乃以廣漢西白馬爲武都郡』。

漢書武帝紀元鼎六年云，『定西南夷，以爲……武都郡』。

華陽國志巴志云，『武都郡本廣漢都尉西部治也。元鼎六年別爲郡』。(如此說，是武都於未置郡前已隸漢矣。)

後漢書西羌傳云，『參狼種，武都羌是也。……秦孝公雄強，威服羌戎。孝公使太子駟率戎狄九十二朝周顯王』。

元和志卷三十九隴西道武州下云，『戰國時白馬氐羌居焉。……元鼎六年開白馬氏以西地爲武都郡』。

康熙陝西通志漢中府鳳縣注云，『秦爲隴西郡地。漢爲固道河池縣，屬武都郡』。又同府略陽縣注云，『春秋時爲羌氏所居。秦爲蜀郡地。漢爲沮縣地，屬武都郡』。又鞏昌府(此與以下各縣後俱改隸甘肅)西河縣注云，『秦爲臨洮縣地，屬隴西郡。漢爲上祿縣地，屬武都郡。又成縣注云，『秦爲隴西郡地。漢爲下辨道地，屬武都郡』。又徽州注云，『秦爲隴西郡地。漢始置河池縣，屬武都郡』。又兩當縣注云，『秦置故道縣，屬隴西郡。漢屬武都郡』。又階州(今武都縣)注云，『戰國時白馬氐所居。漢武帝元鼎六年置武都郡』。

上引諸書，所說不一。去秦近者，轉多不見秦有其地之稱述。陝志云云，不知其何所本。觀西羌傳之文，似秦已臣服其地。又依漢代地勢度之，郡實包於隴西，天水，扶風，漢中，廣漢之間；諸郡既久爲秦有，則此郡似不能孤立於其中也。疑秦滅之後，羌氐復據有之，至漢武重定而置郡焉。班說或不虛。

又按方位言之，郡在秦西境；班氏謂『南有……武都』，亦弗當。

金城

漢書昭帝紀始元六年云，『取天水，隴西，張掖各二縣，置金城郡』。據此，是秦隴西舊含有漢金城之一部。始皇本紀三十三年『自楡中』句，集解引徐廣曰，『在金城』。案其地乃始皇所拓西境之極邊，而於漢則爲金城之東端。始皇初開之地，惠文時何能有之，更無論於全郡矣。班誤。

元和志卷三十九云，『隴右道蘭州，……秦幷天下，是爲隴西郡。……昭帝六年分隴西張掖以爲金城郡。今州即金城郡之舊地也』。按唐蘭州治爲今甘肅皋蘭縣，在楡中西北九十里。州僅統五泉，金城二縣；云於始皇時爲隴西地，或是。

武威，張掖，酒泉，敦煌

班氏舉秦地後自言『武威以西，本匈奴……地，武帝時攘之，初置四郡』。又其匈奴傳及西域傳所叙亦同；且謂『秦始皇攘卻戎狄，築長城，界中國，然西不過臨洮』，則臨洮長城以外之漢武威四郡必非秦所能有矣；今乃列之秦地，其誤不已甚乎！

又四郡在秦西北邊外，班氏『西有』云云，亦與事實不合。

牂柯，越嶲，益州

史漢西南夷傳云，『始楚威王時，使將軍莊蹻將兵……至滇池，……以兵威定屬楚。欲歸報，會秦奪楚巴，黔中道塞；因還，以其衆王滇。……秦時，諸此國頗置吏焉；十餘年，秦滅』。按所謂『諸此國』，因本傳下文可知即牂柯諸郡。而依『十餘年秦滅』之語，足證其必爲始皇時事。孟堅於秦未得韓宜陽時，即登此三郡於秦之版圖，何其謬耶！

『漢中』

班氏歷舉秦地，獨不及漢中，而隸之楚，意殆謂是時秦尚未取得其地。殊不知秦元必占有其一部。蓋秦滅巴蜀雖在取楚漢中前，而設非舊已有其一部，則將無途以入蜀矣。又秦本紀躁公二年，『南鄭反』。惠公十三年云，『伐蜀，取南鄭』。南鄭爲漢中地，人所盡知。躁惠二公尙在獻孝之前，更無論於惠文。卽此可證秦實剖有漢中，不應悉以歸楚。又華陽國志於漢中郡南鄭縣云，『郡治，周貞王十六年秦厲公城之』。厲公更前於躁公，可知秦已久有漢中矣。孟堅未言及之，誤。

惠文取楚漢中而設郡，於本紀見後十三年。上已論班氏所舉爲惠文末年之疆域，則當是時漢中已畢入秦矣。

『汾陰，蒲陽』

魏世家襄六年（秦惠前九年）云，『秦取我汾陰，皮氏。……七年，……秦降我蒲陽』。按魏策三魏太子在楚章云，『有皮氏……而以予魏』，是秦尚留有汾陰蒲陽二邑也。蒲陽，正義謂卽隰州隰川縣蒲邑故城，於漢爲蒲子縣。此二邑皆隸漢之河東郡。

秦應有地

余私謂以秦地當漢郡縣，應次若下：

東自澠池歷陝入弘農故關，以及京兆，扶風，馮翊。

北有河東之汾陰，蒲子；西河之平周，西都，中陽，徒經諸縣；上郡西部沿洛水流域之地；北地之郁郅及舊義渠二十五城；與安定郡。

西有天水，武都，及隴西之洮水東部。

南有漢中，廣漢，巴，蜀。

策史言秦四封者

秦策一蘇秦始將連橫章云，『西有巴蜀漢中之利，北有胡貉代馬之用，南有巫山黔中之限，東有肴函之固』。史記蘇秦傳則作『秦……被山帶渭，東有關河，西有漢中，南有巴蜀，北有代馬』。是說依秦傳應在惠文初立之頃，然所舉地多不合。如秦取巴蜀於惠後九年，則當其甫即位時豈得云已有？『巫山黔中』，本紀稱昭三十年方取自楚，距蘇秦之死已有四十一年矣，更不應語及。『胡貉代馬』，止言利用其物，則道之猶可。

又秦策一范雎至章云，『北有甘泉谷口，南帶涇渭，右隴蜀，左關坂』。史記范雎傳同。正義引括地志云，『甘泉山……在雲陽縣（今陝西涇陽縣地）西北九十里。……谷口……在醴泉縣（今陝西縣）東北四十里』。按雎是說依傳在昭王三十六年。後漢書西羌傳云，『王赧四十三年（秦昭三十五年），宣太后誘殺義渠戎王於甘泉宮，因起兵滅之；始置隴西，北地，上郡焉』。是雎說於秦滅義渠之次年，故云『右隴』也。至云『北有甘泉谷口』，皆逼近咸陽者，與置北地上郡不合，何其舍遠而道近耶？又本紀自昭十五年攻楚取宛，二十七年拔黔中，二十八年取鄢鄧，二十九年取郢為南郡，三十年取巫郡及江南為黔中郡，此秦於南方之發展皆在雎說之前，其所至遠矣，而茲云『南帶涇渭』，又何其隘耶？『左關坂』，蓋言其著者。按其實境，則武四年拔韓宜陽，昭十七年魏入河東四百里，韓入秦武遂地方二百里，二十一年魏納安邑，三十四年魏與南陽，三十五年初置南陽郡（舊為韓楚地），皆在關坂以東，所言亦失當也。

夫蘇秦范雎以時人說時事，而於嬴氏之幅員竟茫昧若此，無惑乎班氏之愈不得其真矣。

史記始皇本紀云，『莊襄王死，政代立。當是之時，秦地已并巴，蜀，漢中，越宛有郢，置南郡矣。北收上郡以東，有河東，太原，上黨郡。東至滎陽，滅二周，置三川郡』。按史公所敘，蓋就當時地之大者而言，遂未歷舉細地，如穰侯受封之陶，齊之剛壽，魏之溫，軹，南陽，邢丘，懷，卷，蔡陽，長社，甯新中，汲，高都之類。然不言西地所至，又不言南陽郡，終覺微失也。

三國時山越分布之區域

葉國慶

會稽郡

策謂瑜曰，『吾以此取吳會，平山越已足』。（吳志周

瑜傳）

時吳，會稽，丹陽，多有伏匿，遜陳便宜，乞與募焉。會稽山賊潘臨，舊爲所在毒害，歷年不禽。遜以手下召兵，討治深險，所向皆服，部曲已有二千餘人。（吳志陸遜傳）

冶

策引兵渡江，據會稽，屠東冶，乃攻破虎等。（吳志孫策傳）

（參看吳郡，餘杭，烏程諸條）

會稽冶賊呂合，秦狼等爲亂，欽將兵討擊，遂擒合狼，徙討越中郎將，以經拘昭陽爲奉邑。（吳志蔣欽傳）

會稽東冶五縣賊呂合秦狼等爲亂，權以岱爲督軍校尉，與將軍蔣欽等討之，遂禽合狼，五縣平定。（吳志呂岱傳）

侯官

侯官長商升，爲朗起兵。……齊因告諭，爲陳禍福，升遂送上印綬，出舍求降。賊帥張雅，詹彊等不願升降，反，共殺升。雅稱無上將軍，彊稱會稽太守。……雅與女婿何雄爭勢。齊令越人因事交搆，遂致疑隙，阻兵相圖。齊乃進討，一戰大破。雅彊黨震懼，率衆出降。侯官既平，而建安，漢興，南平復亂。（吳志賀齊傳）

剡

齊少爲郡吏守剡長，縣吏斯從輕俠爲奸，齊欲治之。主簿諫曰，『從，縣大族，山越所附。今日治之，明日寇至』。齊聞大怒，便立斬從。從族黨遂相糾合衆千餘人，舉兵攻縣。齊率吏民開城門，突擊大破之，威震山越。（吳志賀齊傳）

新都郡

始新
新定
歙
黎陽
海陽
黟

建安十三年，使賀齊討黟歙，分歙爲始新，新定，黎陽，休陽（海陽）縣，以六縣爲新都郡。（吳志孫權傳）

十三年，齊遷威武中郎將，討丹陽，黟，歙。時武彊，葉鄉，東陽，豐浦，四鄉先降，齊表言以葉鄉爲始新縣。而歙賊金奇萬戶屯安勒山，毛甘萬戶屯烏聊山；黟帥陳僕祖山等二萬戶，屯林歷山。……齊大破僕等，其餘皆降。凡斬首七千。齊復表分歙為新定，黎陽，休陽，並黟歙凡六縣。權遂割為新都郡。齊為太守，立府於始新。（吳志賀齊傳）

賀齊討黟賊，欽督萬兵與齊并力，黟賊平定。（吳志蔣欽傳）

丹陽郡

蓋隨策及權，擐甲周旋，蹈刃屠城，諸山越不賓，有寇難之縣，輒用蓋為守長。……遷丹陽郡都尉，抑強扶弱，山越懷附。（吳志黃蓋傳）

孫賁……轉丹陽都尉，行征虜將軍，討平山越。（吳志孫賁傳）

丹陽賊費棧，受曹公印綬，扇動山越，為作內應。權遣遜討棧，……應時破散，遂部伍東三郡，彊者為兵，羸者為補戶，得精卒數萬人。（吳志陸遜傳）

嘉禾三年八月以諸葛恪為丹陽太守，討山越。六年諸葛恪討山越事畢，北屯廬江。（吳志孫權傳）

權拜恪為撫越將軍，領丹陽太守。（吳志諸葛恪傳）

術深怨策，乃陰遣間使齎印綬與丹陽宗帥陵陽祖郎等，使激動山越圖共攻策，策自將討郎，獲之。（吳志孫輔傳註引江表傳）

陵陽

輔佐孫策平三郡，策自討丹陽七縣，使輔西屯歷陽，以拒袁術，……又從策討陵陽，生得祖郎等。（吳志孫輔傳）

範從攻祖郎於陵陽。（吳志呂範傳）

（參看涇，烏程，建昌條）

永平

凌統守永平長平，治山越，姦猾斂手。（吳志凌統傳）

案洪亮吉三國疆域志，長平屬陳郡，魏地。此處長平未悉指何地。

宣城

權愛其（周泰）為人，請以自給，策討六縣山賊。權住宣城，使士自衛，不能千人。……而山賊數千卒至。權始得上馬，而賊鋒刃已交於左右，或斫中馬鞍，衆莫能自定。惟泰奮擊，投身衛權。（吳志周泰傳）

涇

是時策已平定宣城以東，惟涇以西六縣未服。慈因進住涇縣，立屯府，大為山越所附。（吳志太史慈傳）

孫策與孫河呂範依景，合衆共討涇縣山賊祖郎。祖郎

走。（吳志吳夫人傳）

豫章郡

建昌

海昏

策說勳曰，『上繚宗民，數欺下國，忿之有年矣。擊之路不便，願因大國伐之。上繚甚實，得之可以富國。願出兵爲外援』。勳信之。……曄曰，『上繚雖小，城堅池深，攻難守易。……』（魏志劉曄傳）

時豫章上繚宗民萬餘家在江東，策勸勳攻取之。（吳志孫策傳）

華歆（豫章太守）遣吏將偕就海昏上繚，使諸宗帥共出三萬斛米，以與偕。偕往歷月，纔得數千。…………勳（謀攻海昏）潛軍到海昏下邑，宗帥知之，空壁逃匿。（吳志孫策傳註引江表傳）

案『宗民』，『宗帥』之稱，書中疊見。孫輔傳云，『丹陽宗帥陵陽祖郎等』，賀齊傳云，『餘杭民郎稚合宗起』。山越當是聚族而居，故有此稱。三國疆域志，『建昌有上繚。漢末鄱陽民五六千家，別立宗部，結聚於此』。

吳興郡

故鄣

是時丹陽深地，頻有奸叛，（治）亦以年老，思戀土風。自表屯故鄣，鎮撫山越。（吳志朱治傳）

餘杭

策自討虎，虎高壘堅守。……進攻破之，虎奔餘杭。（吳志孫策傳註引吳錄）

（參看治，烏程諸條）

烏程

陳瑀陰圖襲策，遣都尉萬演等密渡江，使持印傳三十餘細賊，與丹陽，宣城，涇，陵陽，始安，黟，歙，諸險縣大帥祖郎，焦已，及吳郡烏程嚴白虎等使爲內應。（吳志孫策傳註引江表傳）

陳登，瑀之從兄子也。策前西征，登陰復遣間使以印綬與嚴白虎餘黨，圖爲後害。（吳志孫策傳註引江表傳）

是時下邳陳瑀自號吳郡太守，住海西，與彊族嚴白虎交通，策自將討虎。（吳志呂範傳）

（參看餘杭，治，吳郡諸條）

臨水

建安十六年，吳郡餘杭民郎稚合宗起，賊復數千。齊出討之，即復破稚。表言分餘杭爲臨水。（吳志賀齊傳）

案山越之組織以宗族爲基礎，故云『合宗起』。詳見建昌條。郎稚不類中國人名。此處雖不明言爲山越，意當是也。

鄱陽郡

鄱陽賊尤突作亂，（遜）復往討之。（吳志陸遜傳）

建安二十一年，鄱陽民尤突受曹公印綬，化民爲賊。陵陽，始安，涇縣，皆與突相應。齊與陸遜討破突，斬首數千，餘黨震服，丹陽三縣皆降，料得精卒八千人。（吳志賀齊傳）

鄱陽賊彭虎等衆聚數萬人。襲與凌統，步騭，蔣欽，各別分討。襲所向輒破。虎等望見旌旗便散走。旬日盡平，拜威越校尉。（吳志董襲傳）

樂安

韓當還討鄱陽，領樂安長，山越畏服。（吳志韓當傳）

東陽郡

嘉禾三年，諸葛恪領丹陽太守，討平山越，以表領新安都尉，與恪參勢。初表所受賜復人，得二百家，在會稽新安縣。表簡視其人，皆堪好兵，乃上疏陳讓，乞以還官，充足精銳。（吳志陳表傳）

吳郡

東安（富春）

治與（吳郡太守許貢）戰，大破之。貢南就山賊嚴白虎。（吳志朱治傳）

（參看烏程，餘杭諸條）

權以悰爲奮威將軍，授兵數千人使討山越。……黃武七年，是時丹陽吳會山民復爲寇賊，攻沒屬縣。權分三郡險地爲東安郡，悰領太守（吳錄曰，時宗治富春）。至，明賞罰，招誘降附，數年中，得萬餘人。（吳志全悰傳）

黃武五年，分三郡惡地十縣，置東安郡，以全悰爲太守，平討山越。（吳志孫權傳）

廬陵郡

吾粲……募合人衆，拜昭義中郎將，與呂岱討平山越。（吳志吾粲傳）

嘉禾三年，廬陵賊李桓羅厲爲亂。……四年，遣呂岱討桓等。……五年，中郎將吾粲獲李桓，將軍唐咨獲羅厲。（吳志孫權傳）

嘉禾四年，廬陵賊李桓路合，會稽東冶賊隨春，南海賊羅厲等，一時並起。權復詔岱督劉纂唐咨等分部討擊，春即時首降，岱拜春偏將軍，使領其衆，遂爲列

將。桓厲皆見斬獲，傳首詣都。（吳志呂岱傳）

綜上所記：山越分布區域，共佔九郡，跨有今江蘇，浙江，安徽，江西等省地，蓋佔西漢時閩越，東越，南越之舊壤也。百越分布，區域廣漠。史記秦始皇本紀，『王翦降越君，置會稽郡』，又曰『略取陸梁地，爲桂林，象郡，南海』。漢初，閩越東越位浙省南部。閩越盛時，曾入燔尋陽樓船（漢書嚴助傳）。南越位于兩廣之地，盛時北以長沙爲界（漢書南越王傳）。是吳，皖，浙，贛，皆昔日越人之住地也。由地域及名稱以觀，吳之山越當爲漢之越。

抑事有可疑者，山越在三國時如是之衆，而在後漢書中竟不多見。劉寵傳及度尚傳中所記之『山民』，以地域觀之，當爲山越。

後漢書卷一〇六劉寵傳，『拜會稽太守，山民愿朴，乃有白首不入市井者』。

又卷六十八度尚傳，『抗徐字伯徐，丹陽人，守宣城長，悉移深林遠藪椎髻鳥語之人，置于縣下』。

但四夷傳中無有越名。

山越當時人口當不下十萬。試看吳每次討平越，便簡選以爲精兵。諸葛恪一人在丹陽所募，數至四萬人。其他諸將，亦各有募集。其爲數之巨可知。魏夏侯惇等詣揚州募兵（卷一太祖傳），蜀志毋丘毅詣丹陽募兵（卷一先主傳），所募者疑亦山越也。

吳之精兵多自山越簡選而來。山越渠帥亦有効勞于吳者，如祖郎（見吳志孫輔傳引江表傳），隨春（吳志呂岱傳）是。然吳之行動亦多受越人之牽制。盖敵國屢次挑撥山越，謀爲內應，如魏之交結丹陽賊（吳志陸遜傳），鄱陽賊（吳志賀齊傳）是。故孫權謂張温曰，『若山越都除，便欲擣蜀』（吳志張温傳），又孫權傳曰，『時揚越蠻夷多未平集，內難未弭，故權卑辭上書，求自改厲』。其受害于此可見。

因之，吳欲與魏蜀爭雄，勢必先平定山越。山越平，而中國南方疆土遂以開拓。試看新都一郡即爲平山越後所增置。而孫皓之立吳興郡亦云欲鎮山越（吳志孫皓傳寶鼎元年引皓詔）。其他如東安亦因討山越分置。

本文所列郡縣，乃依三國疆域志。其治及侯官地，作者以爲應在浙省，故次之於會稽郡下。又三國志中，稱『山賊』云者尚多，疑亦是山越，但未能遽爲決定，因列次于後，以備參考：

鄱陽賊彭旦，見吳志孫權傳嘉禾五年，六年。

賊洪明，洪進，苑御，吳免，華當，屯漢興，吳王屯大潭，鄱臨屯蓋竹大潭，見吳志賀齊傳。

建安，鄱陽，新都賊帥黃亂，常俱，見吳志鍾離牧傳。

錢塘大帥彭式，鄱陽大帥彭綺，見吳志周魴傳及孫權傳黃武四年，六年。

豫章民彭材，李玉，王海，見吳志賀齊傳。

桂陽湞陽賊王金，見吳志呂岱傳。

豫章董嗣，見吳志周魴傳。

永安賊施但，見吳志孫皓傳。

丹陽山賊，見吳志朱然傳。

丹陽鄱陽山賊，見吳志朱桓傳。

臨城南阿山賊，見吳志徐盛傳。

山陰賊黃龍羅，周勃，見吳志董襲傳。

廬江賊陳策，見魏志劉曄傳。

蒼梧夷越，見蜀志許靖傳。

長沙山寇，見吳志張昭傳。

零陵山賊，見吳志陸凱傳。

長沙山賊，見吳志黃蓋傳。

二十年，十月作。

鄭和七使西洋往返年月及其所經諸國

夏璧

『三保太監下西洋』故事，經歷了五百餘年之久，傳播極廣，讀書人不用說，即里巷間的鄉人孺子也沒有不知道的。其所以流傳得如此普遍，大概因我國素抱閉關主義，偶與他國往來，自然視作新奇事件了。何況以一個很平常的太監竟能七次出使，而且把顯赫的國威遠遠的宣揚開去！故比漢代張騫的出使西域更覺聳人聽聞，而鄭和的勃勃英風『也在七使西洋』的事蹟裏永遠活躍著。似這樣使人感到光榮與欣快的故事，誰不樂於述說？茲特搜集史實，略述這故事的由來：

郎瑛七修類藁說：『永樂丁亥（五年），太監鄭和，王景弘，侯顯三人，往東南諸國賞賜宣諭。今人以為「三保太監下西洋」，不知鄭和舊名三保，皆靖難內臣有功者』。由此可知『三保太監下西洋』這名目，在明嘉靖以前就有了。

袁忠徹古今識鑒云：『內侍鄭和，即三保也，雲南人，以靖難功授內官太監。永樂初，欲通東南夷，上問以三保領兵何如？忠徹對曰：「三保姿貌才智，內侍中無與比者，臣察其氣色誠可任」。遂令統督以往，所至　畏焉』。此即『三保太監下西洋』的由來。

鄭和七次出使西洋，最可注意而應該知道的是其七次往返年月及其所經諸國。星槎勝覽，瀛涯勝覽，西洋番國志諸書，于記載諸國風土人物互有詳略，而所載往返年月多不可靠。若想詳為推究，只有在明實錄及明史中去找材料。聽說法國人伯希和氏曾撰鄭和下西洋考，這書的內容如何，所據事實可否徵信，因未見其書，無從評斷。茲僅就明實錄及明史的記載而誌其往返年月及其所歷諸國。

(一)七次往返年月（抄自明實錄）

第一次往返

永樂三年（西曆一四〇五）六月己卯（十五日），遣中官鄭和等賫勅往諭西洋諸國，並賜諸國王金織文綺綵絹各有差。

永樂五年（一四〇七）九月壬子（二日），太監鄭和使西洋諸國還，械至海賊陳祖義等。（原文太長，不具錄。）

按：這次往返及所歷諸國情形，星槎勝覽，瀛涯勝覽，西洋番國志諸書，都沒有記載。

第二次往返

永樂六年（一四〇八）九月癸酉（二十八日），遣太監鄭和等賫勅使古里，滿剌加，蘇門荅剌，阿魯，加異勒，爪哇，暹羅，占城，柯枝，阿撥，把丹，小柯蘭，南巫里，甘巴里諸國，並賜其國王錦綺紗羅。

永樂九年（一四一一）六月乙巳（十六日），內官鄭和等使西洋諸番國還，獻所俘錫蘭山國王亞烈苦奈兒，並其家屬。（原文太長，不具錄。）

按：星槎覽勝說是七年往（當是六年九月奉命，啟程則在七年），九月回京，這就是鄭和使西洋的第二次，大致無誤。

第三次往返

永樂十年（一四一二）十一月丙申（十五日），遣太監鄭和等賫勅往賜滿剌加，爪哇，占城，蘇門荅剌，阿魯，柯枝，古里，喃渤利，彭亨，急蘭丹，加異勒，忽魯謨斯，比剌，溜山，孫剌諸國王，錦綺紗羅綵絹等物有差。

永樂十三年（一四一五）七月癸卯（八日），太監鄭和等奉使西洋諸番國還。

按：星槎勝覽云于十年往，是記其奉命之年，尚無誤。但說是在十二年回京，則與實錄不符。

又按：瀛涯勝覽有『勅正使太監鄭和等領寶船往西洋

諸番國，開讀賞賜。……但見鯨波浩渺，莫知其幾千萬里』之語；其往占城，則云由福建五虎門開船行十日纔到，可見此行不是由西北陸路。按之西安羊市大清眞寺嘉靖二年重修清眞寺記：『永樂十一年四月，太監鄭和奉勅差往西域天方國，道出陝西，求所以通譯國語，可佐信使者，乃得本寺掌教哈三焉』等語，不合。

第四次往返

永樂十四年（一四一六）十二月丁卯（十日），古里，爪哇，滿剌加，占城，錫蘭山，木骨都束，溜山，喃渤利，卜剌哇，阿丹，蘇門荅剌，麻林，剌撒，忽魯謨斯，柯枝，南巫里，沙里灣泥，彭亨諸國，及舊港宣慰司使臣辭還，悉賜文綺襲衣，遣中官鄭和等賫勅及錦綺紗羅綵絹等物，偕往賜各國王。仍賜柯枝國王可亦里印誥，並封其國中之山爲鎭國山。（御製碑文太長，不具錄。）

永樂十七年（一四一九）七月庚申（十七日），官軍自西洋還，上念其勞苦，諭禮部各賞賜有差。

按：星槎勝覽云于十三年往，十六年回京，往返期全錯誤了。

又按：泉州城外回教先賢葬鄭和下番路經泉州行香碑記有『欽差總兵太監鄭和前往西洋忽魯謨斯等國公幹，永樂十五年五月十六日于此行香，望靈聖庇佑』等語。和于十四年十二月奉命，由太倉開船，緣海經福建漳泉等處，至十五年五月尙在泉州，這是可信的。

第五次往返

永樂十九年（一四二一）正月癸巳（三十日），忽魯謨斯等十六國使臣還國，賜綵幣表裏，復遣太監鄭和等賫勅及錦綺紗羅綾絹等物賜諸國王，就與使臣偕行。

永樂二十年（一四二二）八月壬寅（十八日），中官鄭和等使諸番國還，暹羅，蘇門荅剌，哈丹等國悉遣使隨和貢方物。

按：此次往返及所歷諸國情形，星槎勝覽，瀛涯勝覽，西洋番國志諸書，均不及載。

第六次往返

永樂二十二年（一四二四）正月甲辰（二十七日），舊港故宣慰使施進卿之子濟孫遣使丘彥成請襲父職，並言舊印爲火所燬。上命濟孫襲宣慰使，賜紗帽鈒花金帶，金織文綺銀印，令中官鄭和賫往給之。

按：這次僅往舊港，回國年月實錄不載。明史鄭和傳云：『比還，而成祖已晏駕』。查永樂二十二年八月丁巳仁宗郎位詔有『下西洋諸番國寶船悉皆停止，原差去內官員速皆回京，民稍人等悉發寧家』等語。洪熙元年二月丁未，命太監鄭和領下番官軍守南京。于內則與內官王景弘，朱卜花，唐觀保協同管事；遇外有事，同襄城伯李隆，駙馬都尉沐昕商酌的當，然後施行。可知這次回國期必在永樂二十二年八月與洪熙元年二月之間，往返時期約共歷一年。

第七次往返

宣德五年（一四三〇）六月戊寅（六日），遣太監鄭和等賚詔往諭諸番國，詔曰：『朕恭膺天命，祗嗣太祖高皇帝，太宗文皇帝，仁宗昭皇帝大統，君臨萬邦，體祖宗之至仁，普輯寧于庶類，已大赦天下，紀元宣德，咸與維新。爾諸番國，遠處海外，未有聞知。特遣太監鄭和王景弘等賚詔往諭，其各敬順天道，撫輯人民以共享太平之福』。凡所歷忽魯謨斯，錫蘭山，古里，滿剌加，柯枝，卜剌哇，木骨都束，喃渤利，蘇門答剌，剌撒，溜山，阿魯，甘巴里，阿丹，佐法兒，竹步，加異勒等二十國，及舊港宣慰司。其君長皆賜綵幣有差。

按：星槎勝覽云于六年往。和于五年六月奉命，必不能延至半年以上始首程，其誤可知。但說八年回京，則近是。

又按：是次回國年月，實錄及明史均不詳。讀書敏求記及四庫提要敘西洋番國志都說這次往返三年，當于宣德八年回京。查實錄宣德八年閏八月辛亥朔，蘇門答剌，古里，柯枝，錫蘭山，佐法兒，阿丹，甘巴里，忽魯謨斯，加異勒，天方國等國王，皆遣使來朝，貢麒麟象馬諸物，當是報鄭和往使而來的。然則鄭和第七次出使西洋回國時期當在宣德八年閏八月以前了。

（二）七次所歷諸國

明實錄所載：舊港，古里，滿剌加，蘇門答剌，加異勒，阿魯，爪哇，暹羅，占城，柯枝，阿撥，把丹，小柯蘭（明史小葛蘭），南巫里，甘巴里（明史甘把里），錫蘭山，喃渤利，彭亨，急蘭丹，忽魯謨斯，比剌，溜山，孫剌，木骨都束，卜剌哇，阿丹，麻林，剌撒，沙里灣泥，哈丹，佐法兒（明史祖法兒），竹步，天方。

按：以上三十三國，只記其大者，小屬國不在內。

明史鄭和傳所載：實錄所載三十三國除卜剌哇，阿丹，哈丹三國外，餘三十國均見本傳。尚有眞臘，渤泥，大葛蘭，西洋瑣里，瑣里，傍葛剌，黎伐，那孤兒諸國。

星槎勝覽所載：占城，賓童龍（隸占城），靈山（隸占城），崑崙山，△交欄山，暹羅，爪哇，舊港，滿剌加，△九洲山，蘇門答剌，△龍涎嶼，花面（明史那孤兒），龍牙犀角，△翠藍嶼，錫蘭山，柯枝，古里，小唄喃（明史小葛蘭），忽魯謨斯，剌撒，榜葛剌，眞臘，東西竺，淡洋，龍牙門，龍牙善提，琉球，彭坑（實錄彭亨），三島，麻逸（實錄麻林），假里馬丁，渤泥，重迦邏，蘇祿，大唄喃（明史大葛蘭），佐法兒，阿丹，竹步，木骨都束，溜洋（實錄溜山），卜剌哇，天方，吉里地悶。

按：有△號者非國，餘三十九國。（屬國小者在內。）

瀛涯勝覽所載：占城，爪哇，舊港，暹羅，滿剌加，啞魯（實錄阿魯），蘇門答剌，那姑兒（明史那孤兒），黎代（明史黎伐），南浡里（實錄喃渤利），錫蘭山，小葛蘭，柯枝，古里，溜山，祖法兒（實錄佐法兒），榜葛剌，阿丹，忽魯謨斯，天方。

按：各書所記國數稍有多寡的不同，但是，凡遣使賞賜及來朝諸國都記于實錄裡，自應以實錄爲正確。

(三)鄭和七使西洋重要史料五種：

(1)明實錄——所載往返年月，所使諸國，及重要事蹟最正確。如第一次在舊港擒賊首陳祖義，第二次在錫蘭山擒其國王阿烈苦奈兒，皆有詳細記載。

(2)明史鄭和傳及外國傳——根據實錄及他書，可信。

(3)星槎勝覽——作者崑山費信，曾四次隨了鄭和出使，所記事蹟該是可以徵信的。但查其所記往返年月多不符，于諸國風俗物產等項記載亦簡陋。其書成于正統元年（一四三六）正月，追記前事，自然難免簡略和謬誤。

(4)瀛涯勝覽——作者會稽馬歡，于永樂癸巳（十一年）隨使諸番國，那回是鄭和下西洋的第三次。（和于永樂十年十一月奉命，首程則在十一年，故馬氏云永樂癸巳。）和等于十三年七月回國，其書成于十四年十一月（他記天方國述及宣德五年事，當是後來補入的），離他回里時僅一年，故記載當較翔實。查其書所記二十國形勝風俗物產等項都很詳備，可以見當時諸番國的概況。惜馬氏同往西洋僅此一次，倘如費信的四次隨使，所記必更有可觀了。

(5)西洋番國志——作者金陵鞏珍，于宣德五年鄭和第七次下西洋時，隨使諸番國。錢曾讀書敏求記說：『珍從事總制之幕，往還三年，所至番部二十餘處』。四庫提要稱『其所歷二十國，于風土人物，詢諸通使，轉譯漢語，覼縷筆記』。查其書所列二十國與宣德五年六月詔諭之二十番國符合；其書成于宣德九年，所記大概與明史外國傳相同。述古堂及知聖道齋所藏，與四庫館浙江採進本，都是鈔本，現入四庫存目，其書或尚存留天壤。但鞏珍隨使只一次，其所記二十國事縱極詳備，也不過如瀛涯勝覽之類而已，不見得有什麽特別豐富的材料吧。

禹貢與禹都

馬培棠

（接本刊二卷六期大梁學術）

禹貢發首曰：「禹敷土」；摠結曰：「禹錫玄圭，告厥成功」。吾既知禹貢編制為魏史撮取鄒衍孟軻兩家九州論而成，但何為而託名於大禹乎？蓋此亦非鄒則孟之言，無妨再從兩家文字中求之。

鄒衍之論九州，只謂「古九州」為大禹所序，即「新九州」之「中」國，赤縣神州者是也。東周疆土，實為「新九州」；「新九州」之中央，即赤縣神州之中央，故東周王都與禹都最逼近。史記周本紀載武王定天保，依天室，「自洛汭延于伊汭，居易毋固，其有夏之居」，營洛邑而後去；平王東遷，乃居之。孟子萬章上曰：「禹避舜之子于陽城」；臣瓚漢書注曰：「世本禹都陽城，汲郡古文亦云居之」。陽城果安在乎？金鶚禹都考曰：「趙岐孟子注，陽城在嵩山下；括地志，嵩山在陽城西北二十三里；則陽城在嵩山之南，今河南登封是也」。西望洛邑，中間一水。則登封左右數百里之地，當即禹序九州之全境。境內王畿，古名曰冀，穀梁桓五疏曰：「鄒衍著書云：九州之內，名曰赤縣，赤縣之畿，從冀州而起」。「冀」本作「兾」，同「異」，象人中正而立，舉手作翼蔽形，與「夏」同意，蓋本地之人由自尊觀念而特造之字也。詳見拙草冀州考原（見本刊一卷五期）。其地有小川，尚名異水，說文曰：「潩水，出河南密縣大隗山，南入潁」。密與登封鄰，則古王畿之在此也無疑。爾後幅員日廣，「新九州」因而成立；「古九州」恰足「新九州」之一州，且居中土，因摠被以冀州之名，蓋王畿亦隨疆域之擴大而擴大也。但鄒衍終以東周王畿，冀州之名不便再用。五德之運，周行為火，呂氏春秋應同曰：「其（周）色尚赤」，赤，「大火」也。東周王都，實在洛邑，因號中土曰赤縣。綴會曰：「赤縣，謂畿縣也」；畿縣貴於天下，因重疊與以形容之詞曰：「赤縣神州」。赤縣神州正值禹貢豫州之地，呂氏春秋有始曰：「河漢之間爲豫州，周也」；周，周畿也。鄒衍所謂禹跡者，此區區而已。然則禹貢九州總託於禹，非取於鄒衍。

孟軻論禹跡，與鄒衍「古九州」同。孟子公孫丑上曰：「夏后殷周之盛，地未有過千里者也」；地之千里，恰爲「方千里者九」之一州，以陽城爲中心，赤縣神州之域也。但孟軻又不能自守其說，滕文公上曰：「禹疏九河，瀹濟漯，而注諸海；決汝漢，排淮泗，而注之江」。一若天下水道均經大禹之鑿治，故告子下曰：「禹以四海爲壑」。則又鄒衍稗海之內咸禹跡矣。夫大禹敷土成功，乃吾先民所樂道，歌斯詠斯，未嘗絕響者。詩長發曰：「洪水芒芒，禹敷下土方」。然詞意隱約，難彰厥烈。其果作生動之描寫，不惜犧牲事實以小說化者，孟軻當爲極重要人中之一人。滕文公下曰：「天下之生久矣，一治一亂。當堯之時，水逆行，汜濫於中國，蛇龍居之，民無所定，下者爲巢，上者爲營窟。書曰：『洚水警余』。洚水者，洪水也。使禹治之。禹掘地而注之海，驅蛇龍而放之菹，水由地中行，江淮河漢是也。險阻既遠，鳥獸之害人者消，然後人得平土而居之」。雖孟軻亦染於時風，置堯舜於禹前；然本節之所謂堯，亦不過太古之記號而已，故無功績可言。惟見夫天地初闢，洪水橫流，蛇龍之毒遍天下；禹乃平治水土，安宅黎庶，耕牧由作，文物以興；先民之卒得其生，後人之始得其祖，胥在禹矣：是爲天下第一次之治。繼而「周公兼夷狄」，「孔子成春秋」，莫非上承大禹之志。降及戰國，亂逾春秋，醜邁夷狄，直又蹈夫洪水而莫得自脫。果有匡天下，拯萬民，重開新世者，其亦大禹之遺烈乎？孟軻託古，魏史改制，禹貢之禹斯孟子之禹矣。

又「禹貢」名篇，是否定自魏史，不得而知；但禹之「貢」見於孟子，則極顯然之事實。滕文公上曰：「夏后氏五十而貢」。雖禹貢之貢法與此不同，而襲取之嫌終不可掩。蓋禹貢九州固「改組之孟軻九州」也。魏史求全，不忌矛盾，名實之違，又何足怪。

孟軻九州既經改組，大禹之都因以易位。禹畿曰冀，原在河南；及「古九州」拓爲「新九州」，冀土亦隨以擴大。雖鄒衍以「新九州」爲東周地理，改冀州爲赤縣；但魏史又總以東周地理託之大禹，因又恢復冀州之名，而移之於河北。河南故地，另名之豫；實則改字並未改音，朱駿聲說文通訓定聲，「豫」與「夏」爲同部，而與「異」

爲聲轉，可以知之。豫冀既已分指乎南北，而北方曰冀，其「名不正」；後人非特不疑，且竄「兾」爲「冀」，說文曰：「冀，北方州也。从北異聲」。但冀州之地，廣矣，漠矣，果都何邑？禹貢並未明言，蓋在當時，其勢甚顯，有無庸添敘者。按魏自惠王去安邑，遷大梁，國祚以之不保，天下以之大變；魏人心懷舊都而思復故土也，已非一日。安邑誠形勢之最，魏且都之甚久，漢書地理志曰：「安邑，魏絳自魏徙此，至惠王徙大梁」。二百年間，桓子強於此，文侯霸於此，魏罃二邑實不與比抗。然則大禹都冀 非安邑莫屬矣。詩魏風譜曰：「魏者，虞舜夏禹所都之地，在禹貢冀州，雷首之北，析城之西」。虞舜不在本篇範圍之內，姑不深論。而安邑正介雷首析城之間。正義更申之曰：「禹貢云：壺口雷首，至于太岳；厎柱析城，至於王屋」。譜文僅摘兩脈之中峯，以圖簡便；實則此六山者，俱安邑之屏障也。前嘗疑四列之文原有一定文法，惟陰列用「至于」四，倍於其他，因知其有關於魏；於茲證之，益信。

禹之都安邑，本出魏史之僞作；然終以禹貢無明文，久而漸晦。且篤信禹貢愈深，魏史僞作之疑愈淺。冀州王畿並包三晉，安邑既成大禹之故虛，韓趙舊居皆可爲附會之資料。史記韓世家曰：「康子與趙襄子魏桓子，共敗知伯，分其地，地益大，大於諸侯」。晉祚之移，此實促之。而三子所居，皆不變其祖若父之舊。史記索隱引世本曰：「景子居平陽」，康子一仍其故。秦嘉謨據史記補世本曰：「簡子居晉陽」，襄子終藉其險。魏自昭子即居安邑，已見上述。是三晉之興，安邑晉陽平陽實爲根據。於是冀州禹都，安邑而外，又增其二。史記正義引世本曰：「禹都平陽，或在安邑，或在晉陽」。世本雖昧於禹貢制作之背景，而終不失爲禹貢之忠實信徒，既廣爲附會冀州之名邑，又顧及九州五服之矛盾，故正義又引之曰：「禹都陽城」。禹貢鎔兩說於一爐，世本畫四都於一幅，總之曰：「禹都陽城，避商均也；又都平陽，或在安邑，或在晉陽」，此可謂善作調人而極禹都之盛矣。

雖然，人類對於一種事物之認識，最喜化簡以便記憶。禹都增至如許，雖學者概信爲史實，不敢經加疑議；然不知不覺之中，終演變淘汰而奠於一尊。其間之去留取舍，與禹貢制作若出一轍，有非苟焉而至此者。世本四都原分黃河南北兩區域：河南者，陽城漸遷於大梁；河北者，安邑卒勝夫二晉。蓋禹貢本魏史所僞作，其全篇精神固非魏之環境不足以鑄成之。雖中途迷焉，確忘禹貢與魏國之關係；然而經長日之研求，多人之探討，自非牽至魏國不足以講通之。立說於其間者，雖不知其所以然，而後人整理之，縱與鳥瞰，則見其按步進展，條列而不紊，一若有律主持其間。

禹都河北，九州首冀，實影射魏人悔遷大梁，欲還故土。則禹初居陽城，又北遷都者，不如直曰初居大梁，又北遷都為尤近於事實，故登封陽城漸不穩固。漢書地理志於陽城無所云云，而於陽翟乃曰：「夏禹國」，應劭更曰：「夏禹都」。禹都陽翟，於古無聞，東漢實首創之。洪頤煊禹都陽城考曰：「考漢志陽城亦屬潁川郡，與陽翟相近。或當日禹所都陽城本在陽翟，漢志因注禹國於陽翟下。班史去古未遠，其言自是不謬」。陽城即陽翟，此之謂善解史義。陽翟今河南禹縣，在登封之東，偏南。班史而後，皇甫謐撰帝王世紀，除墨守漢志之記載外，又露出晉人新傳說之一點消息，曰：「夏后居陽城，本在大梁之南。於戰國，大梁魏都，今陳留浚儀是也」。是陽城又至大梁之南，但不知其果在何地。劉昭注續漢書郡國志，撮引世紀曰：「禹避商均浚儀」。然則梁人直謂陽城為浚儀矣。浚儀今河南開封，又在禹縣之東，偏北。陽城東遷，止於大梁。

陽城既定，河北三都乃開始淘汰。世紀曰：「禹都平陽，或在安邑，或在晉陽」，與世本無異。而唐人引之，殊多翦裁，如初學記中，凡兩見：一則曰：「禹自安邑，都晉陽」；再則曰：「都平陽，或在安邑」：若嫌三都之多，須與以甄別者。但無論如何，安邑完具，是時人論禹都漸集中於安邑。實則孔穎達書正義固已曰「禹都安邑」矣。爾後歷宋明以至有清，此語益彰，幾成為史中常識。資治通鑑外紀曰：「夏后氏禹，元年，都安邑」。歷代綱鑑會纂曰：「禹即位，受舜禪，以金德王，都安邑，國號夏」。即考據精審之日知錄，亦與以堅信之詞曰：「夏之都，本在安邑」。

古稱禹都，厥惟陽城。禹貢出而始有安邑；久且迷焉，迷而後得。世本之後，二千年間，極禹都演變之大觀：蓋前期謂「禹避位於大梁」，後期謂「禹即位於安邑」。自大梁入安邑，主九州而王天下焉。即禹貢以言禹貢，可謂莫大之成功；即史實以言史實，幾何學者不為禹貢所愚弄。嗚呼！禹貢威權亦云至矣。

『蠻夏』考

童書業

秦公毁銘曰，『不顯朕皇祖受天命，鼏宅禹責，十又二公，在帝之坏，嚴龔寅天命，保業厥秦，虩使蠻夏』（秦公鐘文略同）。『蠻夏』二字爲二族之稱，文義顯明，本無可疑。余永梁先生在粊誓的時代一文中謂爲秦斥諸夏之稱，竊謂非是。今試爲考釋如下：

蠻者，西方異族之稱也。虢季子白盤銘文曰，『𨔾伐厰𤞤，于洛之陽』，下云『用政（征）蠻方』（詩大雅抑篇亦曰『用逷蠻方』），是玁狁稱蠻也。梁伯戈銘稱『抑鬼方蠻』，鬼方即玁狁（說見王國維鬼方昆夷玁狁考）也。晉邦盦銘曰，『我皇祖𠭯公□受大命，左右武王，□□百蠻』，晉者，西北之國也。詩大雅韓奕曰，『以先祖受命，因時百蠻』，韓在今陝西境內，則亦西北之國也。小雅六月曰，『蠢爾蠻荊，大邦爲讎』，又曰，『征伐玁狁，蠻荊來威』，左傳載楚熊繹曰，『我蠻夷也』，又載子囊曰，『赫赫楚國，撫有蠻夷以屬諸夏（按此與秦公毁『虩使蠻夏』同義）』，楚爲西南之國，因與玁狁休戚相關者也。魯頌閟宮曰，『淮夷蠻貊，及彼南夷，莫不率從』，按淮夷指東族，貊指北族，南夷指南族，則蠻指西族可知，此言四方之裔皆服從魯國也。春秋時有陸渾蠻氏，居汝濱地；戎蠻蠻氏，亦居汝州；又有羣蠻氏，居今湖南之辰永一帶地：蓋皆西方民族，播遷而南者也。論語曰，『言忠信，行篤敬，雖蠻貊之邦行矣』，蠻貊連稱，與魯頌同，二者蓋一音之轉，在北爲貊，在西爲蠻也。淮南子云，『西方曰昊天』，廣雅作『蠻天』，西方之人稱蠻，故西方之天亦稱蠻也（此夏定域先生說）。

墨子節葬下言『堯北教乎八狄，舜西教乎七戎，禹東教乎九夷』，以狄戎夷分配北西東三方，言下頗有以蠻屬南方之暗示；然墨子書中迄未道出『南蠻』二字也。『南蠻』之名始見於孟子（『今也南蠻鴃舌之人』）。蓋春秋戰國以來，楚國疆域日益擴大，東南兩方漸入其版圖，於是中原之人始目楚爲『南蠻』。顧此一名既不見於孟子以前書，金文中亦但稱『南夷』，『南淮夷』，固知蠻舊非南族之名也。（或謂『蠻』與『閩』爲一音之轉，然閩之名不見於古籍，周官非可信之書。南蠻之族之被閩名，當在戰國以後；卽謂由蠻音轉，其時固承認蠻爲南族久矣。）

夏，亦西方之族也。章太炎氏謂『夏之名實因夏水而得；是水或謂之夏，或謂之漢，……本出武都，至漢中而始盛。地在雍梁之際，因水以爲族名，猶生姬水者之氏姬，生姜水者之氏姜也』（中華民國解。蒙文通先生謂漢水名夏爲楚莊王以後事，其說實未是，當另爲文論之）。又『華夏』連稱（二字恐是一音之轉），華者，章氏謂因華山而得，華山亦在雍州境也。

周書立政曰，『乃伻我有夏式商受命，奄甸萬姓』。『乃伻我有夏』，舊注謂『乃使我有此諸夏』，殊嫌穿鑿。『有夏』二字在周書中爲一詞，君奭曰『惟文王尙克修和我有夏』亦是也。（顧命曰，『惟周文武誕受羑若，克恤西土』，『克恤西土』與『克修和我有夏』語意正同。）康誥曰，『惟乃丕顯考文王克明德愼罰，……用肇造我區夏，越我一二邦以修，我西土惟時怙冒』（酒誥亦曰『乃穆考文王肇國在西土』），『區夏』即有夏，亦即西土也。多士曰，『乃命爾先祖成湯革夏，俊民甸四方』，語意句式並與立政文同，若『有夏』可解爲『有此諸夏』，則『成湯』其將解爲『成此湯』乎！此必不可通者也。周頌時邁曰，『我求懿德，肆于時夏』，夏亦指西土。思文曰，『思文后稷，……帝命率育，無此疆爾界，陳常于時夏』。后稷時，周之勢力不越西土，而曰『陳常于時夏』，此夏豈非指西土乎！（后稷爲虞官之說出於後世，不可信。）據此，是西方之周稱爲夏也。

左傳載吳季札聘魯觀樂，至秦，曰，『此之謂「夏」聲』。戰國策秦策曰，『東夏之命』，東指東諸侯，夏則秦自稱。據此，是西方之秦亦稱爲夏也。

呂氏春秋古樂篇云，『黃帝令伶倫作律，伶倫自大夏之西，乃之防隃之陰，取竹於嶰谿之谷』。逸周書史記篇曰，『西夏性仁非兵，……唐伐之，……西夏以亡』。穆天子傳云，『自陽紆西至于西夏氏，二千又五百里；自西夏至于珠余氏及河首，千又五百里』。西夏當即大夏，蓋在極西之地，其夏民族之發源地乎？

自東周以前，未聞有以夏泛稱中原者。蓋周本西方夷族，冒夏之名；逮爲中原宗主後，始漸以夏爲中原民族之統稱。後世因之，遂有『華夏』之名（夏象人形，華爲光華，皆後起之說）。論語云，『夷狄之有君，不如諸夏之亡也』，左傳云『蠻夷猾夏』（虞書語從左傳來），又云『裔不亂華』，以『華，夏』爲中國之代稱，實確見於春秋以後之書也。

據上所考，是蠻與夏皆西族之稱，秦公𣪘所謂『虩使蠻夏』，乃以示當時秦在西方之勢力耳。

二十三，十，十八，于杭州。

水經注經流枝流目

賀次君

水經注目錄著經而無枝，枝流之名，多有不爲世所熟知者，檢閱之際，往往苦索竟日而不得。譚季龍先生主講地理沿革史課於輔仁大學，有感於此，特囑該校同學，分卷輯錄，將全書經枝列出，俾一目瞭然，意甚美也。夏初頡剛師以核校同學所錄成者數卷付余，囑爲校補。余方以水道提綱校讀水經注，於酈氏大義條理略有所得，暑期稍閒，輯成此目，用備治此學者之尋省，得如譚先生所期望者耳。

酈氏注云：『水有大小，有遠近。水出山而流入海者命曰「經水」；引他水入于大水及海者命曰「枝水」；出於地溝流于大水及于海者又命曰「川水」也』(河水篇注)。酈氏之義如斯，然其徵引繁博，反失統宗，讀者眩焉；要其纏絡，未嘗不歷歷可案也。又其自序云：『大川相間，小川相屬，東歸於海。脈其枝流之吐納，診其沿路之所躔，訪瀆搜渠，緝而綴之』。今吾人讀其書已感其繁，以著者一人之力求貫天下之水，而枉渚交奇，洄湍決澓，參差互錯如蛛網蟲篆，難以究辨，欲一一得其端緒，蓋非腦實心虛，寢饋弗諼者不能爲矣。當其時中原分裂，華戎代襲，非其知力所及，固多缺失；讀者譏之。然吾人固不能以一眚掩大德，尤不必強以今日之知識上傅合於酈氏也。

酈注四十卷，唐以後已無完書，崇文總目著已佚五卷而已；今存四十卷者，乃後人分析以足之也。唐六典卷六註云：『桑欽水經所引天下之水百三十七，江河在焉；酈善長注水經，引其枝流一千二百五十二』。一百三十七之數，今缺十三，全氏祖望，趙氏一淸並有補輯，惟不免出入，未爲定是。且枝流既無存者之目，即欲補輯，亦無由知其所佚者爲何，不如闕疑之爲善也。

凡例四則

一，凡經水頂格，注入經水之枝流低一格，入枝流之水再低一格，以次遞降之。

二，法漢志意，每水惟撮其始終，其所經歷之地則略。而水之因歷某地而得名者，則簡錄其地名。

三，殊名異目，世有不同。若酈時已有數名則並列之。凡一水知其終始而佚名者，則以□代之；其水無始而又佚名者，亦並存之以備一格。

四，以王先謙氏合校本爲據，並錄出其卷頁以便翻檢。經文有誤而經酈氏是正者，直就酈注目之，其先後亦同。爲求易瞭，間有增損，總期不離原文。讀者可互參焉。

河水　源出蔥嶺上，分爲二水(南河，北河)，又一源出于闐南山，北流與蔥嶺河合，會流東逝爲注賓河，又東注泑澤(蒲昌海)。重源出積石山，東北流，屈而東流，南流，又屈而東流入海。二，一上。

北河枝水　上承北河于疏勒之東，西北流，右入北河。二，一〇上。

疏勒北山水　水出北溪，東南流合北河枝水。二，一〇下。

姑墨川水　導姑墨西北，東南流注北河。二，一二上。

龜茲川水　有二源，西源出北大山南，東南水流三分，俱注北河。二，一三上。

東川水　出龜茲東北，東南注大河。二，一三上。

西川枝水　水有二源，俱受西川，東流逕龜茲城南，合爲一水，東南注東川。二，一三下。

敦薨之水　出焉耆北敦薨之山，南流注于河。二，一四上。

濟川水(大谷水)　出濫瀆，東北流入大谷，北流注于河。二，二二下。

北谷水　河水又東逕石城南，右合北谷水。二，二三下。

烏頭川水　水發遠川，北流注于河。二，二三下。

東西郜水　導自北山，南逕郜亭注于河。二，二四上。

臨津溪水　水出南山，北流注于河。二，二四上。

白土川水　出白土城西北，東南注于河。二，二四下。

唐述水　導自下邽山，南注河。二，二六上。

研川水　東北注于河。二，二六上。

灕水　導源塞外羌中，北流注于河。二，二六下。

列水　出列城西北溪，右入灕水。二，二六下。

黑城溪水　出西北山下，東南入灕水。二，二七上。

榆城溪水　出素和細越西北山下，東北注灕水。二，二七上。

黑城溪枝津水　上承黑城溪水，東北流注榆城溪水。二，二七上。

皋蘭山水　自山左右注灕水。二，二七下。

白石川水　出白石縣西北山下，南注灕水。二，二八上。

羅溪水　出白石縣西南山下，東入灕水。二，二八上。

罕幵南溪水　出罕幵西，東南流注灕水。二，二八下。

枹罕故城川水　有二源，南源出西南山下，東北流與北水會，北源自西南，右入南水，亂流東注灕水。二，二九上。

白石川枝津水　上承白石川水，東入灕水。二，二九上。

洮水　出塞外羌中強臺山，北入河。二，三〇上。

步和川水　出西山下，逕步和亭北，東北注洮水。二，三二上。

蕈川水　出桑嵐西溪，東逕蕈川北，東入洮水。二，三二上。

蕈塏川水　出石底橫下，北歷蕈塏川，西北注洮水。二，三二上。

藍川水　出求厥川西北溪，東北流逕藍川東入洮水。二，三二下。

和博川水　出和博城西南山下，東北注于洮水。二，三二下。

隴水（濫水）　出鳥鼠山西北高城嶺，東北注于洮水。二，三三下。

□水

洮水右會二川。二，三四下。

□水

大夏川水　出西山，東北流逕大夏縣故城南，又東北注于洮水。二，三四下。

□水

□水　洮水又東翼帶三水。二，三五上。

□水

湟水　出塞外，東流注于河。二，三五下。

□水

□水

□水　導源四溪，東北流注于湟水。二，三六下。

□水

羌水　出西南山下，東北逕臨羌城西，東北流注于湟水。二，三七上。

盧溪水　出西南盧川，東北流注湟水。二，三七下。

溜溪川水　東北流注湟水。二，二七下。

伏溜川水　東北流注湟水。二，三七下。

石杜川水　東北流注湟水。二，三七下。

蝨川水　東北流注湟水。二，三七下。

臨羌溪水　水發新縣西北，東南入湟水。二，三七下。

龍駒川水　出西南山下，東北流逕龍駒城，北流注于湟水。二，三七下。

長寧川水　出松山，南逕長寧亭東，又東南流注于湟水。二，三八上。

晉昌川水　注湟水。二，三八上。

養女川水　水發養女北山，二源，南總一川，注湟水。二，三八上。

□□水　出西山，東入長寧水。二，三八下。

牛心川水　出西南遠山，東北流逕牛心堆東，又東北入湟水。二，三八下。

五泉　泉發西平亭北，雁次相綴，東北流至土樓南北入湟水。二，三九下。

蔥谷水　四源，各出一溪，亂流注于湟水。二，三九下。

漆谷常溪水　右注湟水。二，四〇上。

甘夷川水　左注湟水。二，四〇上。

安夷川水　水發遠山，控引衆川，北屈逕安夷城西北，東入湟水。二，四〇上。

宜春水　出東北宜春溪，南入湟水。二，四〇上。

勒且溪水　出縣東南勒且溪，北入湟水。二，四〇下。

承流谷水　南入湟。二，四〇下。

達扶東溪水　北注湟水。二，四〇下。

達扶西溪水　北注湟水。二，四〇下。

期頓水　北流注湟水。二，四〇下。

雞谷水　北流注湟水。二，四〇下。

吐那孤川　南流入湟水。二，四〇下。

長門川　南流入湟水。二，四〇下。

來谷水　北注湟水。二，四一上。

乞斤水　北注湟水。二，四一上。

陽非水　南注湟水。二，四一上。

流溪水　南注湟水。二，四一上。

細谷水　南注湟水。二，四一上。

六谷水　自南入湟水。二，四一上。

破羌川水　自北入湟水。二，四一上。

閤門河（浩亹河）　出西塞外，東流注于湟水。二，四一下。

湛水 二源，西水出白嶺下，東源發于白崖谷，合爲一川，東南流至霧山注閤門河。二，四一下。

南流川水 出北山，南流入于閤門河。二，四二上。

澗水 出令居縣西北塞外，南流注鄭伯津。二，四二上。

龍泉 出允街谷泉眼之中，下入湟水。二，四二下。

逆水 出允吾縣之參街谷，東南入于湟水。二，四三下。

梁泉水 出金城縣南山，其水自縣北流注于河。二，四五上。

苑川水（子城川） 出勇士縣之子城南山，北入于河。二，四五下。

二十八渡水 出勇士縣西，東北流，北逕其縣而下注于河。二，四六下。

赤曄川水 出赤蒿谷，北流逕赤曄川，北流注于河。二，四七上。

祖厲川水 出祖厲南山，北流注于河。二，四七下。

麥田泉水 出麥田城西北，西南流注于河。二，四七

下。

高平川水（苦水） 出高平大隴山苦水谷，北入于河。二，四八上。

龍泉水 出高平縣東北七里龍泉，東北流注高平川水。二，四八下。

口水 五源，咸出隴山西。東水發源縣西南二十六里湫淵，北流西北出長城與次水會，水出縣西南四十里長城西山中；又北次水，出縣西南四十八里，東北流與次水合，水出縣西南六十里酸陽山，東北流會右水總爲一川，東注苦水。二，四九上。

石門水 五源：東水導源高平縣西八十里；西北流，次水注之，水出縣西百二十里如州泉；東北流右入東水；亂流右會三川，參差相得，同爲一川，東北注高平川水。二，四九下。

自延水 出自延溪，東入高平川水。二，五〇上。

苦水 水發縣東北百里山，流注高平川水。二，五〇下。

肥水 出高平縣西北二百里牽條山西，東北注于

高平川水。二，五〇下。

若勃溪水　二源，總歸一瀆，東北流入肥水。二，五〇下。

達泉水　導于若勃溪東，東北流入肥。二，五〇下。

河水枝津　水受大河，東北逕富平城所在分裂，以溉田圃，北流入河。三，三上。

石門水　水出石門山（即地理志石門障），東南流注于河。三，一一上。

河水枝津　上承大河于臨沃縣，東流七十里，北溉田南北二十里，注于河。三，一一下。

白渠水　出塞外，西至沙陵湖入于河。三，一二上。

芒干水　出塞外，西南注沙陵湖，湖水西南入于河三，一三上。

武泉水　出武泉縣之故城西南，西南入芒干水。三，一三下。

白道中溪水　發源武川北塞中，西南流注于芒干水。三，一四上。

塞水　出懷朔鎮東北芒中，西南入芒干水。三，一五上。

契吳東山水　出契吳東山，西流注于河。三，一七下。

樹頽水　水出東山，西流注于河。三，一七下。

中陵川水　出中陵縣西南山下，分爲二水，西南流合樹頽水。三，一七下。

貸敢山水　出貸敢山，西北流注中陵川。三，一八上。

吐文水　出吐文山，西入中陵川水。三，一八上。

（沃水）　中陵川水枝津，東北流入鹽池。三，一八下。

（可不埿水）　出東南六十里山下，西北流注于沃水。三，一八下。

（炎豆渾水）　出縣東南六十里山下，西北流注于沃水。三，一九上。

（大谷北堆水）　入鹽池。三，一九上。

諸升袁河　出沃陽縣東北烏伏眞山，西南流逕沃陽縣，左合中陵川。三，一九下。

太羅水　水源上承樹頽河，西轉逕武州縣故城南（太羅城），其水西南流注于河。三，二〇上。

口水　導故城西北五十里，南流注太羅河。三，二〇上。

湳水（滍波水） 出西河郡美稷縣，東流注于河。三，二〇上。

鹹水 出長城西鹹谷，東入湳水。三，二〇下。

渾波水 出西北窮谷，東南流注于湳水。三，二〇下。

口水 出善無縣故城西南八十里，其水西流歷于呂梁之山而爲呂梁洪。三，二一上。

圁水 出上郡白土縣圁谷，東流注于河。三，二二上。

神衙水 出白土縣南神衙山，東至長城入于圁。三，二二上。

梁水 出梁谷，東南流注圁水。三，二二上。

桑谷水 出西北桑溪，東北流入于圁。三，二二上。

端水 水西出號山，東流注于河。三，二二下。

諸次水 水出上郡諸次山，東流注于河。三，二二下。

小榆水 歷澗西北，窮谷其源也，東注諸次水。三，二三上。

首積水 出首積溪，東注諸次水。三，二三下。

湯水 水出上申之山，東流注于河。三，二三下。

奢延水（朔方水，生水） 水西出奢延縣西南赤沙阜，東入于河。三，二三下。

溫泉 源西北出沙溪，東南流注奢延水。三，二四下。

黑水 出奢延縣黑澗，東南注奢延水。三，二四下。

交蘭水 出龜茲縣交蘭谷，東南注奢延水。三，二四下。

鏡波水 出南邪山南谷，東北流注奢延水。三，二五上。

帝原水 出龜茲縣，東南注奢延水。三，二五上。

平水 出西北平溪，東南入奢延水。三，二五下。

走馬水 出西南長城北陽周縣故城南橋山，東北注奢延水。三，二五下。

白羊水 出西南白羊溪，東北注于奢延水。三，二五下。

陵水 水出陵川北溪，南逕其川，西轉入河。三，二六上。

離石水 水出離石北山，西流注于河。三，二六上。

龍泉水 水出道左山下牧馬川，西北入于河。三，二七上。

土軍水 出道左高山，西南注龍泉水。三，二七上。

契水 傍溪東入，窮谷其源也。三，二七上。

禄谷水　水源東窮此溪。三，二七上。

大蛇水　發源溪首，西流入河。三，二七上。

辱水（秀延水）　出鳥山，東流注于河。三，二七下。

涜水　傍溪西轉，窮源便即涜水源也。三，二七下。

根水　發西南溪，東北注辱水。三，二七下。

露跳水　出西露溪，東流，又東北入辱水。三，二七下。

信支水　水發東露溪，西流入于河。三，二七下。

石羊水　導源窮谷，西流注于河。三，二八上。

城谷水　東啟荒原，西南入于河。三，二八上。

孔溪水　水出孔山南，歷溪，西流注于河。三，二八上。

區水（清水）　水出申山，東流注于河。三，二八下。

老人谷水　水出梅溪。三，二八下。

龍尾水　水出北地神泉障北山龍尾溪，東北流注于清水。三，二八下。

三湖水　水出南山三湖谷，東北流入清水。三，二八下。

豐林水　出高奴縣，北流會清水。三，二八下。

奚谷水　水出奚川，東南流入清水。三，二九上。

蒲川水　水出石樓山，歷蒲子縣故城西，西南入于河水。三，二九上。

黃盧水　水東出蒲子城南，入蒲川水。三，二九下。

紫川水　出紫川谷，西北入蒲水。三，二九下。

江水　出江谷，西北入紫川水。三，二九下。

黑水　出定陽縣西山，二源奇發，同瀉一壑，東南入于河。三，三〇上。

定水（白水）　出定水谷，東注黑水。三，三〇上。

（未完）

地圖底本作圖之經過

吳志順

我們從二十二年春天開始作這地圖底本，到現在能夠付印的祇有十二幅。在這期間，蒙許多方面的人來詢問此圖出版與否。還有些人懷疑到：在好久禹貢『地圖底本出版豫告』裏就說這圖業已繪好，祇須校改即可出版，何至到現在才印十二幅？就是我私人的友朋，也有用了很懷疑的態度來詢問我：『你不是不受任何方面的影響，而自己抱定「拿事當事作」的宗旨嗎？怎麼這次還沒有一點成績出來？莫非顧先生編纂此圖有什麼繁難之點嗎？』唉！我何嘗變了態度，顧先生也何嘗出奇立異，不過這圖的編製方面有幾點特殊情形，頗與市肆出版諸圖的作圖法不同，所以雖費去了許多時間而還沒有弄好。這幾點特殊情形，我以爲頗有一提的價值，所以我乘這地圖底本的一部分快要出版的機會，來把作圖的經過說一說：

顧先生作事的態度，胡適之先生批評的再也不錯：

『他又是一個「性情太喜歡完備」的人，凡事都要「打碎烏盆問到底」，所以他無論作什麼事都不肯淺嘗，不肯苟且，所以他的「與之所之」都能有高深的成績。他的搜集吳歌，研究孟姜女，討論古史，都表現他的性情的兩方面：一方面是虛心好學，一方面是刻意求精。』

這圖既然經他的手編纂，當然也不能成爲例外，所以現在對於這圖的校改，不但要參照多種地圖，加以研究考證，而且對於繪製方面還得刻意求精：已繪就之圖有許多幅，因爲求精的關係，完全重繪，決不使牠『抱殘守缺』。這種犧牲精神，我敢說：市肆間的作圖是決不肯的。

現在市肆間作圖，差不多全是『包件』，因爲這種『包件』法對於兩方面似乎全有好處。在編纂者的方面：第一層，將圖的編纂計畫擬定後，即可完全交付繪圖者去作，省去了許多麻煩，並且還可以利用繪圖者公餘之暇來『包件』，報酬上或者還可以公道些。就是聘雇專人，差不多也是『包件』，因爲繪圖是一種專門技術，每日工作之多寡，非內行人無法監督。假設一張圖，按了時日計算要用一百或九十元，但是改成包件，七八十元也許就可以了，所以現在編纂者全都喜歡包件。其實，事情那有這樣便宜。俗語說得好，『會買的不如會賣的』。任你如何精明，反正他賣不着不賣。繪畫地圖，決不與畫人體寫生一樣，缺個手指就不像人。關於繪畫地圖的藝術方面，地圖的內容：地形及註記等的繁簡，以及河流，海岸綫等的灣曲度上，全都可以偷工，所以繪圖者亦多歡喜包件。既然一個人可以包到幾家，活件上亦甚好作；至於圖的謬誤遺漏，就在所不計了。即使編纂者小心勘校，不用說地形方面有許多不易施工，就是註記方面也是校不勝校。測量局，那是專門測繪地圖的，繪就之圖，經過課長，班長，審查員，三次的校閱，到了印刷班復校的時候，還免不了些許遺漏；何況這故意的造作，自然更不易校勘了。偶爾編纂者覺得『包件』不是辦法，聘雇了專人按時日計算，而有些繪圖者以爲人家無法監督，自己拿着當『官工活』作，關的編纂者無法應付。中國現在出版的地圖，有價值的還不容易看見，這實在是一個最重大的原因。

我也是繪圖員的一份子，從民國十五年在南京高等測量軍官學校畢業，即在製圖課繪圖股工作，以後到安徽，到東北，直至九一八事變歸平，總沒離開測量局的生活。在測量局時，公餘之暇也常與外間作些包件地圖。在作這種地圖時，常聽同事勸說：『報酬上設或他給的低廉些，你也無妨應下，反正在技術上，圖的內容上，與他取齊好了』。我覺得這種辦法於良心上有點過不去，所以我總好把話提在頭裏，結果：每每因此，反而對於包圖不能講妥。歸平後脫離測量局，即以繪畫出版圖爲業；爲求良心的安慰起見，抱定宗旨，不作包件圖，而按時日計算工作，不受任何方面影響，自己拿事當事作。但是有時對於圖內費去些考証的時間，終得不着編纂者的諒解，因此仍只能按照他所擬定的方式，不加思索的往前去作。這固然怪不得編纂者，實爲當『官工活』作的人所誤，但是我常想：『中國若照這樣作圖，怎能有價值？無怪外國出版的中國圖，反能爲社會所歡迎了』。廿二年春，我來到燕大，作這地圖底本。這圖有一部分也是包件，但歸我作的圖還是按時日計算的。當着手作圖的時候，我以爲這裏的編纂者也未必能免俗，所以即按照顧頡剛鄭德坤兩先生擬定的編纂計畫來作，自己不加任何意見。及至因爲圖的編纂上常與顧先生接頭，漸漸悟到他是不注意『工』而注意圖的內容的，所以我以後所作的圖，漸漸參加自己意見，關於圖的技術，內容，注意到細上。今年夏，此圖大致繪竣，經顧先生的審閱，譚其驤先生的勘校，他們要求更細緻，於是此圖幾乎全部作廢。顧先生的意見是：『我們作這圖，並不是想來求利，只因市肆間出版的圖有這個沒那個，誤謬之處太多，用起來非常困難，所以要編一部比較完備的地圖來作研究的底本，決不使它抱殘守缺，難於適用』。我提議：『這圖暫時出版，而另作一部完備的地圖，以免金錢損失過大』。顧先生表示：『不在乎金錢損失，但須不自誤誤人』。其實這種態度，我是很贊同的：若是一方爲利，一方爲工，任何時也不能作出好圖來；非得同心合力這樣去作，始能有成績。因此，我對於這圖的另繪或校改，抱定這宗旨：乘這機會，自己也作點成績出來。所以一方面多多參考中外地圖，並利用外間不易購略的，例如顧先生這次從綏遠帶來的綏遠機關裏印製的綏遠分縣圖，黃河套圖，西北里程圖，陳女士由東北攜來的日人繪製的滿洲地圖，鄭德坤先生寄來的南洋出版的南洋圖……作根據；一方面，憑我在測量局這些年的經驗，盡我力之所及，來改正中外圖之誤謬。例如：起自山海關，訖至安東縣大東溝附近的邊牆（又名柳條邊），外間的圖有全繪的，有不繪的，其實全不對。這邊牆固然爲了交通及戰事的關係，拆除了不少，不過尙有許多部分仍然存在。最近日圖不繪，遂有許多圖依着不繪。可是，日圖有許多地方含有宣傳和欺騙的意味，極不可靠，舉例如下：

長白附近的中鮮國界，日圖是沿着暧江（日圖所謂鴨綠江源）直至天池近傍，始折向圖們江。其實中鮮國界，是：葡蔔江以至小紅丹水，而入於圖們江，天池附近還有我們幾萬方哩的領土呢。並且測量局實測圖上，天池附近有七個小湖，名七星湖，又有一個較大的湖，名溫泉；日圖則俱無，我們中國的圖也付缺如，豈不可歎！他如中鮮交界之鴨綠江口，日圖擅將大小薪島劃歸朝鮮。瑷琿附近之江東六十四屯，那是在一八五八年瑷琿條約第一欵載明：黑龍江左岸，精奇里河以南，仍准華人永久居住，爲中國領土；那裏尙有我們光緒九年以後封堆的界限；而日俄出版的圖皆沿黑龍江繪劃國界，不把六十四屯繪入我境。我們中國有許多圖，即最近丁文江等編纂的中國分省新圖初版二版對於鴨綠江口之大小薪島及江東六十四屯，全都依據日俄圖。丁圖雖註有江東六十四屯，而國界還是沿着黑龍江，這不是把中國領土白白的送給別人嗎！

其他關於內地的地形及縣市的位置名稱，外人誤會之處自亦甚多，我全要憑我經驗之所及並參考多種地圖，加以考證而製作。至於市縣等位置之準確，江河，湖泊，以及小河，支流，並山脈，山峯，島嶼等等的名稱，皆要廣收博採，盡量添註，務期其比較完備而少誤。但是這樣的作圖，進行上非常之慢，到現在能夠付印的十二幅，還是中國的邊疆註記較少的；若繪至內地，進行豈不要更慢。這不但我的朋友要懷疑我，就是我自己因爲成績出來的不多，也不免着急了。可是我曾經聲明過：這圖我願負責的繪作，稍事疎忽便恐對不起人。反復尋思：決定還是與顧先生商議，把圖的內容略事通融，以便進行稍快。這次顧先生北旋，我首即提及此事。不料顧先生表示：『作一種事決不是容易的，我們不管外間的議論，不計金錢的損失，時間的延長，還是照着我們的方針作去』。這眞是出於我意料以外，社會上竟會有這樣的不顧利，不計工的眞正學者，使我不得不拿出良心來，不顧一切的努力去作，以符合他的志願了。雖然我不敢希望這地圖底本成爲一種

『高深的成績』，但是我們已決心向這目標進行了。

這是我們作這地圖底本實實在在的情形，決不是拿來作廣告式的宣傳，或為個人作鼓吹，只是想使人知道，作一種事是如何的不易；並且可以使人聯想到中國出版的地圖為什麼少有良好的。所以我不怕同行人的嫉妬，把作圖界的黑幕全盤托出。

二三，一二，九。

亞洲腹地旅行記

開明青年叢書之一

李述禮譯

定價洋壹圓伍角

著者斯文赫定，為世界著名之中亞探險家。此書是他平生經歷的自敘。書中不作學術的敘述，惟為人物風景的描寫，而堅苦卓絕的精神，時時流露於字裏行間，讀之令人壯氣。所有插圖，都是作者親筆的速寫，生動優美，很可寶貴。今由李述禮先生譯出，全書計三十萬言，曾與作者同往西北攷察之徐炳昶先生說：「這個譯本，經他特別的努力，已經達到明白如話的程度。我希望這個譯本不久能成了全國青年學生最愛好的讀物，那對於國民精神的振發，將有不可限量的良好影響了。」其價值可知。

上海福州路二七八號　開明書店發行

新青海

第二卷第十一期

要目

總發行所　南京和平門外曉莊新青海社

定價每冊一角　預定半年六冊六角　全年預定十二冊一元　國外預定全年二元五角　郵費在內

代售處　全國各大書店

萬有文庫第二集所收之兩大參考書

十通

通典、通志及文獻通考，世稱三通，合續三通、清朝三通而爲九通。本館所輯十通，則於九通外，更加入吳興劉錦藻氏所撰之清朝續文獻通考。劉氏之書備載乾嘉至同、光間事蹟議論，較清朝三通更增多百數十年之史料。我國自有史以來，歷五千餘年，政治文化燦然具備；著作書籍，亦遂宏多，或斷代爲書，或專類別記，汗牛充棟，尋檢殊煩。其能豎窮古今，備列各門，支脈攸分，本元悉究者，惟十通足以當之，宜其爲研究中國政治文化者必不可少之書也。茲本館採用最新影印方法，縮裝二十鉅冊，字體較五號鉛字稍大，不傷目力；更新編四角號碼索引，另裝一鉅冊，取攜檢閱，均極便利；單行售價尤廉，且不及通行本之什一。

十通子目

通典 二百卷 唐杜佑撰
通志 二百卷 宋鄭樵撰
文獻通考 三百四十八卷 元馬端臨撰
續通典 一百四十四卷
續通志 五百二十七卷
續文獻通考 二百五十二卷
清朝通典 一百卷
清朝通志 二百卷
清朝文獻通考 二百六十六卷
（以上）清乾隆敕撰
清朝續文獻通考 四百卷 劉錦藻撰

佩文韻府

佩文韻府及韻府拾遺，各依韻分爲一百六卷。四庫全書總目提要稱自有韻府以來，無更浩博於是者。兩書所收不同之單字雖僅萬餘，而合計文句典故，不下一百四十萬條。搜奇抉祕，蘊藏極富，至今仍不失爲文料之源泉，參考之寶笈。其中徵引之書，今已亡佚者甚多，碎玉零金，尤賴是以傳。茲將兩編合併縮印，裝訂六鉅冊，字跡仍甚清晰；新編四角號碼索引，另裝一鉅冊。檢尋如意，取攜不勞。查本館編印之辭源正續編，悉依條目之首字編列，與是書之依韻腳編列者，分別爲接首詞與接尾詞之總匯。故已備辭源正續編者，加購是書，尤有珠聯璧合之妙。

萬有文庫 第二集

▲合售預約價
正編二千冊
兩大參考書二十八鉅冊
合售四百元

▲分售預約價
單購正編二千冊 三百四十元
單購十通廿一鉅冊 六十五元
單購佩文韻府七鉅冊 三十元

目錄樣本備索

萬有文庫第一集 二千零十冊 特價四百五十元 同於廿三年底截止

商務印書館編印

*D76-23:11

出版者：禹貢學會。
編輯者：顧頡剛，譚其驤。
出版日期：每月一日，十六日。
發行所：北平成府蔣家胡同三號禹貢學會。

禹貢

半月刊

價目：每期零售洋壹角。豫定半年十二期，洋壹圓；全年二十四期，洋貳圓。郵費加一成半。國外全年加郵費八角。

The Evolution of Chinese Geography

A Semi-monthly Magazine

Vol. 2 No. 9 Total No. 21 January 1st 1935

Address: 3 Chiang-Chia Hutung, Cheng-Fu, Peiping, China

第二卷 第九期
(總數第二十一期)
民國二十四年
一月一日出版

代售處
北平北京大學史學系楊向奎先生
北平燕京大學哈佛燕京社
北平燕京大學史學系李子魁先生
北平輔仁大學史學系史念海先生
北平清華大學史學系吳春晗先生
天津河北女子師範學院班書閣先生
廣州協和神學院李鏡池先生
濟南齊魯大學史學系張立志先生
杭州之江學院顧敦鍒先生
成都四川大學文學院劉以壎先生
成都四川大學賀幼于先生
廈門廈門大學史學系鄭德坤先生
北平北平圖書館王以中先生
杭州浙江圖書館夏廷棫先生
北平景山東街十七號景山書社
北平東安市場岐山書社
北平西單牌樓南首建設圖書館
北平琉璃廠來薰閣書舖
北平琉璃廠新生命書局
北平隆福寺街修綆堂書舖
北平隆福寺街文奎堂書舖
北平隆福寺街文殿閣書舖
北平孝順胡同後溝三號曾紀琳先生
北平成府競進分社
天津法租界二十六號路世界圖書局
天津法租界三十號路大公報代辦部
天津大經路北方文化流通社
開封新書業街龍文書莊
南京中央大學門前鍾山書局
南京太平路中市羣衆圖書公司
南京太平街新生命書局
上海五馬路亞東圖書館
上海棋盤街寶善里新生命書局
上海四馬路上海雜誌公司
上海福州路生活書店
上海九江路伊文思圖書公司周文欽先生
上海四馬路中市羣衆雜誌公司
杭州福緣路抱經堂書局
武昌武漢大學吳其昌先生
武昌橫街頭新生命書局
長沙府正街金城圖書文具公司
重慶天主堂街重慶書店
日本京都中京區彙文堂書店
日本東京神田區神保町巖松堂書店

內政部登記證警字第叁肆陸壹號 中華郵政特准掛號認為新聞紙類

漢書地理志丹陽郡考略

楊大鈊

丹陽郡：故鄣郡，屬江都（錢大昭曰，『「屬」上當有「景帝三年」四字』）。武帝元封二年，更名丹揚，屬揚州。戶，十萬七千五百四十一；口，四十萬五千一百七十一。有銅官。縣十七：

丹揚郡，治宛陵，今宣城縣治。王鳴盛曰，『揚字從手，其屬縣丹陽則從𨸏，而南監本俱作陽；晉志或作揚，或作陽，而屬縣則作楊，且注云，「丹楊山多赤柳在西」，然則縣名從木甚明，而郡亦當以此得名。凡從手從𨸏，皆傳寫誤也』。愚按，從手爲字誤，理或有之；若從𨸏，則自續志暨他書，無不皆然。丹陽者，丹水之陽也；後以地多楊柳，改稱丹楊，自沈約晉志始；而他書從𨸏，謂皆傳寫之誤，恐亦未然。丹陽名稱，見歷史者不一：西漢丹陽郡今宣城，丹陽縣今當塗南，一曰小丹陽（詳見下丹陽縣）；西晉移郡於建業，元帝改太守爲丹陽尹；至唐天寶年，始以京口爲丹陽郡，改曲阿爲丹陽縣：皆非漢舊壤也。此外湖北巴東縣亦有以丹陽名者。

鄣郡，是秦置與非秦置，亦古今聚訟之點：其主張秦置者，如劉昭，李吉甫，樂史，胡三省，馬端臨，顧祖禹，洪亮吉等皆是；其以爲非秦置者，如劉攽，錢大昕，錢坫，王鳴盛等皆是。要之秦三十六郡，史記未嘗實指爲某某郡也。孟堅志漢各郡國，始詳言其沿革：有沿秦之舊稱而爲郡者，則書曰『秦置』，如琅邪，會稽，漢中，蜀郡，巴郡，河東，東郡，南郡之類是也；有易秦之舊稱而名郡者，則書曰『故秦某郡』，如沛郡則書『故秦泗水郡』，五原郡則書『秦九原郡』，鬱林郡則書『故秦桂林郡』之類是也。茲書『故鄣郡』而不曰『秦』，則與廬江郡之書『故淮南』同一義例，其不爲秦置章章明矣。錢大昕以爲楚漢之際所置，雖無確證，比較可信。

銅官，當即今銅陵縣銅官山名所自出。元和志曰：『輿地志云，「宛陵縣銅山者，漢采銅所理也」』。又曰，『利國山，在南陵縣西一百一十里，出銅，供梅根監』。又曰，『梅根監，在縣西一百三十里；梅根監并宛陵監，每歲共鑄錢五萬貫』。又曰，『銅井山在縣西南八十五里，出銅』。按，唐南陵縣，本漢春穀縣地，約在今南陵，繁昌，銅陵三縣境，其爲丹陽郡所統治無疑。樂史云，『六朝以來，皆鼓鑄於此』。至今尙以出銅著稱。

宛陵。彭澤聚，在西南。淸水西北至蕪湖入江。莽曰無宛。

宛陵，一統志，『即今宣城縣治』。洪亮吉曰，『晉爲宣城郡治。隋初改縣曰宣城』。

彭澤聚，一統志，『在宣城縣西南』。

淸水，一曰泠水，說文，『泠水出宛陵西，北入江』。段玉裁曰，『即淸水也，今爲淸弋江』。據一統志，『源出石埭縣舒溪，及太平縣黃山，合流北入涇縣西南界下灄灘；又東北流至巖潭，與涇水合（參看下涇水）；又經縣治西，爲賞溪；又東北受橫溪琴溪諸水；又北匯爲淸弋江，入宣城界，逕縣西六十里，與南陵分界；又北合諸水逕灣沚北出，下流於魯港入江』。

宛溪，在縣東；勾溪，在縣東三里：二水合流，經敬亭山東爲敬亭潭，南瞰城闉，千巖萬壑，雲蒸霞蔚，爲近郊名勝。

於朁。

於朁，一統志，『在今於潛縣治北』，昌化並漢縣地。吳越春秋，『秦徙大越鳥語之人置朁』，即此。漢置於朁縣，後漢始加水焉（見續志）。元和志，寰宇記，均謂至隋加水，似未可從。紀要曰，『隋蓋作潛也』。

天目山，在縣西北四十五里。元和志云，『有兩峰，峰頂各一池，左右相對，名曰天目』。寰宇記曰，『山極高峻，上多美石泉水名茶。茶譜云，「杭州臨安於潛二縣，生天目山者，與舒州同」』。

桐溪，洪志云，『在縣西』。漸江水注，『桐溪水出於潛縣北天目山，逕縣西爲西溪，合紫溪水；紫溪出縣西百丈山，即潛山也』。二水合流逕白石山陰下，入會稽富春。

江乘。莽曰相武。

江乘，一統志，『在今句容縣北』，秦縣。史記，『始皇自會稽還過吳，從江乘渡江』，即此。兩漢均爲縣；吳省爲典農都尉；晉武帝太康元年，復立；咸康元年，改屬琅邪郡（按，晉亂，琅邪國人隨元帝過江者千餘戶，因置郡；齊永明六年，又徙琅邪郡治白下）。顧炎武曰，『自古南北之津，上由采石，下由江乘，而京口不當往來之道。自瓜洲既連揚子橋，江面益狹，而隋唐復以丹陽郡移丹徒，於是渡者舍江乘而趨京口』。

春穀。

春穀，一統志，『故城在今繁昌縣西北』。王先謙曰，『南陵，繁昌，漢春穀地；又銅陵半入春穀境』。

江水自陵陽來，右入繁昌縣境；又東，荻港水出銅陵縣北流入之（按，荻港在縣西五十里，入江處舊稱險要，西對無爲）；又北逕板子磯（按，一統志，大陽山，在縣西北五十里，其相接爲小陽山，山之西麓，盎于江中，有板子磯，馬徵麟長江圖說，即曆居山，一曰孤圻山，上有龍池），而歷舊縣，桓溫所築赭圻城也（按，一統志，城在縣西四十里，桓溫隆和初被詔至赭圻，詔又止之，遂築赭圻居之）；又東北徑蘆席夾，內水通三山夾，江水東北歷虎檻洲（按，洲在縣東北五十里，宋泰始二年，晉王子勛舉兵江洲，其將孫沖之爲前鋒，據赭圻，沈攸之自虎檻進攻，大破之，即此）而逕關門洲，與夾水合而東注，下入蕪湖。

秣陵。莽曰宣亭。

秣陵，一統志，『故城今江寧縣東南』，上元江寧並漢秣陵地。其地本名金陵，相傳楚威王滅越，置金陵邑，因地有王氣，埋金鎮之，故名。秦始皇自會稽還，望氣者言金陵有王者都邑之象，因掘斷連岡，改曰秣陵；兩漢因之。孫權自京口徙都，改曰建業。晉分建業江寧爲二邑（按，太康元年，改建業復爲秣陵；二年，分秣陵秦淮水北，置建鄴縣；又元年，分秣陵置臨江縣；二年，改江寧縣，此爲後日分江寧上元二縣所自始）；元帝復爲都城，改名建康，宋，齊，梁，陳因之，號曰六朝。厥後南唐更築，跨秦淮南北，周二十五里。明益擴而大之，東依紫金（即鍾山；一統志，在上元縣東北朝陽門外），西據石頭（一統志，在上元縣西二里，北緣大江，南抵秦淮河口），北跨白下（一統志，在上元縣西北，本名白石陂），南緣長干（一統志，在江寧縣南），襄臺城（一統志，在上元縣東北五里，本吳後苑城，即晉建康宮城，其地據高臨下，東環平岡以爲安，西城石頭以爲重，帶玄武湖以爲險，擁秦淮青溪以爲阻；今胭脂井南數里，爲軍營及民蔬圃者皆是），呑秦淮，周九十六里。

按，始皇時，望氣者言五百年後，金陵有都邑之氣；及孫權之稱號，自謂當之。孫盛以爲始皇逮於孫氏，四百三十七載，考之曆數，猶爲未及；及晉之渡江，乃五百二十六年，遂定都焉。此時年之偶合，仍不離術士之說也。愚以爲都邑之盛衰，全係乎土地之肥瘠，人民之聚散：周，秦，兩漢，金陵土地未墾闢，人口未繁殖，無緣爲全國所重視；自孫吳以後，建都以立根本，於是既庶且富，攘往熙來；加以吳會沮洳，漸成膏壤，五方輻輳，唐以後爲東南最大都會焉。此亦如關中之鄠杜竹林，南山甘木，昔日號稱『陸海』，自人意不屬，而九州之上腴幾變爲不毛之瘠土。天時地利全以人事爲轉移，望氣之說，無所取也。

故鄣。莽曰候望。

故鄣，王先謙案，『據一統志，「故城在廣德縣東北，安吉縣西北十五里」。廣德安吉，今分隸蘇浙二省，漢並爲故鄣地』。一統志，『銅峴山，在安吉縣東三十五里，吳採鄣山之銅，即此』。故鄣之名，或即因此起歟？

横山，在廣德西北五里，高出羣山，四望皆横。靈山，在廣德南七十里，泉石爲一縣之冠。桐源山，一曰桐山，亦曰白石山，在廣德西南八十里，桐水發源於此。

桐水在廣德西北，源出白石山，又逕郎溪縣南，西北流，合諸水入南碕湖。南碕湖，在郎溪縣西南四十里，承桐川下流，接寧國府界流入丹陽湖，俗謂之南湖。

句容。

句容，一統志，『故城今句容縣治』（按，縣北六十里，即江乘縣）。元和志云，『晉元帝興於江左，爲畿內第二品縣』。寰宇記云，『界內茅山，本名句曲山，其形如句字，因立縣名』。又北有華山，秦淮發源於此（按，秦淮二源，又一源發溧水廬山，二水北流，合于方山西，貫金陵南城內外）。

江水自秣陵來，右入句容縣境，漢縣也。江水東逕三江口，洲渚羅立，港汊參分，故有三江之名；又東逕李家溝；又東逕大套口，下入會稽丹徒。

涇。

涇，洪志，『故城在今縣西』。王先謙案，『今涇縣，旌德，太平，漢涇縣境；又青陽半入涇縣地』。一統志，『三國吳赤烏中，置安吳縣，在今縣西南五十里藍山內，今有安吳市及安吳渡』。

涇水，洪志，『在縣南，發源績溪縣徽嶺，流入縣界，名涇水，漢縣以此名』。一統志，『涇水一曰藤溪，西經桐嶺南；又西北受楓溪水，匯爲星潭，下三門灘；又北至巖潭，與賞溪合，下流即淸弋江』（參看前宛陵縣注）。

丹陽。楚之先熊繹所封，十八世文王徙郢。

丹陽，一統志，『在當塗縣東』。宛陵爲丹陽郡，此爲縣，故有『小丹陽』之名，亦猶沛郡治相，而沛縣則爲小沛矣。後漢建安初，呂範從孫策渡江下小丹陽；晉咸陽二年，蘇峻濟橫江，自小丹陽至蔣陵覆舟山：皆即此。晉武帝分丹陽置于湖縣，在當塗縣南。

江水自蕪湖來，東北徑東梁山，其上爲龍山，桓溫以九日宴此；又北逕采石，下入秣陵。

熊繹當周成王時，封於楚蠻，居丹陽。括地志，『今歸州巴東縣東南四里』。輿地志，『秭歸縣東有丹陽城，周廻八里，熊繹所封也』。是皆楚地之丹陽，與吳地丹陽無涉。且考之史記，熊繹居丹陽，五傳而至熊渠，甚得江漢間民和，乃興兵伐庸（杜預曰，今上庸縣），至於鄂（九州記曰，今武昌），又立其長子康爲句亶王（張瑩曰，今江陵），中子紅爲鄂王，少子執疵爲越章王，皆在江上楚蠻之地。若云所封果吳境之丹陽，何以蓽路藍縷，跋涉山林，盡與楚地丹陽相近，而吳境丹陽，歷數傳不聞尺土之開闢，何以至十八世文王，忽越千餘里而都郢乎？又毛遂云，『一戰而舉鄢郢，再戰而燒夷陵，三戰而辱及王之先人』，亦皆指楚地言之，未聞與吳之丹陽有關係也。是以孟堅之說，自徐廣酈道元以下多不從之。一統志曰，『楚始封之丹陽，一在枝江，一在秭歸，與此相距數千里。班志於丹陽注爲熊繹所封，而陳宣帝詔亦曰「爾熊繹之遺封」，誤矣』。

郢，今湖北江陵。

石城。分江水首受江，東至餘姚入海，過郡二，行千二百里。

石城，一統志，『在今貴池縣西七十里』。貴池，建德（今至德），並漢石城地。

分江水者，王先謙曰，『江至此分爲南江也，班以分江著其源，以餘姚（會稽縣）標其委，會稽吳下復曰「南江在南」，合北中江爲三江，以應禹貢「三江」之文』。以水經沔水注證之，『江水東至石城縣分爲二：其一過毗陵縣爲北江，其一爲南江（班以分江水繫石城，南江繫吳縣，至酈始貫穿爲一條），南江與貴長池水合（水出縣南郎山，今貴口池口，皆以貴長池得名）；又東逕臨城縣（吳臨城縣，今青陽縣南五里有臨城河）；又東合涇水；又東與桐水合。（此句準地望，應置『故鄣縣』下，王氏亦有此說，見補注）；又東逕安吳縣；又東旋溪水注之（即舒溪，出陵陽山下，北逕安吳縣東，又北注南江）；又東逕寧國縣南（王氏疑南爲北之誤，以南江至此，不得再逕寧國之南也）；又東逕故鄣縣南，安吉縣北；又東北爲長瀆，歷湖口。（寰宇記，箬溪在縣南五十步，一名顧渚口，一名趙瀆，注于湖，趙瀆蓋長瀆之故迹）；又東至會稽餘姚東，入於海』。此酈注南江經過各地之文也。再就臨城河，貴池水，旋溪，涇水，桐川諸水連續經行之迹實指之：阮元浙江圖攷有云，『青陽縣有臨城河會大通河入江，此河已不與貴池水相連』，據此，則貴池水與臨城河本相連屬，爲南江故道。又云，『賞溪上連清弋江，下連舒溪，中間正是南江故道，但與青陽之水不續，遂合舒溪清弋江而北向』，據此，則賞溪與青陽水亦本相連續，爲南江故道。又云，『旋溪水北注於南江，今南江既湮，而旋溪水北合涇水爲清弋江，然舒溪涇水之間，南江故道，尚可迹而求也』，據此，則舒溪涇水之間均南江之故道。又云，『桐川在廣德西北，曰桐汭者，則桐水入江之處，蓋桐水自北而南注江也』，據此，則桐川入江之地亦南江故道。此諸水連續貫通之迹，即南江之所匯也。再就江之首尾言之：王先謙以爲『「首受江」當在今李陽河（貴池西六十里），河水以大江消長爲盈縮；西五里曰新河，自河口出江中，有石槎枒橫突，爲攔江羅刹二磯，南唐役三十萬夫作支流以避其險，是河水受江之遺迹猶在』：此南江之首也。至其尾，則自餘姚入海之道，說亦不一：阮元以爲自太湖出吳江，南趨嘉興，石門，仁和，逾錢唐江折而東而北至餘姚入海，今之運河，即古瀆之迹也；朱一新則曰『由湖口歷烏程縣南通餘杭縣，與浙江合，又東逕餘姚故城南，又東注于海』。

按，今分江水南江首尾，均滄桑屢變，無可探尋，然容可以強辭解說；最困難者莫如中流一段。今言南江故道，大抵須經青陽涇縣寧國廣德而入浙境，須知皖南巍峰突嶺，水性就下，豈有越山通流之理。若引滹沱清漳濁漳沁水諸流以爲之解，但太行千里，中有八陘，即由山之斷處以通河；皖南山勢則非其比。必如胡渭之說，衰周時吳越以人力爲之，則如吾中國南北運河，容納不同流之衆水，而於南旺湖置閘，分流南北，積數代之經營，竭萬民之膏血，此又豈衰周吳越之民所能勝乎。愚嘗反覆推尋不得其故，獨是顧名思義，班氏不曰南江而曰分江水，分江者，夾江之義也，必不能離江過遠。今攷貴池李陽河以上、有攔江磯；又東有馬石磯；又東有古夾洲，烏落洲，裕生洲，泥洲；又東入銅陵界，有鐵板洲，荷葉洲，楊山磯，新洲（其西北有老洲頭，復興洲，楊林洲，又西北有仁德洲）；又東北有十里長山（即鵲頭山）；又東北有丁家洲，葉家洲，團洲，章家洲；又東北有文興洲，環北洲；又東有紫沙洲；又東入繁昌界，有新洲，板子磯，養虎洲（古名虎檻洲），闗門洲；又東至蕪湖界，有螃蟹磯，而至魯港。吾意古時上下數百里之地，必洲島連續不斷，以爲天然之界劃，北爲江，南爲分江水，分江水因容納貴長池臨城河諸水，滔滔滾滾，過今貴池銅陵繁昌蕪湖諸縣界而至魯港，至此始脫離江之範圍（宋史河渠志，言車軸河口沙地四百餘里，恐包貴池以東諸地言。最近測量自東流至蕪湖之江路，約長一百三十英里，沿途有汎濫六處，最顯著者即銅陵下之汎濫也，此汎濫兩岸相距在十英里以上。時代久遠，江之廣猶若此，或者古時爲二江之流域。又疑南江之名，至魯港脫離江之範圍而始立），而與魯明江會。魯明江者，即舒溪，涇水，淮水之總滙，今之清弋江是也。南江又東合水陽江（今清弋江與水陽江有相通之道，或爲當日南江幹流之所經）；又東至廣德而與桐川合（此地舊曰桐汭，必桐川入南江之故道；南江既湮，桐川入南碕湖，又由湖北流入固城石臼丹陽諸湖，丹陽湖中江所經：又疑當日中江南江有往復逕通之勢。襄公五年，楚子重伐吳，克鳩茲，哀公十三年，楚子期子西伐吳至桐汭，則或由中江以入南江，亦未可知）；又東逕吉安（南江由廣德逕吉安，中限天目山脈，其故道不可知，但據梅聖俞送劉郎中知廣德軍詩，有『措意初似禹，將通吳境河』之句，似舊有相通之道。又今浙江四安溪，一源出於廣德，合箬溪入太湖，或即取此道耶）。總之此等問題，證據太少，時代荒遠，徵信殊難。陳澧有云，『此江必不能越山而東，既首受大江，必仍與大江東北流，將近中江乃轉而東，與中江並流相去不遠，同注太湖，必如此乃得通流』。此誠通人之論也。

郡二，謂丹陽，會稽。

胡孰。

胡孰，一統志，『今上元縣東南』。錢大昕云，『五十里湖熟鎮』。續志作『湖熟』。三國吳省縣為典農都尉。晉太康元年，與江乘復同立。有方山（宋書隱逸傳，汝南州韶築室湖孰之方山），夏架湖（五行志，湖孰縣夏架湖有大石浮二百步而登岸），均見洪亮吉東晉疆域志。

陵陽。桑欽言淮水出東南，北入江。

陵陽，王先謙案，『據一統志，今石埭縣，漢陵陽地；靑陽，銅陵，半入陵陽境。陵陽故城，在靑陽東南六十里，石埭東北二里』。屈子九章哀郢曰，『當陵陽之焉至兮』，姚鼐曰，『疑懷王時放屈子於江南，在今江西饒信地，處郢之東，蓋作哀郢時也；彭蠡東源，出今饒州東界者，古陵陽界，故曰「當陵陽之焉至」。其後陵陽界乃益狹，乃僅有南陵銅陵縣耳』，據此，則南陵亦古陵陽界。沔水注，『旋溪水（按，卽舒溪）出陵陽山下（山在縣北五里），逕陵陽縣西為旋溪水；又北合東溪水（卽淮水，見下），下入宛陵』。

淮水，一統志，『出南陵縣南呂山，酈注之東溪水出南里山，卽欽所謂淮水，一名小淮河；北流至南陵縣南五十里，合漳水，經繁昌縣入蕪湖界，會於石碕渡，為魯港之一源』。

蕪湖。中江出西南，東至陽羨入海，揚州川。

蕪湖，一統志，『今蕪湖縣東』。寰宇記，『以其地卑畜水，渟深而生蕪藻，故曰蕪湖，因此名縣』。春秋『楚子伐吳，克鳩茲』，杜注云，『在蕪湖，亦謂之皋夷也』。江水自春穀來，右入蕪湖縣境，漢縣也；江水東逕螃螌磯；又東逕魯港（魯明江合石硊河水西流注之，南江疑自此與江分支）；江水又北逕蕪湖縣城西（丹陽湖水南分一支入蕪湖界為長河，河自縣左入江）；江水又北逕寡婦磯，下入丹陽。

中江，在縣南，卽今蕪湖之縣河，高淳之胥溪，溧陽之永陽江、宜興之荆溪也。宋傅寅云，『班氏所指中江，今蕪湖斷港也。自宜興航太湖逕溧陽至鄧步，凡兩日水路。自鄧步登岸，岸上小市名東垻。自東垻陸行十八里至銀林，復行水路，係大江支港。自支港行百餘里，乃至蕪湖界，卽入大江』，此就中江逆流言之。王先謙曰，『中江水自蕪湖入而東流，傅氏所謂「蕪湖斷港」，卽今蕪湖縣河也；東北絕黃池水入唐溝河；又東入丹陽湖，湖東卽高淳縣治也。

中江又東南入固城湖；又東逕東垻；又東爲胥溪；又東逕溧陽縣城北；又東會滆湖；滆湖之北卽長蕩湖也；右爲西氿，卽西九也；又東爲東氿，東氿南岸，今宜興縣城也；又東出爲沙港而入太湖』。此就中江順流言之。蓋中江本自今蕪湖逕高淳，溧陽，宜興諸縣而入太湖，其後蘇常地利日闢，民病漂沒，或築堤障水。攷元和志載『蕪湖水西北入大江』，是元和以前，中江已不復東；其後南唐於溧水境築五堰，明初於高淳境築五垻，逼宣，歙，廣德諸水盡西出大江，於是中江上游之故道遂就湮沒。現時惟溧水一支尚沿荆溪以達太湖；若自蕪湖東往太湖，在東垻尚須陸行十八里。然其源流貫通之迹尙在，說者謂爲中江之故道云。

陽羨，會稽縣。一統志，『今宜興縣南五里』。浙江圖攷云，『班詳於南江北江，而於中江僅云「陽羨入海」，何也？漢會稽郡屬縣有吳，毗陵，無錫，陽羨，丹徒，婁，爲今鎭江，常州，蘇州地，婁，在今崑山；而太倉，松江，海門及江北之通州，皆不置縣。然則太湖以東，至漢猶荒斥，爲海潮所往來，故敘北江止毗陵，敘中江止陽羨。中江必自陽羨直貫太湖，又必由婁縣入海可知，此不詳而詳也』。

按，中江源流具在，紀要，一統志均詳述其源委，似與南江之全就湮滅者不可同日而語。或猶疑宜興與丹陽雖相接，而兩境中高，又皆有堆阜間之，蕪湖之水不得東南流而至陽羨；不知此水自宋明以來，通流者屢矣。宋元祐六年，商人販賣簰木東入二浙，以五堰爲阻，給官中廢五堰，自是宣，歙，金陵，九陽江之水，或遇暴漲，皆入荆溪而至震澤（見東坡奏議）。明洪武二十五年，濬胥溪河爲運河，建石閘啟閉，因置廣通鎭，又鑿溧水縣胭脂岡，引丹陽諸湖之水，會秦淮以入江（見韓邦憲東垻攷）。事實如此，安見中江能通於宋明以後者不能通於漢以前乎！又有謂高淳之中江爲胥溪，伍員伐楚時所作。錢塘曰，『此傳會之說耳。內傳，定公四年，「蔡侯吳子唐侯伐楚，舍舟于淮汭，自豫章與楚夾漢」，不聞由胥溪也。其地有伍牙山，卽魏氏春秋所謂烏邪山者，而今謂之伍員山，此名中江爲胥溪所由來矣』。要之，南江中江謂卽禹貢所指之三江，此另一問題，今不贅論；然在漢時必有是江，非孟堅鑿空之談，而中江故迹尤彰明較著者也。

黝。漸江水出南蠻夷中，東入海。成帝鴻嘉二年，爲廣德王國。莽曰愬虜。

黝，一統志，『故城今黟縣東』。黟縣祁門，並漢縣地。元和志，『縣南有墨嶺，出墨石，又昔貢柿心木，縣由此得名。說文「黟」字，從黑旁多；後傳誤，遂寫黝字』。

漸水，據說文水經，皆與班志同；至酈注云，『山海經謂之浙江也』。阮元云，『此新安江漸水，道元誤爲浙江。浙江者，乃岷山導江之委，卽由吳江，石門，仁和，海寧至餘姚數百里內之專名。若以富陽江論之，乃漢書，說文，水經之漸江水，縠水，與江浙相連之浙水迥不相同。惟自杭州府城東北爲浙水之故道；其自杭州城隍山西南上達富陽，斷不能名之爲浙江也。說文「浙」下云，「東至會稽山陰爲浙江，從水，折聲」；「漸」下云，「水出丹陽黟南蠻中，南入海，從水，斬聲」：二水分明可證。道元所據乃山經誤本，故與桑欽所引不符』。愚按，漸水，浙水，其名混已久，元和志，『浙江一名漸江』，一統志，『亦曰浙水即漸江云』。今攷其源出婺源縣北浙源山；又東逕祁門婺源縣境；又東逕休寧縣西之江潭務；又東南會吉陽水，曰率口，是曰屯溪；又東逕歙縣之歙浦口，與練溪水合，謂之新安江；又東爲深渡；又東爲街口渡；東南入浙江淳安縣界。

南蠻夷，酈注引無『夷』字。王先謙曰，『疑衍』。又水經云『漸水出三天子都』，即山海經之三天子鄣，亦即志所云之蠻中（東漢時新安一帶，山越所居，故曰蠻中）。唐盧藩解山海經，引漢志以南蠻中爲縣南率山，於是又有率山之名。一統志謂率山水分陰陽，其陰水東流爲浙，其陽水南流爲廬，與山經及水經均合。

廣德王，王先謙曰，『封中山憲王孫雲客』。

（晉爲廣德縣，隸宣城郡。）

溧陽。

溧陽，一統志，『在今溧陽縣西北』。溧水高淳，並漢溧陽縣地。

溧水在溧陽縣西北四十里，自高淳縣東流入，逕縣北；又東逕宜興縣界入荊溪，亦作陵水，一名瀨水（卽伍子胥乞食投金處，故名投金瀨）；又名永陽江，即志所謂中江也。中江水西承丹陽水，自蕪湖徑溧陽，至宜興入震澤。其後胥溪限於五堰東壩，故不與石臼固城諸湖接；然自蕪湖至太湖，中間僅隔東壩十八里，故迹仍在也。

歙。都尉治。

歙，一統志，『故城今歙縣治』。歙，休寧，婺源，績溪，淳安，遂安，並漢縣地。按，徽州在漢時，並爲山越所居，重山峻嶺，置縣殊簡；至三國吳始割爲新都郡，分歙爲始新（元和志，本歙縣東鄉），新定（本歙縣南鄉），黎陽（分歙縣立），海陽（分歙縣西川立，本名休陽，後避孫休改名），並黟，歙，爲六縣。三國志賀齊傳云，『林歷山（在黟縣西南十里）四面壁立，高數十丈，徑路危狹，不容刀楯，賊臨高下石，不可得攻』，其艱險概可想見。自齊大破歙帥金奇，毛甘，黟帥陳僕，祖山等，斬山緣木，路徑漸通，置縣漸多。隋於開皇九年置休寧，唐於開元二十八年置婺源，永泰二年置祁門，大曆二年置績溪；今徽州六縣，尚相沿未改云。

宣城。

宣城，一統志，『故城在南陵縣東四十里清弋江上』。後漢省。建安三年，孫策平定宣城以東；二十年，孫策使蔣欽屯宣城，皆卽故城也。晉太康二年，於宛陵置宣城郡，復置宣城縣屬焉。隋改宛陵縣爲宣城，而故城遂廢。

威遠營刻石考

李苑文

大明征西將軍劉築壇誓衆于此

誓曰　六慰拓開　三宣恢復　蠻夷格心　永遠貢賦
　　　洗甲金沙　磨刀鬼窟　不縱不擒　南人自服

威　遠　營

受誓　孟養宣慰司　木邦宣慰司
　　　孟密安撫司　隴川宣撫司

萬曆十二年口月十一日立刻石口

威遠營刻石文

此碑凡高一九二公分，寬一〇八公分。

威遠營刻石爲緬甸漢文刻石之一，前年北平法源寺方丈道階師所發見。許地山先生今年遊緬，得此拓本，以示余。

考此刻石乃萬曆十二年征西游擊將軍劉綎征緬甸渡金沙江時，築壇誓師之詞。（是時雲南巡撫爲劉世曾；但巡撫不總兵事，所云征西將軍，必非世曾。）其事可考如次：

劉綎傳略——劉綎字省吾，都督顯子，勇敢有父風，用廕爲指揮使。萬曆初，隨父討蠻有功，遷雲南迤東守備，改南京小教場坐營。十年冬，緬甸犯永昌騰越，巡撫劉世曾請濟師。明年春，擢綎爲游擊將軍，署騰衝守備事。旋以緬甸平，進副總兵，予世廕。其後平羅雄，平朝鮮倭，平播酋，平猓，大小數百戰，威名震海內。萬曆四十七年，與清兵戰于阿布達里岡，軍覆，死之。事聞，帝遣中使祭陣亡將士，恤綎家。自綎死，舉朝大悚，邊事日難爲矣。綎于諸將中最驍勇，所用鑌鐵刀百二十斤，馬上輪轉如飛，天下稱之爲劉大刀云。（參看明史二百四十七劉綎傳）

緬甸叛變經過——萬曆初，緬甸莽瑞體叛，來招隴川宣撫多士寧，士寧不從。其記室岳鳳者，江西撫州人，黠而多智，商于隴川，士寧信任之，妻以妹。鳳曲媚士寧，陰奪其權，與三宣六慰各土官罕拔等歃血爲盟，誘士寧往擺古，歸附緬酋，陰使其子曩烏鳩士寧，幷殺其妻女，奪印投緬，受緬僞命，代士寧爲宣撫。及瑞體死，子應裏嗣，鳳父子臣服之，誘敗官軍，獻士寧母胡氏及其親族六百餘人于應裏，盡殺之，多氏之宗族幾盡。（參看明史三百十四雲南土司二）鳳復結耿馬賊罕虔，南甸土舍刀落參，芒市土舍放正堂，與應裏從父猛別，弟阿瓦等，各率象兵數十萬，攻雷弄盞達干崖南甸木邦老姚思甸諸處，殺掠無算。窺騰越永昌大理蒙化景東鎭沅元江，已陷順寧，破盞達，又令曩烏引緬兵突猛淋，指揮吳繼勳等戰死。鄧川土官知州何鈺，鳳僚壻也，使使招之，鳳執獻應裏。當是時，車里，八百，孟養，木邦，孟艮，孟密，蠻莫皆以兵助賊，賊勢益盛。黔國公沐昌祚聞警，移駐洱海；巡撫劉世曾亦移楚雄，大徵漢土軍數萬，令參政趙睿壁蒙化，副使胡心得壁騰衝，陸通霄壁趙州，僉事楊際熙壁永昌，與監軍副使傅寵江忻督參將胡大賓等分道進擊，大小十餘戰，積級千六百有奇，猛別落參皆殪。參將鄧子龍擊斬罕虔于姚關。應裏趨鳳東寇姚關，北據灣甸芒市：會綎至，軍大振，鳳懼，乃令妻子及部曲來降。綎責令獻金牌印符，及蠻莫孟密地，乃以送鳳妻子還隴川爲名，分兵趨沙木籠山，據其險，而己馳入隴川境；鳳度四面皆兵，遂詣軍門降。綎復率兵至緬，緬將先遁，留少兵隴川；綎攻之，鳳子襲烏亦降。綎乃携鳳父子往攻蠻莫，乘勝掩擊，賊窘，縛緬人及象馬來獻，蠻莫平。遂招撫孟養賊，賊將乘象走，追獲之；復移師圍孟璉，生擒其魁，雲南平。獻俘于朝，帝爲告謝郊廟，受百官賀；大學士申時行以下悉進官廕子，綎亦進副總兵，予世廕。（參看明史劉綎傳）

威遠營刻石所在地——正統六年，麓川宣慰使思任發叛，數敗王師；廷議遣官招諭，王振力主用兵，乃命王驥總督軍務，發東南諸道兵十五萬討平之。思任發走入緬，緬人送之來歸，爲千戶王政所誅。而其子思機發兇暴益甚，數入寇。十一年復以驥爲總督，帥師十五萬直抵金沙江，賊柵西岸，官軍造浮橋以破之；賊又柵鬼哭山巔，驥連破其十餘寨，墜死者萬計，而竟不能得思機發。是時官軍踰孟養，至孟郙海，其地在金沙江西，去麓川千餘里。諸蠻見大軍皆震怖曰：『自古漢人無渡金沙江者，今王師至此，豈天威耶！』師欲還，諸蠻復擁思任發少子思陸據孟養。驥知賊終不可滅，乃與思陸約立誓金沙江上曰：『石爛江枯，爾乃得渡』。思陸亦懼而聽命，乃班師。（參看明史一百七十一王驥傳）劉綎本將家子，父顯部曲多健兒，綎擁以自雄；征緬之役，勒兵金沙江，築將臺于王驥故址，威名甚盛。（參看明史劉綎傳）所云『王驥故址』，即驥在金沙江上與思陸約誓之地也。劉綎築臺其地，即威遠營刻石所云『征西大將軍築壇誓衆于此』者也。然則當日刻石所在處，乃在金沙江上。

六慰三宣——誓詞云『六慰拓開，三宣恢復』，六慰者：車里，緬甸，木邦，八百大甸，孟養，老撾六軍民宣慰使司也。三宣者：南甸，隴川，孟密三宣撫司也。三宣六慰原爲岳鳳所誘，歃血爲盟，同謀叛變，至是討平，仍入版圖，故云『拓開』『恢復』也。

諸葛武侯出師表云：『五月渡瀘，深入不毛』，瀘水即今之金沙江。白居易詩云：『聞道雲南有瀘水，椒花落時瘴烟起』，所以爲不毛之地也。相傳武侯七縱七擒，使南蠻孟獲心服，劉綎誓師詞云『不縱不擒，南人自服』，蓋竊取其義也。

拓本原擬付印，以太模糊，鋅版銅版俱不能鐫而止，讀者諒之。編者。

寰宇通志與明一統志之比較

梅辛白

自古朝代有興替，即疆域有變遷，故幅幀廣狹殊焉。明自太祖奮起淮右，奠都金陵，不數年間東平吳越，西定巴蜀，北逐元裔，南下滇黔，遂創統一之基。計明初封略，東起朝鮮，西据吐番，南包安南，北距大磧，東西一萬一千七百五十里，南北一萬零九百四里。自成祖棄大寧，徙東勝，宣宗遷開平於獨石，世宗復棄哈密河套，則東起遼海，西至嘉峪，南至瓊崖，北抵雲朔，東西萬餘里，南北萬里。其聲教所訖，歲時納贄，而非命吏置籍俟尉羈屬者不在此數，版圖之廣雖不足與漢唐齊驅，要已非偏安之宋所可同日語矣。

考明代職方之制，爲直隸兩京，十三布政使司，百四十府，百九十三州，千一百三十八縣，羈縻之府十有九，州四十七有，縣六，編里六萬九千五百五十有六。而兩京都督府分統都指揮使司十有六，行都指揮使司五，留守司二，所屬衛四百九十有三，所二千五百九十有三，守禦千戶所三百一十有五，又土官宣慰司十有一，宣撫司十，安撫司二十有二，招討司一，長官司一百六十有九，蠻夷長官司五。布政使司掌民政，都指揮使司掌兵備，二者蓋並行而不悖，終明之世相仍不改。至於升降之差，沿革之故，則地志已具載之。茲述有明一代之輿地總志，以便學者之參稽焉。

（一）景泰以前志書

大明志書 今佚

洪武三年十二月辛酉修成。先是命儒士魏俊民，黃篪，劉儼，丁鳳，鄭思先，鄭權六人編類天下州郡地理形勢及降附始末爲書，凡天下行省十二，府一百二十，州一百八，縣八百八十七，安撫司三，長官司一，東至海，南至瓊崖，西至臨洮，北至北平。至是書成，命送秘書監鋟梓頒行，俊民等皆授以官。（太祖實錄）

大明清類天文分野之書二十四卷 今存

洪武十七年閏十月書成。其書以十二分野星次分配天下郡縣，於郡縣之下又詳記古今建置沿革之由，通爲二十四卷，詔頒賜秦，晉，今上（燕王），周，楚，齊六王。（太祖實錄）

寰宇通衢書 今佚

洪武二十七年九月庚申書成。先是太祖以輿地之廣不可無書以紀之，乃命儒臣以天下道里數分方隅之目爲八，編類爲書；至是告成，計當時天下水馬驛程縱一萬九百里，橫一萬一千七百五十里，四夷之驛不與焉。（太祖實錄）

天下郡縣志　未成

永樂十六年六月乙酉詔修天下郡縣志書，命行在戶部尙書夏原吉，翰林院學士兼右春坊右庶子楊榮，翰林院學士兼右春坊右諭德金幼孜總之。仍命禮部遣官徧詣郡縣博采事蹟及舊志書。（成祖實錄）

（二）寰宇通志纂修事畧

景泰七年五月乙亥，少保太子太傅戶部尙書文淵閣大學士陳循等進寰宇通志。先是成祖時曾遣使分行四方，旁求故實，凡有關於輿地者皆錄進，付諸編輯；有緒未就，景帝因繼述先志，詔修此書。並於五年七月庚申遣進士王重等二十九員分行各布政司，及南北直隸府州縣，采錄事迹，以備纂修。至是書成，賜名寰宇通志，並賜循等綵幣有差。（景泰實錄）

景帝御製寰宇通志序文曰：

「昔孟軻氏之意以爲天之高也，星辰之遠也，苟求其已然之迹，則其運有常，雖千歲之久，其日至之度可坐而致。朕亦以爲地之大也，山川之邈也，苟求其已然之迹，則其理有定，雖萬邦之廣，其事物之實可坐而得。故古之人求博於其約，求難於其易，務簡以盡繁，務邇以盡遠，率由是也。嗟夫，深居九重而欲究古今興替之悉，自非大有所從事焉，則雖役耳目於宵旰，疲精神於簡編，安能得博且難，盡繁且遠，於務求之頃哉！使必如是，堯舜之知不徧物急先務乃可耳。於乎！禹貢不可尙矣，周官職方氏亦成周致治之書，至於後世紀勝之類尤多，然皆迷於偏方，或成於一手，非詳於古，則略於今，非失於簡便，則傷于浩繁，不足以副可坐而得之意。肆朕皇曾祖考太宗文皇帝嘗思廣如神之智，貽謀子孫，以及天下後世，遣使分行四方，旁求故實之典，有關于輿地者采錄以進，付諸編輯；事方伊始，而龍馭上賓，因循至今而先志未畢，則所以成夫繼述之美者，朕焉得而緩乎！竊嘗觀之，善其事者莫先於智，智者所謂務求其已然之迹也。是故語上而不察日月星辰之麗乎天，四時五行之成乎歲，則徒見夫形而上者，其何以參高明覆幬之功？語下而不察百穀草木之麗乎土，山川嶽瀆之別其區，則徒見夫形而下者，其何以贊博厚持載之力？語人而不察智愚賢聖之殊其情，可予可奪，可親可疎；語物而不察洪纖高下之各其類，可裁可培，可傾可覆；以至語爲天下而不察古今事物之異其域，以時可與可觀，可因可革，可損可益，可勸可懲，而志其實，其何以副祖宗思盡裁成之道，輔相之宜，以左右民之志于悠久哉？此朕之于是編所爲惓惓而不敢少緩也！間與一二儒臣商之，使或先後有一未備，不足以全其美，乃復遣人采足其繼，俾輯成編，爲卷凡百一十九，賜名寰宇通志，藏之秘府，而頒行於天下。蓋不獨以廣朕一己之知，而使偏方下邑荒服遠夷素無聞見之人，咸得悉覩而偏知焉，則知之盡，仁之至，庶幾乎無間于遠邇先後矣！』(景泰實錄)

纂修職官：

總裁官：少保太子太傅戶部尚書文淵閣大學士陳循，少保太子太傅工部尚書東閣大學士高穀，少保吏部尚書東閣大學士王文。

副總裁官：太子少師戶部右侍郎翰林院學士蕭鎡，太子少師兵部左侍郎翰林院學士商輅。

纂修官：左春坊大學士兼侍讀彭時，右春坊大學士兼侍講劉儼，侍講學士倪謙，呂原，修撰林文，李紹，柯潛，孫賢，檢討錢溥，李本，馬昇，江朝宗，司經局洗馬劉定之，編修周洪謨，黃諫，萬安，李泰，陳鑑，劉吉，劉珝，曹恩，王獻，劉宣，童緣，中書舍人趙昂，庶吉士丘濬，彭華，尹直，牛綸，耿裕，何琛，甯珍，金紳，黃甄，夏時，劉釪，孟勳，吳禎，嚴淦，陳政，馮定，王寬等。(景泰實錄)

(三) 明一統志纂修事略

天順二年八月己卯，詔吏部尚書李賢，翰林學士彭時，呂原曰：『朕惟天下輿地之廣，不可無紀載以備觀覽，古昔帝王率留意焉。我太宗文皇帝嘗命儒士修之，未底於成。景泰間雖已成書，而繁簡失宜，去取未當。今命卿等折衷羣書，務臻精要，繼承文祖之初志，用昭我朝一統之盛，以幸天下，以傳後世，其盡心毋忽！』賢等奉命纂述，至五年四月書成，賜名大明一統志，並賜賢等綵幣有差。(天順實錄)

英宗御製大明一統志序文曰：

『朕惟我太祖高皇帝受天明命，混一天下，薄海內外悉入版圖，蓋自唐虞三代下及漢唐以來，一統之盛蔑以加矣！顧惟覆載之內，古今已然之迹，精粗巨細，皆所當知，雖歷代地志具存可考，然其間簡或脫略，詳或冗複，甚至得此失彼，舛訛殽雜，往往不能無遺憾也。肆我太宗文皇帝慨然有志于是，遂遣使徧采天下郡邑圖籍，特命儒臣大加修纂，必欲成書，貽謀子孫，以嘉惠天下後世。惜乎書未就緒，而龍馭上賓！朕念祖宗之志有未成者，謹當繼述，乃命文學之臣重加編輯，俾繁簡適宜，去取惟當，務臻精要，用底全書，庶可繼成文祖之志，用昭我朝一統之盛。而泛求約取，參極羣書，三閱寒暑，乃克成編，名曰大明一統志，著其實也。朕于萬幾之暇，試覽閱之，則海宇之廣，古今之迹，了然盡在胸中矣。既藏之秘府，復命工鋟梓以傳。嗚呼！是書之傳也，不獨使我子孫世世相承者知祖宗開創之功廣大如是，思所以保守之惟謹；而凡天下之士亦因得而考求古今故實，增其聞見，廣其智識，有所感發興起，出爲世用，以輔成雍熙泰和之治，相與維持我國家一統之盛于無窮，雖與天地同其久長可也。於是乎序。』（明經廠本大明一統志）

纂修職官：

總裁官：吏部尚書兼翰林院學士李賢，太常寺少卿兼翰院學士彭時，翰林院學士呂原。

副總裁官：翰林院學士林文，劉定之，翰林院侍讀學士錢溥。

纂修官：翰林院侍講萬安，李泰，左春坊左中允孫賢，右春坊右中允劉珝，右春坊左贊善牛綸，翰林院修撰陳鑑，劉吉，童緣，黎淳，翰林院編修王倎，戚瀾，李本，丘濬，彭華，尹直，徐瓊，陳秉中，楊守陳，徐溥，翰林院檢討邢讓，張業等。

催纂：中書舍人馬麟，韓定。

謄錄：太常寺卿夏衡，順天府丞余謙，禮部郎中王叔安，禮部員外郎陳綱，凌耀宗，林章，葉玫，何暹，中書舍人謝宇，曹寬，溫良，劉洪，黃清，焦瑀，凌暉，王暕，鴻臚寺序班李惠，陳福，蔚瑄，周璟，吳震，陳經，王禮，門非，劉詢，梁俊，毛顯等。（明經廠本大明一統志）

（四）寰宇通志與明一統志比較

上述二書之不同；茲以太平蘇州二府爲例：

太平府

〔建置沿革〕禹貢揚州之域，天文斗分野。春秋屬吳，後屬越。戰國屬楚。秦爲丹陽縣地，屬鄣郡。漢武帝改鄣郡曰丹陽郡，而湖孰，春穀，丹陽，蕪湖皆屬焉。晉武帝分丹陽置于湖縣，成帝於于湖僑立當塗縣。隋大業間徙當塗于姑孰，隸蔣州，今府城是也。唐以當塗屬宣州。南唐于當塗縣立新和州，又爲雄遠軍。宋改平南州，尋爲太平州。元陞太平路總管府。國朝改爲太平府，直隸，領縣三。

自府治至南京百五十里，至京師三千五百九十里。

（東至應天府溧水縣界百十里，西至和州界三十里，南至寧國府宣城縣界七十里，至北應天府江寧縣界五十里。）

〔郡名〕于湖　當塗（俱晉名）　姑孰（地名）

〔風俗〕士質而靜，民儉且淳。（宋牟子才作七先生祠記：夫士質而靜，既少馳騖之觀，其民儉且淳，又無華靡之悅，純一平實，易以理曉）。其民安，其物阜（出郡志）。

蘇州府

〔郡名〕姑蘇　吳郡　吳會（圖經：吳東南一都會。）

〔風俗〕風淸俗美，俗好用劍，好文尚佛，多奢少儉。

〔宮室〕館娃宮（劉禹錫詩：『宮館貯嬌娃，當時意太誇，豔傾吳國盡，笑入楚王家』。高棨詩：『館娃宮中館娃閣，畫棟侵雲峯頂開。猶恨當年高未極，不能望見越兵來』。）

此爲寰宇通志內容之一斑，至其編制則每府州縣區分爲建置沿革，郡名，山川，形勝，風俗，土產，宮殿，公廨，學校，書院，樓閣，館驛，堂亭，池館，臺榭，井泉，關隘，寺觀，祠廟，府第，橋梁，古蹟，陵墓，名宦，遷謫，人物，科甲，題詠等項目。

太平府（東至應天府溧水縣界一百一十里，西至和州界三十里，南至寧國府宣城縣界七十里，北至應天府江寧縣界五十里。自府治至南京一百五十里，至京師三千五百九十里。）

〔建置沿革〕禹貢揚州之域，天文斗分野。春秋時吳地，後屬越。戰國時屬楚。秦屬鄣郡。漢爲丹陽郡地。晉屬丹陽宣城二郡；成帝時僑立淮南郡及當塗縣，治于湖；後又僑立豫州，治蕪湖。劉宋以來或治姑孰，或徙于湖，又併淮南入宣城郡，亦治于湖。隋省蕪湖等縣，以當塗屬蔣州。唐以當塗置南豫州；尋廢州，以縣屬宣州。五代時南唐于當塗縣立新和州，後改雄遠軍。宋改爲平南軍，後陞爲太平州。元陞爲太平路，屬江浙行省。本朝改爲府，直隸京師，領縣三。

【郡名】姑孰（古名）　當塗（晉名）

【風俗】士質而靜，民儉且淳（按注，同通志）。其民安，其物阜（郡國志）。千里風煙同樂國，萬家歌吹共春臺（宋楊徽詩）。民尚敦龐，士知勤學（郡志）。

蘇州府

【郡名】姑蘇　吳郡　吳會　平江（世稱吳門爲吳會，謂其地本吳會稽二郡也）。

【風俗】風淸俗美，俗多淫祀，尚文好佛，士氣淸嘉，人有恆產，多奢少儉，俗奢靡，急圖利，俗好用劍。

【宮室】館娃宮（吳都賦：「幸乎吳娃之館，張女樂而娛羣臣」。）

此爲明一統志內容之一斑，其編制亦于每府州縣區分爲建置沿革，郡名，形勝，風俗，山川，土產，公署，學校，書院，宮室，關梁，寺觀，祠廟，陵墓，古蹟，人物，流寓，列女，仙釋等目。但改公廨爲公署；以宮殿，樓閣，堂亭，池館，臺榭併於宮室；改橋梁爲關梁；删館驛，關隘，井泉，遷謫，科甲，題詠；別增流寓，列女，仙釋三目。增損雖有不同，優劣固未易判也。

（五）　附論

考寰宇通志成于景泰七年五月，一統志詔修則在天順二年八月，相去僅二年耳。二年間天下府州縣變更者有限，殊不必即予改編，重勞臣下；乃必欲汨沒前書而重述作焉，自非無故也。嘗以爲土木之變，英宗陷入也先，郕王監國，旋正大位；諸臣屢請定計迎上皇還京，帝每託故委蛇。及也先輸誠，車駕南返，未聞帝以禮讓；且命上皇遷居南宮，六七年間，弟兄未一相見，每遇聖節元旦，羣臣請朝賀亦不許，是則景泰帝之處心積慮，早已爲上皇所不堪受矣。復辟之後，亦幽置帝于西內，視若寇讐，于謙王文下獄死，陳循遠竄，政多更易。修志乃國家大政所關，又爲述先志者，豈能讓景泰專美于前！因以『繁簡失宜，去取未當』爲詞，一統志之修乃爲當務之急矣。

當景泰六年七月間，帝曾命儒臣倣朱子通鑑綱目例纂宋元通鑑綱目，以其時方修寰宇通志不能兼顧，未底于成；至憲宗時乃有續資治通鑑綱目之修，斯繼前人未竟之志，無足怪也。英宗之心則非然者，自一統志頒行以來，寰宇通志毀板久矣，斯其所大快也。

雖然，景泰帝賢君也，當英宗北陷之日，宗社瀕危，帝策母后命攝國事，奠國家于磐石之安，厥功至偉。在位七年，優禮大臣，勤理庶政，未聞稍失德。奪門變起，淸夜驚聽鐘聲，猶道『哥哥亦好』。乃復辟功成，大肆誅鋤，藉以雪憤，竟忘弟弟之無他，而必欲其死焉，必欲反其政焉，其處心積慮亦不能無議。然明一統志爲一代職方所關，不論其書之優劣如何，亦爲吾人所當重視。尤幸寰宇通志仍存殘帙（北平圖書館藏本，原一百九十九卷，現存八十卷），可以比較參考而知其異同。故略述之，冀治職方者共留意焉。

宋史地理志考異（潼川府路）

聶崇岐

『潼川府…乾德四年改靜戎軍。』

續通鑑長編七，乾德四年七月『復置靜戎軍於梓州』。輿地紀勝一五四，『潼川府…前蜀爲武德軍，國朝改靜戎軍』。

『太平興國中，改靜安軍。』

『太平興國中』，輿地廣記三一作『三年』，輿地紀勝一五四引會要作『二年』。『靜安軍』，太平寰宇記八二，九域志七，輿地廣記三一皆作『安靜軍』。

『端拱二年爲東川，元豐三年復加劍南二字。』

輿地紀勝一五四，『後爲東川節度，仍爲安靜節度』，注，『圖經載大中祥符四年，榮王元儼爲安靜武勝兩軍節度』。『復稱東川』，注，『元豐三年』。

『縣十，…飛鳥。』

『鳥』，太平寰宇記八二，輿地廣記三一，輿地紀勝一五四皆作『烏』。

『東關。』

九域志七，『乾德四年以舊招葺院置東關縣』。輿地廣記三一，輿地紀勝一五四，同。通考三二一，『東關，…蜀招葺縣，宋改』。

『永泰，中下，本尉司，南渡後爲縣。』

九域志七，『熙寧五年省永泰縣爲鎮入鹽亭，十年復置尉司』。輿地紀勝一五四，『熙寧五年省永泰縣爲鎮入鹽亭，十年復置。建中靖國初以犯哲宗陵名，改安泰。…紹興初復。未幾復廢。卅一年復置永泰縣』。輿地廣記三一，『安泰尉司，本永泰縣，……熙寧五年省爲鎮，…十年復置永泰尉司，後改曰安泰』。

『遂寧府，……縣五，小溪，隋方義縣，太平興國初改。』

『初』，太平寰宇記八七作『二年』。九域志七，輿地廣記三十一皆作『元年』。

『資州，……乾德五年廢月山丹山銀山清溪四縣。』

九域志七，『省月山丹山銀山入盤石，清溪入內江』。

『縣四，盤石。』

九域志七，『熙寧六年以盤石縣趙市鎮隸內江』。

『普州，……乾德五年廢崇龕普慈二縣。』

九域志七，『乾德五年廢崇龕入安居，普慈入樂至』。

『縣三，安岳，中下，熙寧五年廢普康縣入焉。』

『熙寧』，元豐九域志七，輿地廣記三一，輿地紀勝一五八皆作『乾德』，惟太平寰宇記八七有普康縣，似乾德時未嘗併省者。

『昌州，上，昌元郡軍事。』

九域志七，『昌州，唐中都督府，乾德元年爲上州』。

『敘州，上，南溪郡軍事。』

輿地紀勝一六三，『乾德三年升爲上州』。

『乾德中，廢開邊歸順二縣。』

九域志七，『乾德五年，省開邊歸順二縣入僰道』。

『縣四，宜賓，中，唐義賓縣，太平興國元年改。熙寧四年省舊賓入僰道爲鎮。政和四年改僰道爲宜賓。』

按『舊賓』爲『宜賓』之誤。此段辭意不甚清晰。蓋熙寧以前，宜賓僰道二縣並存；迨熙寧四年廢宜賓爲鎮，於是只存僰道一縣；至政和四年又改僰道爲宜賓。

『羈縻州三十，建州。』

『建』，九域志十作『連』。

『播浪州。』

『浪』，九域志十作『朗』。

『曲江州。』

九域志十無『江』字。

『可陵州。』

九域志十作『奇靈州』。

『瀘州，上，瀘州郡』

『九域志七，瀘州，唐下都督府，乾德三年爲上州』。

又『瀘州郡』，諸書皆作『瀘川郡』。

『縣三，乾德五年廢綿水富義置上監州。』

九域志七，『乾德五年省綿水縣爲鎮入江安』。輿地廣記同。通考三二〇，『乾德五年廢綿水，以富義置監』。輿地紀勝一五三，『乾德五年以富義縣隸富順監』。

『瀘川，中。』

輿地紀勝一五三，『瀘川，乾德五年併涇南縣入焉』。

『江安，中，有寧遠安夷…等砦。』

續通鑑長編一七〇，『皇祐三年三月己未，改瀘州上江寨爲寧遠寨，婆娑寨爲安夷寨』。

『領羈縻州十八，…高州。』

『高州』，九域志十作『高定州』。

『長寧軍……縣一，安寧，嘉定四年升安夷砦爲縣，有武寧寧遠二砦。』

『四年』，輿地紀勝作『二年』。按安夷武寧寧遠三砦本屬瀘州江安縣。

『合州，…縣五，石照，中，魏石監縣，乾德三年改。』

『監』，太平寰宇記一三五，九域志七，輿地廣記三一，輿地紀勝一五九皆作『鏡』。紀勝並云『乾德二年以翼祖嫌名改爲石照』。『監』蓋『鑑』之訛，本爲『鏡』字，宋史官避嫌名追改耳。

『榮州，……乾德五年廢和義縣。』

九域志七，『廢和義縣入威遠』。

『渠州，下，隣山郡軍事。』

『隣』，輿地紀勝一六二作『璘』，通考作『潾』，輿地廣記三一『隣山郡』作『流江郡』。

『縣三，流江，緊，西魏縣，景祐三年廢大明縣入焉。』

『景祐』，九域志七作『嘉祐』，輿地紀勝一六二於流江縣條下作『景祐』，大明縣條下作『皇祐』。惟輿地廣記三一與志同，而續通鑑長編一一六，『景祐二年六月乙亥，省渠州大明縣』。

『懷安軍，…乾德五年以簡州金水縣建爲軍。』

『簡州』，諸書同，惟隆平集一作『武都府』。

『寧西軍，開寶二年以合州儂洄新明二鎮建爲軍。』

『開寶二年』，太平寰宇記一三八作『乾德六年』，他書與志同。『儂洄』，太平寰宇記，九域志七，隆平集一皆作『濃洄』，通考作『農洄』，續通鑑長編一〇作『儂佪』。新明鎮，太平寰宇記云屬渠州，他書均云屬合州。

『縣三，渠江，中，開寶二年自渠州來隸。』

『開寶二年』，太平寰宇記一三八亦作『乾德六年』下同。

章實齋之方志學說

——章實齋方志論文集序中之一節——

張樹棻

自元明以訖清之初葉，方志之業漸盛矣，然而明瞭其地位之重要，起而研討之者，惟顧炎武一人耳。瞿兌之先生方志考稿序曰：

自顧炎武編纂各省志書而有郡國利病書之輯，承學之士漸知斯學之要。會乾隆樸學盛興，畢沅諸公開府大邦，力振文業，有司望風承旨；大師如戴洪孫武之倫，遂得傳食名都，經年載筆，勒成諸志，頗復斐然。然諸公勤於考古而忽於紀實，未能眞知方志之體也。

蓋至清之中葉，眞能瞭解方志之爲用，而從事於實際材料之搜集及系統之記載者，猶邈無其人。一種學術，其興起之難乃如是。然終有一人焉張其軍，則章實齋先生學誠是已。

章氏具獨到之目光，萃畢生之精力，闡發方志相當於古之國史之義。其纂述宗旨，在刊除浮僞，以公正之筆表揚與社會有關係之事實，使後人追覩前事而得其旨趣。又其才氣過人，故能運用治史之術以從事於方志，而使志學放大光明。梁任公曰，『方志學之成立自實齋始』，不虛也。玆述其大凡如下：

(1)述方志之定義，章氏曰：

志者，志也。其事其文之外，必有義焉；史家著作之微旨也。（大名府志序）

又曰：

志者，識也。典雅有則，欲其可誦而識也。（湖北通志凡例）

(2)辨方志之領域以責時弊曰：

戴君（震）經術淹貫，名久著于公卿間，而不解史學。……方志爲古國史，本非地理專門。（記與戴東原論修志）

近代修志諸家誤倣唐宋州郡圖經而失之。……若夫圖經之用，乃是地理專門。（大名縣志序）

(3)論方志之目的，地位，及其致用之重要性，曰：

史志之書有裨風教者，原因傳述忠孝節義，凜凜烈烈，有聲有色，使百世而下怯者勇生，貪者廉立。史記好俠，多寫刺客畸流，猶足令人輕生增氣。況

天地間大節大義，綱常賴以扶持，世教賴以撐柱者乎！（答甄秀才第一書）

今天下大計既始於州縣，則史事責成亦當始於州縣之志。（立志科議）

然則志書下爲譜牒傳志持平，上爲部府徵信，實朝史之要删也。（同上）

綜其所論，蓋以方志之範圍爲記載地方事件，而其最終目的則爲感發民性，故不當以地理材料限之；作者但當秉獨特之理解而整理此等故事，使可上備國史之搜集，以永保此先哲之精神。述以今語，髣髴有當於民族主義者。

方志之義既明，更進而求其源流之變遷。其言曰：

案周官宗伯之屬，『外史掌四方之志』。注謂『若晉乘，楚檮杌之類』，是則諸侯之成書也。（立志科議）

統志創於元明，其體本於唐宋，質文損益，具有所受，不可以爲非也。（大名縣志序）

今之圖經，則州縣輿圖與六條憲綱之册，其散著也。若元明之一統志書，其總彙也。（同上）

郡縣之世，則漢人所爲汝南先賢，襄陽耆舊，關東風俗諸傳，說固已偏而不備；且流傳亦非其本書矣。（同上）

如其說，是方志發源於周世之百國寶書，衍而爲兩漢之傳，唐宋之圖經，而今日之方志即爲其進步之形式。然章氏對於當時之方志頗不滿意，以爲號稱古雅者僅若文人遊戲小記，鄙俚者則專錄文移案牘，以及江湖游乞隨俗應酬之文耳。是章氏心目中猶有一最進步之形式在也。

章氏方志學說，至要之發明厥爲體例。嘗論志體之綱要在於立三書，其言曰：

凡欲經紀一方文獻，必立三家之學而始可以通古人之遺意也。倣紀傳之體而作『志』，倣律令典例之體而作『掌故』，倣文選文苑之體而作『文徵』。三書相輔而行，闕一不可；合而爲一，尤不可也。（方志立三書議）

其所以立三書者，則以：

志者，古之國史，若晉乘，楚檮杌，春秋之流別也。

掌故者，猶周官之六典，漢之律令，唐宋之會要，明清之會典，官禮之流別也。

文徵者，則太師陳詩之遺，若後世之文選，文鑑，文類，風詩之流也。（同上）

三書而外，又有『叢談』一門，章氏所修志書多立之，蓋載志事之無當於經綸而有資於談助者，乃志事之餘編，稗官小說之遺意也。

三書成而大體立，則更當進而講求篇目之體焉。其說如下：

(一)紀：原於正史之本紀而不稱『本』，別正史也。體用編年，蓋志之經也。此為章氏創用之體，昔人多無之，如恩澤紀，皇言紀是。

(二)表：體取年經事緯。然亦有不可以年月經緯者，則別為創立，如氏族表，人物表是。

(三)考或書：其原出於正史之書志，非章氏所創。藝文一部，章氏仿漢志例專載書目，而以詩文改入文徵。

(四)圖：圖者史之無文辭者也，無圖則不足以表形象，書志遂不得不冗。其原出於周之司會所掌，降而為三輔黃圖，元和圖志。至若八景之繪形，非所以嚴史體，則當刪除之。

(五)略：此類為章氏獨創，蓋以方志中名宦鄉賢同厠一編，幾無賓主之別，有乖志義，故以名宦為『政略』，僅取其政事之有造於地方者耳。若雖有他善而無當於斯地者，則志筆不能越境而書之也。

(六)傳：傳概以姓名為標題，蓋人之行事難以一端蓋也。章氏於此類亦有創義：

(甲)列女：列女之名創於劉向，不當以烈女駭也。(永清志列女傳序例)

(乙)闕訪：史家闕文之義備於春秋，苟無其篇，則有十弊。

(丙)前志：修志而不為前志作傳，是直攘人所有而沒其姓名，甚於沈姚之不存家學(永清志前志傳序例)。

此三書之說與論紀表諸體，史法卓然，凡從事方志者皆當三復斯言。

章氏又辨別省，府，州，縣志書各體所應有之區分，其說甚為精到。條錄如下：

(1)諸志體裁區分之原因：

余嘗論各通志，與府，州，縣志，各有詳略義例。不知者相為駭怪。余取譬於詩文之有命題，各有贏闕至量，不容相假藉也。……曹元首作六代論，其有分論虞，夏，商，周，秦，漢者。割裂曹氏之論，析而六之；或先有六家之論，曹氏合而一之：天下有是理耶?……』(丙辰劄記)

蓋文墨之事，無論精粗大小各有題目，古人所謂文質相宜；題目，即質之謂也。如考試詩文之有命題者然。詩文稍不如題，即非佳文。修書亦如是也。（同上）

（2）諸志體裁區分概況：

統部自有統部志例，非但集諸府州志可稱通志，亦非分析統部通志之文即可散爲府州志也。……所貴乎通志者，爲能合州府縣志之所不合；則全書義例自當詳州府縣所不能詳。既已詳人之所不能詳，勢必略人之所不能略。（丙辰劄記）

諸府之志又有府志一定之例，既不可上分通志而成，亦不可以下合州縣屬志而成。……以府境皆州縣境，州縣既各有志，府志自應于州縣志外別審詳略之宜。（同上）

至直隸之州，其體視府，爲其轄州縣也。其志不得視府志例。……直隸之州，除屬縣外，別有本州之境，義與縣境無異。如以府志之例載屬縣事，而以縣之法載本州之事，則詳略不倫。如皆用府志之例，則於本州太疏。如皆用縣志之例，則於屬縣重複。惟於疆域沿革備載屬縣，以見州境之全；其餘門類一切存州去縣，以見專治之界度。（同上）

（3）辨當時諸志之不當：

今之通志與府州縣志，皆可互相分合者也。既可互相分合，亦可互相有無。書苟可以互相有無，即不得爲書矣。（丙辰劄記）

此皆明辨範圍，使事無虛設而各得其用也。

三書立，諸體明，篇目定，則修志時輯材之術不可不講矣。鑒前志之閉戶撰述而注重於訪問，俾昭昭乎可以信徵者，實章氏邁古之見，卓犖之精神，而使方志之地位因以增高者也。

輯材之要，在不取辦於一時，而於州縣署中立志科以積累之。茲取其州縣請立志科議一篇析分於後：

（1）原因：

（甲）六部必合天下掌故而存政，史官必合天下紀載而籍備。……修輯志乘，率湊一時采訪，人多庸猥，例罕完善。

（乙）州縣有荒陋無稽之志，而無荒陋無稽之令史案牘。志有因人臧否，因人工拙之義例文辭；案牘無因人臧否，因人工拙之義理文辭。蓋登載有一定之法，典守有一定之人。

(2)辦法：

(甲)職責：於諸典吏中特立志科，僉典吏之稍明於文法者以充其選。

(乙)紀載：立爲成法，俾如法以紀載，略如案牘之有公式焉，則無妄作聰明之弊。

(丙)錄副：案牘錄其副。官師錄始末。家譜傳狀呈副本。撰著呈副本錄部目。修建呈端委。銘刻呈摹本。舉行錄聞見。

(丁)保存：置藏室焉，水火不可得而侵也。置鎖櫝焉，分科別類，歲月有時，封誌以藏，無故不得私啟也。

(戊)采訪：四鄉各設采訪一人，遴紳士之公正符人望者爲之，俾搜遺文逸事，以時呈納。

(3)利益：

(甲)令史案牘爲政事之憑藉；雖有水火，濕蠹，竄更，而猶有所稽考。

(乙)譜牒掌於官，則產業繼嗣，昏姻違律，戶役隱漏之訟，不難片言而決。

據此觀之，知章氏輯材之法實含有創設史料庫之意。今日各省各縣均有圖書館矣，若仿其意而爲之，集省縣政府之檔冊於各政府所在之圖書館中，豈特於修志爲便，凡研究地方政治經濟者固將取之無盡，用之不竭，而蔚爲眞實之建設基礎矣。

輯材之外，更有修志之綱要。綱要者，二便，三長，八忌，四體，四要是也。凡修志者，須乘二便，盡三長，去五難，除八忌，而立四體，以歸四要。

二便者，地近易覈，時近迹眞也。

三長者，識足以斷凡例，明足以決去取，公足以絕請託也。

五難者，清晰天度，考衷古界，調劑衆議，廣徵藏書，杜預是非也。

八忌者，條理混雜，詳畧失體，偏尙文辭，粧點名勝，擅翻舊案，浮記功績，泥古不變，貪載傳奇也。

四體者，皇恩慶典宜作紀，官師科甲宜作譜，典籍法制宜作考，名宦人物宜作傳也。

四要者，簡，嚴，覈，雅也。

若此之類，頭緒分明，可謂善立系統者。而此種學說之建立，實盡出於彼本身之事實經驗及其所受之挫折磨練而來。試略述之：

(一)章氏所修和州，永淸，湖北，常德，麻城等志，皆行其三書與四體之說。不幸湖北通志竟以體例問題而遭駁斥，和州志又以用直隸州體，引起他人之評論，雖既焦頭爛額，而章氏素有定見，未改其初也。

(二)湖北通志以載平夏逆傳，致使黃陂知縣大起煩言。然章氏卒書其事於册(見丙辰劄記)。此彼實行其『絕請託』之『公』，與『浮記功績』之『忌』也。

(三)章氏修永淸縣志時，具車從，索筆載酒，周歷縣境，以盡委備(周實谷別傳)。此彼之杜是非，尙採訪，以求徵信也。

(四)章氏修志，必去其舊有之八景圖，是所謂『忌粧點名勝』，而使歸于『雅』也。

(五)章氏湖北通志之府縣，食貨二考，雖受駁斥，而終必辨明之者，蓋『明足以決去取』，而使歸于『簡』也。

(六)章氏自記其修永淸志，于貞節之婦女，訪其現存者，安車迎至館中而詢之，或走訪其家(周實谷別傳)。此即使用『地近易覈，時近迹眞』之二便也。

(七)章氏之別文徵于藝文，置叢談于卷末，此卽其『廣徵藏書』與『忌載傳奇』也。

至若尙考證，辨援引，亦修志之要事而足以彰明其史學者。夫章氏一代史學名家，遭時不遇，身未列乎國史之職，僅得以牛刀小試於方志。然即此小試，已爲史學界闢新園地，爲方志界作開山祖，吾是以知傑出之人才固無往而不成其功也！

堯典著作時代問題之討論

孟森

一

頡剛先生：

讀『從地理上證今本堯典爲漢人作』，至佩創作，非心細膽大不能爲膽大之學風。外國人尤敢於如此。中國之才承累代儒學之後，不免拘墟，以故魯鈍者尤不敢爲，幷不敢信。弟即最魯鈍之一人，對大作尙有所疑，敢私布之，求更賜答解以開茅塞。

(一)堯典中星爲考恆星與行星之歲差第一次根據，有史以後天官書天文志皆可作據。三代以前則以堯典與夏小正月令三書爲比較，因以定歲差爲五十年或六十七十年之時限。大果有意作僞，原不難按合歲差之數以定前若干年之中星，但恐漢儒尚無此經驗，未知所謂歲差也。則堯典早於夏數百年，早於周末千數百年。是一證也。

（二）堯典爲漢人作，必爲元鼎元年以後及見交趾設郡之人所作。太史公作史記，紬石室金匱之書者五年，而當太初元年，則着手於元封二年也。又七年而遭禍，然後成書。自元封至元鼎，年號相接，其時每六年一改元，距交趾設郡不過六七年。撰堯典者即使一聞交趾設郡即日夜趕造僞書，亦已在史公十歲誦古文之後。五帝紀一篇，帝嚳以上寥寥數行爲一帝，則所謂『文不雅馴，薦紳先生難言之』也。自堯以來，其文始詳，然並不越堯典一篇之外。又自言『尙書獨載堯以來』，明乎其撰唐虞本紀即專用尙書也。十歲即誦古文，及見伏生，及受業孔安國，謂不據童年曾受之古文尙書而忽采同時作僞者之新作，殆未必然。此二證也。

（三）『朔方』既前見於詩，而知其非河套，何由而定堯典之朔方必爲河套？史公已改爲『北方』矣，即知古文家解朔方固如是也。『南交』在書緯，原有『春與夏相交』之說。緯書且不以爲據，而『南撫交趾』之文，則不據漢儒之戴記，獨不可據墨子乎？墨子節用篇早有是文，當非元鼎以後作也。古言南方即概以『雕題交趾』，何必安南！其義爲『南蠻之俗，浴則同川，臥則僢』，又云『臥時首向外，足皆向內，因以相交』。蓋南方炎燠，人多野處，即臥室亦必首向室外以納風露之氣，未定交趾爲郡名以前，固不能謂無『南交』之說也。

（四）就文字之氣象言，堂皇如大一統之世。以言堯舜時不當有此。夫神靈首出，正惟能自異於部落之中。既能以御世之大柄駕乎羣后之上，即不能禁其以整齊畫一之理想平亭萬國。否則仲尼何必祖述堯舜乎？秦皇事不師古，雖襲堯舜之迹，而但指戰國七雄時之割裂，以顯己之力能統一，自不樂就祖述之名。漢武雅意尊儒，稱先則古，雖已抵河套，猶襲古稱爲朔方，已抵安南，猶襲古稱爲交趾，似亦事之無可甚訝者。

以上數端，弟終抱拘墟之見。祈更有以詔之，幸甚。倘可附登禹貢以備討論，則亦願就正於海內學人者也。

勞榦

二

頡剛先生：

頃拜讀『從地理上證今本堯典爲漢人作』，竊以爲謂堯典爲秦人所作則審矣；若謂爲西漢中葉人所作，則有所未安。先生之論證堯典爲秦以後人所作部分，至當至確，雖起伏孔於九原，恐亦不能易一字；至謂爲漢武帝時人所作，其可商者，大略如下，玆謹論之，幸垂教也。

封建之制自秦而止，不過大略如此，至謂秦無可以稱羣后者，則未盡然。秦二十爵，中有徹侯，李斯上書，以此自稱，召平爲故秦東陵侯，衞侯二世時始國除，皆其證也。秦制之與漢初異者，在於不封子弟爲王，郡縣滿天下。徹侯恐亦若漢中葉以後，食租稅而已，原不足以屏藩王室。然封建固儒者所樂道，以徹侯比附羣后爲理自通，不足以當『是古非今』也。

秦以水德王，數以六爲紀，分郡則始則三十六，終則四十八（從王國維說）；鑄金人則十二；徙豪桀則十二萬戶：則當時懸想之畫野分州，九自不若十二之適。若爲漢制，則舍司隸則十三，合司隸則十四，十二之數，兩無可通。則從十二數字觀之，當爲秦人所作可知。

『朔方』在史記作『北方』，本對『西土』而言，統爲泛稱。今本尚書出自王肅梅賾之流，恐有所改易。即非王梅所改，然六經文字殊異紛紜，蔡邕以前早難究詰，今旣有史記中之異文，則『朔方』二字，不敢信尚書原本必屬如此。『南交』爲『交阯』省文，自不容有疑義，然交阯之名，見于墨子節用，見于王制，見於南越傳尉佗攻破安陽王所置之郡，則交阯一名或據舊稱，未可斷爲漢武帝時始有此名也。『濬川』一語似由碣石刻石『決通川防』而來，時在三十二年，正在二十八年封禪之後。

案秦皇漢武爲政大略相同，堯典所云，皆可相附。惟堯典自鼂錯受書以後，早已爲天下人所共曉，縱復有文字異同，亦不宜多所更易。兆方惠所增僅十二字，且託之得於航頭。南越之平在元鼎六年，其時距建元五年設五經博士已有二十六年，距鼂錯受書當更遠，時人未必能多所更改，或多所更改而人不知也。故堯典作成時代，似仍以在秦爲允。

以上所言不過偶然涉想所至，聊以獻疑，非敢有所論定；如能進而教之，則幸甚矣。至若將此發表，竊尚有所未敢也。

葉國慶

三

今本堯典信非當時之記載，然謂其僞作于漢武時，則余有疑在。

何以信其非當代之記載？試舉其大者言之。如：（一）商代文字尚爲草創時代，而堯典乃調諧詞整；（二）堯典有若干部分確鈔襲詩書者；（三）孟子所見之堯典，確與今本異；（四）今本堯典確有若干部分，爲孟子荀子未見者：皆具如講義所說。且春秋戰國時代莊墨韓諸子俱道堯舜而各不同，今堯典所記亦與諸子異，故此僅是儒家所存片面之傳說而已。其事跡已難取信，不特文字也。

所以疑其非僞作于漢武時者，說如下：

講義本文云，『史記五帝本紀……記堯舜事則以堯典爲骨幹。司馬遷作史記，始于太初元年（前一〇四）改曆法之後；至天漢三年（前九八）而下獄受腐刑，自惜草創未就，忍死續成之』。是漢武時之僞撰堯典，當在太初與天漢之前，故史記得抄錄堯典之文。

本文又云，『司馬相如作封禪文，已言「君莫盛於唐堯」，而終不引堯典一言。兒寬作封禪對，乃云「封泰山，禪梁父，昭信考瑞，帝王之盛節也：然享薦之義不著於經」，若不知有堯典在者。此其故何哉？』是則謂司馬相如作封禪文之前，與兒寬作封禪對之前，尚未有僞撰之堯典也。

案司馬相如卒于元狩五年（前一一八），封禪文乃彼卒後其妻獻于武帝者（見史記卷一百十七司馬相如傳）。兒寬卒于太初二年（前一〇三）（見前漢書卷六武帝本紀）。又兒寬傳云『上由此愈奇寬，及議欲放古巡狩封禪之事，諸儒對者五十餘人，未能有所定。先是司馬相如病死，有遺書頌功德言符瑞足以封泰山，上奇其書以問寬，寬對曰……』云云。又郊祀志（卷廿五上）云，『自得寶鼎，上與公卿諸生議封禪，封禪用希曠絕，莫知其儀體，而羣儒采封禪尚書，周官，王制之望祀射牛禮……』，寬之議封禪當在得寶鼎後。得寶鼎在元鼎四年（前一一三）（見前漢書武帝本紀），是則在元鼎四年前尚未有今本堯典也。

前漢書律曆志（卷廿一上）云，『武帝元封七年（卽太初元年）……司馬遷等言曆紀壞廢，宜改正朔。是時御史大夫兒寬明經術，上迺詔寬曰，「與博士共議，今宜何以爲正朔，服色何上？」寬與博士賜等議，皆曰「帝王必改正朔，易服色，所以明受命于天也。……」』寬明經術，旣曰『帝王必改正朔……』，何不引堯命羲和曆象日月星辰以授民以對？若謂寬以前未見過僞撰堯典，則此時（太初元年）亦猶未也。

司馬遷在太初元年得鈔僞造堯典，而兒寬在元鼎四年（前一一三）未見過堯典，在元封七年（前一〇四）亦未見過堯典。此可疑者一也。

又講義本文云，『堯之命羲和四子宅四方，曆象日月星辰以授民時，以閏月定四時成歲以釐百工，豈非漢武改正朔之事實之反映乎？類于上帝，望于山川，柴于岱宗，封十有二山，豈非漢武立甘泉太一，汾陰后土，封泰山而禪肅然，及其禮日成山，禮祭太室，望祀九疑諸事實之反映乎？』是則謂堯典制度全抄漢武事跡。若此，則堯典之作必在漢武一切制度完成之後也。

然案武帝元封七年始議改正朔，即以七年爲太初元年(前漢書律歷志上)，而司馬遷太初元年作史記，已得引用堯典，則堯之命羲和宅四方，曆象日月星辰以授民時，豈得爲漢武改朔之反映乎？

本文又云，『渾天儀創營于落下閎，堯典「璿璣玉衡」即渾天儀。渾天儀始創于漢武而已見于堯典，其時代之錯誤章章明矣』。

案前漢書律歷志上太初元年議造漢曆，既而有司不能算，乃募治曆者，于是得落下閎等二十餘人。則閎之造渾天儀必在太初以後。若堯典之璿璣玉衡即渾天儀，則堯典之作僞必在太初後。然史記作始于太初，乃得引用堯典者，何也？

此可疑者二也。

堯典若依漢制而作僞，其年必始于太初元年之後而成于太初之後。史記之作亦始于太初，而不知其書成于何年。今若謂史記得引用與彼同時下筆之僞造堯典，則吾人必假定堯典之造成恰在史記未成之日，其機會殊恰切也。且文帝時，伏生已傳尙書，其後學者有歐陽生張生等。又武帝得聞兒寬說尙書。則在太初以前，尙書之授受有源。史記自序云，『年十歲則誦古文』。索隱云，『遷及事伏生，是學誦古文尙書』，遷既少誦尙書，得信太初以後僞造之堯典而引用之乎？此可疑者三也。

然則堯典爲何時之作品乎？余以爲堯典類一百衲衣，色樣錯雜，難指爲某一時之作品。四宅之說，寅賓出日，寅餞內日之語，類祀之禮，含有古代社會之色彩，不能謂其爲漢時制度之反映。朔方南交之名，書中所指何地不明，吾人可云此乃作者取詩之朔方，呂氏春秋，楚辭等篇之交阯，嵌入文內，不必取名于漢之州郡。然十二州之名確似漢制，其記巡狩一段文確似襲取王制，則又不能謂堯典絕不雜入漢代制度也。

四

顧頡剛

當民國十二年春間，予在上海，始將數年來蓄積於心之古史見解著文發表于努力週刊，一時賜以商摧者甚多；因擬出八題，將順序爲之，其第七題爲『堯典皋陶謨是什麼時候做的？』當時意見，以爲巡狩封禪始於秦，帝號之作爲職位稱謂始於秦，又交趾至秦始入版圖，秦以六紀而此之山，州，師亦均以六紀，是其事實全取秦制，至早不能過秦之一統，至遲可以及漢（見古史辨第一册二〇五頁）。適以職業改換，不克終篇。此問題頓在心頭，凡歷九稔。二十年秋，任燕大北大兩校尚書研究功課，乃以斯意寫爲講義；其結論與前稍異者，則以堯典一篇雖爲戰國所舊有，而吾人所見之堯典則經過漢武帝時人之竄改，其竄改之分量蓋不在少。

講義既布，葉谷磬先生首持異議，寫一文以見貽。當時苦無相當刊物發表，閣置篋衍，迄茲三載。今秋將講義中論及地理之一部分錄入本刊二卷五期，旋得孟心史先生與勞貞一先生投函指教。頡剛何幸，頻得諍言，敢不拜嘉！

竊聞之，強哭者不哀，強笑者不歡。予幼年讀堯典，即感覺其文辭和平雍穆，氣象既闊大，神情又恬愉，洵爲盛世之元音。當時亦確信其出堯舜時，以在傳統之史說中惟彼時爲黃金時代也。既而略聞社會學，知由蠻野進于文明之步驟；又稍涉考古學，見史前期及初史期之遺物；又檢覽殷虛甲骨，認識彼時人之思想，生活，文字諸端：始萌疑古之心。以種種因緣之湊合，乃決然以爲夏以前無可徵信；堯典等篇遂同時於我意識之中失其歷史上之地位，知孔子即使確有『祖述堯舜』之事，亦不過證明當孔子時已有此理想中最高之堯舜存在耳，與邃古史實無與也。十餘年來，恆聞人訴我持論太悍，而不知既已吐納現代之空氣，即無法更接受傳統之史說，此實時代精神之自然表現，既非某某個人之力所能創，亦非某某個人之力所得沮也。堯典既非眞唐虞書，則其著作時代頓成問題。將以之與殷周乎，則與甲文金文不相融合，且與彼時之政治觀念，地域智識，亦全然矛盾。將以之與秦乎，固有許多符同之點，然彼時初以武力統一，創鉅痛深，強笑不歡，安得聞此盛世之元音？且秦皇創立制度猶未成功，改定歷法尤未暇爲，置之於此，尙覺不似。

更觀之漢初何如？高帝奮袂執銳，與天下豪傑逐鹿中原，既即帝位，一切襲秦，未遑訂立新制度也。淮南子氾論云，『當此之時，豐衣博帶而道儒墨者以爲不肖』，故雖有叔孫通陸賈諸儒在朝，亦但以供驅使奔走而已。文景之世，玄默無爲，儒生方士雖屢唱改制之說，而終謙讓不行。堯典之文，貧之於此，亦復不類。

自漢初休養生息六十餘年，『人給家足，都鄙廩庾盡滿，而府庫餘財；京師之錢累百鉅萬，貫朽而不可校；太倉之粟，陳陳相因，充溢露積於外，腐敗不可食；衆庶街巷有馬，仟伯之間成羣』（漢書食貨志），蓋至此時而人民乃得盡量享受承平之樂。民間生活既滿足若此，於是心神鼓舞，『搢紳之屬皆望天子封禪改正度』（郊祀志）。故武帝之得以建卓絕之武功，開絢爛之文學，定博大之制度，實時代有以促成之。彼封禪矣，巡狩矣，改歷矣，肇州矣，濬川矣，與種種之禮樂矣。以堯典較之，何其類似之甚耶？故予以爲堯典者，武帝時搢紳之屬中心悅樂而形之於言，視武帝爲堯舜者也。（正猶方士視武帝爲黃帝，說見後。）至帝季年，由於彼之好大喜功，民力已屈，財用已竭，向之歡愉忽焉消失，又不能爲此矣。

夫分州何以不行於秦，又不行於漢初，而至武帝時始爲之？改歷何以不行於秦，又不行於漢初，而至武帝時始爲之？此中消息，不幾漏出堯典著作之時代乎？

予持此論，自知移其時代過後，不易爲人所信。且當時史料傳者無多，亦不能獲得眞實之憑據。凡我儕考訂古籍皆在暗中摸索，扣槃捫燭，實爲常態，故罅漏必不能免。惟既已提出問題，則討論有一中心，或得遇意外之進展；若其不也，則亦只得徐待新材料之發見而解決之。故予出此論，非敢自謂定見，但以爲有十之六七之可能性而已。今將三君所質解答於下，幸更進而教之！

交趾之名，漢前固已有之。但『交趾』而與『朔方』對舉，則爲武帝時分州之事實。『朔方』固可以解爲北方，但與『嵎夷』『南交』對立，則非虛位而爲實地。墨子節用中及韓非子十過俱以『交趾』與『幽都』爲對文；惟大戴禮記少閒則以『朔方』『交趾』相對，與堯典同，大戴禮之書固不及墨韓爲古也。至『春與夏交』之說，直是夢囈，試問誠若此，則義叔將如何而『宅』之乎？心史先生謂『古言南方卽概以「雕題交趾」，何必安南！』又謂『漢武稱先則古，已抵安南，猶襲古稱爲交趾』，以見『南交』之不必甚南。然堯典開首言『光被四表』，足徵在作者意中，堯之幅員實至四極。又羲仲宅暘谷，和仲宅昧谷，暘谷日出處，昧谷日入處，已至東西之極；豈東西至極而南北不至極乎！故『南交』者南之極（漢武於安南立日南郡，即視爲極南之爲證），『朔方』者北之極也。夫朔方爲北之極，固漢武以前所未有者矣。

貞一先生謂秦以水德王，數以六爲紀，故十二州應屬於秦。然秦但立郡，未有設州之傾向也。漢初天子僅有十五郡，亦無設州之必要。自景帝削弱七國，武帝開廣三邊，始成爲時代之需求，而武帝詔書中亦屢以古之州名概括諸郡。十二之數固與武帝置十三州不合，然在太初元年正土德以前，漢固與秦同爲水德，亦未嘗不可用以爲紀也。按武帝元朔二年（西元前一二七）始有朔方地，元狩元年（前一二二）始通西域，元鼎六年（前一一一）平南粵，置九郡，元封二年（前一〇九）降滇，以爲益州郡，元封三年（前一〇八）定朝鮮，置四郡，此二十年中，武功彪炳，亘古未有，地域日以廣，斯分州之需要日以增，舊有之九州說亦寖失其限制之力，而『益州』一詞又爲州名之初見，意者十二州之說殆出於此時乎？

堯典作於漢武之世，則作者與司馬遷同時。堯典作於漢武制度大備之後，則成篇與史記同時。以幼卽受書之司馬遷，厥協六經之史記，能收此晚出之作乎？斯誠一大問題，於事似不可通。然彼時之書籍尙在不固定之狀態中，發見遺書尤爲欣欣樂道之事；以今文太誓之不典，與周秦諸子所引絕異，而旣已發得，卽以立 學官，他可知矣。况彼時經籍，各家互異，堯典一篇，儘可傳者相殊，而就整於一個認爲最滿意之本。時至後漢，尙有賄改蘭臺漆書者，况以武帝時盛大之規模，力足陶醉一世之人心，有不鼓動文人將實現於眼前之理想事物插入舊傳之書乎！司馬遷在當時，歷史知識固爲最多，其搜集史料務求雅馴，亦不能不佩其視前人爲進步；然堯典之文固極雅馴，在其雅馴之標準下所必不當廢者也。豈如今日史家然，別雅馴爲一事，眞實爲又一事哉！且司馬遷作封禪書，對於方士之譸張爲幻備致揶揄，可謂已根本不信。其記公孫卿語曰，『今年得寶鼎，其冬辛巳朔旦冬至，與黃帝時等』。又載卿之札書曰，『黃帝得寶鼎，……於是黃帝迎日推策』。此不過以汾陰得鼎，漢武迎至甘泉，遂啟方士紛紛託古之說，視漢武爲卽黃帝耳。然黃帝本紀卽因而記之曰，『獲寶鼎，迎日推策』，此非視公孫卿之言卽爲黃帝之信史乎？此與彼作封禪書之旨毋乃銜突？究其所以如此，則以判卿言『仙登於天』爲不經，而『迎日推策』爲雅馴，但得合於雅馴之條件卽爲可留之史料也。彼作五帝本紀，幾將五帝德一篇全部收入；然獨刪『黃帝三百年』之顓頊『乘龍而至四海』，帝嚳『春夏乘龍』諸語，無他，亦以其不雅馴而已。故不雅馴（神話的）則去之，雅馴（人生的）則存之，其所以審擇史料之術實至簡單。以堯典之雅馴，雖多晚出之文（並非晚出之篇），豈有不錄者哉！且迎鼎之事在元鼎四年（西元前一一三），公孫卿信口之說必在其後，而赫然載於史記之首，則城朔方在元朔三年，平南粵在元鼎六年，據以撰成之文安得不可錄乎？史記之屬草雖始於元封二年（前一〇九），然天漢三年（前九八）受腐刑時尚未成書，則必寫竣於太始征和（前九六——八九）之間，距制度大定之日亦既十餘年矣，又何爲而不可錄乎？故竊謂今本堯典雖出於漢武之世，並不礙於史記之收載。以本篇文辭之美，理想之高，其得統一諸本而垂爲定典，固非偶然事也。

又有一事足爲堯典錄入五帝本紀之旁證者，則今文泰誓之錄入周本紀是也。尚書序正義引劉向別錄云，『武帝末民有得泰誓書於壁內者，獻之；與博士使讀說之』。論衡正說篇云，『孝宣皇帝之時，河內女子發老屋，得逸易，禮，尚書各一篇，奏之。宣帝下示博士，然後易，禮，尚書各益一篇，而尚書二十九篇始定矣』。此所益之尚書一篇蓋卽泰誓，故經典釋文敘錄云，『漢宣帝本始中，河內女子得泰誓一篇』。是則泰誓之出有武帝末與宣帝初之兩說 此兩說雖只差二十年，而均已屆史記成書後。依常識論之，必無錄入史記之理。然而一檢周本紀，泰誓固宛然在目；不但周本紀有之，卽齊太公世家亦取數語焉。將謂司馬遷有前知之術乎？抑泰誓旣出，後之人讀史記而惜其不備，乃爲之增補者乎？史通古今正史篇云，『史記所書，年止漢武，太初以後，闕而不錄。其後劉向，向子歆，及諸好事者若馮商，衞衡，揚雄，史岑，梁審，肆仁，晉馮，段肅，金丹，馮衍，韋融，蕭奮，劉恂等相次撰續，迄於哀平間，猶名史記』。按此書所受竄益寧僅迄哀平間耶！秦始皇本紀末有『孝明皇帝』之文，司馬相如傳末且直錄漢書之贊，可見至於東漢而此風仍未已也。卽此觀之，史記所無者雖可以斷其本無，而其所有者實未可定其本有。則堯典卽必不能爲史公所收，豈遂無他人代爲收入之機會哉！

至於中星問題，自慚不解天文，未能施斷。但觀夏小正云，『五月，初昏大火中』，與堯典之『日永，星火，以正仲夏』合，疑堯典作者就此推出其他三時之中星。又夏小正中尚無二十八宿之觀念，而堯典有之，實爲堯典後于夏小正之證。故此四仲中星如確爲較古之星象，亦是夏小正之問題而非堯典之問題。況『觀測之日期若差十五日，則星次之位置可差十五度，推定之年代卽可差至千有餘年。又觀測之時刻若差一小時，星宿之位置亦將行過十五度，所佔之年代亦可差至千餘年』（竺可楨先生說）。是則堯典中極簡略之記載，固未當即以確定其時代之古也。

撥冗書此，言不盡意。願三君與讀者共指正之！

廿三，十二，廿六。

出版者：禹貢學會。
編輯者：顧頡剛，譚其驤。
出版日期：每月一日，十六日。
發行所：北平成府蔣家胡同三號禹貢學會。

禹貢
半月刊

價目：每期零售洋壹角。豫定半年一卷十二期，洋壹圓；全年二卷二十四期，洋貳圓。郵費加一成半。國外全年加郵費八角。

The Evolution of Chinese Geography
A Semi-monthly Magazine

Vol. 2 No. 10 Total No. 22 January 16th 1935
Address: 3 Chiang-Chia Hutung, Cheng-Fu, Peiping, China

第二卷 第十期
（總數第二十二期）
民國二十四年
一月十六日出版

中華郵政特准掛號認爲新聞紙類　內政部登記證警字第叁肆陸壹號

東北史地研究之已有成績

馮家昇

邊疆之學，吾國學者嚮來視爲偏僻而不關宏旨；不知吾人以爲偏僻，不加注意，正外國學者努力最勤而收穫最豐者也。顧彼等所以努力研究，無不有其政治背景，日俄之于東北，俄之于蒙古新疆，英之于新疆西藏，法之于雲南廣西，其顯著者也。雖能各就其範圍，爭先開拓，舉以誇耀，然皆出入于彼等國家政策之中，無不有侵略性之浸漬，故吾人于自己之邊疆問題亦徒仰賴外人，其害直有不堪勝言者矣。

道光以後，外患日亟，北有『羅剎』之進迫，南有英法之侵略。一般士大夫鑒于邊疆之重要，于是治邊疆史地之風氣首開。祁韻士之藩部要略後，有張石洲之蒙古遊牧記；林文忠譯四洲志，魏默深據以成海國圖志。此外如何願船朔方備乘，徐繼畬瀛寰志略，徐松西域水道記，新疆識略，胡文忠公讀史兵略等等皆足以表示此期之動向。其後順德李氏有西遊錄注，烏程沈氏有西遊記釋，會稽施氏有元祕史山川地名攷，雖有由邊疆而轉向研究元史之趨勢，然亦零星掇拾，遞相發明，對於西北史地攷証之功不容泯也。

關於西北，吾國學者雖逐漸有系統之研究，其在東北，則向無人過問。自乾隆欽定之滿洲源流攷，盛京通志，熱河通志等書出現以後，經過吉林外紀，吉林通志，黑龍江外紀，一直至今未有多大進步。說者謂東省爲滿清之發祥地，矧滿洲民族，明人視爲夷狄，以夷狄而入主中華，其不欲人揭發其祖先之秘密，乃極自然之事；且『欽定』之書如金科玉律，孰復敢繩愆糾謬，學者亦只有盲從而已。

吾人若翻考考氏H. Cordier所著之Bibliotheca Sinica，雖亦見歐美人對于東北有所研究，然而零篇短什不足成一系統；其在此方面努力而有成就者，厥惟俄日二國。蓋二國與東北土地相連，且在吾之四省有政治上，經濟上特殊之關係也。

一五五八年（明萬曆七年），Yermak 率八百十四人，東來探險，是爲俄人經營東部西比利亞之開端。但在此時不過俄國一般無賴爲逃避法律，或尋求金錢而冒險。一六八二年，Milovanof東下黑龍江，有第一次旅行報告發表，是爲俄人關于東北紀載有系統之開端。其後彼得大帝創立科學院于彼得堡，附設東部西比利亞研究機關，于是學者漸次東來。第以尼布楚條約（Treaty of Nerchinsk 1689，康熙二十八年）之限制，東下冒險之學者仍不多見。一八五四年，人種學家希連庫東下黑龍江庫頁島，實地探查各地之民族，刊行著作三大册，其精細縝密為從前所未有。即在今日研究黑龍江下流之人種學家，亦莫不有資于是書。一八五五年，地理學家馬庫亦率隊東來，對于黑龍江一帶地質地形，亦有精詳之報告。一八五八年（咸豐八年），奕山與木喇福岳（N. Muraviev，後以功稱 Muraviev Amursky）訂璦琿條約，中國喪失黑龍江北岸土地。一八六〇年（咸豐十年），伊格那替夫（N. P. Ignatief）與恭親王締結北京條約，中國喪失烏蘇里江以東之地。于是俄人東來者益多。一八六四年，科馬羅夫及額納爾特公布之松花江一書，內容極為詳盡，古爾白氏之額里牙克語彙一八九五年出版，頗引起世界語言學家之注意。一八九八年間（光緒二十四年），中東鐵路建築之時，由地下發掘古物不少，俄國學者於此亦有所報告。索倫達呼爾據 Leopald von Shrenk 氏從人種學上研究之結果，謂當屬于通古斯族；據 Schmidt 氏從言語學上研究之結果，謂當屬于蒙古種；而 Iwanowski 親赴嫩江流域之齊齊哈爾，墨爾根，愛琿等地實地調查，歸而著 Mandjurica 一部字典，始殆定達瑚爾語言是以蒙古語為主，參合多量之通古斯語；索倫語言則以通古斯語為主，而參合多量之蒙古語：此二族雖原始遊牧于額爾古納河，實非同一種類。經氏此番研究而多年未決之問題，至是乃有定論。

此外，俄人研究東北應當注意者六人：（一）Palladius，于一八四〇年隨 Tugarinoff 來北京傳教，凡六年，至一八五九年返彼得堡；一八七〇年，復來北京，道經烏蘇里江，應俄地學會之請，為人種學與考古學之調查；直至一八七八年，因病由海道返國而卒。氏在北京與各名流交往，不但對吾邊疆研究甚佳，即對其他學問亦皆精通，堪稱俄人中之漢學家也。所譯元祕史，西遊記，聖武記，張德輝遊記等書為俄人研究蒙古往事必讀之書。（二）Vasiliev，一八四〇年來北京傳教，十年之間通漢滿蒙藏梵等文；一八五一年返俄，任 Kazan 大學漢滿文教授；一八五五年，任彼得堡皇家東方委員會會長。所著有文明時代之滿洲，寧古塔記，Thyr 山永寧寺石刻註釋等書，甚為俄之東方學家所稱道。（三）Hyacinth，原為伊兒庫次克之區牧師，為人放蕩不羈；一八〇五年被放逐于 Tobolsk，為神學校之修辭學教員；一八〇七年被赦，重返故地；一八〇八年，來北京傳教，平時不預教會事，日與漢滿蒙藏人為友，修讀各種語言文字；一八二一年，有人告發，遂被總教放逐于Valaam；一八二六年，有名之東方學家Baron Shilling訪氏于是地，與語大爲驚異，因得赦還彼得堡；一八二七年，擢爲外交部亞洲司翻譯官。其著作在俄人中堪稱上乘，如蒙古記述及中華統論關于東北之部份（第二部，Statistiches Koye Opisanie Kitaiskoi Imperie Sprilczeniem Karty na 5 listah SPB 1842)極精當。(四)Bretschneider，一八五八年，由Dorpat醫科大學卒業入外交界；一八六六年，來北京，直至一八八四年始返國；在北京與Palladius及漢滿等人來往甚勤。所著凡三種，關于中國歷史者，關于中國地理者，關于中國植物者。如Mediaeval Researches及Notes of the journeys across Mongolia in 1847及1859，最爲人所稱贊。(五)Radloff，歐戰前爲皇家地學會會長及人類所所長；一八九八年，發掘Orkhon R. 之和林，得闕特勤 Kül Tegin碑文。著有Die Alt Turkischen Inschriften des Mongolie 及 Versuch eines werterhuch der Turk-Dialect 等書，爲世界人所稱。(六)Shirokogoroff。凡三次探查東部西比利亞及黑省等地；第一次一九一二至一九一三，隨中亞東亞探查隊，得Imperial Academy of Science of St.Petersberg之助；一九一七年擢爲隊長，遍遊東部亞細亞及我東三省。所著有Social organization of the Manchus, Social organizations of the Northern Tungus。關於俄之研究東北機關，一八二〇年堪贊大學(University of Kazan)設東方語學講座，一八五五年，移于彼得堡；一八五一年，皇家地學會(Imperial Russian geographical Scciety 分設于伊爾庫次克及其他各地；一八八八年，托木斯克大學(U. of Tomosk)成立；一八八九年，海參崴東方研究院成立(一九一九改組爲大學)；一九一八年，伊爾庫次克大學告成：凡此等大學特設東部亞洲研究會。至于彼得堡之遠東學院尤爲研究東北之中心，內中均爲俄國第一流中國學家，成績特著。民國初年，俄國更欲以帝國全力組織亞洲研究機關，俄皇自任總裁，羅道洛夫Radloff爲會長，斯志連把庫爲秘書；總會設彼得堡，支部分設英，法，德，意，日等國，意在大規模考查東部西比利亞與中亞細亞也。其後歐戰遽起，工作中輟。而住在吾東省哈爾賓之學者則創設東方研究協會，刊行亞細亞雜誌；旋以俄國革命，陷于停頓；雜誌刊行至五十餘册，內中甚多精心之作。

大抵俄人對東北之研究，主要者爲人種學，語言學，民俗學，考古學，地質學，地理學等實際科學，而其誇耀于世界者亦此數種，不但遠在歐美之東方學家對此貢獻望慮莫及，即多年注意東北之日人亦是相形見絀。吾人若讀鳥居龍藏之人類學及人種學上所見到之北東亞細亞一書，其推崇俄國學者，無不備至。氏于一九一九年隨日本陸軍至西比利亞，曾參觀海參崴，赤塔，伊爾庫次克，海蘭泡，喀布羅甫等地之俄國研究機關，其博物圖書館皮藏各類標本及研究報告極富，惜我國通俄文者少，尚未聞有詳細之介紹也。

參攷書

一、Krause, Russia in Asia 第十二章。

二、Cordier. Bibliotheca Sinica vol. IV. 268—3018. 及 Supplement Tome 1 4242—4427.

三、The China Journal vol. XI, 1929; vol. XII, 1930; vol. XIII 1930. 作者 Ferg son，關于俄國四大漢學家略有介紹，未附個人作品。

四、新社會半月刊二卷九期，十二期有加利福尼亞大學教授 Kerner 關于俄人研究東北之報告，林同濟譯，甚簡略。

五、鳥居龍藏之人類學及人種學上所見到之北東亞細亞。

俄國學者雖對東北之人種，地質，地理，語言，土俗，有極可誇耀之成績；然對東北之古史，古地之研究，則不及日人。蓋日人與吾人同文同種，特有許多便利，為俄人所不可及耳。

日本學者研究東北雖早起于明治維新以前，但只限于元清兩朝之事；且其時之眼光與方法不脫前人之窠臼，未足云學術上之研究。自維新以後，迄日俄戰爭，日本研究東北始轉入第二時期。在此時期，日本產生幾位卓越之學者，學植既富，又頗能利用西洋人之方法，乃樹立『滿鮮學』或『滿蒙學』之基礎。其中最可注意者三人：一為那珂通世，一為內藤虎次郎，一為白鳥庫吉。那珂在明治三十三年（一九〇〇）正月，在史學雜誌發表台灣朝鮮滿洲研究指南，不啻日本人研究東北之宣言書，自此以後日人始對東北有正確之方針。其作品中值得注意者如高句麗古碑考（史學雜誌第四編），朝鮮古史考（史學雜誌第五編至第七編），故那珂實為日人研究東北之開山祖。內藤虎次郎為新聞記者出身，有蒐集史料，鑑別史料之天才；為新聞記者時，正我國與日本爭朝鮮最烈之時，其對東北印像之深乃極自然之事；但在此時，其作品尚是平平，如明治三十三年明代東北區域辨誤及蒙文元朝秘史解題，不過拾取吾國學人之見解，稍加抒張而已。白鳥庫吉，明治二十三年（一八九〇）卒業于大學，通英法德諸國文字，為前二氏所不及；自明治三十九年（一八九七）至三十三年（一九〇〇），所發表之初期作品，如匈奴屬何種族，突厥闕特勤碑銘考，契丹女眞西夏文字考，盤據中國北部之古民族之種類等文，引用英法德學者之說，互相質正，日本學者當時甚爲注意。但此期作品，不過介紹西洋人之學說，自己則頗少發明。自日俄戰後，日人研究東北走入發展之時期，最要者則爲開拓搜求史料之分野。明治四十年(一九〇七)那珂在廣島高等師範學校滿洲修學旅行紀念錄中登載滿洲研究參考書，明治三十九年(一九〇六)內藤在早稻田文學雜誌發表奉天宮殿中所見之圖書，四十一年(一九〇八)又公佈整理奉天故宮新獲之史料，大正八年(一九一九)刊行滿蒙叢書(只刊七卷)，均爲學術界大可紀念之事。同時白鳥從歐回國(明治三十八年，一九〇五)奔走計畫組織亞細亞學會；此會雖終不成，但明治四十年(一九〇七)則建設東洋協會學術調查部，四十一年又設立滿鐵學術調查部，此二學會可謂爲日人研究東北之總幹。如那珂門下之箭內亘，松井，內藤門下之稻葉岩吉，白鳥門下之津田左右吉，池內宏，和田淸等均網羅之。英人莫利遜Morrison久居中國，購藏秘籍甚多，我國以財力短絀，未能購還，致爲日人先得，今世所傳之東洋文庫卽此。白鳥于東洋文庫附設研究部，以其門人石田幹之助爲部長，近年發達，更有可觀矣。在此期間，彼等作品已十分成熟，非若前期徒事拾取我國或西洋學者之陳說而已。如那珂之成吉斯汗實錄，內藤在藝文與史林發表關于淸初之論文，皆有所發明。至于白鳥亦由追隨西洋人而造成自己的見解，例如大正二年(一九一三)東胡民族考，大正八年之室韋考等文，均極精博，爲時人所稱美。且不特此三位臺柱之作品具有創造的精神，卽彼等門弟子之作品亦頗有獨特的見解，如箭內亘之蒙古史研究，稻葉氏之淸朝全史，滿洲發達史，朝鮮民族史，津田左右吉之勿吉考，金代北邊考，池內宏之肅愼考，鐵利考，金末之滿洲等文，較其先輩毫無遜色。

但此皆偏于文獻之研究，自八木奘三郎，濱田耕作，原田淑人，鳥居龍藏等在考古學與人類學努力之結果，而日人研究又別開一新路。其在朝鮮則大正五年擬定新計畫聘請學者分區調查史前遺蹟，古墳，金石期，以大正五年至十年之間搜完三韓，加羅，百濟，新羅，濊貊，高句麗，沃沮，渤海，女眞各時代之遺跡。大正十年更定新計劃，繼續發掘，如樂浪帶方時代之新羅古墳等等。刊物有大正五年以後至今十數册之朝鮮古蹟調查報告及特別報告若干册。其餘如朝鮮金石綜覽，朝鮮古跡圖譜，亦皆可珍貴。其在東三省則以滿鐵爲中心，如八木滿洲舊蹟志，滿洲考古學。昭和四年，東亞考古學會在關東州大肆發掘，刊行貔子窩，六年刊行牧羊城，八年刊行南山裡，九年刊行營城子。前兩册在濱田耕作原田淑人領導之下，後兩册則由關東廳博物館之河島八木森修主領之。其調查事項，大抵皆先史遺蹟及漢代古墳，金石等物。長此努力，將來日本由地下發掘之貢獻恐不亞于俄人也。

昭和六年（一九三一），滿鐵會社成立滿洲學會，刊行滿洲學報。七年（一九三二），滿洲教育專門學校史地科畢業生又組織滿蒙地理歷史研究會，刊行滿蒙地理歷史。民國九年，日本陸軍中將高橋武化組織滿蒙文化協會，十五年改稱中日文化協會，支部徧設旅順，奉天，哈爾濱，東京，下關等地。會員達三千餘名；刊物有滿蒙，文化（現已改稱大同文化），其他出版圖書亦達三百餘種。昭和八年（一九三三）十月，日滿文化協會與僞國合作，會員皆日本與僞國之第一流野心家，如服部宇之吉，內藤虎次郎，池內宏，濱田耕作，羽田亨，關野貞，溝口藤次郎，鄭孝胥，羅振玉，榮厚，熙洽，袁金鎧，寶熙，許汝棻等。公推溥儀總裁，通過章程二十條，設立『國立文化研究所』。第一部學術及制度：經學，諸子，宗教，制度，律令，佛教等屬焉。第二部史地及文藝：歷史，考古，金石，小學，藝文，地理，藝術等屬焉。第三部科學：天文，算學，音律，歷法，度量衡，醫學，本草，衛生等屬焉。第四部產學及經濟學：農林，工商，礦業，漁業，幣制，金融，財政，交通等屬焉。日人對我東北之研究向雖積極努力，然以形格勢禁，終未如在政治上或經濟上之成效大著；今我四省既爲盜竊，施行文化進攻政策自爲千載一時之良機矣。按日人在東北軍事統治，政治統治，經濟統治，舉凡一切無所不用其統治，然則此『日滿文化協會』之成立，或即文化統治之先之聲乎？

雖然，吾國學者亦非無可述者，如曹廷杰之東三省輿地圖說（光緒二年），由實地關于金上京之探查，考正極精核，且早于白鳥（光緒三十四年）探查廿餘年。又氏探查黑龍江下流，發現明代永寧寺碑，光緒十一年著西伯利亞東邊記要，足以証明代疆域不僅限于柳條邊。後十五年（光緒二十六年），內藤拾曹氏說，著有東北疆域辨誤一篇，以永寧寺碑糾正滿洲源流攷之繆誤。至氏所著之東北邊防輯要，記山水險隘俱極精詳，久爲日人所稱羡。張石洲蒙古遊牧記關于奉天熱河之部亦極精彩，並爲日俄學者所稱贊。光緒二十五年，屠寄居黑省應會典館命撰黑龍江輿圖六十一幅，又爲輿圖說一卷，甚爲精當，遭庚子之亂爲俄人竊去許多份。丁謙外國地理考証，人多識其武斷，然其武斷之病間雖難免，而其考證諸史東夷傳則極見精彩。至于吳廷燮之東三省沿革表，魏聲龢之吉林地理紀要，徵引之富，見解之卓越，有爲日人所不及。孰謂吾國無東北研究專家乎？所惜自來學者各自爲政，不能分工合作，致前人所走之道，後人復因襲之，遂妄費若干苦力耳。

參攷書

一，歷史教育七卷九號明治以後關於歷史學之發達（燕京大學史學年報第五册有翁獨健譯文）。

二，The China Journal XV 1931, Ferguson，關于日本之中國學家有所介紹。

三，支那風物二卷三號和田清日本人對於支那學之二大功績。

四，燕大出版日本期刊三十八種中東方學論文篇目附引得。

五，東洋史學論文要目（東京大塚史學會編）。

清代地理沿革表

趙泉澄

叙

有清一代，凡歷十世，二百六十有餘年。其間地理沿革變化至繁；及今董理，有五難焉。清代地理區域，名雖分爲三級，而實則同爲州廳，有受治於司或府者；同爲縣區，有受治於府或州或廳者。於是諸縣錯綜其間，而州廳有直隸州直隸廳散州散廳之分。此外，道鎮土司衛所復互相牽涉於中。雜糅不分，名實莫辨，其難一。清代地理區域，名稱不一。或同名異地，或異名同地；甚者或一地易名而以其舊名名新地。張冠李戴，彼此易亂，其難二。清代地理區域，時而或大或小，或增或削。滄桑不定，前後無從捉摸，其難三。清代地理區域之間，無時不有裁併隸改之現象；或以一部撥歸某府某州，或以一部改隸某省某屬，或並其自身而廢之，而將所有領地割屬四鄰。頭緒紛繁，目爲之眩，其難四。清代地理區域，由於前項互相歸併之結果，往往影響於地方區域之升降作用：一地因領屬之驟增，或由縣而升爲廳爲州爲府，或因領屬之忽減，由府而降爲州爲廳爲縣。上下起伏，不啻宦海之浮沈，其難五。爲謀五難之史的解決，此清代地理沿革表之所以作也。

地理沿革之關係大矣，試即以吾人作表之動機言之。本表之作，實起於吾人對於我國近代史上各省地方經濟財政系統之探討，初非爲研究清代地理之本身而發。然當吾人着手於此種系統之時，立即與地理行政區域發生直接之關係。何則？各地方經濟財政之系統，率皆寓形於地理行政區域之轂內，欲解決此種系統沿革，非打破地理難關莫由。於是地理沿革遂成爲吾人先決問題。否則無以明一地歲出歲入之主從關係，各處賦稅款項之來龍去脈，以及人丁地畝之消長，錢糧收支盈虧之一般的理由。其關係之深切如此。抑尤有進者，天地間之事物莫不有其史的階段，故學亦莫不有史，而史地實有不可分割之關係。然則地理沿革者，豈但與經濟財政史相關，與其他學問亦莫不有關。是以古今究心於輿地之學者多矣，所有地理載籍亦不可勝計，即以清以來而論，已浩如淵海矣。

惟此種浩如淵海之載籍，並不能爲吾人解決清代地理沿革史上之諸種難點也。如光緒大清會典事例一書，曾經五次修訂，當事者皆一時達官名士，實爲有清一代官書中有名之作。然其紕繆疏漏之處仍有令人不堪設想者。吾人試以直隸一省之地理沿革爲例。順康間直隸有延慶保安二州，河間眞定有興濟阜平二縣，書中皆未之載。雍正初，順天府改玉田豐潤隸永平府，直隸省下亦無記。又眞定府定州之升，新樂一縣亦隸焉，越十年而還府屬，是書亦漏而不詳。又雍正時，改大名濬滑二縣隸河南之衛輝，書中不但忽而不載，而反於河南省下誤作『開封之濬滑』。凡此皆其犖犖大者。至於其小焉者，如宣府二州之不言舊降，八縣之不提新改，諸如此類，尙不計焉。夫以直隸首善之省區，其漏略謬誤且如此，他省更無論矣。

至於他書，以吾人所知，有清一代官私載籍之言地理沿革者，率多以會典事例爲據，故謬錯相仍，殊鮮短長；其不以是爲據者，內容益不可問；而歲月既久，或因編著之不愼，或因鈔寫刻板之失察，益孳乳其非。遂使地理沿革之問題，愈後愈不可治。故後世雖地理學者輩出，亦未能有何進步。清代既已如此，至於民國，其較可觀者，惟清史稿地理一志，然其訛謬，不僅未除，且有過之而無不及。此則近人作校正者，已能言之。雖然，清史稿地理志之校正果可能乎？稿，雍正二年置張家口廳；校正曰，一統志作三年。稿，雍正三年升天津衛爲直隸州；校正曰，事例作二年。稿，雍正九年天津直隸州升爲府；校正曰，事例作八年。稿，雍正九年置寧河縣；校正曰，事例作元年。稿，雍正七年平泉州置八溝廳；校正曰，事例作八年。稿，雍正初年以順天之玉田豐潤隸永平；校正曰，一統志作三年，事例作四年，本志玉田下作二年。是則雖校而猶不能正也。校而猶不能正，清代地理沿革之仍不能解決也明矣。

在昔學者研究前代之地理，每聚訟萬端，累代而不能定，終至懸爲不能解決之案。今之學者有目漢代地理爲一謎者，良有以也。然不知清代地理亦一謎耳。所以然者，地理區域散處四方，每一單位無日不在各自演化之中。欲知其演化之情，非生逢其時，足至其地，不能道其眞。且以我國領域之廣遠，徧臨其境，勢旣不能；而一人之時間有限，地理區域之變化靡窮，其所以懸爲不解之謎者，以此。

雖然，吾人於清代地理沿革之謎，得一解決之途焉。其道惟何，曰檔案是也。蓋檔案者，正生逢其時，足履其地，而身當其任者之所爲也。故其眞實性，非任何史料所能及。

檔案之來歷及其變遷之事蹟，世已有言之者，余亦已爲文及之，茲不論。今就檔案與地理沿革之關係，再分晰言之。此種檔案，以來自各地方者爲多，蓋清代除中央部寺外，地方省府州縣之間亦無不有題奏呈報之文册，而皆與地理沿革有直接關係者也。何則？各地方檔案之內容，無論其爲戶口丁賦，或地畝錢糧，或鹽課正雜，或漕白，或南秋，或餉糈，或倉庫，而在其題奏呈報之時，不能不兼及其本官之職名，款目之地域，內容及題奏呈報之年月日。於是而在無意中，遂將其當時所在地方地理沿革之實

際保存於中，而爲後世研究地理之絕好史料也。且此種材料，非僅限於一隅，雖近如京畿，遠如雲貴，亦無不有此項檔案可稽，其可以供人研究地理區域範圍之大，又如此。再則其款式，率多先總以一省之數，次分列該省所屬各府直隸州直隸廳之數，又其次復列各該府直隸州廳所屬散州廳各縣之數，井然有序。更有進者，省府州廳縣各數之前，往往列以各該區負責長官到任及款目收徵完訖之日期，雖地理行政區域上一月一日之變化，亦可得而幾也。清代地理沿革之史料，捨此無加矣。

王氏庫書樓記曰，『內閣大庫文書檔案，明清三百年來，除舍人省吏循例編目外，學士大夫罕有窺其美富者』。由是觀之，則前人之所以不能假檔案以考定地理上之問題者，固無足怪。至於民國以還，大庫文書檔案雖數遭浩刼，而大部分尙得保存於各學術機關。乃時至今日，爲清代地理沿革史之考究者雖不乏人，而仍鮮見有利用之者，豈非異事。

民國二十一年，余來北京大學研究院，顧師頡剛極言院藏大庫檔册之可貴，囑加研究；秋季開學，即以此種檔案爲近代經濟史上研究之材料。因感於地理沿革之需要，於是於正式題目以外，排比五朝會典，三朝則例，事例，

皇朝四通，方志諸書，觀其異同，而以檔案爲定，作沿革表。乃以事變，檔案南遷而中輟。明年運回，始得續故業。越三月，承劉半農主任沈兼士教授之助，復得觀故宮博物院文獻館大庫之遺。又明年，余來社會調查所，整理中央研究院歷史語言研究所所藏大庫檔册，越三月而蔵事。所見檔案既多，遂得時加修改，以成此表焉。

地理沿革表之種類多矣，大抵文表兼用。然吾人將取法何種文表，則爲問題。於文，古今多可爲吾人法者；獨於表，尙未見有足取者。蓋古今沿革表之法雖衆，而其能將一代地理行政區域上所有問題，皆於表中見之，而又有條不亂者，尙未之見也。本表組織以地與時爲經緯，以各種數目字字母符號爲佐。又爲避免繁重計，將第三級地方單位，藏形於文而現變於表，觀變而形可索。如是，有清一代紛紜萬狀之問題，遂成爲一幅簡單明瞭之圖表，閱之者，不過一舉手一寓目之勞耳。

惟以時間有限，檔案亦有殘缺未及見者，本表仍有忽漏未備之處，有待於他日之補充修正。幸好學之士垂敎焉。嗚呼！國事蜩螗，民不聊生，彼滔滔者又誰與挽！居今而言地理，豈吾人之本意耶？倘有賢者，研究重大之問題，而茲表能爲一臂之助，庶有豸乎？民國二十三年十一月二十三日，母親去世第三年紀念日。

凡例

一，本表以地爲經，以年爲緯；地以行分，年以朝總。

二，本表暫以直省爲限；其非直省及藩屬朝貢之國從略。

三，本表暫以地方行政區域爲限，凡缺乏行政區域性之諸道，衛所，土司等從略。

四，凡第一（省，順天府）第二（府，直隸州，直隸廳）兩級地方單位之名稱變遷，皆於表中列出；其第三級地方單位（散州，散廳，縣），但於該第三級地方單位所屬第二級地方單位之旁，標以變遷之年代，其名目僅備於文，不列於表。

五，凡地方單位所有領屬之數目，除第一級已見於表中不標明外，其第二級地方單位之下，皆標以一朝最後所有領屬之總數：其居中者爲廳，居左者爲州，居右者爲縣，其相仍不變者不重複。

六，凡地方單位之成立，除順治初仍明制者不標年代外，在各地方單位之上端，皆標以成立之年代。

七，凡順治初訖宣統末，其中所有地方單位變遷之跡，皆標以變遷之年代；其相仍不變者亦不重複。

八，凡地方單位領屬之增減：其左標以增減之年代，年代之右，增者標以『十』號，減者標以『一』號。其涉及他省單位者，在本省單位之左端，標以關係之省名；其『十』『一』符號之用法同。

九，凡地方單位領屬之增減，但發生於該單位之本身，而不與他級單位相關者，除第一級單位已見於表中不標外，增者亦標以『十』號，減者亦標以『一』號，惟將符號置於年代之左端，以示別。

十，凡衛所土司等改爲正式之地方行政區域者，以各該地方行政區域所改屬之上級地方單位本身領屬之增加論。

十一，凡地方單位之裁省，在其裁省之年代下，作一下垂長方形符號。

十二，凡地方單位被併吞於他國，在其被併吞之年代下亦作一下垂長方形，長方形之內復畫一『×』號，其所關係之國名亦於省單位之左端標出之，在國名之左端亦標以『一』號。

十三，凡地方單位之變遷，除前項情形以外，所有其他之變遷，但標以變遷之年代。

十四，凡前項各種年代有不能定者，以『？』號代表之，其他『十』『一』等符號之用法同。

十五，凡上項八，九，十一，十二等項設置增加，裁改，併吞之年代上，皆冠以英文字母，以爲與其他各地方單位相互間關係之標識，以知其置增之所自來，裁減之所由去。

一　順天府　直隸省

順天府：

順天府——順治初年仍，領州五：通，昌平，涿，霸，薊；縣二十二：大興，宛平，良鄉，固安，永清，東安，香河，三河，武清，寶坻，漷，順義，密雲，懷柔，房山，文安，大城，保定，玉田，平谷，遵化，豐潤。十六年，裁漷縣入通州：領州五，縣二十一。康熙十五年，遵化縣升爲州，領州六，縣二十。二十七年設四路廳，分轄所屬各州縣。

西路廳——康熙二十七年設，轄州一：涿；縣四：大興，宛平，良鄉，房山。

東路廳——康熙二十七年設，轄州三：通，薊，遵化；縣六：三河，寶坻，武清，香河，玉田，豐潤。雍正元年，增置甯河縣。三年，武清縣往屬天津州；四年，武清縣還屬，玉田豐潤二縣往屬永平府：轄州三，縣五。

乾隆八年，遵化州升爲直隸州：轄州二，縣五。

南路廳——康熙二十七年設，轄州一：霸；縣六：同安，永清，東安，文安，大城，保定。

北路廳——康熙二十七年設，轄州一：昌平；縣四：順義，密雲，懷柔，平谷。

直隸省：

保定府——順治初年仍，領州三：祁，安，易；縣十七：清苑，滿城，安肅，定興，新城，唐，博野，慶都，容，完，蠡，雄，深澤，束鹿，高陽，新安，淶水。

雍正十一年，易州升爲直隸州，淶水縣往屬；十二年，深澤縣往屬定州直隸州：領州二，縣十五。

乾隆十一年，改慶都縣爲望都縣：仍領州二，縣十五。

道光十二年，裁新安縣：領州二，縣十四。

永平府——順治初年仍，領州一：灤；縣五：盧龍，遷安，撫寧，昌黎，樂亭。

雍正四年，順天府東路廳之玉田豐潤二縣來屬：領州一，縣七。

乾隆二年，山海衛改設臨榆縣，隸府屬；八年，玉田，豐潤二縣往屬遵化直隸州：領州一，縣六。

河間府——順治初年仍，領州二：景，滄；縣十六：河間，獻，阜城，肅寧，任丘，交河，青，興濟，靜海，寧津，吳橋，東光，故城，南皮，鹽山，慶雲。十六年，裁興濟縣入青縣：領州二，縣十五。

雍正二年，青，靜海二縣往屬天津直隸州；七年，滄州升爲直隸州，南皮，鹽山，慶雲三縣往屬：領州一，縣十。

眞定府，正定府——順治初年仍，領州五：晉，冀，趙，深，定；縣二十七：眞定，井陘，獲鹿，元氏，靈壽，藁城，欒城，無極，平山，阜平，新樂，曲陽，行唐，南宮，新河，棗強，武邑，安平，饒陽，武強，栢鄉，隆平，高邑，臨城，贊皇，寧晉，衡水。十六年，裁阜平縣入行唐曲陽二縣：領州五，縣二十六。

康熙二十二年，復設阜平縣：領州五，縣二十七。

雍正元年，眞定府改名正定府，眞定縣改名正定縣。二年，晉州升爲直隸州，無極，藁城二縣往屬；冀州升爲直隸州，南宮，新河，棗強，武邑，衡水五縣往屬；趙州升爲直隸州，栢鄉，隆平，高邑，臨城，寧晉五縣往屬；深州升爲直隸州，武強，饒陽，安平三縣往屬；定州升爲直隸州，新樂，曲陽二縣往屬。十二年，新樂縣還府屬；降晉州直隸州爲州，暨所屬無極，藁城二縣還府屬：領州一，縣十三。

順德府——順治初年仍，領縣九：邢臺，沙河，南和，平鄉，廣宗，鉅鹿，唐山，內丘，任。

廣平府——順治初年仍，領縣九：永年，曲周，肥鄉，雞澤，廣平，邯鄲，成安，威，清河。

雍正四年，河南省彰德府之磁州來屬：領州一，縣九。

大名府——順治初年仍，領州一：開；縣十：元城，大名，南樂，魏，清豐，內黃，濬，滑，東明，長垣。

雍正三年，內黃縣往屬河南省之彰德府；濬，滑二縣往屬河南省之衛輝府：領州一，縣七。

乾隆二十三年，裁魏縣：領州一，縣六。

延慶州——順治初年仍，領縣一：永寧。十六年，裁永寧縣入州：無屬領。

康熙三十二年降爲州，往屬宣化府。

保安州——順治初年仍，無屬領。

康熙三十二年降爲州，往屬宣化府。

宣化府——康熙三十二年設，領州二：延慶，保安二直隸州降爲州，來屬；縣八：宣化前衛改設宣化縣，開平衛改爲赤城縣，萬全左，右衛改爲萬全縣，龍門衛改爲龍門縣，懷來衛改爲懷來縣，蔚州衛改爲蔚縣，永寧衛改爲西寧縣，懷安衛改爲懷安縣，隸府屬。

雍正六年，山西省大同府之蔚州來屬：領州三，縣八。

乾隆二十二年裁蔚縣入蔚州：領州三，縣七。

光緒三十年，承德府之圍塲廳來屬：領州一，廳一，縣七。

熱河廳，承德州，承德府——雍正元年設熱河直隸廳；十一年改設承德直隸州：無屬領。

乾隆七年，罷承德直隸州，仍置熱河直隸廳。四十三年罷，改置承德府，領州一：八溝直隸廳改置平泉州隸府屬；縣五：喀喇河屯直隸廳改置灤平縣，四旗直隸廳改置豐寧縣，烏蘭哈達直隸廳改置赤峯縣，塔子溝直隸廳改置建昌縣，三座塔直隸廳改置朝陽縣，屬之。

光緒二年，增置圍塲直隸廳；二十九年朝陽縣升爲府，建昌縣往屬；三十年增置隆化縣，圍塲廳往屬宣化府；三十四年赤峯縣升爲直隸州：領州一，縣三。

天津州，天津府——雍正二年，天津衛改置天津直隸州，河間府之青，靜海二縣來屬。八年，升爲府，於所屬二縣外，增置天津縣，又降滄州直隸州暨所屬南皮，鹽山，慶雲三縣來屬：領州一，縣六。

晉州——雍正二年，正定府之晉州升爲直隸州，正定府之無極，藁城二縣來屬；十二年降，暨所屬無極藁城二縣

1—3 宣統朝 1909—1911	順天府	西路廳	東路廳	南路廳	北路廳	直隸省	保定府	永平府	河間府	正定府	順德府

還屬正定府。

冀州——雍正二年，正定府之冀州升爲直隸州，正定府之南宮，新河，棗強，武邑，衡水五縣來屬：領縣五。

趙州——雍正二年，正定府之趙州升爲直隸州，正定府之柏鄉，隆平，高邑，臨城，寧晉五縣來屬：領縣五。

深州——雍正二年，正定府之深州升爲直隸州，正定府之武強，饒陽，安平三縣來屬：領縣三。

定州——雍正二年，正定府之定州升爲直隸州，正定府之新樂，曲陽二縣來屬；十二年，新樂縣還屬正定府，又保定府之深澤縣來屬：領縣二。

張家口廳——雍正二年置，無屬領。

滄州——雍正七年，河間府之滄州升爲直隸州，河間府之南皮，鹽山，慶雲三縣來屬。八年，降滄州直隸州爲州，暨所屬南皮，鹽山，慶雲三縣往屬天津府。

八溝廳——雍正七年設，無屬領。

乾隆三十九年分置烏蘭哈達直隸廳，四十三年，改八溝直隸廳爲平泉州，往屬承德府。

多倫納爾廳——雍正十年設，無屬領。

易州——雍正十一年，保定府之易州升爲直隸州，保定府之淶水縣來屬；又山西省大同府之廣昌縣來屬：領縣二。

獨石口廳——雍正十二年設，無屬領

四旗廳——乾隆元年設。四十三年改爲豐寧縣，往屬承德府。

塔子溝廳——乾隆三年設。三十九年分置三座塔直隸廳，四十三年塔子溝直隸廳改爲建昌縣，往屬承德府。

喀喇河屯廳——乾隆七年設。四十三年改爲灤平縣，往屬承德府。

遵化州——乾隆八年，順天府東路廳之遵化州升爲直隸州，永平府之玉田，豐潤二縣來屬：領縣二。

烏蘭哈達廳——乾隆三十九年，析八溝直隸廳北境地置。四十三年改爲赤峯縣，往屬承德府。

三座塔廳——乾隆三十九年，析塔子溝直隸廳東境地置。四十三年改爲朝陽縣，往屬承德府。

朝陽府——光緒二十九年承德府之朝陽縣升爲朝陽府，承德府之建昌縣來屬，又於府東境地增置阜新縣，於承德府之平泉州與建昌縣適中之地增置建平縣來屬；又三十四年，於小庫倫所屬庫街地方增置綏東縣：領縣四。

赤峯州——光緒三十四年承德府之赤峯縣升爲赤峯直隸州，於阿魯科爾沁東西扎魯特三旗地方置開魯縣，於巴林左翼地方置林西縣，隸州屬：領縣二。

禹貢與紀年

（接本刊二卷八期禹貢與禹都）

馬培棠

吾國古史料之大發現，與殷契差可比擬者，厥爲汲冢竹書。晉書武帝紀曰：「咸寧五年，十月，汲郡人不準掘魏襄王冢，得竹簡小篆古書，十餘萬言，藏於祕府」。但他篇所記，尙有與此不同者。束晳傳曰：「汲郡人不準盜發魏襄王墓，或言安釐王冢」。是帝紀記載之外，尙有或者之言，謂爲安釐王冢；按此說實出於王隱晉書。小川琢治穆天子傳考大斥王隱爲「怪頭腦之著述家，其書頗難置信」，復痛責唐修晉書之疏略，「揭載不與帝紀吻合之文以遺後世之惑」，因謂「只餘襄王冢唯一之說」。但襄冢發掘之時日，除帝紀「咸寧五年」外，又有二說：律曆志作「太康元年」，束晳傳作「太康二年」：三說俱存，尤爲齟齬。神田喜一郎汲冢書出土始末考曾加詮釋，曰：「汲冢書出土之時日，實咸寧五年十月；而翌年，太康元年，官收其書，藏於秘府；更翌年，爲太康二年，當時學者始親校讀之：據此事情，關於汲冢書出土之時日，生出一種傳聞之誤」，可謂達解。（以上所引日人二考皆據江俠庵氏譯文。）按此「十餘萬言」之竹簡古書，既經學者之校讀寫定，列在秘書；而其問題最多，考訂最勤者，厥爲紀年十二卷。

隋書經籍志撮舉其要曰：「紀年：皆用夏正建寅之月爲歲首。起自夏殷周三代王事，無諸侯國別；惟特記晉國，起自殤叔，次文侯，昭侯，以至曲沃莊伯；盡晉國滅，獨記魏事，下至魏哀王，謂之今王，蓋魏國之史記也」。與紀年作賅簡精當之繹述者，莫過於此。

雖然，謂「今王」爲哀王，不能無疑。史記魏世家，哀王實爲襄王子，襄王之冢何以有哀王之書？王隱「安釐王冢」之說抑亦有見於此乎？不知襄哀二朝乃史記所誤分，未可據爲史實。史記集解曰：「案太史公書，惠成王但言惠王，惠王子曰襄王，襄王子曰哀王。惠王三十六年卒，襄王立，十六年卒：幷惠襄爲五十二年。今案古文，惠成王立三十六年，改元稱一年，改元後十七年卒。太史公書爲誤分惠成之世以爲二王之年數也。世本惠王生襄王，而無哀王，然則今王者魏襄王也」。是史記襄王之年宜還惠王；哀王之年宜還襄王。但史記何來哀王，以遞補其誤增之一代乎？顧炎武日知錄曰：「襄哀字相近，史記分爲二人」。梁玉繩史記志疑更發揮之曰：「以魏襄爲哀，猶十二侯表以秦哀公陳哀公爲襄公也」。是隋志之哀王即襄王；杜預左傳後序謂紀年「至魏哀王二十年」，亦即襄王之二十年也。是時襄王尚健在，故紀年稱之「今王」。後三年，襄王卒，紀年未及改謚，當卽陪葬於土中。

於此又有使人疑者，史官記事，歲月增書，何以紀年闕襄王二十年後事？魏從此廢史歟，抑另有所記歟？廢史之言，吾固不信；若另有所記，則紀年必非正史，當又史官餘暇重演之把戲。惠襄之交，史官已制成禹貢，以爲時王鑑，以爲後王法，二十年中，風行天下。夫旣收地理上之成功，因再圖歷史上之改造，以貫澈其託古改制之初衷，於是而有紀年之新編定。吾因恍然悟隋志之「用夏正」「起自夏」之有由來矣。

禹之「敷土」「成功」，禹貢所託以見重者也。紀年由禹貢而產生，則其「起自夏」自屬當然之事。上無古人，又何足怪。然而隋書律曆志曰：「竹書紀年，堯元年景子」。堯在禹前，而紀年有之。史記集解引荀勗曰：「和嶠云：紀年起自黃帝」。黃帝又在堯前，而紀年始之。此又何說？

按堯與黃帝之記載，固先魏襄而存在：孔門論語有「大哉」之堯；陳侯鐈銘有「高祖黃帝」。旣而孟軻道性善，「言必稱堯」；鄒衍推五德，「上至黃帝」。縱大梁初無堯與黃帝之傳說，鄒孟旣至，又何患其不有。魏以好文之邦，想其舊史必補有極豐富之「五帝」史料。但因禹貢而新編之紀年，勢非省略大禹之前不足以見其微言大義，此其所以「起自夏」也。惜乎！修成三年即陪葬於襄冢，舊史之殘存材料或有未盡廢者，蓋一併掩之土中。及其發現而出，「數十車」之竹書同遭散亂，紀年與殘存舊史尤爲不易判別。迨荀勗加以詮次，紀年乃幸復厥初。荀勗傳曰：「得汲郡冢中古文竹書，詔勗撰次之，以爲中經，列在秘書」。其對紀年考訂之結論雖無明文，但可以間接求之。神田喜一郎謂太康二年，學者始加校讀，荀勗穆天子傳序正謂「太康二年」，盜發古冢，蓋就其寫定之年以爲詞。明年，「太康三年」，杜預得見竹書，左傳後序曰：「其紀年篇起自夏」，此爲荀定，蓋無疑義。但同時校定竹書者尚有和嶠，隋書經籍志曰：「帝令中書監荀勗，令和嶠，撰次」。而勗嶠實不相能，晉書和嶠傳曰：「嶠鄙勗爲人，以意氣加之」，則其與荀說立異自屬不免，於是「紀年起自黃帝」相繼而生。但亦決非無本之談，蓋綴拾殘存舊史而成者也。昔嘗疑勗與嶠同校竹書，意見並不一致，何爲勗引嶠語以論紀年？故學者或以不近情理而僞之。吾謂勗引嶠語，固不必是之，亦不必非之；特其出處不傳，下文無由考證耳。自此兩說相持，迄無定論，故十年之後，考辨不休。王接傳曰：「秘書丞衞恆考證汲冢書，未迄而遭難；佐著作郎束晳述而成之」。衞恆卒於元康元年，上去竹書出土已十二年，猶考證未竣，於是束晳繼之而集大成。晉書及王隱晉書均詳載汲冢書出土始末，於束晳傳後似以彼爲校定竹書之代表者，而束晳之結論一如荀舊，曰：「其紀年十三篇，記夏以來」也。

雖然，束晳大成之際，仍不免有難之者。王接傳曰：「東萊太守陳留王庭堅難之，亦有證據；晳又釋難，而庭堅已亡」。如此反復討論，固不必紀年一書，要之，紀年必爲最重要之問題，故隋志獨以竹書同異一卷附於紀年十二卷之下。至若紀年之「起自夏」，「起自黃帝」，蓋又同異中一大問題也。雖其辨論結果，「起自夏」者大獲勝利；然而調和派出，紀年眞象漸就破壞。王接傳曰：「散騎侍郎潘滔謂接曰：『卿才學理議，足解二子之紛，可試論之』。接遂詳其得失；摯虞謝衡皆博學多聞，咸以爲允當」。後人蓋有即其得失而求其一是者。自史記以來，上起黃帝幾成定論；於是紀年「起自夏」漸成空言，和嶠之議反得實現。史記集解尚宛轉於兩派之間；隋書二志已有不自知之矛盾。

按紀年與舊史，其絕對不可互補者，厥爲曆法之異制。是蓋荀杜衞束知之最悉，而卒未敢輕許於和者也。「周以前，一定有分配時間與季候之簡單曆法，並且一定不是一種。」但在周人直接勢力範圍之內者，必奉行周正無疑。諸侯之史存者絕鮮，魯國春秋獨遺後世，其列公紀年每書曰「王正月」，杜預集解曰：「周王之正月也」。魯與周爲同姓，故日知錄曰：「謂春秋以周正紀事，是也」。史記魏世家曰：「魏之先，畢公高之後也，與周爲同姓」。後雖微焉，散爲庶人，而「其苗裔曰畢萬，事晉獻公，獻公以魏封畢萬」。是魏與周之關係與魯正同，則其國史必用周正，可以想像。乃紀年「皆用夏正建寅之月爲歲首」，不奉今而奉古，不取殷而取夏：非爲貫徹禹貢之微言，吾無以辨其惑。戰國諸強各自爲政，改易正朔，王罪不及。魏史新編紀年，以魏承夏，因廢周正而用夏時，實屬極自然之勢。但夏時何存，蓋存於杞。大戴少間曰：「湯放移夏桀，乃遷姒姓於杞」。周人因之，禮記樂記曰：「武王克殷，反商，下車而封夏后氏之後於杞」。故禮運曰：「杞之郊也，禹」。夏殷周三大團體，初當各有其曆法，及周人勢奄天下，杞國雖仍舊封，實則削弱已甚；春秋之世，孔子每歎其「文獻不足」，然而夏時存焉。禮運載孔子之言曰：「我欲觀夏道，是故之杞，而不足徵也；吾得夏時焉」。蓋人不離時，周不禁夏，日知錄曰：「若朝覲會同則用周之正朔，其於本國自用其先王之正朔也」。且歷年既久，或有時略加改進，以致完美冠於殷周；孔子以「信而好古」之精神，曾與以相當提倡，論語衛靈公載「顏淵問爲邦，子曰：『行夏之時』」。孔子固預語新世之曆斯爲夏正矣。魏國好儒，又已造成禹貢之治世大典，茲當肇削舊史以爲紀年，更有「行夏之時」之必要。

但其不遷大梁，亦有難於措手者。漢書地志曰：「雍邱，故杞國也，周武王封禹後東樓公」，今河南杞縣也。雖其後遷於魯之東北，而其遺民當仍習於舊俗，故疇人子弟或尚有傳其業者。大梁在今河南開封，距杞甚邇；又有雎汴二水疏灌其間，於地理上本屬同一區域。讀史方輿紀要曰：「雍邱城，戰國屬魏」。故漢書地志以爲魏分（杞隸於陳留郡）。魏史改制，上託夏禹，因就近輯取乎夏時。

夏時記事，紀年爲始；魏之舊史固不爾也。（左傳每用夏正，但彼晚出紀年之後，另有說。）然而調和派出，紀年一變。四庫書總目提要曰：「隋書經籍志曰：『紀年皆用夏正建寅之月爲歲首』。今本自入春秋以後，時日竝與經同，全從周正，則非隋時所見本也」。按此一大轉變，非舊史之果能壓倒紀年，良因紀年之乖異乎春秋。

吾人既知紀年之編定目的爲與禹貢相發揮，但有一問題不能不借此討論者，即紀年之禹都何在。若據吾人之想像，魏之舊史，如無禹都則已，有則唯有陽城，蓋陽城最古之說也。及禹貢出而始有安邑；但禹貢無明文，不過九州首冀，後文又附以五服，五服之中央與九州大不同，故世本直有四都之惑。紀年以魏史之筆作成於禹貢世本之間，決不至如世本之迷，都多如許；充其量亦唯禹都陽城又都冀而已。無論如何，禹之都冀爲必不可少者。於是舊史與紀年對禹都之多少輕重殊異其趣，抑此亦竹書同異中之一問題歟？自調和派出，兩都蓋皆有保存之必要，晉人論禹都，不變世本，皇甫謐撰帝王世紀，一仍四都之說，則彼論紀年得失者，陽城與冀宜皆所謂得也。故臣瓚引「汲郡古文」注漢書，劉昭引「汲冢書」注續漢書，均謂禹都陽城。雖「汲冢書」與「汲郡古文」所指太泛，但若干學者均謂指紀年而言，吾姑亦以紀年視之，是紀年果有禹都之記載矣。乃學者以都冀不見徵引，羣起而疑之，謂紀年禹不都冀。嗚呼，過矣！古人引書之目的，非爲後人保存史料，其不見徵引者儘多，能舉謂之無乎？都冀之言本太空泛，世本世紀即其極顯明之修正者，故後人之道及河北禹都，總以稱冀，不如引世本世紀之深切著明，此都冀之所以不見徵引也。如必欲一求其本，則今本紀年在。今本紀年，自四庫書總目提要以至王靜安今本紀年疏證，已斷其爲僞書無疑，直「廢」之而不足惜。吾謂王接而後，舊史與紀年日在調和蛻變之中，其同者仍之，異者擇善從之，皆無所中，或以第三說代之，今本紀年特其大成而已。紀年之眞材料固尙有在其中者，吾人研究紀年，今本仍不失爲寶貴材料，分析甄別，責在吾人，是此書未可盡「廢」，禹都即其一例也。其言曰：「帝禹夏后氏，元年，壬子，帝即位居冀」。而「夏后氏」與「元年」之間有長注，此長注除末二語外悉錄宋書符瑞志，其末二語曰：「三年喪畢，都于陽城」。故許多學者疑「此二語當是紀年本文，而誤繫於注」者，然則紀年本文固作「都于陽城」「即位居冀」矣。但何爲繫彼於注而不繫冀於注也？是亦有故。禹都演變之勢，唐宋而後已歸一於安邑，其不染時風而墨守古傳者不在此例。黎光明氏汲冢竹書考謂紀年爲「明人僞託」，若以明人時代化之古史觀念而論禹都，則唯有安邑。其留冀而退陽城，勢也。謂之明造可，謂之禹貢威權必經之過程亦無不可。此詳禹貢與禹都。

由禹貢而紀年，禹之傳說集中於「兩河之間」，只以無人疑爲魏史僞作，故韓趙各有攀援之舉，但終不如魏人勢力之浩大。戰國末年，魏武侯竟有極新穎之頭銜發生。戰國策秦策四曰：「或爲六國說秦王曰：『……魏伐邯鄲，因退爲逢澤之遇，乘夏車，稱夏王，朝爲天子，天下皆從。齊太公聞之，舉兵伐魏，壤地兩分，國家大危；梁王身抱質執璧，請爲陳侯臣』」。此文未說明誰氏之言，但以「六國」「秦王」考之，可以知其年代。國策注曰：「王，王正也」，則此說當在魏安釐王三十一年之後；而又「六國」並存，又當在魏景湣王十三年之前。距禹貢之作成且八十年，紀年之作成亦六十年：在此長時間中，魏造新史，根柢寖固，天下披靡，故說客得援而據之，秦王亦得信而聽之。雖然，說客之言亦須作分別觀：蓋魏之盛固取之魏史之誇誕，魏之敗又係客之詞飾，不可一概而論也。按夏王指武侯，武侯正有伐邯鄲而退之事，且與田和相值，故策曰：「齊太公聞之」，注曰：「太公，田和也」。雷學淇以夏王稱魏瑩，非是，蓋由「梁王」二字而誤。不知此在時流，固魏主之慣稱也。但夏王之榮，何以不始之昭子文侯而偏託之武侯乎？是須問之紀年。魏史以夏，殷，周，晉，魏爲序，晉烈公卒於武侯之朝，武侯乃魏國紀年之始，王靜安古本竹書紀年輯校曰：「烈公既卒，明年，太子喜出奔，立桓公；後二十年爲三家所遷。是當時以桓公爲未成君，故紀年用晉紀年蓋訖烈公。明年桓公元年，即魏武侯之八年，則以魏紀年矣」。武侯亦適在安邑正盛之世，魏世家載武侯二年「城安邑」，禹都既隨禹貢而來此，則武侯承夏統，稱夏王，自有不容遜謝之勢矣。惟武侯之敗，至於壤地兩分，委質稱臣，實無其事。蓋說客爲貫澈其起伏勝衰之理，固不惜犧牲事實以就己意，正如魏史爲貫澈禹貢紀年之奧旨，不惜改稱武侯爲夏王也。

總之，有禹貢，始可以解釋紀年之糾紛問題；有紀年，始可以直證禹貢之編制目的：相得益章，其是之謂矣。

馬先生寄此文時，來函云，「拙稿禹貢編制考已斷續發表五篇，茲又草成禹貢與紀年，骨幹略具，餘惟零星雜考而已。故此六篇暫聊作一小結束。…來春倘擬從事兩漢九州論」云云，特錄以告讀者。 編者。

漢末至唐戶口變遷的考察

楊效曾

（一）

漢末至唐，戶口變遷甚鉅，而戶口之多，以漢爲最。唐代盛時，宜可以比崇漢室，乃人口才及隋氏，好像漢後死亡率大，生育率減，人口日趨於減少似的。這，我們應該考察一下，看看人口減少的原因到底是什麼？

現在先述戶口減少之狀況。

西漢戶口最盛之數，據漢書地理志，是：

『民戶千二百二十三萬三千六十二，口五千九百五十九萬四千九百七十八。』（案後漢書郡國志作戶千三百二十三萬三千六百十二，口五千九百一十九萬四千九百七十八，今依漢志。）

西漢末經赤眉銅馬之亂，『百姓虛耗，十有二存』，至東漢桓帝時人口又殖，有——

『戶千（後漢書郡國志作二千，疑二爲戶之誤，今依通考）六百七萬七千九百六，口五千六萬六千八百五十六。』（通考戶口考）（案晉書地理志及通典俱作「戶千六十七萬七千九百六十，口五千六百四十八萬六千八百五十六』。）

漢末黃巾大亂，天下分崩，三國鼎立，殺伐相循，戶口大減。後漢書地理志引帝王世紀云：

『及靈帝遭黃巾，獻帝即位，而董卓興亂，大禁宗廟，劫御西遷。京師蕭條，豪傑兼幷。郭汜李傕之徒，殘害尤甚，……割剝庶民，三十餘年。及魏武皇帝克平天下，文帝受禪，人衆之損，萬有一存。』

所謂『萬有一存』，雖爲過甚之辭，但國家人口的損耗，却實爲鉅大。依三國的戶口說，『魏氏戶六十六萬三千四百二十三，口四百四十三萬二千八百八十一』（通考戶口攷），『魏景元四年，與蜀通計民戶九十四萬三千四百二十三，口五百三十七萬二千八百九十一』（晉書地理志：『劉備章武元年……共戶二十萬，男女口九十萬』），而吳之民數，『不能多蜀』（晉書地理志：『孫權赤烏五年，……共戶五十二萬三千，男女口二百四十萬』，則吳之戶口多蜀一倍有餘了；何者爲是，待考），則三國所有之戶口，不過百二十萬，最多亦不過百四十萬，較之桓帝時只有十分之一强。所以帝王世紀說：

『昔漢永和五年，南陽戶五十餘萬，汝南戶四十餘萬，方之於今，三帝鼎足，不踰二郡。』

魏氏戶只六十餘萬，實當於漢之一郡。故陳羣傳云：

『況今喪亂之後，人民至少，比漢文景之時，不過一大郡。』

蔣濟傳亦云：

『濟上疏曰：今雖有十二州；至於民數，不過漢時一大郡。』

至晉武統一宇內，計算戶口，太康元年有戶二百四十五萬九千八百四十，口一千六百一十六萬三千八百六十三（晉書地理志），人口漸見增加。但永嘉亂後，人民流離死亡，人口愈減。魏書食貨志：

『晉末天下大亂，生民道盡，或死於干戈，或斃於飢饉；其幸而自存者蓋十五焉。』

有的地方，簡直殘破得不像樣子，『鄢陵舊五六萬人，聞今裁有數百』（晉書庾峻傳）。元魏立三長，行均田，戶口又增，然爲數常不及五百萬戶：

『正光以前，時惟全盛，戶口之數比夫晉之太康，倍而已矣。』（魏書地形志）

通典通考俱作『倍而餘矣』，以爲有戶至五百餘萬，恐因一字之差，推測所致罷。今案魏書地形志有州一百一十三，有戶之州五十，無戶之州六十三，共爲戶二百萬九千九百一十四（其郡縣內戶口之數，在本書內卽有矛盾，今只計其大略耳），若類推之，有戶才四百餘萬。況無戶之州都屬邊境，邊境之州有不及千戶者，無戶之六十三州，其戶數定不能多於有戶之五十州的。然則所謂『倍而已矣』，乃言其大概，非必定有一倍之戶口的。通典通攷的推測，恐爲過多了。又通典卷七有：

『後魏起自陰山，盡有中夏，……今考舊史，戶三百三十七萬五千三百六十八。』

雖『官司文簿，又多散棄』，元魏之戶數在四百萬左右，似較爲可靠罷。

魏末政移臣下，權臣擅命，戶口又減。北齊書神武紀：

『今天下戶口減半，未宜窮兵極武。』

至北齊爲周所滅時，有——

『戶三百三萬三千五百二十八，口三千萬六千八百八十。』（通典卷七）

北周大象中：

『有戶三百五十九萬，口九百萬九千六百四。』（同上）

隋代戶口極盛之數，爲——

『大業二年，戶八百九十萬七千五百三十六，口四千六百一萬九千九百五十六。』（同上）

隋末紛亂，戶口衰減尤甚。隋書食貨志：

『自燕趙跨於齊韓，江淮入於鄭襄，東周洛邑之地，西秦隴山之右，僭僞交侵，盜賊充斥，宮觀鞠爲茂草，鄉亭絕其煙火，人相啖食，十而四五。』

戶口耗減之大，至號爲郅治的唐貞觀中，猶『戶不滿三百萬』。唐代戶口之數，據唐會要卷八十八戶口，可列表如下：

永徽三年	戶三八〇〇〇〇〇
神龍元年	戶六一五六一四一
開元十四年	戶七〇六九五六五
開元二十年	戶七八六一二三六
開元二十四年	戶八〇一八七一〇
天寶元年	戶八五三五七六三
天寶十三年	戶九〇六九一五四
至德元年	戶八〇一八七一〇
乾元三年	戶一九三一一四五
廣德二年	戶二九三三一二五
建中元年	戶三八〇五〇七六

元和	戶二四七三九六三
長慶	戶三九四四九五九
寶曆	戶三九七八九八二
太和	戶四三五七五七五
開成四年	戶四九九六七五二
會昌	戶四九五五一五一

由上表可見唐代戶口最盛之數爲天寶十三載，有戶九〇六九一五四；但比之漢代，猶差三百餘萬。豈唐之戶口眞少於漢，後代人口不如前代之多嗎？按歷史進化的規律來說，決不會的。那末，戶口爲什麼少了呢？這正是我們要加以考察的。

（二）

從史籍的記載看來，好像漢末以來戶口的減少，主要的原因在於戰爭。其實，戰爭的死亡只是最少的一部份，其主要的原因，則在於依附，流徙和投爲僧尼的。依附於豪族便爲私家奴客，只屬主人的家籍，就不登於國家的戶册而隱藏起來；流徙之民，雖有入戶籍者，但多數不是依附豪強，就是『不樂州縣編』，而爲浮浪人；至僧尼不負課役，亦無戶貫，國家計戶口也不列入的。茲分述這三種藏匿的戶口，以見漢末以來戶口減少之原因就在於此。

（A）依附

漢末大亂，豪族多結壘自保，一般無告之小民，爲求全活，不得不投庇於大家的保護之下。這由魏晉時結壘及依附的記載，可以看出來：

『許褚……漢末聚少年及宗族數千家共堅壁以禦寇。』（魏志許褚傳）

『矩爲鄉人所愛，乃推爲塢主，……招懷離散，遠近多附之。』（晉書李矩傳）

『默率遺衆，自爲塢主，……流人依附者漸衆。』（晉書郭默傳）

百姓依附於塢主固由於兵亂，而政苛役重尤爲重要的原因。晉書王恂傳：

『魏氏給公卿以下租牛客戶，數各有差。自後小人憚役，多樂爲之，貴勢之門，動有數百。』

依附者太多了，影響到國家的稅收，於是在晉代就有了限制佃客衣食客的規定。由於這種規定，可以窺知依附者之多，而史實也正這樣的告訴我們。請看：

『南燕主慕容備德優遷徙之民，使之長復不役。民緣此迭相蔭冒，或百室合戶，或千丁共籍，以避課役。尙書請加隱覈，從之，得蔭戶萬八千。』（通考區區南燕，得蔭戶萬八千，蔭附之多可想見了。元魏侵入中原，亦以『採諸漏戶』爲事：

『後魏道武帝天興中，詔採諸漏戶，令輸綸綿。自後諸逃戶占爲紬繒羅縠者甚衆，於是雜營戶帥遍於天下。』（通典卷五）

『採諸漏戶』的『雜營戶帥遍於天下』，可見隱漏戶口之多。其後仍以『民多蔭附』，乃立三長；但三長雖立，而包蔭之戶依然未能盡出，這可於下引記載証之：

『齊神武秉政，乃命孫騰高崇之分責無籍之戶，得六十餘萬。』（通考戶口考）

無籍之戶，竟有曹魏戶口之多，則蔭附者之衆可窺知了。至於周齊，『奸僞尤滋』：

『周齊分據，暴君慢吏，賦重役勤，人不堪命，多依豪室，禁網隳廢，奸僞尤滋。』（通考戶口考）

『其時（北齊）強弱相凌，恃勢侵奪，富有連畛亙陌，貧無立錐之地。』（關東風俗傳）

這些無立錐之地的貧民，不得不依附於豪強作浮客，於是戶口十亡六七。隋書食貨志：

『豪黨兼幷，戶口益多隱漏。舊制未娶者輸半牀租調，陽翟一郡，戶至數萬，籍多無妻，……戶口租調，十亡六七。』

至隋初索閱戶口，得丁口二百餘萬。隋書食貨志：

『高祖令州縣大索貌閱戶口不實者，……於是計帳近四十四萬三千丁，新附一百六十四萬一千五百口。』

但蔭冒仍多未出，高熲建輸籍之法，編戶益多：

『高熲覩流冗之病，建輸籍之法，於是定其名，輕其數，使人知爲浮客，被強家收大半之賦；爲編甿，奉公上，蒙減輕之征。浮客悉自歸於編戶，隋代之盛由此。』（通考戶口考）

這裏所謂『浮客悉自歸於編戶』，絕非史實，只是歸於編戶者較多罷了。案高熲建輸籍法在隋高祖時（隋書食貨志），如果『浮客悉自歸於編戶』，大業五年團閱怎能又得丁口將及九十萬呢？通考戶口考：

『大業五年，民部侍郎裴蘊以民間版籍脫漏戶口及詐注老幼尙多，奏令團閱。……是時諸郡計帳進丁二十四萬三千，新附口六十四萬一千五百。』

這可証戶口並未盡出了。隋末大亂，人民塗炭，戶口又多蔭附起來。唐室定鼎，至高宗時才有戶三百八十萬，天寶盛時，『人口纔比於隋氏，蓋……所在隱漏之甚也』(通典卷七)。安史亂後，戶口隱漏尤甚：

『肅宗乾元三年，見到帳百六十九州，應管戶總百九十三萬三千一百七十四，不課戶總百一十七萬四千五百九十二，課戶七十五萬八千五百八十二；管口總千六百九十九萬三百八十六，不課口千四百六十一萬九千五百八十七，課口二百三十七萬七百九十九。自天寶十四年至乾元三年，損戶總五百九十八萬二千五百八十四，不課戶損二百三十九萬一千九百九，課戶損三百五十九萬六百七十五；損口總三千五百九十三萬八千七百三十三，不課口損三千七十二萬三百一，課口損五百二十一萬八千四百三十二。』(通典卷七)

從這段記載看來，戶口損失之數已自驚人，而所餘之戶口，又不課者居其大半，『夫不課者，鰥寡廢疾奴婢及品官有蔭者皆是也』，天下戶口大半不課，其依附之多亦可謂甚矣。

(B)流徙

漢末大亂，人民多逃避他地，以苟全生命。此種逃亡之民，不再附籍而為流浪人。魏晉時人民的流徙甚盛，如：

『建安初，百姓流入荊州者十餘家。』(晉書食貨志)

『漢末大亂，徐方人民多逃避南土。』(吳志張昭傳)

『公孫度威行海外，中國人避亂者多歸之。北海管寧……獨居北，……旬月而成邑。』(魏志管寧傳)

永嘉之亂，逃亡彌多：

『自永嘉亂後，百姓流亡，中原蕭條，千里無煙。』(晉書慕容皝載記)

『河東，平陽，弘農，上黨諸流人之在潁川，襄城，汝南，南陽，河南者數萬家。』(晉書王彌傳)

『時諸流人有詔並遣還鄉里，……如遂潛結諸無賴少年……攻諸城鎮，多殺令長，……衆至四五萬。』(晉書王如傳)

『關西百姓流移就穀，相與入漢川者數萬家，十餘萬口。』(晉書李特載記)

『巴蜀流人汝，班，蹇，碩等數萬家……』(晉書杜弢傳)

『頓丘太守魏植為流人所逼，衆五六萬。』(晉書荀晞傳)

流徙的所謂『流人』幾遍中國，因此有人把這時的流民遷動比做西洋的日耳曼民族大遷移。人民流徙之衆，土著人民大形減少，至不得不行土斷之法。然流徙之民仍多不肯附籍。文獻通考卷二：

『自東晉寓居江左，百姓南奔者並謂之僑人。往往散居，無有土著。……歷宋，齊，梁，陳，皆因而不改。……其無貫之人，不樂州縣編者，爲浮浪人。』

北朝雖行均田之法，按丁授田，但游惰亦爲數不少：

『山東尚承齊俗，機巧姦僞，避役惰遊者十六七。』(隋書食貨志)

唐代逃戶雖不如晉末之多，然爲數亦有可觀。即在開元太平時期，括諸道逃戶猶有八十餘萬：

『開元……九年正月，監察御史宇文融陳便宜，奏檢察僞濫兼逃戶及籍外賸田，……使還，得戶八十餘萬。』(通典卷七)

至德後，逃戶尤多。文獻通考卷三：

『至德後，天下兵起，……是以天下殘瘁，蕩爲浮人，鄉居土著者百不四五。……天寶盛時，戶八百餘萬；兵亂之後，至斯三百餘萬。旣曰土著者百無四五，是主戶十五餘萬，浮客二百八十餘萬也。』

由於浮客如是之多，可窺知流徙之衆了。

（c）僧尼

佛教輸入中國，建立寺院，自晉以來，其教大盛。而中國固有之道教，亦於其時盛行，與佛教相峙。關於道教徒多少之數目，現尙不知，然由僧尼之多，亦可窺知其大概。現在且考察一下僧尼的多少罷。

魏晉以降，人民爲避免賦稅的苛暴，多相率爲僧：

『天下多虞，王役尤甚，於是所在編民，相與入道。假慕沙門，實避調役。』(魏書釋老志)

桓玄也說：

『避役鍾於百里，逋逃盈於寺廟，乃至一縣數千，猥成屯落。』(宏明集)

寺院成爲人民避役的處所，故爲僧尼的數目甚多。『依辯證錄，釋氏通鑑諸書所載，歷代之僧尼數目統計有如下表：

時代	僧尼
東晉	二四，○○○
宋	三六，○○○
齊	三二，五○○
梁	八二，七○○

陳	三二，〇〇〇
北魏	二，〇〇〇，〇〇〇
北齊	三，〇〇〇，〇〇〇
北周	二，〇〇〇，〇〇〇
隋	五〇〇，〇〇〇
唐	二六〇，〇〇〇』

(見中國經濟第二卷第九期何茲全君中古時代之中國佛教寺院)

由上列數目表看來，僧尼已夠多了。與佛教對立的道教，其教徒雖不必有如許之衆，但為數也當很可觀的。佛道二教所包庇的戶口，合在一起，可想見其『占奪王民』之可驚了。

由上述看來，可見漢末以後戶口減少的原因，在於依附，流徙和投入寺院為僧尼。這三種人戶的總數雖無正確的記載，但由所記各種情形推之，當不能少於國家的編戶，甚至有時多於編戶數倍的。這就是說，漢後的人口決不少於漢代，也就是說，漢後戶口的減少只是國家的戶口減少了，實在的人口是並沒有減少的。

一九三四，一二，二六。

眞番郡考(續)

朝鮮李丙燾著　周一良譯

三

最初主張辰國說者為何人，其所根據者為何，雖不可曉，然柳得恭(冷齋)四郡志(建置沿革條)謂：『按眞番郡東人多疑其所在，或指貊，或指辰』。是與貊國說皆早為先鞭所唱導矣。蓋根据於史記『眞番旁衆國欲上書見天子，又擁閼不通』之文，及眞番之眞字與辰國之辰字音相通也。所謂辰國，不審解為魏志三韓傳之辰韓，抑如後漢書三韓傳之認為全三韓之舊稱。惟如前所述，漢書作『眞番辰國』，宋版史記則明作『眞番旁辰國』，既分別眞番與辰國為兩國，決不可混而一之，謂眞番即辰國，辰國即眞番矣。市村博士曾主辰國說，疑眞番乃辰邦(辰國)之對音。然徵之魏志注所引魏略，言朝鮮相歷谿卿諫於朝鮮王右渠而不用，東至辰國，與朝鮮眞番不相往來，眞番辰國明非一國。在未能否定此類記載之前，不得不謂眞番自眞番，辰國自辰國；混一二者之辰國說既有此矛盾，固不必再批評之。請更論貊國說。

始建貊國說者，為著東國地理志之韓百謙。百謙字鳴吉，號久庵，頗有學行，仕宜祀。地理志之作雖其餘事，乃多前人未發之論，如始論定三韓位置在半島中部以南，實空前之卓見也。李世龜亦言及此事，謂：『近世有韓久庵百謙【脫作字?】東史纂要吳雲撰後序，以爲四郡在北，三韓在南，不相交涉。而湖西忠淸道湖南全羅道合爲馬韓，嶺南慶尙道一道自分爲辰卞二韓，此實眞知的見也』（養窩集十三）。試觀韓氏之說：『愚案，霅縣郡治雖不知其所在，而朝鮮傳漢書曰：「衛滿東走出塞，到浿水，稍役屬眞番」，又云：「滿都王險城，得以兵威財力侵降其旁小邑，眞番臨屯皆來服屬」，又云：「眞番辰國欲上書見天子，雍閼不通」云云，以此觀之，眞番實在朝鮮臨屯辰國之間，其得貊國舊國地可知也』（東國地理志二郡條）。根据漢書朝鮮傳之文，求眞番於朝鮮臨屯辰國間之地，實不移之定論，可以謂久庵已發見解決眞番郡位置之端緒矣。苟循此論据以求之，其結論或可以解決此問題；然久庵之結論乃出乎吾人推想之外，有種種不可通之點。上文云：『其得貊國舊地可知也』，同書同條更云：『其以濊貊之地半屬眞番，半屬臨屯可知也』。既求眞番之位置（實卽眞番之中心地）於貊國，認貊國爲今江原道之春川地方，然同書二府平那條謂：『勝覽云，牛峯聖居山一名平那，此山正在眞番境內』，是又以黃海道之牛峯即平山地方爲眞番境地。又其二郡玄菟上殷台條：『成川殷山等邑實爲眞番之北境，而殷山之「殷」字亦必有沿襲，恐此一帶之地爲上殷台也』。是以平安(南)道之成川殷山一帶爲眞番北境，謂爲眞番玄菟接壤之地。蓋久庵所推定之眞番全境東至春川，西至平山，北至成川，成一不等邊三角形。因久庵一面創新說，一面仍爲種種傳統的說法所拘束，故致若是之牽強難通也。彼對於自來之臨屯在濊國說注六雖有眞番在貊國說之新見解，猶拘於三國遺事（卷一）之『前漢書昭帝始元五年己亥置二外府，謂朝鮮舊地平那及玄菟郡等爲平州都督府，臨屯樂浪等兩郡之地置東部都尉府。（朝鮮傳則眞番玄菟臨屯樂浪等四，今有平那，無眞番，蓋一地二名也』，及東國輿地勝覽（平山都護府條）『按漢昭帝始元五年置二外府，以朝鮮舊地平那及玄菟郡爲平州都督府。今府東牛峯聖居山即古之平那山，以郡得名，疑府郡漢時都督府』，遂假想眞番即是平那（平山），平那玄菟卽平州都督府，因而求眞番西境於平山地方，求眞番北境於朝鮮北部近玄菟之地。自余觀之，自來說半島東海岸之『濊貊』爲兩國及兩民族之名稱，尚有問題。而三國遺事以降所謂二外府（平州都督府，東部都尉府）之說已爲南九萬安鼎福諸家所闢注七，全爲無据謬論，則根据此類之久庵之主張不駁自倒矣。——

自下文所述余之結論觀之，眞番平山說未必非是，惟久庵乃根据於遺事註之假定平那眞番爲一地二名，及勝覽之解平那山爲遺事之平那，擬定爲漢時之平州都督府（實則漢時初無此說），展轉沿襲謬誤之說，故不可也。——久庵說之最不可通者，猶在比定眞番北境於成川殷山一帶。成川殷山一帶即大同江流域，固朝鮮本國（後之樂浪郡）領內之地也，而久庵擬定爲眞番北境，豈非大誤？蓋久庵求眞番中心於號稱貊國舊地之春川地方，遂推求其北境於朝鮮本國之一部分耳。先師吉田東伍博士曾主貊國說，以臨屯爲傳稱濊國故地之江原道江陵一帶，眞番爲傳稱貊國地之江原道春川地方注八。然傳統說法謂『濊貊』爲兩國是否可信大須考慮；卽得其實，『濊貊』始見於三國志（魏志）後漢書，史記漢書中固無其名。史漢中所見之穢貉（或薉貉）與此有別，乃夫餘高句麗諸滿洲族之汎稱。史漢中常見者惟眞番臨屯耳。從後代之族名抑國名推知前代固無不可，然須有相當理由。縱使依從來之傳說，解『濊貊』爲兩族或兩國之迚稱，以今江原道當之，一爲臨屯，一爲眞番。然而如江原道山岳偏僻之地，漢時固無置兩郡之理，自常識觀之亦難通也。闢貊國說竟，請再觀帶方說。

帶方說乃清末學者楊守敬（惺吾）所創，見晦明軒稿汪士鐸漢志釋地駁議。楊氏謂：『眞番雲縣不可考，然漢書朝鮮傳眞番辰國欲上書見天子，朝鮮雍閼弗通，是辰番在朝鮮之南，故朝鮮得以閼之。且遠於臨屯千里，直與三韓相接矣。應劭謂玄菟本眞番，是在朝鮮之北，朝鮮安能閼之？徐廣以遼東番汗証眞番，又盲昧之言』，認定眞番在朝鮮之南三韓之北。更按之後漢書濊傳『昭帝始元五年，罷臨屯眞番以幷樂浪玄菟，玄菟復徙居句驪。自單單大領以東沃沮濊貊悉屬樂浪，後以境土廣遠，復分嶺東七縣，置樂浪東部都尉。……建武六年省都尉官，遂棄嶺東地』，發見前漢志樂浪郡屬縣而後漢志不載之東暆，不而，蠶台，華麗，邪頭昧，前莫，夫租等七縣即濊傳所謂『嶺東七縣』。更考定七縣中東暆縣本爲臨屯郡之屬縣，罷郡後即入樂浪；蠶台，前莫本臨屯屬縣，罷郡時幷於玄菟，後還屬樂浪；沃沮，華麗兩縣本玄菟郡屬縣，移郡之際屬於樂浪。至論不而邪頭昧則頗含胡，以爲二縣在樂浪東南（据楊氏意卽濊貊之地，今江原道江陵至忠清北道忠州間），其初或屬臨屯，或屬眞番，至昭帝時始改屬樂浪也。楊氏更進謂：『魏分屯有以南，置帶方郡詳見後。以晉志照之，疑帶方，列口，呑列，長岑，提奚，含資，海冥七縣亦眞番故縣也。其餘屯有，渾彌，遂成，鏤方，駟望，黏蟬，增地，浿水，誧那當本樂浪舊屬，以晉志照之，亦約略可覩，臨屯眞番各十五縣則不盡可考』。要之楊氏解釋後漢書『罷臨屯眞番以并樂浪玄菟』之文，以爲罷臨屯郡以其縣分屬樂浪玄菟兩郡，罷眞番郡以其縣全并於北方之樂浪郡，故其後分樂浪南部而立帶方郡，所屬帶方，列口等七縣即眞番故縣也。楊氏之臨屯分屬樂浪玄菟說，及嶺東之不而，邪頭昧二者之一（似指邪頭昧）原爲眞番所屬說皆不甚自然。（毋寧以爲罷臨屯并於玄菟，罷眞番并於樂浪。而并於玄菟之臨屯故縣當玄菟移郡時——從高句驪之本居地（鴨綠江方面之通溝平野）移居於冒名之高句驪縣（渾河上流興京附近）——更還屬樂浪郡，爲東部都尉管轄之嶺東七縣，似較自然。）然謂罷眞番併於樂浪，所併部分後分離獨立爲帶方郡，實精當之論。楊氏又推斷樂浪郡之屬縣南部都尉治之昭明縣『即爲故眞番所治之霅縣。此亦意斷，然與汪氏不同』，吾人對此論雖不能即表贊同，然指出樂浪郡南部都尉管轄之地即前眞番郡故地及以後帶方郡之前身，則不得不謂爲楊氏之功也。惜乎楊氏考定眞番後身帶方郡當今何地，乃謂：『陳書百濟國傳，百濟始立於帶方故地，東極新羅，北接高麗。隋書外國傳同。朝鮮史略亦言「北至浿河，南限熊川」，是帶方在樂浪南審矣。一統志謂帶水熊津江是也，含資縣當在熊津江左右。疑魏時之帶方郡即漢眞番地』。所謂朝鮮史略當即東國史略；陳書無百濟國傳，蓋周書百濟傳之誤也。楊氏根据周書隋書百濟初立國於帶方故地之紀載，及東國史略百濟北至浿河（今禮成江），南限熊川（今錦江）之紀載，定帶方郡之位置在今禮成江以南，熊津江——即錦江——以北之地。又以一統志謂帶水爲熊津江，遂以帶水上游含資縣當熊津江左右之地。惟所謂一統志不知指何書，余檢大明大淸兩一統志俱不見此項紀載。即使兩一統志中有此紀載，以後代之書論古代地理仍未易免於錯誤也。更按周書隋書之記載，亦不能得要領。百濟乃馬韓諸國中之伯濟擴大之國，至東晉愍帝建興年間(313—316)帶方與百濟曾並存在，謂百濟乃帶方故地，不可能也。帶方之位置，因近來發掘遺迹頗爲明了。明治四十四年及大正元年總督府古蹟調查委員在黃海道鳳山郡文井面（胎封里）發掘，自其塼槨所用塼上銘識確定爲帶方太守張氏之墳，同時推定同郡跨於西鍾文井兩面之土城—即所謂古唐城—爲帶方郡治之遺址注十，今鳳山郡即帶方郡治之帶方縣。由是言之，楊氏求帶方郡於浿河即禮成江以南之地，比定帶水，帶方縣及含資等於熊津及其左右之地者，全不可能矣。帶方縣若在今鳳山郡一帶，帶水無疑爲通過郡西北之月唐江（現名瑞興江，下流爲載寧江），含資縣蓋當其上流之瑞興郡，以漢書地理志樂浪郡含資縣下注『帶水西至帶方入海』也。且漢志不言帶水里數，亦足以知帶水之長不如錦江也。漢志凡相當長之水(漢里四百五十里以上)大抵書里數，錦江(熊津江)乃可與大同江(列水)並列之七百里(朝鮮里)之大水，而月唐江則較淸川江(浿水)猶短二百餘里(朝鮮里)之小水也。

相當於含資縣之瑞興，昔在高句麗為五谷郡，在新羅為五關郡，在高麗為洞州，位於慈悲嶺(岊嶺)之東南，直至李朝初期為通於平壤方面之唯一要路。自魏志注所引魏略辰韓右渠帥廉斯鑡通樂浪之事觀之，指此方面為含資故地似頗得其實也。魏略『至王莽地皇時，廉斯鑡為辰韓右渠帥，聞樂浪土地美，人民饒樂，亡欲來降。出其邑落，見田中驅雀男子一人，其語非韓人，問之，男子曰：「我等漢人，名戶來。我等輩千五百人，伐材木，為韓所擊，得皆斷髮為奴，積三年矣」。鑡曰：「我當降漢樂浪，汝欲去不？」戶來曰：「可」。鑡因將戶來來，出詣含資縣，縣言郡，郡即以鑡為譯。從芩中，乘大船，入辰韓。逆取戶來降伴輩，尙得千人，其五百人已死。鑡時曉謂辰韓：「汝還五百人！若不者，樂浪當遣萬兵，乘船來擊汝！」辰韓曰：「五百人已死，我當出贖直耳！」乃出辰韓萬五千人，牟(弁？)韓布萬五千匹，鑡收取直還。郡表鑡功義，賜冠幘田宅。子孫數世，至安帝延光四年時，故受復除』。含資縣當西北通樂浪方面——即平壤方面——之要衝，故辰韓右渠帥廉斯鑡來縣申請，更由此縣通於郡，以是時縣屬樂浪郡也。抑更有可注意者，魏略此節之上有『初右渠未破時，朝鮮相歷谿卿以諫右渠不用，東之辰國。時民隨出居者二千餘戶，亦與朝鮮貢(眞？)蕃不相往來』云云，用『至』字與此節記載相連，是上下相關聯也。似所謂辰韓右渠帥廉斯鑡者，與來居於辰國一隅之朝鮮相歷谿卿以下二千餘戶移住部民大有關係，所謂辰韓蓋此辰國之誤，其可以稱『右渠帥』者，或是世世長於此移住部落之稱號，朝鮮王右渠之相歷谿卿所遺之名乎？要之，擁有辰韓右渠帥之廉斯鑡與土著之韓人(辰人)全屬系統不同之部落，或為之酋長，觀上文『鑡時曉謂辰韓』云云及『辰韓曰』云云可知。若廉斯鑡為辰韓部落之長帥，則無鑡謂辰韓曰汝云云及辰韓曰云云之對等書法也。此處之辰韓亦非字面上之辰韓，若依字面解之，以為慶尙道一帶之辰韓，則從含資樂浪地方『乘大船入』及『乘船來擊』之文不可解矣。此段記載頻及船事，且魏略之文乃引以註魏志馬韓傳述馬韓與樂浪之關係者，知決非嶺南之辰韓，無寧認為指與樂浪有海路交通之便之馬韓地方也。魏志馬韓傳：『辰王治月支國』，同傳馬韓諸國中舉月支國。後漢書三韓傳：『馬韓最大，共立其種，爲辰王，都目支國，盡王三韓之地。其諸國王先皆是馬韓種人焉』，以魏志之月支國爲目支國，然謂馬韓中有所謂辰王。後漢書又云：『初朝鮮王準爲衛滿所破，乃將其餘衆數千人走入海，攻馬韓破之，自立爲韓王。準後滅絕，馬韓人復自立爲辰王』注十一，解魏略之辰韓悉爲辰王所君臨之馬韓—即辰國。然魏志別有『辰韓者古之辰國也』之文，後漢書亦有『韓有三種，……皆古之辰國也』之記載。魏志蓋承襲魏略之訛誤，後漢書則別有所据也。後漢書之編纂稍後於魏志，如東夷傳中不少襲用魏志處，然亦頗有根据魏志以外之史料者。如濊傳『至昭帝始元五年，罷臨屯眞番，以幷樂浪玄菟』，及『馬韓最大，共立其種，爲辰王，……盡王三韓之地』云云，皆其例也。後漢書解釋辰國乃以辰王所君臨之馬韓爲中心之全三韓之古稱，似較穩當。辰國之主體非辰韓亦非弁韓，乃爲馬韓，三韓時代馬韓中尚有稱辰王者，支配全三韓之地。要之，古代中國人既稱辰國爲『眞番辰國』或『眞番旁辰國』，必已相當著名；若謂即僻在半島東南隅受馬韓支配之辰韓之舊稱，似不可信。不如認爲指半島中部以南西海岸地方政治上經濟上及領土上皆占優勢之馬韓，或汎稱以馬韓爲中心之三韓，遠較合理也。魏略言樂浪郡以廉斯鑡爲嚮導，自芩中乘大船浮西海入辰國(馬韓)，逆取戶來等，芩中之『芩』似爲『岑』之誤，令人聯想及漢志之長岑縣(松禾)；『從芩中乘大船』或是出今日松禾郡，更由彼乘大船乎？故那珂博士朝鮮古史考(三韓考)中言：『芩中當即漢書地理志之長岑縣』，與愚見合。然又云：『今雖不知其故地，漢書後漢書皆序於列口之次，晉書入帶方郡，是當今京畿之內。然則「乘大船入辰韓」當是溯漢江至忠州，更踰嶺入慶尙地也』，則與愚見全異。余以長岑列口皆當黃海道西端，決不在今京畿內，『乘大船入辰韓』云云乃自黃海方面入馬韓，決非溯漢江至嶺南之辰韓也。列口即史記朝鮮傳『兵至列口，當待左將軍』之列口，索隱：『蘇林云，列口縣名，度海先得之』，以在列水之入口而得名。列水既明知爲今日之大同江，則列口當即今大同江之入口。更從其列爲帶方郡屬縣觀之，列口之當大同江口左岸黃海道殷栗郡附近，不待言也。殷栗郡即高句麗時代之栗口或栗川(栗川之『栗』或爲列水之『列』之對音？)，列口栗口音相近，其間更無疑惑矣。其次長岑縣乃與列口並列之縣名，當今松禾郡。朝鮮近世有名地理學者金正浩(古山子)所著東邱縣表圖乾卷豐川(併於松禾）之地尙有長岑山之名，可以爲證。取今日地圖較之，長岑山當今松禾郡眞風面之遠周山。

要之，帶方帶水及含資等之位置在今黃海道內，決不能如楊氏之言，謂在忠淸道熊津江（錦江）一帶也。同時帶方郡之前身眞番郡之位置自亦不能在忠淸道。若強從其說，則有不可通之點二：

此說殆與以前所評論之辰國說有同樣矛盾之處。如上所述，今忠淸道乃昔日馬韓地方之一部分，馬韓地方又爲辰國之主體，則在辰國內之忠淸道一帶求與辰國（馬韓）相接之眞番（帶方）南境，至不妥當。此其一。

魏志馬韓傳朝鮮王箕準爲燕人衞滿所攻奪，將其左右宮人走入海，居韓地，自號韓王。裴注引魏略云：『其（指準）子及親留在國者，因冒姓韓氏。準王海中，不與朝鮮往來』。此所謂『海中』必非如字面所云，當是魏志所謂韓地，後漢書『走入海，攻馬韓，破之』之馬韓，今從南陽灣突出西海之忠淸南道之地頗適宜於海中之稱也。若以眞番在此一帶，則此時之眞番方爲箕準所占，與衞滿朝鮮全不相關，遂與史記眞番臨屯來服於衞滿朝鮮之事完全相反矣。既不能否定史記魏略之文，則以服屬衞滿朝鮮之眞番比定於當時與朝鮮不相往來之箕準所君臨之韓地，不免於矛盾。此其二。

由此觀之，楊氏之說不盡可信。以帶方郡之前身爲眞番殘部固得其當，而考定帶方郡之地理位置，則猶未確也。

此外有受楊說之影響，而創眞番在馬韓之說者。馬韓說之稱乃余所假定，實當謂之忠淸全羅道說也。更細分別之，則有主眞番在忠淸道一說，及在忠淸道與全羅北道一說。今朝鮮總督府修史官稲葉岩吉氏主前說 註十二 ，今京城大學教授今西龍博士主後說 註十三 。二家之說所以難置信之理由與楊氏同，茲不復論；而今西博士謂眞番更在南，尤令吾人期期以爲不可。眞番之位置愈南遷，則如對肅愼說所述，其不可通將愈甚也。

（註六）高麗史地理志三，東國輿地勝覽卷四十四。

（註七）南九萬東史辨証眞番條（藥泉集廿九）：『今按漢書昭帝紀始元五年只載罷眞番郡，而無設二府事，若遺事引他書爲言，則或有不知者；今曰前漢書云，而漢書無其事，其誤明矣。昭帝紀但云「罷眞番」，而地理志有玄菟樂浪二郡，無所謂臨屯者。意當其罷眞番時幷罷臨屯，而班史缺而不書；後漢書曰「罷眞番臨屯，以幷樂浪玄菟」，此可以補班史之缺文矣。舊史（謂東國通鑑）只据遺事載置二府事，而不知考諸漢書証其有無者，何與？且遺事云平州都督府，東部都尉府，而舊史乃於東部之「部」改之以「府」，都尉之「尉」改之以

「督」，名之曰二都督府，以訛增訛，其誤轉甚矣！西漢官制有部都尉，而無府都督。蘇定方之平百濟乃置熊津等五部督府；遺事之誤豈因於唐事之習聞邪？……且遺事以平那爲眞番者乃其剏言，而勝覽承其說，以平山府東平那山証之，其說亦不是』。安鼎福平州考（東史考異）亦云：『大抵二府之說尋是可疑，歷考前後漢書，不一見之，何也？是說專出於遺事，通鑑從之，故東人信從久之，而其事有不足信者矣』。

（注八）日韓古史斷第一編第三章第二節。

（注九）參照三國志魏志東夷傳及後漢書東夷傳。

（注十）大正六年度古蹟調查報告（參考谷井氏報告）

（注十一）辰王自是王於辰國之稱號，自箕子滅絕，韓人自立時，斯號已存在，自原文可以知之。朝鮮王右渠時被雍閼不通之辰國，當卽此箕準後人辰王之國也。据魏志馬韓傳所引魏略，以爲前朝鮮王箕準卽位後二十餘年，陳項起事，中原大亂（秦二世元年209B.C.），則燕王盧綰叛入匈奴乃其後十五年事（漢高祖十二年195B.C.），準敗於衛滿王韓地更在其後數年，準自卽位至入韓約近四十年也。衛滿之孫右渠王之末年略當箕準入韓後八十載，準死當在右渠以前，韓人之辰王自立與準之死同時。原文『準後滅絕，馬韓人復自立爲辰王』，『準後滅絕』魏志作『其後絕滅』，皆準死後無繼嗣者之意，決非準後數代始絕也。魏略『其子（準子）及親留在國者因冒姓韓氏。準王海中，不與朝鮮相往來』，箕準固非無嗣。然細考其文，謂準『子及親』留居舊國—卽朝鮮，與準所居之韓地隔絕不相通，此非適足以証余對『準後滅絕』之解釋耶？丁若鏞（榮山）馬韓考（疆域考）謂『按箕準之爲馬韓王，止於本身，未嘗傳世而歷久也』，誠不易之論。

（注十二）參照滿洲發達史及朝鮮第一百四十號所載漢四郡問題之考察。

（注十三）眞番郡考（史林第一卷第一號）。

四

以上批評眞番在南說既竟，請進而述余對眞番之意見。余仍本眞番在南說，惟欲稍稍縮小吾人擴大後之近代的意識，且參照當時大勢，以論古代國郡之地域。故不願似諸家謂眞番範圍如彼之大，亦不願擬之於遠離朝鮮本國中心之南方，而認當時朝鮮本國之疆域—卽後之樂浪—亦不如自來學者心目中之廣大也。眞番與朝鮮地理相密接，政治上命運常相同，戰國時略屬於全燕，至秦爲遼東外徼之一，漢初以浿水（淸川江）爲界屬於燕，及燕王盧綰反入匈奴，又爲亡命燕人衛滿等所征服。史記謂倂有朝鮮（箕準）眞番及臨屯等之衛滿朝鮮面積『方數千里』，以較半島中部以南『方可四千里』（魏志）之三韓地方尙有遜色，則視朝鮮眞番兩國如彼之大者，其不合理可想見。加之當時半島中部以南有以馬韓爲中心之辰國，其東北方面又有臨屯國，朝鮮眞番之位置自限於半島中部以北西鮮地方矣。眞番之在朝鮮（樂浪）辰國（馬韓）間自不待言。韓久庵謂『眞番實在朝鮮臨屯辰國之間』，楊守敬以眞番爲樂浪三韓間之帶方郡故地，大抵與愚見同。惟久庵之結論使眞番之中心偏於東，至求其北境於朝鮮本國內；楊氏則於比定帶方郡之今地有錯誤，是遺憾也。今請於推究眞番疆域前，試考大有關聯之帶方郡之疆域。

近來發掘調查帶方郡時代之遺迹，知其郡治（帶方縣）之位置當今黃海道鳳山郡方面。至於考察其全郡之疆域，第一須明北與樂浪郡南與韓國（百濟）之境界。今先考其北境。魏志三韓傳：『建安中，公孫康分屯有縣以南荒地，爲帶方郡』，是帶方郡與樂浪郡之分自屯有縣以南。据上文知屯有當屬樂浪郡，且通帶方分立前後；前後漢志及晉書地理志皆著其名於樂浪郡屬縣，益可知也。若以今鳳山附近爲帶方郡郡治之帶方縣，則屯有不能不在其北，而最北亦須在樂浪郡中心地域之大同江以南，以屯有爲樂浪郡之南境。然則屯有必是今鳳山郡北不遠之地，今試於此方面求與屯有音近之古地名。鳳山郡稍北有黃州，高麗史地理志云：『黃州牧，本高句麗冬忽（一云于東於忽）』。蓋黃州即高句麗時代之『冬忽』或『于冬於忽』。冬之音爲 tung 或 tong，屯之音爲 tun 或 ton，『于冬於忽』之『冬於』與『屯有』乃同音異字耳。『忽』乃郡縣之義，『于』乃高句麗地名上所常加，蓋用以表數目或方位者也。要之，以屯有當今黃州，無論自地理上及地名上俱無不通，『屯有縣以南荒地』當指黃州以南，而樂浪郡與帶方郡之境界除黃州鳳山間之慈悲嶺山脈莫屬矣。慈悲嶺山脈一帶之地乃西鮮地方最重要之天然界綫，歷史上至爲著名。慈悲嶺位於黃州東南，鳳山東北，瑞興西北，爲劃分三郡境界高達二千二百八十尺之峻嶺。高麗時代亦稱岊嶺，設柵—所謂岊嶺柵，置驛—所謂岊嶺驛，爲西北交通路之要害，開京（開城）對於內亂外寇之唯一關防。高麗李藏用詩『慈悲嶺路十八折，一劍橫，萬戈絕』注十四。李朝徐居正黃州客館重新記『州之西北有大同江，東南有岊嶺棘城，皆國之襟喉』注十五。高麗成宗十二年(993)，契丹將蕭遜寧入寇時，羣臣有議割西京（平壤）以北地與之，以黃州岊嶺爲國境者注十六。元宗十一年(1270)，蒙古於西京置東寧府，畫慈悲嶺爲麗蒙國界，雖只一時之事（訖於忠烈王十六年1290），要足以見慈悲嶺之重要也。又如仁宗十三年妙清之亂，明宗四年趙位寵之亂，据西京叛者，大抵斷岊嶺道而降其以北諸城。至李朝世祖以虎害及其他原因，廢塞岊嶺路，移驛關於今洞仙嶺（鳳山），置牧使於西北路要衝之黃州，遂稱以北之平安道爲關西，然其重視此方面之山脈仍舊也。由此等歷史事實觀之，慈悲嶺一帶之地乃畫分以大同江流域爲中心之樂浪郡及以鳳山附近爲中心之帶方郡之疆界者，毫無可疑。池內博士似亦贊同此論，惟猶未發表之耳。

然杜氏通典卷一百八十五邊防東夷篇（弁韓條）：『獻帝建安中，公孫康分屯有有鹽縣以南荒地，爲帶方郡』。於屯有縣外更舉有鹽縣，謂帶方郡在其南。丁若鏞以黃海道之延安（今延白郡）即高句麗時代之鼓鹽城，高麗時代之鹽州，謂即有鹽縣地注十七。惟如丁說則有鹽縣反在屯有以南帶方郡內自屬難通，有鹽必與屯有同在帶方郡北之樂浪郡內也。然而有鹽縣之名不見於樂浪郡屬縣，亦不見於帶方郡中。今姑因其名而比定爲朝鮮第一產鹽地之平安南道龍岡郡（廣梁灣）一帶，龍岡郡乃發見有名之黏蟬縣神祠碑之地，即漢志之黏蟬（續漢志作占蟬）縣地，有鹽蓋其別名或改名也？如此則所謂有鹽縣以南荒地當爲龍岡對岸黃海道之地，恰與屯有（黃州）以南之地相一致。所以謂之荒地者，如丁若鏞所言注十八，因當時中國之勢力僅及樂浪郡南部，更南則非聲威所至，故云爾，决非人迹不到之荒蕪地帶；通典註『屯有有鹽並漢遼東屬縣』云云固不可信也。

復次，帶方郡之南境何如乎？雖不如北境之明白，然三國史記百濟本紀始祖十三年記百濟之畫定疆場，謂『北至浿河，南限熊川，西窮大海，東極走壤』，所謂浿河乃平山之猪灘—即禮成江，帶方郡與百濟之境當在此方面也。魏志紀帶方郡之設置因『桓靈之末，韓濊強盛，郡縣不能制，民多流入韓國』，所謂韓國當然爲百濟，當時百濟強盛，其勢力或及於猪灘下游方面乎？猪灘下游乃劃分突出於西海之黃海道及自西海灣入之京畿道之自然的行政的界綫也。要之帶方郡乃以慈悲嶺及大同江口以南黃海道大部分之地，故其屬縣能知在黃海道內何地者甚多。如晉書地理志帶方郡之屬縣帶方，列口，南新，長岑，提奚，含資，海冥等七縣，除南新提奚之外，皆略可擬定今地。帶方郡今鳳山郡附近，列口縣今殷栗郡附近，長岑縣今松禾郡附近，含資縣今瑞興郡附近，上文已言之。海冥縣自其名觀之，或今海州郡附近，南新提奚二縣之位置則無從知之。然最近在此方面之研究放大光明，即發現樂浪郡南部都尉治所，後沒於帶方郡之昭明縣遺跡是也。所發見者爲有文字之塼數塊，其地爲黃海道信川郡北部面西湖里，其文爲『太康四年三月昭明王某造』及『元興三年三月廿日昭明王某造』。余聞之於稻葉岩吉氏，稻葉氏乃得發見者信

川公立普通學校訓導小島建三之函告。余雖尚未見實物，然昭明縣之位置從來學者以為疑問，或謂在今春川一帶，据此塼文始可決定信川在方面也。据東國輿地勝覽（信川條）信川郡本高句麗之升山縣，其山川條又有牛山（謂邃東十七里有大小二牛山）及牛山浦之名。牛山譯朝鮮語為쇼뫼（So-moe），昭明或是쇼뫼之對音，升山亦一音之轉。塼銘一作『太康四年』，乃西晉武帝年號，當西歷紀元二八三年；一作『元興三年』，乃東晉安帝年號，當西歷紀元四〇四年。前者約當樂浪帶方兩郡滅亡（西晉末，卽愍帝建興年間，313）之前約三十年，後者則在兩郡滅亡後九十年，可知至是時尚有奉晉正號之漢族遺民焉。帶方郡屬縣中當有昭明縣而無之，惟新加南新一縣，昭明與南新或一地而前後二名。然据塼銘則通帶方郡滅亡前後，昭明之名尚存，似不可解也。惟昭明恰位於黃海道中央，則與帶方列口諸縣同屬帶方郡無疑。

以上約略推定帶方郡之疆域，然眞番郡之境土果全與之同否，尚待考証。眞番之北境當然與帶方郡同，惟南境似較帶方郡稍遠。何以言之？茂陵書言眞番郡屬縣十五，樂浪郡併眞番郡後，眞番郡治之霅縣不在樂浪郡屬縣內，自亦不能為分樂浪郡而立之帶方郡屬縣，是眞番郡領域多

少須較只包七縣之帶方郡為大也。以余測之，其南境或抵今漢江附近乎？如此，則眞番郡北括慈悲嶺以南黃海道之大部分，南括漢江以北京畿道之一部分。眞番郡治霅縣之位置雖不明，恐是禮成江以南漢江以北之地；茂陵書所謂『霅縣去長安七千六百四十里』，七千當是六千之誤，前已言之矣。同書謂臨屯郡治之東暆縣（魏志嶺東七縣之一，嶺東單指大嶺以東之地，卽咸鏡南道）距長安六千一百三十八里，續漢書郡國志以樂浪在洛陽東北五千里，互加參較，則余之推測不至大謬也。蓋眞番郡治置於與韓民族交界之地，遠在樂浪郡治（朝鮮縣）及臨屯郡治（東暆縣）之南；開置後未三十年——昭帝始元五年（82）霅縣等之南半部廢入辰國注十九，其北半部併於樂浪郡，乃南部都尉所管轄，其後遂為帶方郡之領域。但當注意者，漢書卷七昭帝紀始元五年下『罷儋耳眞番郡』云云決非完全罷棄眞番郡，觀於儋耳郡之併入珠厓郡可知注廿。後漢書濊傳：『至昭帝始元五年，罷臨屯眞番，以并樂浪玄菟，玄菟復徙居句驪，自單單大領已東沃沮濊貊悉屬樂浪』，當解釋為罷臨屯（咸鏡南道之大部分及江原道之北部），以其半併於玄菟（丸都卽通溝）；罷眞番（黃海道之大部分及京畿道之一部分），以其半併於樂浪（平安南道及黃海道北部）。未幾，玄菟郡治自鴨綠江方面移至渾河上流

之高句驪縣，而嶺東臨屯故縣之沃沮濊貊（疑卽邪頭昧之對音）諸縣悉屬樂浪。關於此點，他日擬於玄菟臨屯兩郡考中詳論之，茲不贅。

（註十四）東國輿地勝覽卷四十一。

（註十五）同上。

（註十六）參照高麗史徐熙傳。

（註十七）我邦疆域考之一（帶方考）。

（註十八）同上。

（註十九）關於此點有一可注意事，魏志馬韓傳：『部從事吳林以樂浪本統韓國，分割辰韓八國以與樂浪，吏譯轉有異同，臣智激韓忿（忿似當在激字上）攻帶方郡崎離營』。所謂辰韓八國不可依字面解作與樂浪帶方兩郡相隔絕之嶺南之地；自全文觀之，無寧認爲與兩郡相接關係密切之地也。辰韓自當解爲辰國，八國止其一部分耳。更進考之，此八國或卽眞番罷郡時殺入辰國之南部八縣，卽恢復原漢眞番郡所屬八縣之原狀，自韓國—卽辰國—移割於樂浪也。

（註廿）參考漢書（卷六十四下）賈捐之傳：『初武帝征南越，元封元年，立儋耳珠厓郡。…自初爲郡至昭帝始元元年廿餘年間，凡六反叛。至其五年，罷儋耳郡，幷屬珠厓』。

右文原載日本一九二九年出版之史學雜誌第四十卷第五期。

編者。

水經注經流枝流目（河水，續）

賀次君

燕完水　異源合舍，西流注河。四，二下。

鯉魚水　歷澗東入窮溪首便其源也。四，二下。

羊求水　水東出羊求川，西流注于河。四，二下。

赤水　出西北罷谷川（赤石川），東入于河。四，三上。

蒲水　兩源並發，出陰山縣陰山東麓，東北注于河。四，三上。

長松水　出丹陽山，東北流左入蒲水。四，三上。

丹水　出丹陽山，東北入河。四，三上。

白水　水出丹山東，西北注丹水。四，三下。

黑水　出丹山東，東北入于河。四，三下。

崿谷水　源谷東北窮澗，西南流注于河。四，三下。

洛水枝津　自獵山支分，東南注于河。四，四上。

暢谷水　水自溪東南流，東南注于河。四，四下。

崌谷水　水出夏陽縣西北梁山，東南注于河。四，五上。

橫溪水　出三累山，注于崌谷水。四，五上。

細水　東流注崌谷水。四，五上。

陶渠水　水出西北梁山，東南流于河。四，五下。

徐水　水出西北梁山，東入于河。四，六下。

瀵水 逕郃陽縣城，東入于河。四，八上。

瀵水 東南出城注于河。四，八上。

瀵水(即郃水) 東流注于河。四，八上。

瀵水 水出汾陰縣南四十里，西南歷蒲坂西，西流注于河。河中堵上又有一瀵水，皆潛相通，俗呼之爲瀵魁。四，八下。

嬀汭水 出歷山，二源，南曰嬀，北曰汭，異源同歸，渾流西注于河。四，一〇上。

涑水(雷水，陽安澗水) 水出河北縣雷首山，西南流注于河。四，一一上。

渭水 四，一二下。

漊水(通谷水，潼谷水) 水出松果之山，北流逕通谷，東北注于河。四，一四上。

玉澗水(閿鄉水) 水出玉溪，北逕閿鄉城西，北流注于河。四，一五下。

全鳩澗水 水出南山，北流注于河。四，一六上。

蓼水 出襄山蓼谷，西南注于河。四，一六下。

永樂澗水(渠豬水) 水出薄山，南入于河。四，一六下。

(龍泉) 河北縣城內有龍泉，南流出城，又南斷不流。四，一六下。

槃澗水 水出湖縣夸父山，北流入于河。四，一八上。

湖水 水出桃林塞之夸父山，廣圓三百仞，北逕湖縣東，北流入于河。四，一八上。

柏谷水 水出宏農縣南石隄山，北流入于河。四，一九上。

門水(洛水枝津) 洛水自上洛縣東北入拒陽城西北，分爲二水，枝渠東北出爲門水，北流注于河。四，一九下。

緒姑水 左水出于陽華之陰，東北流與右水合；右水出陽華之陽，東北流注于門水。四，二〇上。

燭水 有二源：左水出衙嶺，東北流合右水；右水出石城山，東北入左水，亂流東注于緒姑之水。四，二〇上。

田渠水 水出衙山之白石谷，歷田渠川西北流注于燭水。四，二一上。

浢水(偃鄉澗水) 出河北縣，南入于河。四，二一下。

口水 水有二源，俱導薄山，南流會成一川，南注于河。四，二二上。

曹水　水出南山，西北流入于河。四，二二上。

菑水　水出常烝之山，西北入河。四，二二下。

七里澗（曹陽坑）　澗在陜城西七里，水自南山通河。四，二二下。

潐水　導源常烝之山，二源雙導，同注一壑，西北流注于河。四，二三下。

槖水（漫澗水）　出槖山，西北入于河。四，二四上。

崖水　出南山北谷，與干山水會，合注于槖水。四，二四上。

干山水　出干山東谷，會崖水東北注于槖水。四，二四上。

安陽溪水　出石崤南，北流注槖水。四，二四上。

瀆谷水　南出近溪，北注槖水。四，二四下。

咸陽澗水　水出北虞山，南至陜津注河。四，二四下。

交澗水　出吳山，東南流入河。四，二六下。

路澗水　出吳山，西南流入于河。四，二六下。

沙澗水　水北出虞山，南流注于河。四，二七上。

小水　西南注沙澗水。四，二八上。

積石溪　發大陽之山，南流入于河。四，二八上。

土杜溪　發大陽之山，南流入于河。四，二八上。

崤水　水出河南盤崤山，注于河。四，二九下。

石崤水　出石崤山，入崤水。四，二九下。

西水　入崤水。四，二九下。

千崤之水　導自千崤山，北流注于河。四，三〇上。

清水　出清廉山之西嶺，東南流注于河。四，三一上。

倚亳川水　出北山礦谷，東南流注于清水。四，三一上。

南溪水　水出南山，東注清水。四，三一下。

乾棗澗水（扶蘇水）　水出石人嶺下，南流注清水。四，三一下。

教水　水出垣縣北教山，南流伏入石下，南至峡。重源又發，南至馬頭山東截再伏，南復出，南入于河。四，三二上。

大泉水　西流注澗，與教水合。四，三二下。

畛水　水出新安縣青要山，一名彊山，其水北流入于河。四，三三上。

正回之水（疆川水）　水出騩山，騩山東阜也，東北流注于河。四，三三上。

石瓜疇川水　水出西北石澗中，東南流注于騩川水。四，三三上。

庸庸之水(長泉水)　水出河東垣縣宜蘇山，北入河。四，三三上。

灤水　水出垣縣王屋山西灤溪，東流注于河。四，三三下。

湛水　五，一上。

溴水　五，四上。

濟水　五，四下。

洛水　五，五下。

奉溝水　即濟沇之故瀆，北注河。五，七上。

汜水　水出浮戲山，世謂之方山，北流注于河。五，八上。

　東關水(石泉水)　水出嵩渚之山，泉發于層阜之上，一源兩枝分流瀉注，東爲索水，西爲東關水，東關之水入于汜水。五，八下。

　楊蘭水　水出非山，西北流注東關水。五，八下。

　清水　水自東浦西流，與東關水合。五，八下。

石城水　水出石城山，又東北流注于汜水。五，八下。

鄤水(溫泉，田鄤溪水)　水出婁山，至冬則煖，東北流逕田鄤谷，東流注于汜水。五，九上。

蒗蕩渠　五，九下。

浮水故瀆(繁水)　上承大河于頓丘縣，東絕大河故瀆，東入河。五，三二上。

鄧里渠　水上承大河于東阿縣西，西北流入于河。五，三五上。

將渠　五，三五上。

以下水與河水有關，而不入河水。

大河故瀆(王莽河)　出長壽津，東北逕戚城，繁陽，樂昌，至于大陸播爲九河，東北至東光縣故城西而北與漳水合。五，一七上。

屯氏河故瀆　分大河故瀆，北出逕館陶縣，東北逕鄃縣北合大河故瀆。五，二三下。

屯氏別河故瀆　分大河故瀆，東北逕繹幕縣南分爲二瀆：北瀆東入陽信縣爲咸河，又東注于海；南瀆又名篤馬河，自平原東絕大河故瀆，逕陽信縣故城南，東北入海。五，二四上。

張甲河　首受屯氏別河于信成縣，北絕清河于廣宗縣，分爲二瀆：左瀆北注絳瀆；右瀆與絳水故道合，東北至修縣注于清河。五，二四上。

屯氏別河枝津　東逕信城縣故城南，東北流。

又東散絕，無復津逕。五，二六上。

鳴犢河　上承大河故瀆于靈縣南，逕鄃縣故城北，東合大河故瀆。五，二九下。

漯水（武水，隔會水）　上承河水于武陽縣東南，東北至千乘，又東北爲馬常坈，亂河枝流而入海。五，三六下。

黃溝　承聊城郭水，水泛則津注，水耗則輟流，東北流合漯水。五，三九上。

商河（清水，小漳河）　首受河水，東北逕富平縣城北，分爲二水：南謂之長叢溝，東流注海；北謂之百薄瀆，東北注海。五，四二下。

沙溝水　水南出大河之陽，北流注商河。五，四四下。

甘棗溝　大河所溢，河盛則委泛，水耗則輟流，東逕著城北，東北爲穢野薄。五，四六上。

河水枝津　自甲下邑，東南歷馬常坑注濟。五，四八上。

以上河水（一，二，三，四，五卷。）

再論堯典著作時代

勞榦

頡剛先生：

讀禹貢中討論，於堯典問題賜教諄諄，深感；但仍有所疑，謹瀆陳之。

竊以爲從文辭氣象而定時代，未能甚允，列國秦之石鼓，始皇之刻石，王莽及後周之詔令，蓋亦無不肅雍輯睦，有盛世規模。堯典爲儒者理想世界之一種建國大綱，固難以其氣象而定其成書時之治亂也。堯典自成篇以後疊有增飾，至秦而大備，此本古人著書成例，與作僞無關（衛聚賢君謂爲伏生在漢初受書時所僞，非）；若謂長時間所成之理想制度可表現一時治亂，恐未必然。

交趾一名泛稱南服者，始于墨子，其他諸子襲之，稱南方人種者始于王制（王制稱『雕題交趾』，蓋沿襲趙策楚詞『雕題黑齒』而誤），而實指一地方者則始趙佗（史記索隱），從未有與朔方對稱者。自衛青辟地千里，漢武爲紀其殊功，方之南仲，始設朔方郡，乃因事制名，非其舊也。元光策賢良方正詔，尙渠搜交趾對舉，是武帝本人亦不及料以後有交趾朔方對舉者，武帝以前之人更何待言？先生稱朔方一名爲後人增入者，可謂鐵律。史記之『北方』，蓋原文也。其與朔方相對之『南交』正堯典闕文處，鄭康成固已疑之。依墨子，韓非，淮南等書交趾幽都對舉之例（史記五帝本紀交趾幽陵對舉亦與此同義），原文或當為『宅南方曰交趾』與『宅北方曰幽都』相對，其非漢武以後所作可知。

秦雖未設州，但監郡御史已為漢代州制之濫觴。漢代儒生欲改刺史為州牧，秦之儒生恐亦未嘗不可欲於郡上置州也。九州雖較古，但以六紀之郡制不能平均分配，則削足適履，改九數為十二，以幾世主從而行之，事當非妄。漢興雖定為水德，但文帝時張蒼已就絀，賈誼公孫臣皆主土德，則其時學風亦可概見，若為漢人所改，應不如此。（先生以『二十有二人』為九州，九官，四岳，本堯典原文，後未及改者，亦可與此參証，不相衝突也。）

漢書律歷志稱『五伯之末，史官喪紀，疇人子弟分散，或在夷狄；故其所紀有黃帝，顓頊，夏，殷，周及魯歷。戰國擾攘，秦兼天下，未皇暇也，亦頗推五勝，而自以獲水德，乃以十月為正，色上黑』。是秦雖未定新歷，但亦非不注意歷法也。堯典本儒者理想所寄，其所增改，雖有故使合於時制，期於實行，然時制所無，固亦非不可提出。否則禪讓之事，於秦於漢，兩無所徵，則當日儒生豈不當刪去乎？

堯典討論本自先生始，以上所論雖屬第三種意見，亦由先生前所討論者衍變而出，想不至甚悖也。如有未當，仍乞有以正之。

數旬以來，工作較多，體又不支。得此書，中心頗有欲質正者，而不得寫。因先以此函發表，待他日之討論。

廿四年一月十一日，頡剛記。

國立中央圖書館籌備處

木印部出版目錄

地理之部

書名	冊數	紙名別	版本	價格
元和郡縣志	八冊	賽連	江南書局	四元四角
元豐九域志	四冊	賽連	江南書局	一元八角
輿地廣記	四冊	賽連	江南書局	二元四角
太平寰宇記	三十六冊	賽連	江南書局	十五元
元寧鄉土志	一冊	賽連	江楚書局	五角
秣陵集	三冊	賽連	淮南書局	一元八角
江寧金石記	二冊	杭連	江南書局	二元
江蘇江寧地圖	全部	杭連	江楚書局	十四元
廣陵通典	二冊	賽連	淮南書局	一元
揚州畫舫錄	四冊	杭連	淮南書局	三元五角
揚州水道記	二冊	賽連	淮南書局	一元六角
寶應圖經	四冊	賽連	淮南書局	二元
直省府縣歌	一冊	官堆	江楚書局	五角
道里記	一冊	官堆	江楚書局	三角
西石城風俗志	一冊	杭連	江楚書局	三角

商務印書館

新出版

古史研究第二集……衛聚賢編 二冊 二元

歷史統計學……衛聚賢編 一冊 七角

穆天子傳西征講疏……顧實著 一冊 一元五角

中國大事年表……陳慶麒編 一冊 一元一角

劉宗周年譜……姚名達著 一冊 一元二角

張騫西征考……楊鍊譯 一冊 三角

東胡民族考……方壯猷譯 一冊 一元一角

蒙古史畧……馮承鈞譯 一冊 三角

蒙古概況與內蒙自治運動……方範九著 一冊 三角

西藏奇異誌……段克興著 一冊 二角五分

北大研究院文史叢刊

封泥存眞

珂羅版印 一冊 三元七角

前人著錄封泥之作，惟濰拓及考證其印文，不及檢署之形制，考古者每引爲憾事。此爲濰縣郭氏舊藏，大半出於山東臨淄，其原爲封於蘷外者居十之八九，，封於檢者，十之一二，爲數凡一百七十五枚，頗有可觀。今拓其印文，影寫其實狀，編次而印行之，名曰封泥存眞。凡簡牘之制，檢署之法，觀此而益明，不僅斤斤於文字之考訂而已。

崇禎存實疏鈔

孟森校訂 十六冊 七元五角

明崇禎帝殉國，遂無實錄，清修明史，搜羅崇禎年奏疏諭旨，逐年逐月鈔存，始據撰「崇禎長編」。據內閣大庫目，此書尚有多函，此六年正月之一函已成此巨帙，今藏北京大學史料室，其餘散在人間，存佚未可知矣。明清間掌故爲舉世所願討論，是用印行問世。

史學

第一期

民國二十四年一月一日出版

國立北京大學史學系一九三六級級友會史學社出版

每册定價大洋弍角伍分

北平景山東街景山書社發行

考古學社社刊第一期

考古學社主編

北平成府燕京大學東園廿四號發售

定價二角(連郵費)

* * *

本刊內容登載考古學社簡章，緣起及箸作計畫，社員名錄，社員著作表，考古書籍提要，社務財務報告等項。欲知考古學社消息者，盍一讀此書。

北平燕京大學

社會學系出版物目錄

書名	著者	出版期	價格
北京犯罪的社會分析	嚴景耀	一九二八	二角
北京司法部犯罪統計的分析	張鏡予	一九二八	二角五
成府人口調查	房福安	一九二八	一角五
往在農村從事社會調查所得的印象	李景漢	一九三〇	一角
北平監獄教誨與教育	嚴景耀	一九三〇	一角
上海消費合作社調查	張世文	一九三〇	一角五
社會學的生物學派	高君哲	一九三〇	一角五
北平工會調查	于恩德	一九三〇	一角五
福州蛋民調查	吳高梓	一九三〇	一角
滬寧道上農工新村考察記略	萬樹庸	一九三〇	一角
關於中國人口繁殖種族諸問題中英文書目	許仕廉 牛鼐鄂	一九三〇	一角五分
一個市鎮調查的嘗試	許仕廉	一九三一	一角
鄉約制度研究	楊開道	一九三一	一角五分
五百一十五農村家庭之研究	李景漢	一九三一	一角五分
中國北部人口的結構研究舉例	許仕廉	一九三一	一角
廣東新會慈溪土地分配調查	趙承信	一九三一	一角
定縣大王耨村人口調查	張折桂	一九三一	一角
社會學系推廣與研究工作報告	許仕廉	一九二九	贈閱
清河社會試驗		一九三三	四角

Author	Title	Year	Price
Jean Dickinson	Observation on the Social Life of a North China Village	1927	$.30
Yen Ching-yueh	A Study of Crime in Peiping (Out of print)	1929	.40
Sidney D. Gamble	Peking Wages	1929	.40
Samuel S. Sung	Some Experience in Medical Social Work	1929	.30
H. S. Martin & J.A. Hunter	Recent Development in Agriculture	1929	.30
J. D. H. Lamb	The Origin and Development of Social Legislation in China (out of print)	1930	.70
Hsu Shih-lien	Report on a Study of a Typical Chinese Town	1929	.10
Frank Yen	A Tentative Bibliography on Social Survey and Social Statistics	1930	.15
Cato Young and Others	Ching Ho: A Sociological Analysis	1931	1.00
Hsu Shih-lien	Report on the Extension Work of the Department of Sociology & Social Work, Yenching University	1929	Free
	Bulletin of the Department of Sociology & Social Work		Free

禹貢學會啟事一

本社創辦之頃，因經費支絀，不得不取給於會員之月費。當時規定甲種會員月繳壹元，乙種會員月繳伍角，視其他團體負責較重。現在本社基礎漸見穩固，自應改定納費章程，以減輕同人之擔負。自本年三月分起，甲種會員改爲年繳陸元，乙種會員改爲年繳叁元。凡屬會員，除贈送本刊壹分外，所有出版圖書均隨時送上廉價劵，其批發者亦另定特別折扣，藉收同氣相求之效。此啓。

禹貢學會啟事二

本刊出版將屆一年，賴同志之扶持，得有今日。近來賜寄稿件者愈多，益見前途之有望。惟來稿頗有不加標點者，若一一由編輯者代加，不但費時，亦恐多誤（專門文字之標點非倉卒所可辦，研究參考之圖書亦非盡人所可見，惟作者成文時隨手加上最爲便利），致違見顧之雅意。此後承賜著作，務乞將點號標號一一列入，俾有遵循，不勝感盼。此啓。

禹貢學會啟事三

邇來屢接外埠讀者來函，詢問入會手續。按本會組織之宗旨在于提倡沿革地理與人文地理之研究，凡有志作是項研究者皆得加入本會爲會員，但向本會索取入會志願書塡就寄來即可，無其他手續。（如資格品行上有疑問者，當由本會審查決定。）又本會現在經濟力薄弱，僅賴北平各圖書館藏書作研究工作，而未能從事于實地調查，甚爲疚心。如蒙各地同志就地搜集材料寄下，俾讀本刊者不但用以識古，亦復藉以知今，尤所欣幸。此啓。

禹貢學會啟事四

本刊爲中國地理沿革史之專攻刊物，故登載廣告以地理與歷史二項爲限，務使讀者心志專一，且檢索本項參考物亦便易，對于讀者賣者兩俱有益。惟猶有不明本刊宗旨者，屢次囑登他項廣告，一一拒絕彌感困難。今特再申前請，非地理書及有關于地理者之廣告恕不登載，幸勿見寄。又本刊初辦時印刷份數較少，故廣告取費特廉；現在銷路加多，印費提高，自應略增廣告費以資浥注。自本年三月起，登載封面裏頁底頁廣告者，全面拾伍元，半面捌元，四分之一伍元；登載普通廣告者，全面玖元，半面伍元，四分之一三元。其登長期者三期以上九折，六期以上八五折，十二期八折，二十四期七折，仍同向例。此啓。

出版者：禹貢學會。
編輯者：顧頡剛，譚其驤。
出版日期：每月一日，十六日。
發行所：北平成府蔣家胡同三號禹貢學會。

禹貢

半月刊

價目：每期零售洋壹角。豫定半年一卷十二期，洋壹圓；全年二卷二十四期，洋貳圓。郵費加一成半。國外全年加郵費八角。

The Evolution of Chinese Geography

A Semi-monthly Magazine

Vol. 2 No. 11 Total No. 23 February 1st 1935

Address: 3 Chiang-Chia Hutung, Cheng-Fu, Peiping, China

第二卷 第十一期

（總數第二十三期）

民國二十四年

二月一日出版

代售處
北平北京大學史學系楊向奎先生
北平燕京大學哈佛燕京社
北平燕京大學史學系李子魁先生
北平輔仁大學史學系史念海先生
北平清華大學史學系吳春晗先生
天津河北女子師範學院班書閣先生
廣州協和神學院李鏡池先生
濟南齊魯大學史學系張立志先生
杭州之江學院顧敦鍒先生
武昌武漢大學吳其昌先生
成都四川大學文學院劉以塘先生
成都四川大學賀幼于先生
廈門廈門大學史學系鄭德坤先生
北平北平圖書館王以中先生
杭州浙江圖書館夏廷域先生
北平景山東街十七號景山書社
北平東安市場佼山書社
北平西單牌樓南首建設圖書館
北平琉璃廠來薰閣書舖
北平琉璃廠新生命書局
北平隆福寺街修綆堂書舖
北平隆福寺文奎堂書舖
北平隆福寺街文殿閣書舖
北平孝順胡同後溝三號曾紀琳先生
北平成府競進分社
天津法租界二十六號路世界圖書局
天津法租界三十號路大公報代辦部
天津大經路北方文化流通社
開封新書業街龍文書莊
南京中央大學門前鍾山書局
南京太平路中市萃衆圖書公司
南京太平街新生命書局
上海五馬路亞東圖書館
上海棋盤街寶善里新生命書局
上海四馬路上海雜誌公司
上海福州路生活書店
上海九江路伊文思圖書公司周文欽先生
上海四馬路中市羣衆雜誌公司
蘇州五卅路國學小書堆
杭州福緣路抱經堂書局
武昌橫街頭新生命書局
長沙府正街金城圖書文具公司
重慶天主堂街重慶書店
日本京都中京區彙文堂書店
日本東京神田區神保町巖松堂書店

內政部登記證警字第叁柒陸貳號　　中華郵政特准掛號認爲新聞紙類

記周公東征

孫海波

二

此余讀書筆記之一也。癸酉鄉居，閉門讀史，典册所載，事有相同，足資互證者，輒移錄之。爲時既久，撮錄漸富，每欲修改成篇，困于筆札，因循未果。頡剛先生囑爲禹貢撰文，倉卒無以應，乃裁取舊稿，聊冀塞責，恩之汗顏，所望學人勿以論文視之斯幸矣！

二十三年十二月，海波識。

史籍傳周公東征，其說有二。一以武王崩，周公攝政，二叔流言，挾武庚以叛，此書金縢及史記周本紀之說也。一以周公居攝，二叔（或三叔）武庚及殷東徐，奄，熊盈以略，此逸周書作雒解及書大傳之說也。今爲撮錄比較之：

甲項

一　書金縢：『武王既喪，管叔及其羣弟乃流言于國曰：「公將不利于孺子」。周公乃告二公曰：「我之弗辟，我無以告我先王」。周公居東二年，則罪人斯得。於後，公乃爲詩以貽王，名之曰鴟鴞』。

二　定公四年左傳：『管蔡啓商，惎間王室，王于是乎殺管叔而蔡蔡叔』。

三　史記周本紀：『武王少，周初定天下，周公恐諸侯畔，周公乃攝行政當國。管叔蔡叔羣弟疑周公，與武庚作亂，畔周。周公奉成王命，伐誅武庚管叔，放蔡叔』。

四　管蔡世家：『武王既崩，成王少，周公旦專王室，管叔蔡叔疑周公之爲不利于成王，乃挾武庚以作亂。周公旦承成王命，伐誅武庚，殺管叔；而放蔡叔，遷之，與車十乘，徒七十人』。

五　魯周公世家：『武王既崩，成王少，在强葆之中，周公恐天下聞武王崩而畔，周公乃踐阼，代成王攝行政當國。管叔及其羣弟流言于國曰：「周公將不利于成王」。周公乃告太公望召公奭曰：「我之所以弗辟而攝行政者，恐天下畔周，無以告我先王。太王，王季，文王之憂勞于天下久矣，于今而后成。武王蚤終，成王少，將以成周，我所以爲之若此」。于是卒相成王，而使其子伯禽代就封于魯。……管蔡武庚等果率淮夷而反，周公乃奉成王命，興師東伐，作大誥。遂誅管叔，殺武庚，放蔡叔』。

六　宋微子世家：『武王崩，成王少，周公旦代行政當國，管蔡疑之，乃與武庚作亂，欲襲成王周公。周公既承成王命，誅武庚，殺管叔，放蔡叔，乃命微子開代殷後，奉其先祀』。

七　列子楊朱篇：『武王既終，成王幼弱，周公攝行天子政；召公不說，四國流言。周公居東，三年，誅兄放弟』。

乙項

一　逸周書作雒解：『武王克殷，乃立王子祿父，俾守商祀。建管叔于東，建蔡叔霍叔于殷，俾監殷臣。武王既歸，乃歲十二月崩于鎬，肂于岐周。周公立，相天子，三叔及殷東徐奄熊盈以略（汪中說，疑當作畔，見述學）。周公召公內弭父兄，外撫諸侯。元年，夏六月，葬武王于畢。二年，又作師旅，臨衛攻殷，殷大震潰降，三叔王子祿父北奔，管叔經而卒，乃囚蔡叔于郭淩。凡征熊盈族十又七國，俘維九邑，俘殷獻民，遷于九畢，俾康叔宇于殷，俾中旄父宇于東』。

二　尚書疏及史記索隱皆引汲冢古文云：『盤庚自奄遷于殷，則奄又嘗爲殷都，故其後皆爲大國。武庚之叛，奄助之尤力』。

三　尚書大傳：『管叔蔡叔流言于國。……奄君蒲姑謂祿父曰：『武王既死矣，今王尚幼矣，周公見疑矣，此百世之時也，請舉事』。

周秦之間，所說武庚叛周之事如此。然觀殷本紀：『武王克商，封紂子武庚祿父以續殷祀』及周本紀：『武王爲殷初定未集，乃使其弟管叔鮮蔡叔度相祿父治殷』之文，則知終武王之世，未嘗殄滅殷人；牧野之戰，不過敗殷而已。何則？諸書記武王勝殷之後，班師西還，所克服之地爲牧野；牧野以東，尚在殷人之手。史記于帝辛既敗之後，其事不明，殷都之地未有分處，是極武王之武功，不過關東之地耳。若殷以東，淮，徐，熊盈之屬，與殷爲聯邦，其勢與周埒，爲種族存亡之爭，未嘗一日忘懷于周也。此周本紀所謂『武王爲殷初定未集』，又云：『武王病天下未集』者也（史記封禪書亦云：『武王克殷，天下未寧而崩』）。彼管蔡二叔者，直入虎狼不可測之地以監臨殷民，其勢有所不能。且如漢志云：『邶，以封紂子武庚。鄘，管叔尹之。衞，蔡叔尹之』，直武王所得殷地，尹之以二叔耳，又安至相武庚，挾殷以叛乎？竊謂東征爲部族之爭，誅管蔡乃宗族之變。周之宗法異于殷人者，一爲兄終弟及，一乃父承子繼。周公之雄才遠略，與武王有手足之親，當武王之喪，成王幼弱，天下洶洶，彼周公者，何嘗不欲循殷兄終弟及之制，代成王而自立乎？而三叔目擊時艱，不忍緘默，使祖宗之舊法更張，所以流言于國者，殆不滿周公之所爲而思有以自立耳。周公代立之事既不見容于宗族，于是退居公卿之列，誅管蔡以滅口實。方周之敗帝辛于牧野也，關東諸侯悻悻于周也久矣，苦無人爲之主，武庚乃受辛冢嗣，諸殷聯邦扳武庚而立之，續殷命以奉先祀。若齊以孤城之地，起田單而敗燕師。句踐以蕞爾之邦，二十年生聚教訓，尚足以中興越國。況殷邦畿之大，庶黎之衆，淮，楚，徐，奄爲之輔，憤懣于牧野之辱以思圖國命，此固人事之必然者也。武王之喪，成王尚幼，周公居攝，三叔流言，天下震恐，乃啓其搆釁之階；奄君之謀，徐淮之助，以成其叛周之實。爲生存計，此其所以東征也。

居東與東征既明，然後周公之事跡始可說。諸書俱言周公攝政七年，而書金縢：『周公居東二年，則罪人斯得』，詩豳風：『我徂東山，……自我不見，于今三年』，孟子：『伐奄三年討其君』，尚書大傳：『周公攝政：一年救亂，二年克殷，三年踐奄，四年建侯衛也』，皆嘗于攝政三四五六年事（參見王國維周開國年表，觀堂別集補遺）。惟一二年時事闕略，蓋即出奔之事。意者當周公居攝之始，外流言于管蔡，內見疑于今王，不得不朝言國事，夕謝倉皇也。何以知之？古籍言周公出奔者有三。墨子耕柱篇：『古者周公旦非關叔（即管叔），辭三公，東處于商』，一也。魯世家：『初，成王少時病，周公乃自揃其蚤，沈之河，以祝于神曰：「王少未有識，奸神命者乃旦也」。亦藏其策于府。成王病有瘳。及成王用事，人或譖周公，周公奔楚。成王發府見周公禱書，乃泣，反周公』，二也。蒙恬傳：『昔周成王初立，未離襁褓，周公旦負王以朝，卒定天下。及成王有病，甚殆，公旦自揃其爪，以沈于河，曰：「王未有識，是旦執事，有罪殃，旦受其不祥」。乃書而藏之記府。及王能治國，有賊臣言「周公旦欲爲亂久矣，王若不備，必有大事」。王乃大怒，周公旦走而奔于楚。成王觀于記府，得周公旦沈書，乃流涕曰：「孰謂周公旦欲爲亂乎！」殺言之者，而反周公旦』，三也。史記材料所本，或出自古本金縢，殆不盡誣。楚地近于宗周者有二：一爲鄠縣之滈山。魏策：『王季葬于楚山之尾』。皇甫謐曰：『楚山一名滈山，鄠縣之南山也』。二爲洛陽之楚。春秋王子朝奔楚，即其地，去洛陽四五十里。二地皆居宗周之東，周公所奔之楚，非滈山即洛陽也。自古寄命託孤之臣未有不蒙危疑者，況周公欲舉身自代，所以有三叔之疑，召公之不悅也。及流言既起，是以出奔，暫避其鋒。奔楚歲月雖不可知，要之在此二年之際。斯義漢時人猶有知者。詩邶風譜：『周公避之，居東都二年。秋大熟，未穫，有雷電疾風之異。乃後成王說而迎之，而遂居攝』。文王世子正義引鄭氏金縢注亦云：『居東二年，成王收捕周公之屬黨』。汪中爲周公居東證，疑爲誣罔。自今觀之，其說自有所本，非向壁虛造者比也。周公既去，國政無人，三叔及武庚，徐，奄之屬欲進覬周室，而周公以再起，逸周書所謂『二年又作師旅臨衞攻殷』是也。至管叔之誅，蔡叔之放，武庚之滅，當爲三四年時事。書多方：『惟五年，須暇湯之子孫』（王國維曰：『「須暇」下當有湯字，推致孔傳可見』，見國學論叢一卷三號尚書講授記），五年蓋指武庚在位之年而言。舊以爲『正服喪三年，還師二年』，非也。武庚未叛之前，不惟撫有舊國，即王號亦未損滅。多士：『惟三月，周公初于新邑洛，用告商王士』。商王，即武庚；由武王克商至周公攝政一年（既克商五年），適爲五年之數，故知『惟五年』即指武庚之年也。悠久處大之民族，未可以一戰之故即傾滅其國，是以殷雖有牧野之敗，猶享國五年，始至傾覆，大傳所謂『周公攝政一年救亂，二年克殷』是也。周公既克殷，封康叔于衛，率師東下，孟子所謂『伐奄三年討其君』，大傳所謂『三年踐奄』是也。（据令敃「王伐楚伯在炎」知滅奄在徐楚淮之前，炎即郯，猶在奄之東也。）奄既踐，『而使其子伯禽代就封于魯』（世家），『東伐淮夷』（本紀），『寧淮夷東土，二年而畢定』（世家），『建侯衛』（大傳），『往營成周雒邑』，『乃還政于成王』（世家），『成周既成，遷殷頑民』（書多士序），而子姓之王國遂以隕滅矣。

周公東征之事跡，著于史册者如彼，其見于銅器者則又軼越載籍而多新異之發見。每每史册舊文因銅銘而益章，又或銅器紀事合史册而更著，其所以提携互濟者若是，而給予吾人之新啟示乃尤多也。今就其中有關于東征之記載者，爲疏通之如後：

一　周公東征鼎　（据武漢大學文哲季刊二卷二號吳其昌金文歷朔疏纘補）

佳周公于正伐東人，豐伯囗囗公歸囗于周廟。戊辰，酓秦酓，公賁囗貝百朋，用作障鼎。

按酓乃祭名。豐伯蓋從周公伐東人之有軍功者。周公即周公旦。此蓋周公東征旋師後所作。云『周公于正伐東人』，尤爲周公東征之碻證。古文人夷通用，東人即東夷，泛指殷東諸國而言也。

二　明公毁　（西十三，八；存五，八；貞七，十七）

唯王令明公遣三族伐東國，在𨛫。魯侯又囚工，用作𩰫彝。

明公即夨彝之明保，同是一人。郭沫若以爲周公子伯禽之名，說詳青銅器銘文研究夨彝釋文。𨛫，地名，不可識，郭謂即狳邑二字合書，於形殊不類。

三　小臣謎毁　（貞六，七）

獻東人大反，白懋父以殷八師征東人。唯十又一月，遣自囗自，述東隊，伐海眉。雩氒復歸在牧自，白懋父承王命，錫自遳征。自五囗貝。小臣謎蔑曆，眔錫貝，用作寶尊彝。

是器民國十九年河南新鄉出土。新鄉古衛地，此器當是衛人所作，丁山以爲白懋父即康叔子康伯髦是也。（丁有跋，見中央研究院歷史語言研究所集刊。）以殷八師，即伯懋父之衆，戍于殷地者也。遣，人名，乃從周公東征者，與遭尊爲一人。隊，說文所無。東隊，地名。海眉，即海湄，釋名釋水云：『湄，眉也。臨水如眉臨目也』，蓋卽近海之地。地志兩見曲海，一在東海郡，一在琅邪郡，皆在徐國境內，未知是其地否？牧𠂤卽牧野，爲殷都近郊之地，字亦作坶。說文：『坶，朝歌南七十里。周書曰：「武王伐紂，戰于坶野」』。于周爲衞地，宜乎伯懋父復歸在牧𠂤也。小臣謎，卽伯懋父家臣。『蔑曆』，成語，金文習見，阮元以爲卽密勿，猶黽勉也。

四　寠鼎（錢一，十七；阮四，廿三；攈二之二，七九）

王令趞□東反人，寠肇從趞征，攻龠無啻，相干人身，孚戈。用作寶障彝，子子孫孫其永寶。

趞即上小臣謎毁之趞，寠乃從趞東征之有軍功者。攻龠無啻，卽攻躍無敵。郭沫若說，殊爲精審（甲骨文字研究釋穌言）。

五　𩁹鼎（貞補上，十二）

隹王伐東人，溓公令𩁹眔史旗曰：以師氏眔有嗣後國戡伐腺。𩁹孚貝，𩁹用作餐公寶障鼎。

溓公，史册不見。𩁹眔史旗，從溓公東征者。腺，地名；从象，从月，說文所無，疑爲殷人產象之邑而屬于東國者。呂氏春秋古樂篇：『商人服象，爲虐于東夷，周公遂以師逐之，至于江南』。孟子云：『周公相武王，誅紂，伐奄三年討其君，驅飛廉于海隅而戮之，滅國者五十，驅虎豹犀象而遠之，天下大悅』。是周人驅象之役亦在東征之際矣。（徐中舒有殷人服象及象之南遷一文，論之蓁詳。）

六　員卣（契齋師藏）

員從史旗伐會，員先入邑。員孚金，用作旅彝。

按史旗卽上𩁹鼎之史旗。員，從史旗東征之有軍功者。會，地名。說文：『鄶，妘姓國，在東海』。漢書地理志東海郡下『鄶，故國，禹後』。淸一統志：『故城在今繹縣東八十里』。蓋諸東土之小邦，周公東征時員所伐滅，而經典所未見者也。

七　睘卣（筠二，四四；攈二之三，八六；愙十九，二十二；周五，八九）

隹十又九年，王在厈。王姜令作册睘安人伯。人伯賓睘貝布。揚王姜休，用作文考癸寶障彝。

睘卣，吳其昌謂昭王十九年作（金文歷朔疏證續補）。郭沫若云：『亦踐奄時器，厈亦奄之音譯。十九年，文王紀元之十九年，成王六年也』（兩周金文辭大系），今按郭說近是。惟以厈卽奄則非。成王征東國，所至之地衆矣，何以必在奄。金文自有奄字，又何煩借厈爲之。要之厈亦東國之地，不必即奄耳。王姜即令𣪘之王姜。人伯，東夷之長也。睘，作器者名。『安人伯』者，蓋文王紀元十九年，東夷已克服，王命睘安之，此與授政爲一年事。東人既安，然後反于新邑洛，遷殷頑民。攈古錄二之三有睘尊文云：『在厈，君命余作册睘安人伯，人伯賓用貝布，用作朕文考日癸𩐯寶□』，與此文同。二器蓋同時所作。

八　班𣪘　（西十三，十二）

隹八月初吉，在宗周。甲戌，王令毛伯更虢城公服，甹王位，作四方望，秉緐蜀巢，令錫鋚勒，咸王令毛公以邦冢君，土馭國人，伐東國□戎。咸王令吳伯曰：『以乃自左比毛父』。王令呂伯曰：『以乃自右比毛父』。䢅令曰：『以乃族從父征』。出城衛父身。三年，靜東國；東國亡不成斁天威，否畀屯陟。公告氒事于上：『隹民亡徃才。彝悉天命，故亡尤才。顯隹敬德，亡逌違』。班拜䭫首曰：『烏虖！不丕丮皇公受京宗懿釐，毓文王：姒□孫障于大服，廣成氒工。文王孫孫亡弗褱井，亡克競氒剌。班非敢印，隹作邵考爽益口大𣪘。子子孫孫，多世其永寶』。

此器見西淸古鑑，館臣摹脫甚衆，釋文亦復錯乖，前人多疑以爲僞。𤔲可㚖上古三代文曾收入，係據打本。取校古鑑，始知有脫摹。『王在宗周』，古鑑脫『王』字。『咸成王命毛公』，古鑑挩『成』字。此類恐復甚多，情器佚不能重爲訂正也。毛伯毛公是一人，云『王命吳伯以自左比毛父，呂伯以自右比毛父』，吳伯呂伯，從毛父征者；左比右比，殆如今之左右衛然，可見當時行軍之法。云『三年靜東國』，與詩東山，孟子滕文公，史記周本紀正相印合，益證典籍所載之史實爲不虛也。

九　旅鼎　（攈二之三，八十）

隹公大保來伐反人年，在十有一月庚申，王在盩自，公錫旅貝十朋。旅用作父口尊彝□。

十　大保𣪘　（攈二之三，八十；奇三，三二；周三，四七；畫七，五）

王伐彔子□𠭯氒反。王降征令于大保，大保克敬亡遣。王派大保錫休余土，用茲彝對命。

余士即徐土，與詩大雅常武『省此徐土』文同。右二器同時所作。大保，旅，經史未見，皆東征之武臣也。

十一　令𣪘　（貞六，十一）

隹王于伐楚伯在炎。隹九月既死霸，丁丑，作册，矢令障匽于王姜。姜賁令貝十朋，臣十家，鬲百人。公尹白丁父兄于戍冀嗣三。令敢揚皇王宦，丁公文報；用䭫後人亯，隹丁公報令用𢦏㞷于皇王。令敢㞷皇宦，用作丁公寶𣪘，用障史于皇宗，用鄉王逆造，用鄉寮人，婦子後人永寶。

鳥形册

此器郭沫若以爲周公東征淮夷時作，吳其昌乃定爲昭王征楚。自銘文記事觀之，殆周公東征時事，郭說爲是。楚伯即禽𣪘之楚侯，逸周書作雒解『三叔及殷東徐奄及熊盈以略』之熊盈（說詳後）。宦字未詳，郭氏以爲休字，唐蘭釋寍，非是。休从人依木象意，𡨦象形，於此皆不類。㞷从厂从長，說文所無。王姜即睘尊之王姜，殆成王之配。古者后亦可稱王，禮記玉藻：『君命屈狄』，注：『君，女君也』，是女后稱君之證。炎即春秋郯子來朝之郯，漢屬東海郡，今山東郯城縣西南百里許有故郯城。

十二　禽𣪘　（綴二，三；積五，二八；攈二之三，二三；從十，卅；敬下，百；周三，百八）

王伐楚侯，周公某禽祝，禽又口祝。王錫金百寽，禽用作寶彝。

楚，徐同栢釋『楚』，吳大澂釋『無』，今審徐說近是。楚从林疋聲，此从去聲者，疋去古音同部，故楚得从去聲。楚侯即上之楚伯，周公即周公旦，禽祝乃周司祝之名禽者。

今日知見之銅器，其居周初者約三十餘事，而記東伐之事者十餘品，苟用以訂正史籍，雖仍有文獻不足之感，然試求其所至之地，征伐之國，及從征之將士，其戰征之厓畧，抑可測而知也。載籍所謂東夷者，曰淮夷，曰徐戎，曰奄，曰熊盈；征之者曰成王，曰周公，曰中旄父；其地有𡨦匽殷及郭淩而已。見于銘文者，從周公東征有禽祝，有豐伯，有睘，有令，有濂公，有史䏆，有旅，有大保，有員，有𩁹，有毛伯，有吳伯，有呂伯，有白懋父，有遣，有寬，有小臣謎，有小臣宅；其徒曰八自，曰三族；所至曰炎，曰厈；曰東隣，曰𡚇，曰海眉，曰牧自；所伐者曰滕，曰曾，曰徐土，曰楚侯，曰楚伯；通稱之爲東國，或曰夷伯，或曰東夷，或曰東反夷，或曰反夷。其氏族地望雖不可盡知，然部族戰爭之烈，恐有史以來未嘗有也。

由銅器會合詩書，東國族別實甚多。逸周書稱『凡征熊盈族十七國』，孟子言『滅國者五十』，非虛語也。其較大者，蓋淮，奄，徐，楚爲名族，其名亦見于卜辭，前編卷二第二十一葉『口卜貞口𢓊于淮，口來亡𡿧』，同上二十四葉『己亥卜，貞王徙于淮，㞢來亾巛』，此殷王之徙于淮也。前編卷七第三十二葉『貞甫口令夌畢，三告』，又『癸酉卜賓，貞令口夌口畢』，是夌受令于殷也。奄嘗爲殷之故都，與殷之關係爲尤切，故武庚之亂，奄助之甚力。卜辭有『帚弇奴』（藏龜三十六葉），『貞弇不其奴』（又一百廿四葉），『丁酉卜□，貞來乙巳，王入于弇』（同書一百八十六葉），『王入于弇』（殷虛文字九葉）之文，『奄』『弇』古本通，山海經西山經玉山注：『即奄嵫山』，穆天子傳，列子湯問皆作『弇山』，是弇即『踐奄』之奄也。楚伯雖不見於卜辭，然余疑銅器之楚伯即逸周書之熊盈，史記之熊繹。何以言之？楚世家云：

> 周文王之時，季連苗裔曰鬻熊。鬻熊子事文王早卒，其子曰熊麗，熊麗生熊狂，熊狂生熊繹。熊繹當周成王之時，舉文武勤勞之後嗣，而封熊繹于楚蠻，封以子男之田，姓羋氏，居丹陽。楚子熊繹與魯公伯禽，衞康叔子牟，晉侯燮，齊太公子呂伋，俱事成王。

熊繹與熊盈，音本相近，通假自屬可能。揆其時代，熊繹之時，正當成王之世。熊繹封以子男之田，姓羋氏，居丹陽，恰與周公東征，熊盈，徐，淮敗績，由山東南竄之事闇合。天下同名之人則有之，同一之事則有之，苟其人同，事同，時代亦須相同，若非一事之演變，斷無如是巧合之理。由是言之，則世家之熊繹即逸周書之熊盈，銘文之楚伯也必矣。然則世家何以言其受封周室事？此固楚譜諜誇張先代之令德，不忍言其醜，太史公據之入錄，未暇詳辨耳。

四國所在之地，惟奄爲最明。書成王政序鄭注：『奄在淮邑之北』。詩豳風表正義：『奄國在淮夷之旁』。漢書藝文志：『禮古經者，出自魯淹中』（奄淹亦通用，孟子『未嘗有所終三年淹也』，假奄爲之）。後漢書郡國志：『魯國，古奄國』。注引皇覽曰：『奄里伯公冢在城內祥舍中，民傳言魯五德，奄里伯公葬其宅』，即今曲阜，所謂助武庚尤力者也。周公東征，奄先滅，周本紀：『成王既遷殷遺民，……召公爲保，周公爲師，東伐淮夷，殘奄（尚書大傳作『踐奄』），遷其君薄姑。周公自奄歸，在宗周，作多方。既絀殷命，襲淮夷，歸在豐，作周官』。是襲淮夷明在踐奄之後也。

淮夷，徐，楚之地俄頃不可指。舊說夷族有九，率皆居東。後漢書東夷傳：『武乙衰敝，東夷寖盛，遂分遷淮岱，漸居中土』。金文亦『東國』『東夷』連言。夷居東土，非無說矣。書序云：『徐夷並興，東郊不開』。徐夷並舉，則徐之去淮固伊邇也。史記魯世家：『十九年，楚伐我取徐州』。集解引徐廣曰：『說文，䣄，鄒下邑地，魯東有䣄戎』。又郡國志曰：『魯國薛縣，六國時曰徐州』。又紀年曰：『梁惠王三十一年，下邳遷于薛，故曰䣄州』。員伐曾邑，伯懋父伐海眉，則皆東夷之境。以是推之，由奄以東，至于海，北及齊岱，南逵淮泗，皆古徐夷也。

楚之先世，譜諜不詳，世家所載，系出帝顓頊高陽。高陽生稱，稱生卷章，卷章生重黎；重黎爲帝嚳高辛居火正，甚有功能，光融天下，帝嚳命曰祝融。共工氏作亂，帝嚳使重黎誅之，而不盡，帝乃以庚寅日誅重黎，而以其弟吳回爲重黎後，復居火正爲祝融。吳回生陸終。陸終生六子，六曰季連，芈姓，楚即其後。至熊繹始受封居丹陽。國語鄭語史伯對桓公之問曰：

……且重黎之後也。夫黎爲高辛氏火正，以淳耀惇大，天明地德，光昭四海，故命之曰祝融，其功大矣。夫成天地之大功者其子孫未嘗不章，虞夏殷周是也。……其後八姓，于周未有侯伯。佐制物于前代者，昆吾爲夏伯矣，大彭豕韋爲商伯矣；當周未有。己姓昆吾，顧，溫，董姓鬷夷，豢龍，則夏滅之矣。彭姓彭祖，豕韋，諸稽，則商滅之矣。禿姓舟人，則周滅之矣。妘姓鄔，鄶，路，偪陽，曹姓鄒，莒，皆爲采衛，或在王室，或在夷翟，莫之數也；而又無令聞，必不興矣。斟姓無後。融之興也其在芈乎？芈姓夔越，不足命也。蠻芈，蠻矣。惟荆實有令德。若周衰，其必興矣。

所說楚之世族，與世家不同。而左傳昭十二年楚王自述云：『昔我皇祖伯父昆吾，舊許是宅』，則又言楚宅于許。綜上諸說，紀述殽淩，不可董理。自金文觀之，僅知楚人在奄之東，與淮徐雜處，共犯周室，及其顛覆，則又聯袂以南徙耳。夫以四國遠居東土，而能扶翼商邑，至于摧折滅亡而不悔，使無輔車之勢，何克臻此。徐中舒嘗論殷商民族，條舉殷人有稱戎稱夷之事，公室有戎夷之徽，部屬有戎夷之族，則商之與四國不能無同宗祊之守者焉。

周公東征之國，大較如上，而其從征之人，箸于銘文者，史籍或弗彰。周公而外，中旄父頗可說。孫詒讓周書斠補于『俾中旄父宇于東』下云：『按中旄父，它書皆未見。今詳攷之，蓋即康叔之子康伯也。史記衛世家云：「康叔卒，子康伯代立」。索隱云：「系本，康伯名髡」。宋忠云：『即王孫牟也』。按左傳所稱『王孫牟父』是也（王孫牟見左昭十二年傳）。牟髡聲相近，故不同耳」。梁玉繩據左氏春秋釋例世族譜衞世系云：「康伯髦」，謂索隱引世本「髡」當作「髦」（人表攷），其說甚塙。葢髦音近牟，故小司馬云「音相近」，若作髡，則于聲殊遠，其說不可通矣。「髦」與「旄」聲類亦同，故此又作「中髦父」也。上文云：「建管叔于東，建蔡叔于殷，俾監殷臣」。孔注云：「東謂衞，殷，邶，鄘」。若然，武王以殷畿內封武庚而以二叔分治其地；迨三監既畔之後，周公平之，以三監全境分康叔，而別以其子弟分治其地；分則邶，鄘，衞，合則通爲衞，此其義證顯較可據者也』。按孫說是也。故銅器之伯懋父即逸周書之中旄父。伯，爵也。稱伯懋父，與世系稱康伯髦同意，懋與牟旄髦音皆近。（牟懋古幽部，旄髦古宵部，古音幽宵合。）且其器出土于新鄉，即康叔所封之地，尤爲確證。其銘云：『以殷八𠂤征東夷』。逸周書『臨衞攻殷』。克殷之後，即以衞地封『伯髦』，與以八𠂤之衆，以戍殷頑民耳。

『明保』見于銘文者，明公𣪘外，令彝『隹八月，辰在甲申，王令周公子明保尹三事四方受卿事寮』。䰧卣：『唯明保殷成周年』。洛誥：『王若曰：「公明保，予冲子」』，與銘文當是一人。郭沫若謂『明保即周公子伯禽名，曾食采于明，故號明。洛誥「公明保予冲子」，成王誥命伯禽之文。「王若曰：公，明保，予冲子！」猶康誥之「王若曰：孟侯，朕其弟，小子封」，康誥乃王呼康叔之名而告之，此則王呼明公之名而告之也』。其說近是。

由上所舉，從周公東征者凡二十八，可知者伯懋父明保二人而已。又有受勳賞而不著其功事者，得四人焉。一曰御正衞，御𣪘：『五月初吉甲申，懋父賞御正衞馬匹，自王，用作父戊寶隮彝』。二曰呂行，呂行壺：『隹四月，伯懋父北征，唯還，呂行□孚貝，氒用作寶隮彝』。三曰小臣宅，小臣宅𣪘：『隹五月壬辰，同公在豐，令宅事伯懋父，伯錫小臣宅畫□戈九，易金車馬十兩。揚公白休，用作乙公寶隮彝，子子孫孫永寶，其萬年用，鄉王出入』。此三人皆伯懋父之臣、預于東征之事者也。四曰厚趠，厚趠鼎：『惟王來格成周年，厚趠又償于𣿅公，趠用作氒文考父辛寶隮鼐，其子子孫孫永寶用』。此又償于𣿅公而受賞者也。以其歷時之久，從征之衆，當日武功之盛可以想見。史書缺略，致令當時干城之士湮沒無聞，可慨已。譜而表之，以待知者：

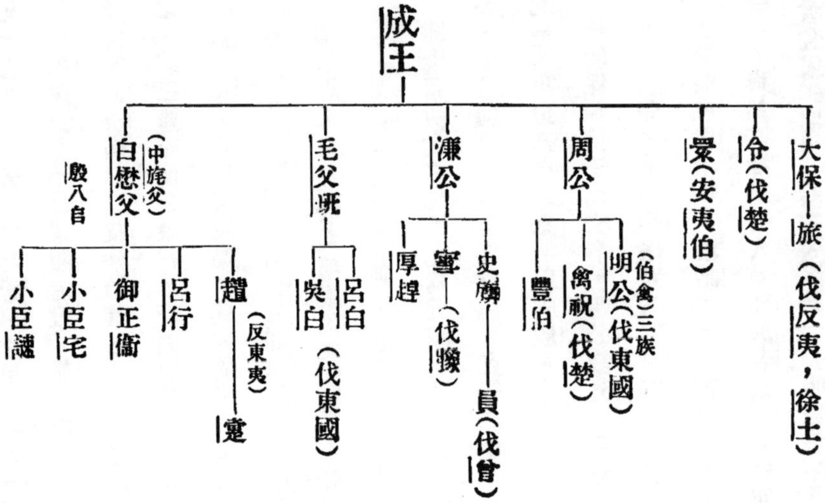

增本篇參考金文書目

乾隆勅撰西淸古鑑……簡稱『西』
錢坫十六長樂堂古器欵識……簡稱『錢』
阮元積古齋鐘鼎欵識……簡稱『積』
吳榮光筠淸館金文……簡稱『筠』
吳式芬攈古錄金文……簡稱『攈』
徐同柏從古堂欵識學……簡稱『從』
朱善旂敬吾心室彝器欵識……簡稱『敬』
劉心源奇觚室吉金文述……簡稱『奇』
吳大澂愙齋集古錄……簡稱『愙』
鄒安周金文存……簡稱『周』
羅振玉貞松堂集古遺文……簡稱『貞』
羅振玉貞松堂集古遺文補遺……簡稱『貞補』

周秦時代中國經營東北考略

馮家昇

濱田耕作云，『漢武帝時代，中國勢力之東漸不過表示中國武力伸張之重現。武帝之所以成功，正以其地已有相當之根據耳』（昭和四年貔子窩結論部份）。又云，『推測中國民族在漢武帝以前早潛伏相當之勢力，兩人種（指通古斯與中國民族）一進一退，互相消長之情況，可以由想像得來』（東亞文化之黎明第三中國之石器時代及其人種問題）。是言也實得其正鵠者也。吾人考武帝以前中國武力加于東北，不但由攷古方面佐以想像而得來，文獻方面實已鑿鑿可據；漢武帝之滅朝鮮設四郡，不過表示中國勢力伸入東北之總結算耳。

燕之經畧

周武王滅殷，封召公于燕，太公于齊，周公于魯，表示此等地方為要地，而有賴重臣之防護也。齊魯以地域不關東北範圍內，且不談；今請言燕。

燕僻處周之東北，『北迫蠻貉，內措齊晉，崎嶇強國之間，最為弱小，幾滅者數矣』（燕世家太史公語）。始有山戎之禍，賴齊桓公擊走；繼有齊湣公之來攻，國破而燕王噲死。往南發展既不易，惟有向北之一途。昭王即位，卑禮厚幣，廣求賢者，用秦開經略北邊。終燕之世，其北邊士宇大張。嬴秦東北邊境仍沿其舊。而漢武帝之所以能由陸路用兵朝鮮者，未始非此帶路線至漢初仍得通也。

甲　秦開之破東胡

東胡部落大抵從西周以來至戰國，遊牧于今之西喇木倫及老哈河。春秋時代常南侵燕，燕頗苦之；賴齊桓公之援助，東胡稍北走。戰國時代，中國內亂方興，互爭雄長，而東胡亦不時侵燕；燕以近臣秦開為質，得苟安一時。燕昭王即位，擢用賢者，國勢大振。秦開以久居胡地，得其虛實，歸而起燕兵大破東胡，東胡卻走千餘里。燕之勢力直達今之朝陽，建昌以北，實為殷周以來所未有。

東胡既破走，為防患未然計，又築長城自造陽（今察哈爾獨石口）至襄平（今遼寧遼陽），為一大弧形之防禦圈；又于此防禦圈內置五郡：

（一）上谷郡，包括今察哈爾宣化至獨石口。

（二）漁陽郡，包括今密雲至承德。

（三）右北平郡，包括今河北之北部及熱河平泉凌源。

（四）遼西郡，包括今熱河朝陽及遼寧遼水之西部。

（五）遼東郡，包括遼水以東及朝鮮平安北道。

此五郡經秦至漢未廢。二千年前之中國，東北邊疆即如此之遼闊，不能不歸功于秦開也。

乙　秦開之攻取朝鮮士地

箕子之後朝鮮侯，見周衰，燕自尊為王，欲東略地；朝鮮侯亦自稱為王，藉口尊周室，欲興兵逆擊燕，旋以其臣禮之諫乃止。使禮西說燕，燕亦止而不東攻。其後子孫稍驕虐，不理國政，而燕昭王方大拓土宇，視為千載一時之良機，乃有意用兵朝鮮焉。時秦開大破東胡，乃乘戰勝之餘東越寖水，鴨淥，而至朝鮮平安北道博川之大定江，以『滿潘汗』爲界。自滿潘汗至燕與朝鮮之舊境，中間約二千餘里，至是均爲燕所攻奪。此雖爲中國民族自相魚肉之一幕，然箕氏朝鮮自居化外，不屬中國，要亦中國歷史上可紀念之事也。其後朝鮮王否臣屬于秦，未始非秦開此番經營之影響。

秦開經略朝鮮後，又有王滿（衞滿）者，大抵爲燕之邊臣而受封焉。燕昭王時嘗壓迫朝鮮眞番等國，置官吏，築鄣塞。所謂鄣塞即秦長城所繕治之舊址，亦即史記朝鮮傳所謂之『秦故空地上下鄣』。蓋燕亡，滿臣屬于秦，以其地爲『遼東外徼』；滿旣臣于秦，其地亦必屬于秦，故曰『秦故空地上下鄣』，文義甚明。後人于此處不細讀，以爲秦長城止于此，而燕長城則止于襄平，抑何粗心耶！大抵燕長城自造陽至襄平之一線爲秦開所經營，而樂浪遂城（平安南道龍岡）之一線爲王滿所經營。

中國當戰國燕昭王時，東北之疆域最爲遼闊。燕之北境達今日熱河朝陽之北，東跨鴨淥江至朝鮮平安南道之龍岡，而忠淸南道及全羅北道之眞番民族且爲燕臣王滿所畧屬，無怪乎燕之明刀貨幣出土於全羅南道及日本也。大抵此時燕人必早與朝鮮南部及日本通商矣。史記貨殖傳謂燕『北隣烏桓，夫餘，東綰穢貊，朝鮮，眞番之利』，於此可証。

秦之經畧

秦始皇二十一年破燕，燕王喜走遼東。二十五年王賁攻遼東，虜燕王喜，於是燕之疆域均入秦。而燕人王滿葆塞爲外臣，仍居故地，曰『遼東外徼』。朝鮮王準畏秦之威，雖不肯朝會，亦服屬之。又因燕之五郡而治理之，使蒙恬繕築長城，壞者修之，不連者續之，西起臨洮，東至朝鮮龍岡萬餘里。顧炎武謂井田廢，馬軍興，長城爲禦敵最良之障礙物，豈其然乎？

甲　秦長城沿燕舊址說

秦滅燕，領有上谷，漁陽，右北平，遼西，遼東而仍沿其名，史固有明文（見漢書地理志）；惟秦長城世人每指爲今之長城，殊爲大謬，故略述之。

漢書地志樂浪郡下注，『有雲鄣』，此雲障即史記朝鮮傳之『秦故空地上下障』，爲燕人王滿所築。晉書地志，樂浪郡遂城縣『秦長城之所起』，王隱晉太康三年地記（淸畢沅輯本），『遂城縣有碣石山，長城所起』。通典卷一八六高句麗傳，『碣石山在漢樂浪郡遂成縣，長城起于此山。今驗長城東截遼水而入高麗，遺址猶存』，則秦長城之東端並非止于山海關，遺址當中唐時猶存。又魏志卷三十魏略，『及秦幷天下，使蒙恬築長城到遼東，時朝鮮王否立，畏秦襲之，略服屬秦，不肯朝會』，則秦之長城達遼東，由此可証。秦所謂遼東，包有遼水迤東至朝鮮平安南道之境域，蓋沿燕之舊制耳。

秦開破東胡，東胡卻走千餘里，燕置五郡，最北達朝陽獨石口，又築長城爲中國東北最前防線。秦滅燕，『因邊山險，塹谿谷，可繕者治之』（史記原文），東與王滿障塞相連，西與趙國長城相接。魏書長孫陳傳，『陳，世祖時爲羽林郎，征和龍。賊自西門出，將犯外圍，陳擊退之，追斬至長城下』。按和龍今朝陽，出西門至長城下，其地有長城明矣。通典卷一七八范陽郡，『北至廢長城二百三十五里』。按唐之范陽郡治爲今之薊縣，距今長城不過七十餘里，而通典謂二百三十五里，則所指廢長城非今之長城甚明。以里數校之，大約與朝陽相近，即秦長城之遺址也。

總之，秦長城之東端乃沿燕之舊址而繕葺者。東端起朝鮮平安南道之龍崗，渡清川江（一名大定江），西北繞鴨淥江，佟家江，西北過開原北，西南經朝陽，建昌（淩源）北，蜒轉至獨石口。繪圖如下：

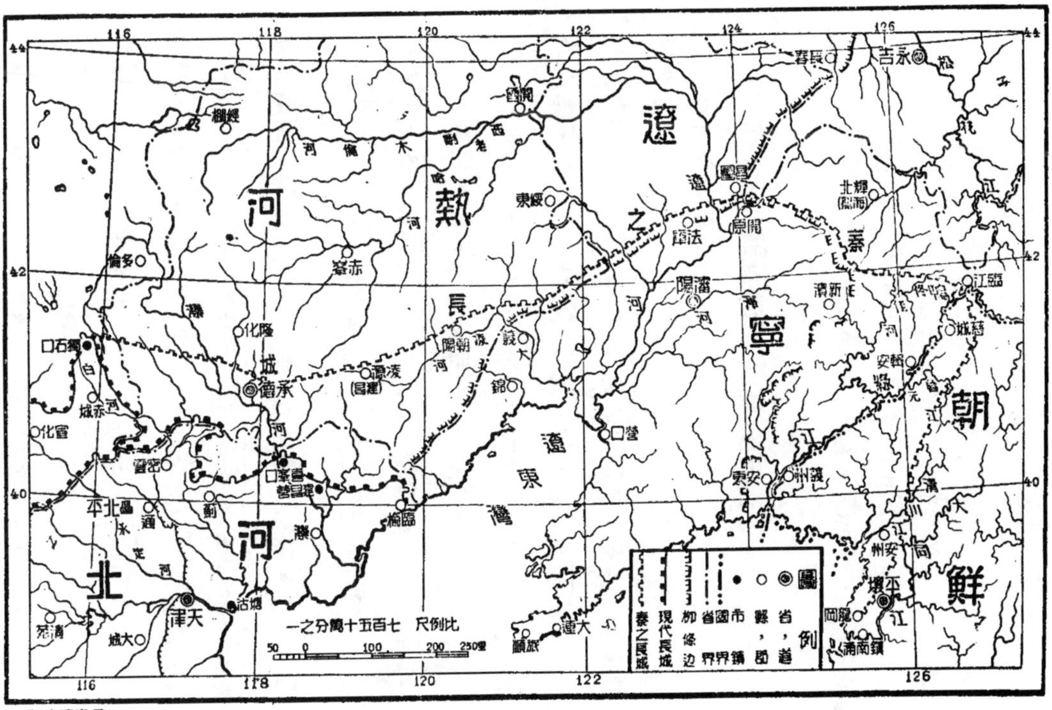

吳志順繪製

乙　朝鮮出土之秦戈

秦之勢力達於朝鮮，自來學者以史文未載，闕而不論；不知魏略已有明文，而箕氏朝鮮曾臣屬之，王滿亦葆爲外臣。今以考古方面之証明，則更驗矣。

近年日人在平安道發掘，所獲甚夥，關于秦代文物而最値得注意者則爲秦戈。此戈發見于平壤，今藏平壤高等學校。形似今之鈎鐮，而多下之刀形。檢端方陶齋吉金錄，有『高密戈』與之相似，而下方稍異。羅振玉夢郼草堂吉金圖有『多易戈』，『非釪戟』，『上黨武庫戈』與之大同小異。蓋爲戰國時代武器中通行之一種形製也。

其一面有文曰：

廿五年上郡守廟
造高奴工師竈
丞申工□鬼詘

其陽面有文曰：

洛都戈上郡庫

按『廿五年』係年號。初出土時，人皆莫知何朝之物；後經仔細研究，定爲秦始皇廿五年所造。是年燕王喜爲秦將王翦虜于遼東。廿六年收天下兵，聚之咸陽，銷以爲鐘，鐻，金人十二。此戈乃前一年所造，爲戰國時代最終之紀念品，幸免銷毀，殊爲珍異！『上郡』爲造此戈之地名，漢志『上郡，——秦置；高帝元年，更爲翟國，七月復故；匈歸都尉治塞外匈歸障，——屬幷州』。『高奴』爲工師之籍貫，漢志，上郡下有高奴縣；史記卷七項羽本紀，『立董翳爲翟王，王上郡，都高奴』，集解文穎曰，『上郡秦所置，項羽以董翳爲翟王，更名爲翟』，索隱，『按今鄜州有高奴城』，正義引括地志，『延州城即高奴縣』。延州城今陝西西安北延安縣。造戈之工師姓竈。『洛都戈上郡庫』，意即上郡所造之戈而移管于洛陽也。

由是言之，燕與秦之勢力均已達于朝鮮，不但零碎之古文獻中見之，攷古方面已爲之証明矣。漢武帝經營朝鮮之成功，正因武帝以前，燕秦二國早爲樹殖一種潛勢力耳。

參考書

一、濱田耕作東亞文化之黎明第三節中國之石器時代及其人種問題。

二、顧炎武日知錄集釋卷三十一長城條，氏由各書說明戰國時代燕，趙，韓，魏，秦，齊，楚等國築城之風。

三、地理與歷史第一卷第七期市村瓚次郎長城起原論，可補顧氏之不足。

四、歷史地理第十三卷第三期松井秦長城東部之位置。氏謂秦長城必包所立之郡，不然長城乃無意義。

五、史學雜誌第二十一篇第二期稻葉君山秦長城東端及王險城考，取楊守敬松井說，頗爲覈要。

六、地學雜誌宣統三年八月份傅運森秦長城東端考。氏說與稻葉文無二，文字亦相似。

七、楊守敬歷代輿地圖第一函第一册秦代三十六郡圖，東端長城直于朝鮮平壤，較前人精當之至。

八、稻葉君山朝鮮文化史研究頁二九八有秦戈圖版。

九、端方陶齋吉金錄。

十、羅振玉夢郼草堂吉金圖有各種戈式圖版，可與秦戈作比較。

戰國疆域沿革攷（續）

鍾鳳年

魏

地理志曰：『魏地……自高陵以東，盡河東，河內；南有陳留及汝南之召陵，㶏彊，新汲，西華，長平；潁川之舞陽，郾，許，傿陵；河南之開封，中牟，陽武，酸棗，卷：皆魏分也』。

案高陵以東，於漢爲馮翊京兆東部，沿渭水而東至弘農諸地。轉言之，即班氏於秦地所謂『自弘農故關以西京兆……馮翊』之城。氏於上文既以其地界諸秦，何爲而於此更以與魏？如此，詎非兩國同時竝據一地乎？此理之所不可通者也。

又依地勢言之，元和郡縣志卷第一云：『高陵縣西至府八十里。櫟陽縣西南至府一百里；本秦舊縣，獻公自雍徙居焉』。是高陵尙在秦故都櫟陽之西，魏地烏能及之？班氏之爲此語，不識亦有所本否？

秦本紀出子二年附有『秦以往者數易君，君臣乖亂；故晉復彊奪秦河西地』諸語；然未言地之所至。正義曰：『謂同華等州也』。又孝公元年附有『魏築長城，自鄭濱洛以北』之文。『鄭』即唐華州治（今陝西華縣），正義所斷近是。元和郡縣志卷第二於華州云：『今州東三里，魏長城是也』。又云：『西至上都一百八十里』。是魏長城猶在高陵以東百里內外。魏若信有高陵，則不應舍之而近築長城於鄭。似魏界自始即未能逾鄭而西也。

魏奪秦河西及築長城，史公雖未言確在何時；但因其他所書，亦不無朕迹可尋。

秦本紀厲共公十六年（晉出公十三年）云：『壍河旁』，可証於時秦尚未失河西。迨靈公六年魏世家文侯之六年云：『城少梁』。本紀靈十三年（表作十年，同時書『靈公卒』，於魏當文侯十年，似宜從之）云：『城籍姑』。少梁爲今陝西韓城縣，籍姑在其北。蓋至是魏地已逾河；秦城籍姑，即爲禦魏而設。

又本紀簡公六年（表在七年）云：『壍洛。城重泉』。十七年同時魏世家文侯十六年云：『伐秦，城臨晉元里』。十七年云：『西攻秦，至鄭而還。築雒陰合陽』。三十六年（秦惠公十一年）云：『秦侵陰晉』。『重泉』在今陝西蒲城縣界，位於洛西。『臨晉』爲今大荔縣。『元里』在今澄城縣境。『雒陰』據正義引括地志云在同州（即今大荔）之西。諸地俱近於洛。『合陽』在今朝邑縣境，地濱河。『鄭』已見上。『陰晉』乃今華陰縣，與鄭俱在渭水南。吾人試觀秦於茲忽去大河而改壍洛，且築城於其西，魏則逐漸拓地於河洛之間，兼及渭南；是其擴河西與築長城蓋在斯際也。

但魏有其地，似亦不久。秦本紀孝公元年云：『出兵東圍陝城』。八年，『與魏戰元里』。同時魏世家及表惠王十七年俱云：『取我少梁』（表於魏襄五年後有『與秦河西地少梁』一語，恐即因同年世家所謂『予秦河西之地』而誤，因秦本紀於茲亦止云『魏納河西地』也）。三十一年（秦孝公二十二年）云：『秦用商君，東地至河』。秦不得鄭以東，無從逾函谷以攻河南之陝。更益以『取魏少梁』及『地東至河』之文，是秦孝公已復河西地。此依前論秦疆域應在惠文末年，於魏當哀王七八年頃，則安能仍擁有班氏所舉之地？足見其說之誤。

又魏納上郡於秦，在既失河西後。孟堅前已謂上郡爲秦地矣，故於此不復及之，然因而愈足見其言魏尚有高陵以東之謬於事實也。

『河東，河內』

孟子記梁惠王語曰：『河內凶，則移其民於河東，移其粟於河內』。漢二郡於戰國爲魏地，尚是。第戰國時二地之幅員似較漢郡爲大。如前於秦地所舉魏之『平周』，至漢隸西河郡；位於郡之東南端其直西近河之『土軍』，昔當亦是魏地。二邑以北則爲趙之藺離石，故其間區域當不廣；疑於未入秦前並爲魏之河東。

平周於唐爲河東道汾州介休縣。元和志卷第十三於汾州云：『春秋時爲晉地，後屬魏，謂之西河。子夏居西河，吳起爲西河守，皆謂此也。……漢武帝元朔四年置西河郡』。案志謂州即子夏羼所居之西河，蓋是。若吳起之所守，即呂氏春秋長見及觀表篇俱云『吳起治西河之外』，志恐誤。蓋魏文侯命起守西河，乃使之禦秦。其時魏之河西上郡尚未失；設起遠居於河東汾州之地，將孰禦哉？

又漢之魏郡亦有一部爲魏河內地（班氏未之及，俟別論於下）。

依上所論，可證魏之河東河內實較漢郡爲大。

更因國策及史記諸所書，似河東河內非魏所獨有，韓於其間亦各有一部之地。秦本紀武王四年云：『拔宜陽，……涉河城武遂』。次年韓世家襄王六年云：『秦復與我武遂』。九年，『秦復取我武遂』。襄王十六年，『秦與我河外及武遂』。釐王八年，『與秦武遂地二百里』。昔之宜陽新安，踰河爲河東地。今因本紀所書，可知武遂在河東。且韓之平陽於漢亦隸河東郡，足徵彼實有地於河東也。

武遂地闕。國策地名考因楚世家懷王二十年昭睢云平陽去武遂七十里，及蘇秦傳秦召燕王，蘇代沮之曰：『秦正告韓曰：「……我起乎宜陽而觸平陽，二日而莫不盡繇」』之文，謂平陽去宜陽尚遠，秦師非二日所能至；遂從索隱云在宜陽左右，與位於河東者有別。兼謂前人成說無言武遂在河東者，豈韓有兩武遂。今按韓世家『秦與我河外及武遂』一語，河外即當時河南之總稱；倘武遂果在其間，則言河外武遂自包括於內，便不應並舉二地。況秦本紀『涉河』兩字又將如何解說耶？

更依韓以武遂地二百里與秦言之，可見其區域必甚大。考乾隆河南府志，謂宜陽縣城北至新安縣城五十里；新安北至濟源縣界狂口鎮六十里。濟源業在河北，是自宜陽至河，不過百里，則安能復容得區域較大之武遂？此可證其地不宜有二。又緣此亦足知平陽不在宜陽左右。

韓與秦武遂既詳記道里，其言外之意乃表明地猶未盡入秦。故與平陽相去七十里之說，殆爲指達武遂北邊而言；不可視作南抵於河之距離。因武遂地設即僅二百里，兩地相距亦不止若昭睢所舉也。

至秦云自宜陽二日而觸平陽，按蘇代說之上尚有『破齊，湣王出走久之』二語。是代所述已在周赧三十一年燕雪齊恥之後。韓納武遂二百里，則在代說前；爲周赧二十五年。秦既得其地，要當屯兵於其境，則去韓平陽業已不遠。出師於彼，二日而至，有何不可？此或秦以武遂隸之宜陽，所告韓踣乃就地之大者而言；今不必據之定謂發自河南也。又韓之平陽即唐河東道晉州治。考元和志，晉州至黃河，依自潞州至東都之道里斷之，約四百里，則自宜陽至平陽當爲五百里。古昔用兵，卷甲疾驅一日夜而馳數百里者事所恒有，是秦所執辭亦無足爲異也。

往哲諸說，悉未徵驗，於事理似俱失當。

白起傳，『昭王四十三年，白起攻韓陘城。……四十四年，白起攻南陽太行道，絕之。四十五年，伐韓之野王(此與魏野王蓋有別)；野王降秦，上黨道絕』。同傳蘇代謂秦相應侯曰：『秦嘗攻韓，圍邢丘(此與魏邢丘當有別)，困上黨』。竹書顯王元年，『鄭城邢丘』。案南陽，野王，邢丘於戰國俱在河內，可證韓於其間亦有一部之地。

蓋彼於昔者不分得二郡地，則將無從自河南以與其上黨太原連屬。孟堅未之辨及，仍小有弗合。

第茲復有一疑問，蓋若韓之河南北地得相貫通，則魏之河東河內勢必中絕；此問題殊有研討之必要。

今試先考韓夙昔由河內達河南之塗徑。范雎傳睢說昭王曰：『……王下兵而攻滎陽，則鞏成皋之道不通。北守太行之道，則上黨之師不下。王一興兵而攻滎陽，則其國斷而爲三。夫韓見必亡，安得不聽乎？』趙策三秦王謂公子他章『公子他曰：「王出兵韓，韓必懼；則可不戰而深取割」。王曰：「善」，乃起兵，一軍臨滎陽，一軍臨太行。韓恐，請效上黨』。同章趙豹對趙王曰：『秦蠶食韓氏之地，中絕不令相通；故自以爲坐受上黨也』。觀趙策秦出師之塗，一如范睢所說，而韓氏南北孔道果絕，是太行滎陽之間必爲韓平素往還之通衢矣。

元和志卷第十六云：『懷州河內縣本春秋時野王邑。……太行山在縣北二十五里』，於此又可知韓乃自河內之野王而東下也。

水經於沁水云：『又東過野王縣北，又東過州縣北，又東過懷縣之北，又東過武德縣南(縣即古邢丘)，又東南至滎陽縣北，東入于河』。按『野王邢丘』，於上文已知爲韓地。『州懷』二縣，據策史考之，昔則屬魏；韓經過其間，蓋係假道，於魏遵沁水而往來。水經所叙即彼惟一之出路，魏河內地尚未中斷。

魏世家無忌說魏王曰：『……王速受楚趙之約……以存韓。……通韓上黨於共寧，使道安成』(此在大河之南)。按無忌此說，原附於安釐王十一年(秦昭四十一年)。今因其請更迂道河南北別爲韓通往還之路度之，似已在秦昭四十四年韓野王滎陽道絕之際。緣此愈可知韓嘗必假塗自魏故此時無忌重爲之請也。上文諸所論證或不謬。

魏氏河東既包有韓由武遂以抵平陽之地，似中間爲所遮斷。但韓於河內，上已證其假道自魏，疑魏人往還之路亦復假道於韓。彼此於兩郡之地互相通行，各不滯阻也。

『陳留』

魏都建於是郡，故所領十七縣，昔當盡是魏地。不過今所可考者，僅小黃，濟陽，寧陵，雍丘，酸棗，襄邑，外黃，封丘，平丘，長垣，浚儀十一縣。茲分列於下：

小黃，濟陽　秦策四頃襄王二十年章黃歇說秦昭王曰：『小黃（春申君傳止作黃）濟陽嬰城，而魏氏服矣』。

寧陵　水經汳水酈注『汳水又東逕葛城北』下云：『葛于六國屬魏，魏安釐王以封公子無忌，……在寧陵縣西十里』。

雍丘　始皇本紀五年『將軍驁攻魏，定……雍丘』。

酸棗　魏世家文侯三十二年『伐鄭，城酸棗』。

襄邑　水經淮水酈注『渙水……又東逕襄邑縣故城南』下云：『竹書紀年「梁惠王十七年，景鼓，衛公孫倉會齊師圍我襄陵」，……卽于此。……秦始皇……更爲襄邑也』。

外黃　燕策二秦召燕王章蘇代約燕王曰：『秦正告魏曰：「……決白馬之口，魏無外黃」』（蘇秦傳亦有）。

封丘　元和志卷第七云，縣昔屬魏。

平丘　春申君傳說秦昭王曰：『以兵臨仁，平丘，……而魏氏服』。

長垣　水經濟水二酈注『東逕長垣縣故城北』下云：『衛地也，故首垣邑，秦更從今名』。按衛地至戰國僅餘濮陽，於茲當已屬魏。黃歇說秦王所謂『王又舉甲而攻魏，……拜蒲，衍，首垣者』是也。

浚儀　班氏於郡之是縣注曰：『故大梁，魏惠王自安邑徙此』。

餘長羅，東昏，陳留，成安，尉氏五縣，亦可得其約略。長羅鄰於長垣。陳留鄰於浚儀。尉氏原爲鄭地，居於陳留郡與潁川之偶陵，河南之中牟接界處；彼俱係魏地，此或亦是。東昏位於小黃，濟陽，陳留之間，自應隸魏。成安近於宋境，當漢梁國與陳留接壤處；此際宋尚未滅，莫辨誰屬；第於漢既隸陳留，或於設郡時係沿魏舊境而劃界；縣於戰國爲魏所有。

『汝南之召陵，瀙强，新汲，西華，長平』

召陵　春申君說秦王文有『王以十萬戍鄭，……上蔡召陵不往來也』之語。

灈彊　水經潁水『又東南過汝南灈彊縣北』酈注『潁水又東逕灈陽縣南』引竹書曰：『孫何取灈陽』。是知戰國之灈陽即係漢之灈彊。

長平　始皇本紀五年『將軍驁攻魏，定……長平』。

新汲　縣實屬潁川，不識班氏於此何竟誤入之汝南。水經洧水酈注『洧水又東逕新汲縣城北』下云：『漢宣帝神爵二年置于許之汲鄉曲洧城』。按許於戰國屬魏，此當亦是其地。

西華　無可舉証，地居長平召陵之間，或是魏地。

『潁川之舞陽，郾，許，傿陵』

舞陽，許，郾　魏策一及蘇秦傳秦說魏文言魏上諸地。水經汝水『又東南過郾縣北』酈注曰：『故魏下邑也。史記「楚昭陽伐魏取郾」是也』(按今史記此文已佚)。

傿陵　韓策一魏䩫謂春申君曰：『……魏旦暮且亡矣，不能愛其許，鄢陵』(春申君傳亦有之)。

『河南之開封，中牟，陽武，酸棗，卷』

開封　韓世家釐王二十一年『使暴鳶救魏，爲秦所敗；鳶走開封』，則縣是魏地。

中牟　班氏於本縣下自注曰：『圃田澤在西，豫州藪』。顧棟高大事表春秋時晉中牟論云：『河南今日之中牟縣，即鄭之圃田，春秋定哀時屬晉，三卿分晉時屬魏』。

酸棗　縣隸陳留，置諸此亦誤。證見上。

卷　魏策一及張儀傳儀說魏王曰：『秦兵攻河外，據卷』。秦本紀昭王三十三年，『客卿胡傷攻魏卷』。

陽武　水經渠水酈注『又東逕大梁城南』下云：『本春秋陽武之高陽鄉也，于戰國爲大梁』。是陽武亦必爲魏有。

班氏未舉之地

一　魏郡

鄴　魏世家文侯二十五年『任西門豹守鄴』。趙世家悼襄王六年『魏與趙鄴』。

魏　地理志本縣下應劭注曰：『魏武侯別都』。

元城　應劭曰：『魏武侯公子元食邑於此』。

邯會　趙世家惠文王十七年『樂毅將趙師攻魏伯陽』。

……十九年，……趙與魏伯陽』。正義引括地志曰：『伯陽故城，一名邯會，在相州鄴縣西五十五里』。

內黃　水經淇水酈注『白溝又北，左合蕩水；又東北流逕內黃縣故城南』，引史記曰：『「趙廉頗伐魏取黃城」（此文今已佚），即此縣』。

繁陽　廉頗傳『趙使廉頗伐魏之繁陽，拔之』。

依上又足徵魏於漢之魏郡實有其一部之地。班氏止於趙地云猶有浮水（按郡無是縣，水經河水五云爲水名，流逕於郡），繁陽，內黃，斥丘諸縣，殊誤。又前已論此爲魏哀王頃之疆域，時繁陽內黃尚未入趙也。

趙世家惠文二十三四兩年尚有廉頗取魏幾，房子，安陽之文，證如下：

幾　正義曰：『……按幾邑當在相潞之間也』。

房子　集解引徐廣曰：『屬常山』。按常山在漢趙國之北，鉅鹿郡之西；魏地自中山復國後，似不能及若是之遠。頗傳作『防陵』，正義曰：『城在相州安陽縣南二十里，因防水爲名』。考水經洹水酈注云：『羑水……東至內黃，與防水會；……東逕防城北』。或『防城』即頗傳之『防陵』歟？

安陽　地入趙後，始皇本紀十一年有『王翦……取鄴（此於前三年魏與諸趙）安陽』之語，故與秦昭五十年將寧新中所更之『安陽』有別。今因鄴安陽並舉度之，地蓋即在鄴左近，於漢亦隸魏郡。

二　上黨

東周策犀武敗於伊闕章云：『周君之魏求救，魏王以上黨之急辭之』。同策韓魏易地章云：『韓兼兩上黨』。水經濁漳水酈注引竹書曰：『「梁惠成王十二年，鄭取屯留，尚子，涅」。尚子即長子之異名也』。地理志諸縣俱屬上黨郡。是魏又有地於上黨。

魏上黨之區域，依竹書自屯留長子入韓後，所餘地殆已無幾。楊守敬戰國疆域圖置之於濁漳水之南，丹水之東，按濁漳水北爲屯留，長子，丹水西則韓之上黨，說蓋是。

又趙世家成侯六年（魏惠王二年）云：『韓與我長子』，則長子原爲韓地。豈於入趙後，魏攘爲己有，而韓復奪還之歟？

三　燕，虛，鬬，魯陽，襄城，安成，上蔡，蔡陽，長社

燕，虛　始皇紀五年『攻魏，定……燕，虛』。策地考釆顧祖禹說謂並在河南胙城縣（今延津縣）。案郡國志

云：『東郡燕縣，本南燕國，……有胙城』。

頓丘　燕策二秦召燕王章『秦正告魏曰：「……決宿胥之口，魏無虛，頓丘』。於漢隸東郡。

闞　魏策三魏將與秦攻韓章，『秦十攻魏，……北至平闞』。郡國志云：『東郡東平陸……有闞亭』。

魯陽　魏世家武侯十六年，『伐楚，取魯陽』。漢屬南陽郡。

襄城　又昭王元年，『秦拔我襄城』。漢屬潁川郡。

安成　又昭王十三年，『秦拔我安城』。漢屬汝南郡。

上蔡　春申說秦文『王以十萬戍鄭，梁氏寒心，……上蔡召陵不往來也』。漢屬汝南郡。

蔡陽，長社　秦本紀昭王三十三年『客卿胡傷攻魏卷，蔡陽，長社，取之』。集解引『地理志，潁川有長社縣』。正義引括地志云：『蔡陽，今豫州上蔡水之陽；古城在豫州北七十里』。按地理志南陽郡有蔡陽縣，惟方位已遠，恐非胡傷所取者。唐豫州治當漢地微在汝南郡上蔡縣西南；今因括地志文，疑此『蔡陽』即在上蔡左近。

戰國時人言魏疆域者

魏策一及蘇秦傳蘇秦說魏王曰：『大王之地，南有鴻溝，陳，汝，許，鄢，昆陽，邵陵，舞陽，新郪；東有淮，潁，沂，黃（傳無沂黃二字），煮棗，海鹽，無疏（傳無海鹽，疏作胥）；西有長城之界；北有河外，卷，衍，酸棗』。

鴻溝　漢書高帝本紀上，『割鴻溝以西爲漢，以東爲楚』。應劭曰：『在滎陽東南二十里』。文穎引河渠書曰：『於滎陽下引河東南爲鴻溝，以通宋，鄭，陳，蔡，曹，衞，與濟，汝，淮，泗會于楚』。案楚漢旣劃鴻溝以爲界，則其渠當必所及甚遠。設如應氏之說，其流域僅在滎陽左近者，則古地甚小，恐未足以當劃界之標準；文氏所引較合事理。更稽諸左傳杜注，如魏之長垣，濟陽，浚儀，酸棗，封丘，雍丘於春秋悉爲鄭地；外黃，襄邑，寧陵爲宋地：於漢則俱隸陳留郡。陳留之南，即故楚陳蔡地。故今遵河渠書『以通宋，鄭，陳，蔡，……與濟，汝，淮，泗會于楚』之語，定鴻溝宜經戰國之魏地。

蘇秦所舉魏地，陳蓋指漢陳留，非陳國，因彼于戰國爲楚境也。於汝不與淮潁諸水竝列，蓋所指爲汝南。許，鄢，昆陽，舞陽於漢隸潁川。召陵新郪隸汝南。魏當時地在二郡者，因上所考，可知不只此；彼殆就魏與楚韓接壤處而言也。又按地理志『汝南郡新郪縣』下應劭曰：『秦伐魏，取鄭丘。漢興為新鄭』。是縣乃漢所更置，蘇秦不應預舉其名。戰國策本有作於蒯通之說，意者此即其一證乎？

淮水所歷，於昔俱楚之陳蔡境，去魏地之在汝南者尚遠；依策史之文，所可知之諸魏地，未有濱於淮水流域者。策地考云：『新鄭……正淮水所經之地，則以為東有淮潁，非虛語也』。按新鄭近於潁水，距淮則甚遠。水經潁水酈注『又東南逕宋縣故城北』下云：『縣即所謂鄭丘者也。秦伐魏，取鄭丘，是矣。漢……章帝建初四年徙邑于此，故號新鄭』，可證程說之誤。又睢水酈注曰：『睢水出陳留縣西蒗蕩渠，……又東南逕雍丘縣故城北，……又東經寧陵縣故城南，歷鄢縣北』。睢水所經為魏之東境，更徵諸楚策一邯鄲之難章有楚取魏睢濊之閒事，疑『淮』字或為『睢』字之形近而訛。

潁水，舍上所引，其通過魏地之可知者，水經尚有『東南過汝南𤄫彊縣北，……又東過西華縣北』二語。

沂水所經，於戰國盡在齊魯之東境，斷非魏地所能至。且若濟汝二水俱為當時巨流經行於魏之東部者，說中反不及之，亦可異也。

黃，策地考謂即黃溝。案水經濟水一酈注曰：『濟水……又東經小黃縣之故城北；縣有黃亭，俛濟，又謂之曰黃溝』。按小黃鄰於大梁，尚不得為魏之東境。濟水二『其水東流過乘氏縣南』酈注曰：『菏水分濟於定陶東北，東南右合黃溝枝流，俗謂之界溝也』。定陶即後來穰侯受封之陶，又覺微遠。但縣西之冤句，時為魏地（見下）；黃溝既係自西徂東，要當經過其間。蘇子所指，或在此地。

煮棗，郡國志濟陰郡冤句有煮棗城，劉昭注即引蘇子是語。水經濟水二酈注『北濟自濟陽縣北，東北逕煮棗城南』，亦引郡國志文。元和志卷第十一於曹州冤句縣云：『煮棗故城在縣西北四十里』。是煮棗位於濟陽冤句之間。唯依漢地言之，已隸濟陰郡。班氏亦未舉及。

無疏，地闕。海鹽亦不能確識所在。策地考因晉書地理志東平國有無鹽縣，遂謂『正與煮棗相近，疑即其地』。案元和志卷第九謂『鄆州東平縣，兩漢為無鹽地。……列女傳曰：「無鹽有醜女，名宿瘤，齊宣王善之，立為夫人」，即此縣女也』。蘇子約從，正當齊宣王時；則無鹽宜為齊地。程說未必是。

蘇子此說，在秦惠王前元五年。其時魏河西上郡之地猶未盡失。『西有長城之界』一語，仍當是指在河西者而言。集解引徐廣曰：『滎陽卷縣有長城，經陽武到密』。劉昭注於郡國志河南尹卷縣亦引蘇子此語。恐俱未當。緣說辭開端一節，純係頌揚魏之地大物博，而冀其言易酬者，則自應就其遠者道之。況魏尚有濱洛之長城，又確為事實；似不得抹殺而從徐劉所定也。

『北有河外卷，衍，酸棗』一語尤乖於實際。因其時魏之河東河內尚完全無缺。且蘇子自去周說燕為趙約從，曾累經二郡之地；豈有不知其誰屬，而妄言魏地無在河北者？今依此語及上文所舉諸水之不合者度之，是說之眞僞殊令人不能無疑爾。

魏策一及張儀傳，儀說魏王曰：『魏……南與楚境，西與韓境，北與趙境，東與齊境』。其所舉魏之四封，殆限於文勢，約畧言之。所謂『西與韓境』，蓋專指魏氏河南地，是說據儀傳在五國攻秦之次年，魏哀王二年，其時魏尚自河東與秦隔河為界，不宜止謂『西與韓境』。魏雖北鄰於趙，然韓之平陽上黨亦在魏河東河內之北；儀不應獨言趙。又魏之東方僅在漢東郡之地與齊之右壤相接，此際宋尚未滅，實則大部與宋所有之漢東郡，東平，濟陰，梁國諸地為境，儀語亦不合。止謂『南與楚境』尚不謬耳。

魏之疆域宜若下：

北舍韓之平陽，武遂，野王，邢丘，有河東，河內，上黨之東南部；及魏郡之鄴，魏，元城，邯會，內黃，繁陽，幾，防陵，安陽。

東有東郡之頓丘，燕，虛，關；濟陰之煮棗。

南及西有陳留及汝南之召陵，灑彊，西華，長平，安成，新郪，上蔡，蔡陽；潁川之舞陽，郾，許，傿陵，昆陽，新汲，襄城，長社；南陽之魯陽。

復有莫識所在之海鹽，無疏。

漢太初以來諸侯年表

李子魁

漢諸侯王之遞襲與絕，史公以年表紀之，而孟堅則以世系表敘之，二者蓋各有其短長焉。惟年表止於太初，未能盡見西漢一代諸侯王國盛衰之跡。因以班表為據，參證於漢書紀傳，謹遵史公之體，酌與變通，作漢太初以來諸侯年表。

武帝太初四	天漢	二	三	四	太始	二	三	四	征和	二	三	四
楚	王延壽											
魯												
泗水												
城陽				荒王順								
濟北												
菑川												
膠東												
廣陵												
六安												
燕												
趙									頃王昌			
河間				孝王慶								
廣川										王去		
中山												頃王輔
清河							頃王陽（傳作湯）					
眞定												烈王偃
梁					貞王毋傷（傳作頃王）							
長沙	頃王附朐（傳作鮒鮈）											
				六月昌邑哀王髆武帝子								
										平干頃王偃趙敬肅王子		

後元	二	昭帝 始元	二	三	四	五	六	元鳳	二	三	四	五	六	元平	宣帝 本始
孝王慶忌															
								勤王煖							
	坐祝詛上自殺														
														思王終古	
						頃王音									
					夷王祿										繆王定
								主謀反自殺							五月廣陽頃王建（宣紀作七月）
															懷王尋
		憲王福													
			敬王定國												
					剌王建德										
		王賀												行淫亂廢	
								繆王元							
															十月高密哀王弘廣陵厲王子（宣紀作七月）

二	三	四	地節	二	三	四	元康	二	三	四	神爵	二	三	四
			謀反誅											
						二月哀王高	共王充							
		坐亨姬不道廢				五月戴王文		王海陽						
			懷王脩（傳作循）											
			王年			坐與產妹姦廢								
	孝王由													
							頃王章							
									四月淮陽憲王欽宣帝子（宣紀作七月）					

五鳳	二	三	四	甘露	二	三	四	黃龍	元帝初元	二	三	四	五
								孝王囂					
						頃王封							
						戴王恢							
											孝王尙		
			坐祝詛上自殺							三月孝王霸			
			元王				頃王光						穆王舜
							殺人廢						
		薨亡後											
										二月王竟宣帝子		（傳淸河王徙中山在此年）	
												夷王遂	
								煬王旦	薨亡後		孝王宗		
	坐殺謁者會薨不得代												
					十月東平思王宇宣帝子（宣紀作九月）								
					十月定陶王囂宣帝子（宣紀作正月）			徙					

年	一	二	三	四	五	六	七
永光	孝王景			哀王竟　徙			
二					繆王魯人		
三	戾王駿						三月濟陽王康元帝子
四		孝王橫					
五					荒王嘉		
建昭			坐殺人廢		幽王雍		
二			六月信都王興元帝子				
三							
四				薨亡後			
五		共王意				山陽王康	徙
竟寧							
成帝建始			正月惠王良				
二		哀王護				懷王寬	

三	四	河平	二	三	四	陽朔	二	三	四	鴻嘉	二	三	四
						懷王芳	思王衍						
							文王睃						
											哀王雲		
		恭王授											
							王育						
							思王璜						
						徙							
							孝王興						
								共王普					
						王立							
					徙								
										王憚			
			文王玄										
										煬王雲			
					四月共王康			王欣					
											八月廣德夷王雲客中山懷王從父弟子（成作父）紀六月		

永始	二	三	四	元延元	二	三	四	綏和	二	哀帝建平	二	三	四	元壽元
														王紆
												六月王閔		
						王靖								
七月王俚														
							懷王友						王永	
		王殷												
					靖王守									
													王嘉	
						王隱								
											王尚			
											王景			
									王箕子					
									王楊（傳作陽）					
												正月廣平王漢廣德夷王弟		
												坐祝詛上自殺		
								十一月王景禁孝王係			篤自太子 徙			

二	平帝元始	二	三	四	五	居攝	二	初始	王莽始建國	二
									貶諸侯王之號皆稱公	二月漢諸侯王爲公者悉上璽綬爲民
立爲皇帝	二月王成都東平思王孫						王宏			
			有罪廢		二月王音					
王縯	二月王開明						王匡	誅莽被滅		
		四月靖王倫廣川惠王曾孫					王赤			
		四月廣宗王如意代孝王玄孫之子								
		四月廣世王宮江都易王庶孫								

明代定都南北兩京的經過

華繪

在中國四千多年的歷史裏，換過不少的朝代。這些朝代的國都所在地雖不盡同，但大多數都在長安，洛陽，金陵，燕京四個地方。到南宋避金人遷都建康及臨安後，迄今七百年，就沒有再回到陝西河南去建都，因此北京南京遂互爲國都了。

人都知道明太祖定天下後，定都南京。他的兒子燕王隸籍國後，便把國都搬到北京來，接着十餘代子孫做皇帝，都沒有再搬回南京去，所以到明亡還是兩京並稱，不過皇上所在的北京改稱京師罷了。清代沿明之舊制，定都北京又歷二百餘年。民國十七年北伐成功，中國統一，遵中山先生遺訓，又復建都南京。可知南京北京同爲中國重地，特時代背景有不同，由南遷北，或由北遷南，乃適應時代的要求，大可不必計較其山川地勢的優劣。明代定都兩京，大家都知其然而不知其所以然。茲根据明代史籍，略爲考之如次：

太祖定都南京經過

明太祖本一淮右布衣，得郭子興一旅之後，復招集散亡，聲勢日大。采石一戰，遂獲渡江，下太平應天，即于元至正二十四年稱吳王，建百官，稍具開國規模了。到至正二十六年，陳友諒滅了，江南諸郡盡歸附，張士誠雖据吳郡，但已無能爲，太祖便決意建國於金陵，改築應天城，營建宮闕。野史謂太祖建都南京，和尙金碧峯啓之（客座新聞語），其原因固未必如此簡單。金陵的形勢，自古所謂『龍蟠虎踞』，鍾山氣象尤宏偉。太祖本是雄鷙的人，自然能賞識這箇地方，所以當時儒士見他時，他就叫他們賦鍾山詩。如會稽楊廉夫召見時，承制賦鍾山詩云：

『鍾山千仞楚天西，玉柱曾經御筆題。雲護金陵龍虎壯，月明珠樹鳳凰棲。氣吞江海三山小，勢壓乾坤五嶽低。願效華封陳敬祝，萬年聖壽與天齊。』（見七修類稿）

此詩很得太祖稱賞。又有鄧伯言者，見太祖時，亦承制賦鍾山詩，詩中有『鰲足立四極，鍾山蟠一龍』二句，太祖拍案高誦之，連贊不已。伯言以爲太祖發怒，驚死墀下，扶出東華門始甦（見七修類稿）。這些雖近傅會，或亦可信。尙有重要的原因，則當時耆儒陶安葉兌諸人見他時，都曾有定都金陵的建議。當太祖下太平後，安與耆儒李習率父老出迎，太祖問曰：『吾欲取金陵何如？』安對曰：

『金陵古帝王都，取而有之，撫形勝以臨四方，何向不克！』（見明史一三六陶安傳）

太祖很以他的話爲然。又有葉兌者，生當元末，知天命有歸，以布衣獻書太祖，有云：

『夫金陵古稱「龍蟠虎踞」，帝王之都，藉其兵力資財，以攻則克，以守則固。……今之規模，宜北絕李察罕，南併張九四，撫溫台，取閩越，定都建康，拓地江廣，進則越兩淮以北征，退則畫長江而自守。』

（見明史一三五葉兌傳）

他所建策，太祖也很表同意。這都與太祖後來定天下有很大的關係的。又當時以天文地理之術佐太祖者爲太史令劉基，定都金陵自然是劉基所翊贊，改築應天城也是劉基所卜地。太祖實錄云：

『丙午八月庚戌，拓建康城。初，建康舊城西北控大江，東進白下門外，距鍾山既闊遠，而舊內在城中，因元南臺爲宮，稍卑隘。上乃命劉基等卜地定，作新宮于鍾山之陽，在舊城東白下門之外二里許，故增築新城，盡鍾山之趾，延亘周廻凡五十餘里，規制雄壯，盡据山川之勝焉。』

是年十二月甲子，鳩工庀材，開始營建宮室，立郊社，太祖親祀山川之神，祝冊曰：

『惟神開闢以來，鍾靈毓秀，盤礴江東。然而氣運凝會之處，人莫能知。予自乙未渡江，丙申駐師金陵，撫安黎庶，于今十有二年，拓土廣疆，神人翼贊。玆欲立郊社，建宮宇于舊城之東，鍾山之陽，國祚綿長，惟山川氣運是從，謹于是日肇庀工事，敢告。』（同見實錄）

至吳元年（元至正二十七年）八月癸丑，圜丘方丘及社稷壇都己建築成就，九月癸卯新宮也已落成。新內正殿名曰奉天殿，前爲奉天門，殿之後曰華蓋殿，華蓋殿之後曰謹身殿，皆翼以廊廡。奉天殿之左右各建樓，左曰文樓，右曰武樓。謹身殿之後爲宮，前曰乾清宮，後曰坤寧宮，六宮以次序列焉。周以皇城；城之門，南曰午門，東曰東華，西曰西華，北曰玄武。制皆朴素，不爲彫飾（同見實錄）。不到一年工夫，把宮殿及郊壇社稷壇完全建好，規模自然不小；但結構簡單，不尚華麗，可想而知。是年十月大，將軍徐達，副將軍常遇春率師北伐，所過山東諸郡，望風降附，看看克復元都，並沒有什麼問題了。所以明年正月，太祖便即皇帝位，定國號曰明，建元洪武。四月，汴梁也破，乃下詔以金陵爲南京，大梁爲北京。兩京並稱，爲的是仿成周營建兩京之制。其詔曰：

『朕惟建邦基以成大業，興王之根本爲先；居中夏而治四方，立國之規模最重。……朕觀中原土壤，四方朝貢，道里適均，父老之言，乃合朕意。然立國之規模固重，而興王之根本不輕，其以金陵爲南京，大梁爲北京，朕于春秋往來巡守。播告爾民，使知朕意。』

大梁建都，自然可說『居中夏而治四方』，但金陵實爲肇基之地，還是根本爲重。這些都是前日陶安葉兌諸儒曾說過的，所以說是『父老之言，乃合朕意』。但他是濠梁人，念鳳陽爲龍興之地，自然也很留戀重視。當至正二十六年春，濠徐宿諸州相繼下，他便同到濠梁去省視墳墓，觀察山川形勢，曾有建都鳳陽之意。到後來雖然金陵大梁兩京並建，又藉口鳳陽爲祖陵所在，銳意營建中都，幸御前有位通曉天文地理的劉基，很誠懇的勸告他說：『鳳陽雖是帝鄉，但不是建都之地』，太祖本是很信任劉基的，得他勸告，也就把營建中都的計畫打消了（見明史一二八劉基傳）。至于元都所在的北京呢？當洪武元年八月，徐達克元都後，太祖也曾去巡視，但他很厭惡這亡國之地，雖然宮室華麗，並不曾打動他的愛慕之心，所以到了北京，便命改大都路爲北平府。以後爲着備禦北虜，不得已命徐達開軍門于北平。接着便封第四子棣爲燕王，立國其地，還是爲着屏藩帝室。所以終太祖之世，並不曾有過建都北平的意思。大梁呢？當初雖曾定爲北京，但因國家百度更新，無暇兼營宮闕于其地，又因輓運艱難，糧儲不繼，太祖當時雖說是春秋往來巡守，可是以後也就沒有去過，北京這名稱早已無實在性了。至洪武二十四年曾一度命太子標巡察關陝，聽說是命他察看山川地理形勢，還有建都關中或汴梁之意；其實那時南京已根深蒂固，早具太平之象，決不會有輕舉妄動，勞民傷財之事了。推其命太子巡察的意思，也不過使其審覽天下形勢，而秦晉又是大國，二弟三弟分封其地，強藩不免爲帝室之慮，好趁此看看他們的情形。這都是太祖老年多異念，于遷都問題沒有關係的。

成祖遷都北京經過

枝山野記謂：明成祖遷都北京，尚書李至剛啟之。今考成祖實錄云：

『永樂元年正月辛卯，禮部尚書李至剛等言：「自昔帝王平定天下，或由外藩入繼大統，而于肇跡之地皆有陞崇。竊見北平布政司，實皇上承運興王之地，宜遵太祖高皇帝中都之制，立爲京都」。制曰，「可，其以北平爲北京」。』

謂成祖遷都之意由李至剛所啟，好像有其事；但至剛以北平爲成祖興王之地，請依鳳陽之制建爲京都，並沒有勸成祖遷都之意。他本是個投機分子，善傅會，好逢迎，是他的慣技。其實成祖封藩北平，經歷二十餘年，他的留戀北平，正如太祖之于鳳陽，即至剛不言，他還是要營建北京的。所以至剛一言之後，他便降旨照准，接着便徙直隸蘇州等十郡，浙江等九省富民實北京，已進一步準備遷都的計畫。至永樂四年閏七月，便下詔營建北京宮殿，分遣大臣採木于四川湖廣江西浙江山西諸省，數十萬官軍匠作人等都忙個不了。文臣如禮部尚書趙羾，工部尚書宋禮，武臣如泰寧侯陳珪，安遠侯柳升，成山侯王通，平江伯陳瑄等，或採木，或督運，也各司其事，親董其役，其規模之大，可想而知。然成祖本是雄猜之主，于此次大興土木，不甘冒大不韙，託言營建事重，恐民力不堪，于是授意文武羣臣集議，公侯伯五軍都督府暨在京武職衙門因于十四年十一月會上疏云：

『臣等竊惟北京河山鞏固，水甘土厚，民俗淳樸，物產豐富，誠天府之國，帝王之都也。皇上營建北京，爲子孫帝王萬世之業。比年車駕巡狩，四方會同，人心協和，嘉瑞並集，天運維新，實兆于此。矧河道疏通，漕運日廣，商賈輻湊，財貨充盈，良材巨木，已集京師，天下軍民，樂于趨事，揆之天時，察之人事，誠所當爲而不可緩。伏乞上順天心，下從民望，早勅所司，興工營建，天下幸甚！』

那時，都察院暨六部等衙門文職官復會疏云：

『伏惟北京，聖上龍興之地，北枕居庸，西峙太行，東連山海，南俯中原，沃壤千里，山川形勢足以控四夷，制天下，誠帝王萬世之都也。昔太祖高皇帝削平海宇，以其地分封陛下，誠有待于今日。陛下嗣太祖之位，即位之初，嘗陞爲北京，而宮殿未建，文武羣臣合詞奏請，已蒙俞允；所司掄材川廣，官民樂于趨事，良材大木，不勞而集。比年聖駕巡守，萬國來同，民物阜成，禎祥協應，天意人心，昭然可見。然陛下重于勞民，延緩至今。臣等竊惟宗社大計，正陛下當爲之時。況今漕運已通，儲蓄充溢，材用具備，軍民一心，營建之辰，天實啟之。伏乞早賜聖斷，勅所司早日興工，以成國家悠久之計，以副臣民之望。』（上兩疏同見成祖實錄）

兩疏同上，得旨允行。其實自四年下詔營建北京，到這時已逾十年，三殿六宮，皇城各門，早已建好，連西內都已完工，所謂『勅所司早日興工』，豈不是假話？這也是成祖善于取巧，而袞袞諸公善于逢迎，不足爲怪的。

十八年九月己巳，以北京宮殿將成，欽天監擇于明年正月朔日御新殿受朝賀，遂遣戶部尚書夏原吉齎勅往南京召皇太子，令于十二月終至北京。丁亥，命行在禮部自明年正月初一日起正北京爲京師，不稱『行在』，各衙門印有『行在』字者悉送印綬監；令預遣人取南京各衙印給京師各衙用；南京衙門皆加『南京』二字，別鑄印遣人賫給。十一月戊辰，以遷都北京詔告天下曰：

『開基創業，興王之本爲先；繼體守成，經國之宜尤重。昔朕皇考太祖高皇帝受天明命，君主華夷，建都江左，以肇邦基。肆朕纘承大統，恢弘鴻業，惟懷永圖。眷茲北京，實爲都會，惟天意之所屬，實卜筮之攸同。乃倣古制，徇輿情，立兩京，置郊社宗廟，創建宮室，上以紹皇考太祖高皇帝之先志，下以詒子孫萬世之弘規。爰自營建以來，天下軍民樂于趨事，天人協贊，景貺駢臻。今已告成，選于永樂十九年正月朔旦御奉天殿，朝百官，誕新治理，用致雍熙。於戲！天地淸寧，衍宗社萬年之福；華夷綏靖，隆古今全盛之基！故茲詔示，咸使聞知。』（見成祖實錄）

是年十二月，廟社郊祀壇場宮殿門闕均已成功，其規模悉如南京，而高敞壯麗則過之。復于皇城東南建皇太孫宮，東長安門外建十王邸。工成，凡預營建軍民匠作人等各賞賜有差。

北京宮殿告成，成祖遷都計畫已實現，自然是他最高興的一件事。孰知事偏不如人意，御新殿甫百日，奉天華蓋謹身三殿同于十九年四月初八日被火災，燒得一個乾脆。成祖以爲己遭天譴，很是懼怕，趕快下詔大赦天下，並求直言。這麼一來，以前不贊成遷都的文武羣臣都有機會抗言上疏了。於是侍讀學士李時勉第一個應詔直言，極言營建北京之非。跟着又有一個侍講鄒緝具一本更痛快的諫章，略云：

『陛下肇建北京，焦勞聖慮幾二十年，工夫費煩，調度甚廣；冗官蠶食，耗費國儲。工作之夫，動以百萬，終歲供役，不得躬親田畝，以事力作；猶且征求無藝，至伐桑棗以供薪，剝桑皮以爲楮。加之官吏橫征，日甚一日，如前歲買辦顏料，本非土產，動科千百；民相率斂鈔，購之他所，大靑一斤，價至萬六千貫；及進納又多留難，往復展轉，當須二萬貫鈔而不足供一柱之用。其後既遣官采之產所，而買辦猶未止。蓋緣工匠多派，牟利而不顧民艱至此。……夫奉天殿者，所以朝羣臣，發號令，古所謂「明堂」也，而災首及焉，非常之變也！非省躬責己，大布恩澤，改革政化，疏滌天下困窮之人，不能回上天譴怒。……且國家所恃以久長者惟天命人心，而天命常視人心爲去留。今天意如此，不宜勞民，當還都南京，奉謁陵廟，告以災變之故，保養聖躬，休息于無爲；毋聽小

人之言，復有所興作，以誤陛下於後也。』（見明史一六四鄒緝傳）

繼他們兩人之後，還有不少進言的，但他們都是指斥時政。成祖大震怒，但因自己下詔求直言，致招來洶洶的朝議，眞是敢怒而不敢言，只好說他們訕謗朝廷，下詔嚴加禁止，有犯者便不赦了。話雖如此說，到底餘忿難平，李時勉與侍講羅汝敬，相繼被累下獄；御史鄭維桓，何忠，羅通，徐瑢，給事柯暹，俱放逐交阯；鄒緝與主事高公望，庶吉士楊復，僥倖告無罪。這又是成祖如何傷心的一件事！那時成祖已六十多歲的年紀了，此後喜怒不常，說不定因這事患了多少神經病呢！

仁宗回都南京未果行

自從永樂十九年四月，三殿被災後，成祖懼違天意，不敢再事營建，權以奉天門爲聽政之所。仁宗即位，沿舊制不改。但成祖自永樂七年後，三幸北京，五次親征北虜，十餘年間多居北方，僅留皇太子留守南京監國。因此仁宗居南京便有二十年長久的歷史，他自然也照例念着與王之地，而留戀了南京。況且仁宗是一個胖子，不特不嫻彎弓馳馬，連行步也要人扶翼，成祖英武，自然不喜歡他；所以當時漢王高煦，趙王高燧，窺見成祖之意，彼此均鈎心鬥角，運動立自己爲太子。僥倖皇太子妃張氏很和順，仁孝皇后很讚媳婦賢德，皇太子的長子瞻基早册爲皇太孫，又很英明，引得成祖的疼愛，所以仁宗終未被廢。但成祖既不滿意東宮，連東宮僚屬如楊七奇夏原吉等都曾被累下獄，而高煦高燧的讒言又常包圍着成祖，日積月累，弄得父子之間的意見鬧得很深。關于遷都之舉，仁宗當然是不贊成，可是居憂危的皇太子地位，不敢表示罷了。成祖崩後，山陵甫畢，即于洪熙元年三月戊戌，命諸司在北京者悉加『行在』二字，復建北京行部及行後軍都督府，準備復都南京了。

四月癸卯，命修理南京皇城。甲辰，勅南京守備太監王景弘，諭以來春還南京，已遣官匠人等前來，即提督將九五殿各宮院凡有滲漏之處，隨宜修葺，但可居已足，不必過爲整齊，重勞民力（見仁宗實錄）。仁宗原是恭儉之主，又念成祖營建北京十餘年，財竭民疲，也只好因陋就簡了。不料復都南京之詔方下，而這位新天子即於五月十二日駕崩了。復都南京的問題，不得不暫行擱下。

英宗始定都北京

宣宗嗣位，自然要繼述父皇遺志，復都南京；可是當他爲皇太孫時，很得成祖歡心，常命他隨侍左右，當成祖幾次北征，便命他留守北京，因此他安處北京也有了很長久的時期，復都南京自然覺得是件麻煩的事，何況順了父皇之意便違了皇祖之心呢！且當時三楊當國，傻又寃勿，正是偃武修文的時候，宣宗銳意文治，更不注意到復都問題，所以永樂末年，各省所采到的大木只好委太監及官兵看守，日久腐壞也不暇計了。

直到英宗初年，還是相沿舊制，稱北京為『行在』，奉天門聽政也是照舊。至正統四年十二月乙亥朔，始命工部尚書吳中督工修建乾清宮。二月庚辰，再命各監局及輪班匠三萬餘人又操軍三萬六千人營建宮殿，仍由吳中提督。五年三月戊申，重建奉天，華蓋，謹身三殿，乾清，坤寧二宮，命駙馬都尉西寧侯宋瑛等告天地太廟社稷及司工之神。至六年十一月朔，三殿二宮告成，計役官軍匠作人等七萬，歷時不及二年便已畢工，實因木植及各物料俱舊所積貯，故不致曠時費事。新宮殿初成，照例是詔告中外，大赦天下，同時廢北京各衙門『行在』二字，南京各衙門仍增『南京』二字，改給兩文武衙門新印（見英宗實錄）。自成祖後十餘年沒有解決的國都問題，至此纔得確定。自此以後，到明亡又歷了二百年，北京稱為京師，並沒有再更改。英宗陷入也先，景泰帝攝國事，當時有建議遷都南京者，于謙力持不可，沒有實行。崇禎末年為流寇所逼，欲遷都而不果。福王監國南京，不到二年，明祚已告終了。

這些明代建都的故事，固然到今已成了陳迹，但傳給我們的影響還是非常大。尤其是我們常住在北平的一班人，天天望見這些紅牆黃瓦的，該得記住古人的辛苦呢！

經濟與地理

連士升

人類社會發展的過程，是從自給自足的生活到相互依賴的生活。原始的時候，個人的日常用品大都是自己勞心勞力得來的，所以個人依賴他人的機會甚少。老子理想的社會是『鄰國相望，雞狗之聲相聞，……民至老死不相往來』。這種思想，正是反映出自給自足的社會經濟背景。但是生在工業化電氣化的時代的我們，再也不敢夢想自給自足的生活了。我們生活上所需要的東西，不是取自農村，就是來自外洋。假如一旦交通斷絕，彼此不相往來，那麼我們雖不至馬上餓死；可是一切困難和麻煩的事情都接二連三地發生了。因此，我們需要相互依賴，我們需要分工合作。沒有合作則分工爲無意義，沒有分工則合作爲不可能。分工合作充分發展則社會昌明，否則趨於滅亡。

這原理在生活上可以應用，在學術工作上更可以應用。

現在讓我來談一談經濟與地理的關係。

我們知道經濟學是研究人類日常生活事務的科學，尤其是研究生活上的一切經濟活動，及彼此間所發生的經濟關係。我們也知道人類的經濟活動是受環境的支配的。固然『環境』二字可以包括自然，歷史，經濟，政治，社會等要素，可是影響人類經濟活動最深而又有力的，應推自然的環境，而地理這門科學就是研究自然環境的科學。

地理包含氣候，地形，土壤，礦產。這些氣候，地形，土壤，礦產對於人類的經濟活動都有直接影響。嚴格的說來，氣候，地形，土壤，礦產是經濟活動的主要原因，而經濟活動是它們的主要結果。我們試問：爲什麼有的地方會生產這樣的東西，而有的地方不會生產？爲什麼有的地方的人口很密，而有的地方人口很稀？爲什麼這裏的交通特別發達，而那裏的交通特別不發達？這種種經濟行爲，假如用自然環境來解釋，我們才能夠明白。

第一，生產與地理的關係。　消費是生產的目的，生產是消費的手段。然而生產本身大受自然環境的支配。熱帶的地方，熱度和濕氣都很高，一年之中氣候很少變遷，所以樹木生長得頂快。論理熱帶能夠生產大宗値錢的東西，但事實上適得其反。因熱帶雨量太多，把土壤中肥沃的成分沖壞，結果只能生產咖啡，可可，稻，黍，甘蔗，水菓，樹膠，規那皮（Cinchona，南美洲秘魯附近產生規那樹，其皮可作藥品）等東西。溫帶寒暑推遷，氣候適宜，所以產品特別豐富，如小麥，大麥，雀麥，裸麥，蕎麥，玉蜀黍，馬鈴薯，亞麻，大麻，水菓，羊毛，絲，豆，酒等東西，都是溫帶的產品。在熱帶和溫帶之間，是亞熱帶，產品則有棉，茶，烟，鴉片等東西。

我們既然知道熱帶，溫帶和亞溫帶各有特殊的產品，所以我們應該進一步考究：爲什麼在同一緯度裏，氣候截然不同，而產品又因之而異？這就是地形的關係。大抵在同一緯度下，西歐比西美的熱度高，東亞比東美的熱度低，因爲歐洲西部各海岸和美洲西部大部分海岸的風是從西南吹來的，而西南接近熱帶，所以熱度較高；北美洲東部的海岸和亞洲東部各海岸的風是從北邊吹來的，而北邊接近北極，所以熱度較低。地學家謂『隆冬的時候，越近東越冷』(easterly increase in the cold of winter)，就是這意思。契茲何謨(Chisholm)且舉一個例子來證明，他說：挪威西部的海岸，位於北緯七十度，終年毫不結冰，而阿拉斯加半島(Alaska)北部的海岸，位於北緯五十七八度反而結冰；北美洲聖羅棱士海灣(St. Lawrence)，位於北緯四十六度左右，終年很少結冰，而海參威位於北緯四十三度以下，一年內三分一的時間差不多都是結冰。因此，在同一緯度下，有的地方能夠產生這樣的東西，而有的地方竟不能生產。

土壤對於生產也很重要。性質輕鬆的土，易於儲水；同時由毛細管(capillarity)的作用，使地下的水分易於上升。普通沒有受過教育的農民，雖然不知道此中的原理，但是從實際經驗上，他知道輕鬆的土比較堅硬的土易於耕種，至少在駛犂或掘土的時候，輕鬆的土比較不那麼喫力。此外，土壤的肥沃對於生產的關係也很密切。新開闢的國家，一切土地真是『取之無盡，用之不竭』，所以大家實行『粗耕制』(extensive cultivation)，這是說，第一塊地的報酬不如從前那麼多時，農民便耕種第二塊地；等到第二塊地的肥沃又失掉時，農民便耕種第三塊地；餘類推。這就是實行擴充耕種的區域，以增加生產的方法。和這相反的方法，是『精耕制』(intensive cultivation)。耕地還是那麼多，不過農人增加人工和資本從事耕種，希望多得報酬，這個耕種法是工業農業前進的象徵。一般的說來，由火山石(lava)分解而成的土壤最肥，如爪哇，日本等處的土便是。其次，如俄國南部的黑土，中國北部的黃土，都很肥沃，適合耕種之用。

礦產對於生產的重要更不用說了。近代的工業文明，雖導源於科學上的種種發明，但是煤，鐵，石油的發現和充分利用，實工業進步的主要條件。我們試為深思一下：假如全世界的煤，鐵，石油一旦告罄，那麼這世界將變成什麼模樣？工廠的烟囪不吐出一陣陣的黑烟了，大大小小的機器不發出擦擦的聲音了，火車，輪船，飛機，汽車也停止行駛了。一切物質文明的享受，一切利用自然節省人力的工具都斲喪無遺了。我們除恢復十八世紀以前的簡單生活外，還有什麼話可說？

煤，鐵，石油只是重工業所需的礦產，他如便利交易的金，銀，銅，和製造藥品，染料，軍火的原料，大部份都從礦產得來的。

第二，人口與地理的關係。 人口的稀密也受自然環境——氣候，地形，土壤，礦產——的影響。氣候嚴寒的地方，謀生太難，所以人口很稀。熱帶的地方，自然的恩惠雖大，然而天氣過熱，濕氣太大，弄得居民成日神思昏昏，不能作深邃的思想。而且氣候稍有變化，居民就難忍受。據說，塞內加爾(Senegal)的人，一到夕陽西下，氣候稍變，就感覺非常寒冷。惟溫帶寒來暑往，氣候常有變化，所以居民的工作效能高；工作效能高，然後有餘暇從事精神上的努力。世界上的人口多散布於溫帶，就是這個緣故（參看W. D. Jones世界人口密度圖，原圖夾在經濟地理概論的底面裏邊）。

山居的人民勤儉質樸，海居的人民活潑勇敢，推其原因，無非受自然環境的影響。山地磽瘠，謀生不易，而且交通梗阻，應酬絕少，結果，大家只趨於勤儉質樸的生活。海濱之地，江河之區，土壤肥沃，適宜耕種。如埃及的尼羅河和印度的恒河，對於附近的田園的肥沃有絕大的幫助。阿爾及利亞(Algeria)的沃土，且有一季連續收穫三次馬鈴薯的事情。怪道世界上人口多集於自然灌溉的地方。以西班牙而論，自然灌溉的區域，人口多至每方里一千七百人，而全國人口平均數，每方里只有八十五人。又，人口多集中都市，據中國經濟年鑑的記載，謂中國七大都市——上海，天津，北平，廣州，漢口，南京，杭州——的人口，多者將近一百七十萬，少者也在四十五萬以上。中國的都市人口還是這樣稠密，其他各國的大都市——如倫敦，紐約，巴黎，柏林，東京——的人口更可想見了。

礦產與人口的關係，也很重要。茲舉中國的鐵路爲例。我們知道中國的煤礦，沿海區有開灤，魯大，中興三公司的開採；東三省區有撫順，穆稜等公司的開採；晉陝冀魯區從前雖用土窰開挖，可是年來怡立公司所採的井陘，臨城，磁縣的煤礦，六河溝公司所採的安陽煤礦，都是使用新式方法開採。假如北方各省沒有豐富的煤礦，供人日常需用，那麼際此朔風凜烈的時候，處此冰天雪地的環境中，居民救死猶恐不暇，那里有工夫從事各種活動，更那里有什麼閒情逸致來研究學問。固然有錢的富翁可以出高價到外省或外國去購煤，但是這只限於少數，大多數無產階級眞是束手無策，他們除咬着牙關來耐寒忍凍外，只好裹糧往東南各省遷移了。

第三，交通與地理的關係。上邊敘述生產和人口與地理的關係時，我都分述氣候，地形，土壤，礦產四項。我想讀者的腦海中，對於經濟與地理的密切關係已經有一點印象。所以現在敘述交通與地理時，只簡略地提一提．一來可以節省篇幅，二來使讀者不感覺單調。

傾盤大雨下降之日，往往是洪水汎濫之時。我們知道雨量過多，對於交通上大有阻碍。『無風三尺土，下雨一缸醬』的北平各胡同裏的小路不用說了，就是油光光的大馬路，如遇雨量過多，也容易被水冲壞，因而增加修理道路的經費。至於支持電線的電杆，轉運旅客和貨物的船隻，因氣候不佳而受損失的，更是不可勝數。

在世界上最著名的兩條運河——蘇彝士運河，巴拿馬運河——已經完成多年的今日，大家也許忘記人類祖先曾經怎樣受地形的限制。回想一百多年前，歐人來東方各國時，必需在好望角外繞了一個大圈；美洲東部的人往西部航駛時，也要先到極南，然後再往西北。那時各種機器既不高明，各條航線又欠正確，而船隻更是細小得可憐，所以水路交通，不但曠日持久，而且旅客和水手的生命也無時不在危險中。在陸路交通的方面，我們現在雖有鐵路，公路，可是在蓽路藍褸，籌備築路的初期，因山川阻隔不能一往直前者，更不知凡幾。

交通需要礦產，盡人而知。我國鐵路附近，都有重要煤礦，正太，道清，株林三路，幾乎全為運煤而設。此外，如平漢鐵路之於冀晉的煤礦，北寧路之於開灤煤礦，也好像輔車相依。年來外國曾用水電的力量來開駛火車，這種辦法還沒有普遍。不過我們須記得水力的本身也是自然的產物之一。

總之，人類的經濟活動，是離不了自然環境的影響的。我們如要研究各種經濟活動，第一步工作就必須探討那些影響經濟活動的自然環境，否則我們只能夠看到外表，不能洞悉原因的所在：知其然而不知其所以然，斷不是研究學問的好方法。劍橋大學經濟史教授克里判先生（Prof. J. H. Clapham）謂經濟史當充分利用地理。巴克先生（O. E. Baker）謂將來的地理是經濟地理。這些話並不是無的放矢的。

一個人要深切了解經濟，他必須懂得地理；要澈底研究經濟制度的沿革，他必須懂得產生該制度的國家的地理沿革。我希望國內少數專門研究經濟史的學者能夠與專門研究地理沿革史的學者，作切實的聯絡，大家實行分工合作；積之有年，不但這兩門科學各得其利，而且必能促進經濟地理學的充分發展。

二十四年一月五日，於北平圖書館

本文的參考資料：

Geo. G. Chisholm: Handbook of Commercial Geography. New ed. Longman's Green and Company.

John Mc Farlane: Economic Geography. London.
Jones and Whittlesey: An Introduction to Economic History. Chicago.
Economic and Geography. In American Economic Review, Vol. XVI. pp. 112-133
中國經濟年鑑 B C 兩部

暗射地圖中國號出版預告

地理一科，關係民族與民生至鉅，國人已深明其重要性，無待煩言。所以現在中小學校，爲使學生熟悉各省縣等之位置起見，多利用一種暗射地圖練習。但此種暗射地圖，高小初中用作地理初步練習則可，若至高中大學，欲作地理分科研究，例如：河流，地形，交通等之添註，各地鑛產，農戶之分佈，氣候，氣溫，雨量，風向之記載，人種，語言，以及歷代疆域，行政……等之擬繪，則苦無相當之空白地圖可用。本會有見於此，特編纂地圖底本兩種，分爲中國號及亞洲號等幅，分期出版。中國號，係洋宣紙對開一張，內中包括中國及朝鮮全部，日本九州，琉球羣島以及南洋一帶；亞洲號則包括亞洲全洲。這兩種地圖，因學界需用甚急，所以提前繪製。大概兩月左右，中國號即可出版，料想研究地理的人們，一定很歡迎的吧？

禹貢學會啟

考古學社社刊

第一期

北平成府

燕京大學東園廿四號

每冊定價貳角郵費在內

新蒙古

月刊

第三卷第一期

編輯兼發行者　北平新蒙古月刊社

社址　北平旃壇寺西大街前當鋪胡同二號

總代售處　北平和平門外民友書局

定價：每份大洋一角五分　半年六期訂閱八角　郵費本埠三分外埠六分　全年十二期訂閱一元五角；郵費本埠六分外埠一角二分　五分以下郵票代洋十足使用

民國二十四年一月十五日出版

陶希聖主編

食貨半月刊

——中國社會史專攻刊物——

第一卷第三期（民國廿四年一月一日出版）

第一卷第四期（一月十六日出版）

定價		
零售	每冊大洋一角	
預定全年	國內二元	國外三元

發行所 新生命書局 上海，北平 南京，武昌

開明書店

上海福州路二七八號

外國地理新編

盛敍功編

二冊 每冊六角

本書應用地理學之一般人地相互關係之理論，說明世界各地之現狀。尤避從前記帳式之方法，一以各地之文化特性為敍述中心。實為我國地理學界嶄新著作。可作高中以上各學校地理科教本或參攷書。

開明外國地理教本

盛敍功編

一冊 八角

本書依部頒課程標準編輯，適於初級中學教科之用。內容以說明人與地的關係為主旨，對於國際政治，經濟，社會狀況之現勢及其與我國之關係，尤為注重。所採地圖，亦特別注意於政治，經濟與國際間之關係，務使學者得以明瞭世界大勢及我國所處之地位。材料新穎，插圖豐富，敍述尤明白切要，實為初中最新最完善之教本。

出版者：禹貢學會。
編輯者：顧頡剛，譚其驤。
出版日期：每月一日，十六日。
發行所：北平成府蔣家胡同三號禹貢學會。

禹貢
半月刊

價目：每期零售洋壹角。豫定半年一卷十二期，洋壹圓；全年二卷二十四期，洋貳圓。郵費加一成半。國外全年加郵費八角。

The Evolution of Chinese Geography
A Semi-monthly Magazine

Vol. 2 No. 11 Total No. 24 February 16th 1935
Address: 3 Chiang-Chia Hutung, Chen g-Fu, Peiping, China

第二卷 第十二期

(總數第二十四期)

民國二十四年二月十六日出版

代售處
北平北京大學史學系楊向奎先生
北平燕京大學哈佛燕京社
北平燕京大學史學系李子魁先生
北平輔仁大學史學系史念海先生
北平清華大學史學系吳春晗先生
天津河北女子師範學院班書閣先生
廣州協和神學院李鏡池先生
濟南齊魯大學史學系張立志先生
杭州之江學院顧敦鍒先生
武昌武漢大學吳其昌先生
成都四川大學文學院劉以塘先生
成都四川大學賀幼于先生
廈門廈門大學史學系鄭德坤先生
北平北平圖書館王以中先生
杭州浙江圖書館夏廷域先生
北平景山東街十七號景山書社
北平東安市場岐山書社
北平西單牌樓南首建設圖書館
北平琉璃廠來薰閣書舖
北平琉璃廠新生命書局
北平隆福寺街修綆堂書舖
北平隆福寺文奎堂書舖
北平隆福寺街文殿閣書舖
北平孝順胡同後溝三號賀紀琳先生
北平成府競進分社
天津法租界二十六號路世界圖書局
天津法租界三十號路大公報代辦部
天津大經路北方文化流通社
開封新書業街龍文書莊
南京中央大學門前鍾山書局
南京太平路中市羣衆圖書公司
南京太平街新生命書局
上海五馬路亞東圖書館
上海棋盤街寶善里新生命書局
上海四馬路上海雜誌公司
上海福州路生活書店
上海九江路伊文思圖書公司周文欽先生
上海四馬路中市羣衆雜誌公司
蘇州五卅路國學小書堆
杭州福緣路抱經堂書局
武昌横街頭新生命書局
長沙府正街金城圖書文具公司
重慶天主堂街重慶書店
日本京都中京區彙文堂書店
日本東京神田區神保町嚴松堂書店

內政部登記證警字第叁肆陸壹號
中華郵政特准掛號認為新聞紙類

王同春開發河套記（改稿）

顧頡剛

民國二十三年的春天，我同家起潛叔（廷龍）旅行到包頭，在狂風中溜了一次黃河的船；因爲沒有人認識，所以不曾打聽到什麼。夏天，我們得到平綏鐵路局長沈立孫先生（昌）的招待，游察哈爾和綏遠約一個月，與當地人士往來稍多，就收集了許多塞外的故事。最使我高興的，是聽得許多人講起王同春開發河套的故事。河套的開墾是我久已聽說的，尤其是『民生渠』三個字近年常在報紙上見到；但爲什麼『王同春』這個名兒直到現在纔聽得呢？我聽了他們講說之後，時常這樣地問自己。

第一個把這件故事講給我聽的，是平綏路車務段長賀渭南先生（郎），他是山西崞縣人，很注意西北地理。七月十一日，同行的許多位都參觀大同的上寺下寺去了，我因事獨留在車上，賀先生把王同春說給我聽，我纔知道河套中曾有過這樣的民族偉人，我就發願替他寫一篇傳。但賀先生還不過講得一個大概。第二天，我們到雲岡，承晉軍騎兵司令趙印甫先生（承綬）的招待，住入他新蓋好的雲岡別墅，席間我們把這件故事問他，因爲王同春的兒子王英曾在他的部下，所以他也隨口說了一些。就是這一天晚上，賀先生又補述了許多。他們兩位的話都由我筆記了。八月九日，到了綏遠，省政府諮議張宜澤先生邀宴，他向我們介紹建設廳秘書周頌堯先生，周先生是十餘歲就到綏遠辦墾的，曾和王同春並轡出游，查勘田野，所以記得的他的故事更豐富。那一天晚餐席上，他一路吃一路講，我就一路吃一路寫，因此這一頓飯吃得特別慢。還有一位客，他連帶講起王同春的女兒二老財的故事，吳文藻夫人謝冰心女士記了。本來我們還想赴五原訪一訪王同春的家，並看他所開的渠道，不幸那時綏遠的雨量太多了，道路因泥濘而不通，只得把包頭作爲旅行的終點。我在綏遠接到家母病電，遄回南方，連包頭也沒有去成。在包頭，冰心女士記下了王靖國師長部下的參謀吳澤先生所講，也轉告給我。友人陳中心先生（忠）是順德人，和王同春同鄉，少時在家鄉所聽得的閭巷間的談論，把記得的也告給我幾條。

以上的材料是屬於口說的。至於文字方面，當時一點也沒有得到。我居喪在杭，吳文藻先生來信，告我新刊的臨河縣志的末尾有一篇王同春的小傳；回到北平，在燕京大學圖書館裏找到。恰巧大公報史地週刊向我徵文，我就依據了大同和綏遠所聽得的加上這一篇傳文，合寫爲王同春開發河套記，登入十二月十八日報中（史地週刊第十五期）。發表之後，吳先生又告我張蔚西先生（相文）著有王同春小傳一篇，是民國四年作的。有一天，我見到張亮丞先生（星烺），向他提了，他就送我一部南園叢稿；在這書裏，不但讀到了這篇小傳，又從塞北紀行中知道蔚西先生和王同春認識的經過。我想，蔚西先生既和他認識，說不定在亮丞先生作的沌谷居士年譜裏尚有材料。拿地學雜誌一翻，果然又得許多。日前晤趙泉澄先生，他說，『我讀光緒東華錄，也發見王同春了！』我就在這部書裏鈔出了升允的奏文。有了這許多新材料，此文該得重做了，所以現在就修改一下，在禹貢發表。又把各種文字材料集錄起來，作爲本篇的附錄，以備讀者的參證。還有一幅簡單的地圖，是吳志順先生根據了樊中府先生(庫)的綏遠省分縣圖而繪的，因爲時間匆促，未能畫得很細。好在不久的將來，我還要寫一篇綏遠的墾務和河套的水利，到那時再請吳先生畫精詳的圖罷！

王同春是一個民族的偉人，貧民靠了他養活了多少萬，國家靠了他設立了三個縣。然而他的事業是及身而失敗了，他的名譽除了綏遠一帶之外是湮沒了。如果我們再不替他表章，豈不是證明中國太沒有人了！所以我誠懇地懇求：凡是有人知道他的事實的，對於這篇文字，請給以嚴格的糾正，或給以大量的補充，使得它可以逐年改作，由我的手裏寫成功一部這位失敗英雄的傳記。

二三，一二，二四，始草；二四，一，二七改作訖。

(一)

王同春是直隸省順德府邢台縣人，生於清咸豐元年(西元一八五一)，小名進財。他出身微賤，沒有受過教育，識不得幾個字。他的幼年的生活，大約已經沒有人知道了。到十六歲那年，他犯了殺人的案子，從家鄉逃出來，同拳術家李三侉子一起推車到了河套。河套本來是一塊肥沃的地方，諺所謂『黃河百害，惟富一套』。黃河在河套一段，本有兩道，在北的叫做北河，在南的叫做南河。後來北河漸湮，其下游在清朝道光年間淤斷，和南河不通，土人呼爲五加河(也有人寫作烏拉河)。從黃河到五加河，叫做後套。這塊地方，南北四百餘里，東西六七百里，眞是天府之國。自從明朝棄給蒙古人，他們只拿來充做牧場，辜負了天地的美惠。到乾隆年間，有幾個漢族漁夫捕魚到此，在近河處用桔槔取水，試行種植，大獲其利。到道光三十年，黃河水溢，北岸決成一河，名曰塔布河。河流所及，都成了膏腴。那時山西人民移殖來的漸漸多了，他們在那邊種地，有非常好的收穫。聽說一個人可以種到一千畝，種一年可以吃十年。起初他們只會利用天然的河流，後來也會自己開渠，引水灌田了。王同春就在這個運會中趕到了河套。

有一個四川人，名喚郭有元，他先到河套，娶了甘肅女子，成家立業。他首先提倡開渠，這條渠就叫做『老郭渠』(現在改稱通濟渠，在安北縣)。同治十三年，王同春投在郭家，充做工人，勤苦地工作。他的身材特別高大，長六尺左右，進普通的門戶全須低頭而入。力氣又極大，一鋤下去，掀起來時就有百餘斤的土。郭有元見他一表人材，心裏着實愛重，就叫他管理渠工，把女兒嫁給他。他既成了家。就向蒙人租了牧地，自創一牛犋(這是綏遠的特別名詞，兩條牛爲一牛犋，引伸爲村莊的意思)。後來再開第二個牛犋，以至于第三，第四……。他的田多了，就在隆興長(地名，在今五原縣城南)創一牛犋，這是他的大本營。光緒七年，他又自己開一條小渠，叫永和渠。十二年，又開同和渠；後來開得長了，改名義和渠(在今五原縣)，這條渠長有百餘里。在這時候，他已經不受他的丈人的節制了。

光緒初年，開渠墾田的還有幾人。西邊有一姓王的鑿了一條黃土拉亥渠，又有一個姓楊的開了一條楊家河(都在今臨河縣)。東邊有一曹四，還有一個四老虎，同時開了一條長勝塔布渠(今名長濟渠，在安北縣)。凡事一關了利就會發生爭端，他們爲了爭水爭霸常時械鬭。王同春勢力最充裕，他有來復槍，前膛槍，手下養着的逃兵和把式匠(卽拳教師)又最多，械鬭幾年，他獨霸了。河套共有八大幹區；每區周圍數百里，他一個人就開闢了五個，擁有良田一萬餘頃，牛犋七十個。河套地方幾乎給他打成了一片。

(二)

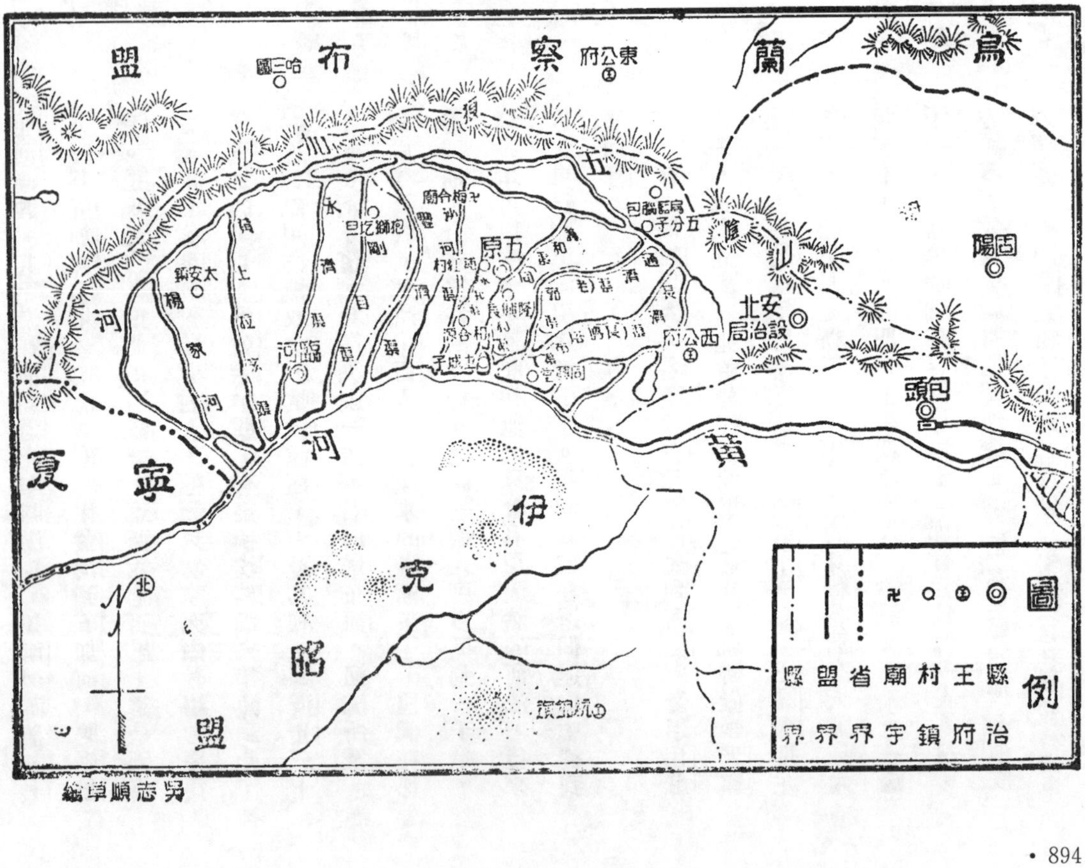

吳志順草繪

但他的占勝並不完全靠武力，他有絕特的聰明。開一條渠不是容易的，三丈濶，三丈深，數十里至數百里長，還有許多的支渠，費錢數萬至數十百萬，實在是很偉大的工程。要是開了沒有水來，或來而不多，人力財力豈不寃枉花了。但他識得水派，有開渠的天才，一件大工程，別人退避不遑的，他卻從容布置，或高或下，或向或背，都有很適當的計畫。他時常登高遠望，或騎馬巡行，打算工程該怎麼做，比了受過嚴格訓練的工程師還要有把握。在黑夜之中，他點了三盞燈，疏落地放着，來測定地的高低。逢到下雨天，他又冒雨出去，看雨水的流轉，做他測量的標準。在開挖時，他一眼看去，說那裏有水，鋤頭打下去，果眞冒出水來了。遇有疑難的地方，低着頭看，抬着頭想，癡癡地立在渠邊，有時竟徬徨終夜。等到豁然貫通，眞覺得上下通明，快樂得跳起來，叫起來。他是這樣地精神專注的。他又最不會失掉經驗。夜中馳騁曠野，偶然不辨在什麼地方，只消抓一把土向燈一瞧就知道走到了哪裏了。有一次，他指着一塊地，說一尺下必有水，旁人不信，掘下一尺，他的話竟驗了。這人駭怪，問他原因，他說，『你看，地鼠穿的窟窿，翻起來的土是溼的。這不是很明白的證據嗎！』黃河中起泡，他知道水要漲了，對農民道，『你們看，我開這渠，水會跟我來的！』果然渠口一開，水就洶湧地進來了。農民對他信仰極了，眞要把他當作龍王拜。後來他和人家打架，被挖了一隻眼睛，大家就稱他為『獨眼龍』，嵌進了這龍字。又因他小名進財，也稱他為『瞎進才』。凡是到河套去，提起王同春，這名字太文雅了，未必人人知道；一說瞎進財，沒有不知道的。他還有一個表字，叫做『濬川』，這當然因他有開渠的功績，念書人取了堯典中的句子替他加上的了。

他非常的惜物，愛牲畜，天天先喂了牲口然後自己吃飯。他又非常的刻苦，開渠時自己也雜在工人隊裏，一齊動手；就是他的愛子也逃避不了這種苦差使。就是他的女兒，脚裹得小小的，也要背了鍬在渠裏監工。

他的勢力既漸漸雄厚，於是招兵買馬，做起土皇帝來。流氓跑向他那邊去，犯罪的也逃到他那邊去。三教九流，他都容得下。直魯豫三省的貧民，去的更不少。本來茫茫的荒野，給他一幹，居然村落相望，每天下鋤的和擔土的有數萬人了。他用了兵法部勒他們，個個人要替他作事，不許隨便離開。農閒之時，又要施行軍事訓練，以防敵人的侵襲。淸末革命黨需要金錢的接濟，常去訪他，也受過他不少的恩惠。他對于錢財一點不吝惜。凡是去依賴他的人，他每每給這人娶媳婦，再給以百畝或千畝的田地。光緒十七八兩年，京北大旱災，他捐輸了糧米一萬多石。二十七年又是鬧荒，他再捐了六千多石。給他救活的總有五萬人以上。這時候，人人感激他。河套中人更只知有他，不知有國家；彼此說話，提到他時，不忍稱他的名字，只說『王善人』。

但是他的手段也實在辣。凡是和他有利益上的衝突的，或是犯了他的禁令的，捉了來就要處罰。他的刑罰有三種。第一種叫做『住頂棚房子』，是冬天渠冰，鑿開一洞，把人投入。第二種叫做『下餃子』，把土袋裝了這人，扔下黃河。第三種叫做『吃麻花』，是把牛筋曬乾，像一條麻花似的，把人打死。所以漢高祖還要約法三章，他則只有死刑一章。有一年，他曾經用了這三種刑罰處死了三千五百人。總算起來，在他的手裏結果的人可不少咧！

他還有一件不合理的舉動，就是欺侮蒙古人。河套地方已久為蒙人所佔有，他們自己不開發，漢人替他們開發也未為不可。而且開發之後，蒙人日用的茶麵油酒都可從近地交易，地方的繁榮本來也是他們的利益。不幸蒙人習懶成性，太不振作，一切聽其自然；滿清政府更加『天高皇帝遠』，什麼都不聞不問。在這樣的情形之下，王同春既擁有實力，他大可自由行動了。他常常租用蒙人的土地；對方不肯時，他又強立借契，契上寫明期限一萬年。再不肯，他就命他的手下人和他們械鬬，把他們逐出這個區域之外。蒙漢間的感情就此傷了。他既廣闢田地，開溝渠，置牛犋，後套裏方圓數百里，再沒有蒙人游牧的地方，於是他們不是北度陰山，就是南越黃河，王同春勢力所及之地便斷絕了蒙人的足跡。但也有人說蒙人很信仰他；蒙旗裏有什麼爭論，只要他一出來調停事就完了。到底怎樣，尚待打聽。也許王同春的強墾蒙地比了官墾還能講些公道，又還捨得花錢，雖然蒙人一樣地受壓迫，究竟壓迫得輕的會得收拾人心呢。

他不但對于蒙人毫不客氣，即對于洋人也沒有禮貌。比利時等國的教士在綏遠一帶傳教歷有年所，每一個教堂各領有蒙地數百千頃，築室耕田，自成都邑，彷彿一個個的小獨立國，做事自然偏于強橫。王同春壓不服他們，他們也壓不服王同春，彼此積有嫌怨。在這方面，我們雖沒有聽到什麼故事，幸而覓得陝西巡撫升允的一篇奏書。奏書中的事情是這樣：蒙人和教民鬧起來，在庚子年後蒙方當然不會佔便宜，其中有一個烏審旗（即鄂爾多斯右翼前旗）須賠銀四萬八千兩，但這旗太窮，不但拿不出錢，也拿不出牲畜，只得把一個蘇池押給教堂；教堂不要，因此招商承領。有人推舉王同春承領，王同春自己答應了，而教堂不肯答應，說，『此人最不安分，與教堂頗有宿怨』，竭力阻擋。地方政府無法，把蘇池改爲官辦。從這一點上可以知道，王同春對于外國人是怎樣的倔強。

有一個河南人陳四，到河套時比王同春早些，他也是一個豪俠講義氣的男兒，手下自然收得許多徒衆。兩雄不並立，他們兩家時常械鬭，殺傷的人很多。訴到官廳，王同春就被捕入薩拉齊的牢裏。薩廳撫民同知文鈞覺得械鬭的事雙方都應負責，不該獨使王同春受冤屈，把他放了。後來陳四方面屢次上告，文鈞爲了這件事情竟革了職。他年老無子，不回家了，寄居在綏遠城裏，也沒有人理他。有一天，外邊忽然來了幾十個大漢，把他擡了去，他莫明其妙。停了一回，纔知道他們是王同春特地派來接他的。到了王家，王同春跪下說道，『大人，你是重生我的恩人，你沒有兒子，我就是你的兒子了！』奉養他終身，殷勤服侍，過於孝子。遠道的人聽了，愈加欽佩他待人的誠厚。

光緒二十七年，庫倫活佛聽得他的名聲，聘他到外蒙開渠。他帶了一千個漢人去工作。結果如何，因爲道遠，述說的人也不知道。但他的幸運已在這一年交完了，從此以後，他就一重重地墮入了厄運。

（三）

光緒二十六年，八國聯軍攻入北京，西太后等逃到陝西，岑春煊率師勤王，路過河套，看見土地肥美如此，心中着實想用了國家的力量幫助農業的發達。下一年他接任山西巡撫，就奏請開發（因爲那時的綏遠是山西省管的）。朝中准了，命貽穀做督辦墾務大臣，二十七年先在東蒙着手，二十八年推到西蒙。貽穀到河套一看，見王同春的勢力這等雄厚，覺得非把他打倒，政府的墾務是不能辦的。因此，對他說，『你辦墾務極有經驗，我就請你當了總工程師罷！』貽穀帶去的一班人，看見那邊有這樣的大財主，個個眼紅，想去掐他的油。他知道政府的勢力來了，豺狼當道，對他必然不利，但無法反抗。他任了總工程師，第一件事是修長濟渠。他只命工人往低處開，水來了上不去，反把以前所開的渠一起淹了。他達到了敗壞渠道的願望。

本來綏遠的薩拉齊廳轄區極廣，後套全部在內，現在寧夏省的一部分也在內。自從政府開發西蒙，就把它的西部劃作五原廳。二十九年，五原廳撫民同知兼西蒙墾務督辦姚學鏡爲了王同春不肯把渠道公開，親帶幾營兵到他家裏，勸逼他把渠道歸公；他違抗不了，只得屈服。從此以後，政府裏設了水利局專管放水，每年征收水租多少錢；在規定之外，局中的吏役常常作額外的需索，不肯納賄的就不給水。逼得人不能種，河套裏的良田又變成沙磧了！王同春是自開渠道的人，政府裏算是體恤他，貼還他一些些的開渠費。

在那時，他不再能和以前械鬪過的人爭氣了，於是他的二十餘年來的敵人一一上衙門控告他，其中以陳四爲最厲害。他派人同陳四說，『從此以後，我固然完了，但你也完了！我們講和罷，我們把兩班把式匠遣散了罷！』陳四聽了他的話，果眞把自己的爪牙辭退。二十九年臘月三十日，陳四住在義和渠旁士城子（今五原縣城南約六十里），王同春的拳師杜福元帶了幾人，從隆興長赶騾子到士城子，夜十二時把陳四打死了。杜福元們跨騾東去，八點鐘走了四百里路，到包頭，大年初一到處拜年。陳四家屬告狀，官府捕獲了杜福元，但他說，『元旦天亮我就在包頭拜年，怎麽大年夜的十二點我在士城子殺人？兩處相去四百里，難道我是會飛的？』官府到底不能定他的罪。

但是辦墾務的官員們發財的機會又到了。他們叫王同春來，斥責道，『你私墾蒙地是有大罪的，殺人也是有大罪，兩的罪併發，你有幾個頭？這不是害了自己不夠還害

子孫嗎？聽我們的話，你具一個甘結，我們替你消案！』說罷，拿出一張紙來，叫他畫押。王同春是不識字的，不知道上邊寫的是什麽；迫不得已，打上了一個手印。這一打，他的田就去掉了無數！

到光緒三十三年，王同春到底爲了打死陳四的案被捕入獄。關了五年，適逢辛亥革命，綏遠將軍堃岫因人心不安，要把監內五十一個犯人一齊槍斃，結果，別的都死了，只有王同春沒有死：然而死尸卻還是五十一個，原來一個開槍的兵丁誤死在內了。將軍覺得其中必有天意，沒有殺他，仍舊監禁。民國元年，他恢復了自由。綏遠將軍派他回河套辦團練，安定邊疆。他回到家裏，叫人肩了一面大旗徧走四鄉，嘴裏喊道，『王老子放出來了！奉將軍的命令訓練鄉團，保護老百姓了！』百姓們聽了這話，聚集攏來，不上一月就部署井然，威聲大振。民國二年冬，外蒙入寇，他埋伏了許多團丁，在高闕戍前打了一仗，蒙人大敗而歸。他因有了這回武功，得到政府裏五等嘉禾章的獎賞。可是他的田產已很少是他的了，他雖任當地的農會會長，還做得出什麽事情來呢？

聽說閻錫山在清末和王同春有過很深的交情，辛亥革命，閻氏曾得到他的兵馬錢糧的帮助，因此，民國以來他

輸運貨物，經過山西，很受當局的保護。他每年把灘羊皮和軟毛細皮從寧夏後套運到順德，再把綢緞布疋洋廣雜貨從順德等處運到後套，車上插了『王同春』三字的標旗，經過山西各稅卡，概可免驗放行。因此，他在順德民間的聲名也很大。但我們知道辛亥革命時他正關在獄裏，或者只是一種民間的傳說而已。

民國三年五月，地理學家張相文旅行到五原，他在歸化聽得了王同春的名望，訪他談話，一見傾心，覺得他眞是一個農村的模範人物。聽到他自叙五十年來的經過，又深切地替他抱不平。張氏回到北京，和農商總長張謇說了。那時張謇兼任導淮督辦，聽得有這樣一位開河的天才，自然高興，就聘他爲水利顧問，招他到北京，並囑他帶了兩個兒子到南通師範學校讀書。這年冬天，他們動身，路過綏遠城，謁見將軍潘矩楹，潘將軍的手下人和貽穀的手下人一樣，看他有錢可榨，就勸將軍加他一個罪狀，把他下獄。張相文與張謇函電營救，都沒有效果。張謇爲了這事特地進總統府見袁世凱，用袁大總統的命令打電報去，方得釋放了。他到北京，對人說，『險呵！案子已判決，該槍斃了！只要這命令遲到一天，已來不及了！』他想起這些事情，眞覺得萬念都灰了。

他們到了北京，在張相文辦的中國地學會裏住了三個月，和張謇等商量開墾河套的計畫。他們共同組織了一個西通墾牧公司，由王同春撥出烏蘭腦包附近地十萬八千畝作爲公司事業的基礎，張謇和張相文各出二千元作爲活動資本，從民國四年四月開凍時辦起，張相文親自去布置。因爲交通不便，官吏貪婪，軍隊騷擾，土匪猖獗，辦了六年，不但開墾失敗，連牧畜也失敗了。

民國三，四年間，張謇常常請假回南，覆勘淮河工程。王同春曾隨着他南行。張謇同他討論導淮的方案，他主張疏導入海，張也極以爲然；但到底爲了種種阻礙，沒有實行。

他在南通縣住了些時，又到北京和山西應州住了些時。民國四年，他回到五原。五年，河套田地又歸他經營。但他老了，不行了。六年，病死，年六十七。現在五原城內有個王同春的祠堂，每年六月六日爲廟會期。就是這座五原城，也是民國四年他捐貲建造的。

(四)

自從光緒末年他入獄之後，一班拳師失去了首領，變爲土匪。河套的土匪幾乎沒有不是王同春的把式匠，他們的擾亂區域直蔓延到察哈爾。

講到渠道，自他走後也湮塞了。當貽穀辦墾的時候還像個樣子。到了民國就沒有人顧及，墾務停頓了。四年，綏遠都統蔡成勳手下有一個旅長楊以來，他要包辦水利，設立灌田公社；名義似乎很好，但實際只有剝削，水利全壞。五年，雖仍由王同春接辦，但過年他就死了。此後水利事業由墾務局經營，當局者只知有田而不知有水，更失敗了。十七年，劃歸建設廳，設立包西水利管理局，困于經費，變成官督民修。無論如何，總不及王同春私人管理時來得好。所以有人歎息着說：『民生渠修了三年尚未成功，而且眼看將來也沒有希望，如叫王同春來修，那會枉費這麼多的時間和這麼多的金錢！』

王同春共生四個兒子，一個女兒。長子和四子早死。五子王喆，號樂禹，是一個謹慎的人，能保守他的遺產。三子王英，號傑臣，民國初年隨父到南通，讀過幾年書。回五原後，他不去種地，專喜招集流亡，聚衆至數千人，後又增至萬餘人。政府任命他做軍官，曾在山西騎兵司令趙承綬部下做過旅長和副司令等職。但他爲人心氣高強，不能鬱鬱居人下，而有勢力的又垂涎他的產業，逼得他難堪，二十年，他提了兩師兵造反了。這說不定有水滸傳中逼上梁山的背景！給國軍剿平了之後，至今匿居在天津。他分得的父產，已全部沒收了。次女名二老財，年已五十外，嫻騎術，擅智謀，綽號是『後套的穆桂英』，也有人比她做九花娘。十七年，土匪趙二半吊子圍攻五原城，聲言破城後要屠城，她挺身而出，嚴辭責備，他的兵就退了。即此一事，可以知道她在後套的威望。她手下有四千人，又有些軍火。她也能指揮軍隊。王英失敗後，後套的土匪更多，有人報信，說他們都住在二老財的家裏。政府得此消息，把她逮捕。她侃侃答辨，說，『倘使我幫着王英造反，爲什麼他失敗之後我不跟着他跑呢？再說捉賊捉贓，我的贓在哪裏呢？犯罪要證，那一個土匪供出是我窩藏的呢？』問官覺得她理由甚直，沒有定她的罪，但也沒有敢放她。她現在仍住在五原縣的監牢裏。又有人說，已經放出來了。

民國十四年，從五原縣中析出通濟渠以東的地，成立安北設治局；又析出豐濟渠以西的地，成立臨河設治局。十八年，改臨河爲縣。綏遠一省只有十八個縣，而五原，臨河，安北三縣是王同春開發的。一個不識字的人能彀赤手空拳創出這番大事業來，那不夠我們的紀念？再說倘使官民能彀合作，他的成績又將怎樣？所以張相文沉痛地說：王同春是不幸而生於中國！

附錄一　東華續錄（光緒二十八年四月）　朱壽朋輯

（光緒朝卷一七三，頁八）

升允奏，『查光緒二十六年七月間，陝西甯條梁地方蒙人鬧教一案，去夏經奴才派員會同綏遠城將軍所派委員，暨蒙部各員，與該處教堂議和，往返籌商，磋磨再四，開議逾月，始獲辦結。計此案焚燬教堂四處，教民房屋六百餘間，傷斃教士一人，教民十人，掠取教堂及教民器物糧石牲畜等件，爲數頗多。議定不戮一人，共賠償銀十四萬兩；又烏審旗歷年舊案；三旗另賠銀三千五百兩，歸入此案並結，一了百了，均不得復有遺言。其賠款應由鄂托克，扎薩克，烏審三旗分攤，鄂托扎薩兩旗或即時措交現銀，或以牲畜地畝作抵，惟烏審旗素稱貧瘠，無款可籌，因以大渠鹼池暫押教堂，一面設法出租。上年十月，臘月，本年三月，三期籌款贖渠。屆期如辦無端緒，教堂仍按三限索銀，決不將渠池收留。當經該委員等同蒙旗及教士會議條規，妥立和約，所有永無翻悔，甘結存案。此起初蒙洋議和之大概情形也。

『嗣因招商認租渠池，日久無人承領，而十月限期已迫，因札飭延榆綏道酌量妥籌；如招商甚難，即以大渠歸公，代蒙出賠款。旋據延榆綏道稟稱，「已由綏遠委員招來晉商王同春；惟一時無此鉅款，擬按四年分繳」。後據駐劄神木部員明祿咨稱，「渠池歸王同春承辦，其銀由王同春分期自交洋堂，現已互立約據」等語。奴才以爲償款既有著落，自可相安無事；乃今正接閱該處教堂來函，謂「去冬蒙旗應繳之銀，一再愆期。聞欲將渠池出租王同春，此人最不安分，與教堂頗有宿怨，果爾當極力阻擋」；並云「第三期如不將款交清，彼時斷難應允」。奴才竊維此次蒙洋搆釁，幸經派員議款，復歸於和。倘因該旗籌款無從，致啓責言，彼直我曲，其將何術以解？且王同春既爲教堂指摘，又無現銀持交，自不能令其承辦鹼池，免生枝節。當飭司籌款五萬餘兩，委員解赴榆林，於三月限期內如數兌交該處教士核收，贖同渠池，歸官開辦。良以大渠產鹼最旺，在公家既非虛擲黃金，洋堂賠款繳清，在蒙旗亦可如釋重負，兩有裨益，是以毅然行之。此代蒙籌款結案之實在情形也。

『茲據駐紮神木部員明祿來文，據稱王同春係該員招來，「即使作欵定須一時清還，不允四年分期，亦應婉勸教士曲從，何得遽歸官辦。此皆綏遠委員佐領扎拉豐阿攬權干預，又以小石鄬地方許給洋堂，必暗激成禍變。合先陳明，以免明祿將來獲咎」等因。接閱之餘，不勝駭異。查佐領扎拉豐阿乃奏委專辦此次教案之員，凡放地籌款各事宜，是其專責，何得謂之干預！鹼池既可歸商，何獨不可歸官！以鉅金濟蒙之急，蒙人有何不利！至小石鄬地方，乃上年會議租與洋堂之地，業經咨明外務部在案；此時自應指明地段界限，勸諭各蒙民遷徙，以期彼此相安，何得遽食前言，任意撓阻！明祿因渠池未歸王同春承辦，輒牽引「蒙教相仇，大禍即在目前」等語，希圖挾制，殊不知教堂所切齒者專屬王同春一人，若復用之，適以挑蒙教之釁。明祿懵懵，乃爲之力爭，奴才固不敢謂其必受王同春賄賂，故聽該商把持；而其徇私忘公，危言聳聽，實屬昧於情勢，不顧大局。際此蒙教猜疑未泯，該員不思彈壓調停，以期釋嫌敦好，萬一因民之怒，激成事端，其患何堪設想！焦思再四，惟有請旨飭下理藩院，將駐紮神木部員明祿速即撤回，以弭隱患』。

得旨，『明祿著即撤回，該衙門知道。餘依議』。

附錄二　塞北紀行

張相文

（南園叢稿卷四，頁三二）

（民國三年五月）二日，住五原農會。…下午，王君同春來晤，農會會長也。余在歸化已聞其名；然官場對之，率多詆毀之詞。及過薩拉齊而西，所遇農民莫不稱其經營水利具有心得。因乞知事范君爲書介紹見之。與談河套地方利害，所言頗能中肯，亦可爲農人之最好模範矣！

附錄三　王同春小傳

張相文

（南園叢稿卷七，頁五二—五三）

王同春者，北直邢台縣人。性任俠喜事。少時家赤貧，隨父覓食綏外，轉徙至河套，傭爲蒙人工作。其爲人眇一目，身軀雄偉，膂力兼人，以是得稍稍積工資，乃貸蒙人牧地自墾之。

河套界山河間，地層冲積，赤埴中兼雜白沙，得河水以浸之，乃異常滋潤；水所不及，皆荒磧也。同春有天才，能識水脈，登高而望，卽知畎澮所宜。又或馳馬巡行，凡山原高下，工程多寡，鬥角鈎心，了了然不差累黍，雖精於測算者不如也。故其墾地歲穫滋多。乃益出資租蒙地，蒙人益信賴之。自南河沿岸以達北河，南北四百餘里，東西六七百里，凡鑿幹渠四道，寬深皆與大河相等，支渠旁達無數。晉，秦，燕，豫貧民爭趨之，日操畚鍤者常數萬人，歲穫菽穀至巨萬，饋運日內不可勝計。茫茫荒野，至是乃村落雲屯，富庶過於壯縣。同春指揮其間，儼然一建國主也。

是時適有豫人陳四者，先同春至河套，豪俠尚氣與同春埒，徙衆亦歸之，乃起與同春爲虞芮之爭。兩家持械鬭，時有殺傷者，同春遂坐繫薩拉齊獄中。廳官文鈞視同春無大罪，遽遣之。已而陳四之黨迭上告，文因以落職。年老無子，退居綏遠城，無過視者。一日，忽來壯士數十人，舉之去，不知何所爲也。繼知乃同春遣迎之。既至家，同春則跪陳曰，『大人實生我，我卽大人子矣！大人何用子爲！』遂奉養之終身，過於孝子爲。蒙古諸王公聞之，愈益多同春之義。蒙旗有違言，得同春片語無不立解者。

居久之，淸將軍貽穀奉命督辦西盟墾務，知蒙人弗善也，乃羅致同春，欲以開導蒙人。同春既進謁，適陳四爲人殺於路，風傳同春實使之；貽穀從吏合謀，借是以豁同春，瓜分其產，乃勒令同春盡獻墾田，且譙之曰，『如此則爲爾消案，不則私墾蒙地有罪，殺人有罪，兩罪並發，禍且及子孫矣！』遂出一紙，逼之畫諾。同春不知書，手印之，其田盡沒。然終以陳四案，囚繫之獄。

辛亥革命軍興，北方騷動，獄中諸犯且謀越獄爲亂。同春密告之，得以無害。將軍堃秀嘉其忠，遂釋之，飭往河套爲靖邊計。同春既歸，乃樹大旗，使人周走而呼曰，『王老子出獄矣！且奉將軍命，爲若輩鄉團，禦寇盜也』。於是蒙漢爭集，旬日間部署井然，聲威重一方。二年冬，庫倫入寇，同春設伏邀擊之高闕戍，大破之，遂由軍功獎以五等嘉禾章。然墾田既盡入官，乃退耕河西爲老農，亦無復當年意氣矣。

野史氏曰：泰西人於近數百年間盛言殖民矣；吾向者讀吳元盛林道乾殖民諸偉人傳，心竊壯之，謂吾民之聰明才力果不在彼族下也。自今觀之，彼吳林者特徼倖成功耳。假使南洋諸島亦如河套之隸屬於中國，則是嶽嶽者方爲官吏魚肉之不暇，而世能拔荊斬棘，爲吾人爭存於尺寸土耶！嗚呼，悲夫！

附錄四　泗陽張沌谷居士年譜

張星烺

（地學雜誌民國二十二年第二期張蔚西先生紀念號）

民國三年甲寅　年四十九歲

春，三月，擬爲西北之遊。…農商部總長張季直先生因以調查西北農田水利相囑，部給旅費。…出居庸關，經張家口至大同。由大同用騾車…至歸化城，……見張敬輿（名紹曾）將軍。將軍以西方荒落，孤行不便，命副官派馬兵數人，護送至寧夏。…由歸化西行，…至五原縣。在此認識其縣農會會長王同春。由五原西南行，…至大中灘，屬阿拉善旗地，得悉豫匪白狼入甘肅，寧夏戒嚴，不可前行，乃乘舟下至包頭東歸。歸後翌年，有塞北紀行之作；又有王同春小傳，以記套中開闢偉人。……

秋，冬，與張季直籌劃開墾河套事務。致書五原縣，請王同春來京，共商進行之法，由部給以顧問名義。季直先生並請王派兩子至南通師範學校肄業。至冬，王由五原東來，至綏遠謁見新將軍潘矩楹。時有欲向之綁票者，在潘將軍前構陷之，將王拘留下獄。先君在京聞之，先求張敬輿致函潘將軍緩頰，請釋王，無效。農商部致電亦無效。季直先生爲此特進總統府謁袁，用袁大總統命令，電其即刻釋放，始有效。王抵京云，『在綏遠已定讞，大總統令若遲到一日，即遭槍決矣！』同春在河套開墾鑿渠，功績甚大，有類神禹。套中又有稱之爲王善人者。壯年起業時，不無有得罪人之處。年老多財而無勢力，即爲其所至獲罪之由也。清末將軍貽穀訛詐其錢財土地甚多，曾下之獄；至此又遭下獄，因之萬事灰心矣！民國二十年冬，各報記後套匪首王英有兵兩師之衆，兵敗被械至北平，以後不知下落：英即同春長子也。據前山西國會議員景太昭（名耀月）及前江蘇省長王鐵珊（名瑚）云，『王英並非土匪，而報章別有政治作用，宣傳之爲土匪，實甚冤枉』，此眞所謂『以亂政爲政，枉法爲法』矣。王同春及其二子抵北京後，寓西單牌樓舊刑部街中國地學會，約三月之久，與先君及張季直商量河套開墾事宜，組織西通墾牧公司，立案於農商部。王撥五原縣烏蘭腦包地方附近地十萬八千畝作公司基址，季直先生與先君各出銀二千元爲活動資本；定明年春四月開凍時至河套試辦。袁世凱當時聞之亦欲在口外大舉養馬，爲擴張軍隊之用；但不久亟亟謀稱帝，不暇再及此矣。同春回至山西應州。其二子往南通留學不久，以不慣南方生活，回後套。

民國四年乙卯　年五十歲

春，三月，在泗陽縣招集農人十名，往五原縣開墾。每人給旅費三十元，由泗陽步行至五原。並約地墾熟後，每人給地一百畝。約族叔化鴻來京，同往五原縣照料工人。化叔年已六十餘矣，但精神甚佳，飲食甚健。其子相禹亦隨工人同往。春，夏，秋，皆在五原親自照料一切。此時五原地曠人稀，物產極少，即青菜豆腐，欲求一飽，亦不可得。常以買一斤豆腐，幾根白菜，走至二十里外，始能得之。泗陽在江北已爲窮苦，而五原縣較之泗陽更苦。泗陽農人至五原後不堪其苦，加以公司前途無大希望，二年後即俱回泗。初至烏蘭腦包，第一事即建二十餘間房屋，以便棲止。次即種菜買磨，以便飲食。後套天氣乾燥，時常全年不雨，種植全恃河渠灌溉。五原河渠頗多，皆爲王同春壯年時所鑿，以後悉被沒收。政府設水利局專管放水，每畝征水租若干。規定以外，局中委員無不額外苛索，要求納賄，不納賄者不給水。地近渠邊者，每屆秋季，黃河水漲，自然泛濫，不需納賄；次年春末下種，無不豐收。地距渠遠者，爲自然泛濫所不及，無渠水斷不能下種。公司地基距渠稍遠，某次爲爭執賄賂多少之故，怒極，欲率工人搗毀水利局。繼思此事不可爲，乃止。五原水利局隸屬綏遠將軍，中央權力所不達。天高皇帝遠，無可如何也。此時鐵路僅至豐鎭，尚未至綏遠，五原一帶農產無從輸出。卽能得水，專辦墾植，亦未必有利。於是乃專注意於畜牧，買犢三百頭，小羊五百頭，猪若干養之。墾則兼辦，求以自給足矣。秋末，自五原歸北京。留化叔及張霖溥在五原照料度冬。

民國五年丙辰　年五十一歲

秋，後套開墾之泗陽縣農人十名，不耐後套之苦生活，俱回泗陽。有二名，經北京而回。僅張霖溥一人留套中照料本地工人畜牧事業。

民國九年庚申　年五十五歲

冬，十一月，張霖溥自後套經北京回泗陽。霖溥在五原數年，照料墾牧事業，費盡心力，經閱萬難。歷來書求接濟，並呼援助。而套中政治情形日壞，土匪猖獗，官兵騷擾，招新股則無人再肯出資，欲援助則恨鞭長莫及。所畜牧之牛羊，不爲土匪所搶而去，卽爲官兵强奪屠食。其餘東藏西匿所剩留百餘頭牛羊，至是出賣結束。河套開墾，起於民國四年，至是凡六年，完全失敗，損失活動資本四千餘元。此事可爲現今大聲急呼開發西北者之殷鑑也。西通公司之失敗，一由於水利局委員貪污索賄，無法應付，不得不罷墾務。二由於軍隊之强取，所有牛羊盡被屠食，數年畜牧工作付之流水。三由於土匪之亂，使人生命財產全無保障，辦事人求一日安枕而不可得。以後欲開墾西北，而不先澄清吏治，懲貪污，禁苞苴，及約束軍隊，皆可視作紙上談兵，欺人之舉也。至若土匪，則緣政治不良而產生者也。民國初年，套中無大股土匪；以後國政日益崩潰，土匪乃應運而生矣。

附錄五　五原王紳同春行狀

王文墀

（民國二十年，臨河縣志卷下，頁二九）

民國八年春，文墀奉令卸五原任，邑紳張君厚田等來署，盛述王紳同春開闢河套，殖我民族，事蹟綦詳，請爲文以狀之。爰撮叙其崖略，爲之狀曰：

按王君同春，字濬川，直隸行唐人。幼貧異禀，嬉游里巷，不與群兒伍，人爭異之。髫年隨其先德來河套，縱覽周原，嘗語人曰，『沃野千里，何居乎蒙人自封自閉爲？』其有殖我民族之志固已夙矣。於是孜求農牧實業，孜孜不遑；而其生平樂而不厭，嗜而彌篤，有與終身結不解之緣者，厥惟水利。同治十二年，首先創開老郭渠。光緒六年，開哈拉各爾河；嗣又開渠口至梅令廟五加河。七年，由和合源創開永和渠，至補紅村。十五年，由老郭渠上游創開同和渠，復由七城子開口接至同和渠，改名義和渠，渠長百餘里。二十五年，創開中和渠，至五分子。二十八年，隨墾務督辦貽欽使遍勘永，豐，剛，黃，沙，義，通，長各大渠，指導動合機要。每有大工，他人咋舌束手，退避不遑者，先生從容措置，高下之宜，向之背勢，得失順逆之局，均能測於幾先，定於臨時。一時造門請者，得其片言一語，大用之大效，小用之小效。是其果操異術哉！蓋其經驗有獨至者然也。普通工作無論已，遇有疑難大工，俛而察，仰而思，面壁終夜，臨流凝立：慮其結而不解也，以無厚之精心入之；慮其膜之不破也，以至銳之果力出之。及夫豁然貫通，直有覺上下通明，踴躍狂呼，雖南面王莫易此樂者，何快如之！

昔張南通與先生談水利，終日無倦容。導淮大計，先生力持導入海之議，南通深韙其說。識者惜其未見諸實行也。

當光緒末季，蒙旗猶守閉關主義，報墾之地寥寥；先生長駕遠馭，出全力闢地五千頃，開大渠三道，待以舉火者萬家，其眞能造福我民族民生者爲何如耶！一旦盡舉其所有而歸於公，先生視之如棄敝屣，若此，其器識又爲何如耶！先生持平等主義，尙博愛，好施予。光緒十七八兩年，地方苦凶，慨出糧萬餘石，二十七年，歲大饑，慨出糧六千石賑之，活人無算。辛亥，王爺地劉天佑之變，蹂躪河套無完土，晉軍全部軍糧數千石獨力任之。此其樂善不倦爲何如耶！

按臨河未設治前，地方悉隸於五原。臨河當日農業水利，何莫非我濬川先生經營締造之所賜。士食舊德，農服先疇，至今父老猶樂道之。用附志乘以志不諼云。

按中和渠未詳。哈拉各爾河亦未詳，而綏遠省分縣圖中五原有哈拉烏素渠，未審即此否。

吳志順記。

青海概況

民國二十三年八月十一日拂曉，同人自綏遠城赴百靈廟，沈煥章先生來附車。至武川，逢大雨，車不克進，坐縣署以待。予與沈先生談，知其先世籍江蘇宜興，數代前隨宦青海，遂爲青海之亹源人，曾就學於長安之西北大學，既而從事于無線電，以通蒙藏語，二年前就任班禪之無線電臺臺長。方將收拾行裝，隨班禪至伊克昭盟宣化。同人有志於邊陲之研究者久矣，居內地，求認識且不易，而沈先生之所知乃至富，予因請爲禹貢撰文，書青海現狀，承見允。越半載，沈先生自伊克昭盟還，出示此篇，謂河套中未能通郵，故遲滯至今也。展而讀之，所記民族，交通諸事皆詳晰新穎，遠軼其他記載。間數月內將更有遠遊，則所以貺我者當不止是矣。追思塞外雨聲車跡，永難忘此邂逅相逢之樂。願本刊之青海研究發軔於斯！

二四，一，二八，頡剛記。

沈煥章

（一）政治

自民十七年改建新省，省會爲西寧，有省政府及辦理內政之諸機關從事建設。全省共計十四縣，曰：西寧，大通，循化，互助，貴德，亹源，化隆，樂都，民和，同仁，都蘭，玉樹，湟源，共和。各縣有縣長，爲行政領袖。

縣長人選，本爲民政廳委派，其實由省政府，民政廳，師部三處分派（按青海軍政未分，實權握軍人之手。職權濫用，政治不上軌道）。保衛方面，縣有公安局，局長由省公安局委派。十四縣內有都蘭縣，玉樹縣，民和縣因貧瘠及地屬游牧，僅縣長一人，科長兩人，衛兵五六名而已。其他如建設局，教育局，財務局，縣黨部等，該三縣亦未設立。尚有數縣，多爲游牧之地，其政治統治，以該族之風習……爲分落之治，如：

（1）番民（卽藏族）　中除各族各有其長，並依門戶之多少，而有世襲之千戶，百戶，百長（官名）。玉樹縣有囊謙（官名）爲各族之領袖，與政府接近，有生殺予奪之權，較千戶，百戶，百長大。至各族之民，只求游牧生活之安適，並不需要法律之裁制；卽有爭端，依序報於千百戶，按理判斷，罰以牛羊磚茶等物。其刑具爲牛皮鞭。若事關命案，召集千百戶或囊謙公議處罪。最近亦有囊謙或千百戶會同縣政府轉呈省政府辦理者。

自衛方面，素日無軍隊組織，由族民自備武器。有警察，臨時聚集，由千百戶等率領指揮之（按此有合民兵精神）。

（2）蒙民　組織與番民及東西蒙（卽東西四蒙古）相同。有王公，貝勒，貝子，扎薩克（官名）等依次節制。世襲有土，王有生殺之權。各王聯盟，共舉正副盟長各一人。盟下有旗，王府在焉，俗稱王爺府，管理該旗一切，行使一切職權，辦公機關卽設其中。

（3）土人　民十七年前有土司制度，現均改土歸流，由縣長行使職權。

（二）經濟

青海土地遼濶，氣候溫和。肥沃之區，可耕可牧。山林叢生，而天然寶藏尤富。惜開採無人，貨棄於地。

（1）農產　雨量不缺，而耕者過少。近雖有墾務局，而收效無幾。其最可觀者有豆類，穀類及蔬菜等；可供全省之用而有餘，並輸出蘭州。此不過墾地十分之一也。

（2）森林　天然森林以栢，楊爲大宗。松，樺，楡，橡次之。可可烏蘇等地有綿亙數十里者（俗稱戰林），其他產林之區尙多。

（3）鑛　產鑛之區多爲部落酋長及喇嘛寺院所佔，因風水之說，不讓開掘，故無詳細調查。現有人工開採者，卽砂金一項亦甚可觀。

金：　祁連山多含金質。順水流下之砂粒，用土法掏之得金，每人每日僅得二三錢。工人多爲回民。有大同金廠，淘工有一兩千人，每年可得五六千兩，近已停採。柴達木河一帶皆有金砂，湟源貴德兩縣人民開採，共設七處，後因果洛族（即番族一種）刦掠，因之停頓。民十九年又開工，年產三百餘兩。玉樹縣亦有金廠之設，成績不著，時開時停。

銀：大小柴旦一帶最富，隆冲河最良，為蒙番人開採，不許漢人過境。

銅：為紅銅，海南海北（科科鄂爾海）均有。

錫：產圖馬河一帶。土法開採，量甚微。

鉛：柴達木河一帶。為土人所採，產量頗多，售於內地者不少，鉛質優良。

玉：產玉樹一帶。

硼砂：產柴旦一帶。

石膏：產地甚廣。生於紅色層岩之內，遠看即可辨識。西寧，樂都亦有產量，惜無消售。

煤：以大通最富最佳，用土法開採，尚足供全省之用。

鹽：為青海特產，不製不晒，取出即成大塊，俗稱青鹽，味鮮美，滿清時供上。若新法開採，可供數省之用。

鐵：產哈拉哈金等地，每月可出六千斤，無法消售，早已停頓。其他硝，硫磺塊，硇砂，礬石，白石粉（土人用以代肥皂甚佳），產地頗多。

（4）畜　青海總計有馬十二萬匹，牛二十萬頭，羊二百餘萬隻，駱駝十餘萬頭，為中國之一大畜牧場。人民之衣食住行，生活所需，皆取之於牲畜，依馬牛羊之多少而定貧富焉。

羊毛為生貨出品之大宗，量為全國冠。春秋兩季剪毛各一次，集合於西寧，湟源一帶。運至天津上海而銷售於英美居多，日本次之。總計每年約二千餘萬斤。羊皮以黑紫羔，羊犢羔，馳名全國，銷售天津最多，為青海經濟一大補助。其他駱毛，羊腿，羊腸，亦有英德等國商人來青大批收買。

魚：黃河之無鱗魚味甚美，向為中外所稱贊。

犬：獵犬性馴善走，能捕狐兔。家犬巨大如牛犢，又名獒犬，能噬殺豺狼野獸，蒙番人視之如珍寶，行可引路，住可防衛人畜。

（三）交通

本省地多未闢，財政困難，自改行省，於各種交通建設已着着進行。汽車路可通各縣，惟道路盡爲土築成，天雨卽不能行（汽車全省不過十輛，且爲省府軍事機關所有）。平常各族人民交通之工具，回漢以乘馬，驢，轎車等，蒙番以牛，馬，駱駝。

(甲)橋樑：

(1)通化橋　此橋爲木架成，長廿丈，寬丈餘，在化隆與循化兩縣間，黃河上游最大之橋也。

(2)濟通橋　架大通河上，長十五丈，寬一丈。

(3)通濟橋　架南川河上（距西寧西郊三里），長三十餘丈，寬三丈，高六丈，木石築成。去夏冲斷，現擬重修。

(4)惠寧橋　架湟水上（距西寧北郊十里），長廿五丈，寬三丈，木石築成，工程較大，亦堅固。

(5)小峽橋　西寧通樂都要道，長六丈，寬一丈，以木架成。

(6)貴德縣與共和縣交界之浮橋　寬十丈，爲九隻大木船連成。

(7)廣濟惠寧浮橋　寬五丈，爲四隻木船連成。

(乙)電政：

除玉樹，寧源，都蘭三縣外，餘十一縣均有電話專線。西寧有電話總局，有線電報局，軍用無線電臺四座（內有班禪大師一座）。

(丙)水路：

(1)湟水　西寧樂都等縣之小麥及附近之皮毛，當春秋水漲，毛商糧販順流運出；小麥一項每年輸甘肅總在十餘萬石。

(2)黃河　本省產糧區及皮毛運集貴德循化等縣，由牛皮筏（似船，以數十牛皮袋內吹空氣，漲後連繫成一長方形）載之輸出。本省木材亦多藉黃河運輸，惟暗礁急流，時出危險。

(丁)飛機塲：

去年青海省府在西寧東郊十里之羅家灣灘建築一廣塲，縱橫一千六百公尺。去夏歐亞航空機試航三次，奈乘客無幾，成爲不定期航線。現擬在都蘭，玉樹兩縣擇地築塲，以搆通康藏航線。

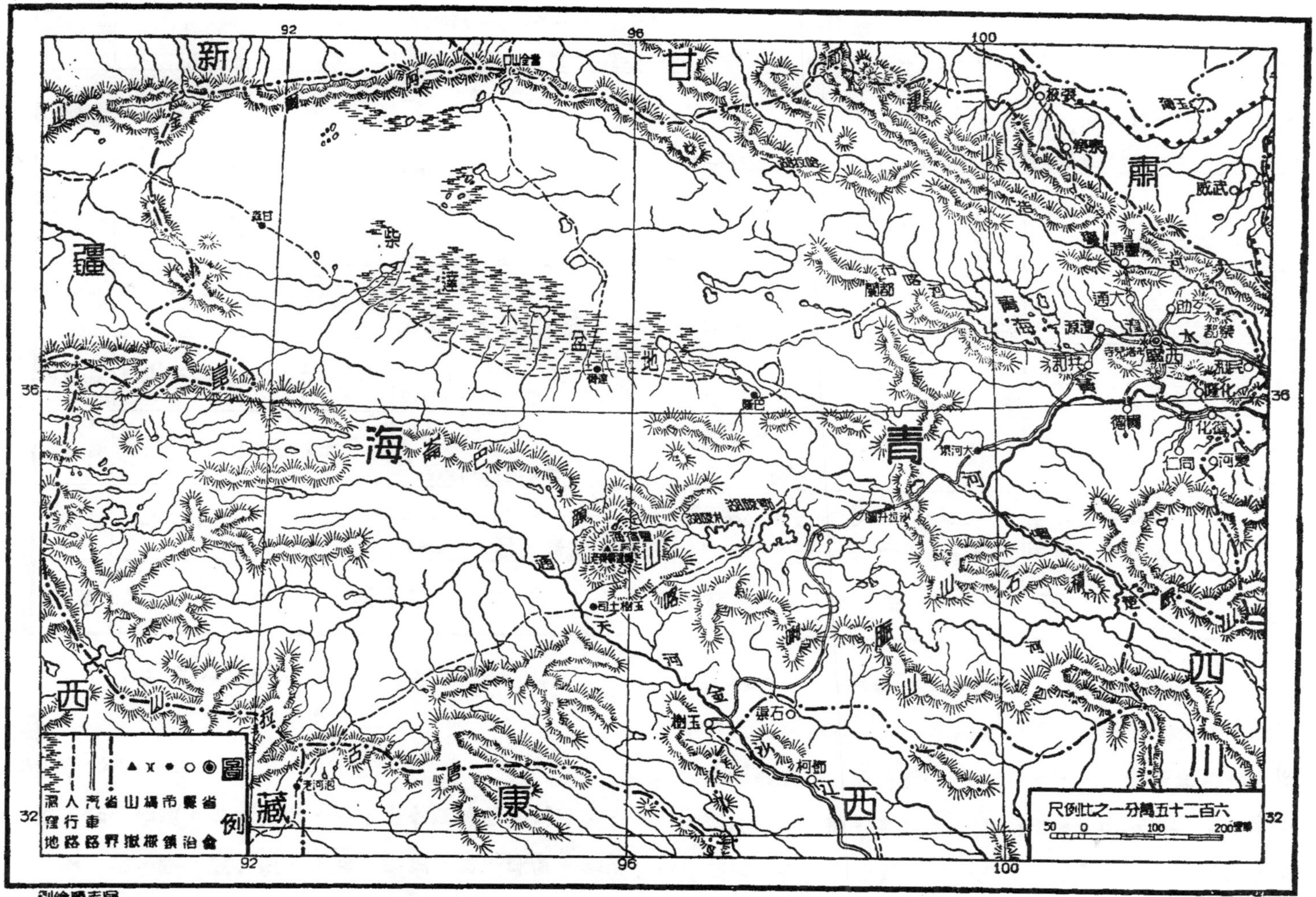

圖例
省會
縣治
市鎮
橋樑
山嶽
省界
汽車路
人行路
濕窪地
六百二十五萬分之一比例尺
50 0 100 200
新
疆
甘
肅
青
海
西
藏
康
四
川
92
96
100
36
32

吳志順繪製

（四）民族

漢，滿，蒙，回，藏，土著，撒拉，無不俱備。言語不同，信仰各異。日常生活，亦一一表現其特有之個性。茲列表分析之：

漢

漢族入青考

據漢書王莽傳及後漢西羌傳所載：平帝元始元年，王莽秉政，欲耀威服遠，遣中郎將平憲等持金幣誘塞外羌豪良願（頭目人名）等，使獻鮮水海（即離西寧西二百四十里之青海）。莽受所獻地，置西海郡，築五縣，徙天下犯禁者處之。至晉時呂光又徙西海郡人於諸郡（按漢人入青此是一實據。其後晉隋唐歷有用兵，漢人之來青海居住者不少）。

住地	戶數	人數	分佈地	職業	言語	風俗	備考
西寧縣	一八〇一〇	一八二三一〇	城內，附郭，東川，西川，南川	士，農，工，商	漢語，亦通番語	一切與內地同	西寧之言語與禮節，有一部份與南京同。
樂都縣	八六二〇七	四九五〇六	城內及山川各鄉	農人居多，商工次之	仝	仝	
貴德縣	三九〇〇	一七二〇〇	城內及東，西，南三鄉	農人多，牧畜少	仝	半漢半番	
化隆縣	一〇八〇	六〇〇〇〇	城內及附近數十里村莊	農商多，間有牧畜	仝	半番近漢	
湟源縣	四〇五九	二三〇〇〇	城內及附郭四區	仝	漢語外亦通蒙番諸語	漢，番	
玉樹縣							住城內有川陝甘等省商人及縣政府職員數人，無從計敎。
共和縣	二九〇	一三七〇	仕亦拉什，大磨莊，加什達，曹多龍，哈汗士克，油房台	半農人，半游牧	漢語及土語參半	蒙，番，漢	曲溝，次汗士亥亦有漢人。

都蘭縣		二〇			漢，番，蒙		餘係流動與蒙番人交易之商人。
互助縣	六〇〇〇	三〇〇〇〇	城內及第一，二，三區	農	多漢語，間有土人語	漢，番，參半	
同仁縣	二五〇	一〇〇八	城內及保家鎮	農	漢，番	仝	此數爲漢回二族之總數，以生活上已同化。
亹源縣	二〇〇〇	九〇〇〇	城內及浩源河北第一區。	游牧及農	漢，蒙	蒙，番，漢	
民和縣	五〇〇	一二三〇	城內及各區均有	農	漢及土人語	土人，及漢	
循化縣	九〇一	三三九三	城內及馬營	農，兵	漢及番語	仝	
大通縣		三八八三〇	城內及各區	農，販煤商，開礦工。	漢	漢	

回

回族入青考

回族之來青海，始自唐朝。由傳教主率領教徒，自新疆一路沿祁連山以至青海，各縣皆有足跡，於是番人轉奉回教者不少。而蒙，漢人亦有改奉回教者。

住地	戶數	人數	分佈地	職業	言語	風俗	備考
西寧縣	七〇二	四九三八五	城內區關及一，二，三，四各東	工，商，小販	漢	清眞教	本有回文回語，除教長，教師略知一二外，餘民皆漢語。
樂都縣	二二九	一〇四二	城內東關及附郭	農	漢	仝	

大通縣	一七〇〇	二三六〇〇	西區，東區，南區	開煤，農	漢	仝	西區：極樂，良教二堡。東區：河州，涼州，新莊，舊莊。南區：石山堡
貴德縣	五一九	一九三一	城關及康屯，楊屯，李屯	農，牧畜	番，漢	仝	
化隆縣	二一一三	一二三〇〇	城內及附郭數十里	商，農，兵	番，漢	仝	
循化縣	五〇	二〇六	城關	仝	仝	仝	
湟源縣	三一七	一六七〇	縣城及附郭	工，商，小販，水客	蒙，漢，番	仝	水客，即在河上運糈及羊毛之人。
玉樹縣		一二		小販			
共和縣	五六	一四五	口毛底，蘇胡，拉開才	農，牧畜	土語及漢	仝	
都蘭縣							偶來經商者。
互助縣	二三三	一〇〇〇	一區與三區	農	漢及土語	仝	一區：什字莊。三區：山莊，邵家溝。
同仁縣			保安鎮	農，商	番，漢	仝	見漢族表。
亹源縣			仕浩南河一帶	牧畜，農	漢，蒙，番	仝	見漢族表。
民和縣	五〇六	二七〇〇〇		農，小販，船夫	土，漢，番	仝	

藏

藏族入青考

青海原是西羌，西羌乃藏族之始祖，故藏族入青為時甚早。西藏紀要所載『西藏，古三苗之裔也』。按清康熙五十九年上諭云，『三危者，猶中國之三省。打箭爐西南達賴喇嘛所屬為危地，拉里城西南為喀木地，班禪喇嘛所屬為藏地，合三地為三危也』。據晉書西戎傳，吐谷渾即藏族。周書異域傳，『吐谷渾自號可汗』。西寧府誌載『

唐朝吐谷渾慕容貿建功，封青海國王』。蒙古游牧記載『西羌即三苗。舜流四凶，徙之三危』。按藏族入青，應在大舜時代。西戎之名，始自禹貢。

住地	戶數	人數	分佈地	職業	言語	風俗	備考
西寧縣	八五一	七〇〇一	二區，三區，四區	商，農，牧畜	藏，漢	信喇嘛教，生活漢藏參半	
樂都縣	五二一	三一〇〇	山腦各地	農	仝	仝	
大通縣	九八〇	四七〇〇	各川	農與游牧	藏	信喇嘛教者少，務農多，尚近漢	生番，熟番
貴德縣	二二一一	九五〇一	三溝，下山及西南山後	農與牧	藏，漢	仝	內生熟番兩種
化隆縣	一三六四	七〇〇〇	東，西，南各區	農	仝	仝	
循化縣	一五〇〇	六四二八	邊都，起台	農	仝	仝	
湟源縣	二七〇〇	八六五四	城內及各區，各鄉	商，農，牧	仝	信喇嘛教	
玉樹縣	九三一〇	三六八九六	全縣河岸	遊牧	藏，蒙	仝	共二十五族
共和縣	三五六〇	一七八〇〇	全縣河岸，山根	農與牧	藏，漢	仝	
都蘭縣	二〇〇〇	七八二六	全縣	遊牧	藏，蒙	仝	
同仁縣	二八四三	五四三〇	各區	農	藏，漢	仝	生熟兩番
亹源縣	八〇〇	一六〇〇	老虎溝及大廟附近	農與牧	藏	漢藏參半	
民和縣	五七六	二六六〇	各區	農	藏，漢	仝	
互助縣	三〇〇	一五〇〇	邯鄲寺一帶	農	仝	仝	

附註　十四縣之藏族，喇嘛十分之二，並有寺院。

蒙土撒

蒙族入青考

蒙古，青海，西藏本連為一氣，人民皆逐水草而居，自然隨時有遷入之機會。據歷史記載，至遲應在宋末。

青海蒙族計分廿九旗：即和碩特廿旗，共一萬七千一百十五戶，分佈在亹源，都蘭及黃河兩岸；土爾戶特部四旗，共兩千五百戶，分佈於共和，亹源及黃河南阿立蓋一帶；綽羅司部兩旗，共三千戶，分佈於亹源羣可灘，永安城一帶；輝特部一旗，共一千戶，分佈共和縣恰不恰；喀爾喀部一旗，共一百戶，分佈亹源永安城；察汗諸門汗一旗，共四千戶，分佈亹源羣可灘。

此外尚有土族與撒族，其入青源流無從查考，茲將人數及分佈地列左：

土族
- (一)共和縣—廿四戶—百餘人—分佈恰不恰，上，中，下郭密
- (二)互助縣—一千五百戶—七千人—分佈一，二區
- (三)民和縣—三千戶—一萬人—分佈安亭一帶
- (四)樂都縣—三百十二戶—六千三百餘人—分佈山腦一帶
- (五)大通縣—一千一百戶—五千人—分佈山腦一帶

土族無文字，語言為藏語蒙語漢語合璧，風俗亦同，想此種民族為各族同化之人。

撒族
- 循化縣—三千五百戶—一萬六千人—分佈八工
- 化隆縣—一百卌戶—七百人—分佈卡爾岡，水地川，甘都

撒族，又名撒拉，無文字，語言與上述各族全然不同，信奉回教，風俗習慣近於番人。

注：山腦，即山谷。

滿族入青，當在滿清入主中國以後，各省駐軍或旗人原則下得入青海，現已與漢人無異，且早已同化矣。

(五)宗教

(一)喇嘛教

青海蒙番民族篤信之喇嘛教，分紅黃二教。喇嘛教為佛教之支派，流行青海，西藏。至明永樂時，宗喀巴生於西寧南川之加牙村，習經塔爾寺，遊學印度，西藏，造詣甚深。以紅教之邪說，與佛教宗旨不合，乃創黃教，對於信條大加革新。以仁愛和平，苦行自修，深得藏民信仰，遂另立一宗，服黃衣黃冠。宗喀巴死後，傳其衣鉢於班禪，達賴兩喇嘛，掌宗教大權；自後黃教遍及青，藏，蒙古，漸以宗教權威而兼政治，迄今政教不分。在社會上只有寺院之宏麗，無其他建設。平民僧侶之篤信活佛喇嘛，不辭萬里一步一叩首，叩至佛前，雖死亦願也。

(二)回教

回教亦為青海主要之宗教。凡是回族，皆奉回教，專奉祀穆哈獸德。七日一小會，謂之『主媽兒』；七十日一大會，在會之人，不分貧富貴賤老幼皆浴身入寺，由教長領導面朝西下跪誦經，故甚重合羣。但只知有教，不知有經。時有因派別而生變教之爭，致釀成全省之亂，波及甘，青，寧，新。更藉宗教之團結，尋冤仇殺。加之執政軍人，每利用以回制漢，以漢制回之手段，寃氣互集，令人可恨（自清光緒以至民十八年三月）！現尚稱相安無事。

（三）福音教（卽耶蘇）天主教（法）

該兩洋教借傳教之名，陰行侵畧之實。（調査，測量。按我全中國找不出一幅精確之青海地圖，反在福音教堂之英人牧師手中可買到。民十三年吾師朱錦屏先生漫遊青海，西藏時得之，卽其一例也。）各縣設蒙番招待所，以福音為工具，籠絡喇嘛，王公，千百戶及人民，故各民族多信仰之，勢力蔓延甚廣。

（六）教育

本省除玉樹，都蘭兩縣外，其餘各縣各區有初小及完全小學若干。因農村破產（兵多，軍人剝削，至生活不能維持），經費無着，致一切設備全無。破廟，大宇，佛案土台，即其求學講授之所。課本除三字經，百家姓外，卽商務，中華兩書局十年前無法出售之老課本（人手刀尺，羊牛巾布之類），由西寧分館拚命推銷！教員薪俸，全年亦不過二十元，苦哉！近兩年雖有進步，亦不過爾爾。茲將煥章去春返里時由西寧省黨部送來之教育調查表列下：

青海初等教育表

城市與鄉村		城市小學	鄉村小學
學校總數		共五十一處	四百〇五處
經費總數		共數九萬七千三百四十六元，皆係各縣數目，未分城鄉	
經費來源		城市及鄉村各小學經費，十分之四由各該縣教育基金撥發	生息而來，十分之六由各縣民衆負担
學生總數		兩萬八千七百一十名（城鄉皆有）	
教員總數		一百四十八員	五百員
教員待遇	最高	全年薪金二百元	全年一百五十元
	最低	全年薪金八十元	全年六十元
教員資格		中學畢業者十分之四，師範畢業十分之五，其他佔十分之一	仝上
學費		本省學生均無學費	
學生家族職業		商業者佔十分之六，農業者十分之二，其他佔十分之二	業農者佔十分之八其他佔十分之二
學生年齡	最大	十八歲	仝上
	最小	九歲	仝上
備考		內有回教促進總會所辦之初級小學一所	

校名	沿革	常年費	地址	經費來源	學生數	教職員數	學生年齡	畢業生	畢業後服務
省立第一師範學校	民國初元此校爲海東師範，後改甘肅第四師範，青海設省改爲第一師範	二萬三千五百二十九元	西寧城內西大街	本省財政廳支領	二百二十名	卅四	二十三與六十三歲間	三百十名	升學者佔十分之一，在學界服務者佔十分之六，其他佔十分之三
省立第一中學校	民七爲番蒙半日學堂，後擴充爲師範，民十六年改爲籌邊學校，民十八年改爲今名	一萬五千餘元	西寧城內	仝	一百八十餘名	卅八名	仝	二百餘名	仝
省立第一女子師範學校	由西寧縣立第一女子學校改組，十八年成立	一萬三千七百元	仝	仝	廿五名	廿二名	仝	十二名	學界
省立第一職業學校	前原爲籌邊學校職業科，民十八年改今名	二萬三千二百餘元	仝	仝	卅名	卅一名	仝	廿九名	各界服務
省立第二職業學校	民十八年爲兩高級小學合并改農業學校，廿二年改今名	九千八百四十三元	仝	仝	四十名	十五名	仝	無	
省立樂都中學校	十九年成立，今又添師範班	五千六百元	樂都縣城內	仝	七十八名	十二名	仝	仝	
省立回教促進會附設中學校	廿一年元旦日成立	一萬一千一百六十元	西寧東關	仝	七十名	廿名	仝	仝	
青海高級中學校	廿三年三月成立	未詳	西寧縣內	仝	卅名	未詳	廿二與廿五間	仝	
中央蒙藏學校青海分校	廿三年八月成立	未詳	西寧西郊	中央直撥	百餘名	十餘名	仝	仝	

備考：

(一)校費之分配—教職員薪十分之七，公雜費十分之二，其他十分之一。

(二)津貼—女子師範每生每月四元（現已取消）。

(三)學費—本省各校均無學費。

(四)教員資格—大學畢業十分之三，師範中學十分之四，其他十分之三。

關於社會教育，省城有教育廳設立之民衆書報處二，各縣亦有圖書閱報處。中學，師範自設一館。最近由考試院長戴季陶先生倡辦青海圖書館，捐書數萬卷，現已開幕，規模較爲宏大。據最近青海電台致煥章電訊，青海兩年來教職員薪金僅發五個月。

（十）面積

全省總轄境，共爲二百零一萬一千零五十方里，田地共爲一百七十八萬七千四百三十九畝。

(此數據青海民政廳之調查)

(八)人口

青海尙有無從調查之蒙藏民族，因其游牧生活不定也。按以上各民族人口表總數僅八十三萬餘人，去年煥章在青海時詢諸省府第三科科長張祜周先生，據稱，『青海民數總在二百餘萬及三百萬間』。此事尙有待於政府之精確調查也。

廿三年八月廿七日，於伊盟阿王府。

西周戎禍考 下

錢穆

余論西周戎禍，多在東而不在西，旣證以幽王犬戎之事，請再上推之於宣王。

宣王伐淮夷徐戎，其爲東討，可以無論。卽『薄伐玁狁，至於太原』，亦東征，非西禦。太原者，左昭元年傳，『晉中行穆子敗無終及羣狄於太原』，穀梁，『中國曰太原，夷狄曰大鹵』(公羊同)。大鹵指其產鹽，其地在晉南(參讀拙著周初地理考八，十一，五十六各節)。蓋羣狄之盤踞河東，至春秋猶然，而其來歷實遠在西周也。

後漢書西羌傳：『王遣兵伐太原戎，不克。後五年，王伐條戎，奔戎，王師敗績』。又周語，宣王『三十九年，戰于千畝，王師敗績于姜氏之戎』。其事亦見於左傳。桓二年云：『初，晉穆侯之夫人姜氏，以條之役生太子，命曰仇。其弟以千畝之戰生，命曰成師』。史記晉世家亦言之，『晉穆侯七年伐條，生太子仇。十年伐千畝，有功』。趙世家云：『造父以下六世至奄父，曰公仲，周宣王時，伐戎爲御；及千畝戰，奄父脫宣王』。則千畝之役，王師失利，而晉軍則有功。

宣王伐條戎，姜氏之戎，而晉師常從，則條戎，姜戎宜亦近晉。故杜預云：『條，晉地。千畝，西河界休縣南地名』(漢書郡國志亦云)。高氏春秋地名考以條爲安邑中條山北之鳴條陌。則此二戎固皆在今山西之南部也。

范書又云：『伐條戎，奔戎後二年，晉人敗北戎于汾濕。戎人滅姜侯之邑』。汾濕亦晉地，此固甚顯。(左桓三年傳，『曲沃武公逐翼侯于汾濕』，林堯叟曰：『汾水邊』。)而范書此條，竊疑其有誤。當云『晉人敗北戎于汾濕，滅戎人姜侯之邑』(今本僞紀年亦作『戎人滅姜侯之邑』，此蓋襲范書誤文耳)。

蓋北戎即姜氏之戎，以其在晉北，故曰『北戎』；晉人敗之汾水之下而滅其邑，故曰『滅戎人姜侯之邑』也。范書謂在伐條戎後二年，晉世家穆侯七年伐條，十年伐千畝，時距亦合，然則汾隰之勝卽千畝之役也。（仇與成師乃同母兄弟，相距二三年，亦合。惟周本紀載此事在後，同於紀年，范書，周語所載。晉世家載此事在前，十二諸侯年表同之。其間參差尚待考覈。）王師雖敗，晉軍勤王，克滅戎邑，故名其子曰成師焉。

周語又謂『宣王既喪南國之師，乃料民於太原』。韋昭曰：『喪，亡也。敗于姜戎時所亡也。南國，江漢之間也』。此謂宣王南征江漢之師喪於姜戎，故乃復料民於太原。姜戎既在晉，宣王料民太原亦必在晉。則宣王時所謂太原之戎，條戎，奔戎，姜戎，皆晉戎也。故晉人自謂『居深山之中，戎狄之與鄰』矣。後人不深曉，凡見戎狄，必引之遠西以爲說，故多有難通耳。

然則宣王時所謂太原戎者既在晉，其前又如何？請再上論之於穆王。范書西羌傳：『穆王西征犬戎，獲其五王，又得四白鹿，四白狼。王遂遷戎於太原』。據此似宣王時太原戎，條戎，奔戎，姜戎，凡諸戎之在晉，皆自穆王時遷徙以來者。然據穆天子傳，『天子北征于犬戎』，郭注引紀年曰：『取其五王以東』，無『遷戎於太原』語。（今本僞紀年則云『穆王遷戎於太原』，蓋襲范書也。）則范書所謂遷戎太原者，或是蔚宗自下語。蔚宗亦認此下宣王伐太原戎在東方，而據紀年『取其五王以東』之說，以意說之，爲是遷戎於太原也。其『獲四白鹿，四白狼』之說，本之周語，然周語亦無遷戎之文。是則所謂『遷戎太原』者，明爲蔚宗意說矣。

且按穆傳：『天子北征，絕漳水，至于鈃山之絕下；鈃山，北循滹沱之陽，遂北征於犬戎』，則犬戎早在東方太行滹沱之北，無待穆王之遷而再東矣。郭注引紀年，僅著『取其五王以東』一語，前後不備，無可詳論。要之卽據穆傳，亦證犬戎本在周之東北，並非周之西北。而范書所謂『遷戎太原』者，苟眞有其事，則是犬戎本在東北，穆王遷之太原，乃向西南內地遷動也。其後太原之戎侵周而至涇陽，仍是益向西移，非遠從西來。此乃穆宣兩代周戎對峙大勢，無論據紀年，據穆傳，據左氏，史記，范書，皆可約略推說者耳。

穆王時犬戎之地望既得，再循而上，則有王季與燕京戎之交涉，已詳周初地理考。

附西周對外大事略表

	史記（詩）（左傳）（國語）	今本紀年	他書
武王		十二年，王率西夷諸侯伐殷，敗之于坶野。（見水經淸水注）	
		十五年，肅愼氏來賓。	
		十六年秋，王師滅蒲姑。	
成王		一年，奄人徐人及淮夷入于邶以叛。	周公立，相天子，三叔及殷東徐奄及熊盈以略。（逸周書作雒解）
		三年，伐奄，滅蒲姑。	伐奄三年，討其君。（孟子）
	召公爲保，周公爲師，東伐淮夷，殘奄，遷其君蒲姑。（史記）	四年，王師伐淮夷，遂入奄。	成王東伐淮夷，遂踐奄，作成王政。（書序）
		五年，王師在奄，遷其君于蒲姑。	
		八年冬十月，王師滅唐，遷其民于杜。	
	旣伐東夷，息愼來賀，王錫榮伯，作賄息愼之命。（史記）	九年，肅愼氏來朝，王使榮伯錫肅愼氏命。	
		十年，越裳氏來朝。	越裳氏重譯來朝。（尚書大傳，說苑）
		十三年，王會齊侯魯侯伐戎。	
		二十四年，於越來賓。	
		廿五年，王大會諸侯于東都，四夷來賓。	（逸周書王會解）
		三十年，離戎來賓。（舊注，驪山之戎）	（逸周書史記解）
康王		十一年，王南巡狩，至九江廬山。	
昭王		十六年，伐楚荊，涉漢，遇大兕。（見初學記）	昭王將親征荊蠻，辛餘靡爲右。王及祭公隕於漢中，辛餘靡振王，周乃侯之於西翟。（呂氏春秋）
		十九年，祭公辛伯從王伐楚，喪六師於漢。（初學記七）	
	昭王南巡狩，不返，卒于江上。（史記）	末年，王南巡不反。（御覽八七四）	昭王德衰，南征濟于漢，船人惡之，以膠船進王。王御船至中流，膠液解，王及祭公俱沒于水中而崩。（帝王世紀）
	昭王南征而不復。（左僖四）		
穆王		六年，徐子誕來朝。	
		八年春，北唐來賓。	

	穆王將征犬戎，祭公謀父諫。(史記周本紀)(國語周語)	十二年，毛公班，共公利，逢公固，帥師從王伐犬戎。冬十月，王北巡狩，遂征犬戎。	
		十三年，祭公帥師從王西伐，次于陽紆。秋七月，西戎來賓，徐戎浸洛。	天子西征，騖行至于陽紆之山。(穆傳)徐戎僭號，乃率九夷以伐宗周，西至河上。(後漢書東夷傳)
		十四年，王師楚子伐徐戎，克之。秋九月，翟人侵畢。	穆王使造父御以告楚，令伐徐。(後漢東夷傳)季秋，畢人告戎曰，陵翟來侵。天子使孟念如畢討戎。(穆傳)
		十五年，留昆氏來賓。	
		十七年，征昆侖，西王母來朝。秋八月，遷戎于太原。	穆王西征犬戎，獲其五王，遂遷戎于太原。(後漢書西羌傳)穆傳，天子北征於大戎。穆傳注引紀年曰，『取其五王以東』，無遷于太原語。
		三十五年，荊人入徐，毛伯遷帥師防荊人于泲。	
		二十七年，伐楚，至于紆，荊人來貢。	文選恨賦注引作伐越。
共王			

懿王		七年，西戎侵鎬。	
		十三年，翟人侵岐。	懿王時，王室遂衰，戎狄交侵，暴虐中國。中國被其苦，詩人始作，疾而歌之曰，『靡室靡家，玁狁之故。豈不日戒，玁狁孔棘』。(漢書匈奴傳)
		十五年，王自宗周遷於槐里。	
		二十一年，虢公帥師北伐犬戎，敗逋。	
孝王	申侯之女爲大駱妻，生子成，爲適。申侯乃言孝王曰，『昔我先驪山氏之女，爲戎胥軒妻，生中潏，以親故歸周，保西垂，西垂以其故和睦。今我復與大駱妻，生適子成，申駱重婚，西戎皆服，所以爲王』。(史記秦本紀)	元年，命申侯伐西戎。	
		五年，西戎來獻馬。	
夷王		三年，蜀人呂人來獻瓊玉。	
		七年，虢公帥師伐太原之戎，至于俞泉，獲馬千匹。(見後漢書西羌傳)	

厲王		三年，淮夷侵洛，王命虢公長父伐之，不克。（見後漢書東夷傳）	
	厲王無道，諸侯或叛之，西戎反王室，滅犬邱之族。（秦本紀）	十一年，西戎入于犬邱。	
		十四年，玁狁侵宗周。召穆公帥師追荊蠻至於洛。	
宣王	周宣王即位，乃以秦仲爲大夫，誅西戎。（秦本紀）	三年，王命大夫仲伐西戎。	及宣王立四年，使秦仲伐戎。（後漢西羌傳）
	玁狁匪茹，整居焦穫，侵鎬及方，至于涇陽。（六月）薄伐玁狁，至于太原，文武吉甫，萬邦爲憲。（六月）來歸自鎬，我行永久。（六月）王命南仲，往城于方，出車彭彭，旂旐央央。天子命我，城彼朔方。赫赫南仲，玁狁于襄。（出車）赫赫南仲，薄伐西戎。赫赫南仲，玁狁于夷。（出車）蠢爾荊蠻，大邦爲讎，方叔元老，克壯其猶。（采芑）顯允方叔，征伐玁狁，蠻荊來威。（采芑）	五年夏六月，尹吉甫帥師伐玁狁，至于太原。秋八月，方叔帥師伐荊蠻。	
	江淮浮浮，淮夷來求。江漢之滸，王命召虎，式辟四方，徹我疆土，于疆于理，至于南海。（江漢）	六年，召穆公帥師伐淮夷。	
	南仲大祖，太師皇父，整我六師，以修我戎。（常武）王謂尹氏，命程伯休父，左右陳行，戒我師旅，率彼淮浦，省此徐土。（常武）	王帥師伐徐戎，皇父休父從王伐徐戎，次于淮。	
	宣王時，以秦仲爲大夫，誅西戎，西戎殺秦仲。（秦本紀）十二諸侯年表，秦仲薨宣王六年。	西戎殺秦仲。	
		九年，王會諸侯于東都，遂狩于甫。	車攻，宣王復古也。宣王能內修政事，外攘夷狄，復會諸侯于東都。（詩序）
		三十三年，王師伐太原之戎，不克。	宣王立四年，使秦仲伐戎。後二十七年，王遣兵伐太原戎，不克。（後漢書西羌傳引）
	初晉穆侯之夫人姜氏，以條之役生太子，命曰仇。其弟以千畝之戰生，命曰成師。（左桓二年傳）晉穆侯七年伐條，生太子仇。（晉世家）	三十八年，王師及晉穆侯伐條戎，奔戎，王師敗逋。	王遣兵伐太原戎，後五年，王伐條戎，奔戎，王師敗績。（後漢書西羌傳）

	三十九年，戰于千畝，王師敗績于姜氏之戎。（史記）（國語周語）晉穆侯十年，伐千畝有功。（史記晉世家）造父以下六世至奄父，曰公仲，周宣王時伐戎爲御；及千畝戰，奄父脫宣王。（趙世家）	三十九年，王師伐姜戎，戰于千畝，王師敗逋。	
		三十九年，王征申戎，破之。（後漢書西羌傳）	
	宣王既喪南國之師，料民于太原，仲山甫諫。（史記）（國語周語）	四十年，料民於太原。戎人滅姜邑。晉人敗北戎于汾隰。	按後漢書西羌傳，晉敗北戎於汾隰，戎人滅姜侯之邑。疑當作『滅戎人姜侯之邑』。北戎卽姜戎，姜侯卽北戎，爲晉所敗而滅也。今本僞紀年疑誤不足據。
幽王	秦莊公生子三人，長男曰世父，將擊戎，讓其弟襄公。（秦本紀）年表襄公立在次年。	四年，秦人伐西戎。	
	幽王得褒姒，欲廢申后，幷去太子宜臼，太子出奔申。（周本紀）	五年，世子宜臼出奔申。	平王奔西申。（左昭二十六年疏）
		六年，王命伯氏帥師伐六濟之戎，王師敗逋。西戎滅蓋。（疑犬邱字譌。）	王破申戎後十年，幽王命伯士伐六濟之戎，軍敗，伯士死焉。其年戎圍犬邱，虜秦襄公之兄伯父。（後漢書西羌傳）
	史伯曰，『申，繒，西戎方强，周室方騷，將以縱欲，不亦難乎！』（國語鄭語）	九年，申侯聘西戎及繒。	
	周幽爲太室之盟，戎狄叛之。（左昭四年傳）	十年，王及諸侯盟于太室。	
	王欲殺太子以成伯服，必求之申；申人弗畀，必伐之。（鄭語）	王師伐申。	
	申侯與繒西夷犬戎攻殺幽王驪山下。（史記周本紀）	申人鄫人及犬戎人宗周，弒王及鄭桓公。犬戎殺王子伯服。	伯服與幽王俱死于戲。（左昭二十六年疏）

明陵肇建考略

華繪

明十三陵遺蹟，至今猶在，山陵形勝及其規制皆可考見。長陵營建爲諸陵之始，其地在昌平州城北之天壽山。談遷棗林雜俎云：『永樂七年，卜建長陵，賜其山名曰天壽。世傳燕山寶氏舊居，無据。千峯嵩聳，交鎖周密，嵯峨森翠，後視尚山數十重來趺斷，明堂平闊，羅城諸小阜尤密匝。』

清高宗哀明陵三十韻有云：

『北過清河橋，遙見天壽山，勝朝十三陵，錯落兆其間。太行龍脈西南來，金堂玉步中間開，左環右拱實佳城，千峯後護高崔巍。』

此其形勢之大概也。若欲知其詳，則有顧炎武昌平山水記及朱彝尊日下舊聞諸書在。

長陵營建與成祖帝后之葬

明太祖定都南京，即位之後，親擇鍾山爲陵寢，營建孝陵，規模宏偉，冠于前代。其後成祖興靖難師，奪帝位，念燕藩爲發祥地，即位之初，遂有遷都之意。永樂四年詔建北京宮殿，其議始定。五年七月仁孝皇后崩，因國都尚未遷，山陵未擇地，不得已暫停梓宮以待。至七年二月，成祖巡視北京，五月始命工部偕諳曉地理之人擇地于昌平，得黃土山，車駕臨視，遂封其山爲天壽山。遣武安侯鄭亨祭告興工，命武義伯（陵成改封成山侯）王通董其役。大徵山東，山西，河南，北京及浙江等布政司，直隸府州縣民夫工匠營建。北京旁近衛所亦量撥軍士助役焉。

十年十二月山陵將成，命工部侍郎蔺芳，通政司左通政樊敬，錦衣衛指揮莊敬等，沿途預備宿頓，治橋道，具車船，備迎仁孝皇后梓宮歸葬。十一年正月梓宮發南京，成祖親祭几筵，皇妃，皇太子及妃，皇孫，親王及妃，暨公主以下，並在京文武百官，以序致祭，送梓宮出江東門至江濱，百官奉辭，皇太子偕漢王高煦送之渡江，皇太子哭辭，漢王護梓宮北行。是月天壽山陵成，命名長陵。二月仁孝皇后梓宮至北京，葬于長陵。

成祖于二十二年四月親征北虜阿魯台，六月班師，七月崩于榆木川；八月龍轝至北京，迎入仁智殿，加殮納梓宮。十二月梓宮發北京，仁宗親告几筵哭辭，皇太子親王皆步送至陵，奉梓宮安厝玄堂畢，皇太子及趙王奉送神主回京，留瞻埈，瞻垌，瞻墺等掩壙終事。是月庚申，成祖文皇帝梓宮葬長陵。（以上參考成祖實錄）

卜陵規制及長陵擇地術士

明列帝相傳，率以正位之後，預擇吉地，營建壽宮。如太祖之建孝陵，成祖之建長陵，世宗之建永陵，神宗之建定陵，其事例均詳載實錄與會典，可以考見。青宮擇地，必先禮部，工部，欽天監諸臣會通曉陰陽術士偕往，詳察山陵形勢，選擇吉地數處，繪圖呈進，以憑鑒定。考萬曆十一年正月營建壽宮，本依嘉靖十五年事例，然實錄所載最詳，即此可見前代諸陵營建規制。神宗實錄云：

『正月丁丑上諭內閣：「朕于閏二月躬詣天壽山行春祭禮，並擇壽宮，卿等擬旨來行」。大學士張四維等疏曰：「預建山陵乃古聖帝明王達節，後世則諱言之。我太祖，成祖，世祖三聖，皆嘗預修，誠千古之曠舉也。皇上欲因春祀預擇壽宮，宏度早識，眞與三聖同符，臣等不勝欽仰。謹遵旨擬諭一道進呈，伏候聖裁，發禮部施行。臣等又惟山陵重事，必須詳愼。今天壽山吉壤固多，未知何地最勝。合照世祖先年事例，命文武大臣帶領欽天監及深曉地理風水之人：先行相擇二三處，畫圖貼說，進上御覽，恭候聖駕親閱欽定，然後營造，以爲萬萬年壽藏」。上從之，乃諭禮部查嘉靖十五年事例，擇日具儀來聞。』

三月乙巳，禮工各部往勘山陵畢，會題云：

『禮部郎中李一中，工部郎中劉復禮，同通政司參議梁子琦，欽天監監副張邦垣等，並術士連世昌等，恭詣山陵周遭，相擇壽宮吉地。除參議梁子琦徑自啟奏外，據監副張邦垣呈稱，自東山口至九龍池，逐一尋擇，擇得形龍山吉地一處，勘草窪前吉地一處，西井左邊大峪山吉地一處，聚寶山吉地一處，東井左邊平岡吉地一處。又據術士連世昌等呈稱，西井左邊大峪山地，東井左邊平岡地，又有黃山地一處，俱吉，前二處與該監呈內圖寫相同，惟增出黃山地一處。臣等尤恐扶同不的，因見工部都水司主事閻邦諳曉風水，即令本官覆閱，大都與前項無異。臣(徐)學謨即會同工部尚書臣(楊)巍，率領各員役，細加踏看，見何處最吉，可容規制，具畫一圖式，另呈御覽。』

得旨，命徐學謨等各率員役前去，將內六圖并梁子琦八圖逐一覆視，詳議折衷，擇取上吉地三四處，畫圖來看。至十二年九月神宗奉兩宮太后親閱所擇地，因卜定大峪山爲壽域，命欽天監擇日興工。此爲定陵卜地規制，由此則明諸陵卜地亦可概見焉。

定陵擇地之陰陽術士爲連世昌，則長陵營建時亦必有陰陽術士。按成祖時術士由下列諸條可見：

日下舊聞云：『永樂初卜陵，衆議欲用潭柘寺，成祖獨銳意用黃土山』。

京西求舊錄云：『明陵擇地，或云山東王賢，或云江西廖均卿，所聞異詞，難以懸定』。

清高宗哀明陵詩云：『昌平黃土誠福地，永樂曾以覲臨視；英雄具眼自非常，豈待王廖陳其藝』。
舊聞言成祖銳意用黃土山，而不言術士何人。求舊錄知傳聞爲王廖，而不知果爲誰屬。高宗斷爲成祖所親卜，未必出於王廖。按此語實非。考成祖實錄云：

『永樂七年五月己卯，營山陵于昌平縣。時仁孝皇后未葬，上命禮部尚書趙羾，以明地理者廖均卿等擇地，得吉地于昌平縣東黃土山，車駕臨視，遂封其山爲天壽山。』

是則長陵卜地爲廖均卿等，彰彰可考也。仁宗實錄又云：

『洪熙元年二月丁未，陞易州同知王侃爲欽天監監正，太常寺博士馬文素爲監副。侃文素皆明陰陽之術，永樂中初建長陵，嘗預效勞，至是山陵畢事，上念其勞，故有是命。』

此又可見王侃馬文素亦以明陰陽之術而預營建長陵之役者，尤可知均卿以外之陰陽術士尚不少也。惟求舊錄所云王賢，或即王侃之誤，亦未可知。

長陵外記

長陵在昌平州北二十里，自州西門而北六里至陵下，有白石坊一座五架，又北有石橋三空。又二里至大紅門，門三道，東西二角門，門外東西各有碑刻曰『官員人等至此下馬』。入門一里有碑亭，重簷四出陛，中有穹碑高三丈餘，龍頭龜趺，題曰『大明長陵神功聖德碑』，仁宗皇帝御製文也。碑文後書『洪熙元年四月十七日，小子嗣皇帝某謹述』。文成而碑未立。至宣德十年十月己酉，始建長陵神功聖德碑，並遣衛王瞻埏祭告太宗文皇帝，仁孝文皇后。是時成祖葬已十一年，徐皇后葬且二十有三年矣。

碑亭前二里爲櫺星門，其前有石人十二（四勳臣，四文臣，四武臣），石獸二十四（四馬，四麒麟，四象，四橐駝，四獬豸，四獅子）；各獸俱二立二蹲，迤邐而南，接乎碑亭。宣德十年四月辛酉，英宗即位已四月，始詔修長陵獻陵，並置石人石馬等于御道。其石人石獸各高丈餘，彫刻宏偉靈巧，惟妙惟肖，迄今猶令人驚羨。此項浩大工程，必非一朝一夕所能成就，當是宣宗崇念乃祖若父，費若干載之經營，始具規模，特未及身觀厥成耳。（以上參考英宗實錄及昌平山水記）

明十三陵名稱及所在地

長陵在昌平州北二十里，天壽山之南，太宗文皇帝，仁孝文皇后徐氏葬焉。祔葬十六妃。

獻陵在天壽山西峯下，東南距長陵一里，仁宗昭皇帝，誠孝昭皇后張氏葬焉。祔葬四妃。

景陵在天壽山東峯下，南距長陵一里半，宣宗章皇帝，孝恭章皇后孫氏葬焉。祔葬七妃。

裕陵在石門山東，東距獻陵三里，英宗睿皇帝，孝莊睿皇后錢氏葬焉。祔葬孝肅皇后周氏，孝惠皇后邵氏，又十八妃。

茂陵在聚寶山東少南，至裕陵里許，憲宗純皇帝，孝貞純皇后王氏葬焉。祔葬孝穆皇后紀氏，又十四妃。

泰陵在筆架山東南，距茂陵一里，孝宗敬皇帝，孝康敬皇后張氏葬焉。無妃祔。

康陵在金嶺山東北，距泰陵二里，武宗毅皇帝，孝靜毅皇后夏氏葬焉。無妃祔。

永陵在十八道嶺（嘉靖十五年改名陽翠嶺）西，距長陵二里，世宗肅皇帝，孝潔肅皇后陳氏葬焉。祔葬孝烈皇后方氏，孝恪皇后杜氏，又妃三十，嬪二十六。

昭陵在大峪山東北，距長陵四里，穆宗莊皇帝，孝懿莊皇后葬焉。祔葬孝安皇后陳氏，孝定皇后李氏。妃未詳。

定陵在大峪山東，距昭陵一里，神宗顯皇帝，孝端顯皇后王氏葬焉。祔葬孝靖皇后王氏。妃未詳。

慶陵在天壽山西峯之右，東南距獻陵一里，光宗貞皇帝，孝元貞皇后郭氏葬焉。祔葬孝和皇后王氏，孝純皇后劉氏。妃未詳。

德陵在雙鎖山檀子峪西南，距永陵一里，熹宗哲皇帝，懿安皇后張氏葬焉。（淸世祖實錄順治元年五月，葬明天啓皇后張氏于昌平州。）

思陵在錦屏山昭陵西，東距紅門三里，與諸陵隔河。諸陵俱河北，思陵獨在河南。崇禎十五年葬田貴妃于此。十七年闖賊陷京師，帝殉社稷，賊以扉舁帝屍置田貴妃園。昌平州牧與邑紳集貲鳩工，開貴妃壙，葬帝于中，皇后周氏葬其左，貴妃葬其右。至淸順治十六年十二月命修思陵，始建明樓享殿，太監王承恩墓亦附陵之右焉。（以上參考昌平山水記及棗林雜俎）

按：諸陵祔葬妃嬪之數，據棗林雜俎不盡可靠。昌平山水記云：『長陵有東西二井，東井在德陵饅頭山之南，西向；西井在定陵西北，東向；並重門，門三道，殿三間，兩廡各三間，綠瓦周垣』。明會典云：『長陵十六妃從葬，位號不具；其曰井者，蓋不隧道而直下，故謂之井爾』。是則成祖十六妃分葬于東西井，不祔葬長陵也。自英宗遺詔止宮人殉葬，于是妃之墓始有別立名者。或在陵山之內，或在他山。如蘇山之萬貴妃墓，銀錢山之鄭貴妃暨二李劉周四妃之墓，均在陵山之內。若武宗之劉娘娘墓，在昌平州東北十八里，則在陵山以外者也。

宋史地理志考異（利州路，夔州路）

聶崇岐

『興元府，次府，梁州，漢中郡。』

按：『梁州』二字爲衍文。梁州改興元府，遠在唐德宗興元元年，與宋無關。

『縣四，…西，次畿，…。』

續通鑑長編卷一五八，慶曆六年五月壬寅，『以興元府西縣鑄錢監爲濟遠監』。

『利州，…縣四，綿穀，中。』

輿地廣記三二，輿地紀勝一八四，『穀』皆作『谷』。

『嘉川，中下，咸平五年自鎮州來隸。』

九域志八，輿地紀勝一八四，『鎮』皆作『集』。

『熙寧三年，省平蜀縣入焉。』

太平寰宇記一三五，『……天寶元年改爲胤山縣，皇朝乾德三年改爲平蜀縣』。『胤山』，九域志八作『裔山』，蓋宋人避太祖諱追改耳。

『洋州，…縣三，…眞符，中。』

九域志八，『乾德四年省黃金縣入眞符』。

『閬州，上，閬中郡，乾德四年改安德軍節度。』

續通鑑長編七，乾德四年『改閬州保寧軍爲安德軍』。輿地廣記三二，『閬中郡，後唐升保德軍節度，皇朝乾德四年改安德軍』。

『縣七，…奉國，熙寧四年省岐平縣爲鎮入焉。』

『熙寧四年』，九域志八作『三年』，輿地紀勝一八五作『五年』，而輿地廣記三二作『乾德五年』。又，『岐平』，輿地廣記同，而九域志，輿地紀勝及通考三二一皆作『岐坪』。

『西水，中下，熙寧四年省晉安縣爲鎮入焉。』

『熙寧四年』，九域志八作『三年』，輿地廣記三二，輿地紀勝一八五皆作『五年』。

『隆慶府，…乾德五年廢永歸縣。』

九域志八，『廢永歸縣入劍門』。

『隆興二年以孝宗潛邸升普安軍節度。』

輿地紀勝一八六，『乾道元年，尙書省劄子，「今上皇帝曾領普安郡王，乞改軍額或賜府額，以普安軍爲名」』。按，乾道元年即隆興二年後一年。升普安軍既在乾道元年始由尙書省擬名劄奏，則志云隆興二年升軍者似有訛誤。

『紹熙元年，升府。』

『元年』，輿地紀勝作『二年』。

『劍門，中下，熙寧五年以劍門關劍門縣復隸州。』

九域志八，『景德三年以劍門縣隸劍門關』。

『巴州，…乾德四年廢盤道，歸仁，始寧三縣。』

太平寰宇記一三八，『廢盤道入清化，歸仁始寧入曾口』。九域志八，『省始寧入其章』。

『咸平五年以清化屬集州。』

『五年』，九域志八，輿地廣記三二皆作『二年』。

『熙寧五年廢集州。』

『五年』。九域志八作『三年』，惟續通鑑長編二三三及輿地廣記三二皆與志同。

『縣五，…難江，上，舊隸集州。』

九域志十，『集州，下，軍事，符陽郡。乾德五年有通平大牟二縣入難江』。

『恩陽，中下，熙寧三年省七盤縣爲鎭入焉。』

『三年』，九域志八，輿地廣記三二皆作『二年』。

『通江，下，省壁州白石符陽二縣入焉。』

九域志十，『壁州，下，軍事，始寧郡。乾德四年省廣納東巴二縣入通江。開寶五年廢州，尋復；熙寧五年又廢』。續通鑑長編一三，『開寶五年六月乙巳廢壁州；九月庚午復』。

『沔州，…監一，濟衆，鑄鐵錢。』

九域志八，『濟衆監，景德三年置』。

『蓬州，下，…乾德三年廢宕渠縣。』

太平寰宇記一三九，『廢宕渠縣入良山』。

『縣四，…營山，中，唐郎山縣。』

『郎』，太平寰宇記一三八，輿地廣記三二皆作『朗』。

『熙寧三年省蓬山縣爲鎭。』

『三年』，續通鑑長編二三〇作『五年』。

『伏虞，中下，熙寧五年省渠山縣爲鎭入焉。』

『渠山』，九域志八，輿地廣記三二皆作『良山』

『政州，下，江油郡，軍事，本龍州。』

九域志八，『龍州，唐都督府』。

『紹興元年復爲龍州。』

『元年』，通考三二一作『五年』。

『大安軍，中。』

輿地紀勝一九一，『大安軍，同下州』。

『夔州…寧江軍節度。』

通考三二一，『後唐寧江軍等節度，宋改雲安軍』。

『紹慶府，下，本黔州黔中郡，軍事，武泰軍節度。』

『軍事』二字爲衍文。

『羈縻州四十九，……遠州。』

『遠』，輿地紀勝一七六，九域志十作『琬』。

『知州。』

『知』，九域志作『短』，輿地紀勝作『矩』。

『襲州。』

『襲』，九域志作『龔』，輿地紀勝作『龍』。

『普州，寧州。』

二州，九域志作『普寧州』，輿地紀勝作『普安州』。

『卭州。』

『卭』，輿地紀勝作『功』。

『焚州。』

『焚』，輿地紀勝作『樊』。

『瑶州。』

『瑶』，輿地紀勝作『珍』。

『亳州。』

『亳』，九域志作『亮』。

『咸淳府，……縣三，……墊江，中下，熙寧五年省貴溪縣入焉。』

『貴溪』，九域志，輿地廣記三三，輿地紀勝，通考等書皆作『桂溪』，本志梁山軍下亦作『桂』。

『達州，……乾德五年廢閬英宣漢二縣。』

太平寰宇記一三七，閬英省入石鼓，宣漢省入東鄉。

『涪州，……熙寧三年廢溫山縣爲鎮。』

九域志八，『省溫山縣入涪陵』、

『重慶府，下，本恭州，巴郡。』

『巴郡』，太平寰宇記作『南平郡』。

『後以高宗潛藩升爲府。』

輿地紀勝一七五，『重慶府，……紹熙元年以光宗潛藩升府』。

『舊領萬壽縣，乾德五年廢。』

太平寰宇記一三六作『廢萬壽縣入江津』。

『雍熙中又廢南平縣。』

九域志八作『雍熙五年省南平縣入江津』。

『梁山軍，……開寶二年以萬州屯田務置軍。』

『開寶二年』，九域志八，續通鑑長編一一皆作『三年』。

『南平軍，…熙寧八年…以恭州南川縣銅佛壩地置軍。』

按『恭州』應稱『渝州』，蓋熙寧時渝州尚未改名也。

『縣二，南川，中下，熙寧八年省入隆化。』

『八年』，九域志八，輿地廣記三三作『七年』。

『隆化，下，熙寧八年自涪州來隸。』

『八年』，九域志八，輿地紀勝三三作『七年』。又九域志：『嘉祐八年有賓化縣入隆化』。

『思州，政和八年建。』

輿地紀勝一七八，『思州，寧夷郡』。

歷史地圖製法的討論

一　歷史地圖製法的幾點建議

王育伊

幾月前，禹貢學會有出版歷史地理圖底本的廣告，當時我對于它的製法，曾發生點意見，因為顧頡剛師回南去了，所以沒有機會向他提。現在把我幾個月來時常想着而且要說的話約略寫出，算作我對于歷史地圖製法的建議，希望顧師和大家指教。

我所見過的中國歷史地圖很少。比較難得的有楊守敬的歷代輿地圖，易得的有歐陽纓的中國歷代疆域戰爭合圖，及蘇甲榮的中國地理沿革圖。楊圖係光緒三十二年至宣統三年間雕版，朱墨套印本；歐圖，武昌亞新地學社出版，蘇圖，上海日新輿地學社出版，後二種是彩色石印本。這三種圖，楊圖最詳細，不過價格較高，不是一般人士所能購買。

我覺得楊圖的弱點便是他的紅底。這底子是清季的地圖，在當時是很適合的。現在離宣統末年已二十餘年，那時的地名和區域分置與現在的已有多多少少的差異，例如府制的廢除。民國二十餘年中又有許多改革，如分道制的廢除，近年省分的添置。所以楊圖的紅底本身，現在已成陳迹：那時的『當代地圖』，却是現在的『歷史地圖』了。過二十多年便已不合時用，須另製紅底再套印一次，豈不太費？

歐圖倣楊圖，也用套印法。說到歐圖，令人不滿意處不少。這圖在民國十四年十月已經再版，不知何故，還留着許多錯誤，沒有更正。(現在已出第幾版及有無改正，待查。)

先說他的各圖名稱：楊圖總名歷代輿地圖，分名……

前漢地理圖，續漢郡國圖，三國疆域圖……隋地理志圖，唐地理志圖，……宋地理志圖，……明地理志圖。他的大部分根據是各正史的地志和後人補正史的志。地志上怎樣記載，他便怎樣畫。（楊氏考訂改正之處也有。）他是對地志負責的。歐圖換了名，不名『某史地理志圖』，『某史郡國志圖』，而名『某代圖』，如秦代圖，前漢圖，後漢圖……。那末，問題就來了。一個年數很短的朝代或國家，如五代，十國，地理區域及名稱或許變更不大。年數較長的朝代就不然了，例如：西漢初年的地域區分和地名與哀平時代就頗不相同了；唐代盛時與晚唐也不同了；北宋太祖與太宗年代雖不遠而疆域就兩樣，太宗時代與徽宗時代又兩樣。嚴格說來，時間相差一二年，甚至于一二個月，疆域地名往往變更了樣，例如宋徽宗宣和五年以前的與以後的要差好幾州地。所以要畫一張北宋圖，絕對不是把宋史地理志上的東西統統容納進去便成。空間要緊，時間也不可忽略。我們只可畫某一較短時代裏的北宋圖，最好能畫某年某月某日的北宋圖。

歐圖的小錯誤和遺漏，據我所已見到的，列舉幾處：(一)唐代圖，高麗南詔着色。高麗，南詔不是當時中國的道，不應該着色。(二)後唐及七國圖的契丹境內有『燕雲十六州』五字，誤。(三)宋附遼夏及近裔圖，宋境有紹興府，隆興府，慶元府，寶慶府，咸淳府。這些很顯然的都是南宋地名（也是南宋年號），在北宋是越州，洪州，明州，邵州，忠州。北宋如何能預先掛南宋名牌？其他北宋的州誤寫南宋的府之處還不少。(四)北宋永興軍路脫去商州，江南西路『南西』二字倒。(五)南宋附金夏及近裔圖，金北京路泰州誤『秦』；上京路脫去曷蘇館路；中都路脫去安，遂，安肅三州；河北東路脫去蠡州；河北西路脫去威州；河東南路金志有二孟州，此脫其一；西京路『西京』二字全脫。(六)清代大一統圖，羅刹（即俄羅斯）誤作『羅利』。(七)清代本部圖，把朝鮮，安南，緬甸，暹羅等藩屬着色，吉林反不着色，誤。如果細看，錯誤和遺漏一定不止此數。

蘇圖的弱點也不少，我認為最大的是：(一)不畫經緯度。雖說古時無所謂現代的經緯度，但不妨畫上虛線，不然看不出地圖究竟是平面的，還是球體的。(二)不註縮小倍數，不畫比例尺寸。其他如趙宋，只畫一張，不知兩宋疆域相差幾乎一倍！

新製一種歷史地圖這件事，非常需要。這工作決不是一兩個人在一年半載的短期間內所能辦到；就是計畫，也非幾句話可了。我要說的，不過一些零碎意見。

（一）新圖最好不采用楊氏的朱墨套印法，而用歷史及當代兩圖分立的法子。歷史地圖用黑色印，着彩色更好。當代地圖用紅色印，印在透明或半透明的油蠟紙或蠟絹上。這個意見是英國倫敦出版的 The Times Atlas and Gazetteer of the World 暗示我的。記得多年前，常翻這本圖，覺得他的引得（index）方法很好。他把每一頁地圖，分成一百塊平方格子，每格約一方寸。這一百格子，並不印在圖上，而印在一張透明的油蠟硬絹上，這張絹適用于各頁地圖。要找一個地名，只消翻圖後的引得，照引得上說的頁數和某格，拿蠟絹襯在圖上，在那方寸底下去找便得。他原是用來找地名的，我們用來對照歷史地名和當代地名，歷史區域和當代區域，不過把格子化爲地圖而已。用這法子，歷史地圖可以每一朝代，每一時代，繪製一種，如此有數十種以至百種以上的歷史地圖，而當代蠟紙或蠟絹本地圖只消二三種，至多十數種（因爲歷史區域，各代不同，各成單位，不能不多製幾種當代圖本與它們符合）。只要歷史地圖和當代地圖的比例尺一樣，兩圖的四匡尺寸一樣，便能比符，知道某時代的某區域，某地方，相當于當代的某區域，相等于當代的某地方了。各時代及各頁分圖的比例尺，不妨一律，也許因此能對各區域行政分布（如州縣）的稀

密一目了然。不用楊氏套印方法，可以避免時常更改紅底累及墨本的麻煩。這種新歷史地圖，雖不敢說可一勞永逸，但沒有錯誤發見時便沒有改製的必要。（當代地圖遇地理上有所變更時，應隨時改製。）歷史地圖可以訂成册子，也可用活頁；當代地圖，因爲要一張一張襯在歷史地圖上用，非用活頁不可。

（二）新當代地圖，要和普通地圖一般繪製，使他離開了歷史地圖，還是一部獨立的當代地圖，不失其獨立的用途。（時間一過，他也變成一部歷史地圖。）歷史地圖，也不妨加上當代的經緯度（經度用世界公用的倫敦 Greenwich 標準）；最好用紅色虛線畫。

（三）歷史地圖各頁的單位以歷史上的區域爲準，免有割裂之憾。每朝每時代可以畫成一册，從十數頁至數十頁。例如漢書地理志一百零三郡國，雖不必畫一百零三張，但起碼要畫十三州每州一張的圖，地域較大的州可分爲兩三張。各册首頁應有總圖，各册總圖比例尺最好一律。

（四）秦漢以前的疆界，除以自然形勢，如以山，以河分界者外，人定的界線，現在要畫它，是很難求準確的。上古歷史地圖畫上界線，分塡顏色，難免不符眞像。楊氏的春秋列國圖，戰國圖都不畫界線，把各地屬于何國另外

列表于卷首。春秋列國圖卷首自記上說到這辦法的理由，可以參攷。歐圖的五帝時代圖北以今長城爲界；夏代圖，商代圖，周代圖雍州西北邊都以今寧夏省北界爲界；春秋時代圖，燕，晉，秦，楚，越的邊界都不用顏色漸淡的畫法，而畫出十分清楚的界線：眞令人懷疑。新上古圖最好在各地名下畫一道顏色線條來區別：看線的顏色，便知這地方屬于何國。看同一顏色線會萃的一帶，便知某國疆域範圍的大概。州名國名，寫在一個圓圈裏，安置在已不成問題的州境上。（這辦法曾聽洪煨蓮師提過，並非我的創見，不敢掠美，合併聲明。）

（五）新圖如不名爲『某史地理志圖』，『某史郡國志圖』的話，最好能畫各短時代的，註出某年某月更好。要能夠利用各史的地志，地理書籍，歷代及近代歷史學者考古學者整理考訂的結果，以及外國的材料。

（六）要附帶引得，以便翻檢。

（七）除普通歷史地圖外，希望更有各種專門史的地圖，如經濟史地圖，文化史地圖，宗教史地圖，民族史地圖出現。

二四，一，二〇，寫于燕大。

二　改革歷史地圖的計劃

鄭秉三

研究歷史和地理，最能帮助我們了解的，要算是地圖和圖表吧。所以有一部份人，主張地圖和圖表是研究史地的一對眼睛，確是不錯！因爲史地有了圖表，就無論怎樣複雜，打開一看，整個的概念總很容易得到。但是現行的地圖呢？有的着色不明，使我們不易了解；有的用色太密，使我們眼爲之傷；有的字體大小一樣，觀看不易；有的缺此失彼，不適於用。換言之，簡單的過於簡單，複雜的又過於複雜，求其能於閱後立刻得到整個的概念者，百不一見。

地圖的一般弊病既如上述，而歷史地圖的弊病尤其厲害：普通的歷史地圖既太重於地理方面，而忽歷史事實於不顧，復又繁雜不明，毫不精確，毫不清晰！舉例說罷：比如我們研究西洋中古史，在羅馬帝國衰弱時，那時歐洲北部的許多蠻族，——即當時的日耳曼民族，法蘭克民族，及盎格魯撒克遜民族等，……——還在到處東張西望，簡直無所謂國家。但編歷史者往往用全歐地圖，劃某一部份爲日耳曼，某一部份爲英，法，某一部份爲羅馬，某一部份爲……。使初學者看了，覺會以爲歐洲當時的版圖，像是和現時的一模一樣。照這樣看來，應用地圖，不但不會幫助我們了解，反會使我們生着模糊的觀念。這豈不是因了地圖倒疑誤了我們嗎？害人之大，莫此爲甚！於教學上，實是不當！

同樣在我們中國歷史裏，像這種例子，亦復到處皆是。比方在三國時，那時西南的雲南，廣東，還沒有完全加入中國版圖，而史家畫此地圖，不是將現時之中國形勢，劃出模糊的界線，便是圈以顏色，示爲國別。使沒有歷史常識的人們看了，便會以爲當時的東吳，蜀漢，是大的不可言了。這豈不是也因有了地圖而反使閱者迷糊了呢？這以外的南北朝之對分中國，苻堅之敗秦，南宋之偏安，以及歷史上許許多多大事蹟的地圖，那一幅不是犯着此等同樣的弊病？還有，像古代的地名，有許多和現時的不同，比如建業，順天，即今的那一地？燕，趙，齊，楚，晉，魯，究竟有怎樣大小？北杏，葵丘，各在那裏？看了普通的歷史地圖以後，回答得出嗎？

現行歷史地圖的壞處，已如上面所舉，那末勢不能不求補救的方法。我以爲要補救這些弊病，最好應用**複頁地圖**。什麼叫做複頁地圖呢？就是先把一幅厚紙，印着現時之形勢全圖，然後另用一透明紙印着所需的局部地圖，以後就將兩幅一起疊着（當然模樣要一樣大小，且全圖的應在下，局部的應在上，糊亦只要一邊糊着，其餘一邊不用糊及），兩相對照，於是我們應用起來就格外覺得明白便利了。

隨便再舉一個例罷。比如我們研究水滸傳，我們就可以應用此種方法，印了兩幅大小一樣的地圖：一幅印着現時的中國全圖，一幅印着水滸的局部全圖，如是我們複合起來，馬上就可以對照了。於是鄆城，潯陽在那裏？東昌，大名各在那一省？梁山泊是靠近那一塊？潯陽是不是現時的九江？三千里刺配的江州，究竟在甚麼地方？我們不難一一明白了。此種方法，於讀歷史時豈不大有裨益了呢？

再如我們知道唐分天下爲三十六道，到底那一道合於現時的那一省？現時的那幾省合於當時的那一道？唐朝的三十六道，是不是和秦代的三十六郡一樣？不一樣的地方在那裏？相同的在那一道？（此種例子，打開歷史，到處都是，不必盡舉。）我們看了，馬上就可以判別出來了。

試想以一幅地圖，既要劃着現時的省界，又要顧到從前的道界，又要這些，又要那些，眞是極難分別。如今我們索性把它分開，豈不兩便？

總之，複頁地圖的好處，窮源竟委，殫述靡遺，當然是說不上，然能兼顧下列數種，則爲不可掩的事實。

(一)在積極方面的：

A.供給整個的與精確的歷史地域的觀念。

B.古今地名複合，易於明瞭，便於記憶。

C.縮短閱看的時間。

D.省出尋索辭典的工夫。

E.頭緒分明，眉目清晰，既便觀看，復不傷眼目。

(二)在消極方面的：

A.使大家明白，歷史地圖與地理地圖不同。

B.可消除着色太密的弊病。

C.可消除字體不劃一的壞處。

廿五，十一，廿三，漢口。

三　鄭秉三先生『改革歷史地圖的計劃』讀後記

王育伊

昨天我寫了一篇歷史地圖製法的幾點建議後，蒙顧師檢出鄭秉三先生改革歷史地圖的計劃一文相示。我細讀了鄭先生的文字，覺得他所計劃的『複頁地圖』，方法極好，和我所提出的『歷史地圖』與『當代地圖』分立法竟不謀而合。但我對于鄭先生的文字還有幾點要補充的地方，約畧寫出如下：

鄭先生文第一段說現行的地圖『簡單的過於簡單，複雜的又過於複雜』。我的意見，以爲過于簡單，甚至遺漏了必要的，不可缺的東西，確是毛病；但對于標明『袖珍』或『簡易』名稱的地圖，便不能過于苛求了。簡單而錯誤極少，還可給中小學學生用。『過于複雜』的地圖，

我找不出例子，鄭先生的意思大概指詳細的地圖說吧？但詳細却不是害處，正是好處。

鄭先生所計劃的『複頁地圖』，把『現時之形勢全圖』同歷史上的『局部地圖』合着來用。所謂全圖，尺寸大小如何？若要在一二方尺大小的『現時的中國全圖』上找與歷史上『局部地圖』相等的地方，可不容易。水滸傳的鄆城，濮陽，東昌，大名，梁山泊，江州，怕不能在一本普通地圖的總圖上找吧。即使找得出，怕也不清楚。

鄭先生在文的末尾上說『複頁地圖』消極方面的好處有『可消除字體不劃一的壞處』一條。我不明白一種地圖字體該怎樣劃一。我覺得丁文江先生等的中華民國新地圖

和中國分省新圖，對山名用一體字，水名用另一體字，區域名又用另一體字（如隸字，雙鉤），城市縣鎮名又用另一體字（如大小宋體字），辦法極好。如果劃一，豈不犯了鄭先生自己文裏第一段所指出現行的地圖『有的字體大小一樣，觀看不易』的毛病嗎？

鄭先生文裏舉例有一點錯誤，他說三國時雲南廣東還沒有完全加入中國版圖。案雲南的大部份在西漢時就已加入中國版圖，如益州郡便在今雲南境內。三國時雲南大部份屬蜀益州。廣東，兩漢時已全部加入中國版圖，交州交趾郡還伸入現今安南境界。三國時廣東分屬吳廣州交州。

鄭先生指出一般歷史地圖將邊界畫得清晰的不可靠，這話我覺得很對。鄭先生又說『……歷史上許許多多大事蹟的地圖，那一幅不是犯着此等同樣的弊病呢？』這句話就未免過火。

鄭先生所提出的『複頁地圖』，我們應該采納。我更希望大家本着『求真』和不以學術自私的精神，盡量把歷史地圖的製法公開來討論。

二四，一，二一，寫于燕大。

內外蒙古考察日記

馬鶴天著

——新亞細亞學會邊疆叢書之一——

實價一元

本書係著者由甘肅取道內蒙額濟納，經外蒙三音諾顏汗部至庫倫，並北至布里雅蒙古，復由庫倫經內蒙阿拉善返寧夏，來往九閱月中之日記。對於蒙古之種族，部旗，宗教，社會，交通，物產，以及外蒙國民黨，青年黨之組織宣傳，國民政府之教育，財政，軍備等情形，無不備述。尤注意赤俄對蒙古之野心與蒙人對中國之態度。並詳記冰雪沙漠中駝馬汽車之苦況奇情。全書約二十萬言，插圖二十餘幅，誠研究蒙古問題之唯一寶鑑也。現由新亞細亞學會印行，為邊疆叢書之一，業已出版。茲將要目披露如下：

要目

一，由甘肅張掖至內蒙額濟納
二，由內蒙額濟納至外蒙拜申圖
三，留郭六班賽烏拉旗
四，由郭爾班賽恒旗至三音諾顏汗部
五，留三音諾顏汗部
六，由三音諾顏汗部至庫倫
七，留居庫倫
八，由庫倫至布里雅特蒙古
九，由庫倫至內蒙阿拉善
十，附錄

新亞細亞學會邊疆叢書之二

中國邊疆

華企雲著　已再版了　全書實價一元二角

自從晚近日侵東北，俄攫外蒙，英寇康藏，法窺滇邊以來，國中人士都遠瞻高矚的把目光移到了邊疆方面，寢假而「到邊疆去」的呼聲洋溢盈耳的經人鼓吹起來。不過到邊疆去是有先決條件的，就是中國邊疆無論其已往情形，現在狀況，四周環境，國際關係，及以日俄英法等帝國主義各對於滿蒙康藏怎樣的垂涎覬覦，乘隙蠶食，都非要有確切的認識不為功。本書就根據了以上條件，把整個中國邊疆的實況來供獻給讀者。

封面——萬里長城之偉觀(三色版)
戴季陶序
第一章　邊疆之沿革與現況
第二章　邊疆之勘界與失地
第三章　邊疆鄰接各地之地理概況與最近民族運動之鳥瞰
第四章　邊疆鄰接各地之對華歷史與受治帝國主義之經過
第五章　邊疆鐵路之沿革與現狀
第六章　國際角逐下之東三省
第七章　外蒙之獨立
第八章　新疆之三大問題
第九章　英人侵略下之西藏
第十章　雲南之界務問題

本書出版後，購者接踵，惜僅印五千册，不數月間即全部售罄。今應閱者要求，再版五千册，業於七月十五日出書，定價一元二角。新亞細亞月刊定戶直接函購，照碼七折優待。存書無多，欲購者請從速為荷。

新亞細亞學會出版科發行
南京：四牌樓蓁巷二十三號

本會會員鑒

本社創辦之頃，因經費支絀，不得不取給於會員之月費。當時規定甲種會員月繳壹元，乙種會員月繳伍角，視其他團體負責較重。現在本社基礎漸見穩固，自應改定納費章程，以減輕同人之擔負。自本年三月分起，甲種會員改爲年繳陸元，乙種會員改爲年繳叁元。凡屬會員，除贈送本刊壹分外，所有出版圖書均隨時送上廉價劵，其批發者亦另定特別折扣，藉收同氣相求之效。此啓。

賜稿者鑒

本刊出版將屆一年，賴同志之扶持，得有今日。近來賜寄稿件者愈多，益見前途之有望。惟來稿頗有不加標點者，若一一由編輯者代加，不但費時，亦恐多誤（專門文字之標點非倉卒所可辦，研究參考之圖書亦非盡人所可見，惟作者成文時隨手加上最爲便利），致違見顧之雅意。此後承賜著作，務乞將點號標號一一列入，俾有遵循，不勝感盼。此啓。

各地同志鑒

邇來屢接外埠讀者來函，詢問入會手續。按本會組織之宗旨在于提倡沿革地理與人文地理之研究，凡有志作是項研究者皆得加入本會爲會員，但向本會索取入會志願書塡就寄來卽可，無其他手續。（如資格品行上有疑問者，當由本會審查決定。）又本會現在經濟力薄弱，僅賴北平各圖書館藏書作研究工作，而未能從事于實地調查，甚爲疚心。如蒙各地同志就地搜集材料寄下，俾讀本刊者不但用以識古，亦復藉以知今，尤所欣幸。此啓。

賜登廣告者鑒

本刊爲中國地理沿革史之專攻刊物，故登載廣告以地理與歷史二項爲限，務使讀者心志專一，且檢索本項參考物亦便易，對于讀者賣者兩俱有益。惟猶有不明本刊宗旨者，屢次囑登他項廣告，一一拒絕，彌感困難。今特再申前請，非地理書及有關于地理者之廣告恕不登載，幸勿見寄。又本刊初辦時印刷份數較少，故廣告取費特廉；現在銷路加多，印費提高，自應略增廣告費以資挹注。自本年三月起，登載封面裏頁底頁廣告者，全面拾伍元，半面捌元，四分之一伍元；登載普通廣告者，全面玖元，半面伍元，四分之一三元。其登長期者三期以上九折，六期以上八五折，十二期八折，二十四期七折，仍同向例。此啟。

禹貢學會敬啟

禹貢半月刊一，二卷著者索引